Arnoldi Vinnii

Commentario

Arnoldi Vinnii

Commentario

ISBN/EAN: 9783742801128

Manufactured in Europe, USA, Canada, Australia, Japa

Cover: Foto ©ninafisch / pixelio.de

Manufactured and distributed by brebook publishing software
(www.brebook.com)

Arnoldi Vinnii

Commentario

DOCTRI. CONSULTISSIMOQUE ET MORUM INTEGRITATE AC PIETATE ORNATISSIMO

D. JOANNI SICXTI

FIL. J. U. DOCTORI

ARNOLDUS VINNIUS

S. P. D.

PRODEUNT *tandem in lucem, mi* SICXTI, *selecta nostra quæstiones aliquamdiu apud Typographos latuere causantes chartæ penuriam. Opus est subsecivi temporis & feriarum, a multis, ut tute scis, avide expetitum: quamquam ego, quam ob causam tantopere expetitum sit, conjicere non possum. Expectaverunt fortassis illi magnum aliquod volumen: at ecce hic pro amphora, quam imaginati sunt, urceum. Neque vero unquam mihi propositum fuit justum controversiarum volumen conscribere, quod & a multis factitatum, & nequaquam difficile est: sed paucas duntaxat ex variis materiis decerptas per dies varios meo more judicioque tractare; paulo scilicet aliter, quam illi facere solent, qui tantum pro & contra, ut loquuntur, disputant, quorumque in scriptis primum & postremum est* obstat & respondeo. *Cæterum etsi me non fugit, quid de ejusmodi opera judicent viri docti, nempe nihil admodum inde commodi ad studiosam juventutem posse redundare: ego tamen aliorum laboribus nihil detractum cupio, & facile patior suum quemque judicium sequi, quemadmodum ipse hic secutus sum meum. Nolui quæstiones ipsas simulac primum propositæ sunt, exequi, seu id quod in quæstione est, protinus excutere: sed prius quam eo deveniam, præcursionem quamdam adhibere, sive* προθεωρίαν, *cujus ope lector non modo statum controversiæ melius & perfectius intelligere, verum etiam ipsius materiæ, atque eorum, quæ circa quemque articulum certi & explorati juris sunt, cognitionem aliquam adipisci queat: ratus inde potissimum quæstionis cujusque decisionem petendam esse, unde, hoc est, ex quorum ignoratione omnis fere ab initio nata est ambiguitas: Nolui denique toties, & tantum non perpetuo repetere τὸ* obstat & respondeo: *sed jugi, & quoad fieri potuit, sermone non interrupto conatus sum simul & lectorem oblectare, & rem omnem ac difficultatem expedire. Perit orationis suavitas crebra repetitione τῦ τὸ δ' ἀνταποκρίνομαι, atque id lectoribus, præsertim litteratis, etiam fastidium parit. Hunc ego librum ad te* SICXTI *carissime, mitto: rogoque ut eum tanquam testem & pignus amoris erga te mei accipias, atque apud te esse sinas. Adjunximus huic comites Orationes duas filii nostri Simonis Vinnii B. M. quarum alteram ille habuit, cum publice doctor Juris renunciaretur; alteram pridie ejus diei, quo interpretationem Regularum Juris ex auctoritate publica in hac nostra Academia auspicatus est. Accedunt*

cedunt præterea & Ἐπίμια quædam, necnon in præmaturam & in nobis acerbissimam ejus mortem Θρηνῳδίαι: quæ tibi quasi præcipuo titulo deberi existimavi. Tu enim tam libere, tam conjuncte amanter cum eo vixisti, ut non nisi morte dirimi tanta animorum & studiorum conjunctio potuerit. Ita est, multis, ille quidem & bonis omnibus flebilis occidit: tuum vero animum, sat scio, tam cari capitis repentina atque inopinata mors haud secus afflixit, ac si fratrem germanum amisisses. In quo expertus es, quantam vim habeat mutui amoris vinculum, quod sincera nexuit amicitia. Sed facessant jam ista. Quod ad me attinet, cogito nihil mihi accidisse novi, nihil quod non aliis quoque contigit, & contingit quotidie: sic Deo visum vitæ mortisque domino. Hæc sunt mei mæroris solatia. Denique non ignarus mali jam a multis retro annis moderatius ferre didici eos casus, qui humana prudentia vitari non possunt. Alias etiam finem dolendi qui consilio non fecerunt, tempore inveniunt. Tibi, quod superest, gratulor, quod tandem convalueris ex gravi illo morbo, cum quo trimestri spatio amplius conflictatus es. Nunc pristinæ valetudini Dei benignitate restitutus, da operam ut eam sartam tectam conserves. Utere adhuc, saltem ad tempus aliquod, certa victus ratione ex præscripto & consilio Medicorum, & recte atque ordine feceris. Fortassis & nostra hæc & illa Filii mei suum hic conferrent symbolam. Bene vale dulcissime Sicxti, *& me tui amantissimum redama.* Lugduni Batavorum IX. Kalend. Septembris MDCLIII.

SYLLABUS CAPITUM

LIBRI PRIMI.

LIBER SECUNDUS.

CA

ARNOLDI VINNII, JC. SELECTARUM JURIS QUÆSTIONUM

LIBER PRIMUS.

CAPUT PRIMUM.

An sine exceptione, quicquid contra legem fit, sit ipso jure nullum?

QUICQUID contra legem fit, id pro infecto haberi & ipso jure nullum esse, jubent Impp. in *leg. non dubium 5. cap. de legib.* Igitur, verbi causa, si filius famil. sine consensu patris uxorem duxerit, nec vir, nec uxor, nec matrimonium, nec dos intelligitur, *§. si adversus, 12. Inst. de nupt.* Si in testamento faciendo ea, quæ ad juris solemnitatem pertinent, prætermissa fuerint, deficit jure testamentum, *l. 1. ff. de injust. rupt. testam. l. si unus 12. cap. de testam.* Si pater filium, quem in potestate habet, præterierit, id est, neque hæredem instituerit, neque ut oportet, exhæredaverit, testamentum prorsus inutile est, & nullius momenti. *Inst. de exhær. lib. in princ. d. propem. §. de lib. & posth.* Si tutores aut curatores prædia pupillorum aut adolescentum sine decreto alienaverint, cassa est atque ipso jure inutilis alienatio *tit. de præd. min. sin. decr. non alien.* Sed & si quid factum est, non quidem adversus expressam legis prohibitionem, verum contra mentem ejus & sententiam, etiamsi lex id verbis non expresserit, placet nihilominus actum ipso jure esse invalidum & nullum, *d. leg. non dubium princ. cap. de legib. l. hoc modo 64. §. 1. ff. de cond. & dem.* ubi & exemplum. Aliud exemplum habemus in *l. si sponsus §. circa 5. ff. de donat. int. vir. & ux. l. si quis 38. ff. de contr. empt.* nempe si vir volens uxori donare, in fraudem legis venditionem commentus, viliori pretio rem uxori vendiderit. Quippe eo ipso, quod quid fieri lex prohibet, efficit, ut frustra, & inutiliter fiat, quod prohibitum est: adeo ut nec opus hic sit aliqua vel exceptione, vel rescissione aut restitutione. Nec ipse actus solum legi contrarius ipso jure inutilis est, sed etiam quicquid tali actui accesserit, sive pactum, sive pignus, sive stipulatio, sive jusjurandum, *d. leg. non dubium, in fin.* nam accessio sequitur conditionem causæ principalis. Cæterum quod de jurejurando ibi dicitur, id jure Canonico ex parte mutatum est, *cap. cum contingat ext. de jurejur. & c. quamvis de pact. in 6.* ubi Pontifices non tantum ipsum jusjurandum actui quantumvis inutili accedens servari volunt, sed etiam actum jure inutilem eo confirmari & validum fieri. Utique tamen non derogant in totum dispositioni *d. l. non dubium.* Nam quoties ideo actus vel contractus prohibetur, quia natura turpis & bonis moribus contrarius est, vel propter utilitatem publicam, aut in odium creditorum, vel quia jusjurandum vergit in præjudicium alterius aut servari non potest sine dispendio æternæ salutis, jure antiquo & civili locum relinquunt. Et ergo jure Pontificio juramentum tollit defectum nullitatis & restitutionem in integrum, ut loquuntur Bartolus & Salicetus in *auth. Sacramenta puberum Cod. si advers. vendit.* ac probabile omnino est Imper. Federicum in d. authent. secutum auctoritatem Juris Canonici, quæ tunc magna erat; idem juramento robur ex sua auctoritate addere voluisse, quod a Pontificibus acceperant, ut recte meo judicio sentiant, qui ampliandæ *l. 1. Cod. eod. tit.* authenticam illam ab Irnerio subjectam putant: sed hæc non sunt hujus disquisitionis.

Quæritur autem an semper & sine exceptione verum sit, quod diximus, pro infecto & nullo haberi, quod contra legem fit, sive contra quam lege cautum est? Et si quidem lex simpliciter aliquid fieri vetet, nec ullam annullandi adjiciat pœnam, recte colligimus & statuimus ea, quæ contra legem fiunt, pro infectis haberi, & ipso jure esse nulla: tunc enim hanc esse pœnam legis, & hoc velle legem intelligimus, ut quod factum est, infectum sit, id est, cassum & irritum prorsus, veluti si filius sine consensu patris matrimonium contraxerit, si vir uxori, aut uxor viro aliquid donaverit, si pater filium, quem in potestate habet, præterierit, aut sub conditione, quæ non sit in ejus potestate, hæredem instituerit, si quis in fraudem creditorum manumiserit, si minor natu majorem adoptaverit, &c. Sed & si lex ulterius procedat & pœnam adjiciat, idem adhuc dicendum est, modo pœna adjiciatur annullationi actus, ut loquuntur: nam & tunc nullum est ipso jure, quod factum est; & præterea pœna adjecta annullationi præstanda est; exempla habemus in *leg. 4. l. 6. cum auth. seq. Cod. de incest. nupt. l. mulier. Cod. si quacunque præd. pot. l. pen. Cod. de interd. matr. int. pup. l. eum qui 38. ad leg. Jul. de adult. l. ult. ff. de rit. nupt.* cum simil. quibus locis incestæ & prohibitæ nuptiæ non solum cassæ & irritæ esse jubentur, verum etiam qui tales nuptias contrahunt, variis pœnis pro varietate delicti afficiuntur. At enim vero cum lex aliquid fieri vetat, & pœnam si contra factum erit, nominatim constituit, non actum annullando, sed ita ut quod factum est, valere aliquo modo & subsistere patiatur, cæterum remedium suppeditet, quo id postea rescindatur, aut alias infirmetur, pœnave aliqua fa-

faciendi irrogetur, quod factum est, ipso jure subsistit, ut lex vult, sed rescindi aut irritum reddi poterit, evitque ea poena quam lex constituit. Exemplo sint Senatusconsulta Macedonianum & Vellejanum: quorum illud vetat filiosfamilias mutuam pecuniam dari; hoc comprehensum est, ne foeminae pro ullo intercedant, & tamen si aut filiofamilias mutua pecunia data sit, aut foemina pro alio intercesserit, actus iste non est ipso jure nullus, quoniam neutro Senatusconsulto plane annullatur, sed aut actio contra filiumfamilias mulieremve denegatur, si constet contra Senatusconsulta factum esse, aut si de eo ambigatur, contra actionem datur exceptio, *tit. ff. & C. de SC. Maced. & ad SC. Vellejan. junct. l. nam posteaquam 9. pr. ff. de jurejur.* Praetor liberos emancipatos, si haeredes non instituantur, exhaeredari jubet; & tamen si neque haeredes instituti, neque exhaeredati fuerint, non ideo testamentum patris jure Praetorio nullum est, quia Praetor id patitur subsistere, & tantum remedium suppeditat, quo id rescindatur, data scilicet praeteritis bonorum possessione contra tabulas testamenti paterni §. *emancipatos Instit. de exhaered. lib. tit. 1. & tot. tit. ff. de bon. poss. cont. tab.* Mulier, quae intra tempus, quo virum lugere moris est, nubit, contra legem facit, *l. 1. ff. de his qui not. infam.* non ideo tamen matrimonium ipso jure nullum est: immo nec rescinditur, sed infamis fit mulier, & alias quoque poenas patitur, *l. 1. C. de secund. nupt.* Atque hinc pendet decisio nobilissimae quaestionis de exhaeredatione liberorum facta aut sine justa causa, aut nulla ingratitudinis causa expressa, utrum ob id testamentum patris sit ipso jure nullum ex constitutione Justiniani *Novella* 115. *cap.* 3. an hoc non obstante testamentum nihilominus ipso jure subsistat, atque ad id rescindendum etiamnum querela inofficiosi sit opus? De quo agemus ex professo *lib.* 2. *quaest.* 21. Illud obiter hic monendum, non semper, in quo quid contra legem aut in fraudem legis factum est, rescindi aut ipso jure nullum esse, nisi & in totum contra legem factum sit, alias non nisi quatenus in legem peccatum, verbi gratia, si quis majores, quam licet, usuras stipulatus fuerit, non idcirco in totum inutilis erit stipulatio, sed dumtaxat quatenus legitimum modum excedit; *l. placuit 29. ff. de usur.* Non in totum irrita est donatio, quae summam lege definitam excedens actis insinuata non est, sed tantummodo eatenus, quatenus superat definitionem legis, *l. sancimus 34. C. de don.* Sic emissione cautionis fructuariae facta a testatore non vitiatur legatum ipsum ususfructus, ut perperam existimavit Hunnius 2. *resolut. tract. 2. quaest.* 26. sed remissio pro non scripta habetur: quoniam non in legando usufructu, sed tantum in remittenda cautione contra legem fecit testator, *l. 7. ff. usufr. [illegible] leg. 1. C. de usufr.*

CAPUT II.

Legem interpretari sitne solius Principis, an item & quo usque etiam privatorum?

Sicut solius Principis est leges condere, ita & ejus solius est leges interpretari: quae sententia multis locis expressa est *l. 1. l. 9. l. ult. C. de legib.* & ab ea initium sumit Novella Justiniani *de mulie. rapt. pass.* 143. Quis enim, ut idem Imperator ait *d. l. leg. ultim. C. de legib.* legum aenigmata solvere & omnibus aperire idoneus esse videbitur, nisi is, cui soli legis latorem esse concessum est? Nullisne igitur leges interpretandi jus est, solo Principe excepto? Nulli sane tale, quale Princeps habet, ut scilicet interpretatione sua mentem legis latae egrediatur, aut praetextu aequitatis a mente legislatoris recedat; quoniam id non est servare legem interpretando, sed mutare, quod nemini licet, nisi principi. Et hoc est, quod Constantinus rescribit *l. 1. C. eod.* inter aequitatem jusque interpositam interpretationem nobis solis & oportet & licet inspicere, & Valentinianus *l. 9. C. eod.* duritiam legum oportere imperatoria interpretatione emendari. Quibus convenit illud Harmenopuli *l. 1. titul. 1. §.* 33. [illegible] id est: Cum aliud jus ipsum, aliud aequitas postulat, controversiam hanc solus Princeps dirimit. Ac proinde si ex verbis legis tam aperta sit legislatoris voluntas, ut de ea dubitari non possit, servanda lex est, quamvis dura & aspera videatur; nam credendum est, legislatorem certa ratione ductum, ita constituisse, licet nos rationem, quae eum moverit, expedire non possumus, *l. non omnium 20. ff. de legib. l. 9. ff. de religios.* Scilicet [illegible] hominibus lex allata, ut habeamus, quod in [illegible] sequamur, quamvis forte, id quod sequimur, [illegible] quod non sequimur, non sit melius [illegible] negotiis aliquid certi definiendum est, [illegible] est sententia, [illegible] quae certissima [illegible] subverti, *l. [illegible] ff. de legib.* tuereturque [illegible] auctoritas, si in rationem earum omnis animi inquirere liceret, ut disputat [illegible] *legib.* Unde Augustinus *lib. de vera Relig. cap.* 31. In istis temporalibus legibus, quanquam de his homines judicent, cum eas instituunt, tamen cum fuerint institutae & firmatae, non licebit judici de ipsis judicare, sed secundum ipsas, *cap. 3. dist.* 4. Exemplum habemus in *leg. prospexit*, 12. *ff. qui & a quib. manum.* Lege Julia de adulteriis coercendis cavetur ne servi adulterae, & nominatim ne ii quidem, qui extra ministerium ejus fuerunt, vel in agro vel in provincia manumittantur, & sic quaestioni subducantur. Hoc licet nobis, quoniam saepe ratio legis latet, *l. non omnium*, 20. *ff. de legib.* durum videatur, tamen cum id benigna interpretatione emendari nequeat salva voluntate legislatoris, juxta *l. benignius*, 18. *ff. eod. titul.* utque in iis, quae lex disponit, debeat Judex ipsa lege esse clementior, *Novella* 82. *cap.* 10. Princeps hic consulendus erit, & nobis cum Ulpiano respondendum: hoc perquam durum est, sed lex ita scripta est, neque enim ubi aperta sunt, atque inter se convenientia verba legis & sententia voluntatis, quaestio admittenda est, sed legi parendum, & voluntas conditoris nobis pro lege esse debet, *d. l.* 12. Nepos post mortem avi conceptus neque jure civili ad legitimam avi haereditatem vocatur, ut suus haeres; neque jure praetorio ad bonorum possessionem tanquam cognatus, *l. 6. cum 2. seqq. ff. de suis & legit. l. 6. prim. ff. de injust. rupt. test. l. 1. §. 8. ff. unde cogn. §. & licet 8. Inst. de haer. quae ab int.* Fatendum quidem est durum esse, & alienum ab aequitate, hunc nepotem excludi a successione avi, a quo utique non minus descendit, & cujus sanguinis non minus est, quam qui vivo eo nati aut concepti sunt: sed tamen judicio parere hic quiescere debemus; quippe cui quidem licet,

a vea verbis legis recedere, sed ita, ut ab ejus voluntate semper fiat, *l. 19. ff. de legib.* & secundum eam sententiam ferre, *l. 3. de offic. proc. de perim.* Quia tamen nulla est quæ jure & consuetudinaria, quæ contra contra judicatum lata est, *l. Aberagraphio, 19. ff. de appellat.* Sit autem, ut quidam putant, a Justiniano hujus juris sive subtilitas sive asperitas sublata sit, *Novella 118. cap. 1.* ad voluntatis quæstionem pertinet, de quo postea. Si quis in rem alienam impensas fecerit, earum servandarum causa unum tantum remedium jure nostro civili proditum est, scilicet retentio rei opposita doli mali exceptione, si res a Domino vindicetur, *l. sin autem, 27. §. ult. l. sumptus, 48. ff. de rei vind. l. si quis, 14. l. si in area, 16. eod.* Quod si omissa hac exceptione possessor rem restituerit, constanter traditum est, nullam ei impensarum nomine actionem competere, *l. si in area 33. ff. de condic. indeb. l. Paulus, 14. ff. de except. doli mal. l. 14. §. 1. ff. comm. div.* Hoc autem licet duriusculum in persona bonæ fidei possessoris, non ideo tamen licebit Judici contra manifestam juris sententiam aliud remedium excogitare, quo subveniatur etiam non possidenti, atque ita æquitatis specie vim auctoritatemque legum eludere. Principis igitur hæ partes erunt, non Judicis, quamquam nonnulli existimant, non esse alienum a ratione juris nostri, ut non possidenti pro consequendis impensis detur actio negotiorum gestorum, sed argumentis parum validis, quæ nunc non excutio. Atque hæc una fere fuit omnium edictorum causa & totius juris prætorii occasio, quod scilicet ejusmodi interpretatio aut potius juris civilis correctio a Judicibus fieri non poterat: Quam enim multa contra manifestam rationem juris civilis a Prætore introducta sunt, in quibus antea nihil sibi sumere quisquam privatus vel Judex vel Jurisconsultus potuit? Sed & in quæstione voluntatis interdum Principis desideratur interpretatio, si videlicet verba legis adeo sint obscura & perplexa, ut dubitetur, num factum, de quo agitur, legis mente comprehendatur, seu an lex ad hypothesim pertineat, necne? Nam & hic adeundus Princeps, qui legem interpretetur, mentem legis omnibus aperiat, aut nova lege, si opus est, voluntatem suam declaret, *l. 9. & l. ultim. Cod. de leg. l. ideo 21. ff. l. 1. Dod. eodem l. 2. in fin. cum l. seq. in fin. l. seqq. ff. de reb. eor. qui sub tut.*

Sumamus exemplum, ut quod obiter modo attigi, nunc explicem; ex *Novella 118. cap. 1.* Justinianus descendentes seu liberos omnes ante omnes alios vocat ad successionem parentum intestato mortuorum sine ulla gradus prærogativa, id est, sive primi sint, sive inferiorum graduum. Ex hoc autem quidam colligunt jus vetus, quo nepos post mortem avi conceptus a successione ejus tam honoraria, quam legitima excluditur, a Justiniano illic sublatum esse. Sed ista collectio valde infirma est; Nam & veteri jure in suis heredibus non servabatur gradus prærogativa, *§. cum filius, 6. instit. de her. quæ ab int.* & nepotes ex filio emancipato nati ex edicto jungebantur patri suo, *l. 1. §. si quis ff. unde lib. & tot. tit. de conjug. cum emanc. lib.* Postnati enim ut olim ita & nunc termini habiles. Itaque cum in Novella ista Justiniani, collatis tantum discrimina sexus & potestatis, nihil inveniatur, quod ad hujus articuli emendationem trahi possit, quod mutatum non est, adhuc vigere debet. At rursus ex diverso illud quoque sciendum est proposito Justiniani, omnia in hac successione ad simplicitatem naturæ revocare voluerit, admodum consentaneum esse, quod etiam in hoc casu jus vetus emendare voluerit! Sed quia id non fecit, & ex hujusmodi conjecturis correctio juris induci non debet, in hac perplexitate, si forte talis casus inciderit, cum non a Judice, sed a Principe decidi oportebit, ne juris auctoritas ponatur in potestate judicantis, contra *leg. dubium 19. in fin. princ. ff. ad municip.* & ita Diod. Tuldenus in *commentar. ad Codicem de suis & leg. hered. cap. 4. argum. l. 2. ff. de reb. eor. qui sub tut.*

Quod si verba legis non sint usque adeo clara, ut excludant omnem interpretationem ex bono & æquo; neque usque adeo obscura, quin mens legislatoris ex antecedentibus aut consequentibus elici possit, relinquebitur locus interpretationi etiam privatorum, sive Jurisconsultorum aut Judicum, qui verba legis ad sententiam interpretando accommodent, *l. 12. & seq. ff. de legib.* atque huc respicit extrema clausula *l. ult. Cod. eod. tit.* Duplex autem est ejusmodi interpretatio, quarum altera extensiva vulgo nuncupatur, altera restrictiva. Extensiva usus est cum sententia legis latior est legis verbis, id est, cum lex minus scripsit, plus voluit; restrictivæ, cum sententia est angustior, id est, cum lex plus scripsit, minus voluit: illa utimur cum verba legis ex sententia extendimus & ad similia producimus: hac, cum verba ex mente legis restringimus. Exempla extensivæ interpretationis peti possunt ex *l. illud, 32. ad leg. Aquil. l. 4. ff. de fund. dot. l. 7. §. 2. ff. de jurisdict. leg. oratio, 16. ff. de spons.* cum similibus, plane in jure singulari extensivæ interpretationi locus non est, cujusmodi sunt jura minorum, miserabilium personarum, militum, studiosorum, fisci, Ecclesiarum, aliaque privilegia personis, aut causis tributa. Nam quod contra rationem juris communis propter utilitatem aliquam certis in personis aut causis receptum aut constitutum est, id vetamur producere ad consequentias, usque in eo possumus sequi regulam juris, *l. quod vero, 14. & seq. ff. de legib. l. 1. §. 2. ff. de constitut. princ.* Restrictivæ interpretationis exempla suppeditant *l. quod dictum, 31. ff. de pact. l. 2. §. 3. ff. ad SC. Vell. l. 6. C. de legib. l. 6. §. 2. ff. de jur. patron. l. illud, 40. princ. ff. de hered. petit. l. 11. ff. de in jus voc.* &c. quod sic generaliter cautum est *Novella 115. cap. 3.* Judex interpretatione sua restringere potest & debet ex *leg. sicut, 9. & l. seq. Cod. de testam. milit.* quæ licet hos asseriantes ut videri possint per d. *Novellæ 115.* utpote posteriorem, sublata *argum. l. ult. ff. de const. princ.* tamen quia sunt speciales, Novella ista potius ex his explicanda, limitanda & restringenda est juxta regulam juris, *l. in toto, 80. ff. de reg. jur.* fac. *l. non est novum, 13. cum seqq. ff. de legib.*

Debent autem tam judices quam Jurisconsulti in interpretatione sibi permissa sequi non rigorem juris civilis, non jus summum, quod summa sæpe injuria est, sed quod benignius, quod æquius est & melius, exemplo Servii Sulpitii qui hoc encomio laudatur a Cicerone *Philipp. 9.* quod non magis jurisconsultus, quam justitiæ fuit; propterea quod ea, quæ proficiscebantur a legibus & jure civili, semper ad æquitatem facilitatemque referebat, & Caji illius Aquilii, quem juris civilis rationem nunquam ab æquitate sejunxisse memorat idem Cicero in *orat. pro Cæcina*; eoque pertinent *l. placuit Cod. de judic. l. benignius 18. ff. hoc tit. l. in omnibus 90. ff. de reg. jur.* Hinc, præclara illa Celsi sententia dicentis, scire leges non hoc esse verba earum tenere, sed vim ac potestatem, *l. scire 17. ff. de leg.*

jus esse artem æqui & boni; *l. 1. princ. ff. de just. & jur.* Ex his credo jam dignosci poterit, quæ sint in legibus exponendis principum, quæ judicum partes.

CAPUT III.

Utrum dare bonorum possessionem, jubere cavere prætoria stipulatione, in possessionem mittere, mixto imperio, an jurisdictioni adscribendum?

DUplicis in argumento de jurisdictione & imperii mentio, meri & non meri sive mixti. Merum imperium definitore Ulpiano, est potestas gladii, ad animadvertendum in facinorosos, *l. 3. ff. de jurisdict.* cui descriptioni si addideris, *vel cujusvis, alterius gravioris coercitionis*, ex *leg. 6. princ. ff. de offic. proc. l. nemo potest, 90. de reg. jur.* plena erit & perfecta definitio. Quippe nihil aliud est merum imperium, quam jus animadvertendi in reos criminum, sive capite plectendi sint, sive tollendi e numero civium servitute pœnæ, deportatione, sive relegandi fustigandive. Hoc imperium dicitur merum, quia purum & per se solum est, alterius rei mixturam non habens, sicut dicimus merum jus gentium quod non est mixtum cum præceptis civilibus, *l. bona fides 31. ff. de poss.* meram donationem, id est puram & simplicem, *l. Aquilius, 27. ff. de donat.* merum vinum, quod aqua non est dilutum, & similia. Est autem hoc nomen huic imperio inditum, quia est & aliud imperii genus, quod nostri non merum aut mixtum vocant; propterea quod jurisdictioni cohæret, subservit, inest, consistens in modica coercitione; id est, executione decretorum & pronuntiatorum in causis civilibus; cum merum illud a jurisdictione sit separatum, & circa criminum animadversionem versetur, *l. 1. in fin. l. ult. §. 1. ff. de off. ejus, &c. l. 3. ff. de jurisdict.* Igitur mixtum imperium est potestas, cohærens jurisdictioni comparata ad eam tuendam atque explicandam. Cur mixtum vocetur, ex iis, quæ modo dicta sunt, intelligi potest, nimirum quia conjunctum & unitum est cum jurisdictione, ejusque inseparabile adjunctum: siquidem hæc duo, jurisdictio & mixtum imperium, ratione personæ, cui competunt, indissolubili vinculo inter se copulata & nexa sunt, ita ut alterum ab altero divelli non possit sine jurisdictione, ita nec sine imperio aliquo, quo jurisdictionem suam tueatur, ratumque efficiat, quod statuit aut decrevit *dict. leg. ult. §. 1.* Cæterum etsi imperium hoc ita, ut diximus, conjunctum atque unitum est, cum jurisdictione, ut ab ea sejungi non possit, nihilominus tamen ut nominibus distincta sunt, ita & reipsa sunt diversa, actusque jurisdictionis, & imperii distincti, ut neque quod jurisdictionis est, imperio; neque quod imperii, jurisdictioni attribui debeat. Diversa hæc esse patet cum ex eo, quod mandata jurisdictione etiam hoc imperium simul transire dicitur, tanquam consequens jurisdictionis eique perpetuo cohærens, *dict. leg. 1. in fin. & d. leg. ult. §. de offic. ejus &c.* tum quod definitur modica coercitio, qua magistratus jurisdictionem suam tuetur, & quæ decrevit, exequitur *dict. leg. ultim. §. 1.* Jam vero quod simul cum jurisdictione transit, quod jurisdictionis tuendæ gratia comparatum est, id utique non est idem cum jurisdictione, sed aliquid ab ea diversum. Actuum quoque diversitas conspicua est, & facile dignosci potest. Non causam cognoscere, sententiam dicere, decernere, statuere, jurisdictionis sunt, non imperii: sententiam, decreta, statuta, jussa exequi manu militari capiis pignoribus, aut mulcta exacta, imperii, non jurisdictionis. Et utique cum imperium, quod omnes fatentur, consistat in executione; necesse est, ut actus aliquis jurisdictionis præcedat, quem sequatur actus imperii, si ei, quod vi jurisdictionis statutum aut decretum est, non paretur. Ac proinde qui decreta & jussa magistratuum imperii esse statuunt, veluti jubere cavere prætoria stipulatione, in possessionem mittere, aperte sibi contradicunt, dum ajunt, imperium esse coercitionem, cohærentem jurisdictioni, ut nervos habeat, illudque positum esse in executione; ut Coras. 3. *misc.* 17. Duar. *de jurisd. cap.* 7. Donell. 17. *comm.* 6. Vasq. 2. *quæst.* 35. Fachin. 2. *contr.* 95. Scipio Gentil. 1. *de jurisd. cap.* 3.

Accedamus jam ad disquisitionem problematis nostri, & videamus, utrum dare bonorum possessionem, jubere cavere Prætoria stipulatione, in possessionem mittere, mixto imperio adscribenda sint, an jurisdictioni? Imperio attribui non possunt. Nam ut de bonorum possessione primum dicam, nullus in ea danda præcedit actus jurisdictionis, quem Prætor eam dando defendat, neminem coercet, neminem mulctat. Quod si dicat aliquis, præcedere saltem cognitionem aliquam, is cogitet, nullam esse sententiam, quam non præcedat causæ cognitio. Quis autem in numero eorum, quæ mixti imperii sunt, posuit unquam sententiam dicere, eum unde petitur, absolvere aut condemnare? Jus dicendæ sententiæ etiam pedanei judices habent, quorum tamen nec proprie jurisdictio est, sed nuda duntaxat notio, id est, cognoscendi & judicandi facultas sine exequendi potestate, *leg. 5. l. a divo. 15. ff. de re jud.* Relinquitur ergo ut dicamus bonorum possessionem dare, actum esse jurisdictionis, non mixti imperii. Atque hoc ipsum eo quoque manifeste evincitur, quod jus omne, quod in danda bonorum possessione consistit, introductum est juris veteris tum emendandi tum confirmandi gratia, teste Justiniano in *pr. Inst. de bon. poss.* correctio autem juris civilis, temperatio, confirmatio non ab imperio aliquo proprie dicto, sed a jurisdictione Prætoris veniunt: unde scilicet omnia edicta proficiscuntur; quod & nominatim de bonorum possessionibus testatur idem Imperator in *princ. §. 1. Inst. dict. tit.* Quapropter sic omnino habendum est, cum Prætor alicui bonorum possessionem dat, aut si opus est, causa cognita pro tribunali decernit, *l. 1. §. 1. quis ord. in bon. poss.* hunc actum non esse mixti imperii, sed intra terminos consistere jurisdictionis. At enim vero si ex solo decreto bonorum possessio obtineri nequeat, hic jam Prætor utetur imperio, vique adhibita quod decrevit, exequetur, & coercebit obnitentes. Fac. *leg. 3. in pr. ff. ne vis fiat ei, qui in poss.*

Sed huic sententiæ objicitur locus Ulpiani in *l. 3. ff. de jurisd.* ubi diserte Jurisconsultus ait mixti imperii esse dare bonorum possessionem, sic enim hic locus vulgo, atque in ipso quoque codice Pisano legitur: *Mixtum imperium est, cui etiam jurisdictio inest, quod in danda bonorum possessione consistat. Jurisdictio est etiam judicis dandi licentia.* Non auderem asserere locum istum corruptum esse, nisi me moverent summorum virorum auctoritas & præcipue manifesti juris ratio. Quid igitur? non dubito, quin lectio illius loci sit vitiosa, viosa, & vel cum Antonio Goveano ad hanc leg. n. 34. legendum: *Mixtum imperium est, cui etiam jurisdictio inest. Quod in danda bonorum possessione consistit, jurisdictio est. Jurisdictio est etiam judicis dandi licentia.* Nullum enim in veteribus libris frequentius mendum est, quam iterati verbi omissio. Vel cum Ant. Fabro *lib. 4. conject. 4.* pro quod substituendum *quæ*, hoc modo, *cui etiam jurisdictio inest, quæ in danda bonorum possessione consistit.* Nam ex utriusque syllabæ similitudine facile error nasci potuit, & quod caput est, verba sequentia, *jurisdictio est etiam*, &c. evidenter ostendunt, prius a Jureconsulto prolatum esse exemplum jurisdictionis. Hotomannus *lib. 7. observ. 16.* etiam pro his verbis cui jurisdictio inest, mavult legi, quod jurisdictioni inest, non equidem absque ratione: nam proprie jurisdictio non inest, non accedit, subservit imperio, sed hoc illi, *leg. 1. in fin. leg. ultim. §. 1. de offic. ejus*, cæterum non semper & ubique æque accurate ipsi veteres loquuntur.

Sed quid jubere cavere prætoria stipulatione & in possessionem mittere? Ne hæc quidem mixto imperio adscribi posse superioribus consequens est. Etenim cum Prætor cavere jubet, verbi causa, damni infecti nomine, & si non caveatur, decernit missionem in possessionem rei, de qua damnum timetur, id vi jurisdictionis suæ facit, non imperii, haud secus ac si judex in actione arbitraria aut bonæ fidei jubeat rem petitam restitui aut exhiberi, & si jussui ejus non pareatur, contumacem condemnet quanti adversarius in litem juraverit. Quid quod aperte apud Pomponium scriptum est, stipulationes prætorias omnes & ædilitias a jurisdictione venire *leg. 5. pr. ff. de verb. oblig.* Enimvero si ex decreto missus non admittatur, si vis ei fiat, hic jam succedunt partes imperii, quod mixtum appellatur, cujus vi decretum suum Prætor manu ministrorum exequitur *l. 3. ff. ne vis fiat ei, qui in possess.*

Movere neminem debet, quod apud Ulpianum *l. 4. ff. de jurisd.* & Paulum *l. ea quæ, 26. ff. ad municipal.* legimus, jubere cavere prætoria stipulatione & in possessionem mittere, imperii magis esse quam jurisdictionis. Nam verbo imperii istis locis non significatur imperium mixtum, de quo hic agimus, alioqui dicere debuissent Jurisconsulti, ista non esse jurisdictionis, sed imperii mixti; cum vero dicant ista magis esse imperii, quam jurisdictionis, utique fatentur esse jurisdictionis, sed hoc significant esse hæc jurisdictionis cujusdam eminentioris, atque ut Goveanus loquitur, magis imperiosæ, quam juridicæ; in qua scilicet majorum magistratuum, hoc est, eorum qui tribunali præsunt, potestas resplendeat; minores enim magistratus, quales erant magistratus omnes municipales, ea quæ excellentiores hujus jurisdictionis sunt exercere non posse, *dict. l. 26. prim. ad munic.* unde alibi eodem intuitu hi magistratus dicuntur esse sine imperio, *leg. nec magistratus, 32. in fin. ff. de injur.* cum tamen mixtum imperium conjunctum cum jurisdictione sua habeant, *arg. leg. ultim. de offic. ejus leg. 1. ff. de jurisd.* & ut qui jurisdictionem mandant, *arg. §. penult. ff. ad leg. Aquil. l. 3. §. 1. ff. de reb. eor. qui sub tut.* numeratur inter ea, quæ imperii magis, quam jurisdictionis sunt; & quæ ob id magistratus inferiores facere non possunt, etiam restitutio in integrum, *dict. leg. 26. §. 1. ff. ad munic.* At nec in integrum restituere mixti imperii actus est: sed species splendidiores illius, quam dixi, jurisdictionis; quæ enim hic coercitio, aut quis dicere, restitutionem in integrum cohærere, inesse, servire jurisdictioni rescissionemque explicandæ causa comparatam esse? Ejusdem generis est & cognitio de suspectis tutoribus, *leg. 5. §. suspecti, 21. ad Senatusconsult. Turpill.* ubi Jurisconsultus ait, suspecti tutoris accusationem pro tribunali tantum examinari posse, nullumque alium quam præsidem, de hujusmodi quæstione posse pronunciare. An quia hoc mixti est imperii? minime: nam & magistratus municipales mixtum imperium habent, ut paulo ante ostensum: sed quia est excelsioris cujusdam & nobilissimæ jurisdictionis, quam soli habebant magistratus majores, & quam imperii nomine passim veteres designant, *leg. 2. & l. ultim. ff. de offic. præs. leg. 3. ff. de offic. ejus &c. l. 2. ff. de adopt. leg. 12. §. 1. ff. de judic. leg. juris gentium, 7. §. si paciscar, 15. ff. de pact. leg. quod jussit, 14. ff. de re judic.* quibus omnibus locis nomen imperii eminenti huic jurisdictioni tribuitur; eoque nomine significatur excellens quædam potestas majorum magistratuum, sed talis tamen quæ posita sit in jure dicundo, & intra terminos jurisdictionis consistat.

Quidam cum hinc se expedire alia ratione non possent, duo genera mixti imperii commenti sunt, unum quod subserviat & cohæreat jurisdictioni, comparatum jurisdictionis contentiosæ defendendæ & exequendæ gratia; alterum, cui insit, & tanquam principali accedat atque ancilletur jurisdictio; hujus generis esse putant ea, quæ magis imperii quam jurisdictionis esse dicuntur; ideo nempe, quia ut ajunt, sicut in priore specie jurisdictio, ita in posteriore magis eminet imperium, ita Baro *in leg. ultim. ff. de offic. ejus*, Muscorn. *de jurisd. num. 143.* Bocer. *cap. 4. num. 18.* Obrecht. *cap. 12. num. 45.* Ostr. Hillig. *ad* Donell. *lib. 17. comm. 8.* Sed toto eos errare judicio, ea quæ supra diximus, manifeste ostendunt. Nullum enim est imperium mixtum, ac ne excogitari quidem cum aliquo colore potest, quod per se subsistat, cui accedat & famuletur jurisdictio; sed omne accedit & servit jurisdictioni, cum omne positum sit in aliqua coercitione comparata ad jurisdictionem tuendam atque expediendam. Ita post Longovallium Goveanus & Anton. Fab. *ubi supr. & ad dict. leg. 1. in rational.* Bachov. *ad tit. ff. de jurisd. cap. de mixto imp.* atque hæc quoque sententia, ut est simplicissima, ita & verissima nobis videtur, & dudum visa est, *tract. de jurisd. cap. 7.*

CAPUT IV.

An prorogatio jurisdictionis de loco ad locum, & tempore ad tempus ex ratione juris nostri defendi queat?

Certi atque explorati juris est, non solum eum, qui jurisdictionem habet, eam posse mandare alteri, dummodo etiam habeat suo jure, non alieno beneficio leg. *leg. 5. ff. de jurisdict.* id est, modo propriam habeat, non mandatam ab alio, verum etiam jurisdictionem, quam quis vel proprio jure, vel mandatam habet, consensu partium posse ei ipsi prorogari: ut jam vi hujus prorogationis jus dicere possit inter eos, qui jure publico jurisdictioni ejus non sunt subjecti, aut de summa ordinaria ejus cognitione majore. Et hoc est, quod Ulpianus ait, *l. 1. ff. de judic. Si se subjiciant aliqui jurisd. & consentiant in constitutione cujusvis judicis, qui tribunali præest, aut aliam jurisdictionem* ha-

habet, est jurisdictio; & hic loc. leg. est receptum, 14. l. si convenerit, 18. ff. de jurisd. l. 2. princ. & §. 1. leg. de qua re; 74. §. 1. ff. de judic. Doctores nostri fere quadruplicem tradunt jurisdictionis prorogandæ modum, de persona ad personam, de re ad rem, seu quantitate ad quantitatem, de loco ad locum, de tempore ad tempus. Ex quibus modis duo priores certo jure nituntur, leg. est receptum, 14. & l. seq. l. si convenerit, 18. ff. de jurisd. leg. 2. l. 2. ff. de judic. l. 1. l. 3. C. de jurisd. l. de qua re, 74. §. 1. ff. de judic. leg. inter convenientes, 28. ad municipal. sed de tertio & quarto prorogandi jurisdictionem modo, scilicet de loco ad locum, & de tempore ad tempus, non sine causa quidam dubitant an jure nostro recepti sint. Quod attinet ad alium, de loco ad locum, quæstio in eo posita, an ita de loco ad locum jurisdictio prorogari possit, ut virtute hujus prorogationis, etiam extra territorium juris dicundi potestas acquiratur ei, cujus jurisdictio sic prorogata est, verbi causa; an Judex Mutinensis, quo exemplo vulgo utuntur, vi prorogatæ sibi jurisdictionis eam Bononiæ exercere queat? Affirmat quidem idem Zas. in leg. penult. ff. de justit. & jur. num. 23. & DD. commun. in leg. ultim. ff. de jurisd. qui & porro quærunt, an hic præcise requiratur expressus consensus partium, & an etiam necessarius sit consensus judicis illius loci, seu expressus, seu saltem tacitus? Sed si evincimus talem de loco ad locum jurisdictionis prorogationem veteribus incognitam, & rationi, quam captis pignoribus tueri possint, leg. quemadm. juris nostri minime consentaneum esse, omnis de ea re disputatio supervacua futura est. Alienam esse a ratione juris Romani primus ostendere tentavit Bartolus in leg. 2. ff. de judic. in princ. num. 7. Idem post fecit & Baldus in dict. leg. 2. num. 7. & post hunc Salicet. in leg. 1. Cod. de jurisd. num. 4. Nos etiam invictis argumentis id verum esse luculenter demonstrabimus.

Primum illud extra omnem controversiam positum est, magistratus omnes in suo duntaxat territorio juris dicundi potestatem habere, extra locum territorii sui privatos esse, eorumque jure censeri leg. 3. ff. de offic. præsid. leg. ultim. ff. de jurisdict. At privato seu ei, qui nulli judicio præest, tribui jurisdictio consensu litigantium non potest, leg. 1. ff. de judic. leg. 3. Cod. de jurisd. Alexander in dict. leg. ultim. subtilem agit, dum ait judicem habere jurisdictionem in habitu, eamque circumferre, ubicumque locorum sit. Mihi vero valde insubtilis & inepta videtur illa Alexandri jurisdictionis cum habitu comparatio: cum habitus sit qualitas & vis animi longo usu & crebris actionibus parta e subjecto ægre mobilis; jurisdictio autem jus quoddam & potestas in subjectos cives publice tributa certos terminos ac limites suos habens, tum ratione durationis, tum ratione loci. Itaque jurisdictio est objectum seu materia, circa quam magistratus versatur & occupatur, sed in suo duntaxat territorio; magistratus adjunctum occupatum jurisdictionis, sed ita limitatæ, sicut Imperator est adjectum occupatum totius imperii, quatenus scilicet circa Imperii administrationem versatur. Atqui, inquies, certum est posse magistratum etiam extra territorium suum exercere actus jurisdictionis voluntariæ; possunt enim & manumissiones & adoptiones & emancipationes fieri apud proconsulem & præsidem statim atque urbem ingressi sunt, antequam ingressi sint provinciam suam. leg. 2. ff. de offic. proconf. leg. apud, 17. ff. de manum. vind. Respondemus ex eo, quod actus voluntariæ jurisdictionis extra territorium jus dicentis expediri possunt, male inferri, posse in volentes & consentientes quoque extra fines suos extendi jurisdictionem contentiosam. Non enim ex voluntate aut prorogatione privatorum est, quod jurisdictio voluntaria ubique exerceri potest, sed ex natura ipsius jurisdictionis: quippe quæ exercetur in volentes & consentientes, nec aliter exerceri potest, quod si extra provinciam jus dicentis id fiat, nequis ei & fortuitum est. Ut ecce, si quis forte filium adoptaverit apud proconsulem nondum ingressum provinciam suam, is non potest dici prorogasse jurisdictionem proconsulis, non magis quam si apud provinciam jam ingressum adoptasset. Contentiosæ autem jurisdictionis eadem manet natura, nec ex prorogatione induit naturam voluntariæ. Sed nec omnia, quæ ad voluntariam jurisdictionem pertinent, extra territorium explicari possunt, immo nulla ex iis, quæ causæ cognitionem & decretum magistratus desiderant, qualia sunt transactio de alimentis testamento relictis, prædiorum minoris alienatio, adrogatio impuberis, &c. leg. 8. §. ultim. igitur, 8. ff. de transact. leg. 1. ff. de reb. eor. qui sub tut. §. 3. Instit. de adopt. cum simil. His accedit & illud, quod ubi semel ex consensu partium jurisdictio prorogata est, ea etiam in invitos exercetur; quod tamen in alieno territorio fieri non posse apud omnes in confesso est. Quod si ea vis esset jurisdictionis prorogatæ, ad eam ex prorogatione in alieno exercendam non opus esset consensu judicis territorii; utpote qui nec alteri jurisdictionem tribuere, nec eam sibi adimere potest. Non obstat cap. statutum: §. in nullo de rescript. in 6. nam illic sermo est de delegato Pontificis, quem tanquam delegatum Principis, constat ubique jus dicere posse, etiam extra civitatem seu diœcesin, in quibus deputatus est, modo expressus partium ad id accedat consensus, quod etiam eodem loco a Bonifacio VIII. diserte requiritur.

Quinimmo nec illud absolute admittendum videtur, posse jurisdictionem judicis ita prorogari, ut quolibet in loco sui ipsius territorii jus dicat. Etenim quæ causæ cognitionem desiderant & decretum magistratus, ea pro tribunali tractanda sunt, atque eo in loco ubi salva publica majestate, servatoque more majorum jus reddi potest & solet, leg. penult. ff. de justitia & jure leg. 4. Cod. de dilat. quæ res cum ad publicum decus spectet, pactis privatorum mutari non potest, leg. neque ex Prætorio, 27. ff. de reg. jur. neque efficere, ut quod alibi judicatum aut decretum est, auctoritatem judicati habeat, argum. leg. 4. Cod. quomod. & quand. judic. quo etiam pertinet, quod apud Ulpianum legimus, quæcumque causæ cognitionem desiderant, ea per libellum sive de plano expediri non posse, leg. nec quicquam, 9. §. 1. ff. de offic. procons. Atque hoc ipsum etiam a Mario Salomonio contra Gulielm. Cuman. Bartol. & Baldum pridem observatum est in leg. penultim. ff. de just. & jure. Arresto quoque Curiæ Parisiensis anni 1539. 2. Septembr. continetur ut & expensarum taxationes in auditorio & loco, ubi more majorum jus reddi solet, fiant, teste Castal. ad dict. leg. penult. Quod autem Prætor non constringitur uno in loco jus reddere, sed ipsi permittitur pro arbitrio suo locum constituere, ubi jus dicat dict. leg. penult. id non habet hanc sententiam; posse Prætorem ebrium etiam domi suæ, aut in itinere quacumque de causa jus dicere,

sed

sed posse Praetorem ex pluribus tribunalibus (nam in basilicis, ubi jus reddebatur, multa erant tribunalia) unum juris dicendi gratia eligere, id quod his verbis, ubicumque Praetor salva majestate imperii sui, salvoque more majorum jus dicere constituit, Jurisconsultum significasse omnino credibile est. Plane quae circa causae cognitionem expediuntur, item praeparatoria judicii, interrogationes, &c. possunt quidem illa alio quoque loco a magistratu aut judice tractari, & vel domi sella posita vel in itinere, *leg. 4. ff. de interrog. injur. fac.* sed possunt etiam citra partium consensum, nimirum ubi Praetori visum fuerit. Quapropter, ut tandem concludamus, dicendum est, nullam ex ratione juris nostri esse de loco ad locum jurisdictionem prorogationem.

Videamus nunc, an illa de tempore ad tempus prorogandae jurisdictionis species, quae ex quatuor illis, quas vulgo Doctores ponunt, postrema est, juris nostri conditoribus cognita sit. Et quidem, qui jurisdictionem de loco ad locum recte prorogari statuunt, argumentum sumunt ab hoc de tempore ad tempus prorogandi modo, quasi extra omnem controversiam positum sit, posse jurisdictionem de tempore ad tempus prorogari *per leg. 2. §. 1. ff. de judic.* Ego vero nec hanc speciem veteribus cognitam aut usurpatam intrepide affero, eosque, qui contra sentiunt, frustra sententiae suae firmamentum quaerere *in dict. l. 2. §. 2. ff. de judic.* Nam textus ille ad nullam omnino jurisdictionis prorogandae formam pertinet, sed tantum loquitur ibi Ulpianus de prorogando tempore, intra quod Judex datus; qui tantum duntaxat notionem, non jurisdictionem habet, *leg. 5. ff. de re judic.* jussus est litem aliquam sibi commissam dirimere. Hoc tempus cum solo partium favore intelligatur adjectum, etiam earumdem expresso consensu prorogari posse rationis est; utique si & ipse judex ad tempus a Praetore datus consentiat; utrumque enim in hac prorogatione temporis exigitur *d. l. 2. §. 2.* ne videlicet Judex sine consensu suo a privatis gravetur onere judicandi. In prorogatione autem jurisdictionis non aliorum consensus, quam ipsorum litigatorum desideratur, ac ne ejus quidem, cujus prorogatur jurisdictio, nec denique judicis ordinarii & competentis utpote cui nihil adimitur, *d. l. 2. §. 1. ff. de judic. Valt. 17. l. 1. C. de jurisd. num. 66.* Illud autem longe dissimile est, quod Julianus scribit, *l. de qua re, 74. §. 1. ff. de re judic.* judicem, qui usque ad certam summam judicare jussus est, etiam de re majori judicare posse, si inter litigatores conveniat; hoc enim neque ad prorogationem de loco ad locum, neque ad prorogationem de tempore ad tempus, quae interpretum commenta sunt, pertinet, sed ad secundam prorogandae jurisdictionis formam, de re scilicet ad rem, quae non minus, quam prima illa & notissima, de persona ad personam, certo jure recepta est, ut supra demonstravimus. Neque Juliano illic sermo est de simplici aut pedaneo judice, ut in *d. l. 2. §. 2. & passim ff. de judic.* cui scilicet in aliqua causa committi solebat, praescripta formula & reservata dandi potestate exequendi, *leg. a Divo, 15. ff. de re judic.* sed de Judice publice constituto non ad unam aliquam litem, sed generaliter ad omnes causas, quae quandoque incidere possunt, terminandas usque ad certam summam, ac proinde de eo, qui jurisdictionem habeat & magistratus sit; *facit l. inter convenientes, 28. ff. ad municip.* Illud probandum erat, posse magistratus annui jurisdictionem consensu litigantium ita prorogari, ut etiam finito magistratu, & adhuc post annum inter consentientes jus dicere possit, quod nunquam ostendent. Immo vero etsi ostenderent, nondum tamen hoc evinceretur, posse ob id etiam de loco ad locum jurisdictionem prorogari. Licet enim interdum tempus & locus comparentur, *leg. vinum, 22. ff. de rebus credit. leg. si soluturus, 39. ff. de solut.* neminem tamen credo tam esse infantem in arte disserendi, ut ex eo effici putet, quodcumque in uno statutum est, id continuo ad aliud quoque transferendum esse, cum sint plane diversa, & prorogatio temporis privatam litigantium utilitatem respiciat, loci publicum decus. Nec igitur prorogationis de tempore ad tempus ullus apud veteres usus fuisse videtur extra speciem *dict. leg. 2. §. 2. ff. de judic.* ubi non jurisdictio annui magistratus, sed nuda notio judicis ad tempus dati consensu partium & ipsius quoque judicis prorogata proponitur, addit. Anton. Faber *ad dict. leg. 2. §. 2. in rational.* quo etiam loco non sine ratione clausulam illam *dict. §. 2. nisi specialiter principali jussione prorogatio fuerit inhibita*, Triboniano adscribit. Quis enim alius ita loqueretur, *jussione prorogationem inhiberi*, aut *inhibitione jubere*? Adde, quod insolens est ad tempus a Principe judicem dari, aut ad tempus a magistratu dati notionis inhibere prorogationem. Sed haec obiter.

CAPUT V.

In jus vocatio an sit pars judicii proprie dicti?

Processus judiciarii quatuor sunt partes, quarum ordinem & progressum natura ipsa ostendit, in jus vocatio, litis contestatio, causae cognitio, sententia. Additur & quinta sententiae executio, quae tamen ab ordine, quo ad eam pervenitur, secerni potest; nec semper necessaria est, sed tunc solummodo, quando condemnatus sententiae judicis ultro non paret. Prima igitur ordinis judiciarii pars est in jus vocatio; nam ab hac parte edicti omnium actionum instituendarum initium proficiscitur, *§. ult. Inst. de poen. temp. litig.* hoc est, qui cum aliquo judicio contendere instituit, is ante omnia adversarium suum in jus vocare debet, id est, ad eum vocare qui jus dicturus sit, juris experiundi gratia, *dict. §. ultim. junct. l. 1. ff. de in jus voc.* eique actionem edere, quo is secum interim deliberet, utrum cedere malit, an judicio contendere, & si contendendum putet, ut veniat instructus, *l. 1. ff. de edend. auth. offeratur, Cod. de litis contest.* Unde intelligimus hunc actum omnino necessarium esse, eoque omisso nihil cognosci, nihil statui posse; & si contra factum sit, id pro infecto habendum, nec rei judicatae auctoritatem obtinere; *fac. l. 4. C. de sent. & interloc.* & merito; quoniam sic deficit una ex personis, quae ad constitutionem judicii necessario requiruntur; neque Judex contra jus naturale & divinum reum privare debet defensione, quae naturalis est, *Clem. pastoralis de re jud. Gall. 1. obs. 48.* Nonnulli & partem judicii esse contendunt; sed hoc alii & plures negant; quodjam judicium non ante coeptum dicitur, quam lis est contestata, *leg. amplius, 15. ff. rat. rem. hab. leg. unic. C. de lit. cont. Gall. d. observ. 28. VVesemb. par. de jud. num. 6.* Dissidium haud difficile compones. Nam aut rovocem judicii latius accipimus pro toto litis tractu ab in jus vocatione usque ad executionem, quæ processus judiciarii est pars ultima, aut pressius, ut ea tantum contineat, quæ olim apud judices pedaneos expediebantur, … progressu judicii a lite contestata usque ad …, qui instantia dici solet: Priore sensu non dubie in jus vocatio proprie & vere pars judicii est, quam litis contestatio, causæ cognitio, &c. unde ea quoque quæ apud magistratum in jure fiunt, dicuntur in judicio fieri, passim tit. ff. de interrog. in jur. fac. l. 1. §. 1. ff. qui satisd. cog. leg. 1. §. penult. & ultim. ff. de administr. … leg. ultim. ff. si quis in jus voc. Posterior proprie judicii pars non est: sed tantum principium & præparatio judicii instituendi, neque enim proprie aut judex aut judicium ullum esse intelligitur, antequam lis sit contestata, dict. leg. unic. C. de lit. contest.

Sed hic nobis occurrit primum ex eo, quod in jus vocatio operetur præventionem, id est: si quis postea quam in jus vocatus est, alterius fori esse cœperit, puta mutatione domicilii, aut privilegio proprii judicis, quæsitro; is in ea causa jus forum revocandi non habeat, quasi vocatione præventus, leg. 7. ff. de judic. Cod. proposuisti ext. de foro competenti. Unde dicendum videtur in jus vocationem etiam judicii proprie dicti partem esse, & judicium cœptum intelligi, simulatque reus in jus vocatus est, per leg. ubi acceptum, ff. de judic. Respondeo etiam si hic effectus est in jus vocationis, ut reus, licet postea alterius fori esse cœperit, item apud eum, ad quem vocatus est, porro contestari & causam in judicium deducere debeat, ex eo tamen non sequitur in jus vocationem partem esse judicii, aut judicium jam esse cœptum, voce judicii stricte sumpta. Nam judicio cœpto, ne actori quidem consilium mutare, & ad novum judicem reum vocare potest, ita cape dict. leg. ubi acceptum, 30. leg. si is, 34. ff. de judic. At in specie proposita, quidni liceat actori ante litem contestatam consilium mutare, reumque convenire in foro recens quæsito, argum. leg. si quis, 118. ff. de verbor. obligat. Nam utique reo competere non potest exceptio præventionis, qui non prævenit, sed præventus est. Litis autem pendentiæ exceptio competit demum post litem contestatam: & tunc actor etiam invitus in judicio retineri potest, poteritque reus ipsi actori volenti causam forum recenter quæsitum trahere, exceptionem opponere litis pendentiæ. Adde quod judicii inchoati etiam hæc vis est, ut actorem mutuæ petitioni rei obnoxium reddat, quam mutuam petitionem Pragmatici nunc reconventionem vocant, leg. qui non, 22. ff. de judic. leg. cum Papinianus, 14. cum auth. & consequenter, Cod. de sent. & interloc.

Secundo objicitur, quod jure novissimo in actionibus realibus per solam citationem vel libelli oblationem principi factam & judici insinuatam, & per eum futuro reo cognitam res fit litigiosa, auth. litigiosa, & ibi Doctor. Cod. de litigios. Ex quo non male inferri videtur jure Novellarum judicium cœptum intelligi, saltem in actionibus in rem, statim atque reus in jus vocatus est. Et porro cum jure Canonico hoc generale censeatur, ut scilicet tam in actionibus personalibus, quam realibus per insinuationem citationis res vitio litigiosi afficiatur, Clement. 2. ut in lit. pendent. nihil innov. ex eo utique hujus juris intuitu judicium a citatione inchoari recte colligi putatur per c. gratum, de offic. delegat. Respondeo ne hæc quidem collectio firma est; neque enim ex eo, quod placuit rem per citationem fieri litigiosam, ut ea postea alienata vel pignorata emptori vel creditori obstet exceptio litigiosi, sequitur protinus judicium esse cœptum: non magis quam ex eo, quod citatio operatur præventionem, quod perpetuat jurisdictionem delegati, de quo in dict. cap. gratum, aut quod ex sola aditione Prætoris effectus prorogationis inducitur, leg. si convenerit, 18. de jurisd. Nam illa effecta judicii cœpti adsumum, quæ alias tempore aut morte peritura erant, judicio semel inclusarum perpetuatio, fructuum in strictis judiciis post acceptum judicium præstatio, exceptionem dilatoriarum exclusio, &c. non sunt effecta in jus vocationis, seu citationis, ut nunc passim loquuntur, sed manent adhuc propria litis contestationis, utpote per quam demum res in judicium deducitur, & cognitioni judicis subjicitur, leg. unic. C. de lit. contest.

CAPUT VI.

An pactum unius ex correis debendi aut credendi alteri prosit, aut noceat?

EXplorati juris est neminem sua pactione alteri nocere posse; ac ne ei quidem, cujus est in potestate, leg. si sibi, 17. §. pen. l. si unus, 27. §. 4. vers. ante omnia, l. contra juris, 28. §. 1. l. ult. ff. de pact. in tantum, ut ne quidem procurator omnium bonorum possit actionem domini gratis remittere, d. l. 28. §. 2. ex quo loco temperandi textus in l. 12. & l. 14. ff. eod. per l. 12. C. de transact. l. pactum curatoris, 22. C. de pact. Sed nec pactione nostra alteri, cujus juri subjecti non sumus, aut cujus rebus administrandis non sumus præpositi, possumus prodesse, ut inde aut actio aut exceptio ei acquiratur, l. si stipulatio, 38. §. alteri, 17. ff. de verb. obl. l. 11. ff. de obl. & act. l. quæ tutela, 73. §. ult. de reg. jur. Hinc est, quod nec pactum fidejussoris prosit reo principali, leg. fidejussoris, 23. ff. de pact. quanquam si expresse convenit, nec a reo quoque petatur, hoc casu propter connexionem obligationum reo quoque dari exceptionem placuit, non pacti conventi, sed subsidiarium doli, leg. idem in duobus, 25. §. ult. & l. seq. dict. tit. Quod vero ex contrario placet etiam pactum generale debitoris, sive in rem factum, fidejussori quoque prodesse, mirum videri non debet: quippe cum ut fidejussori prosit, ipsius quoque debitoris intersit, propter mandati judicium. Nam si nulla sit fidejussori mandati actio, verbi gratia, si donandi animo fidejussor intervenerit, pactum rei fidejussori ad exceptionem minime proderit, reg. & hæredi, 21. §. ult. de pact. l. quod dictum, 2. eod. tit.

De pacto unius e duobus rei promittendi aut stipulandi quæsitum, an non id saltem alteri prosit aut noceat? Et si quidem unus ex correis debendi, qui & socii sint, pactus sit, ne a se petatur, quin id pactum cæteris quoque prosit, vix ambigitur propter regulam d. l. 21. §. ult. l. 23. in fin. & text. in leg. 25. ff. dict. t. C. l. 62. ff. ad leg. Falc. Nam hic quoque paciscentis interest a socio promittendi reo non peti: quia si solvat, id alteri judicio societatis reputabitur. Obstat tamen lex 3. §. 3. de lib. 3. de lib. legat. ubi Julianum respondisse Ulpianus refert, si uni ex correis sociis liberatio legata sit, non pacto, sed per acceptilationem eum liberari

berari debere, ut dum ab altero petitur, alter inquietetur, quibus verbis non obscure significare videtur pactum unius rei debendi alteri non prodesse, si non socii sint. Ego vero ergo Julianum ideo requirere, ut in casu illic proposito liberatio non pacto, sed per acceptilationem fiat, quia pactum unius e reis promittendi sociis alteri non prodest, sed quia non prodest ipso jure, atque ita adhuc fieri posset, ut dum actio, quæ ipso jure sublata non est, adversus alterum ab hærede instituitur, is cui liberatio legata, oblique inquietetur. Hæc est ratio cur Jurisconsultus in dicta specie liberationum fieri voluit per eum modum, quo penitus & ipso jure obligatio perimitur, ut scilicet in omnem eventum liberatio prospectum sit. Quid ergo si rei debendi non sint socii, an hic unius pactum alteri non proderit? Puto non prodesse; atque ut ita sentiam, multa me movent. Primum quia hic paciscentis nihil interest a correo suo pecuniam non peti, quippe qui, etsi postea conventus a communi creditore solvat, nullam adversus eum, qui pactus est, actionem habet, ut hic cesset regula d. l. 21. §. ult. ff. de pact. Secundo movet me locus Ulpiani in dict. l. 3. §. 3. ff. de lib. legat. Ubi Jurisconsultus ait, alterum ex correis debendi, cui liberatio legata est, agendo quidem consequi posse, ut pacto liberetur, sed non, ut per acceptilationem, ut etiam correo liberatio prosit. Qui locus apertissime sententiam nostram confirmat; quid enim apertius ad ejus confirmationem afferri potest, quam quod ibi Jurisconsultus ait, uno quidem accepto liberato utrumque liberari, pactione autem unius eum dumtaxat, qui pactus est?

Duo tamen huic sententiæ objiciuntur. 1. Responsum Pauli in leg. 25. princ. ff. de pact. 2. rescriptum Imperatorum Diocletiani, & Maximiani in leg. 2. Cod. de duob. reis. In dict. leg. 25. pr. idem, ait Paulus, in duobus reis promittendis & duobus argentariis sociis. Quid autem hic cum quo idem? an idem quod in conventione fidejussoris, quam reo non prodesse, nisi fidejussor sit in rem suam, idem Paulus in leg. 23. pr. & leg. 24. ff. eod. respondet? Minime. Nam pactum unius e duobus sociis alteri quoque prodesse debet propter judicium societatis. Sed idem, quod in pacto rei principalis, ut quemadmodum illud fidejussori quoque prodest, dict. leg. 23. in fin. sic unius ex argentariis vel reis promittendis sociis pactum alteri quoque proficiat, utroque enim casu paciscentis peculiariter interest, ne pecunia ab altero petatur rei principalis, ne a fidejussore propter mandati judicium unius e duobus reis vel argentariis sociis, ne a socio propter judicium societatis, quo aliquid id paciscenti reputaretur. Non enim tantum de argentariis sociis, sed etiam de reis promittendis sociis, dict. leg. 25. loquitur. Et est verissimum quod Cujacius monet, cum hanc d. l. 23. immediate conjungi debere dict. leg. 25. utpote quæ alterum exemplum habeat, quo paciscentis principaliter interest: quod & inscriptio & res ipsa indicat.

Alterum quod huic sententiæ obstare plerique putant, est lex 2. Cod. de duob. reis, ubi Impp. rescribunt, si unus ex duobus debendi reis conventus integrum debitum creditori exsolvat, quod ultra dimidiam suam solvit, eum posse repetere: quod si accipiunt, posse repetere etiam citra cessionem in correum actionis, videlicet subsidiaria actione negotiorum gestorum: & secundum id sæpe judicatum esse testantur, Ant. Fab. Cod. sue for. de duob. reis, defin. 1. Christin. vol. 3. decis. 114. & vol. 4. dec. 178. Jam vero hoc posito, unum e duobus reis debendi solventem posse id quod partem suam excedit, repetere, ex eo recte colligitur etiam unius paciscentis, ne a se petatur, interesse ne petatur a correo suo, & consequenter id pactum etiam correo profuturum, ne si forte is solidum solvat, pro parte id ab eo, qui pactus est, repetat. Ego autem non video, quæ in proposita quæstione actio solventi citra cessionem competere possit. Illud utique certum est, solutione unius ipso jure totam perimi obligationem, §. 1. Inst. de duob. reis, l. 2. l. 3. in fin. ff. eod. ut nulla jam creditori supersit actio, quæ cedi possit. Nec ulla dari potest ratio, cur cum uno ex pluribus fidejussoribus solidum solvente sine pacto aut cessione nulla detur adversus confidejussores actio, leg. ut fidejussor, 39. ff. de fidejuss. leg. Modestinus, 76. ff. de solut. danda sit uno e reis principalibus solvente adversus correum. Sed nec suo nomine adversus correum actionem habere potest: non actionem mandati, quod nullum intercessit; non actionem negotiorum gestorum, quia non alienum, sed suum negotium solidum, quod debebat, solvendo gessit: non denique actionem communi dividundo aut pro socio, quarum neutra competit circa communionem l. 1. l. 2. ff. comm. divid. accurate Ant. Fab. l. 11. conject. 6. & seq. contra Car. Molinæum ad d. l. Modestinus, de solut. Quid ergo respondebimus ad d. l. 2. C. de duob. reis? Putamus eam commode accipi posse de duobus reis, qui in rem communem pecuniam mutuo acceperunt; dicitur enim expresse in textu pecunia communiter mutua accepta: ut hoc casu uno solidum solvente, aut actio pro socio, si socii fuerint, aut communi dividundo adversus alterum competat, arg. l. 2. pr. ff. com. divid. junct. l. ultim. fin. 31. ff. pro soc. add. Perez. ad ult. C. de duob. reis, num. 10. & seq. Gomez 2. var. res. 12. in fin. Plane si nominatim persona correi quoque pacto comprehensa fuerit, proderit ei pactum ad exceptionem doli per l. 25. §. ultim. & leg. seq. ff. de pact.

Jam videndum ex contrario, an pactum unius ex reis stipulandi aut credendi alteri credendi correo noceat, puta si pactus sit se non petiturum? Et hic iterum distinguendum videtur inter socios credendi reos & simplices. Si sint socii, puto pactum unius alteri ita non nocere, ut neque prosit. Nam pro ea saltem parte obstabit correo petenti exceptio, quam ille toto soluto socio restituere teneretur judicio societatis. Quam autem partem ipse consequitur, eam non tenetur communicare socio, quippe cujus pactione effectum, ne integrum consequi potuerit. Ut ut autem summi juris ratio efficere videatur, ut nullo modo unius pactum alteri noceat, propter conditionem obligationis duorum reorum, in quorum singulorum persona tota obligatio consistit, æquitatis tamen ratio facit, ut in proposito saltem pro parte agenti obstet exceptio, pro ea, inquam, parte quam alioqui acceptam teneretur restituere socio.

Cæterum Anton. Faber 11. conject. 18. & in rational. ad leg. 27. de pact. rejecta hac distinctione, contendit pactum unius e reis credendi sociis alteri nocere in totum; utitur argumento leg. si duo, 34. ff. de rec. arbitr. ex quo loco sic ratiocinatur: Si compromissum unius ex correis sociis nocet in totum alteri, ita ut si is qui compromisit, vetitus sit petere, neque alter petere possit, ergo eodem modo & pactum unius nocebit alteri. At compromissum nocet, &c. per d. l. si duo.

ff. dus. Respondeo, falsum est assumptum, idque vel ex eodem loco demonstrari potest. Non enim quæritur illic, an socius petere, quod promissum est, possit; sed an petente illo stipulatio pœnalis interposita a socio, qui compromisit, committatur: quod non obscure affirmat Jurisconsultus. Unde contrarium potius colligitur, nempe compromissum socio, qui non compromisit, non obesse, ut eo quoque petente stipulatio pœnalis committatur, adversus eum scilicet qui compromisit. Quod si correi credendi socii non sint, conventio unius alteri non nocebit omnino, nunquam enim alia pacta vim suam exerunt extra personas paciscentium, *leg. ff. unius*, 27. §. 4. *vers. ante omnia ff. de pact.* & eo pertinet ejusdem *l. 27. pr. vers. ultim.* Aliud est, si unus promissori acceptum tulerit, *leg. 2. ff. de duob. reis*, aut novandi animo alium reum acceperit, *l. si vero*, 13. §. 1. *ff. de novat.* aut jusjurandum detulerit, *in duobus*, 28. *ff. de jurejur.* quia hæc omnia vicem solutionis obtinent. De jurejurando enim id quoque diserte traditum in *leg. jusjurandum*, 27. *ff. eod. tit.*

CAPUT VII.

Si unius debiti plura sint apud creditorem chirographa, an unius redditione censeatur obligatio remissa?

SI creditor debitori suo chirographum reddiderit, tacite pactus intelligitur, ne petat, & debitum remisisse, *leg. 2. §. 1. ff. de pact.* *fac. leg. 3. §. 1. ff. de lib. leg. l. qui chirographum*, 59. *ff. de leg. 3.* Quæ res dubitationem non habet, si creditori duntaxat una cautio exposita, & ab eodem debitori reddita proponatur. Sed fingamus ejusdem debiti plures cautiones sive instrumenta creditori tradita, & unum ex his tantum debitori redditum, an hujus unius redditione, similiter obligatio tacite remissa censeri debeat, quæsitum est. Affirmant Bart. Bald. Castr. Jason *in d. l. secunda, de pact.* quorum sententiam ex professo tuetur Bachovius *ad tit. ff. de pact. C. de sec. div. pact. num. 7.* Negant Duar. Fort. Gasf. Paul. Bus. *in dict. leg. 2.* excepto si id actum esse appareat, veluti si tabulæ non simpliciter redditæ, sed aut donatæ sint aut legatæ debitori. Moventur Bartolus, eumque secuti hac ratione, quia unum tantum instrumentum est, quamvis pluribus tabulis conscriptum, per *leg. unum*, 24. *ff. qui test. fac.* & quia tabulis restitutis non scriptum, sed contentum restitutum intelligitur, *arg. dict. l. 2. §. 1. de pact. l. qui chirographum*, 59. *de leg. 3. l. 1. C. de donat.* Bachovius autem, pro defensione sententiæ Bartoli etiam quinque alia argumenta affert, quorum primum sumptum est ex *leg. veteribus*, 39. *ff. de pact.* quo loco cum Papinianus dicat, veteribus placuisse, pactionem obscuram vel ambiguam ei nocere, in cujus potestate fuit legem apertius conscribere, ex eo infert Bachovius: creditori imputandum esse, quod non apertius egerit, & contra eum esse juris præsumptionem, quod debitum remittere voluerit. Secundum Bachovii argumentum est, quod præferenda sit sententia humanior: eam autem esse, quæ favet liberationi, *leg. Arianus*, 47. *ff. de oblig. & act.* Tertium, quia generalis est definitio tradita in *dict. leg. 2. §. 1. de pact.* nempe redditioni chirographi hoc actum tacite intelligi, ut debita pecunia petatur. Quartum, quoniam nullus alius finis redditionis chirographi dari potest, quam debiti remissio. Postremum, quia si unum ex duobus chirographis debitori legatum esset, liberatio legata censeretur. Cæterum hæc sententia aliis, ut dixi, displicet, & merito, meo quidem judicio: quippe qua admissa magna occasio præbeatur improbis hominibus fallendi bonos creditores suos: nam debitori in proclivi est duo chirographa ejusdem argumenti conscribere, quorum alterum tradat creditori, alterum retineat, ut si quando ex eo, quod traditum est, conveniatur, proferat retentum, dicatque illud sibi redditum esse a creditore: atque ita fenestra aperiatur fraudibus. Quapropter lubens subscribo sententiæ eorum, qui censent unius chirographi redditione non debere intelligi factam esse debiti remissionem, nisi id actum esse a debitore probetur: quod si id docere non possit, non ipsi, sed creditori jusjurandum deferendum esse, nempe ut juret chirographum a se redditum non esse animo remittendæ obligationis. Atque huc etiam facit bonus textus in *leg. ultim. ff. de his, quæ in test. del.*

Superest, ut respondeamus argumentis contrariæ sententiæ auctorum. Et quidem illud Bartoli, unum instrumentum est, licet pluribus exemplis descriptum: verum igitur esse instrumentum redditum esse, est ex eorum genere, quæ Aristoteli in poster. analyt. dicuntur *ἀντιστρέφοντα*, id est, tale ut pro creditore retorqueri possit in debitorem. Nam ut Bartolus sic argumentatur pro debitore, unum tantum est instrumentum, quamvis pluribus tabulis conscriptum, ergo verum est redditum esse: ita pro creditore contra debitorem hoc telum retorqueri potest. unum est instrumentum, atqui hoc a creditore retentum, igitur non est redditum. Quanquam nec illud simpliciter verum est, quod ait Bartolus, unum tantum esse instrumentum. Unus quidem est contractus, aut una obligatio: at plures tamen hic esse cautiones sive plura instrumenta recte dicitur, *leg. unum*, 24. *ff. qui testam. fac. leg. ultim. ff. quæ in testam. del.* Ad *leg. veteribus*, 39. *ff. de pact.* unde primum Bachovii argumentum petitum est, respondeo, non temere quod Papinianus eo loco de interpretatione verborum pacti ambigui aut obscuri tradit, trahendum esse ad pacta tacita, quæ ex facto aliquo colliguntur; præsertim ad hoc ut donatio intervenisse præsumatur, & eo quidem etiam casu, ubi alius istius facti finis dari potest. Vulgo dici solet vel frivolam clausulam excludere donationis præsumptionem, eo quod nemo facile suum jactare velle aut effundere præsumatur, *leg. cum de indebito*, 25. *princ. ff. de prob.* Mihi Doctor. Cyn. Baldus & Doctor. *in dict. leg. 3. Cod. de non num. pecun.* Ad secundum Bachov. argumentum eadem dari responsio potest, nempe non usque adeo indulgendum esse liberationi, maxime ubi de præcedente obligatione constat, ut quis sine causa suum perdere voluisse existimandus sit. Donare enim, perdere est, *dict. leg. 25. de prob. leg. 7. princ. ff. de donat.* Ad tertium definitionem *leg. 2. §. 1. ff. de pa.* restringendam esse ad casum, quo una duntaxat cautio, ut plerumque fieri solet, exposita & eadem reddita est. Illud enim perraro evenit, ut debitor duo ejusdem debiti chirographa tradat creditori: quamobrem nec de tali casu cogitasse Jurisconsultum credibile est, *arg. leg. 3. & leg. seqq. ff. de leg.* Ad quartum quoque non difficilis responsio est, nempe cum creditor unum tantum e duobus ejusdem debiti chirographis, quæ accepit, debitori reddit, non continuo cre-

credendum esse, voluisse eum debitum remittere, cum alium hujus redditionis finem sibi propositum habere potuerit, qui potius præsumendus sit: nimirum idem id creditorem fecisse, quia ex altero, quod retinuit debitum satis probari possit, ut supervacuum videatur utrumque retinere. Quod si animum remittendæ obligationis creditor habeat, cur quæso, non utrumque restituit, sed alterum retinet? Actus agentium, ajunt nostri, non operantur ultra eorum intentionem, *leg. non omnis, 19. princ. ff. de reb. cred.* Potest & his hujus addi, ne videatur creditor utraque cautione remota aliquid malitiose adversus debitorem velle machinari. Postremum Bachovii argumentum petitum ex *leg. 59. de de legat. 3.* responsionem non meretur. Nos enim de eo casu disputamus, ubi e duobus chirographis unum redditur simpliciter, nec creditor in se donare profitetur. Legare autem donare est, *§. 1. Instit. de legat. leg. legatum, 36. ff. eod. 2.* Nullum enim dubium est, quin sicut donata, ita & legata cautione, seu chirographo, & vel una, licet plures creditori expositæ, nomen ipsum, seu debitum donatum legatumque intelligatur, *dict. leg. 59. de legat. 3. leg. servum, 44. §. cum qui, 3. eod. 1. leg. 3. §. 1. de lib. legat. cum similib.*

CAPUT VIII.

An de controversiis ex testamento ortis recte transigatur non inspectis testamenti verbis? & quid hic statuendum de pactione gratuita?

IN *leg. sub prætextu, 19. C. de transact.* traditur hæc regula, sub prætextu instrumenti postea reperti transactio bona fide facta non rescinditur. Quæ regula officium suum perdit ex communi Interpretum nostrorum sententia; & meo judicio vera, si transactio facta sit super controversia ex testamento profecta, non inspectis cognitisque testamenti verbis, atque ex testamento postea prolato appareat læsum esse transigentem, & habemus in hanc sententiam textum expressum in *leg. 6. ff. de transact.* ubi hæc verba Caji leguntur: *de his controversiis, quæ ex testamento proficiscuntur, neque transigi, neque requiri veritas aliter potest, quam inspectis cognitisque verbis testamenti;* cui geminus alter locus ejusdem Caji in *l. 1. §. 1. ff. testam. quemadm. aper.* Cujacius tamen ad *leg. 1. ff. de transact.* & Æmilius Ferretus putant hanc sententiam falsam esse, & natam ex communi errore. Moventur hisce rationibus: Primum, quia nulla sufficiens ratio dari potest, cur transactio, quæ inter transigentes non minorem vim habet, quam res judicata *leg. non minorem, 20. Cod. de transact.* facta super controversiis ex testamento ortis sub prætextu testamenti postea rescindi debeat contra definitionem generalem *l. sub prætextu 19. Cod. d. tit.* & similis textus *l. 10. l. 16. l. cum transmitt 23. Cod. eod. l. summa 65. §. 1. ff. de cond. indeb.* Sed hoc Cujacio & Æmilio visum, dum suo indulgent ingenio: nam satis sufficiens vulgo redditur, eaque duplex hujus juris singularis ratio: una, ne qui testamenta supprimunt aut consulto diutius occultant, iniquum inde lucrum capiant, dum eo pacto illectantur legatarii & fideicommissarii ad transigendum & modicum forte præsens, pro relicto alicujus momenti, quod ignorant, accipiendum, per *d. l. 6. pr. ff. de transact.* Altera, quod alias per hujusmodi transactiones facile circumveniri possent supremæ hominum voluntates, quas exitum habere, etiam publice expedire creditur, *l. 5. C. test. quemadm. aper.* Bart. & DD. *in d. l. 6.* Sande *lib. 4. tit. 9. definit. 15.* Quæ profecto ratio minime inepta est, quamvis id Cujacio videatur; nam eadem ratione motus Divus Marcus oratione in Senatu recitata effecit, ut ne super alimentis testamento relictis transigi possit sine Prætore: *d. l. 8. pr. ff. de transact.*

Deinde putat Cujacius *d. l. 6. ff. de transact.* aut peregrinam esse, aut a proposito alienam, quippe apud Cajum in *d. l. 1. §. 1. ff. test. quemadm. aper.* transigendi verbum non ad conventa, sed per translationem ad judicata referri: quod inquit, cum Tribonianus non animadverteret, partem illius responsi in titulum de transactionibus conjecit, nempe illam ipsam *l. 6.* cujus tamen sententia falsa sit, si verbum illud referatur ad conventa seu composita. Ego vero hic desidero judicium Cujacii, & verba hæc *neque sine judice transigi*, quæ sunt Caji in *d. l. 1. §. 1. test. quemadm. aper.* non ad judicata aut sententias judicum, sed ad conventiones referenda esse contendo: idque vel ex eo solo evincitur, quod alioqui verba illa in absurdam & stultam abeunt sententiam. Quis enim ita loqueretur, *sine judice judicari non potest?* aut quis unquam de eo dubitavit? Caji sententia minime obscura est, neque partes transigere posse de iis, quæ testamento relicta sunt, sine judice, apud quem scilicet tabulæ aperiri solent, neque aliter judicem judicare, quam inspectis cognitisque verbis testamenti: non quod ipsa transactio auctoritatem desideret judicis, sed tabularum apertura & publicatio, ut cognita voluntate defuncti, si quis jam velit, de dubio aliquo aut incerto utiliter transigere possit; *d. leg. 1. pr. l. 4. l. 5. quemadm. test. aper. l. testamenta 18. Cod. de test.* VVesemb. *parat. d. tit.* Costal. *in l. 6. ff. de transact.* Barthol. *cap. 3. de transact. num. 14.* qui & merito notant Accursium, Bart. Bald. quod plus hic tribuant sententiæ judicis, quam privatorum transactioni: quasi judici liceret etiam sine inspectione tabularum sententiam ferre, privatis non liceret transigere. Denique & Græci, quorum auctoritati etiam plus æquo tribuere Cujacius solet, verba Caji sic reddiderunt, [illegible] Porro tria adhuc communi sententiæ objiciuntur. Primum responsum Scævolæ in *l. Lucius 78. §. ult. ff. ad SC. Trebell.* ubi casus proponitur, quo post transactionem interpositam reperta instrumenta, ex quibus apparuit quadruplo amplius in hereditate fuisse quam hæres fiduciarius ex causa fideicommissi restituerat; & tamen negat Scævola, si transactio intervenerit, amplius fideicommissi nomine peti posse. Respondeo in casu, quem illic proponit & decidit Scævola, credendum omnino esse & præsupponendum, omnia legitime fuisse acta, testamentum inspectum fuisse atque ex verbis testamenti satis constitisse de fideicommisso; neque postea aliud voluntatis ultimæ instrumentum, puta codicillos, quibus fideicommissario plus quam testamento relictum erat; sed alia, quæ plus in bonis defuncti fuisse ostenderent, reperta. Nam codicillis postea repertis & prolatis non obstante transactione integra maneret fideicommissi petitio *l. 3. §. 1. ff. de transact.* cum iniquum sit pactione perimi id, de quo cogitatum non est, *l. qui cum 9. in fin. ff. eod. tit.*

Objicitur secundo *l. non est ferendus 22. ff. eod.* Respondeo; satis apparet ex verbis hujus loci, factam fuisse transigenti in specie illic proposita testamenti inspiciendi copiam, atque ab eo inspectum lectumque, quamvis forte oscitanter, quod suæ negligentiæ imputare debet. Plana est Jurisconsulti sententia, nempe non esse audiendum eum, qui facta inspiciendi copia, postea causetur de eo solo cogitasse, quod prima parte testamenti, non etiam quod posteriore relictum sit.

Postremo ex Joanne objicit Accursius, quod transactio sit rei dubiæ & incertæ, at post inspecta testamenti verba rem non amplius esse dubiam, sed certam. At quam jejuna hæc objectio! quasi vero adhuc quæri non possit de mente & sententia testatoris, de viribus testamenti, utrum Falcidiæ locus, &c. Illud obiter moneo, non eo minus ratam esse debere transactionem, quod adjecta non sit clausula, *visis cognitisque verbis testamenti*, dummodo doceatur transigentes gnaros fuisse eorum, quæ testamento cauta, licet tunc cum interponebatur transactio, forte lectum non sit, Bart. *in d. l. 6.* Ant. Fab. *Cod. suo for. hoc tit. defin.* 1. Sande *lib.* 4. *tit.* 5. *defin.* 15.

Reliquum est, ut jam examinemus quæstionis propositæ partem alteram, nempe quid hic statuendum de pactione gratuita. Nam cum Cajus in dictis locis *l. 6. ff. de transact. & l. 1. §. 1. ff. test. quemadmod. aper.* nominatim & tantum loquatur de transactione, quæsitum est, an non saltem donationis causa liceat de controversiis ex testamento dependentibus non inspectis tabulis pacisci, licentque gratis remittere? Accursius, cujus sententiam secuti sunt Bartolus, Bald. & Angel. *in d. l. 6.* putat non magis licere verbis testamenti non inspectis de hujusmodi controversiis gratis pacisci, quam accepto aliquo transigere. Contra vero Albericus de Rosate, Guilielmus de Cuneo, Cyn. & Jas. pacisci de his gratis licere, quamvis transigere non liceat: quorum sententiæ & nos ultro subscribimus. Accursius eumque secuti argumentum ducunt a paritate rationis, & pro vero falsum supponunt, eandem scilicet hic esse transactionis & pacti gratuiti rationem. Magna enim & evidens hic inter pactum & transactionem differentia est; quippe qui transigit, decipi potest, accepto forte minimo pro bona summa, cum utique habere velit, quod sibi testamento relictum est: at is qui ultro totum remittit, non decipitur, cum nihil habere cupiat, & potest unusquisque jus sibi delatum repudiare.

Pro contrariæ sententiæ firmamento adducit Bartolus *l. 3. l. 9. §. ult. ff. de transact. l. tres fratres 35. ff. de pact.* quibus locis pactum & transactio æquiparantur, & pari passu ambulant. Sed quæ hæc argumentatio est? In casibus dd. locis propositis eadem pacti & transactionis est ratio, ergo & in casu proposito. Docent nos Logici non continuo quæ in uno & altero conveniunt, convenire in omnibus, aut in eo, ubi dispar ratio. Neque nos dicimus pactionem gratuitam valere omni casu, quo transactio non valet: sed utilem esse in quæstione proposita, licet transactio sit inutilis. Quid quod omnibus illis locis aperte agitur de pacto decidendi causa, interposito, quod nihil aliud est, quam transactio.

Affertur postremo pro eadem sententia, quod apud Paulum *lib. 1. sentent. tit. 1.* legitur, *de his rebus pacisci non posse, de quibus transigere licet*. Respondeo ex eo nequaquam sequitur, de quibus rebus transigere non licet, nec licere pacisci: pactio enim aliquando valida, ubi transactio non tenet; verbi gratia, de re judicata, aut jurejurando decisa, aliave certa & liquida transactio interposita inutilis est; pactio donationis causa non item. Quamobrem cum textus illi supra sæpe citati, *l. 6. ff. tit. de transact. l. 1. §. ff. test. quemadmod. aper.* transactionem duntaxat in proposito prohibeant, eaque prohibitio aliquid singulare, & transactionis proprium contineat, nolim eos ad pacta gratuita temere extendere.

CAPUT IX.

An vulgaris distinctio procuratoris universorum bonorum in simplicem & cum libera ex ratione juris nostri defendi possit?

QUæri solet an mandati generalis hæc vis sit, ut procurator, cui universorum bonorum administratio permissa est, possit rem quamcumque ad administrationem suam pertinentem pro arbitrio suo alienare, in aliumve transferre? Doctores nostri duo genera hujusmodi procuratorum faciunt; unum eorum, quibus simpliciter rerum omnium administratio a domino commissa est; alterum, quibus commissa est libera, nominatim scilicet hoc adjecto: & contendunt Procuratorem cum libera (sic loquuntur) etiam jus alienandi habere, modo ne id fiat animo donandi: cum autem, cui simpliciter administratio, quamvis omnium bonorum, mandata est, nihil alienare posse, præter fructus aut res alias, quæ corruptioni obnoxiæ. Verum mihi hæc distinctio suspecta semper visa est. Etenim cum ex mandato æstimandum sit, quid cuique in re aliena liceat, parem esse debere utriusque procuratoris potestatem omnino dicendum videtur, & quod uni aut licet, aut non licet, id alteri quoque in re dominica licere aut non licere. Quid enim interest, simpliciter alicui bonorum universorum administratio mandata sit, an mandato adjecto verbo *libera*? Non magis hæc differunt, quam hæres simpliciter institutus, & institutus adjecto *ex asse*. Administratio quantumvis simpliciter tradita, nihilominus libera tradita intelligitur; quippe quam libere exercere liceat in rebus omnibus, nec minus libere, quam si specialiter de singulis mandatum esset, excepto si quid generali cujusmodicumque mandato non continetur, qualia sunt, donatio, *l. 7. ff. de donat.* manumissio, *l. 13. ff. de manumiss.* rei dominicæ pro alio obligatio, *l. 1. §. 1. ff. quæ res pign. obl. non poss.* liberatio pignoris aut hypothecæ, *l. 7. §. 1. quib. mod. pign. f. l.* item, quævis alia juris dominici remissio, *leg. mandato 60. ff. de procur. l. præses 12. Cod. de transact.* alienatio quoque rerum domini, quam non exigit ratio administrationis, *l. procurator totorum 63. ff. de proc. junct. l. 12. & ultim. ff. de cur. furios. l. procurator 16. Cod. de procur. l. 1. §. 1. de offic. procur. Cæs.* Hinc est, quod ei, cui, licet simpliciter, rerum omnium gerendarum provincia mandata est, rem domini in judicium deducere, *leg. 11. ff. de pact.* quod iis tantum licet, qui domini loco habentur, *l. tutor. 22. & 27. ff. de administr. tut.* potest exigere & accipere, *l. 11. ff. de pact. l. qui hominem 34. §. 3. ff. de solut.* creditoribus solvere, *l. quidlibet 87. ff. de solut. l. 59. ff. de procur.* novare, *d. l. 22. ff. de adm. tut. l. novare 20. §. 1. ff. de novat.* transigere, jusjurandum deferre, *d. l. præses Cod.*

de

di transact. *d. l. ff. de pact. l. jusjurandum* 17. §. *ult. de Jurejur.* [illegible] faciat in causa domini, plane dubia atque incerta ex defectu probationum *arg. l. tutor.* 33. *princ. ff. de fur.* neque enim hoc sic accipi debet, ut transigere aut jusjurandum deferre possit, etiamsi paratas habeat probationes, quibus id quod intendit haud difficulter queat ostendere, *l. mandato* 60. *ff. de procur. d. l. præses Cod. de transact.* Potest & rem domini pignori dare, utique si mandatum accepit ab eo, qui sub pignoribus solebat mutuam pecuniam accipere *l.* 12. *ff. de pign. act.* Potest denique & vendere, quæ servando servari non possunt, *l. procur.* 63. *ff. de procur.* & quatenus negotiorum exigit administratio, etiam alia quædam ob negotiorum utilitatem alienare, *argum. d. l.* 12. *& l. ultim. ff. de tut. fur.* Jam ego quæro, an plus in re domini licere debeat ei cui libera administratio permissa est? Non puto; utut enim liberrima, administratio tamen est, nihil amplius.

At, inquiunt, procurator, cui generaliter libera administratio rerum commissa est, potest aliud pro alio permutare, *leg. procurator* 58. *ff. de procurat.* Fateor, inquiam; sed hoc verum est & in eo, cui simpliciter universorum omnium administratio commissa: in utroque autem hoc sic accipiendum, si conditio & ratio administrationis id flagitet. Atque eodem modo temperandum & explicandum, quod apud Cajum, *l.* 9. §. 4. *ff. de acq. rer. dom.* & apud Justinianum, §. *nihil autem* 42. *Instr. de rer. divis.* relatum est, cum: cui libera universorum negotiorum administratio permissa est, rem ex negotiis sibi commissis vendendo & tradendo facere accipientis. Plane potest mandatum ita concipi, ut post generalem clausulam quædam etiam specialiter exprimantur, quæ alioqui aut non concessa, aut non tam plane concessa intelligantur. Cujusmodi mandati exemplum & formulam habemus apud Scævolam in *l. creditor* 60. *Lucius* §. 4. *ff. mand.* Instant porro hoc modo, si filiusfamil. & servus, liberam peculii administrationem habentes res peculiares distrahere & alienare possunt, sine speciali voluntate patris aut domini: ergo & procurator, cui libera rerum domini administratio concessa est, poterit eas res sine speciali domini mandato similiter alienare. At verum est antecedens, *leg. si convenerit* 18. §. *ult.* & *l. seq. ff. de pignor. act. l. si quis* 41. §. 1. *ff. de rei vind. l. contra* 28. §. *ult. ff. de pact. l.* 8. §. 5. *ff. quib. mo. pign. solv. l.* 30. *Cod. quod cum eo, qui in al. potest.* ratio autem connexi per se satis videtur manifesta. De connexione mox videbimus. Concedimus interim antecedens: sed hoc dicimus, nihil interesse utrum servo aut filio peculii administratio permissa sit, adjecto, an omisso verbo *libera*: nam & liberam permissam intelligi cum simpliciter permissa est: nec uno casu plus juris contineri servove aut filiofam. tribui, quam altero. Hujus rei certissimum argumentum est, quod eadem omnia, quæ superioribus locis conceduntur, liberam peculii administrationem habentibus, alibi permittuntur etiam iis, quibus simpliciter peculii administratio commissa, *l.* 13. *in fin. princ. ff. de cond. ind. l. pen.* §. 3. *ff. de univers. & temp. præsc. l.* 48. §. 1. *ff. de pec. l. ult. ff. de novat.* Alterutrum igitur dicendum est, aut procuratores omnium bonorum, sive simpliciter posse res domini qualibet alienare & distrahere, ut servi aut filii, qui ex permissu domini aut patris peculii administrationem habent, distrahere & alienare possunt res peculiares: aut falsam esse propositionis in superiore syllogismo connexionem; eo quod plus in hoc casu liceat servis & filiisfamil. quam bonorum procuratoribus. Prius ne ipsi quidem Interpretes admittunt, nisi in procuratore constituto cum libera; alterum ergo dicamus necesse est, argumentationem habentibus non procedere ad bonorum nostrorum procuratores: Nec ratio diversi juris adeo obscura est; idcirco enim servis & filiisfamil. peculii libera administratione concessa, rerum quoque peculiarium distrahendarum facultas concessa intelligitur, quia peculium est quasi proprium quoddam patrimonium ipsius servi filiive familias a substantia & rationibus domini patrisve separatum atque abstractum *l.* 5. §. 3. & §. 4. *l. pecu-lium* 39. *ff. de pecul.* quod in procuratore diversum esse manifestum est. Adde quod una eademque servi & domini, una patris & filii persona esse videtur, §. 4. *in fin. Inst. de inutil. stipul. l. ultim. in fin. Cod. de impub. & al. subst.* Plane non magis servi aut filiifamil. quantumvis liberam peculii administrationem habentes injussu patris aut domini donare possunt, quam rerum nostrarum liberi administratores, *l.* 1. §. 1. *ff. quæ res pign. oblig. l.* 7. *princ. ff. de donat.* cum simil. Hæc eadem & Duareni ad *l.* 1. §. 1. *per procuratorem* 20. *ff. de acquir. poss.* Donelli *lib.* 4. *comm. cap.* 15. Vaudi *lib.* 1. *var. quæst.* 47. sententia est.

CAPUT X.

An recte Interpretes statuant, restitutionem in integrum esse remedium extraordinarium? & duplex hic intervenire judicium, rescindens & rescissorium.

RESTITUTIO in integrum est causæ jure amissæ redintegratio, ita definitur ab Imperat. in *l.* 2. *C. in quib. caus. in integr. rest. nec nec. est*; ajunt *causæ amissæ*, nam ubi causa amissa non est, restitutione non est opus, *l. in causa* 20. *pr. ff. de minor. l.* 3. *C. de in int. rest. min.*

Ajunt, *redintegratio*, quoniam impetrata restitutione in integrum, omnia in pristinum statum reducuntur tam ex parte adversarii, quam ex parte restituti. Omnis enim restitutio est reciproca, *leg. quod si minor* 24. §. 4. *ff. de minor. l.* 1. & *l.* 2. *Cod. si adv. transact.* Paulus *lib.* 1. *sent. tit.* 7. definit rei redintegrandæ actionem. At enim ipsa restitutio in integrum proprie actio non est, sed res, quæ petitur & postulatur a magistratu.

Dicitur tamen actio figurate, ut ex continenti continens intelligamus, ex restitutione postulationem litigatoris, quæ eam continet: quomodo etiam stipulationes Prætoriæ actionis verbo contineri dicuntur *l. actionis* 37. *ff. de oblig. & act.* Hæc habeto ὡς ἐν παρόδῳ. Occurrit autem in hoc argumento geminus Interpretum error, tum quod restitutionem in integrum pro judicio & auxilio habent extraordinario, tum quod duplex hic intercessisse judicium, rescindens & rescissorium, imaginantur. Uterque error natus est ex veteris juris ignorantia. Prior statim apparebit, atque cognoverimus quid sit judicium ordinarium, quid extraordinarium. Ordinarium jus sive judicium est, quod per actiones & interdicta, per Judices datos, sine Prætoria cognitione civiliter exercetur, ut discere possumus ex *l.* 1. §. 2. *ff. si ventr. nom. mul. in poss. l. ult. ff. de privat. del. l.* 3. *ff. ne vis fiat ei, qui poss. l.* 178. §. 2. *ff. de verb. sign.* &c. Suetonius in Claud. *c.* 15. *Aliam*,

inquit,

inquit, *interpellatum ab adversariis de propria lite, urgantemque cognitioni rem, sed juris ordinarii esse, agere causam confestim apud se cogit.* Extraordinarium est, quod præter consuetum judiciorum [illegible] & ordinem exercetur Prætore ipso ex officio cognoscente, non Judicem dante. Cujus generis sunt, cognitio de honorariis professorum liberalium artium, medicorum, advocatorum, &c. *tit. de extraord. cogn. l. 7. ff. l. 1. Cod. mandat.* Item de fideicommissis, *l. 178. §. 2. verb. sign.* de transactione alimentorum, *l. 8. §. 18. de transact.* & si quæ sunt causæ similes. Hæ autem causæ cum essent extraordinariæ, & ab ipso Prætore disceptarentur, solebat Prætor in edicto pro illo usitato & tralatitio verbo *judicium dabo*, aliud usurpare, videlicet *animadvertam l. 1. §. 1. ff. de minor. l. 15. ait Prætor 24. ff. de injur.* itaque nec harum causarum ullæ certæ & ordinariæ erant actiones aut formulæ, *l. 24. §. ult. ff. de minor.* Hotom. *lib. 7. observ. 4.* Duar. *in l. 7. §. 2. de pact.* Brisson. *l. 3 & 13. de verb. signif.* Nunc videamus an causas restitutionis in integrum Prætor suæ jurisdictioni & cognitioni extra ordinem reservarit, an more judiciorum ordinario atque usitato Judicem in his actionemque dederit. Non ipsum Prætorem hic judicasse, sed judicium dedisse arguunt verba edictorum omnium, quæ huc pertinent, dempto uno de minoribus, *l. item si 14. §. 1. ff. quod met. caus. l. 1. §. 1. ff. de dol. mal. l. 2. §. 1. in fin. ff. ex quib. caus. major.* ubi Prætor læsis restitutionem pollicetur data actione rescissoria. Hinc jam perspicue apparet, judicia hæc non esse extraordinaria, sed ordinaria; eosque perspicue errare, qui aut hæc sola, aut, quod minus ferendum, cætera quoque beneficia Prætoria extraordinaria esse remedia existimant, quos vel solæ refellunt bonorum possessiones: ut omittam actiones Prætorias, Publicianam, Paulianam, Servianam, de constituta pecunia, ex jurejurando, de receptis, de dejectis & effusis, & innumeras alias. Excipitur sola restitutio, qua minoribus 25. annis lubrico ætatis læsis succurritur, quam Prætor suæ jurisdictioni reservavit; & ideo in hac causa non ait se actionem aut judicem daturum ex more judiciorum ordinario, & consueto, sed uti quæque res erit, animadversurum, *l. 1. §. 1. de minorib.* Unde Paulus, in *leg. quod si minor 24. §. ult. eod. ex hoc edicto*, inquit, *nulla propria actio vel cautio proficiscitur, totum enim hoc pendet ex Prætoris cognitione.* Cætera vero dantur in modum actionis ordinariæ, ut jam demonstravimus. Plane si quis restitutiones consideret, quatenus in subsidium & ... non nisi aliis actionibus deficientibus conceduntur, quin hoc sensu remedia extraordinaria recte dicantur nemo inficias ibit, *l. in causa 16. pr. ff. de minorib.*

Alter error Interpretum est, quod duplex hic intervenisse judicium imaginantur, rescindens & rescissorium, duplicem libellum, duplicem litis contestationem, & sententiam. Cui errori causam dedit edictum, *ex quib. caus. maj.* textus *in l. qui proprio 46. §. item quæritur, ff. de procurat.* Restituuntur majores variis ex causis, & inter alias, si eorum ex necessaria aut justa causa absentium res usucapta sit, *l. 1. ff. ex quib. caus. major. §. versus 5. Instit. de act.* Hoc autem casu ait Justinianus permitti domino reverso rescissa usucapione rem petere, cui simile, quod ait Paulus in *l. honorariis 35. de obl. & act.* ei, cujus absentis res usucapta est, rescissa usucapione actionem dari, quæ scilicet est illa actio in rem Prætoria, quam vulgo Interpretes rescissoriam vocant, *l. sed et si 16. §. ult. ff. ex quib. caus. major. l. ult. Cod. eod. l. nullo, 24. Cod. de rei vind.* [illegible] & restitutoriam, *l. 1. §. 1. ff. de eo per quem fact. er. l. qui proprio 46. §. 2. ff. de proc.* Cæterum loca ista nequaquam sic intelligenda sunt, quasi duplici judicio hæc res expediatur, decretumque aliquod antecedat, quo Prætor rescindat usucapionem ac tum demum actionem det, qua petatur res restitui, sed ideo dicitur rescissa usucapione hæc actio dari, quia prætor eam concedendo vi ipsa simul usucapionem rescindit, dum permittit veteri domino sic agere, ut petat rem sibi a possessore restitui, perinde ac si nulla usucapio intervenisset, [illegible] *§. 4. & sed & si 16. §. si fenus, l. per non,* [illegible] *ff. ex quib. caus. maj. l. ult. Cod. eod. l.* [illegible] *Cod. de rei vind.* ex quibus locis perspicue patet, rescissionem usucapionis in ipsa datione actionis consistere, Prætoremque dici restituere, cum actionem rescissoriam petenti concedit, *fac. l. 2. §. 1. ff. de cap. minut.* hoc ipsum & Ludovicus Gometius odoratus est in *d. §. rursus ex diverso Inst. de action.*, sed explicare non potuit, aut solide confutare communem errorem. Porro nullum decretum hic antecessisse, quo quod [illegible] rescinderetur: sed rescissionem & restitutionem [illegible] datione actionis consistere, Prætoremque dici [illegible] actionem rescissoriam dando argumento est, quod apud Justinianum legimus in *§. 5. Inst. de action.* formula actionis rescissoriæ petitorem intendere possessorem usu non cepisse, quod usucepit, quæ utique formula non conveniit actioni pristinæ per rescissionem restitutæ: neque enim remota judicio rescindenti usucapione huic formulæ & intentioni locus esse potest. At enim, inquiunt, Impp. *in l. ult. Cod. quib. ex caus. major.* ajunt actionem rescissoriam; quam utilem ibi vocant dari restitutis in integrum. Respondeo hoc ipsum confirmare, quod nos dicimus, nempe in concessione actionis rescissoriæ, ipsam restitutionem esse positam: atque Interpretes abuti vocibus juris, qui rescissa usucapione utilem ajunt reddi actionem, quippe quo nihil aliud significetur, quam quod cum Prætor causa cognita actionem concedit, perinde habeatur in specie [illegible], ac si usucapio rescissa esset; eaque verba respicere efficaciam formulæ, qua possessorem non usucepisse intenditur.

Sed quid respondemus ad *l. qui proprio 46. §. 2. ff. de procur.* ubi sic Cajus lib. 3. ad edictum provinciale: *Item quæritur, si judicium acceperit defensor, & absens in integrum restitutus sit, an cogendus sit restitutorium judicium accipere? & magis placet cogendum.* Hæc objectio videtur esse alicujus momenti: nam ex eo loco recte colligi videtur, esse aliquod judicium restituens sive rescindens, quod præcedat restitutorium sive rescissorium. Sed non est tanti ponderis, ut plerique existimant. Agitur illic de defensore, qui eandem vicem subire cogitur, quam ipse reus *l. minor, 11. §. 1. ff. de proc.* Ponamus itaque casum, quo contra minorem rem aliquam petentem sive actione in rem sive in personam, pro defensore alienæ litis sententia lata est, & minorem beneficio ætatis in integrum restitutum, data actione restitutoria. Hic defensor cogendus est etiam judicium restitutorium sive actionem rescissoriam accipere, quam etiam in se hoc ipso quod alienæ litis defensioni se obtulit, suscepisse intelligitur. Ubi autem hic duplex judicium, restituens & restitutorium? Conjicere licet, errorem hunc manasse ex ignoratione ordinis Judiciarii, qui apud veteres fuit; ubi

ubi quidem in omnibus fere actionibus occurrebat species quædam duplicis judicii, dum quædam apud Prætorem seu magistratum tractabantur, quædam apud Judices datos: cæterum revera unum tantum erat judicium, eoque unus tantum libellus, una litis contestatio, una sententia desiderabatur. Nempe apud Prætorem non instituebatur judicium, sed constituebatur a Prætore data actione & Judice, qui de re cognosceret. Unde nec illa quæ apud Prætorem fiebant in judicio, sed in jure fieri passim dicuntur. Restringitur autem vulgo necessitas duplicis judicii rescindentis & rescissorii ad edicta, quibus vel propter ætatem, vel propter absentiam læsis subvenitur. Mynsing. 2. observat. 15. Oldendorp. class. 6. act. 2. nec mirum, nam in actione de dolo, quod metus causa ex edicto de alienatione judicii mutandi causa facta, & quæ datur in debitorem capite minutum, simplicitas & unitas judicii minus evidens & conspicua est.

CAPUT XI.

Quale sit beneficium restitutionis in integrum reale, an personale; & an fidejussoribus quoque prosit?

QUidam putant, restitutionem in integrum esse beneficium reale, moti hisce fere rationibus. 1. Quia non tantum læsis ipsis, sed etiam hæredibus eorum datur, *l. non solum, 6. de in int. restit. l. 3. §. Pomponius 9. l. minor, 18. §. ult. ff. de minor.* 2. Quia & ad successorem singularem transire potest, videlicet ex facto & voluntate minoris, si minor alicui hoc auxilium cesserit, *l. quod si minor, 24. pr. ff. d. tit. l. alterius, 20. §. 1. in fin. ff. de tut. & rat. distr.* nempe non ceditur officium Judicis, sed jus implorandi officium Judicis quod actionis instar habet, *l. actionis, 37. ff. de obligat. & act.* vid. Mynsing. 4. *obs.* 12. & *seq.*

Sed magis est, ut hoc beneficium pro personali habendum sit; neque enim rei aut causæ beneficium dici potest, quod variis ex causis personis læsis, lapsis aut circumventis conceditur. Et cum quæritur an beneficium aliquod vel actio in rem sit, id non tam ex eo, cui, quam adversus quem detur, æstimandum est, *l. actionem, 25. de oblig. & act.* Non obstant loci in contrarium adducti. Nam si omnia, quæ hæredibus competunt, essent realia, nullæ fere essent actiones personales, quippe quæ omnes hæredibus quoque competunt, tametsi pœnales sint ex maleficio, excepta una injuriarum, & si qua alia similis inveniatur, §. 1. *Inst. de perp. & temp. act.* Nec valet hæc argumentatio, cedi potest restitutionis auxilium, ergo esse beneficium reale; nam omnes actiones in personam cedi possunt. Fatemur privilegia personalia, seu quæ certis personis tribuuntur, non transire in hæredem, sed cum personis, quibus tributa sunt, finiri *l. privilegia 196. ff. de reg.* at restitutio in integrum non competit jure privilegii in specie sic dicti, aut tanquam jus aliquod singulare, sed magis tanquam remedium juris communis, & quod instar est actionis ordinariæ, non enim ex mera tribuitur gratia, sed ipsa quoque justitia & æquitate dictante, quam ob causam etiam favorabile censetur, Sforr. Odd. *p. 1. qu. 1. art. 1. & q. 50. art. 1. de rest. in int.* licet suo sensu, quod detur contra jus civile *l. 35. in fin. pr. ff. de obl. & act.* Porro beneficium restitutionis in integrum non esse reale ex eo quoque liquet, quod non prodest consorti, ut ecce, duo fratres consortes, unus major 25. annis, alter minor, de hæreditate paterna cum tertio aliquo transegerunt: hic minori quidem fragilitate ætatis læso succurretur, & proderit minori restitutio, cæterum pro parte duntaxat sua, quatenus scilicet ipsius interest: fratri autem majori non proderit, *l. un. Cod. si in comm. ead. in int. rest. postul.* Quod si restitutio minoris, ut interdum fit, socio quoque prosit, id propriam rationem habet: veluti si agatur de re natura sua individua, puta servitute communi fundo debita: hic enim non nisi in solidum restitutionis locus esse potest, nec minor commodum restitutionis sentire, nisi consorti quoque suo prosit, *l. si communem, 10. ff. quemad. servit. amitt.* aut si fundo, quem minor cum alio communem habebat, vendito & minore in integrum restituto, emptoris intersit contractum in totum rescindi propter incommoda communionis, *l. tutor. 47. §. ff. de minor.* Cæterum in tota hac quæstione distinguendum videtur inter causas restitutionum: si quidem actio de dolo, de alienatione judicii mutandi causa facta, restitutoria ex edicto de capite minutis mere sunt personales: actio quod metus causa origine sua & ipsa personalis, ut tamen in rem scripta sit: actio rescissoria ex capite de majoribus fere in rem est; restitutio minorum imploratur contra eum, cum quo contraxerunt, quanquam interdum & adversus tertium possessorem actio porrigatur, quod speciale est, *l. in causa, 13. §. 1. ff. de minor.*

Altera illa quæstio, an beneficium restitutionis fidejussoribus quoque prosit, in causa minorum præcipue agitur: nam exceptionem doli mali & metus, etiam fidejussoribus competere certi atque explorati juris est, *l. 7. §. 1. ff. de except.* Quæritur ergo an hoc beneficium prosit etiam minorum fidejussoribus. Non prodesse responsum est, *l. in causa 13. pr. ff. de minor. l. 7. in fin. ff. de except. l. 1. l. 2. Cod. de fidejuss. min.* ex adverso prodesse, *l. minor. 51. ff. de procur. l. si pupillus, 89. ff. de acquir. hær. l. 1. §. 1. ff. de administr. tut. l. 3. §. 4. vers. sed an hoc auxilium ff. de minor.* Hæc loca in speciem contraria varie conciliantur, & quidem fere trifariam.

Plerisque cum Accursio in *d. l. minor.* placet hæc distinctio: aut creditor, qui cum minore contraxit, non potest aliter indemnis esse, nisi saltem adversus fidejussorem ei actio detur; aut potest. Priore casu censent, restitutionem fidejussori non prodesse, sed efficaciter posse cum eo agi: quia creditor ob hunc ipsum metum restitutionis & remedii prætorii fidejussorem a minore accipit *d. l. 13. pr. de minor.* nec tamen fidejussorem adversus minorem habere regressum; quoniam & contra ipsum fidejussorem, ne mandati actione experiatur, restituitur, *d. l. 13. l. 7. in fin. ff. de except. l. 1. Cod. de fidejuss. min.* Plane si dolo minoris deceptus fidejussor eum majorem putavit, mandati actio efficax est, quia in delictis minori non succurritur, quæ sententia est *d. l. 1. Cod. de fidejuss. minor.* Posteriore casu, ubi salva est creditori judicii in alium translatio, etiam subveniri fidejussori, ut in specie *d. l. minor. 51. de procur.* ubi creditori seu actori salva manet contra principalem reum actio. Item in casu *l. si pupillus 89. ff. de acq. hær.* ubi creditoribus salva est actio contra hæredes legitimos, si qui alii sint præter minorem restitutum, vel contra cohæredes adeuntes. Et ad hunc

po-

posteriorem casum quoque pertinere *l. 2. §. 1. ff. de admin. tut.* item *l. 3. §. 4. vers. sed an hoc ff. de minor.* Diversi juris hanc esse rationem, quia sicut æquum est creditorem in damno non morari; ita eandem æquitatem suadere, ut fidejussori succurratur, si creditori aliter consultum sit.

Alii pro regula ponunt fidejussores minorum beneficio restitutionis non juvari, quasi sua conventione hoc auxilium repudiasse videantur per *d. l. 13. pr. ff. de minor. fac. l. 3. §. 4. vers. sed an hoc eod.* ubi dicitur interdum & fidejussori hoc auxilium prodesse: unde recte colligas, regulam esse in contrarium. Excipiunt autem casum, quando fidejussor intercedit pro minore certæ personæ qualitatem induente, quam deinde exuat beneficio ætatis, veluti si fidejubeat pro minore tanquam defensore alienæ litis, & promittente judicatum solvi, ut in specie *d. l. minor, 51. ff. de proc. l. 2. §. 1. ff. de admon. tut.* aut tanquam hærede, ut in specie *d. l. si pupillus, 89. ff. de acq. hær.* Eum enim, qui pro his quatenus tales sunt intervenit, aperte id agere, ut ne teneatur deposita hac qualitate. Donell. *comm. 21. cap. 14.*

Ant. Faber *lib. 8. conject. 3. & ad leg. 13. ff. de minor.* alia adhibita distinctione rem hanc expediendam putat, & nimirum interesse, utrum fidejussor pro minore intervenerit etiam pro majore, quod in dubio sit præsumendum, etiamsi sciverit conditionem minoris; an quasi pro minore & contemplatione juris prætorii, id est, ob eam duntaxat causam, ut creditori cautum esset, qui alioqui propter incertam ætatis ac restitutionis cum minore non contraxisset. Priore casu prodesse fidejussori restitutionem a minore impetratam, perinde ac si a majore impetrata esset. Posteriore vero non prodesse. Atque hanc distinctionem etiam Senatui Sabaudiæ placuisse testatur idem Ant. Faber. *Cod. sui fer. 10. de fidej. min. defin. 1. & 10. qui & adv. quos in int. rest. defin. 2.*

Ex tribus autem hisce distinctionibus expeditissima & tutissima mihi videtur secunda: nam ratio primæ in casu, quo etiam fidejussori succurratur, non convenit speciei *l. si pupillus 89. ff. de acq. hær.* Quid enim si nemo adeat hæreditatem, ut quæ suspecta sit, nec omnino idonea? Quid enim si vetus aut alia actio propter inopiam aut absentiam debitoris inanis sit? Nec quod ad tertiam attinet, Ant. Fabro concedendum, fidejussorem minoris, quem scit minorem esse, in dubio non intelligi contemplatione juris Prætorii intercessisse: Immo cum fidejussor in hoc accipiatur ab eo, qui cum minore contrahit, quod et potius, quam minori fidem habeat, propter metum restitutionis, *d. l. 13. pr. ff. de minor.* contrarium potius præsumendum; & sibi imputet fidejussor, quod minoris conditionem non ignorans pro eo intervenerit. Quod vero fidejussori, qui minori hæres extitit, salvum manere restitutionis auxilium: *l. Stichum 95. §. 3. ff. de solut.* in eo fidejussoris eadem cum cæteris hæredibus conditio est, *l. 6. ff. de int. rest. l. 3. §. Pomponius 9. ff. ex minor.* Neque enim fidejussori qua fidejussori, sed qua hæredi salvum manet. Item quod placuit fidejussori qui pro minore dolo adversarii circumscripto intervenit, prodesse exceptionem doli mali, quæ minori ex hac causa competit, *d. 7. §. 1. ff. de except. l. 2. Cod. de fidejuss. min.* hoc ex eo est, quod hæc exceptio ex parte objicientis in rem potius est, quam in personam, *l. 2. §. 1. & §. 2. ff. de dol. mal. exc.* ac proinde ex earum genere, quæ vel invito debitore competunt fidejussori, *d. leg. 7. §. 1. ff. de except. l. & hæredi 21. §. ult. ult. ff. de pact.* Cui adde quod etiam majoribus eadem ex causa eadem exceptio detur. Cæterum non hoc solo casu quod quidam putant, restitutio fidejussori prodest, ut jam demonstravimus. Unicum adhuc est, quod hic objici solet, nempe generalis illa regula, quæ definit omni genere liberationis liberato reo principali liberari etiam accessiones, *l. in omnibus 43. ff. de solut.* Sed huic objectioni sic respondendum, regulam illam toties procedere & veram esse, quoties principalis obligatio aut ipso jure tollitur, aut summovetur per exceptionem jure communi competentem, qualis est exceptio pacti, rei judicatæ, jurisjurandi, Senatusconsulti Vellejani, &c. Secus autem est, quando manente obligatione tam naturali quam civili persona rei duntaxat subducitur, sicut fit, cum minor restitutione utitur per *l. ult. ff. de duob. reis.*

CAPUT XII.

An dolus dans causam contractui bonæ fidei eum reddat ipso jure nullum?

QUæstio hæc agitata est inter Doctores Citramontanos, & Ultramontanos, quorum illi affirmant bonæ fidei contractum, cui dolus causam præbuit, ipso jure nullum esse: hi negant. Illos sequuntur. Cujac. Costal. Bus. *ad l. 7. ff. de dol. mal.* Don. Myns. Zas. *in §. actionum 28. instr. de act.* Hos Coras. 2. *miscellan.* S. Robert. *lib. 3. animadv. 1. 2. & 4.* Nos hic Citramontanorum castra sequemur, in quæ & suprema Curia Hollandiæ concessit *decis. 1.* Primum hoc dicimus in contractu bonæ fidei, nullam circumscripto competere actionem de dolo: Nam aut causam contractui bonæ fidei dedit dolus, & contractus, ut nunc supponimus, ipso jure nullus est; ut puta nulla est venditio, societas; si quis cum animum contrahendi non haberet, in hoc circumscriptus est & dolo adversarii adductus, ut venderet, *d. l. 7. ff. de dol. mal.* aut societatem contraheret, *l. in causa 16. §. 1. ff. de minor.* aut dolus incidit circa partem aliquam in contractum bonæ fidei, puta circa rei valorem, aut traditionem, aut pretii numerationem, & purgatur per actionem ex ipso contractu descendentem *d. l. 7. §. 3. ff. de dol. l. Julianus 13. §. 4. & 5. ff. de act. empt. l. 2. Cod. eod.* aut si conveniatur, qui dolum passus est, purgatur exceptione doli, quia exceptiones doli insunt bonæ fidei judiciis, *l. sed & si 21. ff. solut. matrim. leg. hujusmodi 84. §. 6. ff. de legat. 1.* In stricti autem juris contractibus non idem doli effectus est. Hic enim sive causam contractui dolus dederit, non reddit eum ipso jure nullum; sive inciderit & in aliqua parte tantum accesserit, non purgatur actione ex contractu descendente, quæ stricti juris est: sed spectatur duntaxat, utrum is, qui per dolum obligatus est, impleverit contractum, necne; si nondum implevit, exceptione doli mali agentem repellere potest, *l. si quis 36. ff. de verb. oblig. l. 5. Cod. de inut. stipul.* actionem autem de dolo non habet: quippe quæ nec cum exceptione doli concurrit, *l. ult. ff. de dol. mal.* Sin autem implevit contractum, jam quia exceptionem doli non habet, si cætera quoque remedia ei desint, datur ei actio de dolo,

dolo, tamquam ultimum subsidium, Zas. Duar. Cujac. Donel. *in d. l. 36. de verb. oblig.*

Illud autem hic quæritur, an verum sit quod cum Citramontanis asserimus, ubi dolus causam præbet contractui bonæ fidei, contractum ipso jure nullum esse, cum secus se res habeat in stricti juris judiciis. Et verum esse satis perspicue demonstrat textus in *l. 7. pr. ff. de dol. mal.* ubi Jurisconsultus diserte ait, nullam esse venditionem si in hoc ipso circumscriptus fuerit minor, ut venderet; & notanda in loco opposito casuum. Nam dum ait nullam esse venditionem, si in hoc ipso, ut venderet minor circumventus sit, casum hunc opponit casui antecedenti, quo dolo incidente, non causam dante contractus ipso jure valet. Non obstat, quod Jurisconsultus utroque casu actionem de dolo in manumissum dat, siquidem Ulpianus, ut sententiam Juliani dicentis actionem de dolo in manumissum dari: qui a domino minore decepto venditus & ab emptore manumissus erat, conciliaret cum vulgata regula, quod actio de dolo cum alia actione non concurrit, cum hic videatur superesse ex vendito, docere voluit sententiam istam Juliani duobus casibus procedere; 1. quando emptio venditio valet, sed emptor dolo caruit, ut non possit ob dolum a servo commissum actione ex vendito conveniri. 2. Ubi emptor in dolo fuit, sed minor in hoc ipso fuit circumscriptus, ut venderet, & ita dolus venditioni causam præbuit; quo casu cum venditio ipso jure nulla sit, sola superest actio de dolo.

Probatur hæc eadem sententia, nec minus evidenter, *L. in causa 16. §. 1. ff. de minor.* ubi & majore 25. annis circumscripto in societate ineunda, contractus dicitur esse nullus, & minori eodem casu negatur opus esse restitutione in integrum, quæ utique ei necessaria esset, si contractus subsisteret. Adducunt alii & textum in *leg. 3. §. ult. ff. pro soc.* quo loco Paulus sic scribit: *Societas, si dolo malo aut fraudandi causa coita sit, ipso jure nullius momenti est, quia fides bona contraria est fraudi & dolo.* Sed, ut verum fatear, alia videtur hujus loci esse sententia, nimirum eam societatem ipso jure nullius esse momenti quæ animo & proposito contracta sit ut ejus occasione alii fraudentur & circumveniantur; quia rei turpis & illicitæ nulla in universum ex ullo contractu obligatio est, *l. 6. §. 3. ff. mandat. l. nec prætermittendum 57. ff. pro soc. l. generaliter 26. & seqq. ff. de verb. oblig.*

Restat jam ut examinemus & diluamus argumenta, quibus Ultramontani eorumque sectatores adducti in contrariam sententiam iverunt. Sed prius quam eo deveniamus, monendi sumus in distinctione contractuum bonæ fidei & stricti juris, bonam fidem non simpliciter opponi dolo, quippe quem ab omnibus contractibus, etiam a stipulatione & mutuo abesse oportet, *l. 4. C. de oblig. & act.* sed quadantenus tantum & secundum quid, nempe quatenus plenior & exuberantior fides in contractibus bonæ fidei debetur, eorumque naturæ magis adversatur dolus malus, quod Impp. *l. 5. Cod. de resc. vend.* significant, cum ajunt, dolum contrarium esse bonæ fidei, quæ in hujusmodi maxime contractibus exigitur. Et ratio est, quia in his alter alteri obligatur in id, quod ex bona fide, ex bono & æquo præstari oportet, etiamsi de eo nihil cautum sit *§. in bonæ 30. Inst. de action. l. 3. §. 3. ff. de oblig. & act.* & hinc est, quod etiam potentius operetur dolus, ad impediendam originem obligationis in contractu bonæ fidei, quam stricti juris dolus, inquam, contractui causam dans: nam incidens contractum nullum facere non potest.

Ultramontani tamen Petrus, Cynus, Joan. Faber, & recentiores nonnulli, sicut diximus, ab hac sententia recedunt, contendentes contractus omnes, etiam bonæ fidei, quamvis dolus iis causam dederit, ipso jure consistere atque effectum habere, sed rescindendos esse actione ex contractu, aut de dolo, si alia non superfit. Afferunt huic sententiæ firmandæ innumeros locos, quorum præcipui *l. 11. §. si quis 5. l. Julianus 13. §. 4. & 5. item §. si venditor 47. ff. de act. empt. l. si res æstimata 12. §. 1. ff. de jur. dot. l. 3. Cod. comm. utriusque jud. l. 5. Cod. de resc. vend.* Verum non est adeo difficilis ad hæc loca responsio: quoniam in plerisque agitur de dolo incidenti, velut in *dict. leg. 11. §. si quis virginem ff. de act. empt.* Nam in casu illic proposito venditor emptorem de dolo malo non induxit ad emendum; sed cum emptor animum emendi haberet & errore lapsus putaret se virginem emere, venditor sciens emptorem errare, passus est eum in hoc errore hærere: non autem affirmavit esse virginem, quo eum ad emendum induceret, qui error corrigitur data actione ex empto ad emptionem resolvendam. Sic quoque in *dict. leg. 13. §. 4. & 5.* non proponuntur casus, quibus quis dolo inductus & in hoc circumventus est, ut emeret vel venderet; sed ut rei pluris vel minoris emeretur, vel venderetur. Similiter ex eo quod in *§. si quis collusione, 47. dict. leg. 13.* Jurisconsultus proponit colludente procuratore, vendi tamen fundum, non sequitur necessario dolum dedisse causam contractui, multoque minus ex *dict. leg. 12. §. 2. ff. de jur. do.* cum procul dubio nuptias contrahere mulier voluerit, nec ea in dote promittenda circumventa fuerit, sed in æstimatione & traditione rerum. Nec denique ex *l. 3. Cod. comm. utriusque jud.* neque enim illic agitur de dolo, qui divisioni causam præbuit, sed ad ultro in ipsa divisione qui dolus est incidens, & sic quoque capiendæ *l. 7. §. 1. dep. l. l. 43. de æd. & act. l. 79. pro soc. l. 43. §. ult. l. 66. §. 1. l. 68. §. 1. de contr. empt. &c.* Sane in specie *d. leg. Cod. de resc. vend.* dolum dedisse causam contractui, verba ipsa satis aperte ostendunt, & tamen etiam eo casu rescindi dicitur venditio. Sed huic respondet Cujacius, nihil aliud his verbis *venditionem rescindi*, eo loco significari, quam dari & tradi a venditore condictionem sine causa. Nam proprie ipsa venditio, quæ nulla est, non potest dici rescindi: sed rescindi dicitur ab effectu, qui secutus sit, quoniam dominium per traditionem translatum erat, *l. 7. princ. ff. de minor. l. dolus 10. Codice de resc. vend.*

Utuntur præterea Ultramontani duobus argumentis, & quidem quæ digna sunt consideratione. Primum tale est: Ubi adsunt substantialia contractus, ibi non potest contractus ipso jure esse nullus: atqui licet dolus causam dederit contractui bonæ fidei, adest consensus, adsunt alia essentialia; ergo ipso jure non est nullus. Ad propositionem quod attinet (monendi sumus contractus non ex mero jure gentium hic considerari oportere, sed quatenus jure civili recepti & approbati. Assumptio falsa videri potest; propterea quod dolus excludat consensum, cæterum ita stabilitur. Si vis & metus non excludit consensum nec contractum vitiat, nec dolus excludet, &c. At verum antecedens; ergo & consequens. Ratio connexi est, vel quia vis & coactio maxime videtur contraria esse voluntati, *l. nihil consensui 116. de reg. jur.* vel quia in vi & metu etiam dolus inest *l. 3. §. doli mali 8. ff. vi bon. rapt.* Antecedens non obscure negat Cujacius in *l. si quis 36. ff. de verb. obligat.* Et aperte Donellus in *leg. 1. Cod. de resc. vend.* Verissimum tamen esse argumento sunt verba ipsa edicti Prætoris: *Quod metus causa gestum erit, ratum non habeo*, neque enim restitutione opus esset, si contractus ipso jure non valeret: & non nisi insulse atque inepte ad metum & vim quamdam incidentem edictum hoc referre possis. Accedunt expressi textus in *leg. 3. & 4. l. 5. Cod. de his quæ vi metusve, caus.* ex quibus manifeste patet vim, & metum non efficere, ut contractus, quamvis sit bonæ fidei, & cui metus causam dederit, sit ipso jure nullus: sed eo non obstante actionem & exceptionem quod metus causa dari. Movere non debet, quod scriptum est in *leg. si mulier 21. §. 3. ff. quod met. c. Si dos metu promissa sit, nullam nasci obligationem, nec talem promissionem dotis ullam esse.* Hoc enim speciale est in promissione dotis metu extorta; quoniam favore dotis non datur restitutio, quoties autem contra actum, si valeret, non datur restitutio, toties actus metu gestus ipso jure non valet, fac. *l. 9. princ. leg. si privatim 17. ff. qui & a quib. man.* & quod notandum est, loquitur, *d. l. 21. §. 3.* de dote stipulanti promissa, vix autem quisquam est, qui dubitet talem promissionem, licet metu extortam, alias ipso jure subsistere. Magis obstare videtur, *l. 1. Cod. de resc. vend.* ubi Imp. Alexander ait venditionem per vim & metum extortam irritam esse. Sed recte respondet Accursius, *irritam* positum esse pro irritandam, nempe per actionem quod metus causa, quia Prætor talem venditionem ratam non habet, data actione quod metus causa, *t. 5. ff. quod met. caus. l. 3. & 2. seqq. Cod. eod.* ut etiam inspecto actus hic sit irritus, aut pro irrito habendus. Nos igitur cum Bachovio, *de act. disp. 6. th. 7.* negamus rationem contexi, & dicimus a metu dolum non recte inferri. Quod si quis hic urgeat responsum Ulpiani in *d. l. 2. §. doli mali 8. ff. vi bon. rapt.* ubi ait, eum, qui vim facit, etiam dolo malo facere, & in vi dolum inesse. Responsio in promptu est, doli appellationem & generalem esse, omnemque significare improbitatem, malitiam ac propositum delinquendi, quo significatu etiam vis dolus est, *L. 7. ff. ad l. Corn. de fic.* & specialem, qua injuriæ illa species intelligitur, quæ fit occulte & per simulationem, distinguiturque a vi quæ aperta est, nec semper cum ea concurrit; quomodo Cicero dicebat, fraudem vulpeculæ, vim Leoni esse. Atque in priore significatu dicimus JCtum doli verbum accipere in *d. l. 2. §. 8. vi bon. rapt.* nec aliud intelligere, quam eum qui vim infert, pravum & improbum propositum habere, qui dolus apertus est, id est, manifesta malitia & improbitas reipsa & de facto declarata. At nos hic disputamus de dolo in specie dicto, quo intelligitur, qui est in verbis & occulte fit per simulationem: Sed parum proficimus, nisi ratio aliqua afferatur cur eum, qui metu coactus, verbi causa, emit aut vendidit, placeat ipso jure obligari, dolo malo inductum non item: cum non minus vis atque metus consensui, sine quo nullus contractus subsistit, contrarius sit, quam dolus, *L. nihil consensui, 116. ff. de reg. Jur.* putamus autem hanc esse rationem, quod in metu certior & apertior voluntas est, quam in dolo: utrobique enim & coacta voluntas vere voluntas est, *d. L. 21. §. pen. quod met. caus.* sicut qui navis levandæ gratia jacturam facit, vult se liberari periculo voluntate certa, ac seria, *Arist. 3. Eth. c. 1.* Sane quidem vis est contraria voluntati, sed quatenus causam extrinsecus impellentem spectamus, non quatenus respicimus causam proximam, & ipsum volendi & minus malum eligendi actum. Duæ enim hic considerandæ voluntates: una prior, altera vi posterior, quarum priori vis est contraria; posteriori vero tantum abest ut vis contraria sit; ut eam etiam efficiat, ac proinde etiam cum ea consistere queat. Errantis autem & dolo circumventi, ut sit aliqua voluntas, non tamen tam certa est & certa, quia decipitur. Non possumus dicere plane & omnimodo dolo interveniente tolli consensum quod temere Bronchorstius cent. 1. assert. 57. & alii nonnulli asserunt: nam hoc admisso ne contractum quidem stricti juris dolo causam conventioni præbente ipso jure subsisteret: cum nulli contractus, ac ne stipulatio quidem sine consensu ullius momenti sit, *leg. 1. §. 3. ff. de pact.* Sed hoc dicimus, etiamsi simpliciter & absolute non deficiat consensus, tamen cum hic debilior sit, quam in casu objecto, & hæc sit natura contractuum bonæ fidei, ut omnia præstentur ex æquo & bono, & bona fidei, quæ in hisce judiciis exuberantissime requiruntur, maxime repugnat dolus malus, *leg. 5. Cod. de resc. vend.* ubi principium est vitiosum & infectum, nempe ubi alter alterum ad contrahendum dolo induxit, talem contractum jure valere non posse: ut stipulationem sufficient verborum solemnitas, mutuum interventus rei, & obligatio ut subsistat. Et effectu pene idem est, quod Baldus in *leg. sub prætextu, 19. Cod. de transact.* ait, dolum in bonæ fidei contractibus excludere qualitatem substantialem (rectius dixisset naturalem) quæ inest a propria & speciali natura contractus: sed in strictis judiciis esse contra qualitatem accidentalem duntaxat, & generalem omnium contractuum.

Alterum argumentum Ultramontanorum tale est: Quæ ex causa transit dominium, ea non potest censeri ipso jure nulla. At ex contractu bonæ fidei, puta venditione, cui dolus causam dedit, transit dominium; ergo. Major est in *leg. nunquam, 31. ff. de acq. rer. dom.* Assumptio probatur ex eo, quod nusquam legimus hoc casu dari vindicationem; quæ utique competeret, si dominium translatum non esset. Quinimmo ex *leg. 7. princ. ff. de dol.* perspicue probatur dominium in casu, de quo agimus transferri: alioqui enim manumissio non procederet, *leg. 3. Cod. si ad vers. libert.* fac. *L. 10. Cod. de resc. vend.* & miror Bronchorstium id negare *arg. L. 1. §. 4. ff. de acquir. poss.* ad quem vel puer responderit. Hinc porro sic colligunt: Ubi non impeditur translatio dominii, ibi multo minus impediri debet naturalitas obligationis, per *leg. 4. ff. de contr. empt.* Atqui ubi dolus causam dedit, &c. Respondet Baldus in *leg. 19. C. de transact.* ad hunc modum, concedo, inquit, quod fortius impeditur dominium, quam obligatio, quando eadem vel major ratio est impediendi: sed quando ratio ordinatur ad obligationem impediendam, non dominium, ibi impeditur obligatio, sed non dominium, ut in sæpius allegata *leg. 7. pr. ff. de dol.* Ratio quia non procedunt ab eadem causa: nam obligatio non potest esse sine vero & efficaci contractu, sed dominium potest transferri ex causa putativa; unde non requirit efficaciam præcedentis obligationis. Hactenus Baldus; cujus nimirum hæc sententia est, traditionem ipsam cum animo transferendi dominii factam ab eo, qui saltem putat subesse causam habilem & idoneam: licet nulla subsit, sufficere ad translationem dominii; idque verum

rum esse judicio est indebitum per errorem solutum. Illud enim indubitatum est, quod nulla ex causa vere debetur: & tamen si quis errore ductus putans se deberet, ex aliqua causa solverit, dominium transferre, quod ex eo liquet, quia ad repetitionem soluti tantum condictionem indebiti habet, non vindicationem tit. ff. & C. de condict. indeb. Sic licet matrimonium nullum sit, tamen dos data non vindicatur, sed per condictionem repetitur, leg. pen. C. de incest. & inutil. nupt. Itaque recte Duarenus in d. leg. 5. C. de resc. vend. nam quod Paulus in l. nunquam, 31. ff. de acq. rer. dom. scribit, nunquam nudam traditionem transferre dominium, sed ita si justa aliqua causa praecesserit, propter quam traditio sequeretur, ita accipiendum docet, sive revera justa causa praecesserit, sive opinione tradentis.

CAPUT XIII.

An minori 25. annis Doctori Juris, si captus sit, concedenda in integrum restitutio?

NOn una causa est, ob quam prima facie videtur deneganda minori 25. annis in integrum restitutio. Quid enim si judicio recte defensus, & causa cognita sententia judicis condemnatus sit, an non obstabit restitutioni auctoritas judicis & rei judicatae? Placuit non obstare, ac nihilominus beneficio aetatis minores consequi posse, quod jure communi appellatio interposita praestat majoribus, *leg. praeses provinciae*, 42. *ff. de minor. & 1. C. si adv. rem judic.* Quid si decreto magistratus res minoris vendita sit? hic multo minus; siquidem magistratus quanquam vendi rem minoris permittit, pretium tamen decreto suo non comprobat, *leg. 2. Cod. de fidejuss. minor. l. si quidem, 11. C. de praed. minor.* Sed nec curatorum auctoritas usque eo valet, ut id beneficium curae suae commissis adimant, quod remota hac auctoritate & sine curatoribus constituti habituri fuissent, *leg. tutor. 47. ff. de minor. & tot. tit. C. si tut. vel curat. interv.* Sed finge minorem esse hominem frugi & industrium, magistratum aliosve honores gerere, parentem esse multorum liberorum remque familiarem bene ac prudenter administrare: haec utique signa sunt non fragilis & infirmi, sed prudentis & maturi consilii. Quid ergo? An non merito hujusmodi adolescentes ab hoc auxilio excluduntur? Placuit nihilominus si capti probentur restituendos per *l. 1. in fin. ff. de minor. l. 3. C. eod. l. 4. C. qui & adv. quos.* Etenim quantacunque huic aetati prudentia tribuatur, semper tamen ei adjuncta est levitas quaedam & facilitas, inde & rerum multarum *ἀπειρία*, Nov. Odd. *p. 1. q. 9. art. 3. & 13.* Sichard. *in l. 2. C. de in int. rest. minor. num. 2.*

Quid si doctor juris sit, adeoque non levi jurisscientia imbutus? Huic communiter Doctores restitutionem in integrum denegandam esse censent, etiamsi in negotio gerendo se lapsum esse doceat, teste Oddo *dict. loc. art. 7.* Rationem hujus suae opinionis hanc afferunt, quod nulla fronte ex errore & imprudentia restitutionem ob defectum aetatis desiderare potest, cujus aetatem supplet juris scientia, nec quisquam id affectare debeat, in quo intelligit vel intelligere debeat, imperitiam suam alii periculosam fore, *l. 8. §. 1. ff. ad leg. Aquil.* Addunt, quod turpe sit, ut Q. Mucius dicebat, causas in foro oranti jus ignorare, *l. 2. §. Serv. 43. ff. de orig. jur.* Et quod ad Jurisconsultos olim, teste Cicerone *l. 3. de Orat.* non solum de jure, verum etiam de filia collocanda, de fundo emendo, de agro colendo, de omni denique aut officio aut negotio referebatur. Atque ita quoque Duar. *in l. 1. C. qui & adv. quos*, Gomez *2. resol. 14. n. 14. n. 5.* Bronchorst. *1. miscell. 28.* Caeterum hae rationes tanti apud me non sunt, ut huic sententiae subscribere possim. Nihil enim commune habet professio juris & artium cum honorum administratione & in rebus agendis prudentia comparanda. Recte Cicero *in fin. 2. de offic. De quaerenda*, inquit, *de collocanda pecunia, etiam de utenda, commodius a quibusdam optimis viris ad medium Janum sedentibus, quam ab ullis philosophis ulla in schola disputatur.* Et quis credat, de fundo emendo, de filia locanda, aliisve hujuscemodi negotiis olim consuli solitos fuisse adolescentes? Quid quod apud veteres non alii, quam clarissimi viri, magnoque rerum usu praediti, & fere honoribus & amplis muneribus perfuncti de jure civibus respondebant, ut ex eodem Cicerone, *lib. 2. de Orat.* discimus. Putarem itaque nec minorem 25. annis, qui titulum Doctoris Juris adeptus est, si causa cognita captus esse deprehendatur, a solito auxilio removendum, *arg. l. 1. Cod. qui & ad. quos & arg. leg. 1. in fin. ff. de minor.* quo loco Jurisconsultus scribit, non debere adolescentibus ante perfectam aetatem rerum suarum administrationem committi, quamvis bene rem suam gerentibus. Quantumcunque enim, ut dixi, adolescentiae tribuatur peritia, semper tamen obnoxia est captionibus, adjunctaque est huic aetati consilii quaedam infirmitas & inconstantia. Odd. *d. art. 7.* Sarmient. *3. Select. interp. 12.* Fachin. *3. contr. 5.* Arbitror tamen hoc restringendum esse ad captionem & laesionem in negotiis, quae ad juris peritiam, quam adolescens profitetur, nihil attinent, puta si lapsus sit ignorantia facti, quae excusationem meretur, & maxime in negotiis extra judicium, in emendo, vendendo, in quaerenda aut collocanda pecunia, &c. Nam juris ignorantiam allegare causas in foro oranti nimis turpe est, *d. l. 2. §. Servius de orig. jur.* veluti si errore juris exceptionem vel allegationem omisit, quia putabat eam ad merita causae non pertinere. Cum enim se juris peritum profiteatur, hoc desiderium ejus restitutionem propter errorem peritiae pugnaret e diametro cum ejus professione: Est autem iniquum & incivile aliquid postulare quod dispar & alienum est a professione nostra *l. professio, 6. C. de mun. patrim. lib. 10. leg. in honoribus, 8. §. philosophis, 4. ff. de vac. mun.* Unde etiam periculum cujuscumque artis, quam minor profitetur, restitutionem impedire circa negotia ejusdem artis & professionis statuere, Mourk. *de restit. in int. c. 283.* Odd. *d. art. 7. n. 32. & seqq.*

CAPUT XIV.

An si restitutus beneficio ætatis contra aditionem hæreditatis restitutus sit, convalescat substitutio?

VUlgaris substitutio facta extraneo sive puberi, sive impuberi post aditam hæreditatem expirat *l. 5. C. de impub. & al. subst.* Sed quid si institutus hæres, postquam adiit hæreditatem beneficio ætatis contra aditionem in integrum restitutus sit, an hic convalescit substitutio; ut jam ex ea admittatur substitutus? Communis interpretum sententia est, substitutum admitti, dictam *l. 5. C. de impub. & al. subst.* sic interpretantium, si aditio duraverit, restitutione autem impetrata omnia in pristinum statum reponi, Gloss. Cyn. Salic. Don. & alii *in dict. l. 5.* Zas. *tract. de substit. c. 1. vers. 2. limitate.* Merend. *lib. 4. contr. c. 9.* Nec hanc sententiam putant destitui auctoritate, proferuntque ad eam stabiliendam *l. 2. ff. de vulg. & pup. subst. l. Julianus, 42. princ. l. si minor, 61. ff. de acquir. hæred. l. ex contractu, 44. ff. de re jud. l. 7. §. sed & 5. & 9. sed quod Papinianus, 10. ff. de minor. l. 1. §. cum pon. l. 2. §. si bonorum, 10. ff. ad SC. Trebel.* quibus tamen locis an hæc sententia satis probetur, magna ratio est, cur dubitem: sed de eo mox videbimus. Duo sunt loci, qui in contrariam sententiam me trahunt, quod scilicet hærede instituto post aditam hæreditatem beneficio Prætoris se abstinente, substitutus non sit admittendus, *l. ult. ff. de success. edict.* & *dict. l. 7. §. sed quod Papinianus, ff. de minor.* quæ ab aliis pro contraria sententia firmamento afferuntur. Ind. *leg. ult. ff. de success. edict.* expresse negat Papinianus inferioris gradus cognatum beneficium edicti successorii habere, cum prior cognatus ex propria parte bonorum possessionem accepit, licet ætatis beneficio facultatem abstinendi postea consecutus sit, *in dict. l. 7. §. sed quod Papinianus, ff. de minor.* unius tantum casus a sententia Papiniani decernitur, si minor, cui servus propter substitutus est post aditionem abstinendi causa restitutus sit, substitutum nec hæredem nec liberum fieri, excipitur, si hæreditas solvendo non est, idque non stricto jure, sed ex æquitate rescripti D. Pii & Antonini, ne videlicet bona defuncti nomine veneant. Jam vero nihil est vulgatius, quam quod exceptio confirmat regulam in casibus non exceptis. Neque alia ratione utitur Jurisconsultus quam quod substitutione semel per aditionem extincta substitutus amplius admitti non possit. Atque idem omnino dicendum est de pubere suo hærede instituto, qui accepto substituto ætatis beneficio post immistionem abstentus est. Ratio non est obscura, quia non solum deficit conditio substitutionis instituto hæreditatem adeunte, sed etiam bona testatoris esse desinunt & fiunt hæredis, cujus restitutio illi prodesse non debet.

Examinemus jam & excutiamus singulos locos in contrarium prolatos. Primus est *leg. 2. §. ff. de vulg. & pup.* Sed ille locus huc non pertinet: cum hic tractemus de substitutione vulgari facta extraneo aut filio puberi, illic de substitutione pupillari facta filio impuberi, & longe alia quæstio illic decidatur, nempe si minor 25. annis hæres institutus post abstentionem adeundæ hæreditatis gratia restitutus fuerit, confirmari tabulas primas & Prætorem utiles actiones ex secundis substituto pupillari decernere, in quo utilitati consulit non tam substituti, quam pupillorum, *leg. Julianus,* 42. *pr. ff. de acq. her.* qui quidem locus & ipse pro contraria sententia assertione affertur, sed eum nempe quam fuerat, quam ille proxime præcedens: quippe cum & illo loco agatur de substitutione pupillari & admittendo substituto, etiam eo casu, quo pupillus hæreditate paterna se abstinuit, & intra pubertatem mortuus est: unde hoc tantum probatur, quod vulgo dicitur, nuda sui hæredis licet se abstinentis existentia confirmari tabulas pupillares, aut priores paternas, ut ex pupillaribus admittatur substitutus. Speciem alleganda habet *leg. ex contractu, 44. ff. de re jud.* Sed neque in *d. l. 44.* agitur de vulgari substitutione facta impuberi extraneo, aut puberi etiam suo sed impuberi suo hæredi, quam substitutionem non extinguit immistio, si modo postea se pupillus abstineat. Ratio est quia communi jure & sine restitutione in integrum se abstinet pupillus suus, qui se miscuit, *leg. in necessariis, 57. ff. de acquir. hæred.* Extraneus autem aut pubes qui adiit aut se immiscuit contra aditionem aut immistionem, non restituitur nisi speciali decreto Prætoris causa cognita, *dict. l. 57. in fin. pr.* quod beneficium non temere extra personam restitui in alterius favorem extendi debet, *leg. 3. §. sed utrum, 4. ff. de minor.* Dici quidem & illud probabiliter posset *in d. l. 44.* pupillum se non immiscuisse, sed nihil interest. Ex *leg. minor, 61. ff. de acq. her.* sic argumentantur: si minoris adeuntis & postea restitui conantis ad portionem minoris volens admittitur jure accrescendi; multo magis volens substitutus admittendus est; quia substitutio potentior est jure accrescendi, *leg. 2. §. duo, 8. ff. de bon. poss. sec. tab.* At minoris adeuntis & postea restituti portio volenti cohæredi accrescit *dict. l. 61.* Respondeo, aliis in proposito est ratio substituti, alia cohæredis; cui scilicet vel propter partem suam, quam acquisivit, concedendum fuit totum agnoscere, vel propter vacantem portionem, quam ut invitus agnoscat, cogi non possit; a. uno recedere.

Citatur pro contraria sententia & *leg. 1. cum pon. ff. ad SC. Tertullian.* item *leg. 2. §. si bonorum, 10. ff. eod.* quarum in priore si filius hæreditatem matris adierit ex Orficiano, & per in integrum restitutionem abstentus fuerit, agnati matris vocantur ex jure antiquo. Verum id fit ex verbis ipsius senatusconsulti, quæ extensiva sunt, & limitant jus adeundi hæreditatem maternam, ut non obstet agnatis, nisi filius cum effectu hæres sit, *dict. leg. 1. §. cump. leg. 6. §. 1. eod.* Eodemque modo respondendum ad alteram, nempe *leg. 2. §. 10. eod.* Ubi si filius adierit ex jure antiquo, & restitutus sit, mater admittitur ex Tertulliano, ex verbis scilicet senatusconsulti, quæ & ipsa extensiva fuisse credibile est. Ad *leg. 7. §. sed quod Papinianus, 10. ff. de minor.* jam ante respondimus, eam aperte confirmare nostram sententiam, cum unus duntaxat casus ibi excipiatur in servo necessario minori substituto, si hæreditas solvendo non sit. Atque hujus sententiæ auctores habeo Cujacium & Busem. *in dict. §. sed quod Papinianus,* Duar. *in comm. ad tit. de vulg. & pup. subst.* Govean. *2. var. lect. 13. cap. 10.* Perez. *ad tit. C. de impub. & al. sub. num. 7.* Bachov. *ad Treutl. vol. 2. disp. 11. th. 7.* Ubi & bene respondet objectioni desumptæ ex vulgata illa regula, restitutione concessa omnia in pristinum statum reponi, nempe hanc regulam eo duntaxat pertinere, ut intelligamus eum quoque, contra quem minor restituitur, propterea quod in negotio gerendo læsus sit, in pristinum statum respondendum esse: hoc autem nostro

casu

casu restitutionem magis rem fieri videri; neque minorem restitui adversus substitutum; immo nec proprie & vere loquendo substitutum posse dici a minore læsum.

Excluso autem substituto quæritur, utrum hæreditas, ad legitimum successorem pertineat, an fisco vindicetur, illud placet Duareno & Bachovio, hoc Cujacio, Goveano & Basio, quorum sententia videtur verior: quoniam excluso substituto, multo magis exclusi intelliguntur venientes ab intestato; cum utique causa testamenti potior sit successione ab intestato. Deinde quia bona ista per aditionem hæredis, testatoris bona esse desierunt, ut ad ea legitimi ejus hæredes admitti nequeant. Quapropter dicendum bona ista quasi vacantia fisco deferri; & hoc satis abundeque probat *lex ult. ff. de success. edict.*

CAPUT XV.

An auth. Sacramentum puberum. C. si adv. ven. pertineat tam ad contractus invalidos, quam ad validos ipso jure?

EXtat constitutio Friderici Imperatoris *leg. 2. Feudor. tit. 53. §. 3.* quæ inde translata in Codicem Justinianæum sub *tit. advers. vend.* in hæc verba: *Sacramenta puberum sponte facta super contractibus rerum suarum retractandis, inviolabiliter custodiantur. Per vim autem, vel justum metum extorta etiam a majoribus (maxime ne querimoniam maleficiorum commisserum faciant) nullius esse momenti jubemus.* Quæsitum autem est, an hæc Friderici constitutio pertineat tam ad contractus invalidos, quam ad validos ipso jure, & adversus quos puberibus extra causam jurisjurandi necessaria restitutio? Ait Martinus & Citramontani; negat Bulgarus & Ultramontani: atque hæc litteram jurisprudentiæ scholam conturbavit. Ego Martini sententiam veriorem esse puto & nullus dubito, quin Fridericus secutus auctoritatem Juris Canonici, quod juramentis favet & cujus auctoritas tunc maxima erat, novi aliquid juris & Canonico consentaneum statuere voluerit, utcumque *lib. 2. Cod. eod. tit.* cui *dict. auth.* subjecta est, ad contractus jure validos tantum pertineat. Etenim illi demum actus Jure Canonico simpliciter prohibiti & invalidi sunt, qui offendunt pietatem & nutriunt peccatum, super quibus jurare & ipsum peccatum est, & gravius peccatum, quod juraveris, servare. Et cum igitur jure civili minores restitui possent, etiam adversus ea, quæ rite gesta per tutores & curatores, *tit. Cod. si tut. vel curat. int.* Immo licet ex Decreto Judicis gesta essent, puta prædium minoris ex Decreto venditum, *leg. si quidem, 11. Cod. de præd. minor.* Imperator Alexander in *leg. 1. Cod. si adv. vend.* excepit, nisi illi contractus juramento sint confirmati. Cæterum loquitur Alexander de contractibus validis. Fridericus autem hoc adjecit, ut etiam contractus invalidi a minore celebrati Jurejurando accedente confirmentur. Non tamen utique omnes, sed ii tantum qui invalidi sunt, propter solam ætatem, qui si a majoribus gesti essent, jure rati forent, & efficaces, veluti si minor sine curatoris consensu contrahendo se aut res suas obligavit, aut alienavit, aut res soli sine decreto alienavit. Sed & lex civilis conventionem, quæ ratione

objecti est *illicitum*, privatæ tantum utilitatis contemplatione valere non patiatur, qualis est donatio inter conjuges, & quæ excedit quingentos solidos, renunciatio futuræ successionis, transactio facta de rebus testamento relictis, non inspectis, testamenti tabulis, &c. ad talem quoque conventionem *de auth.* pertinere arbitror, eamque Juramento a minore confirmatam inviolabiliter servandam, perinde ac Jure Canonico obtinet in majoribus, siquidem eo Jure & defectum ætatis juramentum supplet, & sponte præstitum omne sine exceptione servandum, quod nihil impietatis, turpitudinis, aut iniquitatis continet, *C. quamvis de pact. in 6.* At si actus aliquis aut contractus a majore celebratur ideo non valet quia tendit ad injuriam aut detrimentum alterius, qualis est renunciatio Senatusconsulti Macedoniani, alienatio fundi dotalis aut rei, cujus ususfructus penes patrem est, talem contractum a Jurejurando robur accipere, nec Canones patiuntur, quamvis a majoribus interposito, ac multo minus, si conventio ideo improbetur, quia natura turpis est; & contra bonos mores, ut loquuntur, Juris Canonici: quoniam jusjurandum non debet esse vinculum turpitudinis aut iniquitatis, *C. 1. extr. de jurejur. Cod. inter cætera, 22. quæst. 1. C. non obligatorium de reg. juris in 6.* atque in eo Jus Canonicum & civile inter se conveniunt, *leg. 7. §. & generaliter, 16. ff. de pact.* Itaque quamvis *dict. auth.* non pertineat ad negotia omnibus prohibita jure communi, nec ad pactus vetitos ex naturali & perpetua causa, putamus tamen ea quoque pertinere ad negotia, quæ jure speciali certis tantum personis prohibita propter privatum aliquod incommodum, licet secus sit jure civili, *leg. 5. Cod. de legib.*

Urget in contrarium Bulgarus verba *dict. auth. super contractibus suarum rerum non retractandis.* Sed non oportet verba captare: præsertim in constitutione Principis Germani: & interdum illa quoque retractari & revocari dicuntur, quæ de facto processerunt, licet de jure effectum non sint sortita, *leg. 5. Cod. de rescind. vend. leg. 1. Cod. qui man. non poss. junct. princ. Instit. qui & ex quibus caus. man.* Illud futile est, quod quidam objiciunt, Ecclesiam eodem jure quo minores censeri, quæ tamen adversus contractus juratos Prælati vel Episcopi restituatur, *C. 1. de rest. in integr. in 6. Cod. præsertim de testib. in 6.* quasi vero unquam quisquam negasset minori concedendam esse restitutionem adversus contractum juratum curatoris sui? Objicitur denique quod minor sine curatore suo non potest aut creditori suo jusjurandum deferre, ut se obliget, aut debitori, ut eum liberet, *l. nam postea quam, 9. §. si minor, 4. leg. jurisjurandum, 17. §. 1. ff. a min.* unde dicendum videtur nec permittendum ei esse, ut sine curatore ipse per jusjurandum obliget, & conditionem suam faciat deteriorem. Respondeo, cum leges jusjurandum a minore deferri nolunt, id eas quidem agere, ut extra damnum eum conservent, verum ita ut nullam impietatem ejus foveant; quam non fovent, ubi non ipse minor, sed creditor ejus aut debitor jurant. At si juramentum ab ipso minore præstitum violari pateremur, a damno quidem eum liberaremus, sed impietatem ejus foveremus. Præstat autem damno eum affici, quam impium fieri.

Quamvis autem hæc ita probabiliter pro tenore hujus *auth.* disputari possunt, ea tamen plerisque nimis rigida & infirmæ ac captionibus expositæ ætati perniciosa visa est; dicturque Henricus VII. filius Friderici cui Papa Honorius III. hanc *auth.* excerpsit, eam aboliturus fuisse, nisi morte fuisset præventus. Usus sit; vis ullibi locorum concepta est, videsis Bassium *ad dict. l.* 13. *ff. de minor.* Gudelin. *lib.* 3. *de jur. noviss.* 14. Christ. *vol.* 4. *dec.* 125. & *vol.* 5. *decis.* 125. Groenev. *de legib. abrog. ad hic auth. & ibi alleg.* Ant. Fab. *Cod. suo fur. tit. de in integr. rest. min. & tit. si adv. vend.*

CAPUT XVI.

Utrum unum tantum, an duo sint genera arbitrorum similitudinem Judicum habentium?

JUdicium dividi solet in necessarium & voluntarium: cæterum hæc distributio non est generis univoci, sed *aequivoci*. Nam arbiter proprie Judex non est; cum privatorum consensus Judicem non faciat, *leg.* 3. *Cod. de jurisd.* sed partes Judicis suscipere dicitur, *l. Pomponius*, 13. §. 2. *ff. de recept. arbitr. l. rem novam.* 14. §. *de judic.* & arbitraria ad similitudinem Judiciorum redigi, judicia imitari, *dict. l.* 14. *l.* 1. *ff. de recept. arbitr.* Nimirum præter judicium proprie dictum, quod omne necessarium est & eorum, qui publica judicandi auctoritate præditi sunt, est & voluntaria quædam contendendi ratio extra jurisdictionis necessitatem posita apud eos, ad quos ex conventione & compromisso itur, qui Judices compromissarii & plerumque arbitri nominantur: quæ & ipsa ad sopiendas lites pertinet, *dict. l.* 1. Hoc voluntarium judicium ex re arbitrium, ex facto litigatorum compromissum appellatur: quia litigatores compromittere, id est, simul & invicem pœnam promittere solent, si quis eorum sententiæ arbitri non steterit *leg.* 3. §. 2. *l. litigatores*, 11. *l.* 2. §. 1. & *seq. ff. eod. tit. l.* 2. *C. eod.*

Duo autem genera arbitrorum Interpretes nostri fere faciunt, quorum unum sit eorum, qui proprie arbitri, alterum, qui arbitratores dicuntur, *arg. leg. societatem*, 76. *ff. pro soc.* quorum illi tanquam judices servato Judiciorum ordine procedant, hi sine solemnibus litem amice ex bono æquo componant, vide Gail. 1. *observ.* 150. Sed ego existimo totum hoc esse commentitium & a ratione juris civilis plane alienum quod & jam olim suspicatus est Jacobus teste Bart. in *dict. leg. societatem, ff. pro soc.* & ex recentioribus aperte docuit Connanus *lib.* 4. *miscell. cap.* 18. ac novissime solide demonstravit Bachovius, *ad tit. ff. de recept. arbitr. cap.* 1. *num.* 2. Etenim nusquam legimus arbitratorem adhiberi, ut Judicem, ad controversiam aliquam sine forma judicii sua sententia dirimendam, sed tantum intervenire & adhiberi ut nudum mediatorem, idque in actibus extrajudicialibus & contractibus, cum de re aliqua inter ipsos contrahentes non convenit: veluti si in contractu societatis partes sociorum, in emptione pretium, in locatione merces certæ personæ arbitrio definienda permittatur, *leg. si societatem*, 75. *cum seqq. ff. pro soc. leg. ult. Cod. de contr. empt. leg. si merces*, 25. *prim. ff. locat.* aut si modus restituendi, *leg. si quis*, 43. *ff. de verb. oblig.* vel legati relicti quantitas, vel alicujus servi electio, vel monumenti effectio in arbitrium alicujus conferatur, *leg.* 1. §. 1. *de legat.* 2. *leg.* 6. *ff. de cond. & demonst. leg. ultim.* §. 1. *Cod. comm. de legat.* Nullus autem locus dari potest, quo lis aliqua arbitratoris interventu decisa dicatur. Et ideo dubitandum non est, quin etiam die festo arbitrator quod sibi videtur, statuere possit, *argum. leg.* 8. *Cod. de feriis*, quamvis arbiter tali die non magis quam Judex, possit sententiam ferre, *leg.* 3. *l.* 7. *Cod. eod.* Sed & cum arbitrator aliquid statuit, quod manifeste iniquum est, ad arbitrium boni viri, id est, judicis, res redigi, constitutoque judicio pronuntiatum corrigi potest, nimirum per ordinariam actionem vel exceptionem, *dict. leg. societatem*, & *leg. unde si Nerva*, 79. *ff. pro soc.* adeoque etiam in contractibus stricti juris, *dict. leg. si libertus*, 3. *ff. de oper. libert. leg.* 1. §. 1. *de legat.* 2. Donell. *ad dict. leg. si quis*, 43. *ff. de verb. oblig. num.* 16. Bachov. *dict. loc.* ut frustra disputent Doctores in *dict. leg. societatem*, quis Judex hic pro reductione adeundus sit. Nihil itaque commune habent arbitratores isti cum arbitris compromissariis: nam neque arbitrium dicere, si nolint, coguntur; & tunc velut conditio contractus deficit, id est, non recurritur ad arbitrium alterius, quasi arbitrium boni viri electum esset, sed nihil actum esse intelligitur *dict. leg. si societatem*, 75. *ff. pro soc. dict. leg. ultim. Cod. de cont. empt. d. l. leg. si quis*, 43. *ff. de verb. oblig.* contra quam in testamentis, in quibus plenius voluntates interpretamur, *leg.* 12. *ff. de reg. jur.* contrarium observetur, & sive is in cujus arbitrium legatum collatum est, arbitretur, sive arbitrari nolit aut non possit, semper legatum utile sit, quasi collatum in boni viri arbitrium, *leg.* 1. §. 1. *ff. de legat.* 2. *leg.* 3. §. 1. *comm. de legat.* Sed neque arbitratores hi usquam dicuntur recepti, neque ad eos pertinet edictum Prætoris de his qui arbitrium receperunt, ut sententiam dicant. Unde intelligimus, inanem quoque esse Interpretum disputationem quærentium quamdiu & usque ad quod tempus reductio ab arbitratore ad arbitrarios peti possit, licet Bartolus in *dict. l. societatem, num.* 61. dicat quæstionem hanc requirere decisionem Principis. Nam cum jus petendi reductionem a pravo & manifeste iniquo arbitratoris arbitrio ad arbitrium boni viri sit personale, & petatur per actionem ordinariam, consequens est illud jus non nisi triginta annorum spatio præscribi, *per l.* 3. *Cod. de præscr.* 30. *annor.* A sententia autem arbitri compromissarii, quam barbaro vocabulo *laudum* appellant, reductio petenda est intra decem dies, ut in appellatione fieri debet, cujus ea reductio quædam species est *leg. penult. vers. sin autem post sententiam*, §. *de recept. arbitr.* Tractatur hæc quæstio apud Gail. *lib.* 1. *observ. c.* 150.

CAPUT XVII.

An litis contestatio aliter, quam negative ex parte rei fieri possit?

ANtiquitus certæ actionum defensionumque formulæ a Jurisconsultis erant compositæ. 2. §. *deinde*, 6. *ff. de orig. jur.* quas necesse erat in jure apud Prætorem præeuntibus Jureconsultis a litigatoribus pronuntiari, quibus qui vel syllaba detraxisset, causa cadebat, de quo adi Petr. Fab. 1. *semestr.* 21. Ravard. *cap.* 2. *de auct. prudent.* Negotio autem solemniter exposito, in id, quod intendebatur respondebaturque, testes utroque adhibebantur, unde litis contestationis nomen, auctore Festo in voce *contestari* add. Cujac. *lib.* 9. *observ.*

observ. 6. Petr. Fab. 2. *semestr.* 24. Revard. *lib. sing. pro tribunal. cap.* 11. A magistratu, qui aditus erat, exigebatur, ut judicium conciperet, & litigatoribus postulantibus daret, id est, agendi potestatem faceret. Id perficiebatur hac formula judicii reddita, siquidem ipse Prætorem suæ cognitioni reservabat. *Si paret Titium Mævio dare facere oportere, de eo judicium est, quo Titius condemnetur*. Quod si aliud judicium Prætor dabat, quod plerumque faciebat, pro his verbis *judicium est*, dicebat verbi causa, *Aquilius judex esto, & Titium condemnato*. Reddebatur autem judicium eodem tempore quo lis contestabatur, unde factum, ut in usu juris idem exprimant post litem contestatam & post judicium acceptum: nec ante contestatio pro justa habebatur, quam judicio esset inclusa. Dato autem judice & judicio ordinato utraque pars invicem denuntiabat, ut ad judicem datum venirent, & ad eos, qui prope tribunal aderant, hæc verba pronuntiabant, *Testes estote, &c.* iisque verbis dicebantur actor & reus litem contestari. Apud Prætorem igitur contestatio fiebat; judicis autem officium tum demum contestata incipiebat, *leg. si vero, 73. ff. de proc.* de quo fusius Revardus ubi supra. Hæc meminisse vel eo conducit, ut ratio loquendi, quæ inde nata est, intelligatur. Nam ut Prætor judicium dabat, reddebat, constituebat, ita litigatores judicium accipere, subire, suscipere dicebantur, cum potestatem causæ agendæ a Prætore impetrassent, *l. 9. §. 3. l. 3. l. sed & si, 52. ff. de judic.* Atque ex eo est, quod judicio dicitur contrahi, *l. 3. §. idem scribit, 11. ff. de pecul.* Cæterum hæc formularum angustiæ una cum actionum impetrationibus pridem sublatæ sunt *tit. C. de form. & impetr. act. sublat.* Testationis quoque solemnitatem etiam multo ante sublatam fuisse arguit *l. un. C. de lit. contest.* ut deinceps nihil ad rem pertineat, quibus verbis quave formula quis agat: dummodo verbis utatur aptis & rei propositæ convenientibus, solaque maneat nunc litis contestatio, quæ cedat pro judicio dato & constituto, cum judex per narrationem negotii causa audita decernit, ut in eam rem probationes efferantur, *dict. l. unic.* quæ cum sit Severi & Antonini, apparet jam tunc veterem contestationem ut in usu non fuisse.

Cum autem ad litis contestationem hæc requirantur, propositio actoris, & ad eam propositionem responsio sive contradictio rei *l. 2. princ. C. de jurejur. propt. calumn. l. rem non novam, 14. §. 1. C. de judic.* recte mihi sentire videntur, qui asserunt litis contestationem a parte rei non aliter, quam negative fieri posse. Nam cum intentio actoris semper sit affirmativa, necessario sequitur litis contestationem, quæ in contradictione posita est, non nisi in negatione a parte rei consistere posse. Ac proinde verissimum est, quod Vigel. *c. 3. de lit. contest.* Oddler *c. 2. n. 16.* docent, per simplicem confessionem rei nunquam induci posse litis contestationem, quoniam ubi lis non est, nec fingi potest litis contestatio: lis autem esse non potest, nisi unus affirmet, alter neget. Denique qui ultro se hosti dedit, certare velle dici non potest: Itaque nihil hic restat, quam ut Judex confitentem solvere jubeat, & ad id terminum statuat, ut bene Salic. in *d. l. unic. C. de lit. contest. n. 10.* Dixi autem per confessionem simplicem: secus enim est si confessio implicitam habeat vel præsumptive secuturam & reservatam contradictionem, veluti si confessus nihilominus ad ulteriora procedi postulet.

Objicitur hic nobis *d. l. 2. C. de jurejur. propt. calumn.* ubi ad litis contestationem desideratur dumtaxat narratio actoris & responsio rei; unde colligunt qualemcumque responsionem rei ad litem contestandam sufficere, sive ea in affirmando, sive in negando consistat. Sed hanc collectionem quis pro bona accipiat, & non potius dicat talem ibi intelligi a parte rei desiderari responsionem, qualem litis contestatio & contradictio exigit? Fallitur quoque Goddeus. *in l. litis, 36. ff. de verb. sign.* dum per objectionem exceptionis confessioni subjectam litis contestationem affirmative a reo fieri putat, veluti si dicat, fateor, sed pactus es, ne peteres; talis enim objectio vi ipsa in se continet dubiam & intentionis negationem: si quidem negatio vel affirmatio non ex verbis rei, sed ex intentione actoris in proposito æstimanda est. Quid quod nec per simplicem exceptionis objectionem videtur induci litiscontestatio, per *cap. 1. & 2. de lit. contest. in 6.* Nam utique lis omnis & omne certamen in contradictione consistit: nuda autem exceptionis objectio contradictionem non parit; quoniam utrumque verum esse potest, & quod actor intendit sibi deberi, & quod reus excipit, pactum intervenisse. Plane si actor hic non consistat, sed replicando se pactum esse neget, jam quidem lis certo contestata est, & quidem affirmante reo, actore negante: sed hic reus excipiendo & asserendo vices subit actoris, actor replicando & negando rei *leg. 1. ff. de except. l. in exceptionibus, 19. ff. de probat.* Sed & si reo excipiente actor porro in causa procedi postulet, satis eo ipso exceptioni rei contradicere videtur, & quod a reo dictum est, resolvitur in puram negationem; atque hactenus eorum sententia defendi potest, qui statuunt per objectionem exceptionis introduci litis contestationem. Illud omni dubio caret, per objectionem exceptionis quam vocant deficientis actionis, statim induci litiscontestationem: veluti si reus confiteatur quidem actionem aliquando actori competiisse, sed eam nunc ei competere neget, quia actio jure sublata sit puta solutione, acceptilatione, rei interitu &c. cæterum talis allegatio proprie exceptio aut depulsio non est, sed inficiatio cum novi facti affirmatione conjuncta: inter quam & simplicem inficiationem hoc tantum interest, quod simplex inficiatio nihil aperte in judicium deducit, neque ulla hic incumbit neganti probatio. In conjuncta autem novi illa facti affirmatio in judicium deducitur, ac proinde a reo probanda est, *l. 1. C. de probat.* sed litis contestationem æque inducit, ac simplex illa & mera facti inficiatio, quia principaliter eo spectat, ut ostendatur vere negare reum actionem actori competere, in quo omnes Interpretes conveniunt.

CAPUT XVIII.

An in controversiis de possessione aut rei proprietate solus locus rei sit forum competens, an vero & locus domicilii rei?

INter conditiones idonei Judicis una est, ut sit competens. Competentem Judicem sic generaliter definimus, cujus de ea re, de qua agitur, notio est, & proinde apud quem quis agere vel convenire debeat, sive cujus sit forum competens, hoc est, litigatorum proprium. Forum autem competens aut est ex partium consensu, & prorogatione jurisdictionis, aut ex sola juris auctoritate. De foro ex consensu partium sunt textus in *l. 1. & 2. ff. de jud. l. si convenerit, 18. ff. de jurisd.* Juris auctoritate & invitus quisque forum sortitur, tum ubi domicilium habet, tum ubi contracta est obligatio aut crimen commissum, tum ubi res sita est, de cujus possessione aut proprietate agitur, *leg. hæres, 19. §. 1. §. 2. & ult. ff. de judic. leg. 2. Cod. de jurisd. leg. ult. C. ubi in rem act. l. unic. C. ubi de poss. l. unic. Cod. ubi de hæred. l. 1. & l. 2. Cod. ubi de crimin.* Agitur etiam res, ut dixi, sit de ejus possessione aut proprietate agatur, subjicit possessorem jurisdictioni ejus Judicis, in cujus territorio res sita est, quamvis neque domicilium ibi habeat, neque ibi contraxerit, *dict. l. unic. C. ubi de possess. d. l. ult. C. ubi in rem act.* Hic enim non tam personæ, quam rei ratio habetur; & ideo quoque superiorem eodem respectu inferioris jurisdictionem subire, & Academicum de re in loco studii sita conventum ad Rectorem revocare non posse plerique tradiderunt, Monach. *princ. judic. p. 2. cap. 6. n. 60.* Vult. *ad leg. unic. Cod. in quib. caus. milit. for. præsc.* eademque ratione receptum est, ut ex hac causa etiam clericus coram judice seculari conveniri possit, Gail. *2. observ. 37. n. 4.* Mynsing. *1. observ. 22.*

Sed quæritur, an præter illum locum, ubi res sita est, sit etiam alius ubi quis de possessione aut proprietate recte conveniatur, nimirum locus domicilii. Et si quidem de possessione, ut de ea primum dicam, momentaneo processu, qui extraordinarius est, agatur, velut in casu *l. si colonl, 14. C. de agric. & censil. lib. 11.* aut simili, vix crediderim locum esse alium, qui forum tribuat, quam rei sitæ; eo quod processus ille momentaneus ob id instituitur, ne partes ad arma deveniant, quod solet fieri in ipso loco, ubi res de cujus possessione contenditur, sita est, & ne fiat, solius judicis, cujus territorio sita est, interest. At vero si ordinario processu de possessione agatur, probarem communem Doctorum sententiam existimantium etiam alibi quam in loco, ubi res sunt sitæ, de possessione agi posse, nimirum eo in loco ubi conveniendus habet domicilium, idque reo etiam invito, ut actori facultas sit eligendi utro loco reum convenire velit, quamquam actualem possessionem actor nancisci, nisi in loco rei sitæ potest, *leg. 1. §. pen. ff. de acq. hæred. l. un. pr. C. ubi de hæred. ag.* adde quæ Groenev. *tract. de leg. abrog. ad tit. C. ubi de poss.* Atque hæc sententia tot locis probatur, quot legimus domicilium tribuere cuique forum competens & actorem sequi forum rei, quacumque actione agatur, ut diserte rescriptum est in *leg. ult. C. in rem act.* id autem semper habet reus in loco domicilii. Unus fere Donellus *l. 17. com. c. 17.* ab hac sententia recessit contendens non solum de possessione in loco, ubi res est, agi posse, sed etiam ibi agi debere, si reus ibi secum agi postulet: solum hunc locum necessitati subjiciens; locum autem domicilii relinquens, non ut Interpretes communiter arbitrio actoris, sed rei, *arg. l. unic. C. ubi de poss.* Sed ad istam legem bene respondetur vulgo, loqui eam duntaxat de foro proprio & speciali, ac proinde per istum textum non excludi forum omnium actionum commune, in quo scilicet, quisque conveniri potest quacumque ex causa, quale tribuit locus domicilii, *L. 2. C. de jurisd. l. ult. C. ubi in rem act.* Sic in *L. pen. C. ubi de fideic. pet.* dicitur fideicommissum ibi petendum esse, ubi hæreditas relicta est, non quod alio loco peti non possit; sed quia eo loco conventus agenti præscribere non potest, *l. si fideicom. 50. §. ult. cum l. seq. ff. de judic.* Objicit Donellus & difficultatem quandam, atque incommodum quod circa executionem sententiæ latæ ab alio Judice, quam cujus in territorio res sitæ sunt, parit: quam eandem difficultatem movet & in articulo sequenti cum de rei proprietate contenditur, ubi ad eam respondebimus.

In controversiis quoque de proprietate sive actionibus in rem speciale forum tribuit locus, in quo res, de quarum proprietate lis est, constitutæ sunt, quamvis possessor ibi domicilium non habeat, *leg. ultim. Cod. ubi in rem act.* Est autem & hic constans fere omnium Interpretum sententia, posse pro arbitrio petitoris actionem in rem moveri vel in loco domicilii possessoris, ut foro omnium actionum communi, vel in loco, ubi res, de quibus contenditur, constitutæ sunt, per text. expressum in *d. leg. unic. Cod. ubi rem. act. leg. unic. C. ubi de her. ag.* Fac. *leg. 10. cum seq. ff. de rei vind.* Sed hic item Donellus, ut nunquam aliàs amat, singularis est, asserens in actionibus in rem nullam domicilii rationem haberi; sed unum tantum esse forum rei, locum scilicet ubi sitæ sunt, ibi reum conveniendum esse, ibi se defendere debere: conventum in loco domicilii non cogi judicium pati. Dictum autem textum in *l. ult. C. ubi rem act.* cavillatione quadam eludere conatur: eo quod Imperatores ibi non simpliciter permittunt actionem in rem moveri, ubi res constituta est, sed moveri jubent, quasi verbis istis necessitatem ibi agendi imponant. Si hoc unum juberent Imperatores, recte argumentaretur Donellus: sed cum vel ipso fatente duo jubeant, primum actorem rei forum sequi debere quacunque actione experiatur, sive in rem sive in personam, atque per hoc forum eodem quoque fatente non aliud intelligi posse, quam quod reus sortitur ex loco domicilii sui; Deinde si in rem agatur, etiam ibi ubi res constituta est, agi jubeant, *versf. sed & in locis, dict. leg. ultim.* quis non videt dum diversa loca ab Imperatoribus poni, quibus in rem actio moveri queat, & forum possessor sortiatur, locum domicilii, quasi forum commune actionum omnium & locum rei sitæ, ut forum actionum in rem proprium. Præcipuum autem opinionis suæ fundamentum ponit Donellus in *leg. quod legatur, 38. ff. de judic.* & sane aperte Jurisconsultus illic ait, si per in rem actionem legatum petatur, ibi peti debere, ubi res est: sed non dubito, quia id speciale sit in re legata, eo quod legatario sufficere debeat, si hæres, a quo legati præstandi necessitas non cœpit, eo in loco ubi res est, offerat solutionem, de qua etiam & ipsa rei legatæ præstatione præcipue Jurisconsultus tractat: ut, proinde non male responderi posse videatur, id quod Jurisconsultus ait: *etiam ibi peti debet, ubi res est,* vim & effectum solutionis respicere: quia si alibi petatur, hæres tamen eo loco, ubi res est eam solvere potest, quamquam alii aliter. Accurs. *in dict. l. 38.* Duar. *ad tit. de judic. c. de foro compet.* Hotom. *lib. 3. observ. 7.* Fuse Vultej. *ad leg. un. C. ubi fideic. pet.*

Quæ porro hic incommoda Donellus objicit, nimirum facile evenire posse, si possessor in loco domicilii conventus, jubeatur rem quæ alibi sita sit, restituere, ut nova lite pro rei executione opus sit, ea objectio non est magni momenti. Nam præterquam quod omnes magistratus inferiores mutuam sibi operam præstare debent, considerare debuit Donellus, incommoda hæc non

tam

esse possessorio, cui etiam commodius esse solet in loco domicilii sui conveniri, quam petitorio, qui sibi imputare debet, quod maluit cum incommodo suo agere in loco domicilii possessoris, quam rei sitæ. Quid quod idem incommodum etiam in actionibus in personam contingat, in quibus & ipsis plerumque reo aliquam gratificandum venit; & quæ ob eamdem causam & ipsæ in loco rei sitæ damnatæ intentari deberent. Postremo, quod apprime notandum, non est ex ratione Juris Romani in judiciis realibus ordinaria hæc procedendi atque exequendi via, ut possessori restituere jusso, nec parenti res ipsa manu militari auferatur: sed ut damnetur, quanti petitor in litem juraverit, *leg. ejus rei, 46. & l. seqq. ff. de rei vind. l. 5. l. tutor, 8. ff. de in lit. jur.* quamvis id moribus Galliæ & aulicis vix observetur, Zypæus *in not. jur. Bel. de jurejur.*

CAPUT XIX.

An querela inofficiosi testamenti sit species petitionis hereditatis?

TEstamentum inofficiosum est, in quo liberi aut parentes, aut fratres & sorores contra officium pietatis vel exhæredati sunt immerito, vel immerito præteriti; modo testamentum jure consistat, & nec his debita legibus portio relicta sit. Quod testamentum ut inofficiosum accusare possunt, & postulare, ut id tanquam tale rescindatur, qui inique se exhæredatos aut præteritos queruntur hoc colore quasi non sanæ mentis fuerit, qui testamentum ordinavit, *L. 2. L. 5. §. 1. l. Titia, 13. ff. de inoff. testam. & pr. Inst. eod.* ac proinde quasi testamenti factionem non habuerit, *l. qui repudiantis, 17. §. 1. ff. eod.* qui color hic quæsitus fuit, ne sani hominis testamentum impugnari videretur contra auctoritatem legis duodecim Tabularum, quæ liberum undequaque testandi potestatem patrifam. concedit, *leg. verb. 120. ff. de verb. sign. per tot. de leg. Falc.* Pro eodem autem dicunt veteres, agere, queri de inofficioso, arguere, accusare, dicere inofficiosum, quæ legentibus passim in tit. hujus argumenti obvia, ut & nomina querelæ, actionis, accusationis: nullo tamen nomine crebrius hoc judicium designatur, quam querelæ. Quid ergo est ne querela & ipsa actio? Sane est, licet plerique statuant non esse, remedium aliquod ab actione separatum, sive implorationem tantum officii judicis nobilis, ut loquuntur, eo pertinens ut testamentum rescindatur, quo rescisso demum agi & hæreditas vindicari queat. Sed non est, quod dubitemus affirmare, quod tot locis scriptum est, querelam ipsam actionem seu petitionem esse, perque eam, sic impugnari testamentum, ut simul vindicetur hæreditas. Qui dicit inofficiosum, cum Papinianus ait, hæreditatem petere, *l. 8. §. quoniam, 8. ff. de inoffic. test.* nec vero la petitionem hæreditatis tentare, *leg. qui de in officioso, 20. ff. eod.* Paulus in *leg. cum qui, 21. §. 2. ff. eod.* ait per querelam inofficiosi evinci hæreditatem. Ulpianus vindicari facultatem, *l. si inofficiosa, 17. §. 3. eod.* Triphonius filium exhæredatum ex causa querelæ inofficiosi movendæ admitti ad petitionem hæreditatis *leg. pen. ff. de bon. poss. cont. tab.* Imperatores Severus & Antoninus ex causa inofficiosi testamenti hæreditatem peti, *l. 3. C. de pet. hæred.* Justinianus hæreditatis petitionem ex nomine de inofficioso constitui, *l. si quis filium, 34. C. de inoffic. testam.* Atque hinc est, quod is, qui querelam moturus est, agnoscere debet bonorum possessionem litis ordinandæ gratia, *leg. 6. §. ult. l. 7. l. 8. pr. ff. eod. l. 2. C. eod.* hoc enim alio pertinet, quam ut is, qui ex causa inofficiosi hæreditatem petit, hæres videatur: quamquam in suis hæredibus hæc possessio non est necessaria, uti nec aditio, *d. l. 7. junct. l. in suis, 14. ff. de suis & legit.* de quo consule Vigl. *ad rubr. & §. 1. Instit. de inoffic. testam.* Duar. *c. 8. ad eund. tit.* Govean. *lib. 1. var. lect. c. 1.* Quamobrem si quis a me petat ut quid sit querela inofficiosi testamenti, obiter definiam, dicam esse speciem petitionis hæreditatis, qua & testamentum rescindi postulatur, & simul vindicatur hæreditas, tanquam ab intestato delata cum Duar. *d. loc. c. 10.* Vigl. *ad d. rubr. n. 6.* Donel. *19. comm.* 5. Vaud. *2. var. quæst.* 24.

Communis vero Interpretum [illegible] schola existimat, querelam esse judicium præparatorium, quo aditus pateat ad judicium universale seu petitionem hæreditatis; sicut actio ad exhibendum præparatoria est rei vindicationis; atque ita duo hic esse judicia, quorum alterum scilicet querela, præcedat; alterum, petitio hæreditatis sequatur, quod verum non est: siquidem esse titulus inofficiosi causa est, ex qua vindicatur hæreditas, *l. 3. Cod. de petit. hæred.* neque duo hic judicia sunt, sed unum, quo & testamentum impugnatur, & simul petitur hæreditas, sicut per actionem usucapionis rescissoriam & usucapio rescindi petitur, & simul res vindicatur de quo disseruimus, *c. 10.* Equidem fateor, querelam in multis differre a petitione hæreditatis simplici, de qua agitur, *tit. de pet. hæred.* sed ex eo non sequitur, per eam non peti hæreditatem, aut eam speciem petitionis hæreditatis non esse. Proferuntur autem duo potissimum argumenta quibus effici videtur querelam inofficiosi testamenti, petitionem hæreditatis non esse: quæ qualia sint, videamus. Primum tale est: petitio hæreditatis datur solum adversus eum, qui cum hæres non sit, pro hærede prove possessore possidet, nunquam adversus hæredem, eumve, qui pro hærede est, bonorum puta possessorem aut fideicommissarium, *l. 9. & seqq. ff. de hæred. petit.* At querela datur adversus hæredem scriptum, contra fideicommissarium, cui restituta est hæreditas, *l. 1. Cod. de inoffic. test.* contra præteritum qui accepit bonorum possessionem contra tabulas, *l. pen. ff. de bon. poss. cont. tab.* Respondeo, scriptum testamento inofficioso hæredem, hæredem non esse, utique cum eo agi non tanquam cum hærede, sed tanquam qui hæres non sit, utpote scriptum ab eo, qui testamenti factionem non habuisse judicatur, *l. qui repudiavit, 17. ff. de inoffic. testam.* & proinde cum teneri, quasi pro hærede aut pro possessore possideret, ut diserte ab Imperatoribus Severo & Antonino responsum est de eo, cui ex testamento inofficioso restituta est hæreditas, *l. 1. Cod. eod. tit.*

Alterum argumentum est hujusmodi: Omnis petitio hæreditatis aut est ex testamento, aut ex causa intestati, *l. 1. l. 2. l. 3. ff. de hæred. petit.* Querela autem inofficiosi ex neutra causa est: non ex testamento, quia datur iis, qui testamento exclusi sunt: non ab intestato, quia quamdiu testamentum extat, & ex eo adiri hæreditas potest, causæ intestati non est locus, *l. quamdiu 39. ff. de acq. hæred.* Sed quid hic respon-

demdendum sit, patet ex responsione ad objectionem præcedentem, nimirum querelam inofficiosi esse petitionem quamdam hæreditatis delatæ tamquam ab intestato: quia prætenditur color dementiæ testatoris, qui ob id testamenti faciendi jus non habuerit: uti & revera si judex testamentum inofficiosum esse pronunciaverit, res ad causam intestati redit, retroque versus omnia perinde habentur, ac hæreditas nunquam adita fuisset, *l. 6. §. 1. l. cum qui 23. §. 1. ff. de inoffic. test.* Sunt igitur hac sententia querelam etiam ipsam actionem esse, & nimirum speciem quamdam petitionis hæreditatis, qua vindicatur hæreditas tamquam ab intestato delata ex causa inofficiosi testamenti. Atque cum hac sententia fere vi ipsa convenit, quod Joann. Fab. & alii ad *pr. Inst. d. tit.* notant, posse querelam cum petitione hæreditatis cumulari. Obiter addo, posse & per modum contradictionis seu per exceptionem, querelam induci, velut si exhæredatus sit in possessionem hæreditatis, & hæres scriptus hæreditatem petat, *l. 8. §. si filius 13. ff. eod. tit.* adeoque & liberum esse exhæredato, simplici petitione hæreditatis experiri, atque ita querelam inducere per modum replicationis. Paul. *lib. 4. sent. tit. 5. & ibi* Cujac. Illud non est magni momenti, quod quidam ex eo, quod petitio omnis ex causa peculii profectitii aut adventitii filio competens, patri detur etiam filio invito, *l. 8. §. 3. Cod. de bon. quæ lib.* querelam autem pater filii nomine instituere non possit, *l. 8. pr. ff. de inoffic. testam.* colligunt, querelam non esse actionem aut petitionem. Nam hujus rei peculiaris est ratio, quia querela non competit nisi filius cujus solius injuria est, *d. l. 8. in pr.* ostendat sibi displicere factum parentis, a quo exhæredatus est, & ideo invito filio, non magis pater queri potest, quam invitum cogere, ut hæreditatem adeat; adde, quod querela remedium est extraordinarium, & quodammodo odiosum: ac proinde tale, quod personæ exhæredati cohæreat. Duar. *c. 8. tit. de inoffic. test.*

CAPUT XX.

An in querela inofficiosi locus sit edicto successorio?

EDictum successorium est, cum liberis, qui primo loco ad successionem vocantur, repudiantibus admittuntur legitimi, & rursus his repudiantibus cognati: item cum repudiante proximiore agnato vel cognato admittitur sequens, *l. 1. §. quibus 10. & seq. ff. de success. edict.* Est autem huic edicto locus in bonorum possessione deferenda, ubi tabulæ testamenti nullæ extant, & ab intestato defertur hæreditas, de quo, *d. tit. de success. edict.* & præcipue *d. l. 1. §. 10. & 11. & l. 1. & l. 2. Cod. eod.* Quæritur autem, an huic edicto successorio etiam locus sit in querela inofficiosi testamenti, hoc est, an si is, qui prior admittitur ad accusandum, nolit aut non possit accusare, sequens admittatur. Et placuit admitti, ut successioni sit locus, teste Paulo in *leg. pen. pr. ff. de inoff. test.* & talis casus est, qui deciditur in *lege [illegible], 7. Cod. eod. tit.* Cæterum hoc in iis tantum procedit, qui si eos nemo ordine aut gradu præcessisset, statim citra ullum edictum successorium querelam movere potuissent, si videlicet exhæredati fuissent, aut præteriti, nemine eos præcedente in causa successionis ab intestato. Igitur hi præterito exhæredatove, qui præcedebat, agere nolente, aut non volente, victove, admittuntur ad accusationem ordine successorio ex propria sua persona, proprioque jure suo. Exemplum habemus in *l. [illegible] ff. eod. tit.* ubi proponitur casus hujusmodi. Pater filium emancipavit, & nepotem ex eo in potestate retinuit. Emancipatus suscepto postea filio, [illegible] exhæredato, patre præterito decessit. Hic ordo postulat, ut primo loco ad querelam admittatur filius. Quod si illi non querantur, vel queri in judicio [illegible], succedit pater, atque intentio ejus, quæ antea in suspenso erat, impletur. In hoc enim & similibus casibus, qui præcedebant obstabantque, ne sequens ordo aut gradus ad accusationem admitteretur, jam pro mortuis habentur, & paria habentur non extare & extare quidem, sed queri amplius non posse. Non obstat quod hæres scriptus jam sententia judicis declaratus sit hæres; nam id verum quidem est ratione primi accusantis: sed sententia illa inter alios jus non facit, *l. sæpe constitutum 63. ff. de re jud. & tot. tit. Cod. res int. al. act. vel jud. al. non noc.* Sed nec illud obstat, quod nepos in querela contra patris testamentum præfertur avo, ejusque causa potior est, unde dicendum videtur, si scriptus a patre hæres vicit filium defuncti, eundem magis debere vincere patrem ejus, per regulam, Si vinco vincentem te, multo magis vinco te. Etenim non eadem hic est vincendi ratio. Filius quidem defuncti potior est avo suo defuncti patre in eo, quod in successione ab intestato prior est causa liberorum. At filius judicio victus est, quia juste exhæredatus judici visus, quem oportet non minus benevolentia avi præponderare, quam delicta & mala merita nepotis, quæ avo nocere æquum non est, *argum. l. 5. §. si emancipatus ff. de bon. poss. cont. tab.* Similiter & fortiori quidem ratione, *arg. l. [illegible] §. 15. princ. ff. de inoff. test. l. 7. §. 1. ff. unde lib.* si filius a patre exhæredatus querelam repudiaverit, aut ea instituta judicio victus sit, aut quomodo agere non possit, nepos ex eo natus admittitur ad querelam ex propria sua persona, *l. penult. princ. ff. de inoff. testament. l. 5. §. emancipatus, 3. in fin. ff. de bon. poss. cont. tab. arg. l. 7. ff. de his qui sui vel al. jur.* nec hic spectari debet an jam nata fuerit querela filio, an vero ante querelam delatam decesserit; quoniam nepos non ex ea succedit quæ filio delata est; sed ex persona propria, eodem plane modo, quo filio deficiente vel repudiante ex successorio edicto ad bonorum possessionem unde liberi admittitur nepos, *l. 1. §. quibus 10. ff. de success. edict.*

Cæterum non caret hæc posterior species omni scrupulo. Objicitur primum *l. si quis posthumo, 2. §. 1. ff. de lib. & post. hær. inst.* ubi Paul. scribit, si filium exhæredavero, nepotemque ex eo præterito & extraneum hæredem scripsero, & filius post mortem meam licet ante aditam hæreditatem decesserit, nepotem succedendo non rupturum testamentum, & ita Julianum, Pomponium & Marcellum respondisse: idemque in nepote posthumo præterito & filio exhæredato juris esse Ulpianus auctor est, nempe hunc nepotem filio post mortem patris deliberante hærede instituto de adeunda hæreditate defuncto, testamentum avi agnascendo non rumpere, *l. 6. pr. ff. de inj. rupt. irr. test.* Itaque hic filius exhæredatus obstat nepoti præterito: & obstat, ut Papinianus ait, jure testati, quamvis nihil obstet jure intestati, id est, quominus hic nepos scripto hærede

repupositione atque ita testamento destituto ab intestato suus hæres avo existit, *l. scripto ff. unde liberi*, *d. l. 6. princ. vers. plane ff. de injust. rup. l. 1. §. sciendum 8. ff. de suis & legit. hær. §. cum autem, 7. & seq. Inst. de hæred. quæ ab intest.* Respondeo, obstat filius nepoti in casibus supra enumeratis, ut nepos præteritione sui rumpat testamentum avi, id est, ut nepos agnascendo aut quasi agnascendo ipso jure testamentum avi evertat, quamvis natus ex filio suo hærede a patre exhæredato. Atque ita procedunt loca modo citati. Et sic etiam nepos ex filio emancipato itaque exhæredato natus ob sui præteritionem non admittitur jure Prætorio ad bonorum possessionem contra tabulas, *l. 4. §. 1. ff. de bon. poss. contr. tab.* Quippe hic filio, qui exhæredatus est, satisfactum est valetque ipso jure testamentum, etsi nepos præteritus sit: nec ipso jure hæredis adcunte potest nepos in locum sui hæredis succedere, ex capite secundo legis Velleiæ, quoniam mortis tempore eum filius præcessit, *l. Gallus, 29. §. sequenti. 12. ff. de lib. & post. l. si quis filium, 34. C. de inoff. test.* nec ad bonorum possessionem contra tabulas admitti, quia præteritio nepotis hoc casu pro exhæredatione est, & Prætor exhæredatos non agnoscit, *d. l. 4. §. 1. junct. l. 8. princ. ff. de bon. poss. contr. tab.* Attamen querela huic nepoti non denegatur, quando filius queri aut non vult, aut non potest: quippe hic admittitur nepos ex edicto successorio, quoniam ipse immerito præteritus est, quo casu testamentum quidem valet, quia præteritio ista vice exhæredationis est; ceterum admittitur ad querelam, quæ datur adversus testamentum ipso jure validum; & licet per exhæredationem filii satisfiat formæ & solemnitati internæ, quæ jure civili ad sustinendum testamentum sufficit, non tamen satisfit juri naturali, non pietati, non officio paterno vel avito. Neque vero hæc contraria sunt, testamentum non rumpi, & tamen adversus id, ut inofficiosum, dari querelam; ut enim querela competat, necesse est testamentum non rumpi, §. 2. *Instit. de inoffic. test.* Facilius vero querela datur, quam testamentum rompitur; ratio est, quia rupto testamento jus statim violatur, nec ex eo locus unquam patet scriptis hæredibus. At potest querela competere: ut tamen nihilo magis testamentum rescindatur.

Secundo objicitur *lex si quis filium 34. Cod. de inoffic. test.* quo loco Justinianus ait, nepotem olim ubi filius exhæredatus non præparata querela decessisset omne adjutorium dereliquisse, cum tamen sententiam nostram ex jure veteri defendamus: Justinianus autem diserte jus vetus corrigit, primusque constituit, ut filius querelam etiam non præparatam transmittat ad nepotem, ut nepos in hac causa a vetustate neglectus, a suo, inquit, rigore recreetur. Et nominatim excipit quatuor casus, quibus filio ante querelam præparatam mortuo, nepotem a querela removet jure antiquo convenienter. 1. Si probet hæres scriptus filium exhæredatum ingratum fuisse. 2. Si filio certa quantitas minor legitima parte relicta sit: tunc enim nepotem vult agere ad supplementum quartæ. 3. Si filius querelam repudiavit. 4. Si filius per quinquennium tacuit, ita ut querela præscriptum sit. Ergo jure veteri secus se hæc res habuit filioque non præparata querela mortuo nepos sine exceptione exclusus fuit. Respondemus, Justinianum eo loco non agere de nepote ex propria persona accusare volente, sed loqui de transmissione querelæ, id est, eo casu, quo nepos ex persona patris sui querelam movere vult, & tunc locum habere quatuor illas exceptiones. At nos agimus de nepote, qui ex propria sua persona accusare cupit ex edicto successorio; quod & olim nepoti licuisse dicimus, & nunc etiam licere, nec ei obesse ingratitudinem patris nec ejusdem repudiationem, nec ejus quinquennale silentium. Et liberum itaque nepoti erit vel ex persona patris agere ob transmissam ad se querelam ex *p. leg. si quis filium Cod. de inoffic. testam.* quod & interdum ipsi utilius esse potest, puta si nepos ex justa causa sit præteritus, pater autem immerito exhæredatus; vel ex persona sua, si melius faciliusque de sua, quam patris pietate docere possit. Atque ita fere post Azonem, Bartolum, Dyn. Castrensem. Costallius, & Anton. Rubeus, ad *l. pater 14. ff. eod. tit.* Donellus 19. *comm.* 7. & *ibid. in not.* Osvald. Hillig. Dissentiunt Bachovius ad *Treutl. disp. inoffic. testam. thes.* 4. Alciatus *l. 4. paradox. c. 16.* Suetonius, ut & alii fere Gomezius 1. *var. resol.* 11. *num.* 21. hanc quæstionem altam & subtilem vocat, licet & ipse dissentiat, victus iis objectionibus, quas nos videmur prorsus removisse.

CAPUT XXI.

An liberi juste exhæredati connumerentur in computatione legitimæ, seu an cæteris partem faciant?

QUæstionis hujus sensus est, an liberi justa ex causa exhæredati re ipsa adhuc inter liberos annumerentur? perindeque habeantur, ac si partem suam accepissent, ad eum nimirum effectum ut cæterorum legitima minuatur, & tanta nec major sit, quam quanta fuisset nemine exhæredato? Veteres uno verbo hoc dicunt facere. Quæstio non minus, quam illa superior & proxime præcedens, alta, profunda & difficilis, de qua consultus Raphael Comanus non habuit, quod responderet, teste Jasone in *auth. novissima Cod. de inoffic. test.*

Dynus & Salicetus in *d. auth. novissima* putant eum qui juste exhæredatus est, non connumerari, id est, in computatione legitimæ partem non facere. Igitur secundum hanc sententiam, si pater unum ex duobus filiis merito exhæredaverit, alteri exhæredato legitimam reliquerit, hujus legitima erit quadrans, non sescuncia, hodie triens, non sextans. Bart. in *leg. pater filium 14. ff. de inoffic. test.* contra putat eum, qui juste exhæredatus est, connumerandum, & in computanda quantitate portionis legitimæ partem aliis facere, proinde ex Bartoli sententia, si pater ex duobus filiis alterum juste exhæredaverit, alteri autem legitimam reliquerit, is cui legitima relicta est, habebit duntaxat sescunciam, hodie sextantem, per *l. §. quoniam autem ff. de inoffic. testam.* Alii putant melius esse si media hic via ineatur, ut quantitas legitimæ æstimetur ex facti contingentia, & quidem si exhæredatus repudiaverit querelam, aut eam instituerit quidem, sed judicio victus succubuerit, magis esse ut hoc casu partem non faciat, sed pars ejus accrescat fratri in legitima instituto, *per l. filio 25. pr. ff. eod.* quippe hunc demum juste exhæredatum dici, qui non potest amplius cum successu queri, & ad eum propterea quod hujusmodi exhæredati pro mortuis habentur *per l. qui repudiantis in fin. 17. ff. de inoffic. test. l. 1. §. sed & si 5. de*

con-

conjug. cum emanc. l. 1. § post 10. §. Liberi 4. & §. seq. ff. de bon. poss. cont. tab. & sic procedere sententiam Dyni & Saliceti. Cæterum si exhæredatus nec repudiaverit querelam, nec post eam motam victus sit, hoc casu, quia nondum apparet, utrum partem aliquam sit accepturus, nec ne, interim partem eum facere, argumento ducto a contrario sensu ex *d. l. qui repudiantis, & l. si pœnas 23. §. ult. de inoffic. test.* atque hoc modo defendi posse opinionem Bartoli.

Pendet autem decisio hujus tam arduæ quæstionis ex alia huic affini & tantum non eadem; nimirum an & quando in querela inofficiosi locus sit Juri accrescendi? quam ob causam e re erit de ea prius cognoscere, quam quid certi definiamus de proposita. Sic quidem si quis cum duos haberet filios, utrumque exhæredavit, & utrique legitimam reliquit, hoc casu frustra disputatur de jure accrescendi aut parte facienda, quoniam neuter vel inofficiosum testamentum dicere potest; vel ad supplementum agere. Sed ponamus casum diversum. Pater duos habens filios utrumque exhæredavit, & neutri legitimam reliquit. Hoc casu cum uterque queri possit, si unus tantum querelam moveat, alter interim partem facit, ita ut ille qui queritur, tantum semissem hæreditatis petere debeat; ita tamen ut si alter postea accusare nolit, aut tempore exclusus sit, pars ejus accrescat ei, qui egit & obtinuit, *l. filio 16. l. si pœnas 23. §. ult. ff. de inoffic. test.* & hoc de eodem casu agit Paulus in *l. qui repudiantis 17. ff. eod.* ubi ait eum, qui repudiavit querelam, partem non facere his, qui ideo quod legitimam non habent, querelam movere volunt. Quod si tamen alteruter in solidum egerit, antequam alter querelam repudiasset, & casu aliquo obtinuerit, puta quod scriptus hæres eum non repellebat; alteri etiam, qui non repudiavit, victoria proderit, *arg. l. 6. §. 1. ff. eodem.* Ponamus rursus alium casum. Pater e duobus filiis exhæredatis alteri duntaxat legitimam reliquit, alteri nihil: atque ita satisfecit primo, non autem secundo. Secundus non queritur, sed primus, & dicit sibi non esse relictam integram legitimam: cum enim secundus, qui solus queri potest, non queratur, ait sibi quasi nunc soli filio deberi quartam omnium bonorum, non sescunciam aut quartam semissis. Hic, inquam, primus, cui portio legitima relicta est, neque querelam movere potest, neque ex constitutione Justiniani ad supplementum agere. Ratio est, quia factum illud patris legitimam secundo exhæredato non relinquentis non debet prodesse primo, qui portionem debitam habet. Et hoc casu exhæredatus alteri partem facit; quia scilicet necesse est eum alteri partem facere, cum ejus deficientis portio alteri quartam habenti, ac propterea querela excluso, per quam solam ad hæreditatem poterat pervenire, accrescere non possit, & hic est casus, qui tractatur in *l. 8. § quoniam 8. ff. de inoffic. test.* Quod si exemplum ad jus nostrum accommodare velimus, ponendus casus, quo pater extraneo hærede scripto unum ex filiis in legitima instituit, alterum exhæredavit; & sic porro. Atque hæc quidem ita procedere fatentur, qui mediam, quam dixi, sententiam sequuntur, si secundus, qui legitimam non accepit, taceat, & querelam, quam movere potest, non instituat. At secus esse existimant, si secundus repudiaverit querelam, aut in ea victus sit, aut præscriptione quinquennali exclusus: tunc enim primo sescuncem non sufficere ad legitimam, sed ei deberi quadrantem; aut nunc trientem: ac proinde jure veteri, quia secundo legitima ei relicta non est, de inofficioso agere, & totam hæreditatem vindicare posse, *l. qui repudiantis 17. l. si pœnas 23. §. ult. ff. de inoffic. test.* Ex constitutione autem Justiniani quia uterque partem legitimæ habet, superesse ei actionem ad supplementum, *l. omnimodo 30. Cod. eod. tit.* Cur autem secundo repudiante querelam, aut ex quacumque modo amissa, primus jam rursus de inofficioso agat, ad suppletionem petat, hanc esse rationem, quia secundus postquam queri posse desiit, pro mortuo habetur, *per d. leg. qui repudiantis in pr.* [illegible] *l. 1. §. sed & si* [illegible] *ff. de conj. cum emanc.* [illegible] male mea [illegible]. Nam juri accrescendi locus dari non potest, nisi ab initio utrique querela competierit, [illegible] initio exclusus sit, quod legitima ei relicta, hinc alter, qui non queritur, partem facit interim & quandiu alter adhuc queri potest, non item quando queri posse desiit. Sic enim Ulpiani hanc quæstionem decidentis in *l. 8. § quoniam 8. ff. de inoffic. test.* hæc verba *an exhæredatus partem faciat, qui non queritur, &c.* accipienda sunt: neque qui non queritur omnimodo, sive quia semel agere noluit, sive quia judicio victus aut tempore exclusus est. Omnino enim distinguendum est inter querelam, in qua locus est juris accrescendi: & legitimam relictam, in qua non item, v. gr. qui habet mille in bonis & duos filios, utroque exhæredato, sed uni 125. nomine legitimæ relictis decessit, quæ quarta pars est portionis ab intestato huic uni debitæ. Jus ita fuit, ut cui legitima integra relicta esset quocumque titulo, querela excluderetur: si vero vel minimum deesset, admitteretur, in quo utroque aliquid postea innovatum. Si igitur is, cui vel nihil vel minor relictum, & qui ob id queri de inofficioso potest, non quærat, an per hoc alter querelam nanciscatur, quam non esset habiturus prore querente? Sic visum mediæ sententiæ auctoribus; quia cum remoto fratre jam solus sit; nomine legitimæ jam illi debeantur 250. sed contra decidimus in *d. l. 8. §. quoniam* scilicet nihil amplius eum consequuturum, & per illa 125. quæ ipsi nomine legitimæ relicta sunt, querela excludi. At pone utrumque exhæredatum & neutri quid legitimæ nomine relictum esse; hoc casu si unus non queratur exclusus repudiatione vel tempore, is alteri partem non facit, ac proinde alter, cui querela integra, testamentum in totum subvertit, atque ex asse ab intestato succedit.

Ex his jam, opinor, apparet, quid statuendum sit de quæstione proposita, utrum is, qui juste exhæredatus est, inter liberos adhuc numeretur, ita ut partem iis, quibus legitima relicta est, faciat nec ne? nimirum numerari & in computatione legitimæ partem aliis facere secundum sententiam Bartoli. Ratio solida, quia nulla hic est conjunctio, ac proinde nec jus accrescendi. Etenim rite & juste exhæredatus nec ad hæreditatem vocatur ex testamento, quippe quo exclusus est; neque ab intestato, quia ad successionem intestati venire non potest, nisi testamento per querelam everso. Sed nec Prætor exhæredatione notatos ad bonorum possessionem contra tabulas invitat, *l. non putavit 8. ff. cont. tab.* Adde quod cum adversus patrem ingratus fuerit, commodum ejus partis esse debet, cujus esse pater voluit. Juris vero accrescendi tunc locus est, quando quid de portione deficiente fieri debeat, nec lex nec testator cavit. Hic autem testator voluit eam acqui-

acquiri heredi instituto, per leg. si pollam 9. ff. de probat. auth. hoc amplius Cod. fideicomm. ac justa est patris voluntas quand hunc filium ingratum. Aliud est, si utrumque filium [illegible] exhæredaverit, & alter non agat, quia tunc voluntas ejus eadem utriusque filii injusta est. Denique delictum unius non debet prodesse alteri. Non obstat, quod alicubi dicitur exhæredatum pro mortuo haberi: id enim verum est quatenus attinet ad successionem ejus a quo exhæredatus est; cæterum non est trahendum extra terminos suos; nec argumentum ductum a bonorum possessione contra tabulas, in qua exhæredati nunquam partibus partem faciunt; nam cum exhæredati a contra tabulas bonorum possessione, tanquam peregrini, in totum arceantur, nec partem sibi facere possunt. Sed quando non de inofficioso queri potest injuste exhæredatum ei partem facere dicimus, sed tunc quando alter ob id quod legitimam accepit, nullum jus de inofficioso agendi & legitimam hæreditatem petendi habet. Ita recte post Bartolum Donellus l. 9. comm. l. 9. & Hilligerus in not. ibid. Bachov. ad Treutl. disp. de inoffic. test. thes. 17. atque hanc opinionem, ut saniorem laudat Pet. Gregor. Tolosanus l. 44. syntagm. c. 5. n. 7. Diss. cum Dyn. Salicet. Sichardus in d. auth. novissima, 27. De filiabus statuto exclusis res minus dubia: quoniam cui filia exstantibus masculis statuto in totum excluse, nullum jus succedendi aut querendi habeant, partem facere non possunt, sed perinde hujus effectus [illegible] habentur, ac si non essent: & intelligitur statutum voluisse cæterorum portionem augere. Bachovius, ut supra.

CAPUT XXII.

Legitima sitne bonorum quota, an hæreditatis & an recipiat ullum gravamen?

AD neutram harum quæstionum simpliciter aut affirmando aut negando responderi potest. Nam ad priorem quod attinet, si ponamus filio juste exhæredato legitimam esse relictam titulo singulari, tunc utique legitima non hæreditatis, cujus nullam partem exhæredatus obtinet, sed bonorum quota est, ut quarta ex constitutione divi Pii, l. 1. §. 1. ff. fam. ercisc. §. 3. Instit. de adopt. Idemque dicendum est, si institutus quidem sit filius, sed aut in re certa adjuncto ei cohærede simpliciter scripto vel ex parte aliis, aut certis rebus contentus esse jussus sit, quo casu legatarii loco habetur, ut neque actiones hæreditarias exercere, neque a creditoribus hæreditariis conveniri queat, l. penult. Cod. de hær. inst. §. si quis 9. Inst. de fideic. hæred. l. si legatus 30. ff. mulium innaruit 3. ff. ad Senat. Treb. At ex diverso si filius hæres institutus sit vel in ipsa legitima quæ olim erat quarta pars debitæ ab intestato portionis hodie ejusdem portionis triens aut semis pro numero liberorum: Nov. de trien. & semiss. vel ex parte aliqua hæreditatis, puta ex uncia, sextante, &c. hic ut filius revera hæres est, ita & legitima erit quota hæreditatis. Fieri enim non potest, quin ea pars, quam tanquam hæres jure hæreditario habeo & titulo institutionis, sit pars hæreditatis. Male igitur Gail. 2. obs. 119. num. 11. & obs. 120. n. 2. post Salicetum alios in l. scimus 36. in fin. Cod. de inoffic. test. generaliter & simpliciter definit, legitimam esse quotam bonorum, quod accipitur deducto ære alieno, l. 8. §. quarta 9. ff. de inoffic. testam. & bona cujusque intelliguntur, quæ deducto ære alieno supersunt, l. subsignatum 39. §. 1. ff. de verb. sign. Inepta ratio: nam & in ponenda ratione legis Falcidiæ nunc deducitur æs alienum §. ult. Inst. de leg. Falc. cum tamen in confesso sit, quartam Falcidiæ esse partem hæreditatis, atque in eam nihil aliud imputari, quam quod hæres jure hæreditario capit, l. in quartam 91. pr. ff. ad l. Falc. Antequam enim summa constituatur, unde legitima aut quarta Falcidiæ deducenda sit, necesse est exquiri, quid in patrimonio & bonis defuncti sit habendum: sequitur ex eo filius legitimam ut [illegible], hæres quartam habere debere. Sed ex eo autem non sequitur: filium ex portione legitima institutum, eam portionem non habere jure hæreditario aut tanquam partem hæreditatis, ut nulla onera hæreditaria sustineat. Sed hic nobis via aperitur ad quæstionem alteram, nempe an legitima recipiat ullum gravamen.

In hac quoque quæstione distinctio adhibenda est, & primum discernenda onera, quæ ex dispositione testatoris proficiscuntur, ab iis, quæ exurgunt ex ipso jure hæreditario. Non recipit legitima ullum onus aut gravamen, quod ex testamento vel ex ulla alia dispositione testatoris oritur, l. quoniam 32. Cod. de inoffic. test. Et ratio est, quia legitima non ex judicio testatoris, sed ex provisione legis debetur, cui consequens ut gravamen legitimæ impositum, pro non adjecto habeatur, Fac. d. leg. 32. & auth. novissima Cod. eod. Gail. 2. obs. 119. n. 2. Et igitur non poterit legitima gravari fideicommisso, vel alio substitutionis onere, in tantum, ut nec nuda ejus proprietas liberi relinqui queat deducto usufructu. Cujus rei hæc ratio est, quia si ususfructus aliis relinqueretur, differretur legitimæ præstatio contra d. leg. 32. & mirum est dissentire Cepollam cautel. 41. cum disertis verbis Justinianus constituat, ut filius legitimam pleno jure habeat, nec sufficiat nudam legitimæ proprietatem filio relinquere, sed necesse sit simul relinquere ipsum jus utendi fruendi, Nov. 18. c. 3. aut novissima Cod. de inoffic. test. Atque hoc modo accipiendum est, quod identidem inculcatur: legitimam non recipere ullum onus, dilationem, moram, modum, aliudve gravamen, l. omnimodo 30. d. l. quoniam 32. d. l. scimus 36. Cod. de inoffic. testam. atque non recipere, ex voluntate aut dispositione testatoris, neque hic refert jure hæreditario, an ut quota bonorum. Cæterum quod attinet ad ea onera, quæ ex ipso jure hæreditariæ portionis emergunt, ea haud dubie etiam ad portionem legitimam pertinent quando ea obtinetur titulo institutionis, & jure hæreditario, veluti cum filius ex ea aut parte aliqua aliis institutus est, quamvis secus sit, cum ea obvenit ut pars bonorum; quod evenit, cum filio juste exhæredato relicta est, aut si institutus quidem sit filius, sed in re certa adjecto cohærede indefinite a aut ex parte hæreditatis scripto, ut supra diximus. Sed utique, quando filius, ut hæres legitimam obtinet, consequens omnino est, ut ad eum quoque onus æris alieni pro rata hæreditaria parte pertineat. Similiter nec quartæ Trebelliani potest ullum onus imponi ex dispositione testatoris, nec ea fideicommisso gravari potest, & tamen hæres fiduciarius pro rata parte sustinet onus æris alieni, & pro quadrante a creditoribus hæreditariis conveniri potest, Cod. sed quia 7. Instit. de fideic. hær. Nullam autem quæ hic quarta Senatusconsulti, atque illic triens aut semis legitimus diminutionem patitur. Non obstat, quod legitima dicitur accipi deducto ære alieno *l. 8. §. quarta 9. ff. de inoffic. testam.* Id enim pertinet duntaxat ad eam computationem, qua ad calculum revocatur quantum sit in legitima, nihilque aliud eo significatur, quam quod in computatione bonorum defuncti ineatur etiam ratio æris alieni, ut sciri possit, quantum eo deducto legitimæ nomine debeatur, non quod filius hæres in ea portione institutus non teneatur pro rata respondere creditoribus hæreditariis. Sic in ineunda ratione quartæ Falcidiæ etiam initur ratio æris alieni, *§. ult. Inst. de leg. Falc.* non ob id, quod hæres nomine æris alieni a creditoribus hæreditariis conveniri nequeat, sed tantum ut sciatur quantum testator in bonis habuit, unde Falcidia deducenda: in bonis autem id solum habere intelligitur, quod deducto ære alieno superest, *l. subsignatum 39. §. 1. de verb. sign.*

CAPUT XXIII.

Petitio hæreditatis an detur contra possidentem titulo singulari?

PEtitio hæreditatis est actio in rem, qua hæreditatem nostram & per hæreditatem res singulas hæreditarias petimus ab eo, qui quid earum pro hærede vel pro possessore possidet. Competit igitur ei hæc petitio, qui hæreditatem, quam petit, suam esse intendit, utpote vel ex testamento vel ab intestato sibi delatam; & sibi sive per se, sive per alios acquisitam, *l. 2. l. 3. ff. de hæred. pet.* esse hanc petitionem actionem in rem plerisque locis diserte traditum est, *L. sed & si 25. §. propen. ff. de hæred. petit. L. 1. l. sin autem 27. §. 3. ff. de rei vind. l. 1. §. ult. ff. si pars hæred. petat.* Cæterum ita in rem est, ut tamen habeat præstationes quasdam personales *d. l. 25. §. propen.* propter quas mixta personalis appellatur, & demum 30. annorum præscriptione summovetur, *L. 7. Cod. de pet. hæred.* & inter bonæ fidei judicia numeratur, *§. actionum 28. Inst. de action.* licet cæteræ in rem sint arbitrariæ *§. præterea 31. Instit. eod.* Datur adversus eum, qui quid hæreditarium pro hærede prove possessore possidet, vel dolo malo fecit, quominus possideret, *l. 9. l. 13. §. pen. L. sed & si 25. §. perinde 8. ff. dict. tit.* Pro hærede possidere dicitur, qui putat se hæredem esse *l. pro hærede 10. ff. eod.* Pro possessore possidet tum prædo, qui nullam aliam causam affert, quam quod possideat, *d. l. 10. §. 1. & 2. ll. seqq. eod.* tum is, qui affert quidem aliquam, sed injustam & inutilem; omnibus enim titulis inutilibus hic pro possessore hæret & adjunctus est, id est, omnes hi tituli recipiunt & in se habent titulum pro possessore, ut qui eos allegat, pro possessore possidere, & hæreditatis petitione teneri intelligatur, *L. nec ullam 13. §. 1. ff. eod.* ubi obiter notandum, etsi omnis prædo pro possessore possideat, non omnem tamen, qui pro possessore possidet, prædonem haberi, veluti si titulum, licet inutilem, alleget, *d. l. 13. §. si quis 8. ff. eod.* add. Gaud. *ad l. 109. de verb. sign. n. 7. & seqq.* Quod si quis justo aliquo titulo rem hæreditariam possideat, veluti pro emptore vel donato, res vindicanda est speciali in rem actione, quæ simpliciter adversus quemcumque possessorem datur, *l. 7. Cod. eod. tit. l. 4. Cod. in quib. caus. cess. long. temp. præsc.* Hanc autem dissimilitudinem peperit dissimilis jus petitionum. Nam qui speciali actione in rem agit, aut dominus est, aut jus aliquod dominio habet, cui semper æquum est rem restitui. Semper enim dominus plus juris habet in re sua, quam quilibet etiam justissimus possessor, *l. 9. ff. de rei vind. l. 5. Cod. eod.* At qui hæres est, non idem continuo & dominus rei hæreditariæ. Quid enim si defunctus commodatam sit, aut apud eum deposita? Equidem fieri posse non nego, ut hæres idem sit, & dominus; sed quia contra etiam fieri potest, ut si is dominus, qui rem pro emptore, pro donato, pro legato possidet, in pari causa possessor potior haberi debet, *l. in pari 128. ff. de reg. jur.* DD. *in d. l. 9.* Sichard. *in l. 2. Cod. eod.* Zas. *parat. ff. eod. n. 7.* Sed enim hoc ipso quod quis hæres est, plus juris habet, quam is, qui pro hærede possidet, aut pro possessore, sive causam suæ possessionis afferat, sive non. Non vero alios titulos possessio hæreditatis admittit, cum nemo alius nominis jurisque hæreditarii controversiam faciat; nisi qui pro hærede vel pro possessore possidet, *d. l. 9. de hæred. petit. L. 7. Cod. eod.* Cujac. *10. obs. 1.*

Atque hoc quidem jus in directa petitione hæreditatis perpetuum est. Utilis autem petitio hæreditatis datur bonorum possessori, quæ vocatur possessoria hæreditatis petitio, item fideicommissario, id est, ei cui ex Senatusconsulto Trebelliano restituta est hæreditas, quæ fideicommissaria hæreditatis petitio: ac de utraque titulus proprius in usu. Ex contrario quoque utili petitione tenentur, bonorum possessor non verus, id est, qui putat se bonorum possessorem esse, cum non sit, *L. pro hærede 11. ff. eod.* 6. fideicommissarius, qui hæreditatem a falso hærede accepit, *d. L. nec ullam 13. §. sed & si 6. ff. eod. l. 4. Cod. de inoffic. test.* Item emptor, qui hæreditatem aut partem universi juris emit a non vero hærede *d. l. 13. §. si quis 8.* Sed ita demum emptorem conveniri placet, si aliter res petitori salva esse non possit, aut si non expediat petitori hæreditatem a venditore peti, quem directa petitione teneri certum est, *d. l. 13. §. quid si quis 4.*

Excutiamus jam, quod in quæstione est, an petitione hæreditatis teneatur, qui quid hæreditarium possidet titulo singulari? Non una autem hic utendum distinctione. Possessor aut nullum titulum allegat, qui in specie dicitur pro possessore possidere, aut allegat titulum, sed universalem, scilicet pro hærede: & uterque hac petitione tenetur: aut allegat titulum singularem, & hunc vel in universitate sive hæreditate aut parte hæreditatis, & nonnullo casu utili petitione hæreditatis, ratione objecti sic dicta, conveniri potest, *d. leg. 13. §. quid si quis 4. ff. l. 2. Cod. eod.* vel in re singulari, & hunc iterum vel provenientem ex actu inutili & jure invalido, veluti si quis rem ab uxore donatam pro donato se possidere dicat, aut pro dote, quam accepit ab impubere sibi nupta, & tenetur tanquam possidens pro possessore, *d. L. 13. §. 1.* vel ex actu utili & jure valido, puta eo, quod se rem emisse, aut sibi donatam legatamve esse, atque hisce titulis se possidere affirmet: & non tenetur sive bona sive mala fide possideat, *l. 7. Cod. de petit. hæred. l. 4. Cod. in quib. caus. cess. long. temp. præscr.* Illud porro hic cavendum, ne confundamus possessorem rei singularis cum possessore titulo singulari: hic enim petitione hæreditatis non tenetur, etiamsi, ut modo dixi, possideat mala fide, sed res ab eo vindicanda est speciali in rem actio-

ne:

ne; ille vero hac actione tenetur, tametsi bonam fidem habeat, seque hæredem esse putet. Finge unam aliquam rem hæreditariam & vel minimam pro hærede ab aliquo possideri, is hac petitione tenetur non minus, quam si totam hæreditatem ejusve bonam partem eodem modo possideret, *l. 9. & d. seq. in pr.* Ratio est, quod is, qui vel unam rem hæreditariam pro hærede tenet, possidet totam hæreditatem & universi juris successionem sibi asserit, aut asserere potest; ac proinde hic etiam universalis actio institui debet, licet exercitio tantum fiat in re unica possessa. Cacheran. *dec.* 84. Semper enim & principaliter in hanc petitionem venit hæreditas, at per consequentiam etiam singulæ res hæreditariæ: ut in definitione expressum est, *l. 7. §. ult. ff. de except. rei judic.*

CAPUT XXIV.

An ei, qui non possidet, actio aliqua jure prodita sit, qua consequatur impensas in rem alienam factas?

De qualitate impensarum, quæ in rem alienam, fructuum quærendorum aut colligendorum conservandorumve gratia factæ sunt, non est laborandum, cum hæ omnes citra ullam distinctionem ab omnibus possessoribus deducantur, *l. si a domino 36. §. ult. ff. de hared. petit. l. 7. pr. ff. solut. matr.* ubi hæc ratio a veteribus redditur, quod fructus non intelliguntur, nisi quod deductis impensis superest. Ubi vero in rem ipsam impensæ factæ proponuntur, hic illa tripartita impensarum distinctio constituenda est, quod aut necessariæ sunt, aut utiles, aut voluptariæ *l. 1. ff. de impens. in rem dot. fact. l. impensæ 79. ff. de verb. signif.* quia non omnium in deductione eadem ratio. Necessariæ sunt, quæ si factæ non essent, res aut interitura fuisset, aut deterior futura. Utiles, quæ fructum quidem augent, sed quibus non factis, res non minus integra foret. Voluptariæ quæ speciem, & ... duntaxat ornant, sine ulla utilitate, *d. l. 1. §. ult. l. 2. l. 3. l. 4. 5. 6. & 7. de impens. in rem dot. l. 79. per tot. tit. de verb. sign.* ubi & exemplis hæ definitiones illustrantur. Necessariarum impensarum deductio tributa est omnibus possessoribus, etiam iis, qui mala fide possident, *l. plane 38. pr. ff. de her. petit. l. 5. Cod. de rei vind.* quoniam hæc deductio non personæ possidentis, sed causæ tribuitur, ut scilicet petitor cum damno possessoris, (cui nulla hoc nomine culpa objici potest, quod rem eam alioqui perituram servavit) lucrum faciat, *d. l. 38. ff. de hæred. pet.* Non obstat *l. 1. Cod. de infant. expos. l. ex argento 13. ff. de condic. furt.* loquuntur enim de rebus mobilibus & fure, cujus conditio propter continuationem furti non debet melior fieri, *l. inficiando 67. §. 2. ff. de furt.* Fachin. 1. *contr.* 34. In utilibus autem servandis melior est conditio bonæ fidei possessoris, quam possessoris malæ fidei. Bonæ fidei possessor, qui in rem alienam utiles impensas fecit, v. c. in aliena area ædificium posuit, eas deducere, id est, servare potest per retentionem opposita doli mali exceptione, si dominus rem suam vindicet, non oblata restitutione pretii materiæ & impensarum, *l. sumptus 48. ff. de rei vind. d. l. 38. ff. de her. pet.* Et hoc est, quod Cajus in *l. 7. §. ex diverso 12. ff. de acq. rer. dom.* & Justinianus §. 30. *instit. de rer. div.* ajunt, si in possessione, constituto ædificatore soli dominus petat ædificium, nec solvat pretium materiæ & mercedes fabrorum, posse eum per exceptionem doli mali repelli, utique si bonæ fidei possessor fuerit, qui ædificavit: nimirum quia dolo malo facit & contra æquitatem naturalem, qui postulat cum alieno damno & injuria fieri locupletior *l. 14. ff. de condict. indeb. l. 1. ff. de dol. mal. exc.* Unde etiam placuit, hanc exceptionem eo usque duntaxat dandam, quo res facta est pretiosior, *l. in fundo 38. ff. de rei vind.* & ita demum, si fructuum ante litem contestatam perceptorum modum excedant, *d. l. sumptus 48. l. emptor, 65. ff. eod. tit.* Nam qui suum duntaxat recipere vult, nihil dolo facit, *l. nihil dolo 129. ff. de reg. jur.* nec studet cum aliena jactura locupletari, qui hoc tantum agit, ut pro quantitate fructuum perceptorum impensæ minuantur. Apparet autem ex *d. l. 65. ff. de rei vind.* jus hoc non esse perpetuum, sed regulare duntaxat, atque pro varietate circumstantiarum aliud atque aliud æquitate suadente statui posse, multaque in hoc articulo arbitrio permittenda bonæ fidei judicis. Malæ vero fidei possessoris deterior in hoc genere impensarum conditio est: quippe cui nulla eo nomine deductio concessa, *l. 5. Cod. de rei vind. l. julianus 37. in fin. ff. eod. l. 7. §. ex diverso 12. ff. de acquir. rer. dom.* Ratio est, quia si is item simili exceptione se tueri velit adversus dominum vindicantem, culpa ei objici potest, & a domino replicari, quod temere & sciens ædificaverit in solo alieno, ac proinde tacitum non sua ipsius voluntate materiæ proprietatem amiserit, §. *ex diverso 30. inst. de rer. divis.* æquum quidem esse, ut sumptus per errorem facti retentione rei serventur, *l. sin autem 37. §. ult. ff. de rei vind.* at qui improbe facti sunt, restituendos non esse *l. 5. Cod. de ædif. priv.* Enimvero si qua probabilis conjectura sit, ob quam videri possit, licet sciens non tamen animo donandi hujusmodi sumptus fecisse, aliud dicetur, per *l. 2. Cod. rei vind.* veluti si ædificaverit in solo litigioso, dicam id sui juris possessionisque tuendæ causa potius fecisse, quam animo donandi. Quid igitur est, quod Paulus scribit in *d. l. 38. ff. de hæred. pet.* etiam in persona prædonis rationem haberi utilium impensarum, ne petitor ex aliena jactura locupletior fiat? Respondemus, Paulum non dicere prædonem etiam tales impensas deducere, sive per retentionem opposita doli mali exceptione servare posse; sed hoc tantum in hujus quoque persona haberi rationem impensarum necessariarum & utilium: nempe hactenus, ut necessarias quidem deducat, quarum deductio a possessoribus omnibus tributa, *l. 5. C. de rei vind.* utiles vero sine læsione rei tollat: hoc enim solum ei permissum est, *d. l. 5. d. l. julianus in fin. de rei vind.* nec aliter tamen, quam si sublato eo, quod posuit, aliquid lucri laturus sit, neque tantum ei offerat petitor, *d. l. 38. ff. eod.* Etenim cum stricto jure ne tollendarum quidem utilium impensarum prædoni potestas sit, recte dicitur in ejus quoque personam harum impensarum ratio haberi, cum facultas eas tollendi ex æquitate ei conceditur. Quod si petitor pro jure suo *d. l. 38. ff. eod.* pati nolit, ut eas impensas possessor tollat, hic jam & earum deducendarum potestas ei permittitur, ne quod ait Jurisconsultus in *d. l. 38. ff. de hæred. petit.* ex aliena jactura petitor lucrum sentiat; quæ ratio in impensis utilibus hoc demum casu locum habet: non autem si paratus sit petitor, ut tollantur. Voluptuariarum impensarum quæquatenus tales sunt nulla deductio est, cessante videlicet causa, quæ huic deductioni locum facit. Plane si probetur petitorem easdem impensas facturum fuisse, aut rem habere venalem, & propter hæc impendia, plus consecuturum, *arg. d. l. 38. & l. 29. de rei vind.* impensæ quæ per se voluptariæ sunt naturam induunt utilium, & locus sit exceptioni doli ad eas servandas, si modo bonæ fidei possessor sit, qui eas fecit; nam prædoni probe dicetur, non debuisse eum in rem alienam supervacuas impensas facere. Utique tamen qui per exceptionem servare has impensas non potest, ei potestas est tollendi, quod sine detrimento rei tolli potest, etiamsi malæ fidei possessor sit, ut diserte a Cajo responsum est, *l. utilius 39. §. 1. ff. de hered. pet.* idque contra juris apicem ex humanitate concessum.

Hactenus nihil aliud audivimus, quam quod quædam impensæ a quocunque possessore deduci, id est, posita doli mali exceptione per retentionem rei reservari possunt, nempe impensæ necessariæ, & a bonæ fidei possessore regulariter quoque utiles: voluptariarum, quæ talium, deductionem non esse, tolli tamen posse sine læsione prioris status rei. Huic autem deductioni seu rationi servandæ impensas per exceptionem locus esse non potest, nisi is qui impensas fecit rem, in quam eas fecit, possideat, & ab eo dominus rem suam vindicet. Quid ergo si is, qui sumptus fecit, domino possessionem tradiderit non deductis impensis, an non hoc casu actio aliqua ei jure prodita, qua ultro cum domino experiatur & sumptus a se factos repetat? Numquam certe id in libris juris nostri traditum est. Et quænam, quæso, huic actio accommodari posset salva ratione juris? Vindicationem & actionem ad exhibendum sustulit lex duodecim Tabularum. Actio de tigno juncto adversus eum solum comparata est, qui ipse tignum junxit, & junxit alienum suis ædibus aut vineæ suæ, *l. 1. ff. de tign. junct. l. in rem 23. §. pen. ff. de rei vind.* Sed nec actio in factum secundum distinctionem *d. l. 23. §. item quæcunque 5. vers. ideoque* hic locus esse potest: quomodo enim in factum actio adversus eum dabitur, cujus nullum factum intervenit? si qua hic actio sub aliquo colore dari queat, ea erit aut negotiorum gestorum, aut condictio indebiti; sed neutra quoque harum competere potest. Non negotiorum gestorum, quia qui in rem tanquam suam aliquid impendit, suum negotium, non alienum gerit; qua ratione quoque ei denegatur repetitio *l. 5. C. de rei vind.* & generaliter omnibus, qui non sunt hoc animo, ut quid ab alio reperant, aut alium sibi obligent, *l. 4. C. de neg. gest. l. si in hæc 14. §. 1. vers. diversum est ff. comm. divid.* neque enim actus agentium operantur ultra eorum intentionem *l. non omnis 19. pr. ff. de reb. cred.* Non condictio indebiti, nam ut dissertè Julianus in *l. si in area 33. ff. de cond. indeb.* qui possessionem ultro domino tradit, nullum cum eo negotium gerit, nihil in eum transfert: sed tantum quod suum est, dominus suo jure recipit. Ex vera generalis definitio Pomponii, ex quibus causis retentionem quidem habemus; petitionem autem non habemus, ea si solverimus, repeti non posse, *l. ex quib. 51. ff. de cond. indebit.* nec enim solus error solventis, aut tradentis condictionem parit, nisi simul aliquid faciat accipientis. Sed quid opus est ire per inductionem? De singulis si quis dubitet, constat inter veteres omnes scribunt, nullo alio modo impensas in rem alienam factas servari posse, quam per retentionem; hæc verba sunt Juliani, *l. si in area in fin. ff. de cond. ind.* Paulus in *l. 14. ff. de doli mal.* ait non posse eum, qui in alieno solo ædificavit, aliter sumptus consequi, quam si possideat, & ab eo dominus soli rem vindicet. Papinianus in *l. sumptus 48. ff. de rei vindic.* negat expensas sumptus in alienum prædium factos peti posse, nec si facti sint a bonæ fidei possessore, sed tantum exceptione doli opposita æquitatis ratione posse servari. Idem non obscure indicat Pompon. *l. 21. ad SC. Trebell. in verb. retentionem, quas solas habemus*, quo loco pro similem eum esse rescribe non similem, cum viris eruditis Ant. Fabro & Hugone Grotio in *sparf. flor.* Hoc autem remedium cum non aliis competere possit quam possidenti, non licet nobis contra manifestam rationem juris & tot expressos locos, contra *l. 1. & l. 9. §. ult. Cod. de legib.* aliud excogitare, quo subveniatur etiam non possidenti, actionem scilicet, ad impensas ultro repetendas, idque solo æquitatis obtentu, deficiente causa & fundamento, in quo actio radicetur: scilicet jure nostro facilius alicui actione ab alio institutæ, exceptione opposita in eodem judicio succurritur; quam actio inducitur, quæ non nisi ex certis principiis juris nascitur, ac proinde etsi hic sit aliqua obligatio naturalis, quam inducit æquitas, tamen sola naturalis obligatio actionem non producit: nisi jure civili aut prætorio adjuvetur. Argumento sit pactum nudum, quod quamvis actionem non producit, ad exceptionem tamen pariendam prodest, *l. juris gentium, 7. §. sed cum nulla, 4. & seq. ff. de pact.* Et sic æquitas, quæ hic prætenditur, producendæ licet exceptioni potens, ad producendam actionem satis roboris non habet, & est instar spiritus, qui attollendo solo potens, non valet erumpere, quomodo novas interdum terras in continente nasci Plinius scribit, *lib. 2. nat. hist. c. 85. & seq.*

Non desunt tamen hic dubitandi causæ; & primum hic nobis objici potest regula generalis ex *leg. 1. ff. de cond. sine caus. l. si me, 32. ff. de reb. cred. l. nam hoc, 14. ff. de cond. indeb. leg. id quod nostrum ff. de reg. jur.* nempe rem meam quæ ad te pervenerit sine facto meo, sine causa, reddi mihi oportere. Respondeo, nec sine facto meo, hic rem ad alium pervenisse, quia ædificavi in alieno; nec sine culpa quia aut temere id feci, si non bona fide possedi, aut negligenter, si possessionem tradidi aut amisi; nec sine causa apud alium est, quia quod beneficio rei suæ, & jure accessionis cuique acquiritur, id justa ex causa quæsitum censetur, *l. in rem, 23. §. 3. & 4. ff. de rei vind. leg. 7. §. voluntas, 8. & seq. de acquir. rer. domin.* Denique potest bonæ fidei possessor fructus perceptos ante litem contestatam & adhuc extantes compensare cum expensis, *leg. sumptus, 48. ff. de rei vind.*

Secundo obstare videtur *leg. 5. C. de rei vind.* ubi etiam malæ fidei possessori datur impensarum saltem necessariarum repetitio. Respondeo ex eo quod dicitur impensarum esse repetitio, non omnino sequitur eo nomine etiam actionem esse, sufficit enim esse repetitionem suo modo; videlicet per exceptionem & retentionem. Quippe petere & repetere etiam is dicitur, qui utitur exceptione, *leg. 1. ff. de except. leg. amplius, 15. rat. rem hab.* neque aliter in *dict. leg. 5. Cod. de rei vind.* hoc verbum accipi potest, quoniam ibi agitur de ædificatore constituto in possessione.

Tertio putat D. Cujacius, *lib. 10. obs. 4.* posse non possidentem, saltem eum, qui per errorem non deductis sti sumptibus rem restituat, possessionem repetere conditione incerti, atque ita adhuc contra agentem opposita doli exceptione sumptus servare, *arg. leg. si uxor filio, 19. §. 1. ff. de donat. int. vir. & uxor. leg. qui exceptio, 40. §. 1. de cond. indebit. leg. haeres, 31. ff. ad Senat. Trebell.* Hoc commentus est vir doctissimus, cum non videret, ut ingenue fatetur, qua ratione sumptus in prædium alienum a possessore facti jure actionis repeti possint, & tamen putaret remedio aliquo etiam in hoc casu ei consulendum. Ego vero contra ingenue quoque profiteor, me non posse videre, quid loci isti pro hac Cujacii sententia faciant. Nam in *dict. leg. si uxor filio*, ut quidem de impensis in rem alienam factis & *dict. leg. quæres*, tantum abest, ut Cujacii sententiam juvet; ut etiam ei adversetur, sicut supra ostensum est, *add. Ant. Fabrum decad. 16. err. 10.* Denique aliena plane est ab hac disputatione, *dict. leg. qui exceptionem §. 1.* & si quæ forte similes. Multum enim interest, utrum quis in rem alienam, qua talem, & quam scit se restituere debere, eo proposito animo alium sibi obligandi, impensas faciat, de quo loquitur, *dict. leg. exceptionem, §. 1.* (loquitur enim de hærede fiduciario, qui domum quam ex fideicommisso debebat restituere, sua impensa refecit,) an suo nomine tanquam in rem propriam, qui casus hic a nobis propositus est, per textus in *leg. 14. §. 1. ff. comm. divid. l. 5. C. de rei vind. l. 4. C. de neg. gest.*

Postremo Martinus Glossator, eumque secutus Joannes Godd æus in *l. impensa, 79. ff. de verb. sign.* objiciunt rectissime hanc sententiam *leg. 6. §. 3. ff. de neg. gest. leg. 8. ff. de pign. act. l. 7. §. ult. ff. sol. matrim.* ex quibus locis evinci putant, utilem utique negotiorum actionem in proposito non possidenti dandam; sed frustra. Nam in *dict. l. 6. §. 3.* agitur de eo, qui ad res alienas, tanquam alienas gerendas aliumque sibi obligandi animo accessit, licet eo proposito, ut lucrum inde faceret & res quasdam intervertere, in reliquis duobus de iis agitur, qui sumptus fecerunt in rem, quam ex contractu & a domino acceperunt, quos certum est vel actione contraria vel negotiorum gestorum impensas in eam factas consequi posse. Ita post Cyn. Salic. Castrensem in *d. l. 5. C. de rei vind.* Don. 20. *comm.* 7. Anton. Fab. *decis. 16. err. 9. & seqq.* Cæterum Martini sententiam æquitatis commendatione nunc in foro prævalere testantur Molinæus *ad consuet. Parisiens. tit. 1. §. 1. gloss. 5. num. 104.* Zyp. *not. jur. Belg. de re vind.* Groenev. *de leg. abrog. ad §. 30. Inst. de rer. div.* & plures eodem loco allegati.

CAPUT XXV.

An bonæ fidei possessor fructus omnes tam naturales, quam industriales percipiendo suos faciat?

ETiam tritas & vulgares quæstiones incudi reddere prohibitum non est; aliquando expedit propter inventa temporis & usus. Cujusmodi quæstiones duas in præsentia tractare visum est, unam hoc capite, an bonæ fidei possessor indistincte fructus omnes, quos percepit, suos faciat; alteram capite proxime sequenti, an perceptos omnes & adhuc extantes domino rem suam vindicanti restituere debeat.

Si quis a domino, quem dominum esse credidit, bona fide fundum emerit, vel ex donatione aliave qualibet justa causa æque bona fide acceperit, naturali ratione placuit, fructus quos percepit, ejus esse pro cultura & cura. Ita Justinianus in §. 35. *Inst. de rer. divers.* conveniente sententia veterum, *leg. qui scit, 25. §. 1. l. in pecudum, 28. ff. de usur. l. bonæ fidei, 48. ff. de acquir. rer. dom. cum simil.* Quod de fundo ait, idem est & in re quavis alia fructum producente. Res igitur quæ hic perceptione acquiritur, sunt fructus, id est, id omne, quod ex re nascitur, sive quod res fert. Persona acquirentis est bonæ fidei possessor, id est, qui rem animo dominantis tenet & justam causam habet, ob quam existimet rem ad se pertinere, puta eum, quo eam justo titulo accepit, dominum fuisse, aut jus habuisse alienandi, *leg. bonæ fidei, 109. ff. de verb. signif.* Malæ igitur fidei possessores huc non pertinent, *d. §. 35. leg. 22. Cod. de rei vind. l. 3. C. de cond. ex leg.* Modus acquirendi est perceptio. Perceptioni enim hæc acquisitio tribuitur, idque naturali ratione propter culturam & curam, ut ait Justinianus *dict. loc.* Percepti fructus dicuntur, simul atque a re qua tenebantur, separati sunt; in fundo, cum se terra continere desierunt, veluti spica aut fœno cæso, uva adempta, excussa olea, nucibus aut pomis dejectis aut decerptis, licet nondum tritum vinum aut oleum nondum factum sit, *si fructuarius, 13. ff. quib. mod. usufr. amit. leg. qui scit, 25. §. 1. ff. de usur. leg. si ejus fundi, 78. ff. de rei vind.* In animalibus cum fœtus editus, hoc expressum, lana detonsa est *l. in pecudum, 28. ff. de usur. l. bonæ fidei, 48. §. 6. ff. de acq. rer. dom.* quanquam interdum verbo percipiendi aliquid amplius designatur, quam simplex illa, quam dixi, fructuum a re separatio, *dict. l. 48. pr. vers. denique, d. l. 78. ff. de rei vind.* At enim perceptio est sola nec præcipua hujus acquisitionis causa, neque sola culturæ aut curæ hic ratio habetur alioqui id etiam probandum esset in malæ fidei possessore; sed principalis causa est in persona possessoris, nimirum bona fides, quæ facit, ut possessor pene pro domino haberi debeat, *d. l. 25. §. 1. ff. de usur. d. l. 48. ff. de acq. rer. dom.* & tantum præstat possidenti, quantum rei veritas, ubi lex impedimento non est, *leg. bona fides, 136. de regul. jur.* Perceptio vero magis est causa sine qua non.

Quæsitum autem est, an non fructuum conditio & qualitas aliquid de hac acquisitione mutet, an vero omnes indistincte ad eam pertineant. Fructum a ferendo dictum esse scribit Varro, *lib. 4. de ling. lat.* ut sit id omne, quod res fert. Nostri autem cum generalibus loquuntur, appellatione fructus omnem reditum, omnem obventionem, omneque commodum, quod vel ex re nascitur, vel per causam rei percipitur, complectuntur. Hinc nata fructuum divisio in civiles & naturales. Civiles dicuntur, qui non ex corpore rei nascuntur, sed extrinsecus per occasionem rei percipiuntur; cujus generis sunt usuræ, mercedes, pensiones, reditus annui, vecturæ. Quamvis enim hæc proprie fructus non sunt, *leg. si navis, 62. ff. de rei vind. leg. usura, 121. ff. de verb. sign.* in fructus tamen numerantur, quia vicem fructuum obtinent, *leg. usura, 34. l. prædiorum, 36. ff. de usur. leg. mercedes, 29. ff. de hæred. petit.* eorumque etiam ratio habetur in judiciis petitoriis, *dict. l. 62. de rei vind. l. ancillarum, 27. §. 1. & 3. leg. seqq. ff. de hæred. pet.* Cæterum de isto genere hic non quæritur. Fructus naturales sunt, quos natura ex se ipsa producit. Et horum quidam sese solo naturæ beneficio & αὐτομάτως, sponte magis, quam facto & labore hominum proveniunt, ut poma, oleæ, nuces, lignum, fœnum, &c. aut natura quidem adjutrice; cæterum opera magis & diligentia, ac cultura hominum, cujusmodi sunt, segetes, legumina, aliaque in agris sata, item fructus pecudum: quippe quæ sine cura & cultu hominum salva esse non possunt. Illos naturales in specie, hos industriales, Interpretes appellaverunt, propterea quod nisi continua quædam atque in orbem rediens cultura, cura atque industria hominis interveniat, sola natura hos non producit. Et huc pertinet illud Senecæ 2. *de benef.* 31. *Nihil in fructum pervenit, quod non a primo usque ad extremum æqualis cura prosequitur.* Petita autem est hæc distinctio ex *l. fructus*, 45. *ff. de usur.* atque evidenti ratione nixa est. Hoc igitur quæritur, an fructus tam naturales, sic in specie dicti, ad hanc acquisitionem pertineant, & percepti bonæ fidei possessoris fiant, quam industriales, de quibus nulla hic controversia? Ego in ea sententia semper fui, ut existimarem qualitatem fructuum nihil de hac acquisitione mutare, bonæque fidei possessorem non minus fructus naturales, quam industriales percipiendo suos facere. Rationes hæ sunt: 1. Quia generaliter & sine ulla fructuum distinctione loquitur Imperator *d. §. si quis a non domino*, 35. item Jurisconsulti in *d. l. bonæ fidei*, 84. *ff. de acq. rer. dom. l.* 13. *ff. quib. mod. usufr. am. l. si ejus*, 78. *ff. de rei vind.* 2. Quia ratio Caji in *l. in pecudum*, 27. *ff. de usur.* dicentis ideo fœtum pecudum, lac, pilum, lanam, fieri bonæ fidei possessoris, quia in usu sunt, & ipsa fructus omnes complectitur. 3. Faciunt huc textus in *leg.* 13. *ff. quib. mod. usufr. am. l. si ejus*, 78. *ff. de rei vind.* ubi & olea non cum percepta sive excussa est, & fœnum, simul atque cæsum & a solo separatum est, bonæ fidei possessoris fieri cœpisse traditum est. At olea vel maxime fructus naturalis est, quippe quæ nec rastros desiderare, aut falcem ullamve curam testatur Virgilius *lib.* 2. *Georg.* Plinius *lib.* 15. *nat. hist. cap.* 1. Fœnum autem quin fructus quoque naturalis sit, & spontaneus, nemo, opinor, negabit. 4. Evincitur hoc idem ex eo quod de fructibus consumptis traditur, dominum de his agere non posse, sed possessorem bonæ fidei eos lucrari, videlicet eos ipsos, quos percipiendo interim suos fecerat, *d. §.* 35. *Instit. de rer. div. §.* 2. *Instit. de offic. jud. l.* 4. *§.* 2. *ff. fin. reg. l. certum*, 22. *Cod. de rei vind.* Et igitur cum omnes lucretur consumptos, omnes quoque perceptos suos interim facit. 5. Omnem dubitationem tollit locus Pauli in *d. leg.* 48. *ff. de acq. rer. dom.* ubi sic scribit: *Bonæ fidei emptor non dubie percipiendo fructus etiam ex re aliena suos interim facit, non tantum eos, qui diligentia & opera ejus pervenerunt, sed omnes; quia quod ad fructus attinet, loco domini pene est.* Glossa quidem & DD. communiter hæc verba Pauli, *sed omnes*, restringunt ad fructus industriales, qui alterius quam bonæ fidei possessoris opera provenerunt. Sed hoc oppido quam incongruum & violentum est. Quis enim non videt, verbum *omnes* a Jurisconsulto non ad operantes, sed ad fructus ipsos referri, eoque designari fructus diversi generis & qualitatis ab iis, quos dixerat opera possessoris provenire? Quod ipsum evincit & ratio, quam mox subjungit, *quia quod ad fructus attinet, loco domini pene sit*, quam eandem rationem & Julianus affert, *l. qui scit*, 25. *§.* 1. *ff. de usur.* cui & illud simile, quod idem Julianus ibidem scribit, bonæ fidei possessorem fructus soli percipere, atque in fructibus percipiendis magis corporis jus, ex quo percipiuntur, quam seminis, ex quo oriuntur, spectari: unde apparet, industriam aut operam non esse τὸ αἴτιον, causam hujus acquisitionis principalem; nam si jure soli fructus a bonæ fidei possessore percipiuntur, utique omnes qui in solo nascuntur, etiam οἱ αὐτόματοι & ἄσποροι ad hanc perceptionem & acquisitionem pertinent, ejusdemque omnes in hac causa conditionis sunt. Postremo si bonæ fidei possessor sibi acquirit fructus etiam ab alio satos, in quos ipse neque operam neque curam ullam impendit, quanto magis suos faciet naturales, qui cura illius, si non nascuntur, saltem conservantur?

Objicitur huic sententiæ, *d. §. si quis a non domino*, 35. *Inst. de rer. divis.* ubi Justinianus ait, placuisse fructus perceptos fieri bonæ fidei possessoris pro cultura & cura. Respondeo, vix ulla res est, quæ sine cultura & cura aliqua fructum ferat: coluntur agri, curantur pecora, plantæ putantur, arbores, vites, ut omnibus notum est. Oleæ quoque attonderi & interradi gaudent, teste Plinio *lib.* 15. *cap.* 1. Sed & si qui fructus sine cultu aut procuratione humana proveniant sylvæ cæduæ, poma, nuces, aliique fructus sylvestres, nihilo tamen minus ad hanc acquisitionem pertinent. Nam, ut supradiximus, præcipua, & adæquata hujus acquisitionis causa est bona fides possessoris, quæ efficit, ut tanquam alter quidem dominus jure soli fructus percipiat, cui consequens est, ut percipiendo suos faciat eos, in quos neque culturam neque curam impendit, οἱ αὐτόματοι, sive spontaneos, qui in specie naturales ab Interpretibus vocantur. Tantum quia fere ὡς ἐπὶ τὸ πολύ accidit, ut fructus sine cultura aut cura non proveniant, ratio hæc a Justiniano expressa est.

Maxime autem huic sententiæ obstare putatur locus Pomponii in *leg. fructus*, 45. *ff. de usur.* Verba Pomponii hæc sunt: *Fructus percipiendo uxor vel vir ex re donata suos facit: illos tamen, quos sibi operis acquisiverit, veluti serendo: nam si pomum decerpserit, vel ex sylva cæciderit, non fit ejus; sicuti nec cujuslibet bonæ fidei possessoris: quia non ex facto ejus is fructus nascitur.* Et hoc loco satis perspicue probari credunt plerique Interpretes, fructus naturales, id est, spontaneos & qui ex facto & operis bonæ fidei possessoris non nascuntur, ad bonæ fidei possessorem non pertinere. Expendamus verba. Quid igitur ait Jurisconsultus? Non cujuslibet bonæ fidei possessoris fieri fructus, qui ex facto ejus non nascuntur. Ne hoc quidem non negamus, sed hoc dicimus, cum possessorem bonæ fidei, qui ex justa causa & titulo legibus non improbato rem ab eo, quem dominum esse putabat, accepit, fructus omnes ex ea re perceptos suos facere: Hoc autem non negat Pomponius: quippe qui non dicit nullius bonæ fidei possessoris tales fructus fieri, sed non cujuslibet; quam enuntiationem non esse generalem, sed particularem ostendit non particularis attributionis, quæ hic est negatio universalis. Qui dicit: Non cuivis homini contingit adire Corinthum, is tacite fatetur alicui hoc contingere, & cum idem Pomponius *l. 6. pr. ff. de contr. empt.* ait non cujuscumque rei venditionem aut alienationem esse, id non hanc habet sententiam, nullius rei esse venditionem, quod falsum esse vel pueri sciunt, sed

sed quarundam dominus rerum non esse, utpote, earum, quas vel naturæ, vel gentium jus, vel moribus civitatis commercio exemerunt; cæterarum autem rerum esse d. l. 6. pr. d. § emptione, 34. §. 2. ff. eod. Igitur in hac quæstione: Non omnis, aut non quilibet bonæ fidei possessor fructus naturales suos facit; cum consequens non omni attribuatur, sed solummodo ejus parti alicui, satis apparet. Pomponium enim eodem jure omnes bonæ fidei possessores censere; & tacite duo genera existimandi possessorum facere; unum eorum, qui fructus naturales suos non faciunt; alterum, qui hos etiam suos faciunt. Atque ita est, non omnis bonæ fidei possessor fructus omnes percipiendo suos facit, sed is solum, qui justo titulo possidet causamque justam habet, cur existimet rem ad se pertinere. Qui autem justo titulo destituitur, quamvis in jure errans se dominum factum putet, naturales fructus suos non facit, ne cui ignorantia juris in compendium prosit, contra leg. 4. l. 7. l. 8. ff. de jur. & fact. ign. & interdum nullus, l. 25. pr. de cond. ind. licet aliquis non male, sed bonæ fidei possessor existimari debeat, quicunque dolo dat, sed in jure errat, leg. sed si lege, 25. §. scire, 6. ff. de hered. pet. l. ubi lex, 14. l. si fur, 32. §. 1. ff. de usuc. nec sequitur, injuste possidet, sed titulo inutili atque invalido, ergo mala fide. Possessor prædii minoris sine decreto alienari possidet injuste, bona tamen fide possidet, si ignorans rem esse minoris aut in jure errans rem emit, & fructus industriales propter bonam fidem suos facit, leg. 2. Cod. si quis ign. rem. min. Talis enim est possessor fundi dotalis a marito alienati, item rei litigiosæ, & quia falso tutore emit, leg. 13. §. ult. ff. de publ. in rem act. Nam ubi lex impedimento est, bona fides in compendium possessori non prodest, leg. ubi lex, 24. de usuc. leg. bona fides, 136. ff. de reg. jur. Toties autem impedimento est, quoties possessorem vult teneri in quantum locupletior factus est, ut possessorem hæreditatis, dict. l. 25. §. consuluit, 11. de hered. pet. item in casu l. si fructus, 8. C. de donat. int. vir. & uxor. & denique, qui ex ea causa possidet quæ postea ad non causam redacta est, leg. 3. ff. de cond. indeb. Atque de hoc genere bonæ fidei possessorum verba Pomponii, fructus nec conjunctibus, &c. accipienda sunt; quippe qui & soli similes sunt conjugi rem a conjuge donatam possidenti, & in lucris cæterorum bonæ fidei possessorum jura non censentur. In eo autem dissimilitudo est, quod conjux fructus industriales quos percepit, restituere non tenetur, quoniam eos non tantum jure permittente, leg. de fructibus, 17. de don. inter vir. sed etiam volente conjuge percepit: cæteri nisi fructus consumpti fuerint tenentur de quo uberius quæst. seq. vid. Ant. Fab. 4. conj. 17. Pinell. in l. 2. C. de resc. vend. p. 2. c. 4. n. 60. Fachin. 1. contr. 37. Timær. Fab. disp. anni. 14. Thes. 4. Bronch. centr. 3. assert. 78. Vult. disc. schol. c. ult. Paul. Bus. ad d. l. 45. Tulden. ad d. §. 35. Inst. de rer. div. c. 50. & quod ad prætium attinet. Groenew. in ll. abrog. ad l. certum, 22. C. de rei vind. Pinell. d. loc. Cyprian. Reg. ad d. §. 35.

CAPUT XXVI.

An bonæ fidei possessor fructus omnes, quos percepit, domino rem suam vindicanti restituere teneatur?

SUperiore capite satis abundeque probavimus bonæ fidei possessorem justo titulo subnixum fructus omnes, quos percepit, tam naturales & spontaneos, quam industriales suos facere. Videndum porro an quos ita percipiendo suos fecit & semel sibi acquisivit, domino supervenient & rem suam vindicante retinere possit? an vero omnes & quosdam restituere teneatur? In hac quoque quæstione concedo in sententiam eorum eo, distinguendum inter fructus adhuc extantes & consumptos, ut illos quidem omnes domino rem suam vindicanti restituere bonæ fidei possessor teneatur, hos autem omnes lucretur sine ullo metu restitutionis. De fructibus pendentibus; id est, qui nondum a solo separati sunt, nulla est controversia: nam cum hi fructus pars esse fundi intelligantur, utique cum ipso fundo & ipsi vindicantur, & restituendi sunt, leg. fructus, 44. ff. de rei vind. Sed quæritur de extantibus, id est, separatis quidem a re, quæ ferebantur, sed nondum consumptis, an illi omnes domino restituendi, an vero naturales duntaxat? Et omnes sine distinctione restituendos esse multa evidenter arguunt.

Primum illud, quod Justinianus scribit, de consumptis fructibus dominum agere non posse §. si quis, 35. Inst. de rer. div. §. 2. Inst. de offic. jud. & Paulus leg. 4. §. 2. ff. fin. reg. bonæ fidei possessorem fructus consumptos lucrari. Unde ex contrario recte colligitur, de non consumptis seu extantibus adhuc, licet a solo separatis, dominum agere posse, eosque bonæ fidei possessorem non lucrari.

Deinde si bonæ fidei possessor eosdem fructus quos percepit & percipiendo suos interim fecit, non consumptos eorum domino vindicanti restituere debet, utique omnes debet restituere, & tam industriales, quam naturales, quoniam vel maxime & citra controversiam industriales ad acquisitionem, quæ perceptione fit, pertinent.

Sed quid opus est multa ad confirmationem hujus sententiæ argumenta congerere, cum habeamus expressam auctoritatem in l. certum, 22. C. de rei vind. ubi sic rescribunt Imperatores; *Certum est malæ fidei possessores omnes fructus solere cum ipsa re præstare, bonæ fidei vero extantes; post autem litis contestationem, universos;* neque possis cum Donello extantes hic accipere pro pendentibus: nam præterquam quod hoc non admittit hujus verbi usus, utique vel ipso Donello fatente, naturales, licet a solo sint separati, restituendi sunt. Atque hæc causa est, cur Africanus in l. quæsitum, 50. ff. de acq. rer. dom. scribat, bonæ fidei possessores consumptos demum suos facere, & Paulus l. 4. §. lana ovium, 19. ff. de usucap. consumptos vel usucaptos, nimirum quia hi soli re evicta non restituuntur. Sic ergo concludimus, bonæ fidei possessorem fructus omnes, quos percepit, tam industriales quam naturales non consumptos debere restituere, quemadmodum e converso omnes consumptos tam naturales, quam industriales lucratur. Non obstat, quod conjux non restituit fructus industriales rei a conjuge sibi donatæ, quamvis adhuc extent: nam ut præcedenti capite dictum est, in hanc rationem abit, quod conjux ex voluntate domini, id est, conjugis donatoris,

C 2 idque

idque jure publico permittatur hosce fructus sibi acquirat.

Illud autem non parum nobis obstare videbatur, quod sola perceptione dicuntur fructus fieri bonæ fidei possessoris; nam si hoc verum est, falsum est nos demum bonæ fidei possessoris fieri consumptione. Respondeo falsum esse, si hæc eidem rei attribuerentur eadem ratione. Sed sciendum est geminam esse dominii acquisitionem, unam perpetuam, & citra voluntatem aut factum domini irrevocabilem, alteram temporalem & revocabilem, ex causa superveniente, quæ dominii causam tollat: quale est jus mariti in re dotali, quod soluto matrimonio ab eo recedit; & hæredis fiduciarii, quod cedente die fideicommissi in fideicommissarium transit; item hæredis in re sub conditione legata, *l. non ideo*, 66. *ff. de rei vind. L. generaliter*, 29. §. 1. *ff. qui & a quib. man.* Et tale quoque in proposito est jus bonæ fidei possessoris in perceptis nec dum consumptis fructibus usque ad evictionem. Nimirum causa hujus acquisitionis præcipua est bona fides, quippe quæ efficit, ut possessor perinde quasi dominus jure soli fructus suos faciat, quamdiu de vero domino non constat: at eo superveniente & rem suam vindicante, jam causa illa & simul jus, quod dixi, cessare incipit, cogiturque possessor fructus omnes, qui modo tempore evictionis seu litis contestatæ extant, officio judicis restituere. Neque enim sublato jure, quod in solo habet, sola ratio culturæ & curæ eum defendere potest, ut fructus retineat: sed ad hoc solum prodesse, ut opposita doli mali exceptione sumptus servet & consequatur, ut dominus aut pretium ejus quod impensum est, solvat: sin minus: patiatur sumptus cum fructibus pro rata pensari, & pro illis partem fructuum possessorem retinere, *arg. l. si a domino*, 36. §. *ult. de hær. pet.*

Innuit hoc ipsum non obscure Paulus Jurisconsultus in *leg. bona fidei*, 48. *ff. de acq. rer. dom.* cum ait, bonæ fidei possessorem fructus ex re aliena percipiendo suos interim facere. Quare enim ait *interim*? Non aliam procul dubio ob causam quam ut ne quis credat sola perceptione sic fieri fructus bonæ fidei possessoris, ut nunquam postea sint restituendi rei domino. Quod si quis putet frustra id constitutum esse, quasi illa perceptio & fructuum interim acquisitio nil commodi afferat possessori, eo quod utique si adhuc extent domino rem suam petenti restituendi sunt, is sciat & bonæ fidei rationem hoc exigere, *leg. qui scit*, 25. §. 1. *ff. de usur. l. bona fides*, 136. *ff. de reg. jur.* nec sine effectu esse. Prodest enim bonæ fidei possessori ad hoc, ut si fructus ab alio percepti sint aut ab alio possideantur, eos tanquam suos vindicare possit: tribuitque ei jus fructibus pro arbitrio suo utendi, eosque pro necessitate aut utilitate sua familiæ suæ distrahendi aut consumendi; cujus rei hic iterum effectus, ut domino rem suam evincenti consumptorum nomine teneatur, quorum alioqui æstimationem præstare deberet.

Plus negotii facit responsum Caji in *leg. in pecudum*, 28. *pr. ff. de usur.* ubi Jurisconsultus ait, quæ in fructu sunt, statim pleno jure fieri bonæ fidei possessoris & fructuarii. Quod autem statim pleno jure acquiritur, id non potest dici consumptione demum irrevocabiliter acquiri. Quid ergo respondemus? nimirum eum, qui cum de acquirendo agitur, dicit bonæ fidei possessorem fructuum simul ut percepti sunt illorum dominium fieri pleno jure aut in solidum, non continuo negare jus illud ex causa esse revocabile; neque de eo laborare debuit Cajus in *d. l. pecudum* in comparatione fœtuum pecudum cum partu ancillæ, qui in fructu non est, & ideo usucapione demum acquiritur, *d. L. in pecudum*, §. 1. Sic idem Jurisconsultus in *leg. generaliter*, 29. §. 1. *ff. qui & a quib. man.* ait, servum sub conditione legatum, pendente conditione pleno jure hæredis esse; quem tamen constet existente conditione ab eo abiturum, & demum ejus fieri irrevocabiliter conditione deficiente. Si denique emptio facta lege commissoria perfecta & plena est, licet, conditione deficiente resolvatur, *leg. 1. ff. de leg. commiss.* Illud non magni ponderis est, quod dicitur, bonæ fidei possessorem jus habere, quod dominio proximum est, & plus etiam juris, quam habet fructuarius, *d. l. qui scit*, 25. §. 1. *de usur.* Nam & hoc simpliciter verum esset, ut naturales quidem fructus extantes restitueret, quos tamen esse restituendos inter omnes convenit. Et loquitur expresse Jurisconsultus de jure fructus a initio acquirendi. Paulus in *leg. bona fidei*, 48. *ff. de acq. rer. dom.* de bonæ fidei possessore loquens caute addidit particulam *pene*: quia, inquit: quod ad fructus attinet, loco domini pene est.

Porro quemadmodum bonæ fidei possessor fructus omnes extantes restituere debet, ut dictum & plene probatum est, ita ex contrario eorum nomine quos consumpsit, cujuscunque sint generis, non tenetur, nec ullos restituit, quod & ipsum abunde probatum putamus. Cæterum alia hic exoritur dubitatio, & quæritur etiam ab iis, qui hactenus idem nobiscum sentiunt; an non saltem bonæ fidei possessor ad restitutionem fructuum consumptorum teneatur, quatenus ex iis factus est locupletior? Et verius est eum non teneri. Ratio est, quia non alienos, sed suos consumpsit: & cum nunquam domini fundi fuerint, non potest dici rem domini ad eum pervenisse; eumve ex re aliena locupletatum, *l. 1. §. 1. ff. de pignor.* Quod si legum quæritur auctoritas: textus omnes qui de consumptis fructibus loquuntur, generaliter & sine ulla restrictione negant horum nomine bonæ fidei possessorem teneri. Imperatores in *leg. certum*, 22. *Cod. de rei vindic.* ajunt bonæ fidei possessorem extantes duntaxat præstare solere, quasi de consumptis inquirendum non sit. Paulus *l. 4. §. 2. ff. fin. reg.* ait possessorem fructibus, quos bona fide percepit & consumpsit, lucrari oportere, quod utique falsum esset, si eos quatenus locupletior factus sit teneretur restituere, nemo enim sine lucro locupletari potest. At hoc, quod bene notandum est, tantum tribuit bonæ fidei possessori consumptio, quantum usucapio, auctore eodem Paulo in *leg. 4. lana*, 19. *ff. de usur.* at usucaptorum nihil redditur.

Injicitur tamen hic nobis scrupulus aliquis ex *l. sed.*, & 25. §. *consuluit*, 11. *leg. illud quoque*, 40. §. 1. *ff. de hær. pet.* qui scrupulus prius quam hinc discedamus, evellendus est. Quid igitur locis istis reperitur quod nobis incommodet? nempe in judicio petitionis hæreditatis bonæ fidei possessorem teneri, in quo factus locupletior. Item in restitutione hæreditatis venire fructus tanquam hæreditatis argumenta, per quos possessor locupletior factus est. Respondemus, non eadem est in quæstione proposita judicii universalis, quod & personales præstationes habet, & singularum rerum petitionis ratio. Possessor hæreditatis nec ab initio fructus percipiendo suos facit, nec postea consumendo lucratur: sed statim ubi ab eo percepti sunt, in nume-

rum

rum rerum hæreditariarum recipiuntur, ipsamque augent hæreditatem; unde fit, ut eodem jure, quo ipsa corpora hæreditaria & fructus petuntur, atque in restitutionem hæreditatis veniant, *l. item veniunt*, 20. §. 3. *ff. de hæred. petit.* quæ omnia rectius se habere constat in vindicatione rerum singularum. Nimirum cum is, qui pro hærede possidet, ex falsa causa possideat, visum est Senatui, non ultra possessori hæreditatis consulere, quam ut ne damno afficiatur, quemadmodum ei consulitur, qui tenetur condictione indebiti, *l. indebiti*, 13. *ff. de cond. indeb.* unde ex contrario etiam mitius quo casum eum tractari voluit, scilicet ut si quid dilapidaverit, aut perdiderit, dum suam rem abuti putat, non teneatur, d. *l. sed* [illegible] *ff. de hær. pet.* vide præter allegatos [illegible] Joan. a Sande *lib.* 3. *rer. jud. cap.* 11. *defin.* 8. ubi in Frisia sic judicatum refert, Nicol. Tulden. *in comment. ad praxim. crim.* Damhoud. *cap.* 104. *n.* 13. Pinell. *ubi supr. c. præc.* ubi ait, nunc ubique fere tacitum servari formam, *l.* 22. *C. de rei vind.* in fructibus a bonæ fidei possessore perceptis post litem contestatam; earum qui ante percepti sunt, sive consumpti sint, sive adhuc extent, sive ex iis locupletior possessor factus sive non, rationem non haberi, insuper quoque habita fructuum qualitate, ut litium ambages vitentur.

CAPUT XXVII.

An ex iis causis, ex quibus dominium citra traditionem possessionis jure transfertur, etiam ante traditionem Publiciana experiri liceat?

HÆc quæstio minus trita & vulgaris, quam desperatior: ad cujus decisionem antequam perveniamus, ante nostro præcursionem quamdam adhibemus. Actio Publiciana est actio in rem prætoria, quæ competit de re, quam quis ex justa causa sibi traditam a non domino bona fide accepit, [illegible] nondum dominus effectus possessionem casu amisit, [illegible] *Instit. de action.* Est actio in rem Prætoria; nam vere civilis nulla nisi rei suæ vindicatio, *dict.* §. 4. Justa causa est, ex qua re a vero domino tradita, dominium in accipientem transiret, quod intellectum est ex verbis edicti, *& nondum usucaptum petet.* *l.* 1. *ff. de Publ. in rem. act.* Hæc enim verba declarant Publicianam proponi de eo, quod traditum in ea causa sit, ut usucapi possit; non possit autem res usucapi, nisi tradita sit ex iis causis, ex quibus dominium transferretur, si dominus esset, qui tradit, *Instit. de usucap. in princ.* ejusmodi causæ sunt emptio, donatio, legatum, dos, &c. *dict. l.* 1. §. *ult. & leg. seqq.* Bona fide accepisse intelligitur, qui eum a quo rem accepit, aut dominum esse putavit, aut jus transferendi habere, puta procuratorem aut tutorem esse, *l. bonæ fidei*, 109. *ff. de verb. sign.* Traditionem latius hic accipimus, ut etiam rerum incorporalium quasi traditio contineatur, usus dominium accipientis & patientia constituentis: nam & ususfructus & servitutum constitutarum nomine Publiciana competit, *leg.* §. *ego*, 11. §. *ult. ff. de Publ. in rem act.* Nec dubitandum, quin in rebus corporalibus ad fundandam Publicianam sufficiat etiam ficta traditio; cujus multæ sunt species & modi, veluti per traditionem brevis manus, traditionem clavium, appositionem custodis, &c. Nec dum dominus effectus dicitur, qui rem a non domino acceptam nondum usu cepit, d. *l.* 1. *quod. Ulp.* Ulpianus ait, res usucapta sit, actorem habere actionem civilem, nec desiderare honorariam, quamquam ut ipsi domino Publiciana denegandum, si foret cum difficilis esset, ut fere solet dominii probatio, hac actione, tanquam remedio expeditiore, sub qualitate bonæ fidei possessoris, omissa quæstione dominii, uti malit, quam civili in rem actione experiri, introducendæ enim hujus actionis causa fuit difficultas probandi dominii. Quia & usu forensi [illegible] est, ut eodem libello Publiciana cum rei vindicatione cumulari [illegible] proponi possit, id est, res peti jure dominii vel quasi dominii. Oldendorp. *class.* 3. *act.* Mynsing. *ad* §. 4. *Inst. de act.* Gail. 2. *obs.* 62. *num.* 5. Atque hæc quidem de iis [illegible]. Transgrediamur nunc ad quæstionem propositam.

Igitur [illegible] intelligimus, ut actioni Publicianæ locus [illegible] vel vere vel ficte traditam esse oportet; [illegible] nec sine traditione possessio transfertur; nec sine possessione usucapio procedere possit, *leg.* 25. *ff. de usucap.* consequens est nec posse colorem quæsiti per usucapionem dominii prætexi, ubi res tradita non est. Quid ergo, an non licebit ex iis causis, ex quibus dominium citra traditionem possessionis jure transfertur, etiam ante traditionem Publiciana experiri? Nimirum etsi regulariter & [illegible] dominia rerum sine traditione non transferuntur, [illegible] *leg. traditionibus*, 20. *C. de pact.* §. *per traditionem* [illegible] 40. *Inst. de rer. div.* Jure tamen civili quibusdam ex causis etiam sine traditione, veluti aditione hæreditatis, restitutione fideicommissi universalis, agnitione bonorum possessionis, legati, fideicommissi specialis, donatione mortis causa, venditione aut donatione facta civitati, Ecclesiæ, locis ad curam & alimoniam egenorum publice comparatis, *l.* 23. §. 1. *C. de Sacros. Eccl.* Finge igitur v. c. rem alicui legatam esse ab eo, qui dominus putabatur, aut ex SC. Trebelliano alicui restitutam hæreditatem, quæritur an is Publiciana experiri possit, etiamsi non fuerit nactus possessionem? Negat D. Bachovius *disp.* 3. *de act. thes.* 18. Utitur Bachovius hoc argumento, cui putat nihil esse, quod reponi queat, nempe quod Publiciana non datur, nisi ei, qui usucapere cœpit: adeo, inquit, ut auctore in *dict.* §. 4. *num.* 17. argumentum ab usucapione ad Publicianam, & contra affirmative & negative procedat: usucapio autem sine possessione non contingit, *l.* 25. *ff. de usuc.* ac proinde, inquit, cessat in casu proposito color dominii per usucapionem acquisiti, quod sit essentiale hujus actionis requisitum, ut scilicet actor intendat se usucepisse; quod utique prætendere non possit ubi res tradita non est, neque possessio translata est. Hoc amplius, inquit, etsi DD. vulgo existimant quoad effectum transferendi dominii, sufficere rem traditam esse, licet vacua rei possessio tradita non sit, neminem tamen esse, qui non fateatur, opus esse vacuæ possessionis traditione ut procedat usucapio.

Ego vero recipere hoc ad eas dumtaxat species pertinere arbitror, in quibus ad dominium acquirendum traditione aut apprehensione possessionis est opus; adictumque contemptum esse de eo, quod fieri et vere accedit. Quibus autem ex causis dominium adipiscimur, etiam, antequam possessionem nacti sumus, ex his etiam antea agi posse, ex sententia scilicet & ratione ed-

edicti, quod eorum omnium gratia comparatum est, qui alias onere probandi dominii premerentur etiam ab injustis rei possessoribus. Nam, ut Ulpianus scribit, *l. 7. §. 1. Publiciana, 8. ff. de Public. in rem act.* in Publiciana actione omnia eadem sunt, quæ in rei vindicatione, ac proinde quemadmodum si in casu hoc nostro res a vero domino legata, aut vere hereditaria fuisset, legatario aut heredi fideicommissario competeret rei vindicatio, etiamsi possessionem ejus rei nacti non essent: ita si res a non domino legata sit, aut non sit ex corporibus hereditatis restituta, danda erit legatario aut fideicommissario in rem Publiciana, quamvis nec illi possessionem nacti sint. Atque hoc diserte responsum est de eo cui ex Trebelliano restituta est hereditas, *leg. cum sponsus, 12. §. 2. dict. tit.* item de domino, cujus servus cum in fuga esset, rem a non domino emit, *leg. si servus, 15. eod.* His autem casibus cum usucapio procedere non possit, *dict. l. 25. ff. de usucap.* apparet prætensionem dominii per usucapionem quæsiti non esse hujus actionis [illegible] essentialem & proinde non esse perpetuum, quod quidam tradunt, Publiciana neminem agere posse nisi qui fuerit in conditione usucapiendi. Sed & hoc ipsum falsum existimo, quod actor hanc actionem instituens expresse intendat aut prætendat se usucepisse. Quamvis enim Justinianus scribat, in hac actione eum, qui possessionem amisit, dicere, eam rem se usucepisse: illa tamen actoris intentio non ad nuda ista verba exigenda est, sed ad effectum & [illegible] verborum: quoniam sic agitur, quasi actor usucepisset. Non dicet igitur expresse se rem usucepisse, quod falsum est, & constitutioni hujus actionis contrarium: sed quod ad eorum actionem recte instituendam pertinet, causam actionis sua intentione complectetur. Dicet, se rem, de qua agitur, bona fide, verbi causa, emisse a Lucio Titio, & ab eo sibi traditam bona fide accepisse, petere se, ut sibi restituatur. Hoc autem qui dicit, vi ipsa intendere videtur se usucepisse, quia idem petit & jure prætorio consequitur, quod peteret & consequeretur jure civili, si usucepisset. In causis ex quibus & qui nondum possessionem nactus est, Publiciana agere potest, dicet actor rem sibi a L. Titio legatam, aut eam in hereditate L. Titii fuisse, quam aut ipse crevit, aut restitutam sibi ex senatusconsulto obtinet, quibus casibus cum Publicianæ locus sit usucapione non inchoata *dict. l. 12. §. 1. & d. l. 15. de Publ. in rem act.* dominium quasi usucapione quæsitum fingi aut prætendi non potest. Hæc olim fuit Petri de Bellapertica opinio, probata Jo. Fabro in *§. 3. Inst. eod. num. 4. & 14.*

CAPUT XXVIII.

Ususfructus sitne dividuus an individuus?

QUæstio hæc non tantum ad usumfructum pertinet, sed etiam ad ceteras res incorporales: puta hereditatem, obligationes & actiones, exceptis servitutibus prædiorum & nudo usu, quæ individua esse apud omnes in confesso est. Dividuum nostris est, quod dividi potest sive in partes numero discretas, ut decem aurei, decem boves, centum amphoræ vini; sive in partes corporum ut omnes res corporales, fundus, homo, navis, &c. licet plerumque harum rerum divisio in partes discretas fieri non possit, sine rei interitu aut corruptione, veluti si homo gladio in partes secetur. Navem si dividas, inquit Cæcilius apud Macrobium, nec tu nec socius habebitis. Sed juris nostri auctores alia ratione dividendi utuntur, ad commoditatem hominum & rei cujusque naturam accommodata, *leg. 9. §. 1. ff. de solut.* Cum enim de divisione in partes corporis loquuntur, non intelligunt partes discretas & inter se confusas, ac intellectu magis, quam corpore divisas, ipso rei corpore integro manente: verbi causa, cum dicimus Titium & Sempronium ejusdem rei esse dominos, rem divisam in partes esse significamus, quarum unam Titium, alteram Sempronium habere. Verum hæ partes corporaliter separatæ non sunt, sed confusæ & commixtæ, ut neuter possit suam partem a parte socii separatam ostendere, *leg. 5. ff. de stipul. servor. leg. Mævius, 66. §. 2. ff. de legat. 2.* Atque hæ partes propria appellatione partium continentur: quia cum divisio ac separatio corporalis fit, jam non amplius uno corpore tenentur; sed singulæ per se corpus discretum constituunt, & totum quiddam verius, quam partem: verbi causa, si fundus in partes pro diviso dividatur, jam duo fundi esse incipiunt, *leg. vulgo, 25. §. ult. ff. de verb. sign. leg. 6. §. 1. ff. comm. præd.* Quamvis autem dividuitas per se non parum conveniat nisi corpori sive rei corporeæ, nihil tamen prohibet quominus etiam res incorporales, modo tales sint, ut quod ex his percipitur, natura dividi possit, intellectu in partes pro indiviso secernantur, ut non ex eo, quod sua natura dividuitas in his æstimetur, sed ex emolumento, quod propter partem divisim percipitur: cum in emolumento ipsa pars quodammodo percipi videtur. Cujusmodi res sunt hereditas, obligatio & petitio cujusque rei dividuæ, ususfructus. Quidquid enim recipit communionem, idem etiam recipit divisionem. Hoc inverso loco res pleræque mobiles, puta servum, equum, & res incorporales, quod ille per rerum naturam etiam facto ipso dividi pro partibus divisis, & ita corporali possunt: at hæ, jura incorporalia ne quidem [illegible] naturam facto ipso dividi possunt. Sa, quæ [illegible] nominibus sunt, in judicio familiæ erciscundæ non dividi, cum ipso jure [illegible] dicantur ex lege duodecim tabularum [illegible] in *l. 6. C. famil. ercisc.* De hereditate, [illegible] alter divisit, non dissimili [illegible] quæ asse appellatione continentur, *§. hereditas, 5. Inst. de hered. instit. l. 13. §. 1. ff. eod. ad d. l. 1. §. 1. 3. & 4. ff. si pars hered. pet.* De usufructu, de quo hic ex professo, cum pro parte constitui posse, & legitimo tempore similiter amitti, *l. 5. ff. de usufruct.* pro parte non frui posse, uti non posse, *l. usus, 19. ff. de usu & habit.* usumfructum dividi posse, nec sicut ceteræ servitutes individuæ sunt; ita & ipsum individuum esse, *l. 1. §. si usufruct. 9. ff. ad l. Falcid.* Ususfructum legatum venire in computationem legis Falcidiæ, quia divisionem recipit, adeo ut si duobus legatus fuerit, ipso jure ad singulas partes pertineant, *leg. si ususfructus, 81. ff. eod. tit.* Cernitur autem maxime hæc dividuitas, cum pluribus in eundem usumfructum conjunctis aut concursu partes fiunt, aut deficientium partes conjunctis accrescunt; *tot. tit. ff. de usufruct. accresc.* Nec absurdum est usumfructum dici dividuum tantum respectu partium fundi fructuarii, posse enim in eodem fundo indiviso partes ususfructus diversæ a diversis haberi, & cum in judiciis divisoriis cautionibus

bus interpositis, qualiter fruantur, a communione disceditur, aut cum per legem Falcidiam usufructus minuitur, non ideo fundus in plures partes minutiores dispescitur, *leg. si cujus, 13. §. 3. ff. de usufr. l. 7. §. cum de usufr. 10. ff. comm. divid. leg. & 16. pass. princ. ff. famil. ercisc.* Cum igitur servitutes prædiorum individuæ, *leg. via, 17. ff. de servit. leg. 1. §. si usufructus, 9. ff. ad leg. Falcid. leg. stipulationes non dividuntur, 72. ff. de verb. obligat.* Respond. hoc non ita eo est, quod sunt res incorporales, ne quis erret; sed quia in solo usu consistunt; & solo servitute utentis facto, puta eundo, agendo, aquam ducendo, tignum immittendo, projiciendo, &c. terminantur, nulla re relicta, quæ dividi possit. Ususfructus autem dividuus est, quia licet & ipse in facto ab initio consistat, *leg. unic. ff. quand. dies ususfruct. leg.* facto tamen solo non terminatur, sed post se relinquit & fructuario adjicit fructus atque omnem rei utilitatem, qui fructus cum dividi possint, etiam jus eorum percipiendorum, dividuum habetur: quamvis ipsius juris nulla sit physica divisio. Receptum quidem & prædiorum servitutes divisionem per tempora, sed ita usus servitutum non dividitur, sed per intervalla distinguitur, ut nihilominus tota semper utamur servitute, *leg. 5. §. 1. ff. de servit.* & est tantum modus adjectus toti sive usui totius, *leg. arbor, 19. §. ultim. ff. commun. divid.* Putaverit tamen aliquis non magis ususfructum, quam usum dividuum dici posse, cum usus, ut disputat Hotomannus *illust. quæst. 20.* sit pars homogenea ususfructus, usus autem cujusque semper in solidum est, *leg. [illegible] ff. de usu & habit. l. 3. §. ultim. ff. comm[illegible]* falsum est, quod Hotomannus assumit, usum formale[illegible] sive separatum partem esse sive homogeneam sive heterogeneam ususfructus: & partium illa in similares & dissimilares distinctio, propria est partium distinctio.

Ex contrario putaverit aliquis non minus usum quam ususfructum dividuum esse, & partes pro indiviso recipere, quoniam usus nihil aliud sit, quam partus quidem ususfructus. Sed & hoc quoque falsum est: nam ususfructus continet omnem utilitatem; quæ [illegible] percipi possit, usus solos eos fructus, qui [illegible] usui utentis sufficiunt. Nihil impedit, fructus [illegible] inter plures dividi: at res non patitur, ut plures simul, quisque a suam necessitatem, & tamen pro parte re utantur. In usufructu nulla habetur ratio necessitatis fructuarii, sed tantum fructuum, qui quavis ratione ex re obvenire possunt, nam spectamur etiam ad compendium: in usu vero non ad fructus respicimus, sed tantum ad indigentiam personæ usuarii, cujus usu facto & consumptione usus terminatur, nihil relinquens quod dividi possit: in quo usus similis servitutibus prædiorum. Plures in eundem ususfructum conjungi possunt, in eundem usum plures conjungi non possunt; qua enim ratione usus divisionem non recipit, eadem non recipit communionem. Hinc est, quod usus admissus semper ad proprietatem redit, ususfructus amissus ad conjunctum, *tit. ff. de usufr. accresc.*

Exemplo res fiet illustrior. Ponamus silvæ ampla & copiosæ usum tribus personis legatum esse quæ vel decem satis lignorum ad rei familiaris usum suppeditare queat. Hic legatarii non habent tres partes (divisas) unius usus, sed pro se quisque usum solidum & distinctum. Contra est, si hunc ususfructum pluribus legatum esse ponamus. Nam unius rei possunt plures esse usus, quia nihil impedit, quominus quisque, verbi causa, tantum lignorum cædat, quantum ei sufficiat ad usum & consumptionem quotidianam. Ususfructus autem non nisi unus ejusdem rei esse potest, cum per rerum naturam fieri nequeat, ut plures in solidum fruantur, & singuli omnem fructum atque utilitatem percipiant. Si equi ususfructus duobus legatus sit, equus locari potest & pretium inter utrumque dividi, *leg. 7. §. cum de, 10. ff. commun. divid.* Si usus equi legatus, locari nequit, sed tantum uterque ad suam necessitatem equo uti potest. Quod si uterque eodem tempore indigeant ad negotia sua, apparet eos in usu concurrere non posse; nec ita igitur res transigetur, ut *dict. leg. 7. §. 10.* sed necesse erit uni soli usum adjudicari, & hunc alteri in præstationem æstimationis partis condemnari, *leg. item, 10. §. 1. ff. dict. tit.* aut utendi facultatem temporibus inter eos dividi, *arg. leg. arbor, 19. §. ultim. ff. eod.* Atque hoc ita propter necessitatem, *dict. leg. 10. §. 1.* Redditur autem utile communi dividundo judicium per *leg. si cum duorum, 31. ff. de stip. serv.* Non obstat, quod apud Ulpianum legimus, si tibi usus, mihi fructus legetur, concurrere nos in usu, *leg. per servum, 14. §. 2. ff. de usu & habit.* quoniam in tali specie ita concurrit cum usuario fructuarius, ut percipiat, quod usuario superfuerit; & ipse interim etiam fruendi causa usum causalem, qui fructui semper inest, *leg. si alii, 42. junct. d. leg. 14. §. 1. ff. eod.* Quod vero generaliter traditum est in *leg. stipulationes, 72. ff. de verb. oblig.* viam, iter, actum, ceterasque servitutes divisionem non recipere, id ad ususfructum non pertinet, sed eo [illegible]um est, [illegible] servitutes prædiorum per excellentiam [illegible] absolute ita [illegible]natur, *§. ult. Inst. de usu & habit. leg. 4. & passim. ff. de servit.* DD. comm. *ad dict. leg. 72. & ad leg. 2. ff. de verb. oblig.* Gomez. *2. resol. 10. num. 18.* Castill. *tract. de usufruct. 31.* dissentit Hotomann. *quæst. illustr. cap. 20.* cujus objectionibus facile ex iis, quæ a nobis disputata sunt, occurri potest.

CAPUT XXIX.

An testator possit fructuario remittere partem cautionis fructuariæ, quæ est de re finito usufructu restituenda?

JUs est usufructuario rebus alienis utendi, fruendi, sed salva rerum substantia, id est, dum ita utatur fruatur, ut rem salvam servet domino. Quapropter, ut dominus securus esse possit de proprietate, desiderante eo fructuarius cavere cogitur, & usurum se boni viri arbitratu, & cum ususfructus ad eum pertinere desinet, restituturum quod inde extabit, *l. 1. & tot. tit. usufr. quemadm. cav.* quæ cautio satisdatio est, id est, cavere debet fructuarius datis fidejussoribus, *l. 13. princ. ff. de usufr. l. 4. Cod. eod.* habet autem ista stipulatio duas causas, propter quas interponitur, unam de usu, alteram de restitutione: quarum prior sæpius committi potest, quoties nimirum aliter utitur fructuarius, quam vir bonus arbitrabitur; posterior semel duntaxat, usufructu scilicet quoquomodo definito, *d. leg. 1. §. pen. usufr. quemadm. cav.* Pertinet porro hæc cautio ad omnem fructuarium, *d. l. 13. ff. de usufr. d. l. 1. §. 1. & d. l. 9. §. 1. ff. usufr. quem. cav.* excepto patre fructuario bonorum filii adventitiorum, *l. cum oportet l. ult. §. 4. in fin. Cod. de bon. quæ lib.* quod datum reverentiæ patetur; item eo, cui usufructu pure legato proprietas ea die debetur ex dicti nimirum sententia, quia certum est proprietatem ad eum perventuram, l. 9. §. ult. ff. usufr. quem cav. Interpretes & fiscum excipiunt, & donatorem omnium vel etiam partis bonorum retento usufructu. Quod rationem habet, per leg. 1. §. si ad fiscum 18. ff. ut leg. nom. cav. & l. inter eos 19. §. 1. ff. de re jud. Sed & in quasi usufructu cautio a fructuario præstanda, (& ipsa satisdatio est) nimirum se eum moriebitur aut capite minuetur restituturum non eadem quidem corpora, quæ accepit, quod iis consumptis fieri non potest, sed tantundem, aut eorum æstimationem, §. 2. Instit. de usufr. l. 7. ff. de us. ear. rer. quæ us. cons. nam clausula de utendo boni viri arbitratu ad quasi usumfructum pertinere non potest, ut recte Castillo tract. de usufr. c. 29. n. 13. In utroque autem usufructu & vero & quasi, cautio adeo necessaria esse putatur, ut ne testator quidem eam remittere fructuario valeat, per l. pen. Cod. ut in poss. legat. L. 1. Cod. de usufr. l. 6. ff. ut in poss. legat. Gail. 2. ob. 145. Castill. d. tract. c. 15. post DD. in d. l. & d. l. pen. Et quidem illud constat remissione cautionis facta a testatore non vitiari legatum ipsum ususfructus, sed non obstante hac remissione legatarium cautione oblata usumfructum petere posse, l. 6. ff. ut in poss. leg. l. 1. Cod. de usufr. quamvis contrarium putet Hunnius resol. ad Instit. lib. 2. tract. 2. quæst. 26. idque duplici, sed utroque inepto & futili argumento. Primum petitum est ex leg. 7. pr. ff. usufr. quem cav. ubi Jurisconsultus ait, si res ususfructus nomine non exacta satisdatione tradita sit, posse heredem rem vindicare, & si objiciatur exceptio de re ususfructus nomine tradita, replicandum esse. Respondeo primum idem obtinere, & si testator cautionem non remiserit; neque ullum in eo textu verbum extare, unde colligi possit, de eo casu loqui Jurisconsultum, quo cautio remissa est. Sententia Jurisconsulti minime obscura, sed plana est, nempe si hæres forte per oblivionem cautione non exacta rem fructuariam tradidit posse eum rem vindicare, & excipientem legatarium de re ususfructus nomine tradita, nisi paratus sit satisdare, replicatione doli mali removere. Alterum argumentum Hunnii est, quia quicquid contra legem fit, ipso jure nullum est. Concedimus nullum esse, quod contra legem fit, sed non ultra quam quatenus in legem peccatum est. Non peccat autem testator in legem legando usumfructum, sed contra legem facit remittendo cautionem: quam remissionem idcirco etiam nullius momenti esse fatemur. Sic etsi donatio quæ summam quingentorum solidorum excedens actis insinuata non est contra legem fiat, non tamen ideo in totum irrita est, sed tantum quatenus legitimum modum excedit, l. sancimus 34. Cod. de donat. Cæterum an in totum verum sit & ad utramque clausulam cautionis fructuariæ pertineat, quod vulgo traditur, cautionem illam a testatore remitti non posse, merito dubites, in quasi usufructu, quoniam proprietas transit in fructuarium, nec fructuarius præstet cautionem de re boni viri arbitratu utenda, & finito usufructu restituenda ipsa re, sed tantum de restituenda tantundem; non potest testator remittere cautionem de tali vel tali summa restituenda, l. 6. ff. ut in poss. leg. 1. Cod. de usufr. Ratio est, ut hac saltem via securitatem sibi addere possit proprietarius, quippe qui hic finito usufructu nullam actionem in rem adversus fructuarium habeat, sed personalem duntaxat; scilicet quantitatis condictionem, l. 5. §. 1. ff. de usuf. ear. rer. quæ actio proprietario inutilis erit, si finito usufructu debitor inops reperiatur. At in vero & proprio usufructu, cum cautio ad hæc duo pertineat, primum ut fructuarius boni viri arbitratu utatur fruatur; deinde ut rem finito usufructu restituat, hic primam quidem cautionem remittere non potest, l. pen. Cod. ut in poss. leg. quoniam remoto hujus cautionis metu invitaretur ad delinquendum in re aliena, quod fieri non debet, arg. l. si unus 27. §. 3. ff. de pact. tum etiam quia hic hæres quidem habiturus est actionem contra fructuarium, ubi res negligentia ejus deterior facta est, L. 13. §. 2. vers. denique ff. de usufr. cæterum quæ hæredi inutilis futura, si interea homo usufructu ad inopiam fructuarius redactus fuerit. At probabiliter defendi potest, testatorem posse remittere cautionem de re restituenda: quia etsi ea omissa sit, habet tamen proprietarius actionem in rem, qua rem ipsam finito usufructu vindicet, L. 3. §. ult. L. 7. pr. l. ult. vers. si igitur ff. usufr. quem cav. & sic potest testator prohibere ne legatarii, aut fideicommissarii cautionem ab hærede exigant nomine legati vel fideicommissi, L. 1. princ. ff. ut leg. nom. cav. L. pen. Cod. ut in possess. legat. & ideo in d. l. penult. non vetatur testator remittere satisdationem de re finito usufructu restituenda, sed duntaxat de utendo fruendo bono viri arbitratu. Ita memini disputare solitum virum clarissimum & Collegam quondam nostrum D. Petrum Cunæum piæ memoriæ.

CAPUT XXX.

An in argumento de servitutibus prædiorum sola ædificia ad usum urbanum comparata urbanorum prædiorum numero habenda?

Sicut prædia vel urbana sunt, vel rustica, ita & servitutes, quæ iis inhærent vel urbanorum prædiorum sunt, vel rusticorum: sic enim a subjectis servitutibus distinguuntur, l. 1. ff. de servit. Prædia rustica sunt loca ædificiis vacua, in urbe area, horti, ruri ager, L. fundi 211. ff. de verb. sign. Urbana autem prædia in hac materia appellamus ædificia omnia, etsi in villa ædificata sunt, l. 1. ff. comm. præd. §. 1. Instit. de serv. præd. Quæ igitur locis puris inhærent prædiorum rusticorum servitutes sunt; quæ ædificiis, prædiorum urbanorum: distinctione scilicet non a loco sumpta, sed a materia vel genere prædii, l. urbana 198. l. fundi 211. ff. de verb. signific. Sunt tamen, qui a fine sumptam putant, & ea sola ædificia urbanorum prædiorum numero esse, quæ habitandi causa parata sunt: horrea autem quæ ruri ædificantur, ad fructus reponendos & custodiendos, magis esse ut prædia rustica censeantur, Cepoll. de serv. urb. cap. 11. num. 2. Mynf. VVesemb. Vult ad §. 1. Instit. d. tit. Bronch. cent. 1. ass. 91. Sed male mea quidem sententia, quod quidem ad propositam tractationem attinet. Fac enim unum e dominis, qui vicina aut contigua horrea habent, alteri, cui forte ad grana a paleis repurganda flatu venti opus sit, cessisse servitutem altius non tollendi, aut jus alteri constituisse tigni immittendi in parietem horrei sui. Hæ servitutes utique urbanæ dicendæ sunt, non rusticæ. Quid enim interest, horreum, an aliud ædificium altius non extollatur, in parietem horrei, an in quem

aliam

alium tignum immittatur: in constituendo, in amittendo omnia eadem: idem juris effectus in oppignorando, novo opere nuntiando. Ratio autem non patitur, ut una eademque specie servitus nunc urbana, nunc rustica dicatur. Non est tamen hæc sententia usquequaque expedita. Scribit enim Neratius, *l. 2. ff. de servit. præd. rust.* licere altius tollere & officere Prætorio vicini servitutem esse prædii rustici: atqui Prætorium significat id ædificium, in quo dominus, si quando ruri est, habitat, separatum ab habitatione villici, ut ex Columella & Palladio constat, quale tamen prædium urbanum esse cæteri omnes fatentur. Resp. Neratium illic suo arbitrio loqui, non considerato juris effectu. Quod ut perfectius intelligatur, sciendum est, prædia, eorumque jura dupliciter considerari, vel simpliciter, qua consideratione nihil prohibet eo loco distinguere, quod fecit Neratius, vel cum effectu juris: qua consideratione nunquam loco distinguuntur. Cum quæritur de jure taciti pignoris, quod domino tribuitur in invectis & illatis ab inquilino in prædium urbanum, non autem in invectis & illatis in prædium rusticum a colono, *l. 4. ff. quib. in caus. pign. tac.* urbanum prædium accipimus etiam tabernas, stabula, aliaque meritoria, etiam quæ non sunt continentibus ædificiis, sed in villis & vicis, vel ipso teste Neratio, *d. l. leg. 4. §.* Villa autem fructuaria & habitatio villici in hac causa prædia rustica habentur *argum. l. urbana 198. de verb. signif.* Cum quæritur de alienatione prædiorum pupillarium aut minorum 25. annis, quæ si rustica sint aut suburbana, oratione Severi sine decreto prohibentur alienari, *l. 1. ff. de reb. eor. qui sub tutel.* (quod constitutione Constantini ad urbana quoque prædia postea extensum est, *l. 22. Cod. de adm. tut.*) prædia a fine & usu distinguuntur & rustica quoque intelliguntur horti olitorii & vinarii, qui in urbe sunt, & villæ fundi causa & propter opus rusticum ædificatæ: reliqua ædificia, stabula meritoria, etsi ruri sint, horti quoque ædificiorum, unde nihil aut parum redditur, & multo magis area pro prædiis urbanis habentur, *d. l. urbana ff. de verbor. signific.* quo loco Ulpianus orationem illam Severi interpretatur, ut Cujac. 7. *observat. 24. & Godd. ad d. leg. urbana* bene observaverunt. Similiter cum de servitutibus simpliciter quæritur, quorum prædiorum sint, loco itidem, ut prædia ipsa, distingui possunt, quod fecit Neratius, *d. l. 2. ff. de serv. præd. rust.* At cum quæritur de vi & effectu juris in iis constituendis, acquirendis, amittendis, pignorandis, novo opere eorum nomine nuntiando (vide *l. 1. l. 6. ff. de serv. præd. urb. l. 6. l. 7. §. 1. ff. comm. præd. l. 11. §. ult. & l. seq. ff. de pign. l. 5. §.* Et *Bell. 9. l. 14. ff. de op. nov. nunc*) loci ratio nulla habetur. Sed quæ ædificiis inhærent, urbanæ, quæ locis puris, rusticæ dicuntur. Et quia hac consideratione neque ulla ædificia possunt esse subjectum servitutum rusticarum, nec loca ulla ædificiis vacua subjectum urbanarum, hinc factum, ut ædificia omnia, etiam quæ in villis & vicis sunt, sive ad usum urbanum, puta ad habitandum, ac viatores recipiendos, aliumve quæstum faciendum comparata sint, sive ad usum rusticum, ad fruges condendas & custodiendas, ad stabulanda pecora, prædia urbana habeantur: contra loca omnia ædificiis vacua, etiam area in urbe & horti ad voluptatem comparati, prædia rustica, distinctione subjecti ad naturam servitutum accommodata, itque contra Cæpollam & alios supra allegatos etiam Bachovius bene observavit ad §. 1. *Instit. de servit. præd.* Non obstant iis quæ diximus, *l. 7. §. 1. l. iter 14. ff. commun. præd. l. servitutes 20. §. 1. ff. de serv. præd. urb.* ubi iter dicitur deberi per prædium urbanum. Nam & iter, quod debetur per ædes, servitus rustica est: quippe quod fere debetur per aream, quæ hic instar fundi habet: neque etiam ad iter, quod debetur per ædes, quicquam structura ædificii facit, imo magis est impedimento, Ulpian. *in leg. 11. §. ff. de publ. in rem act.* æquæductum per domum transductum vocat servitutem prædii urbani; quæ tamen & ipsa revera rustica est, si de vi & effectu juris, de quo supra diximus, quæritur, & servitus [illegible] non a re, quæ debet servitutem, sed [illegible] dicatur, sumitur, *l. 1. §. & datam 43. ff. de acq. rer. dom.* [illegible] atque sublato ædificio hujus modi servitus adhuc præstari potest. Sed per hoc [illegible] *arg. ex supradict. l. 20. §. 1.* ibi enim non per dorsum, sed ad domum debetur iter, consequenter dicetur a prædio dominante servitus urbana quæ alias est rustica.

CAPUT XXXI.

An in præscriptione servitutum semper opus sit titulo?

SErvitutes, utpote res incorporales, in quas non cadit possessio, natura sua usucapi non possunt, *l. servum 43. §. 1. ff. de acq. rer. dom. l. servitutes 14. ff. de serv. l. si aliena 10. §. 1. ff. de usuc.* Et quamvis olim moribus sive auctoritate prudentum introducta esset servitutum in prædiis urbanis usucapio, quod in his videatur esse continua quædam, si non possessio, at saltem quasi possessio, cum rusticarum usus non ita sit continuus, tamen quia nec urbanæ servitutes vere possidentur, lex Scribonia deinde harum usucapionem, quæ moribus contra rationem juris invaluerat, sustulit, ut post legem Scriboniam & tempore mediæ jurisprudentiæ non magis urbanorum prædiorum servitutes, quam rusticorum usucapi potuerint, *l. 4. §. ult. ff. de usuc. d. leg. 10. §. 1. eod. l. 14. ff. de servit.* ubi duplex ratio affertur, cur prædiorum rusticorum servitutes non usucapiantur. 1. Quia incorporales sunt, ac proinde nec possidentur. 2. Quia earum usus non est continuus: sed interruptus. Prior ratio etiam locum habet in servitutibus prædiorum urbanorum, & sola sufficit ad impediendam usucapionem: atque ideo in *fin. pr. d. l. 14.* additur, *Idem & in servitutibus prædiorum urbanorum observatur.* Posterior autem causa cessat in servitutibus urbanis; atque hinc harum duntaxat usucapio, non etiam rusticarum introducta fuit.

Etsi autem servitutes usucapi acquirerentur, id est, biennio, quo tempore olim usucapio rerum immobilium in solo Italico implebatur, acquiri: tamen potuerunt decem vel inter absentes viginti annorum diuturno usu ita acquiri, ut tanquam jura inpolite utilibus actionibus vindicarentur, *d. l. 10. ff. si serv. vind. l. 1. in fin. ff. de aq. & aq. plur. arc.* Atque eo pertinet *l. 2. Cod. de serv. & aq.* ubi Antoninus ait, servitutes tempore acquiri exemplo rerum immobilium: nempe præscriptione, quæ non directam sed utilem actionem dat; & de rebus immobilibus seu prædiis provincialibus, quarum non erat usucapio, sed duntaxat præscriptio. Sic idem Imperator in *l. 1. Cod. eod. tit.* non loquiquitur de usucapione servitutis, sed de praescriptione, quae longi temporis consuetudine vicem servitutis obtinet. Porro decem annorum usu, qui pro possessione est, omnes servitutes acquiruntur, generalis enim est definitio *d. l. 10. ff. si serv. vind. d. l. 1. in fin. ff. de aq. pluv.* Ac proinde rejiciendum est discrimen inter servitutes continuas & discontinuas, quasi illae decem annis, hae nonnisi tempore immemoriali praescribantur. Quamvis enim usus corporalis in plerisque servitutibus rusticorum praediorum, puta itinere, actu, &c. continuari nequit, *d. leg. servitutes 14. ff. de serv.* possessio tamen earum non admittitur quamdiu animo retinetur *§. 5. Inst. de interdict. l. 3. §. sed & 7. ff. de acq. poss.* Nam quod illis locis de rebus corporalibus dicitur, id vel magis in rebus incorporalibus obtinere debet, & est hujus rei argumentum in *l. 1. §. 2. ff. de itin. act. priv.* Hodie post transformatam a Justiniano usucapionem, & usucapionem rerum soli cum longi temporis praescriptione confusam, servitutes tam usucapione, quam praescriptione acquiri recte defendi potest, usucapione videlicet Justinianea, *arg. l. ult. in fin. Cod. de praescr. long. temp. junct. l. un. Cod. de usuc. transform.*

Existimo autem, quae & communis est sententia, servitutes duobus modis per se principaliter longa quasi possessione acquiri posse. Ajo per se principaliter, quoniam servitutes etiam cum aedificiis longo tempore capi possunt, *l. 10. §. 1. ff. de usuc.* sed uno duntaxat modo, quo scilicet & ipsa aedificia: ac tum non tam ipsa servitus usucapitur, quam praedium quod usucaptum suae conditiones sequuntur, *arg. l. via 23. §. 2. ff. de serv. praed. rust. l. traditio 20. §. 1. ff. de acq. rer. dom.* Primus modus, quo servitus per se longo usu acquiritur, est, si servitute ex justa causa sive titulo a non domino praedii, quem tamen dominum esse credebamus, constituta per decem vel viginti annos continenter usi fuerimus, qui modus cum rerum corporalium usucapione seu praescriptione communis est, ac de hoc modo accipienda *l. ult. Cod. de long. temp. praescr.* ut patet ex ipso contextu. Et quia hic possessionis initium est a non domino praedii, ideo etiam titulus hic necessarius est: at contra ignorantia domini nihil juvat, uti nec in usucapione rerum corporalium *d. l. ult. Cod. de praescr. long. temp.* Alter modus servitutum est proprius, si nullo quidem titulo praecedente, caeterum nec vi, nec clam, nec precario, id est, domino praedii servientis sciente & patiente, quod hic pro traditione & vice boni initii est, per continuum legitimi temporis spatium servitute usi simus. Nimirum quia hic initium possessionis est ab ipso domino, ideo scientiam quidem domini, a quo possessionis initium profectum est, requirimus: titulum autem non item, quoniam si etiam titulus adesset, puta si dominus praedii mihi servitutem constituisset & tradidisset ex causa venditionis, donationis, &c. servitus statim citra praescriptionem pleno jure acquireretur per *l. nunquam 31. pr. ff. de acq. dom. §. per traditionem 40. Inst. eod.* Ad hunc posteriorem modum pertinet *l. si quis 10. ff. si serv. vind. Si quis*, inquit ibi Ulpian. *diuturno usu & longa quasi possessione jus aquae ducendae nactus sit, non est ei necesse docere de jure, quo aqua constituta est, veluti ex legato, vel alio modo: sed utilem habet actionem, ut ostendat per annos forte tot usum se, non vi, non clam, non precario, possedisse.* Displicet quidem haec sententia Francisco Duareno *l. 1. d. cap. 34.* ubi verba illa Ulpiani, *non est ei necesse docere de jure quo aqua constituta est*, interpretatur de jure civili & directo, quasi haec sit Jurisconsulti sententia ei qui ita aquaeductum nactus est, recte servitutem quaesitam videri, quamvis jure, id est, jure civili & directo non sit constituta, & ob id eum non debere probare de justa servitutis constitutione, puta eam sibi donatam, aut legatam, &c. esse. Sed haec interpretatio neque verbis Ulpiani neque sententiae convenit. Verbis non convenit, quia Ulpianus ipse exemplo declarat, se verbo juris intelligere titulum, dum ait, *veluti ex legato*, ut perinde habendum sit, ac si dixisset, non esse utenti necesse docere de titulo, quo aqua constituta sit. Nam ut hoc exemplo intelligimus non titulum possessionis acquisitae, sed modum, quo aqua jure civili imposita sit, verba non patiuntur; potest enim servitus legari ab eo, qui non sit dominus fundi, a quo servitutem jure constitutam nemo dixerit. Quod si a domino legatam accipimus, jam haec non conveniet Jurisconsulti sententiae, qui quaestionem proponit de eo, qui jus aquae ducendae nactus est diuturno usu & longa quasi possessione. At cui a domino praedii servitus legata est, is eam statim a principio sibi recte constitutam habet. Similis locus superiori est in *l. 1. in fin. ff. de aq. & aq. pluv.* ubi idem Jurisconsultus definit, in servitutibus hoc nos sequi, ut ubi servitus non invenitur imposita, videatur is habuisse longa consuetudine, velut jure impositam servitutem, qui diu usus est nec vi, nec clam, nec precario. Non intelligitur servitus imposita cum non invenitur titulus quo est imposita: nam tituli sunt causae, ex quibus res quaeque acquiruntur. Ait Jurisconsultus hoc jus nos sequi in servitutibus, quo significat hoc esse servitutum proprium; & in eo esse aliquid diversum ab usucapione, & praescriptione rerum corporalium: nihil autem hic proprium esset servitutum, si in hac acquisitione etiam titulum possessionis exigeremus. Ait denique longa consuetudine servitutem ita acquiri, si quis usus sit nec vi, nec clam, nec precario: quibus verbis exigitur, ut usus sit domino praedii sciente: ut titulo accedente & bona fide, ignorantia domini usucapionem sive longi temporis praescriptionem non impediat, *l. ult. in fin. Cod. de praescr. long. temp.* Denique idem planius significatur in *l. 2. Cod. de serv. & aq.* acquiri jus aquae ducendae longo tempore acquiri, si quis per fundum sciente & patiente domino fundi aquam certo tempore duxerit. Non potest hoc sine vitio intelligi de eo, qui titulum habet: Nam si eum habet a domino, statim illi servitus quaesita est; si a non domino, procedit longi temporis praescriptio etiam vero domino ignorante, *d. l. ult. Cod. de long. temp. pr.* Unde etiam liquet illa Imp. Antonini verba, *in d. l. 2. servitutem exemplo rerum immobilium tempore quaesiti*, continere duntaxat comparationem servitutum & rerum immobilium ratione temporis, quo per possessionem acquiruntur; non autem simplicem & respectu omnium conditionum: ut hic sit sensus, quemadmodum res immobiles soli provincialis (loquitur enim Imp. non de usucapione rerum soli Italici, quae biennio implebatur, sed de longi temporis praescriptione, quae locum habebat in praediis provincialibus) longi temporis possessione quaeri possunt, ita posse & servitutem aquaeductus acquiri, si quis aquam per fundum domini eo sciente nec contradicente per idem tempus duxerit. Frustra igitur hunc locum contra communem urget Corasius in *l.*

ser-

servitutes 14. & 31. ff. de servit. Moveri non debemus l. nullo 24. Cod. de rei vind. l. ult. Cod. de usucap. pro hærede, aut similibus locis, quibus traditur: nullo justo titulo [illegible] possidentem dominium quærere prohiberi; usucapionem non præcedente vero titulo non procedere. Nam & possessionis, & dominii, & usucapionis verba, quibus istæ sententiæ concipiuntur, declarant eas pertinere ad usucapionem rerum corporalium, in quas solum proprie cadit possessio, usucapio, dominium. In his rebus & nos concedimus nullam esse usucapionem, nisi justo titulo præcedente. At in servitutibus distinctio superius observanda est, ut siquidem initium possessionis servitutis profectum sit a non domino prædii, qui tamen dominus esse putabatur, etiam titulus ad servitutem tempore acquirendam desideretur, ut in usucapione rerum corporalium, l. ult. Cod. de long. temp. præscr. At ubi possessionis initium proficiscitur ab ipso fundi domino, qui sciens patitur me per longi temporis spatium servitute uti, ita nos usos esse ad præscriptionem servitutis sufficit, nec titulus requiritur, immo non nisi inepte, ut supra ostendimus, requireretur. Atque eo pertinet, quod dicitur in l. fin. ff. de aq. & aq. pluv. in servitutibus hoc non jus sequi. &c. planeque in servitutibus solis, non etiam in rebus corporalibus, aut ipsis prædiis. Ne quis autem capiat, quod supra diximus, scientiam & patientiam domini in hac acquisitione servitutis esse vice boni tituli, & quoque loco traditionis, atque inde colligat ita demum servitutem quæri, non ex longa temporis possessione, si cogitet hic abesse titulum, & ideo per hanc quasi traditionem non statim servitutem nostram fieri, arg. l. nunquam 31. ff. de acq. rer. dom. sed hoc tantum effici, ut locus sit præscriptioni, vide Balbum de præscr. part. 2. quæst. 2. n. 1. 4. part. princ. Covarr. 3. var. resol. c. 17. n. 7. Costal. in l. 10. ff. si serv. vind. Castill. tract. de usufr. c. 68. n. 16. Fachin. 7. contr. 33. & in primis Donell. 18. comm. 15. Differu. Duar. 1. disp. 34. Hotom. 2. observ. 13. Coras. loco supra allegat. Revard. ad leg. Scribon. c. 7. quorum singulorum argumentis ex professo occurrit Schifordeger. l. [illegible] tract. 6. q. 1. & seqq.

CAPUT XXXII.

An quæ servitutes prædiorum pignori dari possint?

CErti atque explorati juris est, fructuarium posse usumfructum, id est, jus utendi fruendi pignori hypothecæve dare, etiam invito proprietario, & si velit proprietarius cum creditore agere, non esse in jus uti frui invito se, Prætorem exceptione tueri creditorem, l. 11. pen. ff. de pign. ubi hujus rei etiam ratio redditur quod & emptorem ususfructus Prætor tueatur, ducto scilicet argumento a majori, l. 9. §. 1. ff. eod. Est & alia ratio, quia fructus rei etiam in toto est, ut pignori dare liceat, l. ult. §. de usur. l. fructus 72. ff. de reg. jur. Non obstat l. 16. Cod. de usufr. quia non loquitur de oppignoratione ususfructus, sed proprietatis, cujus pignorando jus nullum usufructuarius habet. Contra autem Jurisconsultus in d. l. 11. §. ult. ff. de pign. de servitutibus prædiorum urbanorum definit, nempe jura prædiorum urbanorum pignori dari non posse. Concepta est hæc distinctio nominatim de servitutibus prædiorum urbanorum; unde quidam existimaverunt, eam ad jura prædiorum rusticorum non pertinere. Sed verius est magis servitutes prædiorum rusticorum pignori dari posse, quam urbanorum; eandemque & perpetuo [illegible] atque illarum esse rationem. Argumenta sunt hæc: 1. quia servitutes prædii, sunt prædii qualitates, l. quid aliud 86. ff. de verb. sign. prædio cui constitutæ ut subjecto suo sic inhærentes ut ab eo divelli nequeant, & in aliud transferri sine consensu domini prædii servientis, ac proinde non nisi oppignorato simul prædio oppignorari possunt, sicuti nec vendi possunt sine prædio; quanquam prædio vendito simul cum prædio, cui debentur, transferuntur, l. traditio 20. §. 1. ff. de acq. rer. dom. junct. l. cum essent 53. §. 1. de serv. præd. rust. Bronc. cent. 1. ass. 71. Prædio autem ipso oppignorato datur creditori petitio servitutis prædio jam ante impositæ, non quidem directa, sed utilis; sicuti & ipsius fundi ei utilis petitio datur, l. si quis 16. ff. de pign. 2. Quia hæc oppignoratio servitutis esset inutilis creditori, propterea quod neque ipsi creditori deberi hujusmodi servitus potest, cum non sit servitus personæ, neque prædio creditoris; quoniam quæ servitus meo prædio debetur, non potest transferri in aliud prædium, nisi consentiente domino fundi servientis, & tunc nova esset servitus. Immo tantum abest, ut possim servitutem meo prædio constitutam in alterius prædium transferre, ut ne quidem transferre possim in aliam mei ipsius prædii partem, l. ex meo 24. ff. de serv. præd. rust. Et hæc quidem ita procedunt in servitute prædio constituta sive formali; ea non potest alicui oppignorari. Cæterum, possum prædio meo rustico servitutem imponere jure pignoris, id est, pacisci, ut fundus meus creditoris mei fundo serviat, donec pecuniam ei debitam solvero, l. sed an via 12. ff. pign. qui textus uti de rusticorum tantum prædiorum servitutibus loquitur, ita & de solis rusticorum prædiorum servitutibus intelligendus est, non etiam de servitutibus urbanis, quia in his diversa ratio est, quod servitutes urbanæ non nisi uni & ei, cui ab initio constitutæ sunt, utiles esse possunt: servitutes rusticæ etiam tertio alicui: quod paulo post plenius explicabitur. Valet autem hæc conventio non ipso jure (nam servitus prædii ad tempus constitui non potest, l. 4. ff. de serv.) sed Prætor eam tuetur ob utilitatem contrahentium, d. l. 12. in fin. ff. de pignor. Quemadmodum & alia multa tuitione Prætoris defenduntur, quæ ipso jure non valent, d. l. 4. ff. de servit. l. 2. ff. comm. præd. l. si unus 27. §. 2. ff. de pact. l. obligationum 44. §. 1. ff. de oblig. cum similibus. Ex causa autem venditionis sic ab initio quævis servitus tam urbana, quam rustica constitui potest ipso jure, l. penult. §. 1. ff. de contr. emp. l. 3. §. 2. ff. de act. empt. l. 6. §. 5. ff. eod. quibus locis abutitur Cujacius, 15. obs. 6. ad ostendendum etiam formales servitutes vendi posse sine prædio, cum in iis tantum agatur de causalibus, ut Doctores nostri loqui amant, id est, de constituendis, non de constitutis. Sed nec illud verum est, quod Cujacius pro vero ponit, servitutes constitutas posse precario dari, per l. 3. ff. de prec. nam illic non agitur de servitute constituta data precario a domino prædii dominantis, sed precario rogata a domino prædii servientis, & hic non tam jus aliquod reale constitui videtur, quam personale. Multo minus idem colligi potest ex l. 8. §. 5. ff. eod.

ff. eod. quippe quæ non de servitute precario roga-ta loquitur, sed de servitute rei precario acceptæ debita.

Igitur, ut cœpimus dicere, servitutes formales, id est, jam constitutæ, sive sint rusticæ; sive urbanæ, pignori dari non possunt; quia sine injuria domini prædii servientis effici non possunt, ut servitus, quæ meo prædio debetur, debeatur etiam prædio mei creditoris, Fac. *arg. in l. servitutes 20. §. stillicidium 5. ff. de serv. præd. urb. l. ex meo 24. de serv. præd. rust. l. non debet, 74. de reg. jur.* At potest servitus prædii rustici, puta, via, iter, actus, aquæductus, pignoris causa ab initio constitui, hac lege nominatim adjecta, ut pecunia ad diem non soluta, liceat creditori eam alii vicino vendere, *d. l. 12. ff. de pign.* quia hic nulla fit injuria domino fundi servientis, qui ipse sibi hanc legem dixit. In servitutibus autem urbanis, licet eadem lege constituantur, idem receptum non est *d. l. 11. in fin. ff. eod. junct. d. l. 12.* Ratio differentiæ est, quia unum & idem prædium rusticum eamdem servitutem per eumdem locum pluribus prædiis præstare potest, *l. qui per 15. ff. commun. præd. l. 1. §. ff. de serv. præd. rust.* At unum & idem prædium urbanum uni tantum & ei, cui servitus ab initio constituta est. Jam vero non satis est ad hoc ut pignus servitutis sit utile, creditorem habere prædium vicinum, ad cujus utilitatem pertineat ita constituta servitus; sed etiam necesse est, ut hujusmodi pignus possit distrahi, & reperire emptorem. Et ideo Paulus in *d. l. 12.* in hac conventione pignoris non tantum exigit, ut creditor vicinum fundum habeat; verum etiam, ut illud in conventione adjiciatur, ut si pecunia ad diem constitutum soluta non fuerit, liceat creditori servitutem ita sibi pignoris jure constitutam, alteri vicinum etiam prædium habenti, vendere, quippe sine quo pignus esset inutile, *l. 4. ff. de pign. add. l. mulier, 14. C. de distr. pign.* Atqui creditori habenti ædes vicinas, cui verbi causa concessum est jus tigni immittendi, aut stillicidii, &c. non est alius vicinus, cui ea servitus usui esse possit. Nam quod ex ædibus suis tignum immittit creditor in ædes debitoris, non æque alii vicino ex suis ædibus in eamdem partem immittendi ullus est usus utilitasve; ac consequenter id certe alter vicinus nunquam empturus est; & alius non vicinus emerit etiam frustra. Fingamus Titium, cum ædes depressas, interjectas inter ædes Caji & Sempronii haberet pignoris causa constituisse servitutem altius non tollendi Sempronio, poteritne hæc servitus etiam utilis esse Cajo, qui eam propterea empturus sit? Nego Cajum empturum; quia & sine emptione idem consecuturus est. Urbanæ ergo servitutis pignus inutile est. At vero jus prædii rustici alii vicino distrahi potest, & is forsan magno id redempturus est, cum possit uno itinere pluribus parere aditus ad fundos suos. Molin. *tract. labyr. de div. & ind. p. 3. n. 311.* usque ad *n. 360.* Aur. Fab. *19. conject. 6. & 7.* Salmas. *de mod. usur. pag.* 347. Christin. *vol. 2. dec. 177. n. 12.* ad Cujacium *15. obs. 6.* Duar. *2. disp. 3.* qui nec in totum nobiscum sentiunt, nec in totum a nobis dissentiunt, nec ipsi inter se conveniunt.

CAPUT XXXIII.

An is, in cujus ædibus incendium ortum est, teneatur lege Aquilia ad vicinis restituendum damnum vicinis inde allatum, & an inquilinus ex locato teneri?

HÆC quæstio ut expediatur, sciendum est, incendia aliquando ad casus fortuitos referri, interdum non referri. Quod incendium in alienis ædibus obortum occupavit vicinas, quod a fulmine excitatur, aut a grassatoribus & incendiariis immittitur, id inter casus fortuitos numerari debet; ac proinde hoc ab inhabitantibus præstandum non est, neque actione locati, in qua culpa tantum levis, *l. 5. §. 2. ff. commod.* neque actione legis Aquiliæ, in qua quidem etiam culpa levissima venit, *l. 44. ff. ad leg. Aquil.* & omisso quoque ac negligentia (quamquam non simplex *l. 13. §. 2. ff. de usufructu*) sed quæ admissa in facto præcedente aut concurrente, unde damni causa, *l. si servus 27. §. si fornicarius 9. l. quemadmodum 29. §. 3. & l. seq. §. 3. ff. ad l. Aquil. §. præterea 6. Inst. eod. & ibid.* Diod. Thuld. *cap. 7.*) casus autem fortuiti non veniunt, *§. 9. Inst. d. t.* quippe qui nec ullo in judicio & a nemine præstantur, *l. si ex legati 23. ff. de verb. obl. l. 6. Cod. de pign. act. l. contractus de reg. jur.* & ita cape locos in *leg. si quis 9. §. 3. l. ex conducto 15. §. 3. ff. locat. d. l. 23. in fin. ff. de reg. jur. §. 3. Inst. de empt. & vend. & simil.* Incendia autem intrinsecus orta cum culpa conjuncta esse solent, & ideo inter casus fortuitos non numerantur, sed exorta esse præsumuntur culpa inhabitantium, *l. 3. §. 1. ff. de offic. præf. vig. l. 11. ff. de per. & commod. rei vend.* Quando autem culpa seu negligentia præcedit casum, sola spectatur, non casus, *l. qui occidit 30. §. 3. ff. ad leg. Aquil. l. cum duobus 52. §. 3. ff. pro soc. l. 1. §. 4. in fin. ff. de oblig. & act.* quamvis quod negligentia fit, etiam casu fieri interdum dicatur, & casus ponatur pro negligentia, *l. 9. ff. de incend. ruin. naufr. l. 4. §. ult. l. 14. §. 2. ff. de pen.* quod notandum est.

Igitur cum incendia in ædibus alicujus oborta præsumantur culpa & negligentia inhabitantium excitata esse, hinc efficitur, ut nisi contrarium probent, de damno inde illato lege Aquilia teneantur. Hæc enim vis est præsumptionis juris, ut secundum hanc judicetur, nisi eam labefactaverit adducta rite in contrarium probatio. Rejicitur quippe hic onus probandi in adversarium, contra quem est præsumptio, ut nisi contrarium doceat, contra ipsum judicetur, *l. 9. 12. §. si chirographum 14. & l. seq. ff. de probat. l. 16. Cod. eod. requisivisti 5. ext. de test.* Itaque ego hactenus adduci non potui, ut verum esse credam, quod D. Andreas Gail. *lib. 2. observ. 21. num. 4.* & ibi allegati pro vero ponunt, necesse esse ad hoc, ut inhabitantes de incendio teneantur, probari culpam certi & determinati hominis; alioqui neminem damnari posse, propter rei incertitudinem. Nam cum hæc præsumptio sit adversus omnes & singulos inhabitantes, si hujus præsumptionis vim ullam esse volumus, utique nisi de omnium quoque & singulorum innocentia doceatur, scilicet ignem innoxium ab iis habitum fuisse, aut extrinsecus immissum, sententia certa ferri, & aut paterfamil. nomine damni dati condemnari poterit, nisi specialiter de sua diligentia doceat, *l. 11. ff. de per. & comm. rei vind.* aut si plures sint inquilini, æque principacipales pro indiviso, omnes, *arg. l. ita vulneratus* 51. §. 2. *ff. ad leg. Aquil.* Nec ulla lege aut ratione satis firma contrarium probari video. Nam quod de argumento certi hominis facto dicitur in *leg.* 6. §. *ult. ff. naut. caup. stabul.* id quidem verum est in casu damni dati in caupona publica, ubi præter eos, qui habitandi causa ibi sunt, aut quorum opera caupo utitur, sunt etiam repentini hospites & viatores, quorum culpam non præstat, etiamsi se innoxium esse non probaverit; *d. leg.* 6. §. *penult.* secus ex contrario eorum, quorum opera cauponam exercet; factum præstare debet, in duplum eo nomine tenetur, *l. ult.* §. 1. *d. tit.* etiamsi ipse extra culpam sit, tantum ideo, quia culpæ aliquatenus reus est, quod opera malorum hominum præsertim tali in loco utitur, §. *ult. Instit. de oblig. quæ quasi ex del.* quippe cum etiam publica hic spectetur utilitas, dum securitati prospicitur iter facientium. Sed profecto neutrum horum ad casum nostrum pertinet, ubi paterfamil. omnium suorum factum præstat, extra quam si doceat, se in custodiendo igne, eam adhibuisse diligentiam, quam debent homines frugi & diligentes præstare, per textum expressum in *d. l.* 11. *ff. de per. & commod. rei vend.* Quam diligentiam si adhibuerit, utcumque certæ personæ negligentia incendium ortum esse demonstretur, quam circumeundo & inspiciendo, an ignis recte haberetur, præcavere non potuit, ad sarciendum damnum non tenetur, *d. l.* 11. *de peric. & comm. rei vend.* Nam si is, cujus culpa arguitur, servus est, liberatur dominus noxæ deditione; si liber, ipse tenetur: quia ceteris tantum casibus simpliciter & præcise culpam suorum paterfamilias præstat, veluti si negligentia ejus ostendatur in asciscendo perdito aut dissoluto, *l. si servus* 27. §. *si fornicarius* 9. *ff. ad l. Aquil.* aut si famuli, quorum ministerio navem, cauponam, stabulum exercet in ipsa navi, caupona, stabulo damnum dederint, *l. ult. ff. naut. cap. stab.* vel in eo actu deliquerint, cui specialiter præpositi *l.* 1. *ult. ff. de publican. & vectigal.* vel ex cœnaculo ejus quid dejecerint &c. *l. penult.* §. 2. *de his qui effud.* quamquam hic, si servus id fecit, noxæ deditione dominus defungitur, *l.* 1. *l.* 5. §. 6. *d. tit.* Extra hujusmodi casus culpa familiæ dominum non onerat, si de sua diligentia docere poterit, *d. l.* 11. *ff. de per. & commod. rei vend.* Ubi, ut hoc obiter moneam, quamvis Dom. Hotomannus, *l.* 5. *obs. cap.* 10. pro eo, quod vulgo & in ipso quoque codice Pisano legitur, *cum incendium sine culpa fieri non possit*, legendum putet dempta negatione, *sine culpa fieri posse*, nihil demi necesse est. Movetur Hotomannus, ut negationem expugnet, duplici ratione. 1. Quia & casu fortuito incendium accidere potest. 2. Quia alias sibi contradiceret Jurisconsultus, qui mox subjicit, posse incendium fieri sine culpa patrisfamil. Utraque ratio indigna tanto viro, id est, neutra alicujus momenti; non prior, quia quæritur illic de incendio in ipsis ædibus exorto, non de igne cœlitus immisso aut ab incendiariis excitato; non posterior; quia primo ibi de inhabitantibus & generaliter de omnibus in domo versantibus agitur: deinde specialiter de solo patrefamil. Nulla autem contradictio est, sed utrumque verum, si dicam incendia, quæ in ædibus alicujus exoriuntur, non posse fieri sine culpa, & tamen posse fieri sine culpa patrisfam. quod & Cujacius *lib.* 17. *obs.* 29. notavit.

Hinc jam dependet quoque decisio quæstionis, an inquilinus teneatur de incendio locatori ædium actione locati; de incendio, inquam, orto in ædibus conductis. Nam si venditor insulæ ante traditionem combustæ nomine damni facti tenetur, ex empto, nisi de diligentia sua probaverit, *l.* 1. *ff. de peric. & comm. rei vend.* tenebitur utique & ædium conductor sive inquilinus ex locato, si ædes conductæ incendio consumptæ fuerint, nisi & ipse inculpabilem esse demonstraverit; quippe cum ratione culpæ eadem sit utriusque præstatio, *l.* 5. §. 2. *ff. commod. l.* 23. *ff. de reg. jur.* At quia, ajunt plerique, etsi incendia præsumantur fieri culpa inhabitantium, tamen ista levissimæ tantum culpæ præsumtio est, quam conductor ex natura contractus non præstat, *d. l.* 5. §. 2. *commod.* Respondeo, nec venditor præstat, & tamen nisi diligentiam suam probet, tenetur. Sed neque Jurisconsultus in *l.* 3. §. 1. *ff. de offic. præf. vig.* ait incendia præsumi fieri tantum culpa levissima inhabitantium, sed culpa simpliciter & absolute; quoties autem verbum culpæ absolute ponitur, in usu juris nostri fere non alia, quam levis culpa significatur, *d. l.* 5. §. 2. *commod. l.* 23. *de reg. jur. l.* 11. *ff. de neg. gest.* 5. §. 1. *ff. de in litt. jur. l.* 1. §. *sæpe* 35. *ff. depos. l. socius socio* 72. *ff. pro soc. l. in rebus*, 17. *de jur. dot.* & aliis innumeris locis: Levissima autem culpa passim per oppositum indicatur, verbo diligentiæ, aut custodiæ, quo summa & exactissima significatur, *d. l.* 5. §. 2. *commod. d. l.* 23. *de reg. jur. l. cum res* 47. §. 5. *pen. de legat.* 3. & uno tantum loco verbum *levissima* culpæ sumptum reperitur, nempe *l.* 44. *ff. ad leg. Aquil.* Quinimmo juris nostri auctores non plures in incendio videntur gradus facere, quam doli & negligentiæ *l.* 9. *ff. de incend. ruin. naufrag. l. capitalium* 28. *incendiarii* 12. *ff. de pæn.* Denique nec Glossa in §. *præterea. Instit. de oblig. quæ ex delict.* id dicit, quod ex ea communiter Interpretes colligunt, levem culpam in casu nostro non præsumi, sed levissimam duntaxat, cujus nomine agi non possit; verum levissimam culpam non nocere inculpabilibus, id est, qui omni culpa carent. Quod si aliud senserit Glossa, sine auctoritate & ratione locuta est, ita Fach. *lib.* 1. *controv. cap.* 87. Moller. *lib.* 4. *semest. c.* 31. ubi ita judicatum refert in consilio regio Neapolitano ex Thom. Grammat. *decis. Neapol.* 3. & receptum in scabinatu Lipsiensi, vid. & Joann. a Sande *lib.* 3. *tit.* 6. *defin.* 9. Dissentiunt commun. DD. Mynsing. 7. *obs.* 88. Gail. 2. *obs.* 21. Thulden. *comm. ad Instit. tit. de leg. Aquil. cap.* 8. de Afflict. *decis.* 57. Non omnes tamen, qui ab his allegantur, idem cum iis sentiunt.

CAPUT XXXIV.

An actiones finium regundorum familiæ erciscundæ, communi dividundo 30. annorum præscriptione tollantur? & an longi temporis præscriptio 10. vel 20. annorum hic prosit bonæ fidei possessori?

JUdicia finium regundorum, familiæ erciscundæ, communi dividundo, passim in jure nostro dicuntur duplicia, propterea quod par utriusque litigatoris in his conditio est, nec quisquam præcipue reus vel actor intelligitur, sed unusquisque tam rei quam actoris partes sustinet, *l. in tribus* 11. *ff. de judic. l.* 2. §. 1. *ff. commun. divid. l. inter cohæredes* 44. §. *qui familiæ* 4. *ff. fa-*

ff. famil. erciscund. l. judicium 10. ff. fin. regund. eodemque sensu alibi dicuntur mixta, *l. actionum 37. §. 1. ff. de obligat. & action.* Longe vero alio sensu hæ actiones mixtæ dicuntur, sive mixtam causam obtinere a Justiniano *§. quædam actiones 20. Instit. de action.* nempe quod partim in rem esse videntur, partim in personam: aut utique ita in personam ut tamen sine effectu nonnihil commune habeant cum actionibus in rem, *l. 1. ff. fin. regund. junct. l. 1. §. 1. Cod. de annal. except.* Judicium familiæ erciscundæ redditur inter cohæredes de dividenda hæreditate: communi dividundo inter eos, inter quos res aliquæ communes sunt extra causam hæreditatis, *l. 1. ff. famil. ercisc. l. 1. l. 2. ff. commun. div.* Finis utriusque judicii, 1. ut recedatur a communione, & suam quisque partem pro diviso consequatur; in quo similitudo actionis in rem: 2. ut utrinque præstetur, quod alterum alteri præstare oportet lucri, damni, impensarum nomine, quæ sunt præstationes personales, *l. item Labeo 22. §. penult. famil. erciscund. dict. leg. 2. §. 1. commun. divis. l. quibus casibus 34. ff. pro soc.* Finium regundorum agitur inter eos, qui confines agros habent, ut fines ad suam normam redigantur, confiniaque restituantur, quod quis ultra illos fines habet, *l. 4. princ. l. 8. princ. & §. ult. ff. fin. reg.* quo posteriore aspectu & hæc actio pro rei vindicatione est, *l. 1. eod. tit.* Quid vero judicem in unoquoque horum judiciorum sequi oporteat docet nos Justinianus in *§. si famil. 4. & 5. sequent. Instit. de offic. judic.*

Est porro hoc omnibus mixtis actionibus commune cum puris personalibus, ut triginta annorum præscriptione tollantur, *l. 7. Cod. de pet. hæred. l. 3. Cod. de præscr. 30. annor. l. ult. Cod. fin. reg. l. 1. §. Cod. de annal. except.* ubi Justinianus inter actiones personales, quas omnes jubet triginta annorum spatio finiri, nominatim etiam recenset hasce tres familiæ erciscundæ, communi dividundo, & finium regundorum, quanquam hæ pure personales non sunt, sed aliquid de natura actionum in rem participant, unde illa nomen mixtarum. Procedit autem hæc 30. annorum præscriptio, quando unus tantum ex confinibus, aut cohæredibus consortibusve possidet: tunc enim alter, qui non possidet, post 30. annorum curriculum has actiones movere non potest, & ita capienda loca modo adducta. Quod si duo communes fines, communemve hæreditatem, aut rem singularem communem possideant, etiamsi per 30. annos in hac communione manserint, potest alter adhuc eorum, qui diutius in communione permanere non vult, ad divisionem provocare, atque eo nomine supra scriptis actionibus experiri. Ratio est, quia ne pacto quidem effici potest, ut nunquam liceat a communione recedere, *l. in hoc judicio num. 14. §. 2. ff. commun. divis. l. ult. Cod. eod. l. nulla, 70. ff. pro soc.* Quod autem nulla conventione effici potest, id nec ullo temporis lapsu fieri debet. Est & altera ratio, nempe quod nulla hoc casu negligentia, in qua fundantur præscriptiones, intervenire potest. Nam quamdiu stamus in communione & simul possidemus, alter alterum pro consorte aut confini habet & recognoscit, itaque præscriptio currere non potest: siquidem singulis pro indiviso possidentibus fieri nequit, ut alter alterius partem usucapiat, aut alterum lapsu temporis ob negligentiam excludat. Affert & aliam rationem Bronchorstius *centur. 1. assert. 14.* post Costalium in *leg. 1. ff. famil. erciscund.* quod præscriptio actionum non ante currere incipit, quam ex quo nata fuit; actionem autem familiæ erciscundæ, &c. non ante nasci, quam cohæredes ad divisionem hæreditatis provocare cœperunt. Quod dicit præscriptionem non currere, nisi postquam actio nata est, verum est: sed falsum & ridiculum, quod ait, tum demum nasci actionem familiæ erciscundæ, quando cohæredes a communione discedere volunt. Immo nisi jam ante nata esset, ex communione inter eos constituta & quasi ex contractu *§. 3. & 4. Instit. de obligat. quæ quasi ex contr.* frustra eam intentarent, aut provocarent ad divisionem. Et quæso qualis hæc collectio est, discedere a communione volentibus datur actio familiæ erciscundæ, *l. 1. ff. famil. ercisc.* ergo eodem demum tempore nascitur? Si ista collectio bona est, etiam hæc bona erit, volenti repetere depositum, commodatum, &c. datur actio depositi aut commodati; ergo non ante actiones istæ nascuntur, quam volet repetere: & in universum dicendum erit, nullam actionem prius nasci, quam cum quis ea experiri volet; nemo enim nisi volens agit, *tit. Cod. ut nem. inv. ag. vel accus. cog.*

Denique ne tunc quidem, quando unus tantum ex hæredibus possidet, contra alios procederet præscriptio, quamdiu ad divisionem eum provocarent: cujus tamen contrarium ipse quoque Bronch. asserit. Sed hoc obiter cautionis loco.

Duo ergo dicimus. 1. Quamdiu singuli confinium vel hæredum aut sociorum communiter possident, & alter alterum ut confinem, cohæredem, consortemve agnoscit, nullam hic dari superiorum actionum præscriptionem, propter rationes supra memoratas. 2. Ubi unus tantum possidet, triginta annorum silentio easdem actiones excludi: inter quas etiam numeravimus actionem finium regundorum, per textus rotundos in *leg. ult. Cod. fin. reg. l. 1. §. 1. Cod. de annal. except.* Sed duo hic nobis objiciuntur loci. Primus est *l. penult. Cod. fin. reg.* ubi Imperatores ajunt, submotam esse quinque pedum præscriptionem in judicio finium regundorum. Unde dicendum videtur nulla præscriptione, quantumvis longissimi temporis actionem de finibus regundis posse tolli. Verum longe aliud est quod Imperatores ibi significant & constituunt. Confirmant nimirum legem 12. Tabularum & legem Maniliam, quibus legibus cautum erat, ut inter confines agros spatium 5. pedum relinqueretur a cultura vacuum, ut illac ire sine alterius incommodo agri colendi causa, & aratrum circumducere uterque dominus posset. Hoc spatium appellatur gradus in *leg. 3. ff. de term. mot.* neque id spatium usucapi aut præscriptione acquiri per legem 12. Tabularum aut legem Maniliam potuit, teste Cicerone *l. 1. de legibus*, propterea credo, quod ut res meræ cujusdam facultatis quinque isti pedes inter confines agros inculti relinquebantur, per *leg. 2. ff. de via publ.* Hanc utramque legem Imp. *in dict. leg. pen. Cod. fin. reg.* confirmarunt. Quod si vero ultra illos quinque pedes lis moveatur de finibus terræ, tunc locus est judicio finium regundorum, nisi ea ratio triginta annorum præscriptione sublata sit, nempe si tam diu vicinus fines limitesque agri sui quiete & sine interpellatione judiciali possederit. De qua re bene & docte differentem vide Andream Alciatum *lib. de quinq. ped. præscript.* Alter locus est in *l. 2. §. Sciebam, 6. vers. sed si fundus ff. pro empt.* cui geminus in *leg. qui fundum §. 1. ff. eod.* ex contrario statui videtur actione finium regundorum etiam longo

tem-

tempore præscribi 10. vel 20. annis. Sed facilis hic responsio est, nempe casum ibi poni, quo is qui emit & pro emptore possidet, nunquam fuit consors; sed statim fundum amplioribus finibus possedit: quo casu cum non de finibus regundis lis sit, sed de proprietate partis fundi, procedit usucapio seu longi temporis præscriptio.

Quid vero si aliquis bona fide justoque titulo per decem vel viginti annos fines communes vel fundum communem solus possedit, an non ille saltem partem consortis aut consortis, qui non possedit, dicendus est usucepisse aut longi temporis possessione quæsivisse? Respondeo, ne hoc quidem dici posse. ex iis, quæ jam dicta sunt satis intelligitur. Nam qui rem communem licet bona fide possidet, ita tamen eam possidet ut personali sive mixta actione communi dividundo, familiæ erciscundæ, aut finium regundorum conveniri possit: quas actiones non nisi triginta annorum præscriptione tolli supra demonstratum est. Immo nec petitionis hæreditatis breviori spatio præscribitur, quæ tamen in rem actio est, & tantum ob præstationes personales, quæ non officio judicis, sed jure actionis in eam veniunt, mixta personalis dicitur, *leg. 7. C. de petit. hæred.* Non obstat, quod longo tempore dominium quæri dicitur: quia hoc non procedit in re, quæ cum alio communis est propter naturam personalis aut mixtæ actionis, siquidem bona fide possessoris sive rei communi efficere non potest, quo minus tanto tempore vivat actio, quantum ex natura sua aut lege habet, per *dict. leg. 7.*

CAPUT XXXV.

Quomodo inter fratres instituto familiæ erciscundæ judicio dividenda hæreditas?

INstituto forte inter fratres familiæ erciscundæ judicio quæritur, quomodo divisio a judice expedienda sit, utrum ita decernendo, ut major natu ex fratribus dividat, & minor eligat; an vero solius judicis arbitrio facienda? Priorem sententiam amplectuntur Canonistæ tanquam auctoritate juris Canonici nixam: posteriorem plerique Legistarum sive Interpretum juris civilis sequuntur, ut consentaneam legibus civilibus; quæ & nobis iisdem legibus consentanea esse semper visa est. De posteriore prius dicam, mox visurus an quid secus jure Canonico constitutum sit. Igitur posterior illa, quæ Legistarum & nostra sententia est, hanc rationem habet, quod ubi semel judicis officium implorari cœpit, & causa in judicium deducta est, quicquid illud est, quod in judicio illo continetur, cognitioni judicis permittendum & relinquendum sit, *leg. ædiles, 25. §. item sciendum, 8. ff. de ædil. edict.* judicium autem familiæ erciscundæ non aliam ob causam instituitur, quam ut judex res singulas pro sui animi religione singulis hæredibus adjudicet, utique si res ipsæ sine incommodo dividi non possint. Unde in hoc judicio dicuntur fieri adjudicationes, quod notandum. Quod si ex hac adjudicatione oriatur inæqualitas, tum judex eum, cujus pars præponderat, vicissim in certam summam pecuniæ condemnare debet ei, cujus pars minor est, ut æqualitas per omnia conservetur, & tunc fieri dicuntur condemnationes, §. 4. *Inst. de offic. Jud. leg. Maximus, 52. §. 2. l. familiæ, 15. ff. fam. ercisc.* Nulla hic divisio uni e cohæredibus, nulla electio alteri permittitur, *Bac. l. 1. tr. l. 1. pr. ff. e. t. & §. quædam actiones, 20. Inst. de action.* Frustra autem hic objicitur, *leg. unic. C. de his qui se defer. lib. 10.* quoniam quod ibi constituitur, jus est singulare, & invitamentum ad deferenda & fisco nuncianda tacita fideicommissa. Quod ut intelligatur, sciendum est, cum hæres clam fidem suam accommodat, puta per domesticam cautionem vel chirographum, ut hæreditatem incapaci restituat, hoc dici fideicommissum tacitum, atque id hæredi ablatum vindicari fisco, *leg. in tacitis, 19. ff. de legat. 3. l. in fraudem, 10. ff. de his quæ ut indig. leg. 3. pr. & §. 3. ff. de jur. fisc. l. 1. C. de delator. lib. 10.* Quo autem magis ad hujusmodi tacita fideicommissa fisco denuncianda invitarentur, placuit delatoribus etiam præmium aliquod pro delatione dari, & quidem, qui alios deferunt, certam partem eorum, quæ nunciarunt, ferre; velut quartam aut octavam. Qui vero seipsos, si quidem sit hæres, a quo tacite fideicommissaria hæreditas relicta est incapaci, pro præmio tertiam partem assis accipere: si is, cui ipsi tacite relicta, professurus se capere non posse, dimidiam ei partem præmii vice dari, *l. edict. 13. l. pen. ff. de jur. fisc. d. l. un. C. de his qui se defer.* putaverunt Principes ampliori præmio provocandos esse eos, qui se, quam qui alios deferunt; & quo difficilius quisque se ipsum defert, eo majore quoque præmio invitandum esse, ac proinde plus etiam præmii tribuendum fideicommissario, quam hæredi. Porro cum nec uxori recte tacitum fideicommissum relinqueretur, propterea quod & ipsa lege Papia decimaria incapax esset, *leg. ult. pr. ff. de his quæ ut indig. junct. leg. 2. Cod. de infirm. pœn. calib.* (ubi demum lex illa ab Honorio tollitur) Constantinus in *dict. leg. unic. Cod. de his qui se defer.* uxori semetipsam deferenti non tantum partem dimidiam relicti, verum etiam electionem & optionem relicti, divisione a fisco facta loco præmii concessit. Quid vero hoc ad divisionem a judice faciendam inter cohæredes de dividenda communi hæreditate judicio familiæ erciscundæ contendentes, ubi tota res cognitioni & divisioni judicis permittitur? Neque vero, hic sive inæqualis divisio facta sit, sorti res committenda erit, ut male etiam plerique Legistarum putant, Jason post alios in *l. 3. comm. de legat.* Fachin. *lib. 6. contr. cap. 37.* Bronch. *1. miscell. assert. 71.* sed adhuc adjudicatione & in divisione impari adjudicatione & condemnatione res transigenda est. Nunquam enim in jure nostro sorte res dirimi debet, ubi negotium animi judicio explicari potest, *l. sacris, 47. sub fin. pr. C. de Sacros. Eccles. l. 8. ff. de pact.* ubi Prætor partes suas interponit, quia sciri potest, quid in casu illic proposito sit æquius, nimirum ut mitior sententia prævaleat. Simile exemplum est in §. 1. *vers. sin autem ipsi Inst. de satisd. tut.* ubi item Prætor partes suas interponere jubetur, quod causa cognita discernere potest, quis ex tutoribus administrationi magis sit idoneus, *leg. testam. 17. §. 1. & 2. cum. l. seq. ff. de testam. tutor.* Quod si res animi judicio discerni aut expediri nequeat, tunc ex necessitate devenitur ad sortem: veluti si duo cohæredes ad judicium provocent, uter eorum partes actoris sustinere debeat, sorte discerni solet quia aliter res explicari nequit, *leg. sed cum, 14. ff. de judic.* Pari ratione si plures legaverit, quibus

optio

optio legata, aut onius plures hæredes circa electionem dissentiant, controversia sorte dirimenda est, quia scilicet nullæ hic partes Prætoris *leg. 3. princ. C. comm. de legat.* §. *optionis*, 23. *Inst. de leg.* Simile exemplum in *leg. generaliter*, 24. §. *quid ergo*, 17. *ff. de fideic. libert.* Atque nihil tale occurrit in judicio familiæ erciscundæ: quippe, cum semper impari adjudicatione ad æqualitatem divisio revocari possit, mutua ejus, cui plus adjudicatum, condemnatione. Quamobrem non obstat *l. 5. ff. famil. ercisc.* ubi in casu, quo omnes ex iisdem partibus hæredes sunt, nec inter eos convenit, apud quem cautiones hæreditariæ esse debeant, sortiri eos oportere respondetur. Nullo enim isto casu officium judicis intercedit, sed totum id inter ipsos cohæredes citra judicium transigitur per *l. 2. §. ult. l. 4. pr. ff. l. 6. famil. ercisc.* Eodemque fere modo respondendum est ad *leg. 2. C. quand. & quib. quart. pars lib.* 10. nam & ibi nullum officium judicis intervenit, sed jussu legis extra judicium partes fiunt, & sors definit, cujus electio esse debeat. Erratque adeo Jason cum iis, quos sequitur in *leg. 3. Cod. comm. de legat.* contendens etiam in judicio divisorio familiæ erciscundæ sorte rem expediendam esse, *arg. dict. leg. 2. C. quand. & quib. quart. pars*. Plane potest ex conventione inter cohæredes quocumque modo divisio fieri, nempe vel per sortem vel ut major dividat, minor eligat. Ceterum nihil ad quæstionem hanc, quæ est de officio judicis, apud quem familiæ erciscundæ agitur. Atque hæc quidem ex ratione juris civilis.

Canonistæ autem aliter statuunt, videlicet majorem natu auctoritate judicis dividere debere: minorem vero eligere. Non habent tamen Canonistæ ullum idoneum juris Pontificii textum, quo sententiam hanc confirment. Nam in *cap. 1. de paroch. & alien. parochian.* quod unum allegant, agitur tantum de Episcopo ob hæresin Donatistarum ante remoto, & ad Ecclesiæ unitatem postea reverso, quem Pontifex vult in partem admitti prioris sui Episcopatus jam alteri Episcopo dati, & divisionem inter eos ita fieri, ut ille dividat, qui diutius in Episcopatu fuit: alter autem, qui breviore tempore eum tenuit, eligat. At hæc divisio fit sine judicibus, quia visum fuit non esse ex dignitate Episcopos ad arbitrium mittere. Profertur quidem & exemplum Abrahami & Lothi ex *cap. 13. Genes.* Sed nec inter Abrahamum & Lothum divisio in judicio facta fuit, neque illi cohæredes erant, verum Abrahamus per modestiam Lotho fratris sui filio, qui minor erat, permisit, ut vel in dextram vel in sinistram discederet, quo vellet & alterum latus sibi relinqueret. Et quamvis Augustinus *lib. 16. cap. 20. de civit. Dei* relata hac historia subjicit, hanc fortassis effectam esse inter homines pacificam consuetudinem, ut quando terrenorum aliquid partiendum est, major dividat, minor eligat; tamen inde non sequitur hoc locum habuisse in judicio familiæ erciscundæ: sed hoc tantum inde colligere est, in pacifica bonorum divisione, id est, extrajudiciali, hunc morem plerumque observatum. Atque eodem modo explicandum illud Senecæ, *lib. 6. declam. 3. Major frater dividat, minor eligat.* Ceterum Canonistarum sententiam in Camera Imperiali receptam esse tradunt Mynsing. 4. *observat.* 37. & Gail. 2. *observ.* 116. *num.* 12. Schurff. *centur. 1. consult.* 71. & secundum eam respondit Æmilius Ferretus *consil.* 1. quem laudat & sequitur Costalius in *leg. 1. ff. famil. ercisc.* & sic quoque Senatum Sabaudiæ censuisse, Anton. Fab. *Cod. suo fyr. decis.* 2. & Mechliniensem Christinæus *vol. 4. decis.* 180. referunt: ac consuetudine eamdem opinionem receptam esse testatur Guido Papæ. *quæst.* 280. quamquam Ranchinus & Bertrandus nolunt credi huic Guidonis testimonio, quoniam aliud jure decisum est: ut enim ubi de consuetudine constat, nemo est, qui dubitet, quin inveteratus usus fori pro lege habendus sit.

CAPUT XXXVI.

An ad res dividendas etiam actione pro socio agi possit, nimirum inter eos, quorum res communis est ex causa societatis?

COmmunio rerum vel ex conventione inducitur, quæ communio proprie societas dicitur, & ex contractu est: vel citra conventionem, veluti si duobus eadem res legata aut donata sit, *leg. ut sit, 31. ff. pro soc.* quæ communio quasi ex contractu nascitur, §. 3. *Inst. de oblig. quæ quas. ex contr. nasc.* quamquam & hi nonnunquam socii appellantur. In utraque autem communione locus est judicio communi dividundo, *L. 6. ff. comm. div.* quo judicio hoc agi constat, tum ut sua cuique parte adjudicata a communione discedatur; tum ut utrinque præstetur, quod alterum alteri præstare oportet, lucri, damni, impensarum nomine, *l. 3. l. 4. §. 3. ff. eod. tit.* unde est, quod hæc actio mixtam causam obtinere dicitur tam in rem, quam in personam, sicut & actio familiæ erciscundæ & finium regundorum §. *quædam actiones*, 20. *Instit. de action.* At actioni pro socio in utraque communione locus non est, sed tantum in ea, quæ est ex contractu, in consortio voluntario seu societate sic in usu juris proprie dicta *ff. Cod. pro soc.* quæ actio tota personalis est, non mixta, de quo inter omnes convenit. Illud autem quæsitum memini, an quemadmodum actione communi dividundo agitur tam ad rerum communium divisionem, sive communes sint cum societate, sive sine societate; tum ad personales illas, quas dixi præstationes; ita etiam inter eos, quorum res communis est ex causa societatis agi possit actione pro socio tam ad res dividendas, quam ad personales invicem præstationes. Et dubium quidem nullum est, quin actio pro socio pertineat ad præstationes personales, quas ratio societatis & natura contractus inducit, *leg. 1. ff. commun. divid.* sed illud quæritur, an duntaxat eo pertineat, an vero & ad rerum divisionem? Communis sententia est, socios ad rerum communium divisionem non tantum communi dividundo judicio agere posse, sed etiam judicio societatis.

Firmamenta hujus sententiæ hæc sunt: 1. Quia actio pro socio est rei persecutoria, *leg. sed actione*, 10. *ff. pro soc.* nemo autem dubitet, quin eo nomine veniat & res communis. 2. quia altera actio alteram tollit, *leg. pro soc.* 38. §. 1. *ff. pro soc.* unde recte colligitur tantumdem in utraque prius fuisse. 3. Quia judicio societatis ab uno adversus alios instituto distrahitur societas, quasi tacita quadam renuntiatione, *leg. actione*, 65. *pr. ff. eod. tit.* At hoc cum fit, etiam rerum, & vel maxime, intendi videtur aliqua divisio. 4. Quia Jurisconsultus in *leg. 1. ff. comm. div.* non simpliciter ait actionem pro socio ad personales invicem præstatiotionem pertinere, non ad communionem rerum divisionem; sed κατ' ἐξοχήν, seu comparative magis eo pertinere, quam ad rerum divisionem. Ergo utique etiam ad rerum divisionem pertinet, licet non principaliter, ut judicium communi dividundo, sed per consequentiam duntaxat, quasi hic sit istius loci sensus, in judicio communi dividundo venire præstationes personales per consequentiam, principaliter autem id agi eo judicio, ut res dividantur: contra autem judicium societatis principaliter pertinere ad præstationes personales, ad rerum divisionem tantum per consequentiam. Atque hisce quatuor argumentis contrariam sententiam adstruit & satis probari putat Valentinus Reimerus *quæst. jurisd. decis. 22. thes. 5.*

Cæterum apud me hæc tanti non sunt, ut in istam me sententiam trahere queant. Et magis est, ut ad rerum divisionem actio pro socio omnino non pertineat, nunquam ea actione rerum communium intendatur divisio: sed tantum actione communi dividundo. Etenim differunt hæ duæ actiones non modo rebus, verum etiam petitione & fine judicii. In rebus hoc interest, quod communi dividundo actio non est nisi de re adhuc communi, *leg. 1. in fin. ff. comm. divid.* At pro socio actio fere non est nisi de rebus, quæ communes non sunt: ut in commune redigantur, *leg. cum duobus, 52. §. idem Papinianus & l. si societatem, 72. & l. seq. ff. pro soc.* aut si est de re communi, non id intenditur, ut ea res dividatur, sed ut conferatur in medium v. c. potest actione pro socio agi de re communi, quæ sit apud unum ex sociis, quia forte eam dolo malo amovit, aut celandi animo contrectavit, *l. rei communis, 45. ff. eod.* non tamen agitur, ut de re communi, quæ ea dividatur, ut de quavis alia re, ut in medio ponatur. Petitio quoque utriusque judicii dissimilis. Communi dividundo actio eo principaliter pertinet: ut res communes inter consortes dividantur atque a communione recedatur; sequuntur deinde & præstationes personales, quibus alter alteri propter communionem rerum obnoxius *l. 3. ff. commun. divid. §. quadam actiones, 20. Instit. de action.* At actio pro socio tantum est de personalibus præstationibus extra divisionem posita, & ideo ad divisionem non pertinet, *leg. 1. ff. dictis.* quod aliis verbis declarat Ulpianus in *l. si actum, 43. ff. eod.* ubi ait, actionem pro socio nominum rationem habere, & adjudicationes non admittere. Nomina appellat, quæ quisque personali actione aliis debet, *leg. servum, 44. §. cum qui, 5. & seq. ff. de legat. 3. l. qui chirographum, 59. eod. 3.* Itaque quod dicit actionem pro socio nominum rationem habere, nihil aliud est, quam in hanc actionem venire præstationes personales earum rerum, quas socius socio debet. Quod autem dicit actionem pro socio non admittere adjudicationem, eo aperte significat eam actionem non spectare ad rerum divisionem. Nulla enim divisio rerum, quæ judicio petatur, esse potest sine adjudicatione aut partium a judice discretarum, quarum singulæ singulis adjudicentur, aut totius rei, quæ ubi res commode dividi non potest, uni adjudicari debet cum mutua ejusdem condemnatione. *§. 4. & seq. Instit. de offic. jud.* Atque hinc est, quod sublata communione actio communi dividundo finali tollitur *leg. 1. in fin. ff. comm. divid.* neque enim potest peti rei communis divisio, ubi nulla res est communis; nec agi de præstationibus personalibus eo judicio, quod una cum rei communione sublatum est. At sublata societate nihilominus adhuc agi potest de iis quæ durante societate contracta, *leg. omnes ut, l. nemo, 35. cum simil. ff. pro soc.* immo & communione sublata judicio communi dividundo peracto nihilominus de iisdem præstationibus agi actione pro socio, nisi & de iis actum communi dividundo *l. pro soc. 38. §. 1. ff. eod.* Cum itaque actione pro socio tantum agatur de præstationibus personalibus, aut ut res, quæ communes non sunt, in commune redigantur: de rebus autem communibus tanquam communibus nunquam, sed ad hoc solummodo ut in medium proferantur, non ut dividantur & quisque sociorum partem in his pro diviso consequatur, quod sine adjudicatione, quam actio pro socio non admittit, obtineri nequit, ut superius plenissime probatum est, hinc efficitur & liquet perspicue, actionem pro socio ad divisionem rerum non pertinere.

Restat, ut diluamus argumenta in contrarium adducta. Ad primum contrariæ opinionis argumentum facilis responsio est, nempe non sequitur, actio pro socio est rei persecutoria: ergo etiam persequitur rem communem tanquam communem, ut ea dividatur: sed hoc solum, ergo ea non agitur ad pœnam, seu quod in eam venit, rei est, & id quod ex patrimonio nobis abest, *leg. in honorariis, 35. ff. de oblig. & action.* non pœna; ut intelligamus eam ex ante gesto non hæredibus tantum, sed etiam in hæredes dari, *per vulg.* Quod secundo ajunt, actione communi dividundo consumi actionem pro socio & retro, falsum est, & contrarium aperte responsum ab Ulpiano, *leg. si actum, 43. pro soc.* nempe si actum sit, communi dividundo, non tolli actionem pro socio, cui non obstat locus Pauli, quem proferunt ex *leg. pro socio, 38. §. 1. ff. eod.* nam ex ipsis Pauli verbis patet, eum loqui non de rerum divisione, de qua alterutro horum judiciorum actum sit, sed tantum de præstationibus personalibus, de quibus ait, si actum sit communi dividundo, tolli actionem pro socio, & contra si actum sit pro socio de iisdem præstationibus agi non posse communi dividundo. Illinc autem minime sequitur, facta sola rerum divisione in judicio communi dividundo tolli actionem pro socio, quoad divisionem non pertinet, sed ad personales invicem præstationes duntaxat, *dict. l. si actum, 43. ff. eod.* nec si actum sit, pro socio, tolli actionem communi dividundo respectu præcipuæ petitionis hujus judicii, ut scilicet res communes dividantur, & singulis in his sua pars pro diviso adjudicetur, In tertio argumento manifestus error est [illegible]. Nulla enim consequentia est, actione pro socio distrahitur societas, quasi tacita renuntiatione: ergo ea actione & rerum communione introducitur divisio: siquidem renuntiatio non alio directo tendit, quam ad dissolutionem societatis, qua soluta nihilominus res, quæ antea communes erant, communes manent; & ut dividantur, opus est judicio communi dividundo. In quarto & postremo, quod sumitur ex verbis *l. 1. ff. comm. div.* & cæteris videtur speciosius, vitiosum est [illegible]. Nam quod ibi Paulus ait, pro socio actionem magis ad personales invicem præstationes pertinere, quam ad rerum communium divisionem, id non κατ' ἐξοχήν, ut vulgo, sed [illegible], non comparative, sed elective ab eo dici intelligendum est: ut hæc sit Jurisconsulti sententia si quæratur, an actio pro socio pertineat ad utrumque caput, an vero ad actiones personales tantum? magis, id est, potius dicendum sit, non pertinere ad utrumque, sed tantum ad præstationes persona-

les:

les: qua forma loquendi nihil est apud nostros usitatius *l. 6. §. 3. ff. de serv. vind. l. plenum, 12. §. 2. & de usu habit. l. si vero, 11. §. cum quidam, 12. l. inter causas, 26. §. non omnia, 6. §. mandat. l. 5. §. is quoque, 3. ff. de oblig. & act. & simil.* Ita post Glossam Charondas & Pacius ad *dict. l. 1.* Donell. *comm. 13. c. 7.* eademque videtur esse sententia Oldendorpii *class. 4. act. 21. §. 6. n. 11.* & Bachovii notantis Wesembecium *parat. ff. pro soc. num. 12.* Quibus omnibus adde, quod si dicamus actionem pro socio etiam pertinere ad rerum divisionem, atque ea quoque actione partem suam quemque persequi, adinstar ejus qui vindicat, quam partem & divisione rei consequatur actio pro socio non minus nullam causam obtinebit, tam in rem, quam in personam, & mixta dicenda erit, quam actio communi dividundo, *arg. §. quædam, 20. de Instit. de action. l. 1. ff. fin. regund.* quod tamen nec contrariæ quidem sententiæ auctores ausi sunt affirmare.

CAPUT XXXVII.

An actio negotiorum electiva concurrat cum actione communi dividundo aut familiæ erciscundæ?

QUæstio hæc nascitur ex locis in speciem contrariis, nam in *l. filia, 18. 1. C. fam. ercisc.* Imperatores Diocletianus & Maximianus rescribunt aliquam de re ambigua, sumptus in communi hereditate ab uno bona fide factos familiæ erciscundæ judicio vel negotiorum gestorum actione servari posse. Et in eandem sententiam Divi Severus & Antoninus, solutum pro coherede actione negotiorum gestorum vel familiæ erciscundæ posse repeti, *leg. 2. Cod. de neg. gest.* Contra in *l. 18. §. ultim. ff. famil. ercisc.* in eadem specie datur sola familiæ erciscundæ. Et in *l. Mævius, 52. §. 1. ff. famil. ercisc.* ubi servus liber & heres esse jussus coheredibus suis id, quod apud eum reliquum est ex administratione rationum domini, non alio judicio præstat, quam familiæ erciscundæ. Cui loco iterum e diametro videtur obstare *lex pen. vers. earum autem summarum ff. de reb. cred.* ubi Africanus negat eo nomine competere coheredibus servi actionem familiæ erciscundæ, sed ait negotiorum gestorum dari debere. Sic in simili, ut videtur, casu Labeo actionem familiæ erciscundæ dat, *lege sistulas, 78. §. 2. ff. de contr. empt.* quo Imperatores in *l. in familia, 20. Cod. famil. ercisc.* actionem negotiorum gestorum dari debere, non familiæ erciscundæ respondent. Ne quis autem putet nihil autem parum interesse, qua actione consors contra consortem experiatur, negotiorumve gestorum, an familiæ erciscundæ, communive dividundo, is scire debet non esse easdem horum judiciorum præstationes. Nam judicio communi dividundo & familiæ erciscundæ consors consorti, heres coheredi non obligatur ad præstandam exactissimam diligentiam, ut etiam nomine levissimæ culpæ alter alteri teneatur, quemadmodum negotiorum gestorum judicio tenetur gestor domino negotiorum *§. 1. in fin. Instit. de obl. quæ quasi ex contr.* sed levis duntaxat culpæ nomine, ut talem diligentiam præstet, qualem in suis rebus, *leg. heredes, 24. §. non tantum, 16. ff. famil. ercisc.* Quomodo ergo loca superiora invicem conciliabimus? Adhibita nimirum distinctione, ut si quidem heres vel socius in re communi negotium individuum gessit, locus sit actioni familiæ erciscundæ aut communi dividundo; si dividuum, actioni negotiorum gestorum. Individuum autem negotium intelligimus, quod coheres aut socius non potest pro sua tantum parte gerere. Dividuum contra quod pro sua quisque parte gerere potest. Hanc distinctionem & conciliationem nobis suppeditant *lex 6. §. 2. vers. cæterum ff. comm. divid. l. heredes, 25. §. si unus, 15. & seq. ff. fam. ercisc. l. si communem, 40. ff. de neg. l. sistulas, 78. §. 2. ff. de contr. empt.* Igitur ubi unus e coheredibus rem communem vendidit & pretium percepit, cum eo non est coheredi actio familiæ erciscundæ, sed aut mandati, si mandatum præcessit, aut negotiorum gestorum, si coheres ratam habuerit venditionem, quia suam solius partem vendere potuit, *leg. in familia, 20. C. fam. ercisc.* Similiter, si pro communibus ædibus damni infecti vicino in solidum cavero, negotiorum gestorum actione, non communi dividundo judicio, quod præstiti, petere debeo: quia potui partem meam defendere sine parte socii, *d. l. si communis, 40. ff. de neg. gest.* Ex contrario, si unus ex coheredibus noxali judicio servum hereditarium defenderit, & litis æstimationem obtulerit, cum hoc expediret, aut si unus legatorum nomine caverit, ne in possessionem mitteretur, quia pro parte expediri non possunt, judicio familiæ erciscundæ est locus, non negotiorum gestorum, *l. heredes, 25. §. si unus, 15. ff. famil. ercisc.* Pari ratione, si unus e coheredibus debitum hereditarium solverit, ne pignus veniret, familiæ erciscundæ judicio experietur, quia pignoris obligatio est individua, *l. his consequenter, 18. §. ult. & dict. l. 25. §. idem observatur, 14. eod.* Eandem ob causam & in specie, *l. sistulas, 78. §. 2. ff. de contr. empt.* non negotiorum gestorum, sed familiæ erciscundæ agitur, ut in fine §. indicat ipse Jurisconsultus. Nulla vero pugna est inter *d. l. Mævius, 52. §. 1. ff. fam. ercisc. & d. l. pen. §. earum autem summarum, ff. de reb. cred.* quarum in illa etiam nomine negotii dividui a servo coherede gesti datur coheredibus ejus actio familiæ erciscundæ; in hac eodem nomine sola negotiorum gestorum. Nam in illa casus proponitur, quo pecuniæ ex administratione gesta vivo domino, reliquæ erant in hereditate mortis tempore, & proinde non alio judicio, quam familiæ erciscundæ earum summarum nomine servus apud quem reliquæ sunt, coheredibus tenetur. At in hac specie proponitur contraria, quando scilicet servus pecunias a debitoribus Calendarii exegit demum post domini mortem quo casu cum potuerit suam solius partem exigere, & ita rem pro parte expedire, sola negotiorum gestorum actio adversus eum nomine exactarum summarum coheredibus competit, ita recte Costallius & Cujacius post Glossam in *d. l. pen.* Bronch. *cent. 2. assert. 13.* Quod si ratio hujus distinctionis quæratur, ea non est usque adeo obscura. Nam cum coheres vel consors negotium individuum gessit, creditur id fecisse, tanquam coheres aut consors potius, quam alius quilibet, propterea quod id gessit, sine quo partem suam recte administrare non potuit; & ideo hic locus est actioni familiæ erciscundæ aut communi dividundo. Quod si non propter partem suam causam gerendi habuit, sed cum eam per se recte administrare posset, nihilominus totam rem communem administravit, hoc casu partem coheredis aut socii sui administrasse intelligitur tanquam amicus & ne-

& negotiorum gestor, ratione nimirum contraria, itaque hic actio negotiorum gestorum duntaxat competit, *leg. heredes*, 25. §. *non tantum*, 16. *ff. fam. erciſc. L.* 6. §. 2. *ff. comm. divid.*

Poteramus jam hinc discedere, nisi negotium nobis facesserent *l. filia*, 18. §. 1. *C. famil. erciſc.* & *L.* 3. *C. de neg. gest.* initio hujus capitis a nobis allegatæ, & denique *l. liberto*, 31. §. *ult. ff. eod. tit.* in quam, dum hæc scribo, forte incidi in *d. l. filia* §. 1. Imperatores simpliciter rescribunt, non esse ambiguum, quia sumptus ab uno bona fide facti in communi hereditate servari possint, vel familiæ erciscundæ judicio, vel actione negotiorum gestorum: quibus verbis videntur ei, qui sumptus fecit, potestatem concedere eligendi, qua actione experiri malit sine ulla distinctione negotii quod gestum est, utrum tot sumptus pro parte sua curare facere potuerit, nec ne. Respondemus, quod illic ab Imperatoribus omissum est, sumendum esse ex aliis locis, atque utrumque intelligendum in casu suo habili: nempe ut sumptus servari possint judicio familiæ erciscundæ in negotio individuo, veluti si ædes communes fulsit, &c. actionem autem negotiorum gestorum in negotio dividuo, veluti si æs alienum hereditarium solvit, aut ædium communium nomine damni infecti cavit, *l.* 3. *C. de neg. l. si comm.* 40. *ff. de neg. gest.* Evertere autem totam hanc distinctionem videtur locus in *d. l.* 3. 3. *C. de neg. gest.* in cujus loci casu secundo datur coheredi, qui pignus liberavit, vel familiæ erciscundæ actio, vel negotiorum gestorum. Atqui pignus pro parte liberari non potest, *leg.* 1. *l.* 2. *C. si un. ex plur. hered. cred.* ac proinde: si vera est distinctio supra posita, dicendum erat hoc casu non actionem negotiorum gestorum, sed solam familiæ erciscundæ, competere, sicut ab Ulpiano in tali specie responsum est, *leg. his consequenter*, 18. §. *ult. l. heredis*, 25. §. *idem observatur*, 14. *ff. de hered. petit.* Cæterum non est quod hac objectione moveamur. Duplex in *dict. l.* 3. *Cod. de neg. gest.* proponitur casus: unus, ubi totam pecuniæ summam coheres solvit, pro qua nullum pignus datum erat, quo casu datur sola actio negotiorum gestorum: quia negotium dividuum est, ubi pecunia sine pignore debetur, *leg.* 2. §. 1. *ff. de verb. oblig.* Alter, qui mox sequitur, est, cum pro communi debito hereditario pignus datum est. Quia autem pignoris obligatio est individua, non potest unus e coheredibus ne quidem ex parte illud liberare pro sua tantum parte solvendo, *leg.* 1. *leg.* 2. *Cod. si un. ex plur. hered. cred.* Porro in hoc posteriore casu distinguendum est, utrum hereditas jam ante divisa sit judicio familiæ erciscundæ & nihil commune remanserit, nec ne. Priore casu ex necessitate datur actio negotiorum gestorum, quoniam neque familiæ erciscundæ judicium intentari iterari potest, *l. filia*, 20. §. *familia*, 4. *ff. famil. erciſc.* neque locus esse potest judicio communi dividundo, ubi nihil remansit indivisum, *leg.* 1. *ff. comm. divid.* Posteriore casu ubi hereditas nondum divisa est, sola competit actio familiæ erciscundæ: quam distinctionem locus ipse suggerit. Nam prior casus est in vers. *sive pignoris liberandi* usque ad illum, *vel judicio*, argumento a contrario verborum sequentium sensus posterior continetur his verbis, *vel judicio familiæ erciscundæ, si non est inter vos redditum.* Locus ultimus, qui huic nostræ & communi distinctioni objicitur, est *l. liberto*, 31. §. *ult. ff. de neg. gest.* ubi ei, qui in defensione communis aquæ, id est, servitutis aquæ sive ducendæ sive hauriendæ, sumptus fecit, non communi dividundo, sed negotiorum gestorum actio datur: cum tamen servitutes prædiorum sint individuæ, *L.* 72. *ff. de verb. oblig.* & ideo secundum distinctionem supra positam non negotiorum gestorum, sed communi dividundo actio dari deberet. Anton. Faber ad hunc locum in *rational.* respondet potuisse socium partem suam communis aquæ iter defendere, ut tamen socii sui partem defendere non cogeretur: etsi enim servitus per partes acquiri non potest, tamen per partes posse retineri, *l.* 8. §. 1. *ff. de serv. l. si quis*, 30. §. 1. *ff. de serv. præd. urb.* Ego dicerem nullam per se juris prædii communionem esse, & ideo hic non communi dividundo, sed negotiorum gestorum agendum per textum expressum in *l. arbor*, 19. §. 2. *ff. comm. div.* Communem autem aquam in *d. l. liberto*, appellari, quæ prædio communi debebatur.

CAPUT XXXVIII.

An in judicio familiæ erciscundæ absolutio & condemnatio facienda in personis omnium?

SI in libello plures seu plura capita comprehensa sint, vix dubium est, quin sententia super aliqua aut aliquibus eorum lata valeat, nisi capita connexa sint, ita ut separari nequeant, *l. etiam*, 29. §. 1. *ff. de minor.* ubi Gloss. Bart. & alii, *leg. pen. C. de transact.* quot enim species sunt seu litis capita, tot sunt sententiæ, id est, tot sententiæ separatim ferri possunt, *l. quid tamen*, 21. *ff. de recept. arbitr. l. scire debemus*, 29. *ff. de verb. oblig.* & ibi Alex. *l. pen. Cod. de sent. & inter loc.* Vant. *de null. sent. ex def. process.* n. 100. Sed & si unum duntaxat caput libellus contineat, idem adhuc dicendum est, si plures in lite, & eorum quidam post litem contestatam reip. causa abesse ceperint, neque defenduntur: nempe sententiam ferri posse ratione præsentium, & absentium respectu judicium discindi, *leg. non idcirco*, 44. *ff. de judic.* & ibi Gloss. & DD. nisi forte causa individua sit, *l.* 4. *ff. si ex nox. caus. ag.* Vant. *dict. loc.* Quin & si generali judicio divisorio actum sit, puta familiæ erciscundæ, & quædam ex rebus hereditariis indivisæ relictæ, valet nihilominus sententia, & de rebus indivisis communi dividundo agi potest, *l. si filia*, 20. §. *familia*, 4. *ff. famil. erciſc.* At si unum duntaxat sit litis caput & unus adversarius, aut etiam plures, qui defendantur, tunc judicium scindi non potest, ut de re in judicium deducta partim judicetur, partim non judicetur, sed totam causam sententia dirimi oportet, *leg.* 19. 1. *ff. rer. arb.* v. c. si petitis 100. & probatis 50. reus in 50. condemnatus sit, non valebit sententia, nisi de reliquis 50. absolutus fuerit. In appellationis autem judicio sententia prior partim confirmari, partim infirmari, potest, *leg. quædam mulier*, 47. *ff. fam. erciſc. l. ult. ff. de jur. patr.* Bartol. *in l.* 1. *C. si adv. rem jud.* Ex quo porro illud sequitur, eandem sententiam partim justam esse posse, partim injustam, partim valere, partim non valere, ut in specie *dict. leg. quædam mulier*. Divisio, quam fecit judex familiæ erciscundæ, pro parte valet, pro parte non valet. Sed huic loco obstare videtur, quod Paulus respondit in *leg. in hoc judicio*, 17. *ff. eod. tit.* in judicio familiæ erciscundæ condemnationes & absolutiones in omnium personis faciendas esse, & ideo si in alicujus persona omissa sit damnatio, in cæterorum quoque persona, quod fecit judex, non valere, adjecta hac ratione, quia non potest ex uno judicio res judicata ex parte valere, in partem non valere. Quibus verbis hoc significat, judicem non posse de re, quæ tota in judicium deducta est, pro parte judicare, pro parte judicationem omittere. Et hoc vel maxime pugnare videtur cum eo, quod supra diximus, ubi plura sunt petitionis capita, sententiam super uno eorum latam valere, & in familiæ erciscundæ judicio posse aliquid indivisum a judice relinqui, cujus divisio postea petatur judicio communi dividundo. Cæterum nullam hic esse pugnam, loco illo Pauli exposito, nempe *d. l. in hoc judicio*, 27. *ff. fam. ercisc.* patebit. Ait Jurisconsultus: *In hoc judicio condemnationem & absolutiones in omnium persona facienda sunt*. Quod notandum est. Ex eo enim intelligimus loqui Jurisconsultum de præstationibus hujus judicii personalibus, quæ damni, lucri impensarum nomine inducuntur, non de rebus, earumve divisione. Ex utrisque constat judicium familiæ erciscundæ, *leg. item Labeo*, 22. *ff.* 4. *ff. fam. erc.* junct. *l.* 3. *ff. comm. divid.* Si de rebus locutus esset, ita scripsisset. *In hoc judicio adjudicationes & condemnationes*, &c. ut in *leg. cum putarem*, 36. *ff. eod. l.* 2. §. 1. *fin. reg.* Nam adjudicationes præcedunt, condemnationes sequuntur, §. 4. *Instit. de offic. judic.* at condemnationum & absolutionum nullus est inter se ordo. Omissa igitur adjudicationum mentio satis indicat non de rebus, quarum adjudicatio est, sed personalibus invicem præstationibus tantum Jurisconsultum [illegible] esse, quanquam & in rerum adjudicatione [illegible] observandum, ut de re, quæ tota in judicium deducta est, plena sententia feratur. Potest quidem aliquid in rerum divisione & adjudicatione indivisum manere in judicio familiæ erciscundæ: quia res plures in hoc judicium appellatione familiæ deducuntur; & quod sic omissum est, potest dividi postea judicio communi dividundo, *leg. filia*, 30. §. 4. *ff. famil. ercisc.* sed de qua re sententia fertur, de ea tota ferenda est non pro parte. [illegible] de præstationibus personalibus quæ speciatim in judicium deducuntur, judex non recte pronuntiat, nisi plene pronunciet, facta scilicet, vel condemnatione vel absolutione in omnium personis, e quibus petuntur. Quippe unum judicium non potest scindi in partes ita ut de ea re, quæ in judicium venit, partim judicetur, partim non judicetur. Non potest, inquam, res in judicium deducta judicari pro parte, nec res judicata valere in partem tantum, de qua pronuntiatum est, in partem autem omissam non valere: sed causam, quæ tota in judicium deducta est, & totam sententia judicis dirimi oportet. Denique plena debet esse sententia judicis, *leg. quæsitum*, 19. §. 1. *ff. de recept. arbitr.* semiplena nec pro parte quidem valet. Declaremus rem exemplo. Quatuor sunt cohæredes, qui inter se agunt judicium familiæ erciscundæ. Primus, Secundus, Tertius, Quartus. Primus, qui impensas in communem hæreditatem fecerat; Secundus & Tertius eo nomine pro suis partibus impensas sarcire damnati sunt; Quarti damnatio omissa. Non valebit hæc sententia, quia plena non est. Plena vero est, tum cum de omnibus præstationibus personalibus, quæ in judicium deductæ sunt, quæsque a se invicem cohæredes petierunt, judicatum sit, damnatio in omnium persona notius ex iis omnino condemnatio, vel absolutio facta sit: quia & de capite [illegible] sententia sua plena sententia est, *leg. fin. C. de fruct. & interdict.* quæ Græca Justiniani constitutio a Cujacio restituta est *l.* 13. *c.* 2. *obs.* & est [illegible] sententia. Jam credo, apparet, nullam quoque esse discordiam inter *d. l. quædam mulier*, 48. *ff. fam. ercisc.* & *d. l.* 27. *ff. eod.* Nam in specie, *d. l. quædam mulier*, Judex non semiplenam, sed plenam sententiam protulit, de omnibus scilicet, quæ in judicium deducta erant, pronuntians nulla parte omissa; itaque non peccavit in regulam de *leg.* 27. quamvis de una parte bene, de altera male judicasse dicatur. Nimirum aliud est de diversis partibus altera bene, altera male judicare; aliud de tota in judicium [illegible] non integre, sed pro parte tantum & semiplene [illegible] *d. l.* 27. [illegible] *ult. ff. de jur. patron.* [illegible]. Nec hoc latuit D. Augustinum, qui brevicult cum Donatistis, *col.* 3. *Legibus*, inquit, *judex prohibetur semiplenam proferre sententiam*. Cujac. *lib.* 13. *obs.* 2. Dices fortasse, cur igitur appellatur a sententia in specie *dict. leg.* 27. lata? Respondeo, quia judex etiam libertos diviserat, qui nullo jure dividi poterant, cum non sint in patrimonio defuncti, nec in rebus hæreditariis. Itaque valet quidem hæc sententia, [illegible] appellationem potest rescindi pro ea parte, qua [illegible] male judicatum. Nullum enim dubium est, quin judex appellationis possit sententiam ab inferiore judice prolatam pro parte confirmare, & pro parte rescindere. Alii aliter respondent, sed meo judicio, minus bene; quod [illegible] non tango.

CAPUT XXIX.

Ad quodnam tempus referenda sit rei debitæ æstimatio, si ea creverit aut decreverit?

QUæstio hæc valde perplexa est, nullusque est hodie vel judex, vel patronus, vel Jurisconsultus, qui non certam maneatque suspensus quoties, cum condemnatio facienda in rei petitæ æstimationem, quæritur, ad quod tempus æstimatio referri debeat, ut ait Cujacius, *tract. ad African.* 8. *in leg. hominem*, 37. *ff. mandat. in fin.* Natura & obligatione mutui continetur, ut res ejusdem generis & æque bona creditori reposcenti reddatur, *L.* 2. *pr. leg.* 3. *ff. de reb. cred.* Dum autem res redduntur ejusdem generis eademque bonitate, spectatur debitor quantacunque sit pretium æstimatio, quippe æstimatio extra rem est, & magis proficiscitur ex rerum copia aut inopia, quam ex bonitate. Quod si res ipsa præstari non potest, aut non æque bona, ut [illegible] condemnationem fieri in rei æstimationem, hic jam locus est quæstioni propositæ, quodnam tempus in æstimatione [illegible] spectandum sit. Atque hoc non in mutuo tantum, sed etiam in stipulatione & contractibus bonæ fidei, emptione, venditione, commodato, deposito, pignore, mandato, &c. quæritur. Primum dicam quid hic mihi respondendum videatur ex ratione juris scripti; deinde quid juris hodie in judiciis & foro obtinere plerique Interpretes testentur.

Æstimatio petitur aut jure actionis, aut officio Judicis;

dicis; jure actionis, cum in obligationem deducta est a contrahentibus, puta cum quis eam stipulatus est, ut in specie *leg. fundum*, 18. *ff. de novat.* aut cum ab initio deberi cœpit, ut in specie *leg. hominem*, 37. *ff. mand.* Officio judicis venit æstimatio, cum petitur res ipsa, quæ in obligationem deducta est, sed ea præstari non potest, aut non potest tam bona. Hic enim officio judicis in locum rei succedit ejus æstimatio, *l. plerumque*, 10. *in fin. ff. de jur. dot. junct. leg. si servum*, 91. *§. ult. de verb. oblig.* & ita expe *leg. vinum*, 22. *ff. de reb. cred.* Cum petitur æstimatio jure actionis, quæstio hæc locum non habet, utrum creverit, aut decreverit æstimatio. Eam enim æstimationem judex adjudicat, in quam debitor initio se obligavit, *dict. leg. fundum*, 18. *ff. de novat.* aut quæ ab initio deberi cœpit, ut in *dict. leg. hominem*, *ff. mandat.* Atque hoc efficitur certa ratione juris, quoniam tale quidque debetur, quale in obligationem deductum, estque hic æstimatio ipsum principale debitum, quod ex obligatione præstandum est: itaque sicuti homini promisso ipse homo petitur, ita & promissa æstimatione, non alia ipsa æstimatio, qualis & quanta in obligationem deducta est petenda & præstanda erit. At cum æstimatio petitur officio judicis, tunc procedit hæc quæstio, non in pecunia credita, cujus est perpetua æstimatio, *leg. 1. ff. de contr. emption.* sed in frumento, vino, oleo, &c. mutuo datis, quæ pecunia æstimantur, *leg. si ita*, 42. *de fidejuss.* item in cæteris rebus debitis ex quoquo contractu. Veteribus in hac quæstione placuit hæc distinctio, ut siquidem convenerit, ut res certo die redderetur, in lite æstimanda spectaretur dies adjectus insuper habito, an contractus sit bonæ fidei, an stricti juris, *leg. vinum*, 22. *ff. de reb. cred. leg. ultim. de cond. trit. leg. qui autem*, 32. *§. 1. ff. si quis caut. jud. leg. si calendis*, 11. *ff. de re judic. leg. quoties*, 59. *ff. de verb. obligat. leg. 37. §. 1. ff. mand.* Diem autem adjectum hic spectari cum dicimus, intelligimus ab eo tempore, ut termino a quo, debere judicem auctæ æstimationis rationem habere, in strictis judiciis usque ad litem contestatam, in bonæ fidei usque ad condemnationem, quasi mora contracta. Si convenerit, ut res certo loco redderetur, placet inspici, quanti res plurimi post moram contractam eo loco fuit, quo dari debuit, *dict. leg. vinum de rebus cred. dict. leg. ultim. de cond. tritic.* usque ad litem contestatam ut extremum in strictis judiciis, usque ad rem judicatam in bonæ fidei judiciis, per *l. 3. §. 2. ff. commod.* Non obstat *lex cum quis*, 22. *ff. de oblig. & action.* Nam illa Jurisconsulti verba, *ejus temporis æstimationem spectandam esse, quo satis accepit*, sic accipienda sunt, ut significetur id tempus, quo ut reus solveretur, fidejussor se obligavit: vel Cujacio in *dict. leg. cum quis, tract. 5. ad African.* & in *leg. quoties*, 59. *de verbor. oblig.* ponendus casus, quo fidejussor intervenit, cum jam dies venisset, quo reus solvere debuit, *arg. leg. 9. §. 3. ff. de pignor. action.* Quod si pura sit obligatio, in bonæ fidei judiciis spectatur tempus litis contestatæ, ut terminus a quo, tempus rei judicatæ, ut extremum & terminus ad quem, nisi res perierit: quia res antea extincta non potest æstimari, quanti tunc est, cum sententia fertur, & ideo æstimatur, quanti fuit tempore interitus, per *leg. 3. de condit. tritic.* In strictis autem inspicitur tempus litis contestatæ dumtaxat, id est, ut terminus a quo & ad quem simul, *dict. leg. 3. §. 2. ff. commod.* nisi mora facta sit, quo casu tempus moræ est terminus a quo in utroque genere judiciorum. De strictis est in *leg. hominem*, 37. *§. 1. ff. mandat.* de bonæ fidei in *leg. 3. §. ultim. leg. si sterilis*, 21. *§. 3. ff. de act. empt.* Licet enim raro hæc mora ad judicium perveniat, *leg. 3. princ. ff. de usur.* aliquando tamen id fieri potest, *leg. sciendum*, 11. *& seq. eod.* Itaque quantum æstimatio crevit a tempore moræ usque ad judicium acceptum in strictis, in bonæ fidei contractibus usque ad rem judicandam hic præstandum erit, *leg. 3. §. 2. ff. commod.* Contra si creditor in mora fuerit, ex eo tempore res æstimabitur, quanti plurimi, argum. a contrario. Quod si quis jam quærat, cur in strictis judiciis tempus litis contestatæ, in bonæ fidei tempus rei judicandæ, ut extremum spectetur; ratio hæc est, quia in strictis judex adstringitur formulæ petitionis: petitur autem res, uti nunc est cum petitur, *leg. 3. ff. de usur.* & huc pertinet, *d. l.* 22. *ff. de reb. cred.* In bonæ fidei vero judiciis non ita est, judex formulæ non est adstrictus, & potest judex etiam eorum, quæ postea contingunt, rationem habere, sicut exceptiones formulæ non insertas post litis contestationem potest admittere, *leg. plane*, 38. *l. ultim. ff. de hæred. petit. leg. 3. ff. de rescind. vend.*

Non obstat *lex 5. §. ultim. ff. de in lit. jurand.* ubi si post moram aut culpa debitoris res perierit ante litem contestatam, & judex actum sit, ex jurejurando in litem æstimanda dicitur etiam in strictis judiciis. Nam liberum est actori recusare jusjurandum, si de æstimatione testibus aut instrumentis probare malit: utrumque enim jusjurandum in litem tam veritatis, quam affectionis actoris gratia comparatum est, *leg. quod si*, 71. *ff. de rei vindic.* & quærimus hic non de æstimatione quæ fit a parte, sed a judice. Nihil quoque in contrarium facit *lex cum fundus princ.* 31. *ff. de reb. cred.* quia illic nulla quæstio est de æstimatione rei petitæ, sed fructibus, & accessionibus & causa rei. Certum autem est quod post judicium acceptum omnem causam actori præstandam esse, id est, id omne, quod habiturus fuisset, si tempore litis contestatæ res petita restituta aut soluta fuisset; hæc enim omnia una cum re tacite in judicium deducuntur, & ad officium judicis pertinent, *dict. l.* 31. *de reb. cred. l. præterea*, 20. *leg. ex diverso*, 35. *§. 1. ff. de rei vind. l. 2. l. 3. §. 1. l. videamus*, 38. *§. si alienam*, 7. *ff. de usur. l. ædiles*, 25. *§. item sciendum*, 7. *ff. de ædil. edict.* Non adversatur etiam *lex 7. §. 1. ff. de cond. furt.* ubi dicitur in condictione furtiva, quæ stricti juris actio est, si quæratur, cujus temporis æstimatio fiat id tempus spectandum, quo res unquam plurimi fuit.

Nam quia fur semper, hoc est ab initio rei ablatæ, & quolibet momento moram facere intelligitur, ideo in condictione furtiva res, quanti unquam plurimi fuit, usque ad litem contestatam æstimatur, *leg. ultim. in fin. eodem tit.* Fac. *leg. pen. ff. de act. rer. amot.* Nec adversatur huic responsioni *lex 2. §. 3. ff. de priv. delict.* Neque enim hoc dicimus in condictione furtiva æstimationem restringi ad annum retrorsus computandum ex die judicii accepti, ut fit in lege Aquilia, sed contrario modo rem quanti plurimi fuit ex die moræ usque ad acceptum judicium æstimari. Magis obstat *lex 3. de condit. tritic.* ubi in æstimatione rei facienda condemnationis tempus spectari dicitur in condictione triticiaria, quæ creditur esse stricti juris. Respondet Pacius condictionem triticiariam non differre ab aliis actionibus specie, sed tantum qualitate adjectitia: & alia-

aliarum quarum est adjectio, naturam imitari, argum. leg. 1. ff. eod. tit. sicut actio de peculio, institoria, exercitoria, &c. non sunt actiones per se constantes, sed tantum actionum ex contractu, puta mandati, depositi, ex empto, ex stipulatu, &c. adjectione, quarum actionum naturam & ipsæ imitentur. Quapropter casus habilis in *d. l. 5.* ponendus est, nempe si triticiaria de æstimatione agatur ex causa bonæ fidei judicii, puta ex causa commodati, depositi, pignoris, &c. non autem si eadem actione agatur ex causa mutui aut stipulationis. Ita Julius Pacius, *cent. 3. quæst. 72.* aliis aliter. Ant. Fab. *l. 18. conject. 4.* putat *d. l. 3.* intelligendam de casu, quo post condemnationem triticiaria de æstimatione agitur, & fortasse rectius: sed amplius deliberandum. Vide Cujac. *in l. quoties 59. ff. de verb. obl.* Don. *in leg. vinum 22. ff. de reb. cred.* Duar. *ad tit. Cod. si cert. pet. cap.* 8. Hotomann. *ill. quæst.* 19. Ant. Fab. 16. *conject. c. 1. & seqq. & Cod. fori, tit. si cert. pet. defin. 7. & seqq.* Perez. *in Cod. eod. num. 15.* Bronch. *cent. 2. assert. 19.* Schiford. *l. 2. tract. 20. & 8. seqq.*

Cæterum ex communi Interpretum sententia cum de ineunda rei æstimatione quæritur, nulla inter judicia bonæ fidei & stricti juris facienda differentia, nisi cum agitur de rei æstimatione per jusjurandum in litem ab actore probanda, DD. post Bart. & Castr. *in l. 22. ff. de reb. cred.* ita enim accipiunt, quod scriptum est in *l. 3. §. 2. ff. comm.* quia ibi etiam de jurejurando agitur. Sed tam in judiciis strictis, quam bonæ fidei inspiciendum erit tempus moræ, si qua litis contestationem præcesserit, & eo tempore res pluris fuerit, sive mora re ipsa contracta sit, ut puta venditore post acceptum pretium cessante in tradenda re vendita cujus tradendæ facultatem habet, ut in specie *l. 13. §. veniunt 20. ff. l. 5. Cod. de act. empt.* sive per lapsum diei in obligatione positi, ut in *d. lib. 22. & l. 11. ff. de re judic.* sive per expressam interpellationem vel in judicio vel extra judicium opportuno loco & tempore moræ res minoris fuerit, crescet in singula momenta æstimatio ab eo die, quo mora contracta est, in diem usque condemnationis, si non medio tempore mora purgata, nec postea rursum contracta sit, *argum. l. 8. §. 2. ff. de cond. furt.* cum alioqui futurum sit, ut moroso debitori sua prosit frustratio contra *l. hominem 37. §. 1. ff. mand.* Sed & si post condemnationem crescat æstimatio per *leg. 3. ff. de cond. tritic.* sive a sententia perperam & sine causa provocatum sit; sive post quadrimestre, quod faciendo judicato datur, *l. ult. Cod. de usur. rei jud.* novam moram contraxerit debitor jam condemnatus. Potius autem illius quadrimestris temporis induciæ, etiam cum mora præcessit condemnationem, condemnati immunes erunt a periculo augmenti æstimationis, si forte interea creverit. Interdum vero juxta eandem Interpretum sententiam spectandum tempus contractus, eaque debebitur æstimatio quæ tunc præcise fuerit, nimirum si ita ferant verba contractus, & æstimatio ipsa sit in obligatione, obligatio autem ipso contractus tempore oriatur, ut in specie *l. 28. ff. de novat.* At si obligatio præstandæ æstimationis non statim oriatur, ejus temporis habenda ratio, quo oritur, ut evenit in casu *l. hominem 37. ff. mand.* cum quis alterius mandato dari certum hominem fidejussit & solvit; quoniam ab eo demum die, quo solvit, nascitur obligatio & jus petendæ æstimationis, per *l. 26. ff. de obligat. & act.* actio autem mandati datur in id tantum, quod eo nomine actori abest. Hanc sententiam propter communem Interpretum fere omnium consensum Curias etiamnunc sequi testatur Anton. Fab. *Cod. suo for. tit. si cert. pet. defin. 15.* nec in tam multis a ratione juris scripti abhorret, ut ille existimat, *add.* Costal. *ad leg. vinum 22. ff. de reb. cred.* Sande *lib. 3. tit. 4. definit. 8.*

CAPUT XL.

An si convenerit, ut pecuniam, quam mihi ex alia causa debes, crediti nomine retineas mutua fiat?

QUæstio hæc tota Academica est, cui causam dedere duo loci inter se contrarii, non in speciem & *κατὰ τὸ φαινόμενον*, sed *ἐτύμως* & revera: nempe *l. singularia 15. ff. de reb. cred. & l. qui negotia 34. princ. ff. mandat.* Ita jus est, ut quam pecuniam tibi credidi, ea non aliter mutua fiat, quam si de mea tua facta sit: In hoc enim mutuum damus, ut rerum creditarum dominium in accipientem transferatur, quod fieri non potest, nisi & is qui credit, dominus sit, *l. 2. §. in mutui 4. ff. de reb. cred. junct. l. nemo 54. ff. de reg. jur.* Atque hoc mutui adeo proprium esse putatur ut etiam nummos ab eo acceperis, quod de meo tuum fiat, *d. l. 2. §. 1. Inst. quib. mod. re contr. obligat. in princ.* Igitur si inter nos convenerit, ut tu pecuniam quam mihi ex causa mandati, societatis, emptionis, &c. debes, creditam tibi habeas; aut, si, cum me mutuam pecuniam rogares, jusserim, debitorem meum tibi dare, pecunia credita non fiet: mutuum non erit; non enim mea pecunia fuit, quæ crediti nomine aut retenta est, ut in casu priore; aut tertio numerata, ut in posteriore; sed debitorum, *l. 1. ff. de lib. legat. l. Quintus Mucius 21. §. 3. l. scribit 30. princ. ff. de auro arg. mund. leg.* Et hoc quidem efficit summi juris ratio, si videlicet *κατὰ τὸ ἀκριβέστατον* res exigatur. Cæterum Ulp. *d. l. 15. ff. de reb. cred.* singularia quædam recepta esse circa pecuniam creditam, id est, quædam benigne recepta esse contra subtilitatem juris, [illegible], ut bene Græci *in Basil.* & nimirum, ut quamvis pecuniam meam non acceperis, efficiatur tamen mutua, & eo nomine mihi obligeris, si convenerit inter nos, ut tu eam tanquam a me tibi creditam mihi deberes. Cujusmodi duas species profert. Prima est, cum te mutuum rogante, non dedi ipse de meo, sed curavi ut tibi daretur de eo, quod mihi debebatur, dum jubeo debitorem meum tibi dare. Hoc autem receptum est vitandi circuitus causa, & fictione quadam, quæ brevis manus dicitur in *l. licet 43. §. 1. ff. de jur. dot.* quasi ille mihi prius dedisset, ego deinde tibi *d. l. singularia in fin.* Nam & alias celeritate conjungendarum inter se actionum, id est, dum quod agimus, acceleramus, una actio sæpe occultatur, & quodammodo surripitur, *l. 3. penult. ff. de donat. int. vir. & ux.* Species altera quam ejusdem vel confirmandæ gratia Ulpianus in *d. l. singularia*, affert, est, si convenerit, ut pecuniam, quam ex alia causa, & nominatim ex causa mandati tu mihi debes, crediti nomine retineas: in qua & ipsa exemplo superioris mutuum admittit, & facilius etiam admittendum censet; quia quod in duabus personis receptum est, multo magis recipi debeat in una eademque persona; utique enim facilior fictio breviorque manus tibi est, ubi una tantum est persona, ut tu scilicet videaris nihil solvisse & proximus

a me

a me accepisse. Notandum hic obiter priorem obligationem non tolli conventione & constitui novam ex causa mutui? hoc enim pugnaret cum certo & explorato jure, quia novatio non fit citra stipulationem, l. 1. l. 2. & pass. ff. & Cod. de novat. & novissimo jure non aliter, quam si hoc ipsum a contrahentibus expressum fuerit, se novandi animo prioris obligationis tollendæ causa posteriorem contrahere, *l. ult. Cod. eod.* sed primam tolli solutione, quamvis sine conventione id non fiat: quia fingitur debitor pecuniam dedisse creditori: atque eo modo ex priore causa liberatus esse, eodemque tempore pecunia a creditore ad illum profecta, quæ rem mutuum constituat. Est & alia species præcedenti non dissimilis; relata ab eodem Jurisconsulto in *leg. rogasti 11. princ. ff. de reb. cred.* nempe si tibi mutuum roganti, quia pecuniam non habebam, lancem dederim, ut venderes, & pretio utereris; tuque eam vendideris, & nummos acceperis, hoc perinde habendum esse, ac si vendidissem ipse, & pecuniam inde confectam tibi numerassem. Prima species dubitationem non habet; nam & Africanus in *d. l. qui negotia 34. princ. ff. mand.* fatetur benigne receptum esse, ut hujusmodi in casu pecunia credita fiat. Sed idem responsum Africani de secunda & tertia specie negotium facessit, & quidem tale, ut Pelium mihi lavare videantur, qui rationem componendi dissidii inter Ulpianum & Africanum quærunt.

DD. communiter circa speciem secundam, videlicet, si convenerit, ut pecunia debita ex alia causa, verbi gratia, ex causa mandati credita fiat, ita distinguunt, ut si quidem procurator pecuniam habuerit solutioni paratam, procedat sententia Ulpiani in *d. l. singularia* si non habuerit paratam; Africani *d. l. qui negotia*, & ita quoque Costalius in *d. l. singularia*, Corasius *6. miscell.* etiam hoc in responso Africani expendit, quod per epistolam inter absentes convenerit, quod etiam Donellus in *d. l. singularia* prætexit. Sed neque illud, neque hoc potest impedire fictionem brevis manus. Pone Titium qui centum mihi debet, ex causa mandati aut qua alia, non habere paratam ad solvendum pecuniam, aut eum habitare Lutetiæ, cum ego habitem in Belgio, an propterea, quod debitor pecuniam in loculis non habet, fingi non poterit soluta & retro tradita? Aut si alibi habitat, & per epistolam a me petit, ut eam pecuniam, quam ex alia causa debet, crediti nomine retineat, quidni possit pactione hoc effici, ut credita fiat, eadem illa quam dixi, fictione brevis manus? At egerit Corasius nihil aliud in *d. l. qui negotia* ab Africano proponi, nisi quod epistola a procuratore ad dominum negotiorum missa sit, solius autem procuratoris voluntate a priore obligatione recedi, eamque solvi atque in aliam causam converti sine consensu domini non posse. Sed quis non videt, quam stulta, si talem casum ponamus, sit quæstio? Digna scilicet quæstio, de qua Jurisconsultus adeatur & consulatur, an debitor, qui mihi centum debet ex causa mandati vel alia, se liberare, causamque debiti me ignorante aut non consentiente mutare possit? supponit Jurisconsultus creditorem epistolæ ad se missæ consensisse sive aperte per rescriptionem, sive tacite, hoc ipso scilicet, quod aperte non dissensit, nec rescripsit, *l. si filiusfamil. 19. ff. de SC. Maced.* Constat autem pacta recte fieri per epistolam *l. 2. ff. de pact.* & epistolam, cui consentit is, ad quem mittit, pro pactione esse, *l. dot. 13. ff. de fund. dot.* Jam vero Africanum in specie a se proposita epistolam pro conventione seu pactione accepisse ostendunt hæc ejus verba; *Alioqui dicendum erit etiam contrahenda pactione pecuniam*, &c. item illa in *fin. princ. leg. qui negotia*, *tamen usuras, de quibus convenerit, præstare debeas*, denique & duo illa exempla, in quibus mutuum ex conventione admittit. Nemo autem unquam pactionem aut conventionem dixit pro voluntate unius, *l. 1. §. 1. ff. de pact. l. 3. de pollicit.* nec ita loqui Jurisconsulto integrum fuit, non magis quam vestem appellare supellectilem. Postremo fictioni, ut tu mihi videaris ex priore causa solvisse, & rursus ex causa mutui pecuniam a me accepisse, sine mutua conventione locus esse non potest. Ergo pactione nuda per epistolam id actum inter me & te proponitur, ut pecuniam, quam mihi debes ex causa mandati, debeas ex causa crediti; & quæritur, an ea pactione causa mandati conversa sit in causam crediti, quod negat Africanus, quamvis fateatur, usuras ex ea pactione peti posse, nempe actione mandati, & periculum nummorum ad procuratorem transire, *d. l. qui negotia in fin. princ.* Sit igitur secundum Africani sententiam in specie proposita, pactio, de qua agitur, ad obligationem sortis ex causa mandati convertendam in obligationem mutui inutilis est. Atque hoc primum probare conatur argumento ducto ab absurdo, quod alioqui dicendum sit, ex qualibet contractu nuda pactione pecuniam creditam fieri posse. Respondet deinde duobus argumentis, quæ in contrarium afferri possunt, quorum alterum ostendit esse a dissimili, nempe quod nummi, quos mihi debes, ex causa depositi crediti fiunt; modo convenerit inter nos, ut crediti fiant, quia hi nummi, qui mei erant, tui fiunt, *l. condictio 9. §. ult. ff. de reb. cred.* Alterum a simili quidem esse fatetur, nempe si debitorem meum jussero tibi mutuum roganti dare pecuniam, eam creditam fieri: sed ait, benigne id in hoc casu receptum esse, quo tamen id non esse producendum ad consequentias, *l. quod vero 14. ff. de legibus*. Notandum hic in transitu, quod si in specie tertia ab Africano proposita, & de qua hic quæritur, solius debitoris, ut vult Corasius, voluntas intervenisset, non alterum solum e duobus exemplis, quæ objiciuntur, dissimile esset, sed utrumque, & una eademque ratione utrumque rejici potuisset: quia scilicet in specie controversa unius debitoris, in exemplis objectis utriusque consensus intervenerit, quod & Schilfordigerus *lib. 2. tract. 16. quæst. 5.* observavit. Quid vero Ulpianus in *dict. leg. singularia*? Is ex professo se opponit Africano, & quod ille negabat, affirmat, scilicet etiam in specie, de qua agimus, si convenerit, ut pecunia debita ex causa mandati, crediti nomine retineatur, creditam fieri; multoque magis in hac specie id recipiendum esse, quam illa, ubi mutuum petenti jussi debitorem meum pecuniam dare, ducto argumento a minus probabili ad id, quod est magis probabile: quia, inquit, quod in duabus personis receptum est, id etiam in una admitti debet. Probabilius enim est, ut fictio inducatur in una persona, quam in duabus; quippe facilius nulla interposita alia persona pecuniam, quam tu mihi debes ex alia causa, credere tibi possum, ut tu mihi videaris solvisse, & mox a me accepisse, quam per personam interpositam. Illud procul dubio non negasset Ulpianus, ea quæ benigne recepta sunt, non esse producenda ad alia, quæ minus sunt probabilia; veluti si fictio illa brevis manus in una tantum persona recepta fuisset: sed cum illa recepta sit in duabus personis; etiam ad id, quod est probabilius, ubi una duntaxat persona est, eam producendam recte existimavit. Eadem dissensio inter eosdem Jurisconsultos est & in tertia illa, quam supra posui, specie, si tibi mutuam pecuniam roganti, cum eam non haberem, rem aliquam vendendam dedi, ut nummos inde confectos mutuos haberes. Nam & in hac specie, si rem vendideris, mutuam pecuniam factam esse ait Ulpianus in *lib. rogasti 11. præf. ff. de reb. cred.* nempe si & pretium acceperis, *L. 19. ff. de præscr. verb.* quod ex narratione facti satis intelligi putavit Jurisconsultus. Id enim actum esse proponitur, ut rem venderes & nummis utereris, acceptis scilicet, quoniam non nisi acceptis uti poteras. Et quoniam in mutuo ex meo tuum fieri debet, etiam hic ex sententia Ulpiani fingitur pecunia prius a venditore tradita esse ei, qui rem vendendam dederat, deinde ab eo in venditorem iterum translata mutui causa, ut una actio hic occultetur vitandi anfractus gratia, *l. 3. §. penult. ff. de donat. int. vir. & uxor.* Africanus autem in eadem hac specie plane contrarium respondet in *dict. leg. qui negotia princ. vers. his argumentum*, nempe eum qui cum mutuam pecuniam dare vellet, argentum vendendum dedit, pecuniam ut creditam petere non posse. Nam quod quidam ajunt, in specie Africani ideo mutuum non contrahi, quia non convenit, ut nummi ex venditione redacti essent crediti, ut in specie Ulpiani; sed ut res ipsa vendenda data statim esset mutua, argentum ipsum, lanx aut aliud vas argenteum, id est, certum corpus, in quo mutuum non potest consistere, *L. 2. §. 1. de reb. cred.* id textus ipse satis refellit; quod enim vendendum datur mutuum roganti, id ipsum non potest dici ei mutuo dari; sed hoc non alio fine fit, quam ut pecunia ex venditione confecta tanquam credita utatur. Quapropter omnibus bene expensis iterum dico, eos oleum & operam perdere, qui hoc inter Ulpianum & Africanum dissidium student componere. Et omnis puerile est credere nullam in corpore juris reperiri antinomiam, quia Justinianus hoc dixit, aut Tribonianus Justiniano persuasit. Utrius igitur sententia prævalebit? Quem hic sequemur? Ulpianum scilicet, qui & posterior est, & majorem æquitatis ac benignitatis, quam stricti juris rationem habendam putavit, juxta *l. placuit 8. Cod. de judic.* Cum contra Africanus nimium hac in parte religiosus & stricti juris tenacior fuerit. Non obstat huic responsioni *L. ex pretio 6. si cert. pet.* quæ est Imperatorum Diocletiani & Maximiani Ulpiano posteriorum: quoniam in illo rescripto non convenit, ut debitor pecuniam, quam ut pretium emptionis debebat, incipere deberet Nicandro ex causa mutui: sed cum revera ex causa emptionis deberetur, tantum simulate scriptum erat in instrumento, eam ex causa mutui deberi. Nulla igitur intercessit conventio, ut ex causa crediti deberetur: id quod evidenter demonstrant verba ipsius rescripti, *simulatis pro infectis habitis*. Simulabatur ergo causa mutui, non revera agebatur, ut esset mutuum. Immo ex contrario sententia Ulpiani in *dict. leg. singularia*, illo Imperatorum rescripto confirmatur, quod utique si abesset simulatio, demonstrat, pecuniam debitam, ex causa venditionis nuda pactione in causam crediti posse converti, & de eo nulla hodie dubitatio est, *add.* Cujacius *tract. 8. ad Africanum in dict. leg. quinquaginta ff. mandat.* Schifordeger *L. 2. tract. 26. quæst. 5.*

CAPUT XLI.

An debitor exceptionem pecuniæ non numeratæ post biennium opponere possit, onus probandi in se suscipiens?

SI quis scripto seu chirographo suo alteri mutuo consensu tradito confessus est, se ab eo certam summam mutuam accepisse, nec intra biennium confessionem suam retractavit, is literis obligatus est *princ. Instit. de lit. obl.* Hæc autem obligatio non est habenda pro mere civili, sed pro mixta seu civili & naturali simul, cui etiam competit definitio obligationis tradita, *princ. Instit. obl.* ut ex divisionibus subjectis patet. Sed illa, quæ ex confessione mutui accepti intra biennium competit mere civilis est, & extra inutilis, quia per exceptionem perpetuam non numeratæ pecuniæ infirmatur, *dict. princ. & tot. titul. 21 de except. non numer. pecun. junct. leg. nihil interest, 110. ff. de reg. jur.* nimirum mixta obligatio duorum generum est; una vere talis; altera præsumptiva, qualis est obligatio judicati, confessi, jurisjurandi: & talis quoque est ea, quæ dicitur literarum. Nam sicut post rem judicatam, vel jurejurando decisam, vel confessionem in jure factam, non amplius quæritur, an debeatur, *l. post rem 57. ff. de re judic.* ita & post biennium non amplius quæritur, an pecunia confessa numerata sit, sed scriptura auctoritate juris pro veritate habetur, consistentem obligat, *dict. princ. Instit. de lit. oblig. L. si intra 8. C. de exc. non num. pecun.* eademque fere ratione hæc obligatio defenditur, qua usucapio & præscriptiones temporales, boni scilicet publici & litium expediendarum prætextu. Quid ergo si confessus intra biennium cautionem & confessionem suam non retractaverit quidem, sed paratus sit, probare pecuniam sibi numeratam non esse, an non erit audiendus? Non puto. Nam si confessus post biennium scriptura obligatur, consequens est eum necessitate rei solvendæ jam ita adstringi, ut solutionem nullo modo evitare possit. Est enim hic certissimus obligationis effectus, ut qui secundum formam juris obligatus est, non aliter liberetur facto suo, quam si solvat aut satisfaciat creditori, *Instit. de obligat. in princ.* atque hoc etiam expresse rescriptum est in specie debiti propositæ, *dict. leg. 8. Cod. de non num. pec.* Cæterum Doctoribus communiter post Accursium & Bartolum contrarium magis placet, nempe debitorem post biennium adhuc audiendum, dummodo paratus sit docere de pecunia sibi non numerata: ita Baro Schneid. Bachov. *ad titul. Instit. de lit. obl.* Bronch. *2. assert. 82.* Perez. *Cod. dict. tit. de non num. pecun. num. 14.* Moventur primo, quod exceptiones natura sua sunt perpetuæ, & tunc etiam, cum ex ea causa nascuntur, ex qua actio nata sit temporalis, *l. 5. §. ultim. ff. de except. dol. mal.* Deinde quod cum exceptione pecuniæ non numeratæ concurrat exceptio doli, *L. 3. Cod. de pecun. non numer.* quæ cum sine dubio perpetua sit, *dict. leg. 5. §. ultim.* utique etiam post biennium competere debeat, etiamsi cessare dicamus exceptionem non numeratæ pecuniæ. Tertio, quia illicitæ actiones admittendæ non sunt, *l. 6. ff. de offic. præsid.* Illicita autem & iniqua exactio est, si reus probare volens sibi pecuniam numeratam non esse, non audiatur. Postremo, quia non potest lapsus biennii debitori adimere, nisi quod prius ex biennio habuit; at

bien-

biennium solum tribuit debitori immunitatem probationis, *l. 10. Cod. de non num. pecun.* ergo nec lapsus biennii amplius ei adimere potest.

Sed procul dubio verius est & scripti juris rationi magis consentaneum, debitorem post biennium non audiri, nec si ultro probationem offerat. Etenim posita obligatione, id est, necessitate solvendi, quæ ex litteris, non ex re aut numeratione nascitur, omnino consequens est, eum debitorem audiendum non esse, qui chirographum quidem suum seu causam obligationis agnoscit: cæterum numerationem, quæ jam huc non pertinet, intervenisse negat, licet ejus rei probationem offerat. Quod si probatio post biennium contra cautionem admitteretur, nec scriptura jam ad obligationem valeret, sed tantum ad probationem; nec novum esset hoc obligationis genus, quod ex litteris nasceretur, sed ex re. Denique nihil haberet cautio pecuniæ mutuæ, quod non est in cæteris, quæ non sunt de pecunia mutua, præter immunitatem probandæ exceptionis intra biennium oppositæ, qua parte etiam major vis esset cæterarum cautionum, quam pecuniæ mutuæ, *l. generaliter 13. Cod. de pecun. numer.* ex quibus tamen obligationem litterarum non nasci inter omnes convenit. In summa nulla esset revera litterarum obligatio, nullus effectus scripturæ, nisi in probatione & fide facienda, ut uni intra biennium incumberet probatio, post id tempus alteri: & consequenter expugnanda esset e catalogo verarum obligationum illa litterarum. Loci juris in hanc sententiam manifesti sunt. In *leg. adseverasti 10. Cod. de non num. pec.* ajunt Impp. querelam seu exceptionem non numeratæ pecuniæ definito legibus tempore non propositam evanescere: quod certe non potest restringi ad probationis immunitatem. Ajunt enim querelam evanescere: quod utique falsum est, si post definitum tempus adhuc querelæ sive exceptioni locus est, licet probatio onerat de pecunia non numerata. In *leg. si intra 8. Codice eod.* scriptum est eum, qui cautionem exposuit, si intra biennium questus non est, omnimodo debitum solvere compelli: non potest autem compelli, qui justam exceptionem habet. Immo iste debitor esse definit; nec vere debitum appellari potest, quod propter exceptionem perpetuam peti nequit, *l. Marcellus 66. l. nihil interest, 112. ff. de reg. jur.* Idem probat nec minus evidenter, *L. in contractibus 14. princ. Cod. eod.* ubi verbis disertissimis cavetur, ne post biennium ullo modo querela de pecunia non numerata introducatur: & ergo ne tunc quidem cum reus probationem pecuniæ non numeratæ in se suscipit. Hoc amplius in *dict. leg. contractus §. 3.* illud observari nominatim jubet Justinianus, ut ne liceat debitori, qui questus non est, post biennium creditori agenti in judicio deferre jusjurandum, cum tamen alias recusatio jurisjurandi judicialis adversus recusantem, qui justam recusandi causam non habet, pro manifesta confessione & probatione habeatur, *l. manifestæ 38. ff. de jurejur.* adeoque facilius admittenda fuerit jurisjurandi delatio, qua actor testis & judex in sua causa constituitur, ut rem uno verbo transigere possit, quam prolixæ & adversus invitum susceptæ probationes, *argum. l. 1. & l. 2. ff. dict. titul.* Unde perspicue apparet Justinianum nullas omnino probationes post biennium admitti voluisse. His insuper accedit textus *in leg. ult. Cod. de condict. ex leg.* ubi expresse cavetur, ne cautio post statutum tempus condicatur. Jam vero si cautio oblata probatione pecuniæ non numeratæ post statutum tempus condici non potest, ratio nulla est, cur exceptio pecuniæ non numeratæ oblata probatione admitti debeat. Denique nec aliter Græci: sic enim Harmenopulus, *L. 2. promptu. tit. 2. n. 4.* [illegible] id est, qui negat numerationem factam esse, nisi intra biennium conveniatur, aut de ea re contestatur, nullam habet defensionem. Postremo, uno tantum modo legimus exceptionem pecuniæ non numeratæ perpetuam fieri, mota scilicet intra biennium querela, seu protestatione facta de pecunia minime numerata, *d. l. contractus §. ult.*

Argumenta in contrarium adducta infirmiora mihi videntur, quam ut hanc sententiam possint convellere. Nam quod primo producitur in genere de natura exceptionum, quod sint perpetuæ, id ad eas exceptiones non pertinet, quæ etiam ultro a debitore per modum actionis proponi possunt. Exempli gratia, si filius exheredatus sit in possessione hereditatis, & scriptus heres ab eo hereditatem petat, potest filius in modum contradictionis sive excipiendo queri de inofficioso, *l. 8. §. si filius 13. ff. de inoffic. testam.* sed utetur hac exceptione duntaxat intra quinquennium: sic enim proponere eam debet, quemadmodum ageret, si non possideret, sed peteret: ut diserte ait Jurisconsultus dicto loco. Constat autem, actionem de inofficioso quinquennio finiri, *dict. leg. 8. §. ult. & l. seqq. l. 16. l. 34. in fin. Cod. eod.* Hoc vero ex eo est, quia potest nihilominus filius separatim sine petitione hereditatis querelam movere ob hoc scilicet ut testamentum pronuncietur inofficiosum. Pari ratione exceptio non numeratæ pecuniæ ultra biennium non extenditur, quia & ipsa, creditore intra biennium non agente, per modum actionis induci potest: nam & cautionem suam confessus condicere intra id tempus potest condictione sine causa, aut ob causam dati causa non secuta, *l. 7. Cod. de non numer. pecun. L. ult. Cod. de cond. ex leg.* & ultro queri sive protestari de non facta numeratione, atque hoc pacto sibi acquirere exceptionem perpetuam, *l. 8. L. 9. l. contractus 14. §. ult. & auth. seqq. Cod. de non num. pecun.* Quod secundo loco afferunt de exceptione doli concurrente cum illa pecuniæ non numeratæ, colorem aliquem videtur habere, sed præter colorem nihil habet. Fatemur ultro, exceptionem doli concurrere cum exceptione non numeratæ pecuniæ, id est, confessum vel hac vel illa ad defensionem suam intra definitum tempus uti posse, *l. 3. Codice eodem*, sed negamus omnem exceptionem doli esse perpetuam.

Duplex enim est doli mali exceptio, una generalis, quæ cum cæteris omnibus exceptionibus concurrit, & ex omni causa nascitur, ob quam id quod petitur, exceptione elidi potest, quamvis inter initia nihil dolo factum sit, *l. 2. §. & generaliter, 5. L. 4. §. penult. l. 12. ff. de dol. mal. exc. l. si quis 36. ff. de verb. obligat.* altera specialis, quæ nascitur ex eadem causa, ex qua actio de dolo, videlicet si quid ab initio gestum sit dolo malo, *§. Instit. de exc. L. 5. Cod. de inutil. stipul. l. 5. §. ult. ff. de dol. mal. except.* Hæc specialis doli exceptio perpetua est, & quidem non eo tantum sensu quo exceptiones peremptoriæ & perpetuæ dicuntur ab effectu, quod semel oppositæ semper agentibus obstent, *§. perpetuæ 9. Institut. de except.* quo eodem sensu etiam exceptio non numeratæ pecuniæ perpetua est: nam & illa intra biennium semel contestata perpetuo obstat agenti: verum etiam respectu temporis intra quod opponenda, *l. 5. §. ult. ff. de dol. mal. exc.* at generalis illa doli exceptio naturam & conditionem earum semper sequitur, cum quibus concurrit, tanquam accessio quædam, *l. 2. §. & generaliter, 5. ff. eod.* ut ecce, si qui decem debebat, pactus est cum creditore ne a se pecunia peteretur: sic ut pacti exceptio, quæ ex hac conventione debitori quæritur, lapsu temporis non interit, ita nec doli, quæ cum ea concurrit. Quod si pactus sit debitor, ne intra biennium a se peteretur, petenti intra biennium a se peteretur, petenti intra biennium obstabit tam doli quam pacti exceptio: at post biennium secus, *d. l. 2. §. item quæritur 4. ff. de dol. mal. exc.* Sic qui usuras in futurum a debitore accepit, ei intra id tempus sortem petenti pacti conventi, *l. qui in 57. ff. de pact.* & intra id tempus propter hanc etiam illa doli generalis, *dict. leg. 2. §. & generaliter 5.* finito autem eo tempore cum illa & hæc expirat. Simili plane ratione, ut confessus intra biennium conventus vel exceptione non numeratæ pecuniæ, vel doli se tueri potest propter illam: ita post biennium ut illa cessat, ita & hanc cessare necesse est. Porro non est iniqua exactio, ubi debitum petitur. Neque enim iniquum est, si rationem civilem spectamus, eum, qui proprio chirographo confessus est, debere, sibi pecuniam numeratam esse, post silentium totius biennii hanc quasi contempti beneficii juris & negligentiæ suæ, pœnam luere, ut confessioni suæ literis testatæ omnimodo stare, & confessam pecuniam solvere cogatur, quod ad tertium contrariæ opinionis argumentum responsum esto. Ultimum argumentum est in [illegible] ἀντιστρέφον, quod in eos ipsos, qui illud proferunt, retorqueri potest, hoc modo: Quod biennium confessio tribuit, id lapsus biennii totum adimit; atqui biennium ei tribuit, non immunitatem duntaxat probationis, verum etiam & maxime exceptionem ipsam non numeratæ pecuniæ: ergo lapsus biennii utrumque adimit, quod & expressum in *d. leg. 8. 9. 10. & 14. Cod. de non num. pecun.* quanquam nec argumentum a contrario sensu contra textus expressos procedere notum est, præs. Everh. *in top. leg. loc. 82. num. 4. princ.* Plane si debitor neget suam esse scripturam, aut dolose inductum dicat coactumve vi, ut confiteretur, aut dicat tantum causa numerationem intervenisse, cum aliud ageretur, aliud simularetur, etiam post biennium ex his causis exceptionem eum habere nemo est qui neget, *vid.* Joann. Fab. VVesemb. *ad titul. Instit. de lit. obl.* Tulden. *ibid. cap. 3.* Duar. *ad tit. Cod. de non num. pec. c. 4.* Donell. *ad l. 8. ejusd. tit.* Fachin. *2. contr. 82.* Gudel. *lib. 3. de jur. nov. c. 6.* Zanger. *p. 3. de except. c. 14. n. 55. & seqq.* Cæterum usu forensi recepta est communis Glossæ, Bartoli & aliorum sententia, contendentium etiam post biennium audiendum esse debitorem, modo ipse paratus sit ostendere, pecuniam sibi numeratam non esse, lapsumque biennii creditori tantum prodesse ad translationem oneris probandi in debitorem. Gomez. *2. resol. 6. num. 7.* Moz. *de contr. tit. de mut. n. 9.* Zanger. *ubi sup. n. 66.* Anton. Fab. *Cod. suo for. de non num. pecun. definit. 1.* Christin. *vol. 3. decis. 37.* Sande *lib. 3. tit. 2. defin. 1.* In Gallia & plerisque Belgii provinciis, non est melior conditio cautionis pecuniæ creditæ, quam cæterarum cautionum, agnoscentique chirographum suum, & excipienti de pecunia non numerata, hujus exceptionis probatio tam ante, quam post biennium imponitur, & præterea fiduciaria pecuniæ petitur consignatio. Hoc obiter, *vid.* Christin. *ubi sup.* Gudelin. *d. c. 6. in fin.* Imbert. *1. Instit. for. c. 35.* Cyprian. *cens. Belg. ad tit. Instit. de lit. oblig.* Groenev. *de leg. abrog. ad tit. Cod. de non num. pec.* & ibi citatos.

CAPUT XLII.

An jusjurandum judiciale recusari possit delatum ab actore, qui nihil probavit?

NOtum est, tria esse jurisjurandi genera litis & controversiæ decidendæ gratia comparata, voluntarium, necessarium & judiciale, his enim nominibus distinguuntur in *rubr. ff. de jurejur. & Cod. ult. tit. eod.* Voluntarium est, quod ex conventione a parte parti defertur extra judicium, id est ante coeptum judicium sive ante litem contestatam, *l. jusjurandum 17. princ. ff. dict. tit.* Dicitur autem est voluntarium, quia ex voluntate litigantium totum pendet, & ab initio vel suscipi vel non suscipi potest, nec is, cui delatum est, illud referre, nec is, qui detulit, si id ei ab adversario referatur, jurare habet necesse, *dict. l. jusjurandum.* Itaque huc non pertinet regula *l. manifestæ 38. ff. eod.* ex susceptione autem, quod ab initio erat voluntarium, jam necessarium fit, Beuster. *ad Rubr. eod. num. 54. & seqq.* Borcholt. *tract. de jurejur. cap. 7. n. 2.* Jusjurandum necessarium est, quod in judicio propter inopiam probationum, causis dubiis uni ex litigatoribus a judice defertur altero invito, *l. admonendi 31. ff. de jurejur. l. 3. Cod. de reb. cred.* quod sic appellatur, 1. respectu causæ, quæ aliter expediri nequit propter inopiam probationum, 2. respectu personæ, cui id defertur, quia id subire cogitur, aut pati contra se sententiam ferri, 3. respectu ipsius judicis: eo quod vel quando non defert, vel sine causa defert, litem suam facit, Maranc. *spec. p. 6. act. 9. de jur. n. 2.* alias suppletorium dicitur, & generali appellatione jurisjurandi judicialis quoque continetur, *l. pen. pr. §. 1. & 2. Cod. de reb. cred.* Jusjurandum judiciale est quod in judicio seu lite jam contestata defertur, vel ab ipso judice postulante uno ex litigatoribus, vel ab uno litigatore alteri præsente & approbante judice, *l. 1. l. jusjurandum 34. §. ait Prætor, 6. l. tutor, 35. l. manifestæ 38. de jurejur. l. delata, 9. l. pen. Cod. de reb. cred.* Hoc jusjurandum in specie judiciale dicitur, estque generis mixti: nam si deferentem spectamus, voluntarium est; si eum, cui defertur, ex parte necessarium: necessitas in eo, quod saltem referre cogitur; quin & qui semel detulit, referente adversario ipse jurare debet, aut pati sententiam pro adversario ferri *d. l. jusjurandum, 34. §. datur 7. d. l. manifestæ, 38. ff. de jurejur.* Ad hoc autem postremum genus solum quæstio hæc proposita pertinet. Illud igitur quæritur, an actor, qui nihil probavit, & nulla præsumptione juris adjuvatur, possit reo deferre jusjurandum judiciale eo effectu, ut nisi reus juret, aut jusjurandum referat, sententia judicis sit condemnandus. Negant Gloss. *in l. 3. Cod. de reb. cred.* Bart. Bald. Salic. Abb. & alii quos refert Mascard. *de prob. vol. 2. conc. 937. n. 7.* Harm. *observ. pract. tit. 13. observ. 3.* Ant. Fab. *Cod. suo for. tit. de reb. cred. defin. 23.* Caroc. *de juram. lit. decis. 9. n. principali,* ubi *n. 4.* hanc opinionem ait magis esse communem. Argumenta, quæ afferendæ huic opinioni afferuntur, hæc fere sunt: 1. Actor & reus ad impa-

ria

ria obligari non possunt. At reus actore intentionem suam probante condemnatur, ita ut ei non liceat actorem ad juramentum provocare, *c. 2. ext. de probat.* Ergo ex contrario actore non probante reus absolvendus erit, etsi non juret, etsi nihil ipse præstet, ut est in *l. 4. Cod. de edend.* 2. Non sunt petendæ probationes de domo aut e sinu rei, *l. nimis grave 7. Cod. de test.* sed quicumque judicio agere cum aliquo instituit, cum oportet propriis allatis probationibus reum convincere, *l. 9. Cod. de obl. & act.* in quo si defecerit, is qui convenitur, obtinere debet, quamvis nihil ipse præstiterit, & consequenter quamvis non juret, *d. l. 4. Cod. de edend.* Non probat autem qui jusjurandum defert, sed ille potius, cui defertur, & qui illud præstat. 3. Si jusjurandum judiciale reo invito deferri posset ab actore nullas alias probationes afferente, quicumque cogitabat non posse se extra judicium jusjurandum invito deferre, causam dolo malo in judicium adducere poterit; atque ita pro arbitrio molestiam creare adversario ei deferendo jusjurandum judiciale. 4. Pro firmamento hujus opinionis adducuntur loci aliquot ex utroque jure, utpote *cap. ult. princ. & §. 1. ext. de jurejur. l. ante pen. & l. pen. Cod. de reb. cred. l. eos qui 26. §. ult. Cod. de usur. l. admonendi 31. ff. de jurejur.* Cæterum ego contrariam sententiam sequi malo, nimirum jure publico permissum esse actori, etiamsi nihil probaverit, reo deferre jusjurandum judiciale, qui id aut subire, aut referre cogatur, recusantem autem sine justa causa pro confesso & convicto habendum atque a judice condemnandum esse; quæ & communis & recepta sententia est, *teste* Rod. Suarez. *in l. 4. fori tit. de juram. n. 6. & seqq.* ubi allegat Cost. August. Alex. & Albert. & alios. Schneid. *in §. item si 11.* post Jason. *Instit. de act. n. 21.* Gilken *ad leg. 3. Cod. de reb. cred. num. 7.* Fachin. *1. controv. 19.* Cujac. *22. observ. 28.* Duar. *in prior. comm. de jurejur. c. 6. & in posterior. cap. 3.* Donell. *ad tit. de jurejur. c.* [illegible] *& ult.* Christ. *vol. 3. decis.* ... & ibi citati Ofascus & Thesaur. pluresque alii apud Mascard. *de probat. vol. 2. concl. 977. n. 9.* Et secundum hanc sententiam memini me ex facto consultum bis terve respondisse: nec aliter potui, cum tot sint in hanc rem loci clari & perspicui *l. tutor, 36. princ. ff. jurejur.* ibi, *omnibus probationibus aliis deficientibus*, *l. cum de indebito 25. §. penult. ff. de probat.* ubi ei, cui onus probationis incumbit, licentia conceditur adversario suo de rei veritate jusjurandum inferre absque ulla distinctione *l. penult. princ. Cod. de reb. credit.* ibi *vel in principio litis*. Ergo & quo tempore nihil dum probatum est, *l. ult. §. licentia 10. Cod. de jur. delib.* ibi *vel per sacramentum illius, si aliæ probationes defecerint*. Edictum quoque Prætorii indistincte loquitur *l. jusjurandum 34. §. ait Prætor. 6. ff. de jurejur.* ut & *Impr. in leg. 9. Cod. de reb. cred.* denique & generalis est definitio Pauli in *l. manifestæ 38. ff. eod. ad d. l. ult. Cod. de fideic.* Ratio hujus sententiæ hæc est, ut actor, cum omnes ei deficiunt probationes aliæ, saltem metu divini numinis extorqueat veritatem adversario: & secundum hoc recte Donatus in Hecyra Terentii, *ubi*, inquit, *argumenta & testimonia deficiunt, jurejurando opus est*. Juri quoque divino hæc sententia optime convenit. *Exod. c. 22. v. 10. & 11.* qui locus clare ostendit, ubi hominum desunt testimonia, ad Deum testem posse provocari, præsertim quando asserendum est, quod in conscientia latet; quo respiciens Apostolus *epist. ad Hebræos cap. 6. vers. 16.* πάσης, inquit, *ἀντιλογίας πέρας εἰς βεβαίωσιν ὁ ὅρκος*: nec ulla hic prætendi potest jurisjurandi recusandi causa, nisi metus perjurii, eo quod recusans sibi conscius sit se, quod petitur, debere.

Ad primum contrariæ sententiæ argumentum respondeo, esse illud a dissimili: nam cum actor instrumentis aut testibus intentionem suam legitime probavit, & de jure suo plene docuit, jam causa est satis liquida, ut non oporteat eum onerari superfluo jurejurando: at nulla facta probatione contendente actore sibi deberi, reoque id negante res est dubia, atque adhuc decidenda, & quia deficit probatio ordinaria, confugiendum ad subsidiarium illud jusjurandum. Ad secundum respondeo, tantum abesse, ut actor, qui probationibus destitutus reo jusjurandum defert, probationes de domo rei sumat, onusve probandi ei imponat, ut etiam eum ipsum testem & judicem in propria causa faciat, *l. ult. Cod. de fideic.* & qui ob id, si jurare recuset, merito habendus sit pro confitente se malam causam habere *l. manifestæ 38. ff. de jurejur.* Diod. Tuldén. *in Cod. tit. de reb. cred. n. 4.* Ad tertium, incommodo quod hic objicitur, occurri posse juramento calumniæ. Notum enim est, eum qui jusjurandum de lite detulit, adversario postulante de calumnia jurare debere, id est, se non calumniandi seu vexandi, aut adversarium religione urendi animo jusjurandum deferre; sed quia ita uti dicit, se rem habere sibi plane persuasum sit, *l. jusjurandum 34. §. 4. ff. et d. l. ult. Cod. de fideic. l. 9. Cod. de reb. cred.* Neque hæc jurisjurandi de calumnia species, quamvis rarior hodie usus sit, prorsus exolevit, ut generale illud, quod in exordio litis ab utroque litigatore jure communi præstandum est, de quo *text. in l. 2. in fin. pr. Cod. de jurejur. propt. cal. §. 1. Inst. de pœn. tem. litig.* sed si exigatur, adhuc præstandum juxta *d. l. 34. §. 4.* VVesemb. *parat. ff. de jurejur. num. 9.* Damhoud. *prax. civ. c. 151.* Merul. *lib. 4. dist. 4. sect. 3. tit. 8.* Groenew. *tract. de leg. abrog. ad tit. Inst. de pœn. tem. litig.* Ad locos qui in contrarium adducuntur, facilis responsio est. In *c. ult. pr. ext. de jurejur.* hoc dicitur, juramentum quod in judicio a parte parti defertur, recusari posse licite ac referri. Quis vero negat posse recusari, dummodo simul referatur? Manifesta hic committitur fallacia compositionis & divisionis, dum disjunguntur ea, quæ illic requiruntur conjunctim. Etiam sine causa recusari potest a referente; recusari autem simpliciter sine justa causa non potest. In *§. 1. ejusd. cap.* loquitur Gregorius de juramento purgationis & suppletorio seu necessario a Judice inspectis personarum & causæ circumstantiis deferendo, quorum neutrum huc pertinet. Sic etiam Jurisconsultus in *l. admonendi 31. ff. de jurejur.* expresse agit de jurejurando, quod a Judice in dubiis causis uni e litigatoribus defertur, id est suppletorio. In *l. eos qui 26. §. ult. Cod. de usur.* Justinianus de juramento purgationis deferendo ei, qui suspectus erat de exercitione fœnoris. Quod autem idem Imperator sancit in *l. si quis 11. C. de reb. cred.* ne ille, qui primo jusjurandum detulit, id postea antequam præstitum esset, revocaret, dum existimat se posse probare, quod intendit, ne inquam ille possit mutato iterum consilio ad jusjurandum recurrere, id contrariæ sententiæ assertores minime juvat, quin confutat potius. Tralatitium enim est, cessante ratione legis & ipsam cessare legem. At Justinianus hanc illius sua con-

con-

constitutionis rationem das, quia absurdum sit redire ad hoc, cui renuntiandum putavisti, & cum de alia probatione desperasti, tunc denuo ad religionem convolare. Ergo si quis ante jusjurandum non detulit, apertæ cessat constitutio; neque enim revocasse intelligi potest, qui prius non detulit, nec denuo ad jusjurandum convolare, qui nunc primum defert. Ex *l. pen.* *§. 1. Cod. eod.* nihil aliud elici potest, quam quod ubi dubitatur utrum jusjurandum recte delatum sit, nec ne, posse quidem de facto recusari: sed an jure recusatum sit, judex despicere debeat: veluti si delatum sit de re ignota, de facto alieno, cujus ignorantiam prætexat is, cui delatum est, &c. Quid ergo, an non manifeste huic sententiæ adversatur regula in *l. 4. Cod. de edend.* qui tam diserte actore non probante reum obtinere vult, nihil ipse præstat? Nullo vero modo, quia neque ad actorem jusjurandum deferentem ea regula pertinet, quoniam de actore non probante loquitur: at delatio jurisjurandi ita actori jure tributa est, ut adversario nolente jurare, pro justa probatione ei cedat; neque ad reum confirmatem, at qui jusjurandum subire recusat, habetur pro confitente, *l. manifestæ 38. ff. de jurejur.* Plane si reus non utatur simplici inficiatione negando intentionem actoris, sed exceptione se defendat, eamque probare paratus sit, necessitate juramenti delati vel referendi vel præstandi absolvendus erit. Idemque dicendum est, si dicat se solvisse: cum utroque hoc casu reo incumbat probatio, atque ordinario legitimæ probationis medio veritas erui possit. Et hic locum habet, quod ajunt posse paratum probare perjurii evitare suspicionem: at simplicis & puræ negationis nulla est per rerum naturam probatio, *l. actor 23. Codice de probat.* & major metus est perjurii, cum actor, ubi jam aliquid probavit jusjurandum defert, quam ubi nihil: minor, ubi nulla adversus eum præsumptio, quam ubi aliqua, Tulden. *ubi supr. num. 5.*

CAPUT XLIII.

An Jusjurandum necessarium sive suppletorium judex deferre ex officio teneatur, & an remitti, vel referri aut recusari possit?

JUsjurandum necessarium seu suppletorium appellamus, quod propter inopiam probationis in causis dubiis uni ex litigatoribus a judice defertur altero invito; de quo loquuntur textus in *leg. admonendi 31. ff. de jurejur. l. 3. l. 12. Cod. de reb. cred.* & putamus necessarii nomen inde accepisse, tum quod judex illud deferre cogitur, tum quod is cui delatum est, id subire necesse habet, tum quod nec remitti a judice: nec referri ab eo, cui delatum est, possit; & denique quia sine hoc jurejurando res expediri non potest ob probationum inopiam, unde & nomen suppletorii. Non omnes tamen hæ rationes ab omnibus admittuntur. Nam Donellus *cap. 11. de jurejur. num. 8.* quem secutus est Treutlerus *dispur. de jurejur. thes. 10.* negant posse cogi judicem, ut hoc jusjurandum deferat, *arg. d. l. admonendi ff. de jurejur.* in verb. *Solent enim sæpe judices, &c.* & quia ubi actor non plene probat, judex vel absolvere reum potest juxta *l. 4. Cod. de edend.* Justi. *l. 9. Cod. de testib.* vel saltem ipsi reo jusjurandum deferre: per *leg. 3. Cod. de reb. cred.* & vulgatum illud non quidquid potestati judicis permittitur, illud continuo subjicitur necessitati juris, *l. non quidquid 40. ff. de judic.* Cæterum contrariam verius esse, nempe judicem necesse habere hoc jusjurandum deferre evidenter arguunt verba *dict. leg. 3. Cod. de reb. cred. per judicem jurejurando causa cognita rem decidi oportet*, quibus sane verbis necessitati juris hoc subjicitur, non liberæ potestati permittitur. Et ratio manifesta est, quia aliter in re dubia causam decidere judex non potest, nisi interveniente jurejurando. Unde dicitur hoc esse maximum remedium expediendarum litium, *l. 1. ff. de jurejur.* Pertinet ergo hoc ad officium judicis, & officii ratio hoc ei imponit. Debet enim judex de qua re semel cognoscere cœpit, de eadem etiam pronuntiare, & controversiæ finem imponere; *l. de qua re 74. ff. de judic. l. 1. ff. de re judic.* Non obstat verbum *solent*, quo utitur Jurisconsultus in *d. l. admonendi*, id enim necessitatis significationem illic habet; nempe quia id ex officio & necessitate facere judex solet: & quidem, ut opinor, ex officio, ut loquuntur; mercenario, quod actioni instituta inservit. Sic dicimus, non solet deterior fieri conditio eorum, qui litem contestati sunt *l. non solet 86. ff. de reg. juris* non solent; quæ abundant, vitiare scripturas, &c. *leg. non solent 94 eod.* nempe quia nec debent. Atque hæc etiam videtur communis & recepta opinio, ut videlicet nisi deferat judex eo casu, quo oportet aut solet, appellationi sit locus. Sichard. *ad rubr. Cod. de probat. num. 7.* Cyn. *in dict. leg. 3. Cod. de reb. cred. num. 7.* Salic. *ibidem num. 5.* Bert. *in d. leg. admonendi num. 59.* Beuster. *num. 119.* Quod vero Donellus ait, ubi actor non plene intentionem suam probaverit, posse judicem reum absolvere, vel ipsi reo jusjurandum deferre, id ei simpliciter concedendum non esse iis, quæ proximo capite disputamus: perspicue apparebit. Remitti hoc jusjurandum a judice non posse, ita ut secundum eum, qui remisit, judicet, sed re ipsa jurari oportere, satis probat textus in *d. l. 3. Cod. de reb. cred.* ibi, *decidi jurejurando rem oportet*, & textus in *d. l. admonendi 31. ff. de jurejur.* ibi, *secundum eum qui juraverit.* Et ratio minime obscura est, nempe quia judex non est dominus litis, sed adversarius, qui ob id solus delati gratiam facere potest eo effectu, ut pro præstito habeatur, ut bene DD. vulgo. At revocare delatum quin judex possit non dubito, si forte postea suspicio inciderit, fore, ut pejeret is, cui delatum est, aut si post delationem comperit causam alterius meliore jure niti: cæterum revocatum non habebitur pro præstito. Satis quoque exploratum est, recusari delatum non posse, nisi recusans velit contra se sententiam ferri: excepto si forte deferatur de re ignota, veluti si deferatur heredi de facto defuncti: nemo enim cogitur in facto alieno anceps perjurium subire, *l. 4. princ. ff. de in lit. jur. l. 34. §. 3. de jurejur. l. 11. §. 2. ff. de act. rer. amot.* Atque hanc causam puto significari in *cap. ult. ext. de jurejur.* vel si a profano judice deferatur illicitum, sive verbis conceptum, in quæ vir bonus salva pietate & bona conscientia jurare non potest, per *l. 5. §. 3. ff. de jurejur.* Sed & actori, qui intentionem suam instrumentis aut testibus plene probavit, delatum, aut delatum reo, ubi ab actore nihil probatum recte recusabitur; aut si posteriore casu deferatur, actori poterit

terit

terit reus appellare. Merul. *lib. 4. dist. 4. sect. 4. dist. 24. c. 1. n. 8. & seqq.* An referri possit, quæsitum est. Dubitat Accursius in *l. 12. §. 1. Cod. de reb. cred.* Negat Donellus *d. l. 9. Cod. de reb. cred. n. 18. & seqq. item* Borcholt. *c. 7. de jurejur. num. 9.* Mynsing. *ad rub. ext. de probat.* Affirmabat Ant. Faber, *dec. 19. err. 7.* quem sequitur vir clarissimus Collega quondam meus Dom. Petrus Cunæus in *paratit. manuscript.* Fatemur quidem illi proprie ei, qui detulit: referri jusjurandum dici, nec judici, qui detulit, referri posse. Sed tamen existimam posse eum, cui judex detulit, illud rejicere in adversarium suum, *arg. d. l. 12. §. 1. Cod. de reb. cred.* cum illi Justinianus expresse dicat aut præstandum esse juramentum, aut referendum, sive pars parti in judicio, sive judex parti detulerit; cui sententiæ hoc consequens est, si judex ob semiplenam probationem hoc jusjurandum deferat, licere hoc casu parti, cui delatum est, in alteram partem id rejicere. Sed resistit ipsa verbi *referre* significatio. Refertur enim unde illatum est. Quod si delatum non ex necessitate suscipiendum sit, sed referri possit, cur magis hoc jusjurandum necessarium nuncupemus, quam judiciale, causam nullam video. Fatemur verba Justinian. in *dict. l. 12. §. 1.* valde obscuram habere sententiam, agnoscimus & hiulcum illud & molestum dicendi genus Triboniano familiare: sed tamen, ut concedamus verba illa *vel ex auctoritate judicis cuicumque parti illatum*, &c. de necessario accipi deberet tamen quod eodem loco mox subjicitur de relatione, id ad jusjurandum judiciale duntaxat pertinere omnino existimamus: sic ut singula singulis respondeant hoc modo, cui a judice defertur, is præcise jurare debet, cui a parte, jurare vel referre. Argumento est, quod necessitas præstandi referentem non indistincte utroque casu utrique imponitur, sed uno casu tantum, & ei cui jure refertur, qui scilicet ipse ante detulit; atque in hunc solum quadrat ratio, qua §. 1. d. l. 12. clauditur, *quis enim ferendus est ad appellationis venire auxilium in his quæ ipse faciendo præsumpsit.*

CAPUT XLIV.

Quando & quibus in causis a judice deferri possit aut debeat Jusjurandum necessarium, seu suppletorium?

POtestas Judicis in deferendo juramento suppletorio tribus conditionibus circumscribitur, ut deferat in probationum inopia, in causis dubiis, & causa cognita, *l. 3. Cod. de reb. cred. & jur. urb. l. admonendi, 13. ff. de jurejur.* Primum igitur necesse est, ut causa laboret inopia probationum: nam probationibus suppetentibus, aut supervacuum est hoc jusjurandum, si deferatur actori; quia & sine jurejurando satis probatum, ut secundum eum debeat judicari; aut iniquum, si deferatur reo, quippe quem convictum condemnari oportet juxta formam juris, *leg. generaliter, 9. C. de oblig. & act.* Deinde ut deferatur non in quavis inopia, sed in causis dubiis duntaxat. Dubias autem causas definio non eas, in quibus pares utrinque probationes sunt; (tunc enim reum absolvi oportet, *cap. ex litteris §. ultim. extr. de probat. cap. dilecti, 6. extr. de fid. instrum. arg. l. inter pares, 38. ff. de re jud. l. Arianus, 47. ff. de oblig. & action. cum simil.*) sed eas, in quibus judex dubius est ob minus plenas probationes allatas, puta si actor unum inculpatum testem omnique exceptione majorem proferat, poterit ei juramentum suppletorium deferri: ac tales casus plures occurrere possunt: ita DD. *comm. in d. l. admonendi & dict. l. 3.* VVesemb. *par. de jurejur. num. 10.* & hæc sententia in omnibus Curiis recepta, eamque hodie sequimur, Costal. *in dict. leg. admonendi*, Merul. *lib. 4. dist. 4. sect. 4. tit. 23. cap. 1.* Ab hac tamen sententia quasi juri Justinianeo minus consentanea recedunt Duar. *lib. 2. disp. 35.* Donell. *de jurejur. c. 21. num. 4.* Anton. Fab. *19. conj. 1.* Bronch. *ad assert. 93.* contendentes dubias causas intelligi eas, in quibus par est utrinque & plena probatio, atque illo demum casu locum habere, quod de jurejurando suppletorio sive necessario deferendo præcipitur. Sed hæc potius illorum opinio juri nostro minus consentanea, immo plane non convenire videtur. Neque enim potest dici causa laborare inopia probationum; cum ab utraque parte plene probatum est: sed tunc actoris probationibus per contrarias rei elisis perinde habendum erit, ac si nihil probatum esset, & reus, ut dixi absolvi debebit, *cap. cum sunt, text. de reg. jur. in 6. per leg. ubi pugnantia, 188. ff. eod.* Et vero si, ut illi volunt, ubi actor uno teste probavit, & reus nihil, nihilominus reus absolvendus sit, multo magis absolvendus erit, ubi ille totidem testes pro se produxit, quot actor, Matth. VVesemb. *cons. 17. num. 7.* Nec quod illi regerunt, magni momenti est, nempe alias effici, ut hoc jusjurandum deferri queat, etiam ubi nihil probatum est. Nam primum tunc non potest dici causa dubia. Deinde aliud est defectus probationum, ubi nullæ suppetunt, aliud inopia, ubi quædam suppetunt, sed ancipites aut minus idoneæ. Cujac. *lib. 22. observ. 38. in fin.* Inopia quippe opponitur copiæ & opibus, & minor est egestate. Sic inopiam frugum, vini, amicorum, inopem ærarium, inopem linguam, &c. dicimus, non cum plane nihil, sed cum non quantum satis est suppetit.

Sed expendamus singula quæ huic sententiæ objiciuntur. Sic igitur illi porro argumentantur in contrarium. Aut probat actor, aut non probat, illo casu vincit sine jurejurando, *l. 9. Cod. de oblig. act.* hoc casu reus absolvi debet, *l. 4. Cod. de edend.* Respondeo: est medium quiddam, cum scilicet actor neque omnino probat, neque nihil, sed aliquid, ut loquuntur, semiplene. Non enim ideo, qui parum probavit, dici debet nihil egisse, propterea quod judex ei penitus assentiri non debet, *arg. leg. 1. & 2. ff. de testib.* Ajunt par esse non probare & non perfecte probare, *per leg. 6. ff. qui satisd. cog.* & cum lex exigit probationem, exigere justam & legitimam *l. ult. C. de probat.* Respondeo, ratio hæc obstaret, si semiplenam probationem sufficere diceremus. At nunc contra, quia per se non sufficit, sed opinionem duntaxat inducit, ideo dicimus, ad suppletorium hoc juramentum judicem recurrere posse & debere. Nimirum parata quidem illi sunt in eo, quod nec imperfectæ probationis ea vis est, ut fidem & assensum mereatur, quia per se inefficax: sed quando alia adminicula accedunt, ut fieri potest, *l. 5. l. 6. C. de probat.* jam pro perfecta cedit & plenam fidem facit. Instant tamen & ajunt, duo vel plura imperfecta non facere unum perfectum lectum *arg. l. spadonem*, 11. §. *quia jura*, 11. *ff. de excus. tut.* unde colligunt nec jusjurandum junctum cum semiplena probatione posse efficere probationem plenam. Sed non est novum, ut duo aut plura, quæ per se singula infirma sunt aut inefficacia, juncta simul & coacervata, vires & efficaciam consequantur, verbi causa, unius testis, quamvis omni exceptione majoris, testimonium plenam fidem non facit: sed si ea, quæ dicit, consentiente fama, aliisve veritatis indiciis confirmentur, jam illius testimonium pro plena probatione habendum est, *leg. 5. & 6. Cod. de probat.* Similiter etsi singula pacta per se actionem non producant, si tamen id quod pacto quis promisit me soluturum pacto item [illegible] constituat, aut alius pro eo, hic actio pecuniæ constitutæ jure prætorio in constituentem datur; *leg. 1. & seq. tit. ff. de pecun. constitut.* Sic etsi neque sponsalia, neque concubitus per se matrimonium efficiunt, si tamen ad sponsalia accedat concubitus, transeunt in matrimonium *c. veniens*, 15. *C. is qui fidem*, 30. *ext. de sponsal.* Et ut favore pupillorum receptum sit, ut duæ aut plures imperfectæ excusationes unam aliquam perfectam efficiant: in nostro tamen casu alius favor est, qui suadet, ut imperfectæ probationes duæ vel plures unam perfectam probationem repræsentent, ne scilicet probationes redigantur in angustum, contra *leg. quoniam, in fin. Cod. de hered. l. [illegible] pr. C. de reb. cred. & jurejur.* Sichard. *in l. 3. C. dict. tit. num. 12.* Plane ubi non ad probationem tantum, verum etiam ad actus solemnitatem & substantiam certus numerus testium desideratur, quorum uno deficiente actus sit nullus, ut in testamentis; hic si pauciores sint adhibiti, juramento suppletorio non est locus *l. si unus*, 12. *C. de testamen.* Salic. *in d. l. 5. num. 16.* Sed fortasse nihil adhuc profecisse videbimur iis, qui clamant vocem unius vocem nullius, & expresse legibus vetitum esse unius testis, quantacumque dignitate præditus sit, responsionem audiri, *leg. jurisjurandi*, 9. §. 1. *Cod. de testibus.* Respondemus, ne nos quidem hoc dicere, unius testis vocem esse audiendam, id est, credendum esse unius testimonio: credere est plene assentiri. Potest tamen unius viri honesti & gravis testimonium movere animum judicis, & creare etiam non levem suspicionem. Opponuntur iu *leg. 3. §. 2. de testibus*, quid aut credat judex, aut parum probatum sibi opinetur. Non ideo tamen, qui parum probavit, nihil egit: licet ob id judex ei credere non debeat seu penitus assentiri. Sensim ad firmam assensionem pervenitur & quasi per gradus. Plerumque levi primum suspicione judex movetur, mox etiam vehementiore, quæ opinionem inducit, tandem succedit & plena persuasio ac firmus assensus, accedentibus atque aliis veritatis indiciis. Ac plane ut fides & assensus modo plenus & integer, ac firma persuasio; modo imperfectior, ut in opinione dubitationem adjunctam habente: ita & probatio argumentum faciens judici fidem. Collectio ex Callistrato in *dict. leg. 3. §. 1. & 2. ff. tit.* Cum autem satis constet ex *l. 5. & l. 6. C. de probat.* plures probationes imperfectas, licet diversi generis, jungi & ita junctas firmum assensum mereri posse, necesse est, ut per se quoque singulæ consistant & aliquid operentur. Finge ab actore produci testem unum, hominem spectatæ fidei, eaque, quæ dicit, aliis quibusdam veritatis argumentis confirmari: quamvis singula hæc per se plenam fidem non faciant, aliquam tamen faciunt, & juncta, quod singulis pondere est, [illegible] suppleat. Finge proferri chirographum, quod is [illegible] verius quem profertur, a se scriptum negat; [illegible] esse hominem vilem & contemptum, cum is, qui [illegible] fert, sit vir gravis & integræ existimationis, [illegible] re testem unum omni exceptione majorem, qui [illegible] niam, quæ ex chirographo patitur, numerari vidit, non poterit non judex moveri, quin existimet actorem bonam causam habere; sed quia hæc probatio sola & per se plenam fidem non facit, quæ scilicet ad definiendam controversiam & sententiam secundum eum, qui nihil amplius praestitit, ferendam sufficiat, hic dicimus, rem ita transigi oportere, ut judex in supplementum ejus, quod ad justam probationem deest, actori jusjurandum deferat, eoque ab actore præstito secundum eum judicet *d. l. leg. admonendi & d. l. 3. Cod. de reb. cred.* Qui hæc negant & [illegible] distinctionem non admittunt, illi in argumento laborant petitione principii, postulantes sibi concedi [illegible], id quod est in quæstione, quæ [illegible] captio est. Quæstio hæc est, an omnino jure prohibeatur, & præcipiatur, ne ullum argumentum, aut alia ratio in judiciis admittatur, nisi ex qua una sola perfecta rei gestæ fides adstruatur? Si hoc verum est, non aliæ omnino in judiciis admitti atque a judice audiri debent, quam quæ seorsum per se singulæ sunt quasi [illegible], non alia instrumenta, quam ubi per se quodvis sufficienter probat, eandemque fidem judici facit, quæ moveri eum possit ad sententiam ferendam eum, qui illud profert, ferendam: at consequens hoc falsum esse supra satis demonstratum est ex *leg. 4. & l. 6. [illegible] probation.*

Tertia conditio, qua potestas judicis in [illegible] jurejurando suppletorio limitatur, est, ut id [illegible] causa cognita; *leg. 3. Cod. de reb. cred.* Hoc autem nihil aliud est, quam ut judex ei deferat, cui deferri ob justas causas æquius esse videbitur; [illegible] statim v. c. actori qui ad probationem aliquid attulit, deferri debet, sed inspiciendæ prius [illegible] & causæ circumstantiæ, *cap. ultim. extr. de jurejur.* Itaque nihil meo judicio, præcise hic definiendum; sed multa examinanda sunt, priusquam ad delationem hujus jurisjurandi perveniatur; in primis fides cujusque & conditio personæ, qualitas [illegible] rei de qua agitur, testium item, qui producuntur, prudentia, denique & probationis modus: ac demum his rebus bene exploratis judex ex animi sui sententia æstimabit, an jusjurandum & utri deferri debeat. Perniciose igitur errant judices, qui hoc jusjurandum passim & sine delectu deferunt, de quo queritur Joan. Oldendorph. *in tract. de probat.* Quædam etiam causæ sunt, in quibus hoc jusjurandum locum non habere tradunt DD. cujusmodi sunt causæ criminales, utpote in quibus probationes non tantum plenæ esse debent, sed etiam luce meridiana clariores, *leg. ultim. in fin. Cod. de probat.* nec admittendæ propter inopiam aliarum probationes præsumptivæ, qualis est probatio per juramentum, *leg. 5. prim. ff. de pæn. l. antepen. ff. de quæst.* Sichard. *in leg. 3. C. de reb. cred. num. 5.* Gail. 2. *observ.* 94. *n. 3.* Mynsing. 2. *observ.* 17. Farbin. 1. *cent.* 25. Costal. *ad l. 3. ff. de jurejur.* Diod. Tuldén. *in Cod. de rebus cred. num. 9.* quamquam hic reus interdum admittitur ad jusjurandum purgationis. *Novell.* 124. *cap. 2.* unde *auth. novo jure C. de pæn. jud. c. 5. & cap. ult. de purg. canon. c. 1. extr. de conf.* Item causæ matrimoniales,

niales, Gad. d. loc. Covarr. *de matrim. p.* 1. *c.* 4. §. 1. *num.* 8. Item causæ civiles & arduæ & magnæ quantitatis, Sichard. *d. loc. num.* 8. Gail. 1. *observ.* 108. *n.* 11. Mynsing. 1. *observat.* 68. in quibus tamen, si plus quam semiplene probatum est, huic jurijurando locum esse volunt, puta si cum semiplena probatione concurrat aliqua suspicio aut conjectura, Gail. *dict. loc. decis.* 57. *Cur. Holland.*

CAPUT XLV.

An Judex possit ab initio modum statuere jurejurando in litem, & an ex causa possit id non sequi vel a principio non deferre?

Est genus aliquod jurisjurandi, quod ob dolum, contumaciam, aut culpam rei soli defertur actori, & a nostris jusjurandum in litem appellatur. Hujus autem duæ sunt species, quarum alteram jusjurandum affectionis, alteram veritatis Interpretes appellant. Affectionis jusjurandum est, quo actor jurat, quanti rem æstimet ex affectione, quo sæpe verum rei pretium excedit, *l.* 1. *l.* 8. *ff. de in lit. jur.* veritatis, quo jurat actor, quanti rem æstimet ex vero, seu quanti vere ipsius intersit, omni affectione semota, *leg.* 2. §. 1. *ff. eod.* Prius in specie vocatur in litem; quamquam & posterius sic appellatur, *leg.* 5. §. *ult. cum l. seq. ff. eod.* Utrumque defertur a solo judice *leg.* 4. §. 1. *ff. eod.* Posterius etiam in strictis judiciis defertur, re post moram aut culpa debitoris perempta, *dict. l.* 5. §. *ult. & leg. seqq.* Prius tantum in judiciis arbitrariis & bonæ fidei, ob dolum, aut contumaciam non restituentis aut exhibentis *d. l.* 5. *pr. &* §. 3. *l.* 8. *eod. l.* 3. §. 2. *ff. commod. l. qui restituere*, 68. *ff. de re vind. cum simil.* Ad hoc posterius, videlicet jusjurandum affectionis pertinet, quod legimus, licere actori in infinitum jurare; atque id etiam judicem sequi debere, *leg.* 4. §. 2. *ff. de in lit. jur. d. l. qui restituere*, §. 5. *de rei vind.* nec potest dici pejerasse, qui ex affectu jurejurando rem æstimat, quia de arbitrio suo & affectu juravit, non de vero pretio. In infinitum autem idem valet, quod in immensum, ut in postea in *d. l.* 4. §. 2. explicat Ulpianus, id est etiam in eam summam, quæ longe rei pretium ac pene modum in eo excedat; dum tamen certa summa dicatur, ad quam lis æstimetur, hæc enim istorum locorum sententia est, nempe quia legibus, quibus de hoc jurejurando cautum est, certa quantitas ad quam usque juretur, non est definita; ideo necesse non esse, ut jurans hic servet certum aliquem in jurando modum, sed posse eum ex affectione pro arbitrio suo rem æstimare, & in eo affectioni suæ etiam immodice indulgere. Eodem sensu Justinianus in §. *& numero*, 4. *Instit. de hered. instit.* dicit posse testatorem in infinitum quotquot velit hæredes instituere. In infinitum, id est, *sic dispersim*, ut infinitum illic accipiatur pro indefinito incertoque hæredum numero. Porro tria de hoc jurejurando inter alia in dubium vocantur, 1. an Judex possit ab initio modum huic jurijurando statuere, ad quem usque juretur, 2. an possit aliquando Judex id non sequi, 3. an possit in totum non deferre. Negat hæc omnia Anton. Faber 16. *conject.* 17. *& decis.* 18. *err.* 10. contendens nec ab initio taxationem, nec postea deminutionem aut absolutionem judicii apud veteres permissam fuisse; immo nec ab initio non deferendi licentiam. Nos autem constanter dicimus posse atque olim etiam potuisse judicem taxationem huic jurijurando adjicere; posse & potuisse jusjurandum non sequi, sed vel minoris reum condemnare, vel etiam prorsus absolvere; denique posse & potuisse id a principio non deferre. Ad hoc autem probandum non est necesse uti argumentis longe petitis; loci in medio positi sunt veterum Jurisconsultorum Ulpiani, Marciani & Pauli, quibus idem illi, quod nos & tantum non iisdem verbis pronuntiant. Et quod ad primum attinet, Ulpianus in *l.* 4. §. 2. *ff. de in lit. jur.* quærit, an judex modum jurijurando statuere possit, ut intra certam quantitatem juretur, ne arrepta occasione juretur in immensum; & respondet etiam hoc arbitrio bonæ fidei judicis congruere. Marcianus in *leg.* 5. §. 1. *ff. eod.* potest, inquit, judex præfinire certam summam, usque ad quam juretur. In *l.* 3. §. 2. *ff. ad exhib.* Ulpianus ait in actione ad exhibendum notandum esse, quod reus contumax per in litem jusjurandum petitoris damnari ei possit, judice quantitatem taxante, Paulus *in l. arbitrio*, 18. *pr. ff. de dol. mal.* ait posse per contumaciam suam tanti reum condemnari, quanti actor in litem juraverit, sed officio judicis debere in utraque actione (de dolo scilicet, & quod metus causa) taxatione jusjurandum refrænari. Ex iisdem locis simul intelligimus, jurare quidem in infinitum, seu in eam summam, quæ pretium rei longe excedat, licere, atque id quoque judicem sequi, sed tunc cum taxatio jurijurando adjecta non est; cæterum si judex certam summam præfinitiverit, ad quam usque juretur, tum ultra jurare non licere. Non obstat *l. qui restituere*, 68. *vers. si vero non potest*, *ff. de rei vind.* quoniam verba illa Jurisconsulti, *sine ulla taxatione*, minime referenda sunt ad vocem *damnandus*, sed construenda & conjungenda cum verbo *juraverit*, ut in ipso textu; ut sit sensus, cum juravit nulla taxatione a judice præfinita, id judex sequi debet. Sed & si judex modum jurijurando non statuerit, aut intra modum statutum juratum sit, potest tamen jusjurandum non sequi, & vel minoris reum condemnare, vel prorsus absolvere; utique ex magna causa & postea repertis probationibus; verba sunt Ulpiani in *dict. l.* 4. §. 3. & est arg. in *l. admonendi*, 31. *ff. de jurejur.* Magna causa est, veluti si doceatur reum non desiisse dolo possidere; aut petitorem non esse dominum fundi, aut pro parte non esse, aut partem duntaxat a reo per contumaciam non esse restitutam, atque hic locum habet, quod Jurisconsultus ait, posse judicem vel minoris reum condemnare, vel prorsus absolvere. Nec quicquam mutat, *auth. post jusjurand. C. de judic.* ubi non agitur de jurejurando affectionis, sed veritatis, quo impensæ litis a victore æstimantur. Glossa *ibidem*. Quod si ex novis instrumentis hoc jusjurandum retractari potest, poterit etiam ab eo appellari. Est enim hoc jusjurandum in hujusmodi casibus simile necessario seu suppletorio, quia utrumque judex, non pars parti defert, & defert altera parte invita. Fac. *l. ultim.* §. 1 *ff. de appellat.* Duaren. *ad l.* 5. *ff. de lit. jur.* quamquam in aliis propriis accedit ad voluntarium, quoniam actoris causa comparatum est, qui idcirco id impune recusare potest, si de vera æstimatione probare velit, ut recte Bartolus ad *l. ult. ff. de in lit. jur.* Borchol. *tract. de in litem jur.* C. 3. *num.* 27. & est in eam rem textus expressus in *l. quod si possessor*, *sit*, 73. *ff. de rei vind.* Quod vero *in l. 4. præf. ff. de in lit. jur.* nominatim de tutoribus & curatoribus refertur, eos ut jurent, cogi non posse, id propter specialis dubii in his personis rationem notandum fuit, quia si recusent jurare, tutelæ vel curæ judicio de damno inde accepto pulsari possunt. Conditio autem in *d. l. 5. in fin. pr. si velit*, propria est hujus jurisjurandi, non adolescentis, Borch. *d. tract. de in lit. jur. c. 3. n. 27. & seqq.* Donell. 26. *comm. cap.* 12. Quid igitur est, quod Paulus in *l. ult. ff. eod.* scribit, ex necessitate juris in litem jurari? Respondeo primum, Paulum non loqui de jurejurando in litem affectionis, sed veritatis. Deinde, Paulum non intelligere necessitatem aliquam juris publici, sed privati, quia cum æstimatio rei, quæ non extat, difficillime probari possit, necesse sit actori jurare, nisi eam sibi perire velit. Et denique, sic Paulum loqui respectu judicis, quia judex sine delatione jurisjurandi non potest æstimare rem, quæ non extat, *l. 5. §. ult. ff. eod.* Illud autem ineptum est, quod quidam ajunt, in *dict. l. ult.* agi de necessitate patiendi delationem jurisjurandi impositam contumaci, non de necessitate imposita ei, cui defertur: nam neque, ut jam diximus, de jurejurando affectionis, quod ob solam contumaciam defertur, illic agitur; neque verbis jurisconsulti, qui ex necessitate juris in litem juravit, talem sensum affingent, qui Latine sciunt, ille jurat necessitate juris, id est, alter eum juramentum pati debet. Quemadmodum autem judex modum juri jurando statuere potest, ita & potest ab initio in totum non deferre: immo propterea quod judici licet in totum a principio non deferre, ideo & modum jurijurando statuere potest, ne ultra certam quantitatem juretur: ratio & collectio Ulpiani in *dict. l. 4. §. 2.* item Marciani in *d. l. 5. §. 1. ff. eod.* & ibi vulg. DD. Potest ergo judex & taxare quantitatem, in qua juretur, & ideo potest, quia potest in totum jusjurandum non deferre. Movere non debet, quod Ulpianus in *d. l. 4. §. 1.* scribit, judicem oportere hoc jusjurandum deferre; quippe quo hoc tantum significatur, si quo casu deferendum sit, a judice deferendum esse, non a parte, ad differentiam voluntarii & judicialis. Enimvero non hoc dicimus etiamsi de dolo & contumacia adversarii appareat & liquido constet, esse in potestate judicis non deferre, sed ubi de eo ambigitur nec satis liquet. Nam quæ judicis arbitrio permissa, non in meram ejus voluntatem collata intelliguntur, sed commissa viro bono cum necessitate arbitrandi & statuendi, quod sibi æquius & melius videbitur, *arg. l. si sic legat.*, 75. *ff. de legat.* 1. Duar. *ad tit. de in lit. jur. num.* 29. Coras. *ad l. 5. eod. num.* 21. Mirabitur jam forte aliquis, quid Ant. Fabrum moverit, ut contra tot expressos & claros textus superiora omnia negaverit, neque injuria. Nihil enim ille ad confirmationem opinionis suæ profert præter locos in *l. qui restituere*, 68. *ff. de rei vind. l. 4. in præf. & §. 1. l. ultim. ff. de in lit. jur.* in quibus tamen nullum ei præsidium esse satis abundeque probavimus: & tamen tam infirmo aut potius nullo auxilio fretus audet alios locos omnes delere aut Triboniano adscribere, quasi in iis ipse sermo Triboniani eluceat. Ait igitur *d. l. 4. §. 2.* a verbis *Sed an judex*, *&c.* & *§. seq.* item *l. 3. §. 1. & 2. ff. de in lit. jur. l. arbitrio*, 18. *pr. vers. sed officio*, *ff. de dol. mal.* esse ex emblematis & additamentis Triboniani, taxationemque istam ignotam veteribus primum a Zenone introductam, *l. 9. Cod. unde vi*. Sed profecto tot illustres, quos modo citavimus, locos ex iis, in quibus est tersus & emendatissimus ac genuinus veterum sermo, minime redolens Tribonianum, Triboniano adscribere nimis temerarium est. Aliter olent caulli, aliter sues. Subactæ in latinitate & legibus Romanis aures facile verba veterum Jurisconsultorum discernunt a circumducta & molesta oratione Justiniani aut Triboniani.

Legitimumque modum digitis callemus & aure.

CAPUT XLVI.

An ex omnibus contractibus innominatis duplex actio competat, præscriptis verbis, & condictio ob causam dati?

Contractuum innominatorum quatuor genera facit Paulus in *l. 5. pr. ff. de præsc. verb.* do, ut des, do, ut facias; facio, ut des, facio, ut facias. Ex duobus prioribus duplicem competere actionem constat, præscriptis verbis, & condictionem ob causam dati, quarum alterutra experiri liceat, prout ei, qui dedit, visum fuerit, *dict. l. 5. §. 1. & §. 2. ff. eod. l. 7. §. 2. ff. de pact.* Præscriptis verbis agam, si velim, ut ille, cui dedi, etiam ex sua parte contractum impleat, id est, ut & ipse det vel faciat, quod convenit. Atque hoc casu si non dederit aut fecerit, damnabitur mihi quanti interest mea illud, de quo convenit, datum aut factum esse, etiam de re certa danda convenerit, *dict. l. 5. §. 1. 2. & 5. l. 4. & 2. seq. C. de rer. permut.* Quod si is, cui dedi, cesset dare, aut facere, & velim meum recipere, hic altera actione experiri mihi licebit, nempe condictione ob causam dati, qua repetam quod datum est, quasi ob rem datam re non secuta, *dict. l. 5. §. 1. & 2. l. 7. ff. de præscr. verb.* Hæc autem actio non est ex contractu innominato, qui verus est contractus, sed quasi ex contractu seu tacita quadam conventione, & extra id quod expresse actum est, nascitur, *leg.* 13. *in fin. ff. commod.* Duo enim in utroque hoc articulo, do ut des, do ut facias, aguntur, alterum expresse, ut vicissim des vel facias, quæ conventio efficit contractum innominatum, unde est actio præscriptis verbis in id, quod interest; alterum tacite, ut si non fiat vel detur, de quo convenit, liceat datum repetere. Atque ex hac quasi tacita conventione & quasi contractu oritur condictio hæc ob causam dati. Ex duobus autem reliquis articulis, nempe facio ut facias, & facio ut des, utraque superior actio non competit: sed ut una tantum hic, eaque expressa est conventio, unusque contractus innominatus & verus, ita & una dumtaxat ex utroque actio. Tacita conventio hic nulla aut quasi contractus, ex quo ad repetendum condictio ob causam dati, quia nihil datum, sed factum est: facta autem repeti non possunt, nec infecta per rerum naturam fieri. Quænam igitur actio duobus illis casibus dabitur? Et quidem ex contractu, facio ut facias, datur actio præscriptis verbis, *l. 1. §. 4. & 5. l. 9. l. 15. ff. de præscript. verb.* condictioni autem ob causam dati hic locus esse non potest, propterea quod, ut dixi, facta repeti nequeunt. Ex contractu autem, facio ut des non alia, quam de dolo dari videtur *dict. leg. 5. §. 3. l. 15. §. fin. ff. eod. l. 4. Cod. de dol.* in cujus specie est con-

contractus facio ut des, quia datio ad factum ordinata pro facto habenda. Neque hic condictio ob causam dati competit, propter eandem rationem, quia facta repeti aut infecta fieri non possunt. Cur autem ex contractu, facio ut des, non æque detur actio præscriptis verbis, ac ex reliquis tribus articulis, do ut des, do ut facias, facio ut facias, subtilissimæ disquisitionis est: nec videtur esse perpetuum, *d. l. 15. & ibi, 22. ff. de præsc. verb. l. 6. C. de transact.* Et sane his locis etiam ex contractu, facio ut des, actio præscriptis verbis datur, contra quam diserte Paulus in *d. l. 5. §. 3. de præsc. verb.* Non enim possis cum Donell. *tract. de præscr. verb. cap. 10. & seqq.* Pauli responsum accipere de eo casu, quo is, qui fecit, a contractu recedere cupit, quo casu cum condictioni locus esse non possit, cum facta repeti nequeant, in ejus locum succedat actio de dolo: quia in tota illa lege ex professo agitur de actione præscriptis verbis, non de condictione nisi obiter, quippe quæ aut ex conventione expressa aut contractu innominato, nascitur, ad quod tamen genus contractuum tota illa disputatio pertinet. Et Paulum intelligere actionem præscriptis verbis apparet ex §. 2. *in fin. d. l. 5.* ubi cum actionem in factum civilem, id est, præscriptis verbis ex articulo do ut facias concessisset, mox §. *seq. 3.* subjicit, ex articulo facio ut des, nullam esse civilem actionem, & ideo de dolo dari. Quid quod non nisi inepte talis casus proponatur, quo quis vult a contractu recedere, ubi nullo modo recedi potest, nec pœnitentiæ datur locus? Verum Interpres Azo eumque secutus Accursius in *d. l. 5. §. 3.* & nonnulli cum veterum, tum recentiorum ita distinguendum esse arbitrantur. Cum aliquod contrahitur synallagma, quod evenit, quoties ab uno aliquid in alium transit, ajunt, ex contractu innominato nasci civilem actionem præscriptis verbis, ut in *l. 7. §. 2. ff. de pact. l. 5. §. 1. & 2. ff. de præscr. verbor.* idemque esse, quoties ex facto unius aliquid ad alium, qui dare debet, pervenit, ut quemadmodum illi ob id factum aliquid abest, ita & huic aliquid adsit, ut in *l. si tibi polienda, 13. ff. d. tit. l. 6. C. de transact.* Numquam enim jure civili alicui actionem dari ejus rei nomine, quæ ipsi abest, contra eum, cui plane nihil ex eo abest. Itaque cum in contractu do ut des, item do ut facias, contrahatur *συνάλλαγμα*, seu negotium civile, etiam civilis actio præscriptis verbis ex utroque nascitur. At in contractu facio ut des geri quidem etiam negotium, ut conventio hic non sit nuda, sed non semper tale factum intervenire, ex quo ad alium aliquid perveniat, quod fundamentum sit, *συναλλάγματος*, & actionis civilis; v. c. Stichum servum meum manumisi, ut mihi Pamphilum dares. Indicavi tibi servum tuum fugitivum, ut, mihi pro indicio decem dares. Ex priore facto etsi mihi aliquid abest, tibi tamen nihil adest, nullum commodum pecuniarium inde ad te pervenit. Ex altero nihil mihi abest, quamvis tu commodum aliquod occasione judicii consequaris: Itaque his casibus cessante actione civili præscriptis verbis, siquidem dolus arguatur, actionem de dolo dari, sin minus in factum, *d. l. 5. §. 3. l. 1. in fin. ff. de præscr. verb.* Cum autem utrinque de faciendo actum est, partem esse utriusque rationem, & quia alias etiam loco facti succedit obligatio in id, quod interest, actionem præscriptis verbis, quæ natura sua incerta est, sine distinctione dari. Antonius autem Faber in *rational. ad l. 5. §. 3. & seqq.* putat in hoc articulo admissam esse actionem præscriptis verbis dubitationis tollendæ gratia, cum hic videri posset competere actio mandati propter similitudinem depositi, quæ dubitatio, in contractu facio ut des, nulla. Ceterum ut ingenue fatear, quod sentio, non possum superiori distinctioni penitus acquiescere. Nam & in specie *d. l. 15. ff. de præscr. verb.* quamvis indicanti servum fugitivum nihil absit, tamen propter intercedentem pactionem ob indicium, ait Ulpianus, geri negotium aliquod, ex quo civilis actio oriatur, id est, præscriptis verbis & licet mox subjungat, nisi si quis & in hac specie de dolo actionem competere dicat, ubi dolus aliquis arguatur, tamen his verbis non revocat, quod prius dixerat, de actione præscriptis verbis danda, sed hoc significat, secundum quosdam, etiam in hac specie actionem de dolo dari, ubi dolus arguitur, relicta actione præscriptis verbis ubi dolus nullus intervenit. Et hoc congruit sententiæ Pauli in *d. l. 5. §. 2. in fin. ff. eod.* ubi in tali specie, si tibi dedi servum, ut servum tuum manumitteres, eoque a te manumisso, quem dedi, evictus est. Paulus scribit, si sciens dedi, de dolo in me dandam actionem ex sententia Juliani; si ignorans, in factum civilem: quamquam locus iste Pauli suspectus merito videtur, propterea quod alibi legimus, Julianum utroque superiore casu dedisse actionem extremis quasi primis deficientibus, in scientem quidem de dolo, in ignorantem autem in factum Prætorium, non civilem: atque eo nomine reprehendi a Marciano & Ulpiano in *l. 7. ff. de pact.* qui putat utroque casu in factum civilem præscriptis verbis dandam. Et profecto recte: nam si in ignorantem datur actio in factum civilis, hæc eadem danda est etiam in scientem non de dolo: & ex contrario si in scientem datur de dolo, necessario in ignorantem danda est in factum Prætoria, qui certus est & perpetuus horum judiciorum ordo. Porro nec illud video, quid intersit ad actionem præscriptis verbis dandam, utrum ego tibi dederim Stichum, ut Pamphilum manumitteres, eumque tu cum manumisisses, Stichus evictus sit, an ego Stichum manumiserim, ut tu Pamphilum mihi dares, & tu cesses dare. Neque enim aut illo casu ex tua manumissione quicquam commodi pecuniarii in me transit, aut hoc ex mea manumissione ad te. Sed hæc potius in medio relinquenda: sunt enim & viri docti, qui hac causa existimant Cujacius ad *l. 7. §. 2. ff. de pact.* verbum illud *et idem* apud Paulum in *d. l. 5. §. 2. in fin. ff. de præscr. verb.* esse additamentum Triboniani & argumentum imperitiæ Compositorum.

CAPUT XLVII.

An etiam ejus, quod errore juris indebitum solutum est repetitio detur?

QUæsitum est, quomodo accipiendum sit, quod passim simpliciter & generaliter definitur, indebitum per errorem solutum repeti posse de errore facti tantum, an etiam de errore juris. Duplex enim error est, unus facti, alter juris. Facti error est, cum aut quod factum est, factum esse nescitur, aut quod factum non est, factum putatur. Contra qui factum quid esse scit, aut non esse factum, & tamen ignorat, quid hic sibi jure tribuatur, is id jure errat, *l.* 1. *ff. de jur. & fact. ign.* ubi hæc res exemplis declaratur. Si quis sciens se non debere solvat, cessare repetitionem juris est explorati, *l.* 1. §. 1. *l. si non fuerit*, 21. §. *indebitum*, 3. *ff. de condict. ind.* quippe cujus per errorem dati repetitio est, ejus consulto dati donatio est, *l. cujus*, 53. *ff. de reg. jur.* Et ex contrario certi quoque juris est repetitioni locum esse, si quis cum putaret se debere in facto errans, quod non debebat, solverit, *l.* 6. *l.* 7. *Cod. de cond. ind. l. error.* 7. *de jur. & fact. ign.* Illud solum quæritur, an etiam ei condictio sive repetitio detur, qui quod nec debebat, solvit, ductus errore juris. Negant plerique recentiores, Cujac. 5. *obs.* 39. Duar. *ad tit. de condict. indebit. cap.* 7. Donell. 14. *comm.* 21. Bronc. 2. *ass.* 36. Perez. *in Cod. de cond. ind.* 12. Affirmant Interpretes veteres, eosque secuti, Zas. *ad rubr. de cond. ind. num.* 5. Sichard. *ad rubr. & l. Cod. eod.* VVesemb. *par. eod. num.* 9. Tulden. *Cod. eod. num.* 4. Grot. *lib.* 3. *introd. ad jurispr. Batav. cap.* 30. Christin. *vol.* 3. *dec.* 8. Bachov. *disp.* 4. *de act. thes.* 17. Antequam vero sententiam nostram aperiamus, quoniam de indebito soluto hic quæritur, operæ pretium erit explicare, quid verbo *indebiti* auctores juris intelligant. Et quidem nemo dubitat, quin pro indebito habendum sit, quod neutro jure, id est, neque civili jure, neque naturali debetur. Sed quid si jure civili quidem debeatur, non autem jure naturali, aut e converso? Si tantum jure civili, idest, si ex ea obligatione debeatur. Cui deest vinculum æquitatis, ut summo quidem jure eo nomine actio competat, sed quæ per exceptionem perpetuam excludatur, tale debitum pro indebito habendum est, ejusque per errorem soluti, ut vere indebiti datur repetitio *l. si non sortem*, 26. §. 3. *l. qui exceptionem*, 40. *l. si quis*, 43. *l. ex his omnibus*. 54. *ff. de cond. indeb.* Nimirum hujusmodi debitum verbo tantum ita dicitur, re autem debitum non est, quoniam naturæ jure non debetur, immo nec vere debere intelligitur jure civili *l.* 3. §. 1. *ff. de pecunia constit. l. nihil interest*, 112. *ff. de regul. jur.* Naturale autem debitum, ut ut jure civili, seu summo jure debitum non sit, in hac tamen causa pro vero debito habetur, ideoque etsi exigi non potest, solutum tamen quamvis ab eo, qui etiam civiliter se obligatum putabat, non repetitur; sententia immutabilis juris tradita, *l. naturales*, 10. *ff. de obligat. & action. l. indebiti*, 13. *l. si pœna*, 19. *l. si non sortem*, 26. §. *libertus*, 12. *l. Julianus*, 60. *ff. de cond. ind. l.* 3. §. *ult. ff. quod quisq. jur.* Et vero cum etiam id, quod natura debetur, in compensationem veniat, summa ratione denegatur ejus per errorem soluti repetitio. Sed etsi debitori detur exceptio perpetua, cæterum ex causa non tollente naturalem obligationem, adhuc dicimus solutum per errorem non repeti. Hujus generis est exceptio rei judicatæ: siquidem sententia judicis obligationem naturalem consensu constitutam tollere non potest: & ideo quod verus debitor absolutus solvit, repetere eum non posse Julianus & Paulus responderunt, *dict. l. Julianus*, 60. *ff. de condict. indeb.* Huc item plerique referunt exceptionem Senatusconsulti Macedoniani. Nam & filiusfamil. si mutuam pecuniam contra senatusconsultum acceperit, & paterfam. postea factus perperam solverit, non repetit, quoniam naturalis obligatio manet, *leg.* 9. *in fin. & l. seq. ff. de SC. Maced.* Affertur & alia denegandæ in hac causa condictionis ratio in *l. qui exceptionem*, 40. *ff. de cond. ind.* Sed ea non est perpetua, ut apparet ex *d. l. Julianus, eod.* Atque ego in hac specie omnino distinguendum putarem inter errorem juris & facti per *l. ult. ff. de SC. Maced.* Igitur & pro debito hic accipiendum, quod natura tantum debetur, & pro indebito, quod debetur tantum jure civili. Enimvero naturale debitum more veterum hic accipimus, quod ex obligatione naturali debetur, quæ civilis & simul naturalis obligationis effectus omnes habet, dempta una actione. Quod si etiam ipsa naturalis obligatio jure civili tota improbetur, qualis est mulieris intercedentis, *l. si mulier*, 16. §. 1. *ff. ad SC. Vellej.* prodigi promittentis, *l.* 6. *ff. de verbor. obligat.* aut alias destituta sit juris civilis auxilio, licet admittat accessiones, qualis est pupilli sine tutoris authoritate contracta, talis debiti quamvis naturalis nulla hic habetur ratio, perindeque repetitio soluti datur, ac si quod ex ea causa solutum est, ne jure quidem naturali deberetur, *leg. qui exceptionem*, 40. *& l. seq. ff. de cond. ind. l.* 9. *Cod. ad SC. Vellejan. dict. leg.* 6. *ff. de verb. obl.* Ejusdem generis est & obligatio naturalis, quam inducit voluntas testatoris vel minus solemnis, vel legantis supra dodrantem bonorum; quamquam hæc in errore juris effectum naturalis obligationis habet, *leg.* 9. *Cod. ad l. Falcid. l.* 7. *Cod. de cond. ind.*

Jam quod ad quæstionem propositam attinet, subscribo sententiæ veterum Interpretum, nempe etiam ejus, quod per errorem juris solutum est, repetitionem esse, si nulla subsit naturalis obligatio. Movet me primum hæc ratio, quod condictio indebiti ex bono & æquo introducta est *leg. penult. de condict. indeb.* ac proinde nonnisi exceptione æquitatis ex adverso excludi potest. Quam vero æquitatem prætendere poterit, quove colore de iniquitate condictionis excipere, cui quid solutum est, quantumvis per ignorantiam juris, quod ne natura quidem debebatur, sive quod causa debendi ab initio non valuit, sive quod effectum non habuit, ut accidit in mere civili debito? Nam cum tale debitum nullos veri debiti effectus habeat, non compensetur, *l.* 14. *ff. de compens.* accessiones non admittat, *leg.* 3. §. 1. *ff. de pecun. constit. l.* 7. *ff. de fidejuss.* cum Prætor eo nomine in re aperta deneget actionem, in dubio non det nisi cum exceptione, *leg. nam postea quam*, 9. *ff. de jurejurand.* quo tamen & ipso ostendit se id pro debito non habere, quis credat, si id vel per errorem juris solutum sit, repeti non posse? Prima enim æquitatis regula est neminem debere cum alterius detrimento fieri locupletiorem, *leg. nam hoc*, 14. *de cond. indeb.* Ut ecce, si quis dolo malo aliquem induxerit, aut metu illato coegerit, ut promitteret, non possum adduci, ut credam exactum ex his causis, licet per errorem juris solutum sit, retineri posse, atque improbitatem suam cuiquam prodesse hoc solo prætextu, quod solvens in jure erravit, ignorans se adjuvari potuisse exceptione doli mali aut quod metus causa. Et ne videamur sine auctoritate loqui, textus in eam rem evidens est in *leg.* 7. *ff. de cond. ob turp. caus.* Ubi Pomponius diserte ait, ex stipulatione, quæ per vim extorta est, si exacta sit pecunia, repetitionem esse. Porro & circa hujusmodi casus Julianus post Nervam & Atilicinum respondit, pecuniam solutam ab eo, qui se debere putabat, cum exceptione doli mali se tueri potuisset, repeti posse, ac proinde solutam ex-

exerrore juris, *leg. qui se debere*, 7. *ff. de cond. caus. dat.* Similes loci sunt in *leg. cum is*, 32. §. 2. *leg. si quis*, 43. *leg. si fidejussor*, 59. *ff. de cond. indeb. leg.* 7. *Cod. eod.* Hic enim sane agi de errore juris patet ex eo, quod agitur de facto proprio, eoque quod nemo ignorare potest, nisi summe negligens, quæ ignorantia pro ignorantia juris habetur, *leg.* 9. §. 2. *ff. de jur. & fact. ign.* nemo enim potest proprii facti ignorantiam prætendere, *leg.* 7. *ff. de SC. Vellejan. ad leg. mandatum*, 57. *ff. mand. l.* 1. *præfer. ff. ut in poss. leg.* Præterea etiam hoc me movet, quod toto titulo *ff. de cond. indeb.* alias satis prolixo, nusquam aut errori facti tantum repetitio tribuitur, aut errori juris denegatur; sed perpetuo tribuitur errori simpliciter; sive quod solutum est omnino non debeatur, sive propter exceptionem perpetuam exigi non possit: ut vel hinc intelligere liceat, errorem quidem, qualiscumque sit, non obstare repetitioni; sed obstare solventis scientiam, & quidem solam; quod luculenter probant tum *l.* 1. §. 1. & *leg. si non sortem*, 26. §. 3. *ff. eod.* tum ratio, ob quam placet eum qui sciens indebitum solvit, non repetere, nimirum quia donasse intelligitur, *leg.* 53. *ff. de reg. jur. leg.* 7. *Cod. de cond. ob caus. dat.* quod sane de eo, qui se obligatum & necessitate solvendi adstrictum putavit, dici non potest; nec aliam ob causam in specie *leg.* 1. *pen. ff. ut in poss. leg.* condictio satisdationis conceditur jus ignoranti, scienti denegatur. Postremo vel maxime me illud movet, quod a Papiniano responsum est in *leg.* 8. *ff. de jur. & fact. ign.* nimirum in damnis amittendæ rei suæ ignorantiam juris nocere. Ex eo enim perspicue evincere mihi videor, etiam id quod per errorem juris indebitum solutum est, condici posse: nam si hoc negamus, illud fateamur necesse est, errorem juris etiam in amittenda re sua cuique nocere, contra sententiam Papiniani. Neque video quid ad hoc responderi possit sine cavillatione. Nam quæ illa Neotericorum responsio captiosa est, quod condicens non laborat de re amittenda, sed de re amissa; si enim per errorem juris solvens ita rem suam amittit, ut nullam habeat repetitionem, utique juris error in damno amittendæ rei suæ ei nocet. Neque vero hic de tempore condictionis instituendæ quæritur, sed factæ solutionis, negatque Papin. errantem in jure rem suam amittere, videlicet sic, ut eam numquam possit recuperare. Et tamen non ridiculum est, quod ajunt errorem juris solvendi profuturum ad lucrum, si rem recuperaret, eo quod translato per solutionem rei dominio, jam de novo eam acquirere videatur. Quasi vero damno non afficiatur, qui dominium rei suæ in perpetuum amittit, aut lucrum sentiat, cui damnum resarciatur. Lucrum non intelligitur, nisi quod deducto damno superest; nihil autem amplius hac condictione recuperatur, quam quod damnum abstulit. Et omnino quod id Papinianus in *leg.* 7. *ff. de jur. & fact. ign.* definit, ignorantiam juris suum petentibus non nocere id quoque ad omnes pertinet, qui de damno vitando laborant. Nec obstat huic definitioni *lex si fidejussor*, 29. §. 1. *ff. mand.* nam illic proponitur species, ubi duo de damno vitando laborant; debitor, qui exceptione perpetua se tueri poterat, & fidejussor, qui cum factum non ignoraret, jure errans solvit; negaturque hoc casu competere fidejussori actionem mandati; de condictione autem nullum ibi verbum. Et iisdem locis aperti erroris convincuntur, qui eamdem sententiæ & ignorantiæ juris rationem esse volunt. Quid enim si accipiens quoque in jure erret, dicemus, hunc furem esse? aut si sciat esse indebitum & creditorem se simulet, negabunt esse furem, propterea quod solvens eo quod in jure errat, pro sciente & donante habetur? *vid. leg. quoniam*, 18. *ff. de cond. furt. leg. falsus*, 43. *pr. ff. de furt.* Quid ergo est? Acquirere volentibus juris error non prodest, *d. l.* [illegible] *ff. de jur. & fact. ign.* Exempla in *leg.* 4. *ff. eodem & leg.* [illegible] *ff. de bon. poss. leg. numquam*, 31. *ff. de usurp. leg.* [illegible] *Cod. de jur. & fact. ign.* suum vero petentibus & in damnis amittendæ rei suæ non nocet, *d. leg.* 7. & *d. leg.* 8. Et quod dicitur, juris ignorantiam nocere, *l.* 9. *ff. eodem* sic accipiendum est non prodesse, lucro non officere; cæterum nec damno. Enimvero meminisse oportet ejus, quod initio dixi, ita errorem juris non impedire, quominus solutum repeti possit, si nulla subsit naturalis obligatio. Quod si is, qui solvit, natura qualis qualis debitor est, quæ res simul justam retinendi causam accipienti tribuat, hoc sane casu distinguendum erit inter errorem juris & facti, ut in facti errore concedatur, in errore juris denegetur repetitio. Ut ecce cum essem filiusfamilias, mutuam pecuniam contra senatusconsultum accepi, & paterfamil. factus solvi, si per ignorantiam juris, non repetam, si per errorem facti, contra, *argum. leg. qui exceptionem*, 40. *de cond. indeb. leg.* 9. *in fin.* cum *leg. seq.* junct. *leg. ultim. ff. de SC. Macedon.* Solvi fideicommissum secundum voluntatem testatoris, sed minus solemnem, quia forte quinque testes non adfuerant, qui numerus in fideicommissis legitimus est, §. *ultim. Instit. de fideicomm. hered.* Solvi integra legata non retenta quarta ex lege Falcidia, si errore facti, repetitionem habeo, si errore juris, non item, *leg.* 2. *Cod.* [illegible] *adv. solut. l.* 7. *Cod. de cond. indeb. leg.* 9. *Cod. ad leg. Falcid.* Non equidem ideo, quod hic solus error juris mihi noceat, sed quod simul intercedat naturalis obligatio, quam inducit voluntas testatoris, *argument. leg.* 2. *Cod. de fideicomm. leg. in testamento*, 58. *de fideicomm. libert. leg.* 5. *si quis*, 15. *ff. de don. inter vir. & uxor.* justam facit retentionem. Et hoc puto significare Grotium, *lib.* 3. *introd. ad jurispr. Bat. cap.* 30. his verbis: *Ten waer eenige rechtmatige reden tot te betalinge hadde ghedient.* Atque ad hujusmodi aut similes casus accommodandi sunt & alii loci Codicis, in quibus forte aut errori juris denegatur repetitio, aut errori facti tantum tribuitur, ut in *leg.* 10. *Cod. de jur. & fact. ign. leg.* 6. *C. de cond. ind.* Nam profecto ob hoc solum quod ego in jure erravi, tu justam retinendi, quod tibi nullo jure debetur, causam habere non potes; & hic melius est favere repetitioni, quam adventitio lucro, *arg. leg. non debet*, 41. §. 1. *ff. de regul. jur.*

CAPUT XLVIII.

An mulier ex quavis causa etiam extra judicium efficaciter renuntiet senatusconsulto Vellejano?

Feminae non minus quam masculi ex contractibus suis obligantur. Excepta est intercessio senatusconsulti Vellejani providentia. Id autem ideo senatus providit, ne feminae virilibus officiis (cujus generis est & intercessio, *leg. 2. ff. de reg. jur.*) fungerentur. Et hoc officium eo magis eis adimendum fuit, quia in eo non sola opera nudumque ministerium versatur, sed etiam periculum rei familiaris, *l. 3. princ. & §. 1. ff. ad SC. Vellejan.* Et proinde prospexit senatus, ne remoto praesentis periculi metu alienam obligationem facilitate sua suscipiendo (ut est sexus avarus quidem, sed incautus, non prospiciens damnum, quod ante oculos positum non est) obstringeretur, *l. 2. §. 1. ff. eod.* Subveniat autem ita mulieri, ut si de intercessione constet, nulla actio petitione adversus eam detur: aut si hoc non satis liqueat, detur mulieri exceptio, quae probata non teneatur, *arg. l. 9. princ. ff. de jurejur.* totam denique obligationem senatus improbavit, *l. 16. §. 1. ff. ad SC. Vellej.* Sunt autem nonnulli casus, quibus cessat senatusconsulti auxilium, 1. si mulier se obligavit pro manumissione, *l. 1. C. eod.* 2. si pro dote, *l. 12. l. ult. C. eod.* 3. si in rem suam, puta pro suo Procuratore fidejussit, *l. 3. l. aliquando, 16. si pro 21. & l. seq. ff. eod.* 4. si apud minorem intercedit pro debitore inope, *l. 12. ff. de minor.* 5. si dolo eum deceperit, cui se obligavit, *l. 2. §. 3. l. si decipiendi, 30. ff. ad SC. Vellej. l. 5. C. eod.* 6. si pretium intercessionis acceperit, *l. antiqua, 23. Cod. eod.* 7. si debitori principali successerit, pro quo se obligaverat, *l. 8. §. plane, 13. ff. eod.* 8. si intercessionem ante biennium factam post biennium confirmaverit, atque se obligaverit iterato, *l. si mulier, 28. Cod. eod.* sed pro extraneo nempe, non pro marito: nam si pro marito intercesserit, etsi saepius intercessionem repetiit, tamen intercessio inutilis est, *auth. si qua mulier, Cod. eod.* 9. si beneficio senatusconsulti renuntiaverit, quod citra controversiam receptum est in duabus causis; in tutela liberorum a matre aut avia suscepta, *auth. matri & aviae, Cod. quand. mul. tut.* item si pro eo, pro quo mulier intercessit, parata sit judicium accipere, ejus liberandi causa, *l. ult. §. penult. ff. ad SC. Vellej.* quarum alterum rei necessitas expressit; recepta scilicet matris & aviae tutela, alterum juris, quippe quod admissa solutione omnino consequens fuit, *l. solut. 23. ff. de solut.* Illud autem quaeritur, an mulier etiam ex quavis alia causa extra praedictas efficaciter renuntiet Senatusconsulto, non quidem in foro, ubi sententiae numerari solent, sed in Academiis, ubi veritas exquiritur. In foro recepta dicitur haec sententia, tanquam communis, mulierem ex quavis causa etiam extra judicium renuntiantem Senatusconsulto ex intercessione sua obligari, utique si de jure sibi competenti, & vi Senatusconsulti probe edocta sit; quamquam nec ubique hoc receptum videtur, & dubium est, an haec sit communis opinio, ut patet ex iis, quae traduntur a Gomesio *lib. 2. var. resol. cap. 13. num. 17.* Christin. *vol. 3. dec. 36.* & aliis. Sed ut haec sit communis & recepta usu forensi sententia, ego tamen cum Alberico, Bart. Bald. Cast. Salic. Alciat. Gomes. *ubi supra & aliis ibid.* & apud Soar. *in addit.* citatis, verius esse judico sententiam contrariam, nimirum mulierem extra causas memoratas, quarum propria, ut diximus, ratio est, renuntiantem Senatusconsulto ex intercessione non magis obligari, quam si intercesserit sine renuntiatione. Hoc enim omnino consequens, est amplissimi ordinis providentiae totam intercessionem improbantis, idque etiam publicae honestatis causa, quod intercedere civile & virile officium videatur, *l. 1. l. 2. §. 1. l. 16. §. 1. ff. ad SC. Vell. l. 2. ff. de reg. jur.* Et alioqui admissa contraria opinione levi momento prudens senatus consilium eludi atque inutile reddi poterit: quippe cum eadem fragilitate & levitate, qua mulier intercedit, etiam renuntiatura sit: nempe ubi nullum praesens damnum est, tam facile se induci patietur, ut renuntiet, quam ut intercedat. Quid quod ipsa renuntiatio vel maxime intercessio est, utpote quae intercessionis confirmandae gratia interponitur? Nihil in contrarium facit, quod mulierem de jure suo certiorari volunt: quoniam certioratio neque augere, neque minuere obligationem potest, neque sufficit ea res ad intellectum, & captionibus suppositum sexum deterrendum ab intercessione, ubi nullum praesens periculum metuitur. Cumque finis certiorationis sit cognitio auxilii, nihilominus tamen mulieres ut maxime juris sui conscie sint, Senatusconsulto juvari constat: & semper hic militat ratio ducta a causa tum impellente tum finali, ne mulieres ex aliena obligatione damnum sentiant. Accedit huc, quod mulier etiam iterato intercedens juvetur: nam & in secunda promissione intercessio est, ut inquit Jurisconsultus in *leg. doli 19. vers. diversum ff. de novat.* Atqui renuntiatio non videtur esse efficacior intercessione repetita. Quod vero constitutum est a Justiniano in *leg. si mulier 21. Codic. ad SC. Vellej.* ut iterata seu repetita post biennium intercessio Senatusconsulti auxilium excludat, id specialem rationem habet, quae etiam illic adjicitur, nimirum quod mulier tunc non tam pro aliena obligatione, quam pro sua intercedere videatur, & proprium negotium gerere. Utique secus est, si ante biennium cautionem repetierit. Est & aliud hujus sententiae argumentum in *leg. antiqua 23. §. 1. Cod. ad SC. Vellej.* ubi eo casu mulieri datur exceptio Senatusconsulti, cum instrumento publice confecto & tribus testibus subsignato intercessio facta est, & itaque hoc solo casu ipso jure tenetur, eique exceptio sit necessaria, alias Senatusconsulti auxilium non desideret. Quod si igitur mulieri non obstat intercessio tam solemnis, quominus locus sit Senatusconsulto, multo magis locum habebit in simplici renuntiatione. Utique enim non verbis, sed rebus leges positae sunt; & quae tam solemniter intercedit, serium profecto animum se obligandi habere ostendit, taciteque hoc ipso videtur senatus auxilio renuntiare, cum alias dolus praesumi possit. Et bona igitur haec connexio est; Si mulieri etiam tunc succurritur, cum instrumento publico trium testium subsignatione firmato intercessit: multo magis ei succurrendum est, cum tantum simpliciter exceptioni Senatusconsulti renuntiavit. Non obstat regula tradita in *leg. pen. Codic. de pact.* quod unusquisque licentiam habet juri pro se introducto renuntiare. Illa enim regula effectum suum perdit, quando vel aetas, vel fragilitas personae, aut alia consideratio privilegio locum facit, *argum. l. alia 14. ff. solut. matrimon.* ut recte Alciat. *in l. penult. Cod. de pact.* Senatus

autem

[illegible] [illegible], [illegible] quidem. [illegible] [illegible] [illegible] [illegible]; [illegible], eo quod [illegible] de civili [illegible], *L.* 2. *&* *L.* 6. *ff.* [illegible] *L.* 2. *de* [illegible] fallax, ut dixi, [illegible] consilium [illegible] eludi posset. [illegible] contraria [illegible] in *L.* [illegible] *ff. ad SC. Vell.* ubi Jurisconsultus ait, si mulier pro eo, pro quo intercessit, parata sit judicium accipere, ut non in veterem debitorem actio detur, non cavere debere, Senatusconsulti exceptione non usuram. Sed legum [illegible] juris in hoc casu [illegible] admisit vel potius [illegible]. Etenim hoc admisso, quod mulier pro debitore recte solvit, *L.* 4. *Cod. eod.* consequens omnino est, ut ei liceat & judicium pro debitore accipere liberandi ejus causa, quoniam & hoc pro solutione est, & unicuique licet etiam debitorem invito, *L. solutione* 23. *ff. de solutionibus* [illegible]. Si vellet solvere mulier, audiretur; [illegible] vult, sed prius postulat de debito sibi liquere per judicium & aptum [illegible] postulat, [illegible] de solutione [illegible] redderetur actio; & ideo ne ille deciperetur, non alia conditione mulierem judicium pro alio suscipientem audiri recte placuit, quam si caveat se, si condemnetur auxilio Senatusconsulti non usuram, idque in jure apud Praetorem sive magistratum, cujus auctoritas eludi non debet. Indicant hoc non obscure extrema dict. leg. [illegible] *penult.* verba *&* *si ad judicium ire*, i. post [illegible] in jure apud Praetorem factam sive ad eum judicem quem Praetor dedisset, ex usitato & ordinario more judiciorum. Fallitur veteris ordinis judiciarii ignorantia, Fachinaeus *lib.* 2. *controvers.* 59. cum hunc locum etiam de cautione extra judicium sive non in jure facta accipi posse putat. Neque enim [illegible] ad judicem ibatur: sed Praetor prius [illegible] erat judicii constituendi gratia, quo deinde constituto & [illegible], ibatur ad judicem, quem Praetor [illegible] & contendendi causa, qua [illegible] antiquitatis indagatores, Brissonius, [illegible], Sigonius.

CAPUT XLIX.

An etiam id, quod naturâ debetur, in compensationem [illegible]

Compensatio [illegible] [illegible] ... rio leg. 1. *de compens.* verbis [illegible] centum ex causa mutui: ego vicissim [illegible] tandem ex causa emptionis: agis [illegible] tum ista, quae tibi debeo ex causa emptionis [illegible] to, ut compensatio fiat ejus pecuniae, quam ego tibi debeo, cum ea pecunia, quam tu mihi debes ex causa mutui. Haec contributio dicitur compensatio. Ut autem compensationi sit locus, exigitur, ut quantitas seu pecunia utrinque debeatur. Omnino enim probamus sententiam vulgo receptam, neque speciem reo debitam cum pecunia ab eo petita, nec pecuniam illi debitam cum specie ab eo petita compensari posse, multoque minus speciem cum specie. Idque vel etymologia verbi satis confirmat, quo nihil aliud, quam debitae invicem pecuniae contributio significatur, nisi forte quis

[illegible] [illegible] verbo [illegible] [illegible] [illegible] Jurisconsultum in *L.* [illegible] 18. [illegible] [illegible] *L. ab donatione* 9. *ff.* [illegible] Itaque non potest [illegible] compensatio [illegible] [illegible] cum re [illegible] eadem quantitate reddantur [illegible]. Quod si in aliis rebus, quam quae [illegible] genere suo recipiunt, compensatio admitteretur, [illegible] cum alio compensari posset: quod non [illegible] [illegible] quam aliud pro alio invito creditori [illegible]. *L.* 2. *Cod. de comp. junct. L.* 2. *§.* 1. [illegible]. Non intelligo magis, quam ut quis [illegible] aut [illegible], aut [illegible] mutare: [illegible] faciant haec textus, in *L. si convenerit* [illegible] *praesc. ff. de pignor.* [illegible] *L.* 4. *L. si debens* 22. [illegible] *compens. L.* 4. *Cod. eod.* Paul. 2. *sentent.* 5. [illegible] [illegible] 10. Zanger. *de except. p.* 3. *cap.* 8. *num.* 108. [illegible] Schisendig. *lib.* 5. *ad* [illegible]. Faber *conject.* 2. *quaest.* 6. *supp.* Donell. *ad* [illegible] *de* [illegible] *& lib.* 16. *comm. cap.* 15. Tuldeu. *in Cod. de compensat.* [illegible] [illegible] quod dicitur in omnibus actionibus compensationem [illegible] posse, sic intelligendum est [illegible] non impediat, & pensandi terminos habeat, scilicet cum utrinque pecunia debetur: alias enim opus est mutua petitione seu reconventione, ut nunc loquuntur, *L.* [illegible] *&* [illegible] *&* [illegible] *Cod. de* [illegible] *&* [illegible]. Caeterum haec [illegible], & ad [illegible] [illegible] accedo. Cum compensatio sit [illegible] [illegible] mutua contributio, quaesitum est, an cujusvis debiti nomine compensationi sit locum, & nominatim an debitor conventus a creditore suo, qui vicissim ei obligatus est, sed naturaliter tantum, naturale hoc debitum cum [illegible] naturali & civili [illegible] compensare possit. Quia [illegible], quod cum effectu peti potest compensari cum alio queat, nulla dubitatio est, sicut ex converso, quod summo jure debetur, per exceptionem perpetuam potest removeri, puta pacti conventi, rei judicatae, [illegible] &c. ad compensationem non pertinere in confesso est, *L. quaecunque* 14. *ff. de compensat.* neque cujus debiti per errorem soluti repetitio datur, *L. si non fuerit*, [illegible] *L.* 3. *L. qui exceptionem* [illegible] *de condict. indebit. cum simil.* Tantum quaeritur de debito naturali, an id etiam in compensationem deduci possit. Et puto posse; nam cum hujus debiti, licet per errorem soluti, non sit repetitio, consequens est posse hoc ipsum & alio quovis debito compensari. Ratio est, quia compensatio non alia de causa debitorem liberat, quam quod & ipsa numerationem quandam brevi manu continet, & pro solutione ipso jure habetur, [illegible] *Cod. de compensat. L.* 10. *ff. eod. L.* 4. *ff. qui* [illegible] *pign.* Et secundum hoc differte ab Ulpiano responsum est, etiam id, quod naturaliter debetur, in compensationem venire *L.* 6. *ff. de compens.* Nimirum compensatio species quaedam est solutionis, & quodammodo exceptionis pariteque retentionem, qui unus est ex effectibus naturalis obligationis, *L.* 4. *L. ob negotium ff. eod.* Et toto errant judicio, qui compensationem referunt ad merum jus civile, cum eo potius mera nitatur aequitate, unde aequitas compensationis, *L. in rem* 16. *ff. L.* 5. *L.* 6. *C. L. inter* 36. *ff. de admin. tut.* Non desunt tamen, qui simpliciter negant naturale debitum compensari posse cum eo quod naturaliter & civiliter simul debetur. Sed utuntur illis exemplis a statu controversiae alienis & infeliciter admodum argumentantur. Etenim naturale debitum hic intelligi oporet non quodvis, quod natura debetur: non quod in totum aut quoad effectum principalem destituitur juris civilis auxilio, quale est mulieris intercedentis, quod dicitur [illegible], filiifamilias, mutuam pecuniam accipientis, pupilli sine auctoritate tutoris contrahentis, quod oritur ex voluntate testatoris minus solemni, &c. cujusmodi obligationum naturalium exempla illi proferunt (dubites, an bona fide, quia nemini unquam in mentem venit ex obligatione naturali sic destituta jure civili, ut etiam quod ex ea per errorem solutum est, possit repeti, admittere compensationem), sed tale, quo ex conventione descendens eosdem effectus etiam jure civili habet, quos habet naturale & civile debitum simul, una actione excepta: & ideo cujus nec per errorem soluti repetitio est: quale scilicet debitum seu naturalem obligationem auctores juris passim intelligunt, cum ajunt aut negant aliquem naturaliter obligari, *l. naturaliter* 13. *l. si poena* 19. *l. frater a fratre* 38. *l. quod pupillus* 41. *l. si quod* 64. *ff. de cond. indeb. l. naturales* 10. *l. pupillus* 94. *ff. de obl. & act. l.* 5. §. 2. *ff. de solut. & similib.* Finge igitur usuras foenoris pecuniae pacto promissas, hae etsi exigi non possunt, solutae tamen non repetuntur, quoniam naturaliter ex conventione debentur *l.* 3. *C. de usur.* ac proinde etiam cum alio debito compensari poterunt. Finge item pecuniam credidisse filio, quem in potestate habebat; vel fratrem fratri [illegible], hic neque filius patri, neque frater fratri civiliter obligatur, sed naturaliter duntaxat, *l. frater a fratre* 38. *ff. de cond. indeb.* si tamen is filius postea emancipatus cum patre aut fratre contrahendo eos civiliter obligaverit, & debitum petat, recte pater aut frater compensabunt pecuniam a se creditam propter obligationem naturalem, *d. l.* 6. *ff. de compens.* Similia exempla peti possunt ex *l.* 6. §. *sicut autem* 4. *ff. de peml. leg. l. naturaliter* 13. *ff. de cond. indeb. l. servus* 14. *de oblig. & act.* Nihil plane pro contraria sententia facit, quod Javolenus respondet in compensationem non venire, quae per exceptionem perimi possunt, *l. quaecunque* 14. *ff. de compens.* Nam quae (malum) haec argumentatio est? Quod per exceptionem perimi potest, in compensationem non venit, ergo nec quod natura debetur. Si hoc procedit, etiam illud procedet: Quod per exceptionem perimi potest, ejus per errorem soluti est repetitio, *l. qui exceptionem*, 40. §. *ex his* 14. *ff. de cond. indeb.* ergo & debiti naturalis. Quis unquam fando audivit procedere argumentum a vero indebito, eoque quod vi ipsa nullo jure debetur, *l.* 5. §. 1. *ff. de constitut. pecun. l. nihil*, 112. *ff. de reg. jur.* ad debitum verum & naturale, ad quod solvendum jure gentium adstringimur, *l. cum amplius* 84. §. 1. *ff. de reg. jur.* Licet jure civili exigi nequeat; denique a remotione indebiti ad remotionem aequi? Sic dicam, debitum civile tantum non potest constitui, *d. l.* 5. §. 1. *de constit. pecun.* ergo nec debitum naturale, contra textum expressum in *l.* 1. §. *debitum* 7. *eod. tit.* Denique quid tam ridiculum, dicam an [illegible], quam sic argumentari? Si id quod natura non debetur, non potest compensari, ergo nec id compensari potest, quod natura debetur? Haec tamen eorum collectio est. Praeterea naturale debitum vi exceptionis non perimitur, sed ob defectum actionis non petitur: longeque aliud est debitum, quod peti non potest, non tam jure deficiente, quam actione; aliud quod peti quidem formam jure potest, sed non cum effectu propter exceptionem. [illegible] deberet debitum & sine exceptione [illegible] civili non [illegible]: hoc autem [illegible] non dubium est *l.* [illegible] *l. nihil* 112. [illegible] *jur.* Quod vero aliud, naturale debitum [illegible] non usque late dictum, quae solis [illegible] prudentibus vocetur, [illegible] quam [illegible]. Nam allegationes illae [illegible], quae vulgo [illegible] *facti* dicuntur, nihil aliud sunt, quam [illegible] conjunctae cum novi facti affirmatione, veluti [illegible] judicio conventus ex ea causa, ex qua actio jure civili [illegible] perit, neget se debere, propterea quod actio illa ipso jure sublata sit, puta solutione, acceptilatione, [illegible] novatione; cujusmodi affirmatio cum in judicium deducatur, ac proinde a debitore probanda sit *l.* 1. *C. de probat.* prope abest a natura exceptionis. [illegible] nem Interpretum vel per [illegible] venit, ut putaverit idem locum [illegible] etiam in debito naturali, in quo qui se fundat, nec habet actionem, nec unquam habuit, & quod sibi debitum de facto convenit nihil sit affirmaturus, nihil in judicium deducturus nec probaturus, sed ad defensionem suam simplici asserat infectatione, id est, negaturus ullam actori prodesse actionem de eo quod petitur. Quid quod ridicule juberet Praetor de eo [illegible] eum quaeri, quod sibi exploratum & [illegible] fessum est? Verus debitor, inquiunt, etiam judicio absolutus sit, naturaliter tamen [illegible] net, & ideo si negligens vel judicatus [illegible] rit, non repetit; utrumque verum est, *l.* [illegible] *ff. de condict. indeb.* addunt, nec tamen eo [illegible] alia causa naturaliter & civiliter debeat [illegible] quod quidem non capio. Quid enim haec [illegible] debitor quod naturaliter tantum debet, non [illegible] cum eo, quod ex alia causa naturaliter [illegible] bet? An debitor ipse secum pensat, [illegible] naturaliter debet, pensat cum alio? Nemo [illegible] hoc dixerit: sed is, cui naturaliter debetur, [illegible] tus potest hoc debitum pensare cum eo quod ipse civiliter petitori debet, & sic naturalis debitor [illegible] compensationem [illegible] habetur, [illegible]. Nihil praesidii [illegible] in *L.* 2. *Cod. de compensat.* illic enim non agitur de debitore absoluto, ut [illegible] li, sed de condemnato, qui & [illegible] hunc ab eodem cre[illegible] causa conventum compensare posse, [illegible] causa judicati solvit. Ratio est, quia [illegible] ex hac causa solvit, non [illegible] debitum [illegible], cujus soluti nulla repetitio [illegible]. Et hactenus verum [illegible], quod solutum non repetitur, id in compensationem deduci non posse; nullum enim verum debitum, quod semel solutum est, aut repetitur, aut in compensationem deducitur. Qui ex causa judicati quod [illegible] solvit, is nec repetere solutum, nec ex alia causa a creditore conventus compensationem petere; caeterum si ante solutionem judicati conveniatur, compensationem petenti sibi ex alia causa debitae implorare non prohibetur *d. l. leg.* 2. *Cod. de compensat.* Quod si haec eorum sententia est cujus debiti soluti cessat repetitio, id nondum soluti non esse compensationem, jam ne ullum verum debitum compensari cum alio poterit, quia nullius veri debiti soluti repetitio est. Ejusdem commatis est & haec eorundem argumentatio. Ex naturali obligatione nulla nascitur actio: at qui compensationem opponit, agere videtur & mutuo petere, *l. amplius* 57. *ff. de rem. pub. l.* 6. *de compensat.*

ergo

[illegible] debita compensari non [illegible] & hoc modo colligere. [illegible] ibi, l. 1. ff. de [illegible] naturali obligatione [illegible] naturali obligatione [illegible] judicio, [illegible] videtur. Item qui non [illegible] videtur [illegible] amplius. Quis hoc [illegible] Jurisconsultus [illegible] quando stipulatio hæc, amplius non [illegible] intelligatur [illegible] non [illegible] judicio [illegible] solutum [illegible] revera [illegible] amplius [illegible] ipse contra stipulationem [illegible] pecuniam [illegible] variorum [illegible] qui [illegible] ut [illegible] videtur [illegible] exemplo [illegible] ut est, qui ultro [illegible] non potest, tamen ab [illegible] in æquitate officio judicis succurratur, & [illegible] sequatur per exceptionem, aliamve [illegible] quamvis consequeretur [illegible], l. plane, 38. ff. de heredit. [illegible] sumptus, 48. ff. de rei vind. l. ex quibus 51. ff. de cond. indeb. l. [illegible] 14. ff. de dol. mal. exc. l. heres [illegible] ad C. [illegible] C. de usur. In compensatione autem est [illegible] exceptio, l. 4. l. ob negotium 20. ff. de compensat. [illegible] melior hisce argumentis est contra responsio ad locum Ulpiani in l. 6. ff. eod. ubi [illegible] & rotunde Jurisconsultus pronuntiat [illegible] quod [illegible] debetur, in compensationem venire. [illegible] enim locum istum [illegible] esse ad casum specialem, quo naturale debitum [illegible] & invito exigi [illegible] potest, [illegible] l. [illegible] contracta sine tutoris auctoritate [illegible] prim. de auct. tut. Quod vero Ulpianus [illegible] ter definiens de hoc uno tantum casu [illegible] ex quo Divus Pius etiam actionem in pupillum dedit, in quantum locupletior factus est, non simul civilis esse cœperit hæc pupilli obligatio, argum. prim. & §. 1. Instit. de oblig. §. 3. Instit. de act. l. 4. ff. de [illegible] Divus Pius locupletior factus naturaliter obligatus [illegible] fuerit; aut non ita, ut pati debeat in compensatione [illegible] tamen propter summam hujus [illegible] solutum condicere non posset, l. [illegible] §. 2. cum l. seq. ff. de cond. indeb. cui omnino [illegible] ut & compensationem admittere deberet, per ea [illegible] allegata superius. Unde adhuc removendum superest, quod fere præteriveram, nempe quod ex eo, quod compensatio definiatur debiti & crediti contributio, [illegible] æquale utrinque debitum & creditum intelligi oportere. Hoc, [illegible] plus ponderis, quam caritatis, habet. Nam [illegible] debitum [illegible], quod æquali jure cum [illegible] naturali & civili simul, in causa, de qua agitur [illegible], ut hic in causa compensationis. Sic in causis constitutæ pecuniæ, condictionis indebiti, fidejussionis, &c. nihil [illegible] naturale sit debitum tantum, an & civile, l. 1. §. penult. de constit. pecun. l. naturaliter 7. ff. de [illegible] indeb. l. 6. §. 2. & l. 7. ff. de fidejuss. & creditorem [illegible] solutum [illegible] in additamentum [illegible] ut [illegible] & [illegible] l. [illegible] de verbor. [illegible] Cujacius [illegible] ad d. l. [illegible] verum. [illegible] animus, quod [illegible] respicitur [illegible] æqualem [illegible] arg. l. 4. §. [illegible] Hoc enim [illegible] pecuniæ [illegible] producere possit, ne alias [illegible] in specie d. l. 4. §. [illegible] in casu nostro, [illegible] utriusque eadem [illegible] est.

CAPUT L.

An vera compensatio ex causa non liquida per modum exceptionis etiam [illegible] admittendus sit?

UTrum cujuscumque debiti ad quodcumque sive liquidum sive non liquidum jure veteri admissa fuerit compensatio, ut vult Donellus ad §. in bonæ fidei. Instit. de act. num. 7. an liquidi duntaxat cum liquido, ut Cujacius lib. 8. obs. [illegible] & lib. [illegible] cap. 12. supervacaneum est disputare, cum certum sit hodie ex constitutione Justiniani non [illegible] compensationem admitti, quæ ex causa liquida objiciuntur, l. ult. C. de compens. d. §. in bonæ fidei. Instit. de act. sed nimirum hoc effectu [illegible] ipso jure actiones minuunt, ut iisdem [illegible] est; & pro soluto retro habeantur, l. 4. C. eod. tit. & consequenter, ut quovis tempore opponi possint, etiam post rem judicatam in [illegible] l. ult. [illegible] d. l. 2. C. eod. [illegible] jus [illegible] & [illegible] in bonæ fidei. Instit. de act. Non autem [illegible] causa debendi & justa est & vera, & talem esse vel in præsentia constet confessione adversarii, vel celeriter & expedite probari possit. Zanger. part. 3. de except. cap. 8. num. 91. & seqq. Carpzov. decis. 139. num. 13. Menoch. 2. arb. quæst. cent. 1. cas. 14. ubi in hac re judicis arbitrio [illegible] existimat: in quo ille facile assentior. Liquidum debitum est illud existimandum, quod juris tantum quæstionem habet, veluti si quæratur an in contractibus bonæ fidei usuræ debeantur [illegible]? Hæc enim quæstio certo jure definita est, [illegible] 32. §. 2. ff. de usur. l. 1. Cod. depos. Non liquidi autem cum liquido compensationem non admittit Justinianus: sed tum alii judicio rem reservari jubet, ne scilicet creditori hac injuria, si debitori qui [illegible] jam convicto [illegible] convicto concedatur, ut confugiat ad [illegible] compensationem ex causa, de qua non liquet, & quæ [illegible] indaginem, d. l. ult. §. 1. vers. hoc itaque Cod. de compensat. videatur Christin. vol. 2. decis. 91. & vol. 3. dec. 58. Zanger. ubi supra num. 101. & seqq. Illud autem quæritur, an vere [illegible] sit compensationem ex causa, quamvis non liquida objiciens, si eam per modum exceptionis initio litis opponat, eamque [illegible] nam ad hanc [illegible] videtur pertinere Justiniani constitutio.

Quippe Justinianus loquitur de compensationibus, quæ fiunt ipso jure. Sic enim initio cavet: compensationes ex omnibus actionibus ipso jure fieri sancimus. Atque ad hanc ipsam constitutionem temperandam pertinet, quod subjicit de causa liquida, nempe in hujusmodi compensationibus, quas vult fieri ipso jure, id est, tunc cum ab initio litis non opposita & contestata compensationis exceptione, postea inter moras judicii intentione actoris jam probata objicitur compensatio, exigere se, ut causa, ex qua objicitur, sit liquida. Sed & ut eo temperamento nominatim eam compensationem, quæ non fit ex causa liquida, ideo repudiat, quia post multa forte certamina & reo jam pene convicto demum opponitur: unde sic recte colligi videtur, si quis initio litis & ante omnem disceptationem utatur exceptione compensationis, licet ex causa non liquida, constitutionem cessare, eamque non pertinere ad compensationes, quæ in exordio litis opponuntur, actionemque non ipso jure, sed per exceptionem minuunt, argum. l. 1. princ. ff. de offic. ejus, cui mand. jurisd. Et vulgo quidem Accursio id admittunt Interpretes, si debitor a creditore conventus statim debitum agnoscat dicatque sibi vicissim tantundem a creditore deberi, atque hac defensione adversus intentionem creditoris utatur. Sed quid si reus initio neget se debere, & tamen dum de eo dubitat, utatur simul exceptione compensationis, ut dicat etsi deberet, tamen sibi tantundem ex hac aut illa causa vicissim ab actore deberi, eamque exceptionem contestetur, an hic si actor probaverit sibi pecuniam quam petit, deberi, nihilominus reus jam post longa forte certamina convictus, redire poterit ad exceptionem compensationis, quam initio contestatus est, & ad eam probandam admittetur, quamvis causa, ex qua compensatio objicitur, non sit liquida? Adhuc dicimus audiendum esse, & ad probationem admittendum. Atque hæc sententia multis argumentis probari potest. Nam primo, constat olim ex rescripto D. Marci compensationes admissas fuisse opposita doli mali exceptione. Hoc quidem jus hactenus mutat Justinianus, ut actionem quamcunque ipso jure minuat compensatio, si aperto jure nitatur: non autem si fiat ex causa non aperta nec liquida: igitur hoc casu intelligitur velle manere jus antiquum arg. l. præcipimus 32. Cod. de appellat. At certum est jure veteri exceptionem initio contestatam licuisse intra quodvis tempus, dummodo idoneum, probare, l. si quidem 9. Cod. de except. Secundo, non rejicit Justinianus compensationem debiti non liquidi simpliciter, sed ita si post multa certamina longamque disceptationem a debitore jam convicto, aut pene convicto opponatur: ergo ex contrario, si in id tempus objectionem compensationis non distulit, sed statim initio litis eam opposuit, quamvis ex causa minime liquida, adhuc audiendus postea erit. Tertio idem evincitur ex verbis constitutionis, quibus Justinianus jubet, ut judices stricto jure utantur adversus eos debitores, qui jam convicti aut pene convicti compensationem debiti non liquido opponunt. At stricti juris ratio nihil amplius exigit, quam ut exceptio initio litis contestetur, si quis eam postquam actor intentionem suam probavit, ante sententiam ad disceptationem velit opponere & probare, l. 9. Cod. de præscr. long. temp. l. 8. l. ult. Cod. de except. Quarto si alia exceptione debitor conventus utatur, puta pacti conventi, jurisjurandi, rei judicatæ, &c. convenit inter omnes, si eam initio opposuerit [illegible] eum [illegible] intra quodcunque tempus [illegible]: neque distinguitur, utrum initio confessus fuerit [illegible] exceptionem solummodo opposuerit, an debere [illegible] verit, & tamen si convincatur [illegible] debere, exceptionem aliquam objecerit, l. in exceptionibus [illegible] ff. de probationes. junct. dict. l. 9. Cod. de except. idem argumentandum, si utatur exceptione compensationis, quæ est justissima. Quinto & postremo, si is, qui conventus negat se debere, & tamen dicit, si deberet, se [illegible] etiam postquam convictus est, auditur solutionem probare volens, quamvis solutio non sit liquida, [illegible] de probat. & ibi Sichard. post alios num. [illegible] in compensatione initio opposita admittendum, etsi debitor primo neget se debere: quoniam compensatio pro solutione est, l. 4. Cod. de compens. [illegible] l. 4. ff. qui pot. in pign. Ita Donell. ad leg. ult. Cod. de compensat. & ad §. in bonæ 30. Instit. de actionib. [illegible] Muder. ibid. num. 15. Zanger de except. p. [illegible] num. 204. & seqq. & facit huc textus in leg. [illegible] ff. de compensat. Unum est, quod tot & tam [illegible] objicitur, nempe Justinianum [illegible] compensatio ipso jure actionem minuat [illegible] tamen falsum esse aperte liquet ex iis quæ ex [illegible] constitutionis Justiniani, atque ex verbis §. [illegible] Institut. de actionib. elicuimus. Ad [illegible] ipsa nihil solidi, aut quod confutatione [illegible] sit, respondetur.

CAPUT [illegible]

An [illegible] propter impensas [illegible] depositum possit.

QUi rem aliquam deposuit, hoc est, alteri custodiendam dedit, is eam rem quovis tempore repetere potest, & reddenda est etiam ante tempus constitutum repetenti, l. 1. §. penult. & penult. ff. depos. Nam cum totum hoc negotium ex utilitate deponentis æstimetur, etiam ad voluntatem ejus dirigendum est, quam sine incommodo depositarii [illegible], si rem ante tempus definitum repetat; & jam nulla mora interponeretur reddendi depositi, ut compensationis quidem nomine actioni depositi quicquam objici vetuit Justinianus, licet in cæteris actionibus defensionem compensationis debitorque & creditor inter se quantitatis contributionem admittat, l. ult. Cod. de compens. §. in bonæ 30. Instit. de act. Cæterum si quid depositario per causam & occasionem rei, quam custodiendam acceperat, abesse contigerit, poterit id consequi contrario judicio depositi, quo ultro de indemnitate sua eum deponente ei experiri licet, l. 5. ff. dep. Sed quid si depositarius impensas in rem depositam fecerit, poteritne ob hanc causam depositum retinere, donec refundantur, & siquidem utiles tantum fecerit impensas, vix id admiserim; cum ad officium depositarii non pertineat hujusmodi sumptus facere: nec puto posse eum contrario judicio has impensas petere: argum. L. ubi c. tacuat, 6. vers. sed nec ob impensas, Cod. de rei ux. act. Cæterum si necessarias fecerit, id est, tales, quæ nisi factæ essent, res aut interitura fuisset, aut deterior futura, propter hujusmodi impensas concedendam esse depositario retentionem rei depositæ affirmat Placentinus, [illegible], Cujac. [illegible]. Gothofr. in *leg.* 11. *Cod. depos.* [illegible] non una ratione. Primo [illegible] depositarium impensas necessarias [illegible], judicio contrario sive contrario depositi [illegible]: Quicquid autem contrario judicio [illegible] potest, id etiam per retentionem servare potest, qui directo judicio convenitur, *l. in rebus* 18. §. *ult.* [illegible] *commod. l.* 15. §. 2. *l. si is qui* 59. *ff. de furt.* At contrarie creditur, *l. ult. Cod. de* [illegible], ubi Imperatores negant praetextu debiti restitutionem commodati recusare posse: nam si hoc verum est, multo minus recusari ob eandem causam poterit restitutio depositi, *arg. l.* 11. *Cod. depos. l. ult. Cod. de* [illegible]. Sed [illegible] dicimus rem commodatam aut depositam, praetextu debiti ex diversa causa nati, posse retineri: verbi gratia, si commodator aut qui deposuit, decem ex causa mutui debeat commodatario aut depositario, posse eos [illegible] hujus debiti restitutionem corporis commodati aut depositi recusare, quod vetant Imperatores in *d. l. ult. Cod. commod.* [illegible] quo casu [illegible] locus est contrario commodati aut depositi judicio; [illegible] generaliter [illegible], [illegible] [illegible], [illegible] pignore [illegible] debetur, [illegible] pro [illegible], quod sibi debetur, retinere, *l. unic. Cod. etiam ob chirogr. pec.* Donell. *in dict. l. ult.* [illegible] 3. *& seqq.* Cujac. *in not. ad §. in bonae* 30. *Instit. de act.* qui tamen alibi pro *commodati*, *in d. l. ult.* vult reponi *commodati*, *lib.* 9. *observ.* 37. quamquam perperam, quod hanc [illegible], *vide* Gilbert. *Reg. lib.* 1. *opin. cap.* 14. Sed hoc dicimus, posse commodatarium, aut depositarium id quod contrario judicio consequi possunt, (possunt autem eo judicio consequi quod occasione ejusdem contractus iis abest, & vel maxime impensas necessarias) etiam posse per retentionem rei, quasi quae pignoris loco sit, servare *l.* 15. *fin. ff. de furt. l. si quis vero* 20. & ibi Gothofr. *ff. de acq. poss.* Deinde cessat hic plane ratio, ob quam Justinianus compensationem & retentionem in causa depositi prohibuit, scilicet suspicio & praesumptio perfidiae; quae nulla esse potest, ubi necessariae impensae factae sunt. Quid quod tacite id actum videri debet, ut depositarius has impensas faciat, cum sine iis futurum sit ut res pereat? Denique, impensae necessariae quodammodo partem rei continent, & tantum de re, in quam fiunt, detrahere videntur, quantum in eam impensum est, ut proinde & jus aliquod in re tribuant facienti, *arg. l. plane* 58. *ff. de hered. petit. l.* 9. *ff. de impens. in rem dotal. fact.* Quamobrem non obstant constitutiones Justiniani in *d. l.* 11. *Cod. depos. & l. ult. Cod. de compens.* quibus depositarius non solum jubetur confestim reddere depositum, sed etiam ut reddat sine ulla exceptione aut defensione, quae ad compensationem vel retentionem spectet. Nam textus isti accipiendi sunt de compensatione vel retentione, quae sit ex diversa causa, & ad illos casus pertinent, in quibus depositarius jus in re non est adeptus, quod consequitur per impensas necessarias, quo casu quasi pignoris loco res esse incipit; *l. crediteris* 15. §. 2. *ff. de furt.* Dissent. Donell. *in dict. l.* 11. *num.* 9. *Cod. depos.*

CAPUT LII.

An praeter dolum etiam culpam, & quam culpam praestet procurator, seu mandatarius?

QUI negotia aliena mandato domini gratis gerenda suscepit, is in jure nostro & apud bonos auctores procurator appellatur; sive negotia illa sint forensia & judicialia, sive quaevis alia extrajudicialia, *tit. de procur. &* *mandat. vel contr.* [illegible] vulgo etiam mandatarium vocant, praesertim eum qui negotia administrat extrajudicialia; procuratoris [illegible] nomine cum [illegible] intelligunt cui commissae lites & negotia forensia. [illegible] rei causam esse puto, quod [illegible] multis annis procuratores appellari coeperint ii [illegible] qui mandatum ad agendum & lites exercendas habent. Caeterum nomen mandatarii non memini me vel apud [illegible] vel apud alios auctores legisse. Non ideo tamen [illegible] [illegible], sed utroque uti promiscue [illegible] verborum curiositas nihil objicietur. Neque vero [illegible] eum qui mandatum suscepit, velim procuratorem appellare, verbi causa non eum qui mandato meo pro me fidejussit. Jam ut ad rem propositam veniam: quaeri solet circa obligationem procuratoris sive mandatarii de dolo, culpa & diligentia, quid horum in mandato exequendo & rerum receptarum administratione [illegible] praestare debeat?

De dolo & lata culpa non dubitatur. Nullus enim contractus est, qui dolum malum non recipiat, sive in quo non praestetur dolus, *lib.* 5. §. 2. *ff. commod. l. contractus* 23. *ff. de reg. jur.* & sicut dolus in omnibus contractibus praestatur, ita placet & latam culpam in omni contractu praestari; quia dolo & fraudi proxima est, & juris interpretatione dolum repraesentat, *l. si fidejussor,* 29. *ff. mandat. l. quod Nerva* 32. *ff. depos. l.* 7. §. 1. *ff. de susp. tut. l.* 1. §. *is quoque* 5. *ff. de oblig. & act.* cum similibus. Unde est, quod quoniscunque contractus dolum recipere dicitur, verbo doli etiam lata culpa intelligatur etiamsi in lege latae culpae mentio non fiat, adeoque etsi dolus noretur particulis taxativis, *solum*, *tantum*, *duntaxat*, ut in *dict. l.* 5. §. 2. *ff. commod. l.* 1. §. *ult. ff. depos. & dict. l. g.* 23. *ff. de reg. jur.* ubi depositum & precarium dicitur dolum duntaxat recipere: non ideo tamen lata culpa excluditur; *d. l. quod Nerva* 32. *ff. depos. l.* 2. *C. eod. l.* 8. §. 3. *ff. de prec.* Omnis igitur controversia hic est de culpa levi, & maxime de culpa levissima, quae passim in jure nostro per oppositum indicatur, nempe verbo diligentiae, quo summa significatur & exactissima, *d. l.* 5. §. 2. *ff. commod. l.* 3. §. *saepe* 35. *ff. de poss. d. l.* 23. *ff. de reg. jur.* Dixeris praeter praestationem doli & culpae latae sive dolo proximae nihil a procuratore exigendum videri, secundum primam definitionem Ulpiani, *dict. leg.* 5. §. 5. *commod.* esse enim procuratorem similem depositario, seu ei qui rem gratis custodiendam accepit: utrumque esse enim beneficii debitorem, & hunc custodiendam suscipere, & quod deponenti imputari potest, quod negligenti amico rem custodiendam tradidit, *l.* 1. §. *is quoque* 5. *ff. de oblig. & act.* idem imputari posse & mandatori, quod negligenti amico rem gerendam commisit. At depositarium praeter dolum & culpam latiorem nihil praestare. Caeterum hanc definitionem in mandato sequi non

licet

licet propter eos locos, quibus expresse traditum est, mandatarium, non tantum de dolo, sed etiam culpæ nomine teneri, l. 8. §. ult. ff. mand. l. 11. Cod. eod. l. 23. ff. de reg. jur. & apud Licin. Rufinum in coll. leg. Mosaic. & Roman. tit. de depos. hæc verba Modestini referuntur: In mandati judicio dolus & culpa præstatur. Certum autem est, verbo culpæ absolute posito aut dolo opposito significari culpam levem. Plus dicimus, etiam culpam levissimam in judicium mandati venire; hic enim diserte scriptum est in l. a procuratore 13. Cod. mand. a procuratore dolum & omnem culpam præstandam esse, solum casum improvisum non præstandum. Ac ne quis putet, hoc pertinere duntaxat ad procuratores forenses, non ad alios, aut quemvis mandatarium; utique ad quemvis mandatarium & omnem procuratorem pertinet, quod [illegible] in l. ex re mandata, Cod. eod. aliena negotia exacto officio geri, nec quicquam in eorum administratione neglectum ac declinatum culpa vacuum esse. Cui similis est locus apud Ciceronem in ea pro Roscio Amerino, ubi de judicio mandati disserens, ait in minimis etiam rebus teneri, qui rem mandatam non modo malitiosius, verum etiam negligentius gesserit. Atque hæc causa est, cur Ulpianus in d. l. 5. §. 2. ff. commod. ad declarandam primam regulam exemplo depositi, non etiam mandati utatur: & facit huc etiam l. si maior 9. 24. Cod. de usur. Cur ergo in mandato recedimus a regula, quam in deposito servari placet? Nimirum ideo, quoniam cum in negotio gerendo opus sit diligentia atque industria, & is qui mandat, diligentiam rei gerendæ convenientem exigere, & qui suscipit mandatum, hoc ipso industriam & diligentiam ad rem exequendam necessariam in se futuram recipere videtur, quod non convenit deposito: nam ad aliquid custodiendum non diligentia aut industria, sed fide duntaxat opus est. Ex quo jam intelligimus, mandatarium non esse comparandum cum quovis depositario: sed cum eo depositario solum recte comparari mandatarium, qui ultro se deposito obtulit, quem placet omnem culpam præstare, & summam rei custodiendæ adhibere diligentiam, non alia de causa quam quod ultro se deposito offerendo de diligentia sua & solerti custodia promittere videatur, l. 1. §. sæpe 35. ff. depos.

Sunt qui de his præstationibus statuendum arbitrantur pro varia conditione mandati qua modo mandantis, modo mandatarii seu procuratoris, modo utriusque utilitatem respicit; propterea quod hæc distinctio in commodato probata est, l. 5. §. 2. vers. commodatum autem junct. §. interdum 10. l. in rebus 18. in fin. pr. commod. Nempe ergo, si his credimus, ubi mandatum solius procuratoris gratia intervenerit, dolus duntaxat & culpa lata præstabitur: ubi utriusque gratia, etiam culpa levis; ubi solius mandatarii, etiam levissima. Sed profecto talis distinctio in mandatum cadere non potest; neque quicquam mandato cum commodato hic commune est. Etenim mandatum solius mandatarii contemplatione interpositum nec mandantem obligat, si dolus ejus intervenerit, §. tua tantum 6. Instit. de mandat. mandatarium tamen non obligat ullo modo: quippe cujus nulla obligatio esse potest, nisi quatenus negotium quod gerendum suscepit, ad alium pertinet, d. §. 6. & l. 2. §. ult. ff. eod. ut proinde de obligatione mandatarii circa prædictas præstationes quæritur, mandatarius tantum considerari debeat, ut rem alienam gerens, quando etiam consi-

deratur in l. in re mandata 21. Cod. mand. [illegible] quæ negotium committit [illegible] pertinet, cuicumque & [illegible] cum non administratio [illegible] durum quod [illegible] per l. 8. §. ult. l. 10. pr. l. [illegible] tantum 6. [illegible] eod.

CAPUT L[illegible]

An [illegible] de inæqualitatibus lucri & [illegible] inter socios valeat, ubi æqualis [illegible] & pecuniæ collatio [illegible]

IN contrahenda societate facile admitti [illegible] cio, ut ad unum duæ partes & [illegible] tinerent, ad alterum tertia [illegible] inæqualitatis partium, [illegible] §. 1. Inst. de societ. Immo [illegible] tur talis conventio [illegible] ut damnum [illegible] sit; atque [illegible] cedunt. Illud [illegible] lucri & damni [illegible] si conveniat, ut unus lucri [illegible] tantum, alter duas damni, tertiam lucri [illegible] Quinto Mucio hæc [illegible] societatis [illegible] æqualitatem [illegible] Servio Sulpicio admissa est, cujus [illegible] ab Justiniano §. 2. Instit. de soc. [illegible] non improbasse videtur [illegible] temperasse, & [illegible], quod Mucius [illegible] cebat, iniquam esse [illegible] societatis contrariam, ut alter plus lucri [illegible] ferat, id Servium existimasse verum [illegible] societate: iniquam quidem eam conventionem [illegible] in simplici & æquali collatione [illegible] quod etiam forte solum consideravit [illegible] quam non esse, ubi unus pecuniam [illegible] ram simul cum pecunia confert, [illegible] hunc meliore in conditione [illegible] §. 2. Instit. de societ. Igitur [illegible] Servii pactum de inæqualibus lucri [illegible] valebit, ubi æqualis est operarum & sortis collatio; sed tunc demum ratum est, cum inæqualis est collatio, & is quem plus lucri ferre placet, etiam plus societati confert, sive pecuniæ, sive operæ & industriæ [illegible] distinctionem & Ulpianum probare evidenter arguit responsum ejus in leg. si non fuerint 29. ff. pro soc. Atque ita olim contra Joannem Azo disputavit, cujus sententiam interpretes comm. ad dict. §. 2. & ad d. l. 29. secuti sunt, Donell. ad l. 1. Cod. pro soc. num. 23. Gomez. 2. var. resol. 3. num. 5. Mantic. lib. 6. de tac. & ambig. conv. tit. 4. num. 9. & seqq. Christin. volum. 3. dec. 51.

Sed ut verum fatear, non possum huic sententiæ acquiescere. Nam primum rationis esse videtur, ut expressa conventio aliquid operetur præter naturam ordinariam contractus, l. contractus 23. ff. de reg. jur. modo ne nimia inducatur inæqualitas, & quæ sapiat communionem leoninam. Deinde quia aperte Azonis sententiæ refragatur, quod generaliter definit Justinian. in §. 1. Instit. de soc. si partes expressæ fuerint, has ser-

[illegible] vult, verum [illegible] [illegible] in qua consistit substantia. Et quamvis [illegible] cum [illegible] socius [illegible] contrahatur, *l. f.* §. 2. [illegible]. [illegible] tamen non est quin non minus ex parte donationis causa contrahi possit, quam emptio, venditio, *l. si quis* 38. *de contr. empt.* quod & [illegible] *ubi supr.* n. 19. [illegible]. Quo [illegible] potius est Servius in [illegible] sententia [illegible] ad id quod [illegible] possit [illegible] opera [illegible] posse [illegible] de quo tamen in singulis personis [illegible] sit, [illegible] quod contra Mucium [illegible], defendendum, sufficiat id evenire posse, & frequenter etiam evenire: neque aliam [illegible] Ulpiani [illegible] dumtaxat [illegible] in *d. l. f. non fuerint* 29. *ff. pro soc.* Utique vero sic, usus [illegible] [illegible] post Angelum Porcium & alios [illegible] *Inst. de soc.* [illegible] *ff. eod.* [illegible] 2. [illegible] *sel. quæst.* *cas.* 185.

[illegible], [illegible] operam [illegible] convenit [illegible] & [illegible] [illegible] communiter [illegible] ut [illegible] collata [illegible] communicetur, sed ut [illegible] operæ cum usu [illegible] compensetur, & lucrum [illegible] commune sit: sufficere [illegible] socio operandi, quod lucrum capit ex negotiatione, [illegible] lucrum [illegible] non esse sine pecunia socii, [illegible] quod alias [illegible] inter socios existeret inæqualitas, ut qui [illegible] pecuniam contulit, si finita societate præter sortem nihil superesset, duplici incommodo afficeretur, scilicet, quod & dimidium sortis collatæ amitteret, [illegible] ex pecunia sua fructum, quem alias [illegible] percipere. Porro pro [illegible] hujus sententiæ [illegible] duo loci. Primus est Ulpiani in *leg.* [illegible], [illegible] §. [illegible] *vers.* [illegible] *ff. pro socio.* Ubi cum [illegible] socio [illegible], vel operam colendam dedisse in [illegible] fructibus, pecus vel ager non communicatur, sed ejus manet, cujus antea fuerant ex eo enim quod in *fin. dict.* §. 1. subjicitur, socium quoque culpam præstare debere, si vel communi nocuit, recte colligitur, prius actum fuisse de re non communi. Alter locus est Justiniani in §. 2. *Institut. de societ.* ubi ait ita posse coiri societatem, ut alter pecuniam conferat, alter non conferat, & tamen lucrum inter eos commune sit, quia sæpe opera alicujus pro pecunia valet. Ecce hic pecunia collata non fit communis, sed lucrum tantum, quod ex negotiatione secuta factum est, communicatur, neque huic sententiæ, quod simpliciter scriptum est in *leg.* 1. *Cod. pro socio*, uno pecuniam, altero operam conferente societatem posse contrahi; nam & pecuniæ collatio, & operæ cum ea comparatio ad usum dumtaxat pecuniæ, & utilitatem quæ non modo ex pecunia, sed etiam ex opera & industria percipi potest, referenda est. Perez. Donell. *ubi supra.*

Ex hac autem quæstione nata est & altera: utrum in hujusmodi specie societatis damnum pecuniæ amissæ commune sit, an ad eum solum hoc damnum pertineat, qui contulit pecuniam. Et superiori sententiæ omnino consequens est, damnum hoc ad eum ex sociis pertinere tantum, qui pecuniam contulit. Nam si pecunia collata non fiat communis, sed dominium ejus apud conferentem maneat, juxta sententiam superiorem, etiam periculum amissionis pecuniæ ad eum solum pertinebit; cum utique res pereat suo domino, *l. pignus*, 9. *C. de pign. act.* & qui operam confert, non intelligatur se obligare voluisse ad damnum sortis, cum sufficiat, eum damnum sustinere operarum; cumque sortis nullum sentiat commodum, nec incommodum sentire debeat. Ad hæc, si dicamus damnum debere esse commune, magna induceretur inæqualitas, quippe qui operam confert, duplici afficeretur incommodo, quod & operam amitteret, & præterea sentiret partem damni in pecunia amissa; alter vero non totam sortem amitteret, sed partem solummodo. Quibus & hoc accedit, quod posito damnum commune esse, is qui pecuniam confert, nullum periculum subiret sortis in totum amittendæ quod genus societatis prope abesse creditur a fœnore & usuraria pravitate, per *c. plerique*, 15. *quæst.* 3. Panormit. *in c. Per vestras*, *de donat. int. vir.* Ita post Accurs. Cyn. Bald. Angel. Castrens. Fach. *lib.* 1. *controv. c.* 95.

CAPUT LIV.

An uno pecuniam, altero operam conferente, pecuniæ amissæ [illegible] [illegible] periculo sit?

Etiam uno pecuniam, altero operam conferente societatem contrahi posse constituit, *l.* 1. *Codice pro soc.* & res quidem, ut Justinianus ait in §. 2. *instit. eod.* ut lucrum inter eos commune sit, quoniam sæpe opera alicujus tanti est, quanti pecunia, juxta illud Plauti in *Asin.*

Par pari datum hostimentum est, opera pro pecunia.

Quod autem de opera dicitur, idem & de labore ac periculo navigationis & similibus intelligi debet, *l. si non fuerint* 29. §. 1. *ff. eod.* Possunt igitur duo societatem sic coire, ut unus pecuniam conferat, unde merces emantur, & negotiatio exerceatur; alter operam dumtaxat, qui proficiscatur ad merces emendas, emat, vendat, ut sic deinde lucrum commune fit. In quo genere societatis quæsitum est, an etiam sors seu pecunia quam alter contulit, communis fiat, & finita societate cum altero, qui solam operam præstitit, sit dividenda? an vero is qui contulit, eam percipere debeat, & id solum, quod superest, inter socios dividi? Et Cynus, Baldus, Castrens. Sichard. Donell. & commun. Doctor. *in leg.* 1. *Cod. pro soc.* Fachin. *lib.* 1. *controv. cap.* 94. Perez. *ad tit.* 1. *Cod. pro soc. num.* 8. *et seq.* Gail. *lib.* 2. *observat.* 24. *num.* 6. Tuld. *ad Institut. de societ. cap.* 3. respondent pecuniam hanc col-

Ca-

Cæterum, etsi hæc magnam veri speciem habeat, non tamen ita simpliciter ad superiores quæstiones respondendum videtur; in omnibus enim negotiis primum inspiciendum est, quid actum sit, *l. semper*, 34. *ff. de regul. jur. l.* 3. *ff. de reb. cred.* Et si quidem nominatim in contracta societate cautum fuerit, ut lucri tantum, quod ex quæstu pecuniæ & operæ mutuo collatæ descenderet, communio esset, certum est pecuniæ ab uno collatæ non induci communionem, ut in specie *leg. cum duobus*, 52. §. 2. *vers. si secunda, ff. pro socio*, sicut ex contrario nemo dubitat, quin si expresse convenerit, ut pecunia communicaretur, ea communis quoque fiat. Quod si de eo dubitetur, inspiciendum erit, quid tacite & verisimiliter actum videatur. Non uno enim modo pecuniæ & operæ collatio fit, sed duplici. Nam aut comparatur opera cum solo pecuniæ collatæ usu: quo casu verum est sortem domino perire; & si salva est, domino salvam esse: aut opera confertur cum ipso dominio pecuniæ: quo casu qui operam impendit, particeps fit sortis. In prima specie comparatur cum opera non sors, sed periculum amittendæ sortis, & lucrum quod probabiliter ex ea sperari poterat. In altera operæ pretium habendum quasi sorti adjectum, & pro eo quod valet, in ipsa sorte partem habere debet qui operam præstat. Atque hinc jam ad superiores quæstiones quid respondendum sit, facile intelligitur. Fingamus itaque unius operam atque industriam tantumdem valere, quantum alterius pecunia, ut non usui tantum pecuniæ collatæ respondeat, sed etiam dominio: nullaque alia conventione interposita casu factum, ut finita societate, præter sortem ab uno collatam, nihil supersit: dico hic eum, qui operam æquivalentem sorti impendit & perdidit, in partem sortis admitti debere, quasi id tacite actum sit: ne alioqui unus e duobus, qui paria contulerint, totum quod contulit amittat; alter salvum habeat, & spe lucri tantum frustretur. *Fac. l. si id quod*, 58. *princ. & l. l. cum duobus*, 52. *quidam sagittariam*, 4. *ff. pro soc.* & ita cape Glossam in *l.* 1. *Cod. eodem titul.* quam Bartolus commendat, licet plerique improbent. At ex contrario, si opera unius tantum respondeat usui pecuniæ ab altero collatæ, id actum videri debet, ut dominium pecuniæ collatæ in solidum apud conferentem maneat, & lucri solius, quod ex usu pecuniæ unius & industria atque opera alterius speratur communio sit: ac proinde hoc casu etiam damnum pecuniæ amissæ totum ad conferentem pertinet, per ea quæ supra. Priore autem casu, cum pecunia communis fiat, & pretium operæ quasi sortem augeat, periculum hoc utrumque spectare videtur, & utrique partem perire tum pecuniæ tum operæ. Ita post Petrum a Perusio qui Judicis prudentiam hic desiderat, Covarr. *lib.* 2. *variar. resolut. cap.* 1. *num.* 2. quem laudat & sequitur Grotius *lib.* 2. *de jur. bell. & pac. cap.* 12. *num.* 24.

CAPUT LV.

An in emptorem hæreditatis transeat jus accrescendi.

NOn tantum corporis emptio est, sed etiam juris, puta hæreditatis, actionis seu nominis debitoris, *tit.* 1. *ff. & Cod. de hæred. vel action. vend.* Et emptio- ni juris eadem fere est ratio [illegible] si hæreditas vel actio vendita [illegible] 26. *ff. de poss. leg. ult. Cod.* [illegible] quamvis emptori corporis [illegible] tur actio. Et licet venditor [illegible] dione, venditor tamen hæreditatis [illegible] tionem non præstat, sed satis est [illegible] tarem esse; nomen [illegible] quale [illegible] *famil.* 14. §. 1. *ff. de hæred. vend.* [illegible] *ff. de evict.* Cui consequens est, hæc [illegible] *Cod. de resc. vend.* in venditione hæreditatis [illegible] mitiis esse locum. Cum autem emptor [illegible] vicem hæredis obtineat, eique restituendum [illegible] solum quod jam ad hæredem ex ea [illegible] nit, sed & quod quandoque pervenerit [illegible] *tantum*, 4. & §. *cum quis*, 18. *ff. de* [illegible] situm est, an in emptorem hæreditatis [illegible] jus accrescendi. Ponamus L. Titium [illegible] gitimam pro triente L. Titio delatam [illegible] suam hæreditatis partem vendidisse Cajo [illegible] tur si cohæredes L. Titii portiones [illegible] aut alias defecerint, portio deficiens [illegible] accrescendi pertineat, an ad Cajum [illegible] rem hæreditatis L. Titii [illegible], qui ab eo venditur. Duplex [illegible] test, quæ tamquam [illegible] tur; an ipso jure & recta deficientium [illegible] crescant emptori; & deinde an non [illegible] quod sibi accrevit, emptori præstare [illegible] emptio. Quanto attinet ad quæstionem priorem [illegible] negandum est emptori quicquam directo accrescere. Quippe juri accrescendi tantum locus est [illegible] redes, seu hæredes ejusdem hæreditatis, ut [illegible] omnibus locis, qui de hoc jure loquuntur: at emptor hæreditatis neque a testatore, neque a lege in partem aliquam hæreditatis vocatur, neque [illegible] hæres; sed venditor hæres manet, *leg. ei qui*, 88. *in fin. ff. de hæredit. instit.* Et quod notandum est, ut illi ei, qui ex parte aliqua hæres exstitit, sive ex testamento, sive lege ab intestato, deficientium [illegible] ita & invito accrescunt & ignoranti, & [illegible] semper cum onere suo, æris videlicet alieni & legatorum: quod onus vendendo vitari non [illegible] *l. ex duobus*, 53. §. 1. *ff. de acquir.* [illegible] *de suis & legit. hæred. l. unic.* [illegible] 10. *Cod. de cad. toll.* Nec vero putandum est emptorem hæreditatis similem esse ei, cui ex Trebelliano senatusconsulto pars hæreditatis restituta est; hic enim ex voluntate testatoris venit, emptor non item. Quid quod nec in fideicommissarium Trebellianum, quamvis juris successor sit, jus accrescendi transit. Nam si hæres rogatus semissem, ex quo institutus est, restituere, portionem suam sponte adiit & restituit, deficientis postea cohæredis portio non fideicommissario, sed hæredi fiduciario accrescet, ut recte Cujacius *lib.* 11. *obs.* 12. & 13. Anton. Fab. *decis.* 5. *err.* 4. censent. Etsi enim fideicommissarius Trebellianus juris successor dicitur & hæredis loco esset respectu testatoris, propterea quod ad exemplum hæredis succedit in omnia jura defuncti, & quæ a defuncto in hæredem sunt translata, non tamen succedit in jus omne ipsius hæredis, non in id jus, quod beneficio legis potius, quam ex voluntate defuncti hæres habet, quale est jus accrescendi, quippe quod habiturus esset etiam testatore invito: alias fideicommissarius

non

non loco hæredis, sed hæres hæredis esset. Non offendor *leg. Papinianus*, 43. *ad SC. Trebellian.* quia loquitur de eo qui compulsus adiit, non qui ultro & sua sponte. Nec tamen dicit portionem deficienti accrescere fideicommissario, sed hæredi: at non manere apud hæredem. Constat autem eum qui coactus adiit, & quantum in se fuit, irritam fecit voluntatem defuncti, perinde habendum ac si irritam fecisset eique lucrum omne auferri, quod vel habuerit vel potuerit non tantum ex testamento, sed etiam occasione testamenti, haud secus ac si hæreditatem non adiisset, *leg. ita tamen*, 17. §. 2. & §. *si præceptio*, 14. *ff. ad Senat. Trebell.* Et licet post restitutionem nihilominus hæres ipso jure maneat homo, tamen, quia periculo & commodo alieno adiit & id egit, ne hæres esset, *l. 4. ff. eod. tit.* in iis, quæ ad ipsius commodum spectant, pro non hærede habetur, ut proinde commodi nihil apud eum remaneat, quod laturus non fuisset si hæreditatem non adiisset. Quod si hic hæres ex parte scriptus sponte, non coactus hæreditatem amplexus esset, haud dubie aliud Papinianus & Ulpianus in *d. l. leg.* 43. *ad senat. Trebell.* respondissent, nempe portionem deficientem non modo accrescere hæredi, sed etiam apud eum manere, cum nihil obstet quominus maneat. Et est hæres, qui compulsus adiit, *respectu* emolumenti non absimilis ei cui tanquam indigno eripitur hæreditas ei quod tacite cavit se hæreditatem restituturum incapaci, qui plane commodum omne, quod alias ex testamento aut occasione testamenti consecuturus fuisset, amittit, & consequenter etiam jus accrescendi, *l. si totam*, 83. *ff. de acquir. hæred.* Ut autem ad emptorem hæreditatis revertamur, unum est quod maxime pro eo urgent alii, nempe responsum Papiniani in *l. si Titio*, 33. §. 1. *in fin. ff. de usufruct.* ubi Papinianus Juliani sententiam refert & probat, dicentis, portionem fundi, velut alluvionem portioni, portioni fructum accrescere: unde dicendum videtur deficientium hæredum portiones non hæredi, qui suam portionem vendidit, sed emptori, qui eam habet, accrescere debere. Respondeo non simpliciter Papinianum aut Julianum jus accrescendi attribuere portioni, qui portioni competat, eamque sequatur, apud quemcumque ea sit, sed personæ ejus, sive hæredis, sive legatarii, qui portionem suam agnovit & obtinuit ex voluntate testatoris ad differentiam scilicet ejus, cui conjunctum cum alio ususfructus ejusdem rei legatus est, qui etiam jus accrescendi habet, quamvis partem suam non agnoverit, *l. 1. §. 3. ff. de usufruct. accresc.* Nulla autem ratio dari potest, cur magis hæres vendita portione hæreditatis sibi acquisita jus accrescendi amittat, quam unus e legatariis ejusdem rei vendita parte sua. Sunt, qui respondent hæredem hoc ipso, quod pretium consecutus est, videri adhuc portionem ipsam habere, pretiumque in locum rei succedere, & portionem venditam repræsentare, per *leg. 4. ff. si quis omiss. caus. test. l. si usufructus*, 35. 1. *ff. de usufruct.* Sed quia hæc responsio non tollit totam difficultatem, (quid enim, si hæres partem suam alteri non vendiderit, sed donaverit, an quia pretium non habet, ideo donatario potius quam ipsi jus accrescendi tribuendum erit?) malim dicere cum Anton. Fabro, *decis. 50. err.* 5. Bachov. *ad Treutl. disput. de empt. & vendit.* illud ipsum jus, quod etiam vendita hæreditate penes hæredem manet, loco portionis fungi, nisi & hoc ipsum vincitur, & hæres ea causa privetur omni commodo, quod alias beneficio legis aut ultimæ voluntatis consecuturus fuisset; quod contingit tum ei qui coactus alieno periculo adiit, *l. 4. ff. ad senat. Trebell.* tum cui, ut indigno, hæreditas aufertur. Atque hæc vera & adæquata ratio est, cur in specie, *l. si totam*, 83. *ff. de acquir. hæred.* hæredi, qui clam fidem suam accommodavit, ut incapaci hæreditatem restitueret, nihil debeat accrescere, id est, ita accrescere, ut apud eum maneat; quoniam & illud quod accrevit, ei tamquam ministro fraudandæ legis aufertur, & fisco vindicatur, *l. 1. l. 3. §. Imperator*, 43. *ff. de jur. fisc. l. 1. C. de delator.* Illa autem ratio quam Ulpianus in *d. l. si totam*, affert, *quia rem non videtur habere*, minus accurata est, nec ad omnes pertinet casus, non ad casum hæreditatis venditæ, aut restitutæ capaci ab eo, qui sponte adiit. Nec vero semper & ubique veteres exactis rationibus, & quæ ad casus omnes, etiam de quibus forte non cogitarunt, accommodari possint, utuntur. Et alioqui sequeretur necessario neque eum hæredem, cujus portio legatis exhausta est, integra legata solventem; ut pleniore officio fidei fungatur, jus accrescendi habere: quod tamen nemo, ut opinor, dixerit.

At hoc jam posito, portione deficientium hæredum non emptori hæreditatis, sed hæredi, qui suam portionem agnovit & vendidit, accrescere, amplius adhuc quæri potest, an non saltem hæres idemque venditor, quod ei postea accrevit, emptori actione ex empto teneatur restituere. Hæc enim inter se non pugnant, non accrescere emptori, & nihilominus quod venditori accrevit, emptorem ex contractu posse petere; si enim licet actiones directæ penes venditorem maneant, quicquid tamen exegit venditor, id emptori debet restituere. Et cum quasi per aversionem jus omne quod hæres habet, venditum videatur, quo commoda & incommoda omnia continentur, non omnino sine ratione colligat aliquis etiam jus accrescendi ea venditione comprehensum. Denique cum emptor periculum sustineat nominum hæreditariorum, non inique vicissim sibi afferre videtur lucrum accessionis. Cæterum licet hæc, nec sine specie disputari possint, ego tamen ne illud quidem emptori hæreditatis concedendum puto, ut commodum quod occasione juris accrescendi ad hæredem postea pervenit, ei extorquere possit. Etenim cardo totius hujus quæstionis in eo potissimum vertitur, an hoc inter contrahentes actum intelligi debeat, ut etiam commodum hoc accessionis ad emptorem transiret, utique enim si hoc actum non sit, non transibit, cum actus agentium non extendantur ultra eorum intentionem, *l. non omnis*, 19. *ff. de reb. cred. l. semper*, 34. *ff. de reg. jur.* Jam vero non est credibile de eo cogitatum aut inter contrahentes actum esse, quod ad venditorem perventurum aliquando esset, & venditor & emptor ignorabant: sed non nisi pars jam actu quæsita vendita censeri debet, nec alia, quam illa ipsa & sola, ex qua hæres institutus venditor fuit, & quam aditione acquisivit; id, inquam, solum, quod tempore venditionis jam hæredi competebat, ut & diserte responsum est in *leg. 2. §. 1. ff. de hæred. vendit.* Et quæso, cum pretium rei venditæ æqua proportione constitui soleat, *l. pretia rerum*, 63. *ff. ad leg. Falcid.* an non absurdum & iniquum videri debet, si hæres sextante aut quadrante, ex quo institutus est, vendito, idque pretio valori rei ejusve sive proportione rei respondenti, cogeretur partem longe majorem, & forte te triplo aut quadruplo accrescentem, postea ad emptorem transferret? Illa autem quæ passim in d. l. 2. ff. de hered. vel act. vend. occurrunt, quod venditum intelligatur jus omne hæredis; quod ad emptorem transeat, quantum penes venditorem est, vel quandoque ad eum perventurum est, quod emptor vice hæredis obtinet; accipienda sunt, de parte ipsa vendita, de qua sola inter contrahentes actum est. Hæc in effectu & Jasonis & Ripæ in l. re conjunct. 89. ff. de legat. 3. & Salic. in l. unic. C. quand. non pet. & Gomez. 1. var. resol. c. 10. n. 44. & Fachin. 5. contr. c. ult. sententia est. Diss. Bart. in d. l. re conjunct. Duar. lib. 2. de jure accresc. c. 5. & Papillon. in tract. de jur. accresc.

CAPUT LVI.

An beneficium l. 2. C. de rescrip. vendit. competat venditori non ignoranti valorem rei venditæ?

QUamvis in pretio rei venditæ naturaliter liceat contrahentibus se invicem circumvenire, dummodo absit dolus malus, l. in causa, 16. §. idem Pomponius, 4. ff. de minorib. l. item si pretio, 22. §. ult. ff. locat. est tamen hujus regulæ exceptio in l. 2. C. de resc. vend. ubi ea sic restringitur, ut non procedat, si læsio excedat dimidium justi pretii, tunc enim placet rescindi venditionem, etiamsi nullus dolus intervenerit: quippe cum non ex quantitate pretii, sed ex qualitate facti dolus æstimetur, l. dolus emptoris, 8. Cod. eod. tit. Igitur si quis v. c. fundum vendiderit centum aureis, qui tempore contractus communi æstimatione valebat ducentos & viginti aureos, is oblato pretio quod acceperit, restitutione petere potest, ut venditio rescindatur, & res vendita sibi restituatur: aut si malit emptor rem retinere, ut suppleat quod justo pretio deest dict. l. 2. Cod. de resc. vend. Quæsitum vero est, an id beneficium etiam ei dandum sit, qui valorem rei suæ scivit. In qua quæstione assentior Bartolo, Baldo, Salyceto, Castrensi, in dict. l. 2. Menoch. consult. 562. Diodor. Tuldeno ad C. tit. de resc. vend. num. 4. negantibus dandum esse, contra Albericum de Rosate d. leg. 2. num. 18. Pinellum p. 1. cap. 1. num. 10. Fachin. 2. contr. cap. 20. Rationes hujusce assertionis nostræ hæ sunt. Quia nemo lædi aut injuria affici intelligitur, qui scit & consentit, l. nemo, 145. ff. de reg. jur. l. venditor, 11. C. de resc. vend. l. si minor, 9. C. de act. empt. 2. Quia videtur donationis causa minoris vendidisse, nam ubi errore interveniente datetur repetitio, ibi quod consulto & a sciente fit, donari intelligitur, l. cujus per errorem, 53. ff. de reg. jur. junct. l. si quis, 38. ff. de contr. empt. l. cum donationis, 34. Cod. de transact. 3. quia qui scit & vult, similis est ei, qui jus & actiones suas remittit, leg. 1. in fin. de action. empt. Postremo a parte hujus sententiæ stat textus notandus in leg. 1. Cod. si major fact. alien. fact. sine decr. rat. hab. ubi expresse ei demum, qui inconsulto errore lapsus est, in hac læsione succurrendum ad consultationem Liciniæ rescribit Imperator Gordianus.

Rationes, quibus in contrarium moventur Pinellus & Fachinæus, hæ fere sunt. 1. Quia Imperatores in dict. l. 2. Cod. de resc. vend. beneficium hoc venditori supra dimidium veri pretii læso concedentes non distinguunt, scienter, an ignoraverit pretium rei suæ: at quam distinctionem lex non agnoscit, eam nec nos admittere oportere vulgatum est. 2. Quia hac distinctione admissa eluderetur beneficium legis; quippe quod raro admodum locum haberet: quoniam venditor præsumitur nosse vires & modum rei suæ, quibus prædii longe distat l. quisquis, 15. Cod. eod. tit. 3. Quia beneficium legis non fundatur in dolo vel errore, sed in nimia inæqualitate; quæ ubique societatem vitiat, absque discrimine scientiæ vel ignorantiæ, l. si non fuerint, 29. §. ultim. ff. pro soc. 4. Quia fieri potest, ut venditor necessitate rei familiaris urgente vel sciens tanto minoris rem vendat. Sed hæ rationes non efficiunt, ut a priori sententia, quæ & communis est, recedendum videatur. Nam primum quod attinet, præterquam quod jam produximus locum, in quo disertis verbis distinctio ista agnoscitur, nempe l. 1. C. si major. fact. alien. fact. sine decret. rat. hab. etiam ipsa l. 2. Cod. de resc. vend. eandem distinctionem non obscure suppeditat; quoniam nemo sciens & volens lædi videtur: quæ regula utique etiam in venditione obtinet, l. ea quæ commendandi, 43. ff. de contr. empt. At humanitati dict. l. 2. causam dedit iniquitas læsionis. At hinc simul removetur secunda ratio: nam etsi dict. l. 2. non fundatur in dolo vel errore, fundatur tamen in injuria sive iniquitate, quæ nulla est adversus scientem & consentientem, l. nemo, 145. ff. de reg. jur. Quod vero tertio regeritur, hoc tantum pertinere ad tollendam actionem de dolo, vel injuriarum, id cum locis supra citatis tam manifeste pugnat, ut vel tyro id animadvertere queat: nihil præterea habet in exemplo, quod afferunt societatis leonina, id est, ubi quis damnum tantum, non etiam lucrum aut partem lucri exspectat; nam lucri communio sic naturalis est societati, ut sine ea nequeat societas consistere. Quod si forte putaveris, ne valere quidem conventionem de inæqualibus lucri partibus in societate æquali collatione, hallucinati sunt, cumque errorem confutavimus supra c. 32. Ac tametsi in societate id placeret propter naturam societatis, quæ æqualitatem desiderat & jus quodammodo fraternitatis in se habet, l. si non fuerint, 63. princ. ff. pro soc. non continuo id trahendum esset ad venditionem aut alios contractus: adeo ipso jure nulla esset venditio, quod pretium non per æquala proportione responderet rei venditæ, nec unquam liceret contrahentibus quod pluris est, minoris emere; quod minoris, pluris vendere, & ita naturaliter in vicem se circumscribere, contra leg. item si, 22. §. ultim. ff. locat. l. in causa, 16. §. idem Pomponius, 4. de minorib. Quod secundo loco allegant, admissa nostra eademque communi sententia futurum, ut rarissime huic beneficio sit locus, eo quod venditor præsumatur non ignorare pretium suæ, ex l. quisquis, 15. Cod. de resc. vend. male huc accommodant, quia ea lex diserte loquitur de venditione paulo viliori pretio facta; neque hoc dicit præsumi scire venditorem, sed debere scire vires & mensura rei familiaris: cujus tamen ignorantia agnoscitur, si ultra dimidium læsus est. Postremo nec in necessitate venditoris rem suam urgente debito distrahentis contraria opinio fundari potest: id enim repugnat aperto textui in l. non idcirco, 32. Cod. de resc. vend.

CAPUT LVII.

An locus sit beneficio l. 2. C. de rescind. vend. *in transactione?*

Beneficium quod venditori, qui rem minoris dimidia justi pretii vendidit, tribuitur, *l. 2. C. de resc. vend.* ex adverso etiam emptori, qui duplo plus dedit, quam accepit, dandum esse, facile admiserim cum Interpretibus contra Cujacium *lib. 19. observ. 12.* Quin etiam ad alios contractus venditioni similes humanitatem constitutionis transferendam esse, veluti locationem, permutationem, familiæ aut rerum divisionem, si quis duplo plus dederit, quam accepit, aut duplo minus acceperit quam dedit. Neque enim personæ beneficium est, sed causæ, hoc est, non tribuitur personæ venditoris, sed læsioni; quia læsus, non quia venditor. Quibus autem in causis eadem plane ratio est, in his idem jus statui oportet, estque hæc communis usuque forensi recepta sententia. Anceps autem & needum communi consensu terminata quæstio est, an legis hujus beneficium ob enormem læsionem producendum sit ad transactionem; puta si quis dicat se duplo minus ex causa transactionis accepisse, quam ei debebatur; aut quam in petitionem deduxerat. Non una autem ratio me impellit, ut in eorum inclinem sententiam, qui id negandum putant. Primum illud me movet, quod transactio comparata est ad lites finiendas, *l. fratres, 12. C. de transact.* sicut & jusjurandum; cui transactio æquiparatur, *l. 1. & l. 2. ff. de jurejur.* Unde consequens est, ut quemadmodum dato jurejurando non aliud quæritur, quam an juratum sit, omissa quæstione, an debeatur, *l. 5. §. 2. ff. de jurejur.* ita quoque lite transactione bona fide sopita, nihil amplius quæri debeat, quam an transactum sit: ne alioqui remedium finiendis litibus comparatum, earumdem fiat seminarium; in quam rem & textus est notabilis in *c. 1. ext. de transact.* Nec aliam rationem haberem credo; quod placuit ne principali quidem rescripto litem transactione legitima finitam resuscitari oportere, *leg. causas, 16. Cod. de transact.* Sed nec minorem auctoritatem habet transactio, quam res judicata, *leg. non minorem, 20. C. de transact.* At vero res judicata prætextu læsionis, licet immodicæ non rescinditur, *l. 4. C. de re jud.* Et porro sicut ex causa judicati solutum non repetitur condictione indebiti, *l. 1. Cod. de cond. indeb.* ita nec solutum ex causa transactionis, etsi debitum non fuerit, *l. in summa, 65. §. 1. ff. de cond. indeb. l. 6. C. de jur. & fact. ign.* quid quod pecunia, quæ transactionis causa datur, non datur tanquam in præteritum debita; sed ob causam futuram, ne aliquid sequatur, *l. nec intent., 23. C. de transact.* quod apprime notandum est. Et magna satis causa justaque est, cur detur, nempe ut a lite discedatur *d. l. an summa §. 1. ff. de cond. indeb.* Gallorum proverbium est. *Il gagne assez qui se met hors de procez.* Adhæc nec ob reperta postea instrumenta transactio rescinditur, *l. sub prætextu, 19. Cod. de transact.* At quæ justior causa læsionis, aut quæ gravior læsio? Potest enim instrumentum ostendere jus integrum & liquidum, quod forte accepta decima parte remissum sit. In *l. Lucius Titius, 78. §. ult. ff. ad SC. Trebell.* proponitur casus a Scævola quo reperta sunt instrumenta, ex quibus apparuit quadruplo amplius in hæreditate fuisse, quam hæres fiduciarius ex causa fideicommissi restituerat: & tamen neque Scævola, si transactio intervenerit, amplius fideicommissi nomine peti posse. Non potest hic locus intelligi de transactione interposita postquam jam instrumenta reperta essent, quomodo a nonnullis accipitur: alioqui [illegible] in ea, sed gratuita pactio & liquidi juris remissio esset. Ponamus vero potius transactum esse, an [illegible] audiendus, qui causabitur enormem læsionem? Atqui apud Scævolam non illud quæritur, an rescindenda sit transactio propter instrumenta postea reperta, ex quibus apparuit quadrupli amplius in hæreditate fuisse, quam restitutum erat; sed illud tantum, an in reliquum fideicommissi nomine hæres conveniri queat? Unde intelligimus tanto minus transactionem bona fide interpositam prætextu læsionis rescindi oportere, cum ne id quidem Scævola admittat, ut si transactum sit, in reliquum fideicommissi nomine hæres conveniatur. Etenim transactione rescissa omnia in pristinum statum restituuntur; secus vero est, cum in reliquum duntaxat actio conceditur.

Unus locus est, qui huic sententiæ objici solet nempe *l. si superstite, 5. Cod. de dol.* ubi filiæ emancipatæ, quæ cum patre super causa gestæ, tutelæ bona fide transegerat, ob immodicam læsionem actio in factum adversus patrem datur. Ego vero non video, qua ratione ex isto loco colligi possit, transactionem bona fide ab utraque parte interpositam solo læsionis prætextu posse rescindi. Ajunt Imperatores, si filia immodice læsa fuerit ex liberatione, quæ transactionem secuta sit, novatione & acceptilatione solemniter interposita, ei non quidem actionem de dolo propter paternam reverentiam, sed in factum actionem tribuendam esse. Hic igitur locus de alio casu accipi non potest, quam quo immodica illa læsio intervenerit dolo patris, per fraudem liberatione filiæ expressa, & nimirum quo casu si adversus extraneum ageretur, de dolo competeret actio. Dolum legibus vindicari nemo negare cæterum & illud in confesso est de dolo agi non posse, nisi cum eo, in cujus persona dolus arguitur. Nam cum hæc actio sit in personam simpliciter, non in rem scripta, atque adeo famosa (quam ob causam nec inter extraneos competit, si de ea re alia sit actio, *leg. 1. §. pen. & ult. ff. de dol. mal.* nec inter patrem & liberos, etiamsi alia actio non sit, *leg. non debet, 11. ff. eodem*) non aliter dari potest, quam si persona designetur, cujus dolo malo factum sit, *leg. sed & 15. §. ultim. tit. eod.* nunquam alio colore, aut læsionis quantæcumque obtentu. Nam quod enormissima, ut a pragmaticis vocatur, læsio; verbi gratia, quæ ultra bessem sit, dolum re ipsa inducat paremque cum dolo ex proposito vim habeat, commentum est Interpretum in *leg. si quis, 36. de verb. oblig.* vid. Anton. Fabr. *Cod. suo forens. tit. de transf. def. 3.* Cur igitur constitutio objecta requirit læsionem immodicam? Respondeo, id non debet interpretationem recipere ex *l. 2. Cod. de rescind. vend.* quippe cum dolus non ex quantitate damni, sed ex qualitate facti æstimetur, *l. dolus, 10. Cod. eod. tit.* nec unquam esse possit *ἄνευ ὑποκειμένου*, *L. 1. §. 2. ff. de dol. mal.* sed ideo adjectum est, quoniam si modica tantum læsio intervenirct, non facile adversus patrem actio illa in factum subsidiaria actionis de dolo daretur: quemadmodum nec dari solet ipsa actio de dolo ob modicam summam adversus alium quemlibet, *leg. si quis, 9. §. ult. cum l. seq. ff. de dol. mal.* ut bene

Anton.

Anton. Faber *decis.* 8. *err.* 30. Schifordeg. *lib.* 2. *tract.* 19. fere per tot. Porro ratio cur emtori qui transegit, beneficium hoc concedendum non sit, hæc est in dubio litis eventu. Quid enim? forte ei non debebatur, quod petebat. Et dato debitum fuisse quod petebatur, fortasse tamen probare non poterat: aut propter impensas dubium litis eventum noluit exspectare. Quæ autem certa erit rei tam incertæ æstimatio? Quæ dubia sunt, ea certam æstimationem non recipere ait Ulpianus in *leg. quemadmodum*, 19. §. 3. *ff. ad leg. Aquil.* Immo vix est ut ratione comprehendi queat certa dubii litis eventus æstimatio. Fatemur dubium eventum æstimari posse, *l. propter*, 23. *ff. famil. ercisc. l. si sterilem*, 12. *ff. de act. empt. l.* 11. *ff. de hered. vend.* sed negamus dubii eventus certam posse constitui æstimationem, *dict. l. quemadmodum* §. 3. *l. quod debetur*, 51. *ff. de pecul.* ut proinde nec certa læsio dici possit, quæ ex hujusmodi eventus dubii æstimatione inducatur; cum tamen certam esse læsionem oporteat, & quidem inspecto præcise tempore contractus, ut huic remedio sit locus. Atque hanc eamdem ob causam recte defenditur nec locum habere idem remedium in venditione hereditatis aut nominis, cum nec evictio hic præstetur, *l.* 8. §. 1. *ff. de contr. empt. l.* 2. §. 3. *l.* 4. *l.* 11. *l. qui filiifam.* 14. §. 1. *ff. de her. vend. l. si plus*, 74. §. *ult. ff. de evict. l.* 1. *Cod. eod.* In reo autem transigente prima fronte videri potest omnino non esse locum huic quæstioni: quippe cum nemo plus dare soleat, quam ab eo petitur; sed tamen & in reo transigente potest locum habere: nam etsi nemo plus solvit, quam ab eo petitur; attamen dicere potest, se nihil aut duplo minus quam dedit debuisse, & aliquo minus ad vitandam litem, tantum se summam dedisse. Cæterum nec reo hoc casu remedium, *dict. l.* 2. *Cod. de resc. vend.* tribuendum erit. Nam cum eodem casu cesset condictio indebiti, *leg. in summa*, 65. §. 1. *ff. de cond. ind. l.* 2. *Cod. eod. l.* 6. *C. de jur. & fact. ign.* quæ & ipsa ex humanitate, bonoque & æquo introducta est, *l. pen. ff. de cond. indeb.* utique & cessare debet remedium, *dict. l.* 2. Non me latet Pinellum ad *d. l.* 2. *part.* 1. *cap.* 3. *num.* 5. bonamque cum eo partem interpretum beneficium, *d. l.* 2. porrigere ad quoscumque contractus, etiam stricti juris, atque adeo ad ipsam quoque transactionem. Sed profecto beneficium contra communes regulas juris in bonæ fidei contractibus ex humanitate concessum, haud temere ad stricti juris judicia producendum est; utique ad transactionem nequaquam, quæ ad liberationem & [illegible] comparata est: quamvis id quoque faciat idem Pinellus, *ibid. num.* 10. audaci sane, ut mihi videtur, interpretatione, & multarum litium fomite commento, vide Andr. Gail. 2. *observ.* 70. Damhoud. *prax. civ.* c. [illegible] *num.* 6. *& seqq.* Fachin. 2. *contr.* 18. Diod. Tuldén. *ad tit. C. de resc. vend. num.* 5. Anton. Fab. *decis.* 8. *err. prag.* 10. Donell. *in d. l.* 2. *C. de resc. vend. num.* 12. Perez. *ad dict. tit. Cod. num.* 14.

ARNOLDI VINNII, J.C. SELECTARUM JURIS QUÆSTIONUM

LIBER SECUNDUS.

CAPUT PRIMUM.

Si conductor casus fortuitos in se susceperit, an id quoque ad casus insolitos pertineat?

Certum est casus fortuitos nullo in judicio præstari, ac ne in commodati quidem, *l. 5. §. quod vero, 4. ff. commod. l. 1. §. & ille, 4. ff. de oblig. & act. §. 2. Instit. quib. mod. re contr. oblig. l. contractus de reg. jur. leg. 6. Cod. de pign. act.* quo postremo loco verba illa, *in nullo bonæ fidei judicio*, non sunt adjecta ad excludenda judicia stricti juris, *l. si ex legati, 23. ff. de verb. oblig. l. 5. ff. de reb. cred.* sed addita propter eos contractus bonæ fidei, in quibus solius debitoris utilitas versatur, cujus generis est commodatum, nam si in commodato non præstatur casus fortuitus, multo minus illic præstari debet, ubi solius creditoris commodum vertitur, quamvis contractus [illegible] juris. Conductor autem ex natura [illegible] in quo tam locatoris quam conductoris [illegible]) et quidem de omni culpa tenetur, [illegible] dumtaxat, *d. l. 5. §. 2. ff. commodat. l. 5. §. 4. ff. naut. caup. stabular. l. in navem, 31. in fin. ff. locat.* tantum abest, ut de vi majore & casu teneatur, *l. si merces, 25. §. vis major. 6. ff. locat. dict. l. contractus, de regul. jur.* Ceterum natura contractus conventione contrahentium mutari potest. Finge convenisse ut in deposito culpa quoque præstaretur, aut in commodato dolus tantum, nec plus, nec minus, quam placitum est, præstabitur: quamvis alias in illo dolus dumtaxat, in hoc etiam omnis culpa præstetur, *l. 5. §. 2. & §. interdum, 10. ff. commod. l. 1. §. si convenit, 6. ff. de pos. l. 1. Cod. eod. dict. l. contractus, de reg. jur.* Sed & si in negotio gerendo conventio interposita sit de casu præstando, scilicet ut debitorem damna fatalia sequantur, rata est conventio: contractus enim legem a conventione accipiunt, excepto si placuerit, ne dolus præstetur, *dict. leg. contractus, d. l. 1. §. illud, l. 7. §. sæpe, 35. depos. l. 6. Cod. de pign. action.* Quamobrem & si quis ita fundum locaverit, ut si quid casu fortuito sive vi majore accepisset, hoc ei præstaretur, pacto standum est, *l. si quis, 9. §. 1. ff. locat.* Est autem casus fortuitus id omne, quod humano captu prævideri non potest, aut cui præviso non potest resisti, *l. in rebus, 18. princip. ff. commod. l. ex conducto, 25. §. 2. ff. locat. l. 1. §. 4. de oblig. & act. l. 6. Cod. de pign. action.* Igitur hoc certi juris est, si convenerit; ut conductor etiam casum fortuitum præstet, conventionem valere, damnumque improviso casu [illegible] conductorem sequi. Illud autem adhuc [illegible], an hujusmodi conventio etiam pertineat ad [illegible] solitos, id est, an conductor in se recipiens cas[illegible] tuitos recepisse etiam intelligatur casus insuetos [illegible] admodum contingentes, Bartolus in *l. 4. §. penult. [illegible] si quis caut. judic. sist.* & in *leg. fistular, 78. §. ultim. ff. de contr. emption.* id negat, quem sequitur Mantica *lib. 5. de tac. & ambig. conv. cap. 8.* Gail. *2. observ. 23. num. 18.* & vulgo DD. nimirum distinguunt [illegible] casus fortuitos solitos, sive communiter [illegible], & insolitos seu qui præter consuetudinem [illegible], ut illorum quidem damnum conductor ex [illegible] præstare teneatur, horum autem neutiquam, quasi de iis cogitatum non esset. Sed mirum est profecto hanc sententiam cuiquam probari potuisse: cum eventus insolitus vel maxime contineatur appellatione casus fortuiti, & fere solus etiam secundum ipsius Bartoli definitionem in *dict. l. fistular, 78. §. ultim.* ubi dixisset eum, qui in se suscipit casum fortuitum, teneri de casibus communiter contingentibus, mox imprudens sibi contradicit, dum ait casus fortuitus intelligitur inopinatus, non ex consuetudine eveniens, cum tamen quæ communiter contingunt, ex consuetudine contingant. Nec fieri potuit. Nam cum Bartolus in *dict. l. 4. §. penult. ff. si quis caut. judic. sist.* sententiam suam, nempe conventione de præstando casu fortuito interposita non intelligi casum insolitum, firmasset auctoritate Labeonis in *dict. leg. fistular §. ultim. ff. de contrah. empt.* ubi ad hujus textus explicationem venit, necesse fuit, ut aut incaute sibi contradiceret, aut sententiam suam mutaret, adeo perspicue ibi casu fortuito adscribuntur insolita, & quidem insolita tantum, non etiam quæ secundum consuetudinem eveniunt. Verba Labeonis hæc sunt: *Si frumenta, quæ in herbis erant, cum vendidisses, dixisti, te, si quid vi aut tempestate factum esset, præstaturum, ea frumenta nives corruperunt; si immoderatæ fuerunt, & contra consuetudinem tempestates* (ita lego, *non tempestatis*, cum Salmasio *cap. 24. ad jus Att.*) *agi tecum ex empto poterit.* Locus hic minime obscurus est, sed planus, si ullus alius. Notum est emptione perfecta, id est, simul atque de pretio convenit, periculum rei venditæ statim ad emptorem pertinere, tametsi res emptori nondum tradita sit; venditorem autem ex natura contractus, qui utriusque gratia fiunt, præter dolum & cul-

culpam nihil præstare, §. 3. *Instit. de emption. & vend. l. 8. princ. ff. de peric. & commod. rei vend.* & sexcentis similibus locis. Ergo in specie a Labeone proposita, si venditor nominatim casus fortè eventuri periculum in se non suscepisset, nullam emptor cum eo actionem habuisset de frumento immoderata nive corrupto. At recepta in se casus fortuiti præstatione, de eo quod tempestate contingit, ex conventione tenetur, si modo tempestas insolita fuit, & præter morem cæli regionis sævit: aut ut ipse Labeo ait, si, ideo frumenta corrupta, quia tempestates immoderatæ, & contra consuetudinem fuerunt, quasi quod vulgo & ex consuetudine fit, pro casu fortuito non sit habendum. Quam ob causam satis mirari nequeo, quod Bartolus & passim alii firmamentum sententiæ suæ petant ex eo loco, qui eam tam aperte destruit. Cæterum sunt alia loca, quæ Bartoli sententiam probabilem faciunt aut saltem prima specie facere videntur. Primus locus est, *lex Seja*, 10. §. 1. *ff. de ann. leg.* ubi Papinianus ex facto de hujusmodi specie consultus, *Medico Sempronio quæ viva præstabam, darimala*, respondeat: ea videri relicta, quæ certam formam erogationis annuæ, non incertam liberalitatis voluntatem habuerunt. Ad quem locum Bartolus notat, dictum generale ad extraordinaria non referri. Sed nullam similitudinem hæc species habet cum quæstione proposita. Tale enim legatum, *Quæ viva Medico præstabam*, &c. non nisi ad certam quantitatem erogationis annuæ referri potest, quia instar honorarii seu stipendii annui medico id relinquere testatrix voluit; ac proinde nec videri potest testatrix sensisse de iis, quæ ex occasione & quasi fortuita liberitate semel atque iterum in vita præstiterat: quippe circa quæ legatum non potuit consistere, utpote incertum, & quod nullo eventu ad certitudinem aliquam redigi posset, quia nimirum quæ extra ordinem & ex occasione *νόμῳ ἔδωκε* dedit, ea non *ἐκ γνώμης* aut perpetuæ voluntatis destinatione profecta fuerunt. Secundo, pro eadem sententia affertur textus in *l. 4. §. fin. ff. si quis caut. jud. sist.* ubi Jurisconsultus negat valere renuntiationem exceptionum, quæ contra vadimonium desertum excusent, nisi causæ exceptionum specialiter fuerint expressæ. Respondeo, & illud dissimile est. Nam qui casum fortuitum in se recipit, ipsa nominis vi admonente cogitat etiam de insolitis, saltem in genere. At vero, qui exceptioni omni renunciat, non censetur cogitasse de iis causis, quæ de novo forte emerserunt, sed tantum de iis, quæ tunc cognitæ erant: & quia verba renunciationis non respiciunt ad id de quo cogitatum non fuit, nec eo trahi debent; cum e converso casus fortuitus vel maxime pertineat ad inopinata, ut bene & docte Tulden. *ad Cod. tit. de locat. num. 11.*

Cætera, quæ proferunt minorem etiam speciem habent: quale est illud quod in *l. 6. C. de pign. act.* dicitur, ea quæ fortuitis casibus accidunt, prævideri non posse. Nam etsi prævideri non possunt, nec averti possunt, tamen præcogitari; & qui eos in se suscipit, insolitos quoque præcogitat, ut proinde de iis quoque in genere actum videatur. Tale quoque est, quod de procuratore, universorum bonorum afferunt, nempe etsi is facere potest ea quæ dominus facere solitus erat, non posse tamen facere, quæ dominus facere non consuevit, *l. vel universorum*, 12. *ff. de pign. act. leg. qui semisses*, 13. §. 1. *ff. de usur.* Etenim mandati fines diligenter sunt custodiendi, ne quid fiat contra aut præter intentionem mandantis, *l. 3. ff. mand.* Generale autem mandatum, etsi verbis omnem administrationem continet, non continet tamen sententiam mandantis, quippe quem credibile non est ex mente fuisse, ut quid procuratori suo facere permiserit, quod ipse facere non consuevit: & alias satis notum est, generali mandato non intelligi ea contineri, quæ quis verisimiliter mandaturus non fuerat, sed speciale mandatum in his requiri; qualia sunt causa famæ, restitutio in integrum, transactio, &c. *l. non solum*, 30. *§. ult. & seq. l. mandato*, 60. *ff. de procur. l. illud*, 25. §. 1. *ff. de minorib.* Postremo ejusdem generis est, quod colligunt ex *l. qui occidit*, 30. §. 3. *vers. at si omnia ff. ad leg. Aquil.* ubi Paulus ait, eum culpa carere, qui omnia, quæ oportuit, observavit, & subita vis venti longius ignem produxit. Nihil enim ibi de casu fortuito præstando actum est, ac proinde nec præstari casus fortuitus debet, nec magis insolitus, quam qui crebrius evenire solet, *l. contractus*, *in fin. ff. de reg. jur.* eodem modo respondendum ad *l. si, putator*, 31. *ff. ad leg. Aquil.* & ad *l. si quis fundum*, 49. §. 1. *ff. eod.* ubi Ulpianus scribit, [illegible] dedisse non intelligi eum, qui magnæ vi [illegible] veluti qui alienas ædes medias dejecit, ne [illegible] ad suas ædes perveniret, qui metus est [illegible]. [illegible] ferme & Pauschman. *l. 1. q. tract.* c. 6. & 7. Fachin. *l. 1. contr.* c. 68. Diod. Tulden. *ubi supra.*

CAPUT II.

An emphyteuta donatione vel permutatione alienare possit emphyteusin inconsulto domino?

CONtractus emphyteuticus originem traxisse videtur ab incultis & sterilibus agris, qui quod colonum non reperirent, propter sumptus, quos in illorum cultura & insitione, sive, ut nunc loquimur, melioratione, fieri necesse erat, in perpetuum, aut certe in longissimum tempus habendi & fruendi tradi cœperunt, ea lege, ut agri illi colerentur & conservarentur, idque modica pensione annua, quæ veri domini memoriam conservaret: quanquam postea etiam agri cultissimi & fertilissimi eadem fere conditione locari cœperint. Est igitur Jus emphyteuticum seu emphyteusis Jus perpetuarium, cum quis agro alieno tanquam alter quidam dominus utitur ac fruitur sub lege certæ annuæ pensionis in recognitionem directi dominii præstandæ. Non solum autem jus utendi, fruendi per constitutionem emphyteuseos emphyteuta acquirit, sed etiam in emphyteusim oppignorandi, *l. lex vectigali*, 31. *ff. de pignor.* servitutem prædio imponendi, permutandi & quoquo modo in alium transferendi, *l. 3. Cod. de jur. emphyt.* unde est, quod emphyteutæ interdum domini vocantur, *l. 2. l. 4. C. de div. præd. urban. & rust. templ.* Et quidem Zenonis tempore alienatio emphyteuseos non tantum licita cuilibet fuit, sed etiam libera, *l. 1. ff. si ag. vectigal.* §. 3. *Instit. de locat. l. 1. Cod. fund. patrim. l. 11.* At lege Justiniani id Jus nonnihil imminutum *l. 3. C. de jur. emphyt.* cujus hæc summa est, ut si inter dominum & emphyteutam in ipso contractu de alienatione nihil convenerit, (nam conventionem omnimodo servari vult) liceat quidem emphyteutæ jus suum in alium transferre, sed certis conditionibus, quarum prima est, ut, si id vendere velit, domino illud denunciet, eique offerat emtionem seu emendi prærogativam. Non requiritur ergo consensus domini, ut vendere liceat, ut male plerique putant: verum ut ipsi potius, quam alii vendatur: ac proinde hæc non tam est requisitio consensus domini, quam simplex certioratio. Secunda est, ut novus emphyteuta a domino in possessionem inducatur, seu, ut nunc vulgo loquuntur, investiatur. Tertia & postrema, ut dominus pro admissione & subscriptione ac depositione (cujus forma in *dict. l. 3.*) accipiat honorarium vel laudemium, nempe quinquagesimam partem pretii, si vendatur, vel æstimationis fundi, si per aliam conventionem puta donationem vel permutationem, res fuerit alienata. Et duo quidem posteriora, nempe inductio seu investitura, & perceptio honorarii, obtinent in omni alienatione. At non satis expeditum est, an in casu donationis & permutationis eadem quoque denudatio, quæ in venditione requiritur, intervenire debeat, & hic etiam similis prærogativa domino competat, non utique in hoc, ut, si emphyteuta rem alteri donare velit, dominus postulare possit, ut sibi donetur, quod aperte iniquum est: aut si permutare cum alio emphyteuta cupiat, teneatur domino offerre permutandi prærogativam, quod & ipsum sine manifesta injuria emphyteutæ constitui non potest. Sed an emphyteuta priusquam donet aut permutet, dominum certiorare debeat, sed id facere velle, & sic etiam offerre domino si velit, potestatem emendi; sive an dominus possit æstimationem solvendo sic etiam rem ad se revocare? Respondeo, ne hoc quidem admittendum est, tum respectu donantis emphyteutæ, qui forte, dum alium obligare & remunerare velit, simul velit extare monumentum liberalitatis suæ, & manere in sui memoriam: tum respectu donatarii, cui fortasse gratior esset & acceptior agellus emphyteuticarius, quam alterum tantum pecuniæ aut valoris, & qui forte ne dignaretur quidem pecuniam accipere. Et quid si emphyteuta prædium suum alicui legaverit, (potest enim & hoc facere, *l. si domus, 71. §. ult. ff. de legat. 1. l. in conventionibus, 219. ff. de verb. sign.*) & id fecerit indulgens affectui amici sui, an & hic dominus ablato pretio legatarium fundo sibi legato privare poterit contempta voluntate defuncti? atqui legare, est donare. Aut quid si emphyteuta hæredem testamento instituerit, an & hic idem domino licebit? In permutatione vero si hoc admittamus, frustrabitur emphyteuta desiderio suo & fine cupito, nempe eo prædio, quod suo prævalit, & multas ob causas præferre potuit. Quid enim si alter illud vendere nolit, aut non nisi immodico pretio vendere velit, qui non aliam ob causam animum permutandi habuit, quam quod fundum emphyteutæ habere maluit, quam suum, ut homines diversimode afficiuntur. Vendentis autem emphyteutæ plane nihil interest, a quo pretium accipiat, a domino, an ab alio: quippe quod solum desiderat, & in quod nulla potest cadere affectio, *l. 3. §. de in lit. jurand.* Hoc itaque posito, supervacuum foret in donatione aut permutatione requirere consensum domini, eumve certiorare de donatione aut permutatione facienda ob alium finem, quam ut novum emphyteutam, in quem jus suum prior transferre vult, dominus admittat & in possessionem accepto laudemio suscipiat; hoc autem facere dominus ad denunciationem emphyteutæ tenetur, nisi in tales personas jus transferatur quæ in contractibus emphyteuticis excipi solent, aut non sint idoneæ ad solvendum emphyteuticum canonem *dict. l. 3. vers. necessitatem autem C. de jur. emphyt.* Et hanc Jason animadvertit principium *d. l. 3.* esse generale, atque in universum ibi prohiberi emphyteutam jus suum in alium transferre, hoc scilicet sine suo inscio & invito domino alius quilibet ac forte non idoneus emphyteuta substituatur, & ille privetur laudemio; at *vers. sed ne dat occasionem* esse specialem, & ad venditionem tantum pertinere, quam si facere velit emphyteuta, formam illic præscriptam servare debeat? Arguunt hoc ipsa statim verba, *vendere, comparare, pretium accipere, eandem quantitatem præstare*, quæ donationi aut permutationi non conveniunt. Arguunt & ea quæ mox sequuntur, & quidem evidentissime, quod nescio ab aliis observatum. Nam cum Imperator constituisset, quid specialiter in contractu venditionis observari vellet, nempe attestationem mediatæ venditionis domino transmittendam esse, eique offerendam emendi prærogativam, & si deliberaturum se dicat dominus, responsionem ejus per bimestre temporis spatium expectandam, nunc definit generaliter, quid emphyteutæ concedendum in omni emphyteuseos alienatione. Et primo quod ad venditionem attinet, si dominus neget se emere velle, aut per memoratum tempus nihil responderit, tunc liceat emphyteutæ jus suum, cui velit, dummodo personæ idoneæ, vendere, atque ut dominus necesse habeat hunc novum emphyteutam accipere. Deinde, si emphyteuta alio modo jus suum ad personas concessas & idoneas transponere velit, posse hoc eum facere etiam domino inconsulto, nulla nec emphyteutæ imposita denunciationis necessitate, nec concessa domino contradicendi licentia. Utroque autem casu exigit ut dominus ipse novum emphyteutam in possessionem inducat, & emphyteuta hanc inductionem a domino testato petat, dominique de ea re voluntatem per duos menses expectet; qui si novum emphyteutam intra id tempus admiserit, tum illi pro admissione sua & subscriptione honorarii loco vult tribui quinquagesimam partem pretii, si jus emphyteuticum venditum est, vel æstimationis loci, si ex alia causa translatum. Quod si dominus toto eo tempore supersederit novum emphyteutam, alioqui idoneum admittere, tum Justinianus ipsi emphyteutæ liberam potestatem concedit rem transferendi, novumque emphyteutam inducendi in possessionem, nihil laudemii nomine domino relicto, quod alias pro admissione consecuturus fuisset. Atque hæc communis Interpretum sententia est in *dict. leg. 3.* quam sequitur Mantica *lib. 21. de tac. & ambig. convent. tit. 28. n. 56. & seqq. & n. 69.* atque ibi citati Diod. Tulden. *in Cod. dict. tit. n. 8.* Bronchorst. *cent. 4 assert. 80.* eamque bene & erudite defendit Donell. *lib. 9. comm. 14.* Dissentit ex parte Andr. Fachin. *lib. 3. contr. cap. 93. & lib. 6. cap. 98.* Cujus argumentis facile occurri poterit ex iis, quæ jam dicta sunt. Rationes quoque aliorum, qui etiam in casu donationis & permutationis emendi prius domino potestatem faciendam contendunt, eumve æstimatione oblata jus habere rem ad se revocandi, leviores sunt, quam ut novam & peculiarem mereantur responsionem. Obiter hic noto quibusdam nempe curialibus, veritum esse prædia sua sine decreto vendere, donare & permutare permissum; ex quo apparet, non semper a venditione ad donationem licere *amotu...* de quo Interpretes ad *leg. non debet* 21. *ff. de reg. jur.* Quatenus nostris & Gallorum moribus a constitutione Justiniani in *dict. leg. 3. Cod. de jur. emphyt.* recessum sit, disce ex Groenew. *tract. de leg. abrog. ad leg. 3.* Grot. *lib. 2. introd. ad Jurisp. Bat. cap. 4.* Monatc. & Aurum. *ad leg. 3.*

CAPUT III.

An dominus fundi emphyteutici, post elapsum tempus canonem excipiens, videatur renuntiasse caducitati?

PRæstatio canonis seu pensionis annuæ pars est essentialis contractus emphyteutici, & argumentum reservati dominii, in cujus rei hinc etiam solvitur. Quamdiu autem canon suo tempore solvitur, non licet domino expulso emphyteuta agrum auferre *L. prim. ff. si ag. vect. seu emphyt. pet. §. 3. Inst. de locat.* Quod si emphyteuta per triennium canonem solvere cessaverit, cum is jure suo, volente domino, cadit, nisi quid secus privata pactio suadeat, *l. 2. Cod. de jur. emphyt.* In emphyteusi ecclesiastica cessatione biennii jus amittitur, *auth. qui rem Cod. de Sacr. Eccles.* Quid autem, si emphyteuta post cessationem tanti temporis canonem elapsum domino obtulerit, isque eum ultro sine protestatione acceperit, an non videri debet dominus hoc ipso caducitati renuntiare, & solventem pro emphyteuta agnoscere? Et siquidem emphyteuta ecclesiæ per biennium in solvendo canone cessaverit, novissima Justiniani lege, licentia datur ecclesiæ & præcedentis temporis canonem ab emphyteuta vindicandi, sive ut Justinian. loquitur [illegible]. *Nov. 120. cap. 8.* unde *auth. qui rem Cod. de Sacros. Eccles.* Igitur si prælatus aut capitulum post biennium canonem præteriti temporis exegerint, aut ultro oblatum receperint, salvum nihilominus manet ecclesiæ jus emphyteutam expellendi. Cæterum cum hoc constitutum sit speciali favore ecclesiarum & venerabilium domuum, ut apparet ex *d. cap. 8. Nov. 120.* nec prælato concedendum, ut jus ecclesiæ ex caducitate quæsitum remittere possit; non temere id ad emphyteusin civilem trahi debet. Immo, quia Justinianus id specialiter constituit in emphyteusi ecclesiastica, hoc ipsum argumento est, noluisse eum idem observari in emphyteusi civili, ut proinde hic standum sit rationi & regulis juris communis. Videamus igitur, quid hic ex ratione juris communis in emphyteusi civili, statuendum sit. Illud omni dubio caret, quod emphyteuta ob canonem triennio non solutum jure suo volente domino excidit, etiamsi interpellatus a domino non fuerit, *l. 2. Cod. de Jur. emphyt.* quippe cum dies hic interpellet pro homine, ut vulgo dicitur, *l. 12. Cod. de contr. & com. stip.* sed neque moræ hic admittitur purgatio; quoniam, ubi pœna & dies adjicitur, mora purgari non potest, *l.* Celsus 23. *pr. ff. de recept. arbit. l. 4. §. ult. ff. de leg. commiss. L. cum stipulatus* 115. *ff. de verb. obl. l. ad diem* 77. *ff. eod.* Ratio est, quia quod jus parti semel quæsitum est, sive lege, sive propria conventione, id ei auferri non debet, *L. 2. ff. de his qui sui vel alien. jur.* & *l.* 11. *ff. de reg. jur.* Fac. *d. L.* 23. *ff. de recept. arbitr.* quamquam emphyteutæ ecclesiæ jure canonico permissum moram purgare celeri satisfactione, *cap. ult. extr. de locat.* forte quia jus suum citius amittit, [illegible] in civili non ut scribit Grotius *lib. 2.* [illegible] *40.* de quo [illegible] vide Christin. *vol. 1. decis.* [illegible] *n. 3.* [illegible] *rer. jud. a sup. Holl. senat.* Groenew. *tract.* [illegible] *abrog. ad dict. l. 2.* Cum igitur emphyteusis (loquimur de civili) non soluto per [illegible] ipso jure in commissum cadat, nec [illegible] volente domino, quod etiam de voluntate tacita accipiendum est, eleganter quæritur, an, si dominus post triennium canonem præteriti temporis oblatum ab emphyteuta [illegible] protestatione acceperit, aut ipse canonem [illegible] commisso renuntiasse videatur? Affirmant [illegible] *qu.* 171. Clar. §. *emphyteusis qu.* 10. Perhin. 2. [illegible] Perez. *in Cod. de jur. emphyt. in fin.* Ant. Fab. *Cod. defin.* 16. Jas. late *in l. 3. Cod.* [illegible] & DD. comm. quem etiam secutus est Bachov. *in* [illegible] *vol. 2. disp.* 29. *thes.* 12. Negant Mantica *libr.* [illegible] *controv. tit.* 33. *n.* 1. *& seqq.* [illegible] 83. D. Tulden. *ad Cod. de jur.* [illegible] 27. Christin. *vol.* 2. *decis.* 157. *n.* 8. *& seq.* Ego priori sententiæ, [illegible] probabiliori mihi visæ, semper adhæsi, [illegible] quicquam muto. Moveor, quod jus commissi cum sit pœnale, facile remissum intelligatur, [illegible] cum alia qualibet pœna commissa ob [illegible] sua die persolutam, sive petitur post diem; [illegible] qui legem commissoriam exercere potuit [illegible] petere maluit, *L. pen. ff. de leg. commiss.* [illegible] in odium pœnarum quæ semper odiosæ, sive legitimæ sint, sive conventionales, *L. ult. ff. de eo quod cert. loc. L. pen. ff. de pœn.* Utique regulariter [illegible] simul peti non potest *l. rescriptum* [illegible] *ff. de pact. l. si pater* 12. §. 2. *ff. de pact. dotal.* [illegible] *de dol. mal. except. L. 4. Cod. de pact. inc.* [illegible] æ legitimæ & conventionalis ulla hic [illegible], cum utraque adjiciatur, ut debitor magis [illegible] ad præstandum id, ad quod præstandum ex conventione aut lege obligatus est. Perperam autem ad hæc loca similia responderetur, quod pœnalis stipulatio per se non consistat, sed accessio sit obligationis principalis, quo sublata & ipsam tolli necesse sit. Verum enim non est, pœnalem stipulationem accessionem esse ejus obligationis, cui subjicitur; per [illegible] subtilis §. *ult. Instit. de verb. oblig. l.* [illegible] 115. *pr. ff. eod.* & valet, etiam si subjecta sit inutili, *l. stipulatio ista* 38. §. *alteri* 17. *ff. eod.* Immo & usuræ præteritæ, quæ ex stipulatione debentur, obligatione sortis sublata adhuc peti possint, quia duæ hic sunt obligationes separatæ, *leg. centum Capuæ* 8. *ff. de eo quod cert. loc. l. 1. Cod. de judic. argum. l. qui per collusionem* 49. §. 1. *ff. de act. empt. L. 4. C. depos.* a contrario sensu. Quod autem pœnalis stipulatio subjecta turpi aut impossibili inutilis est, *l. stipulatio* 61. *L. si homo* 69. *ff. de verb. oblig.* non eam rationem habet, quod sit accessoria aut inutili subjecta; sed quia & ipsa eodem vitio, quo prior laborat, aut pro turpi aut impossibili habetur, per *leg. aliud est fraus* 131. *ff. de verb. signif.* de quo fuse Donell. *ad d. leg. si homo.* Confirmat hanc nostram sententiam, *l. Æmilius* 38. *ff. de min.* in verb. *& pretium pretende a lege sua recessisses* item *l. celsus* 23. *pr. vers. Sin autem oblatum accepit, pœnam petere non potest, ff. de recept. arb.* & similis locus est in *L. pen. ff. de leg. commiss.* Igitur si dominus non potest exigere canonem, & simul exercere jus caduci, sive rem vindicare, & emphyteutam expellere, etiam

etiam recipiendo canonem oblatum, caducitati & rei vindicationi renuntiasse videtur. Etenim hoc posito, quod privatio & expulsio sit pœna, uti revera est, si dominus non ignarus emphyteutam jure suo cecidisse, quo nonnisi eo volente cadit, canonem præteriti temporis sibi oblatum receperit, solventem pro emphyteuta agnoscere, & pœnam remittere intelligitur. Adde quod durum atque iniquum est, emphyteutam & jus suum atque meliorationes amittere & nihilominus ad canonem solvendum compelli. Quod autem apprime hic notandum est, emphyteuta canonem non solvens duplici de causa jure suo privatur: primo, quia pensionis damno dominum afficit; deinde, & quidem præcipue, quod se emphyteutam esse negare videatur. Utrumque autem hoc vitium purgatur canone postea oblato & ultro a domino recepto. Non obstat, quod quidam objiciunt, canonem solvi pro perceptis fructibus pœnam infligi ob cessationem. Nam canonis solvendi hic principalis finis est, ut memoria domini conservetur, &, ut nunc vulgo loquuntur, ut dominus recognoscatur: quapropter non tam pro perceptis fructibus, quam in recognitionem dominii solvitur. Longe alia ratio est coloni, a quo, licet ejecto, locator mercedem exacti temporis petere potest, *l. colonus*, *pen. ff. locat.* quoniam merces pro perceptis fructibus debetur & solvitur: nec colonus jus aliquod dominio proximum quod amittat, in fundo habet, impensasque utiles, si quas fecit, recipit, *d. l. colonus*, nec locator eo expulso quicquam lucratur aut consequitur præter potestatem alteri rem locandi, quod sæpe etiam incommodum locatori affert. Aliquid quoque juris est, cum utrumque debetur & res & pœna, ut in specie *l. 7. §. 1. ff. de cond. furt.* & emphyteusi ecclesiastica, *Nov. 12. cap. 8.* item in specie, *l. si quis major, 41. Cod. de transact.* & denique si pœna adjecta sit coercendo contemptui, in casu, *l. si quis rem, 30. ff. de recept. arbitr.* Plane si dominus canonem præteriti temporis accipiens protestetur, se non alia lege eum accipere, quam ut salvum sibi maneat jus commissi, jus illud adhuc exercere poterit: quoniam protestatio conservat jus protestantis, *l. 4. §. 1. ff. quib. mod. pign. solv.* haud secus ac cum inter contrahentes ab initio actum est, ut rato manente pacto pœnam exigere liceat, *leg. pen. ff. de transa.* Neque vero protestatio hæc novum jus domino tribuit, ut quidam hinc colligunt, sed jus expulsionis, quod ante habuit, ei conservat, cui protestationi si non contradicat emphyteuta, in eam consentire videtur, *cap. qui tacet ext. de reg. jur.* Quod si dominus cum protestatione accipiat canonem futuri temporis, sive elapsum post tempus quo emphyteusis in commissum cecidit, nihil hæc protestatio dominum juvabit; quoniam protestatio facto contraria nihil operatur, *l. 1. ff. si usufruct. pet.* Est autem actus receptionis canonis in tempus futurum prorsus contrarius juri quæsito: hoc enim supponit non esse amplius emphyteutam, ille contra adhuc esse. Digna mihi visa fuit hæc quæstio, quæ paulo accuratius tractaretur, quam apud plerosque hactenus tractata fuit.

CAPUT IV.

An is, qui pecuniam credidit ad navem armandam vel reficiendam, tacitum pignus habeat?

CReditorum alii sunt chirographarii; id est, qui citra hypothecam personalem tantum actionem habent: alii hypothecarii: & in utroque genere quidam privilegiarii, quidam puri & simplices, vel chirographarii vel hypothecarii. Puri chirographarii creditores inter se concurrentes omnes pares sunt, etsi alii alios tempore præcedant, *l. 6. cap. de bon. auct. jud.* Quod si cum chirographariis simplicibus concurrant ejusdem generis creditores, sed privilegiarii, id est, privilegium personale exigendi habentes, hi illis potiores sunt. Inter ipsos autem privilegiarios ejusdem tituli, licet diversi temporis, nulla prælatio est, *l. privilegia 32. ff. de reb. auct. jud. poss.* Hujus generis creditores sunt respublica, *l. penult. §. 1. ff. de reb. auct. jud. poss. l. 2. Cod. de jud. reipubl. lib. 11.* qui in navem extruendam vel instruendam, vel in rem emendam crediderunt, *l. qui in navem 26. l. quod quis navis 34. ff. dict. titul. &c.* Inter ejusdem generis creditores numeratur & qui ob restitutionem ædificii collapsi pecuniam credidit, *l. si ventri, 24. §. 1. ff. eod. l. creditor, 25. ff. de reb. credit.* Sed huic postea Senatusconsulto etiam pignus datum est, *l. 1. ff. in quib. caus. pign. tac.* quod haud dubie ad eum quoque pertinet, qui credidit in refectionem & fulturam domus alioqui ruituræ: re ipsa enim restituit, qui efficit, ne ruat. Unde quæsitum est, an non & ille jus taciti pignoris habere debet, qui in navem armandam aut reficiendam pecunias credidit. Multum enim interest, utrum quis tantum habeat personale privilegium exigendi, an vero hypothecam sive pignus. Nam qui hypothecam habent, sive tacitam, sive expressam, præferuntur omnibus creditoribus, qui privilegium exigendi duntaxat habent, *l. eos qui 9. cap. qui potior. in pign.* quam ob causam hi etiam fisco postponuntur, *dict. leg. quod quis navis, ff. de reb. auct. jud. poss. junct. l. 1. & l. 2. Cod. in quibus caus. pignor. tac. l. 2. Cod. de pur. fisc. l. si quis 34. ff. eod.* Ego nec invitus in eorum sententiam concedo, qui negant, eum qui in navem reficiendam credidit, jus tacitæ hypothecæ habere. Etenim omnes tacitæ hypothecæ legibus nominatim constitutæ sunt; nulla autem lex talis hypothecæ meminit. Datur quidem in navem instituendam credenti personale privilegium exigendi, *dict. leg. qui in navem 26. & dict. leg. quod quis 34. ff. de reb. auct. jud. poss.* at idem privilegium etiam ei datur, qui credidit in navem extruendam aut fabricandam, quem constat tacitam hypothecam non habere, cum nec ei, qui in extructionem novæ domus pecuniam mutuam dedit, tacitum pignus datum sit, sed ei tantum, qui credidit in restitutionem, id est, reædificationem & instaurationem collapsæ, *l. 1. ff. in quib. caus. pign. tac.* Sed & idem privilegium iisdem locis ei tribuitur, qui in navem aliamve rem emendam credit, quæ tamen res in causam pignoris non deducitur, nisi id expresse convenerit, *l. quamvis 17. Cod. de pign. l. 7. Cod. qui potior. in pign.* & ita sæpe judicatum est, *decis. Cur. Holland. 35. Sande lib. 3. titul. 11. definit. 5. & 7. Anton. Fab. Cod. suo for. tit. qui pot. in pign. defin. 10.* Fallitur igitur Accursius, & qui eum sequuntur, Covarr.

2. resolut. 7. num. 3. Neguzant. *p. 2. mem. 3. num. 162. cas. 16.* aliique ibidem citati: dum putant, etiam eos, qui ad refectionem navis pecuniam mutuam dederunt, taciti pignoris jus habere propterea quod horum pecunia non minus navem salvam fecit, quam illius, qua refecta aut restituta est insula, sive ædificium. Nam si hoc verum est, etiam ille, qui pecuniam ad navem aut aliam rem emendam credidit, eam rem sibi obligatam habebit; quia utique per hanc creditoris pecuniam debitor consecutus est, ut eam rem habeat: quod tamen falsum est, *d. l. leg. quamvis, Codice de pignor.* Nempe non temere, quod nominatim jure singulari tributum est ei, qui in restitutionem aut refectionem ædium pecuniam dedit, trahendum est ad quosvis, qui in cujuscunque rei refectionem pecuniam crediderunt, contra *l. quod vero 14. & leg. seq. ff. de legib.* Neque eadem profecto causa est ædificii reficiendi, & navis aut alterius rei conservandæ. In ædificiis tuendis sarciendisque non modo utilitas aliqua publica versatur: sed in eo etiam decus urbis & ornamentum agitur, ut ædificia integra sint & bene composita, non cassa & ruinosa, ne aspectus urbis deformetur ruinis. Quamobrem non in hac tantum re, verum etiam in aliis contra non necessarias demolitiones ædificiorum pro iis augendis & sartis tectis tuendis multa legibus cauta & constituta sunt. Nam & lex duodecim Tabularum de tigno alienis ædibus injuncto agere non permittit, ut id eximatur, ne sub hoc prætextu ædificia diruantur, *l. 1. ff. de pign. junct.* & Senatusconsulto cautum, ne ea quæ ædibus juncta sunt, legare liceat, nisi hactenus ut in alias ædes transferantur, neque tamen integra ædificia depopulentur, *L. cetera 41. §. 1. & 2. leg. seqq. ff. de legat. 1.* Quorum nihil simile in navi aut cæteris rebus. Ac propterea omnino dicendum est, cessantibus & verbis Senatusconsulti & sententia, pignus in aliis rebus non constitui, quæ refectæ nostra pecunia fuerunt, nisi de eo generaliter aut specialiter convenerit, extra causam creditæ in restitutionem aut refectionem ædium; ut ut navium quoque exercitio ad utilitatem reipublicæ pertineat, *l. 1. §. licet autem 20. ff. de exerc. act.* Nam si ex eo inferre velis etiam eum, qui in refectionem navis credidit, tacitum pignus habere, eadem ratione & is habebit, qui in extruendam credidit, cum tamen, ut ante dictum est, ne ille quidem habeat, qui credidit in ædificationem novæ domus. Decepti fuere Accursius & alii, qui contra sentiunt, duobus locis Ulpiani, in quibus legerunt, eum, qui in rem conservandam pecuniam credidit, cæteris creditoribus esse potiorem, quibus eadem res prius obligata erat, additis nominatim exemplis de eo, qui ad armandam vel reficiendam navem credidit, adjectaque hac ratione, quia hujus creditoris pecunia salvam fecit totius pignoris causam *l. interdum 5. & l. seq. ff. qui pot. in pignor.* quæ utique ratio ad omnes ex æquo pertinere videtur, qui quid in rem reficiendam & conservandam impenderunt. Jam vero, qui in navem reficiendam credidit, non potest potior in pignore cæteris haberi, nisi illi quoque navis obligata sit. Sed male, inquam, hinc Accursius colligit, eum qui in navem reficiendam credidit, habere jus tacitæ hypothecæ, sive pignus legale, constitutum lege sine conventione. Neque enim aut locis istis, aut toto illo titulo, cui subjecta sunt, tractatur, quomodo pignus constituatur, navis aut res alia pignori obligetur; sed quæritur, quis ex iis, quibus diversis temporibus eadem res obligata est, in pignore sit potior: & illud dicitur, eum, qui in navem, (intellige sibi obligatam, quod sit aperta conventione:) armandam aut reficiendam pecuniam credidit, quamvis posterior credidit, cæteris in pignore esse potiorem: quod deinde & alia porrigitur, veluti si quis in merces sibi obligatas, ut salvæ fiant, aut in cibaria nautarum: sine quibus navis salva pervenire non poterat, &c. crediderit, *l. 6. d. tit. per tot.* Itaque nec ratio, quam affert Jurisconsultus in *pr. d. l. 6.* concludit pro pignore, sed ex hypothesi pignoris conventione constituti concludit pro jure prælationis. Et sic ob eandem rationem is, cujus pecunia prædium comparatum est, licet posterior sit, cæteris creditoribus hypothecariis præfertur; sed non aliter, quam si id prædium ei obligatum sit, quod non fit nisi expressa conventione, *l. quamvis 17. Cod. de pign. l. licet 7. Cod. qui potior. in pign.* Eodem modo respondendum est ad *Nov. 97. cap. 3.* Nam nec illic Justinianus quicquam definit aut constituit de tacito pignore, sed relatis diversis creditoribus, qui quidem omnes hypothecam eamque privilegiatam habent, sed alii expressam, quales sunt quorum pecunia, navis, aliave res fabricata, reparata aut comparata est, ea lege, ut pignori esset, *d. licet Cod. qui pot. in pign. d. l. quamvis 17. Cod. de pignorib.* alii tacitam, ut mulier in causa dotis, tractat de jure prælationis, sancitque ut inter hujus generis creditores temporis ordo servetur, & is nimirum cæteris præferatur, qui antiquiorem hypothecam, sive expressam, sive tacitam cum privilegio habet, juxta vulgatum illud, privilegiatus adversus privilegiatum non utitur privilegio suo. *Nov. 91. cap. 1. & ult. §. 1. in fin. Cod. qui pot. in pign. hab.* Atque hæc neotericorum communis sententia est. Donell. *de pign. cap. 5.* Bronchorstius *cent. 2. assert. 77.* Gudelin. *lib. 4. de jur. noviss. c. 18.* Perez. *in Cod. tit. in quib. caus. pign. tac. n. 13.* Bachov. *lib. 4. de pign. c. 9. & 14.* a quibus male dissentit Costalius ad *l. 5. ff. qui pot. in pign.*

CAPUT V.

An hypotheca constituta in rebus per beneficium l. 2. C. de resc. vend. *avocatis extinguatur?*

SPecies hæc esto: Titius cum fundum a Sejo centum aureis emisset, eumdem fundum sibi traditum pignori obligavit Sempronio. Sejus venditor postea causatus se ultra dimidium justi pretii læsum esse, sive se eum fundum duplo minore pretio quam tempore contractus valebat, vendidisse, remedio, *l. 2. Cod. de resc. vend.* fundum avocavit recepitque. Quæritur an pignus ab emptore in eo fundo Sempronio constitutum resolvatur? Bartolus constanter negat resolvi in *l. 4. ff. quibus de hypoth. sol.* & alibi Baldus contra affirmat in *d. l. 2. n. 17. quæst. 13.* Bartoli sententiam amplectuntur Cuman. Roman. Fulgos. Alexand. & alii citati a Pinello in *d. l. 2. p. 2. cap. 3. num. 11.* Boer. *decis. 181. num. 10.* ubi & communem hanc esse sententiam testatur. Baldum vero secuti sunt Castr. Salic. Cagnol. Pinell. *d. loc.* aliique plures ibidem relati. Negus. *de pign. membr. 2. part. 5. num. 43.* Mantic. *lib. 11. de tac. & ambig. conv. tit. 31. num. 69.* Elegans sane quæstio & digna diligenti inquisitione! Nos hic pro Bar-

tolo

telo adversus Baldum stabilimus, non disputandi tantum aut ingenii ostentandi gratia: sed quia veram esse sententiam Bartoli omnino persuasum habemus. Neque tamen in hanc sententiam nos trahit Bartoli ratio, quasi, cum emptor quod deest justo pretio supplendo, restitutionem rei evitare potuerit *d. l. 2. Cod. de resc. vend.* alienatio ista & rei in venditorem translatio non sit necessaria, sed potius pro voluntaria habenda: quo casu res cum suo onere & cum sua causa transeat, *l. 3. & l. seqq. ff. qu. mod. pign. solv.* Nam si hujus controversiæ decisio ex eo tantum dependeret, utrum quæ alienatio voluntaria, an necessaria censenda sit, in partes Baldi transirem: neque enim pro voluntario haberi debet, ad quod præstandum judicio conveniri & urgeri possumus, tametsi alterius rei præstatione nobis liceat defungi. Quicquid faciendum promisit, si tantum tempus præterierit, intra quod fieri poterat, quod promissum, in id solum conveniri potest; id solum obligatione contineri incipit, quod stipulatoris interest factum esse, quod promissum erat, *l. 14. l. stipulationes 72. l. si insulam 84. ff. de verbor. obligat. l. 13. §. 1. ff. de re jud.* ut tamen quamdiu lis nondum contestata est, placeat promissorem paratum præstare quod promisit, adhuc audiendum esse, & faciendo liberari, *d. l. insulam l. si servum 91. §. 3. ff. de verb. obligat.* cum autem alterutrum præstare necesse sit, non potest promissor præstando quod stipulatoris interest, dici id fecisse invitus, & volenti animo, non magis, quam si quis ex obligatione disjunctiva conventus, alterutrum solvat, dici potest sponte & αὐτομάτως, solvisse, aut dominium noxali judicio conventus, si litis æstimationem præstare maluit, quam servum noxæ dedere: quod & Pinellus contra Bartolum bene observavit. Cæterum etsi nos rationem Bartoli improbamus, non tamen cum Pinello Baldum secuti improbamus Bartoli sententiam, sed alia ratione eaque vera & solida, eam tuebimur: nempe quia jus creditori recte constitutum, restitutione post secuta citra injuriam ei auferri non potest; constituitur lequam, creditori ut in specie proposita, ab eo qui plenum rei dominium habet, qui rem a domino emit pure sine ulla conditione aut suspensiva aut resolutiva, denique ab eo, cujus jus a nemine alio dependebat. Quid enim si primus emptor rem alteri vendidisset & tradidisset? Utique hunc effecisset dominum; neque primo venditori adversus hunc ulla competeret actio: quia autem potest sic, ut dixi, rem alienare, potest etiam, nec minus efficaciter, eam oppignorare. *arg. l. non debet 21. ff. de reg. jur.* Atque hæc eadem, quam dixi, ratio etiam efficit, ut debitore servum, quem emit, & oppignoravit, redhibente, pignus non solvatur, *l. 4. ff. quibus modis pign. vel hypoth. solv. leg. bovem 43. §. pignus 8. ff. de aedil. edict.* neque etiam eo casu solvatur, quo res distracta est ea lege, ut si displicuisset emptori, eam reddere liceret, *l. 3. in fin. ff. eod. tit.* non autem ideo tantum quod redhibitio illa aut redditio sit voluntaria; quanquam illud etiam verum est, non posse jus alicui semel quæsitum voluntate ejus, per quem illud quæsitum est, illi auferri *l. ult. ff. de pact. leg. 1. §. si rem 15. ff. depos. leg. qui balneum 9. princ. l. potior 12. princ. ff. qui pot. in pign.*

Utique ex iis, quæ dicta sunt, manifestum est propositionem illam Baldi ex *l. lex vectigali 31. ff. de pignoribus*, quod resoluto jure dantis resolvatur & jus accipientis, perpetuum non esse: & alioqui nulla non alienatione rei necesse esse pignus finiri. Procedit ista propositio sive regula 1. ubi res ab eo pignorata est, qui plenum in ea re jus non habet, sed alius est, qui in eadem re jus habet potentius reique ipsius proprietate separatum, quod alter habet, certis casibus & certis ex causis pervenire potest, sive illud jus sit affine dominio, quale est emphyteuticum & superficiarium, quod Pragmatici utile dominium vocant; sive servitus tantum & nudum jus utendi fruendi. Igitur si emphyteuta emphyteusim, aut superficiarius superficiem oppignoraverit, jure eorum sublato, puta quod alter in solutione canonis cessaverit, alter in solvendo, solutio evanescet & pignus, *l. lex vectigali 31. ff. de pignoribus l. etiam superficies 15. ff. qui pot. in pign.* Nam quod domino jure publico certo casu tributum est, id ei facto alieno adimi nequit. Eadem ratione & fortiore, si fructuarius usumfructum pignori dederit (potest enim hoc facere, *l. 9. §. 1. tit. si is 11. §. 2. ff. de pign.*) finito usufructu & ad proprietatem reverso dicendum est jus pignoris simul exspirasse. 2. Certo jure regula superior procedit, quando hæres eam rem pignori dedit, quæ legato aut fideicommisso conditionali est obnoxia, & conditio extiterit, *l. 3. §. sin autem 3. Comm. de legat. l. grege 13. §. 1. ff. de pign.* quod & in reliquo jure medio tempore constituto obtinet, puta servitute, usufructu *l. si cui 11. §. 1. ff. quemadmodum serv. am. l. si sub 16. ff. quib. mod. usf. am.* Item cum creditor pignus quod accepit, alteri obligavit, & debitor pecuniam, quam debebat, solvit: hic enim & jus secundi creditoris merito placet extingui *l. debitor ... §. ult. ff. de pign. act. l. 1. & l. 2. Cod. si pign. dat.* 3. Procedit eadem regula, cum contractus pure quidem est initus, sed sub conditione resolutiva: ut fit in terminis factæ venditionis sub lege commissoria, aut in diem addictione: itaque & hic si emptor medio tempore rem sibi traditam pignori obligaverit: & sua die pecuniam non solverit, aut alius intra diem præstitutam meliorem conditionem obtulerit, cum contractu pignus quoque solvitur, *l. 3. inpr. ff. quib. mod. pign. solv. l. 4. §. 3. ff. de in diem addict.* Nam sicut conditio suspensiva existens retro ponit, quasi ab initio pure contractum esset, ita conditio resolutiva retro tollit, quasi ab initio nihil actum esset. Et quod notandum est, hoc casu citra ullum factum emptoris vi pactionis, cui hanc potestatem lex dedit, ipso jure dominium rei revertitur ad venditorem, eamque vindicare potest a quocumque possessore, *l. 4. Cod. de pact. int. empt. & vend. l. ult. vers. quæsitum ff. de leg. commiss.* non utique tanquam rursus ei acquisitam, sed quasi nunquam emptoribus traditam. At non procedit ista regula, quando res vendita & tradita est ex contractu nulla conditione resolutiva molito; ut in casu, quem proponit Ulpianus & auctoritate Marcelli decidit in *l. 3. in fin. ff. quib. mod. pignor. solv.* nempe si res distracta sit ea lege, ut si displicuisset emptori, eam reddere liceret, pignus in ea re ab emptore constitutum non finiri. Nam ista conditio minime resolutiva est, aut resolutivæ vim habet, ut ea existente ipso jure resolvatur, & annulletur contractus: sed firma manente ipso jure venditione, si emptor legem contractus exercere velit, & rem reddere, datur ei in hoc ut venditor rem recipiat, actio ex empto, aut proxima empti in factum præscriptis verbis *l. 6. ff. de resc. vend.* Multo minus ergo locus esse poterit superiori regulæ in casu quem proposuimus ubi pure &

sine ulla conditione, qua existente ut resolvatur contractus, ad eum dissolvendum agere liceat, venditio facta est, & pleno jure dominium rei translatum. Ne quis autem putet iniquam hoc pacto inferri conditionem venditori, si rem cum onere pignoris recipere cogatur, paratum hic est venditori remedium ab Ulpiano & Paulo propositum in *l. redhibere* 21. §. 1. & *l. bovem* 43. *pignus* 8. *de ædil. edict.* nempe ut petat rem liberam restitui, aut eo nomine sibi ab emptore caveri; quorum neutrum si præstet emptor, pretium præcise supplere tenebitur, amissa eligendi facultate, ut bene disputat Bachovius *lib. 5. de pignorib. cap. 13.* Ex his porro facile colligi potest, quid dicendum sit, si res vendita cum pacto retrovendendi ab emptore pignori obligata sit, & venditor postea oblato pretio præscriptis verbis aut ex vendito agat, ut contractus fides servetur, & res sibi restituatur ex *l. 2. Cod. de pact. int. empt. & vend.* nimirum pignus non solvi, contra Negusantium *d. p. 5. memb. 1. num. 44.* Idem dicendum est, si donatarius rem sibi donatam pignori dedit, & propter ingratitudinem revocata sit donatio; quanquam id negent Pinellus, *ubi supra n. 19. & Ant. Fab. decis. 23. err. 4.* qui contendunt hoc casu pignus solvi. Pinellus hac ratione, quia donatarius invitus rem restituere tenetur: quæ ratio, quam infirma sit, superiora satis ostendunt. Faber, quia donatio resolvitur ipso jure; quæ quidem ratio bona esset, si esset vera. Sed magis est, ut falsa sit. 1. Quia personalis tantum actio ad revocandam donationem donatori datur, *l. his solis 7. vers. actiones vere matris C. de revoc. donat.* 2. Quia actio illa revocatoria non transit ad heredem *l. 1. d. l. 7. l. ult. Cod. eod.* 3. Quia exigitur mutatio voluntatis, *d. l. 1. & d. l. ult. vers. ex hac. arg. l. 11. ff. de reg. jur. l. traditionibus 20. Cod. de pact.* nec potest ullus dari textus, quo probetur ipso jure hic donationem resolvi. Nam quod in *d. l. 7. Cod. de revoc. donat.* dicitur, actionem qua mater ab ingratis liberis donationem revocat, ita personalem esse, ut vindicationis tantum habeat effectum, nec in heredem detur, nec tribuatur heredi; non hoc significat eam actionem in rem esse, aut tantum effectum actionis in rem habere: nulla enim actio in personam dari potest, quæ actionis tantum in rem habeat effectum: sed hoc, effectum tantum ultionis injuriæ habere, & vindictam solummodo persequi, non pecuniam. Nempe his verbis indicatur ratio, quare placeat actionem, quæ adversus ingratos ad revocandam donationem datur, solis dari ipsis donatoribus; non etiam heredibus eorum, quoniam scilicet effectum tantum habet vindicationis, id est vindictæ & ultionis injuriæ, ut actioni injuriarum in hoc similis sit, quam constat heredi ejus, qui injuriam passus est, non dari, §. 1. *Instit. de perp. & temp. action.* Vindicare enim proprie est ulcisci, & vindicare injuriam sibi factam in *l. 2. §. item si 3. in fin. ff. de judic. l. deferre 18. §. sed transmissum 7. ff. de jur. fisc.* significat exequi & violenter persequi: adde Cujac. *lib. 4. observat. cap. 19.* Bachov. *lib. 5. de pignor. cap. 13.*

CAPUT VI.

An juri offerendi debiti luendique pignoris præscribatur longissimo tempore, seu triginta aut quadraginta annis?

Creditor, qui securitatem crediti pignus accepit, soluto debito illud restituere debet atque in eam rem prodita est debitori actio directa pigneratitia, *tit. ff. & Cod. de pign. act.* quæ actio toto genere differt ab ea quæ hypothecaria dicitur, quippe hypothecaria in rem est, daturque creditori ad pignus persequendum, contra quemcumque pignoris possessorem *§. item Serviana 7. Instit. de act. l. pig. 17. ff. de pignorib.* At pigneratitia est in personam, competitque debitori adversus creditorem & adversus hunc solum. Hypothecaria jure pignoris soluto expirat: pigneratitia tunc demum efficax est. Illa occasione juris creditori in re constituti a Prætore datur, hæc ex contractu nascitur re pignoris causa tradita acceptaque. Verum tamen abusive hypothecariam, quæ alias Serviana aut quasi Serviana, etiam pigneratitiam appellant, *l. 3. §. 3. ff. ad exhib. l. naturaliter 13. ff. de cond. indeb. l. rem alienam 41. ff. de pign. act. l. si Titio 22. ff. de pign.* quod notatu dignum. Cum autem debitor actione pigneratitia efficaciter experiri nequeat, nisi toto debito exsoluto, quæsitum est, an jus illud, quod debitor habet offerendi scilicet pecuniam & pignus luendi, præscriptione triginta aut quadraginta annorum tollatur. Negant Rogerius in *dial. tract. de præscript.* Gail. *2. observ. 28.* Mynsing. *1. obs. 36.* & DD. in foro Gallico, communiter. Affirmant *Gloss. in l. 13. ff. de usurp.* Costalius *ad l. mulier 19. ff. qui pot. in pign.* Bachov. *3. de pign. c. 20.* Negusant. *p. 6. m. 1. n. 19.* quorum posteriorum sententia meo judicio probabilior est, eamque & communem esse ait Negusantius. Negantium sententia, seu affirmantium, posse pignus perpetuo lui etiam post triginta annos, defenditur hisce fere rationibus. 1. Quia solvere debitum, vel non solvere, si creditor non urgeat, est meræ facultatis: rerum autem meræ facultatis nulla est præscriptio, *l. 2. ff. de via publ.* & sibi imputare debet creditor, si debitore cessante solvere, ipse eum non interpellaverit, & ad venditionem pignoris processerit, aut non reperto emptore jus dominii impetravit, juxta *l. 3. Cod. de jur. dom. impetr.* 2. Quia præscriptio actionis demum incipit currere, ubi actio nata est, *l. 7. §. 4. Cod. de præscr. 30. annor. l. 1. §. ult. Cod. de annal. except.* At actio pigneratitia demum post solutionem aut oblationem & depositionem pecuniæ nascitur, *l. si rem 9. §. 3. & seqq. de pign. act.* ac proinde ex eo demum tempore, quo pecunia oblata aut soluta est, utpote contra actionem jam natam currere incipiet præscriptio. 3. Quod cum possessio creditoris ad usucapionem prosit debitori, *l. qui pignori 36. ff. de acq. poss. l. servi 16. ff. de usuc.* absurdum sit dicere præscriptionem creditoris debitori etiam nocere, eique obstare, quominus cum creditore actione pigneratitia experiatur; ut disputat Cujacius *ad l. pignori 13. ff. de usuc.* Atque hæc sunt præcipua eorum argumenta, qui negant jus luendi pignoris ullius temporis præscriptione tolli. Cæterum quominus hic sententiæ subscribam, impediunt illæ constitutiones, quæ diserte volunt omnem actionem & omne jus sive privatum, sive publicum, triginta, ad summum qua-

quadraginta annorum spatio excludi *l. 3. l. 4. Cod. de præscr. trig. annor. l. 7. §. 1. Cod. de annal. except.* Tale autem utique jus est etiam jus debiti offerendi & luendi pignoris. Et cum jus creditoris adversus debitorem & adversus tertium extraneum possessorem pignoris, item jus primi creditoris adversus secundum, atque ex contrario jus secundi adversus primum longissimi temporis præscriptione tollatur, nunc triginta, nunc quadraginta annorum *l. cum notissimi 7. princ. & §. 1. & 3. de pr. 30. annor.* non video cur non etiam tanti temporis præscriptione tolli possit jus luendi pignoris. Falsum enim est, quod pro vero supponitur a contrariæ sententiæ auctoribus in primo eorum argumento, nempe jus luendi pignoris esse meræ facultatis eo significatu, quo rerum meræ facultatis negatur esse præscriptio. Descendit enim illud jus ex obligatione, quam debitor in judicium deducere potest: alioqui omnis actio & persecutio sui meræ facultatis dicenda esset. Sed illud meræ facultatis esse dicitur, quod citra ullam obligationem aut conventionem cujusque libero arbitrio jure communi permittitur, qualis est facultas eundi per viam publicam, quæ facultas nec solo non usu amittitur, nec prohibitione alterius. Possum quolibet cœnaculo aut conclavi ædium mearum libere uti, nec si aliquo eorum longissimo tempore usus non sim, jure meo excludor: non tamen eo sensu, quo dixi, illud jus meum res est meræ facultatis: nam si alter re mea usus fuerit, & ego uti prohibitus, procedet præscriptio. Similiter jure libertatis licet cuique tam alte, quam velit, nullo statuto intercedente, ædificare: & quamvis aliquis per triginta annos non ædificaverit, non ideo tamen jus illud altius tollendi amittit. Estne ergo id jus meræ facultatis? Minime. Nam si te altius ædificantem prohibuero, & ex eo tempore altius ædificatum non habueris per spatium præscriptioni statutum, procedet contra te præscriptio servitutis. In rebus autem, quæ proprie dicuntur esse meræ facultatis, prohibitio nihil efficit, *l. 2. ff. de via publ.* Male igitur hæc omnia a plerisque conjunguntur & tanquam paria habentur, quasi idem omnium esset effectus. Enimvero jus agendi de facto, ut loquuntur, seu ipsum agendi & nudum intendendi factum meræ facultatis est, eique nunquam præscribi potest, sed jus agendi cum effectu, ut obtineam quod peto, meræ facultatis non est, & præscriptione tolli potest, quale est jus luendi pignoris debitori ex contractu quæsitum. Sic si res aliqua venierit cum pacto de revendendo sine ulla temporis determinatione, puta si fas sit venditori, quandocunque sibi libuerit, redimere, non nisi intra triginta annos redimere poterit, quia actio personalis, quæ hac conventione nascitur, *l. 1. Cod. de pact. int. empt.* tanto tempore tollitur, *l. 3. Cod. de præscr. 30. annor.* neque clausulæ, *semper*, *quandoque* extendi debent ultra terminos jure publico præscriptos actionum durationi. Nec verum est, quod actio, qua quis oblato pretio ex pacto revenditionis petere potest, rem venditam sibi restitui, sit meræ facultatis: non enim in absoluta facti potestate posita est, sed jure obligationis consistit, estque jus ex contractu alteri ab altero debitum, ut recte Bronchorstius, *centur. 27. assert. 62.* qui tamen non idem admittit in casu, quem hic tractamus principaliter, *cent. 4. assert. 4.* quod mirum est. Secunda contrariæ opinionis ratio eodem vitio, quo prima, laborat: quippe quæ & ipsa nititur falsa hypothesi nempe actionem pignoratitiam tum demum nasci, cum pecunia debita aut oblata est: nam actio pignoratitia eandem cum jure luendi pignoris nativitatis horam habet, id est, statim nascitur atque re contracta est obligatio seu pignus creditori traditum, *l. 1. §. creditor 6. de obl. & act. §. ult. Instit. quib. mod. re contr. oblig.* Nec obstat quod dicitur in *l. 9. §. 3. ff. de pign. act.* pecuniam exsolutam esse debere, ut nascatur pignoratitia actio; nam id accipiendum est de effectu & actu secundo, quia soluta demum pecunia efficaciter intentari potest; at respectu actus primi statim, ut dixi, nascitur, nec aliud est quam jus luendi pignoris. Sic etiam obligatio & actio empti nascitur quum actum primum simulatque de pretio convenit, *Inst. de empt. & vend. in princ.* & §. 3. nisi tamen emptor pretium offerat, cum effectu agere non potest, *l. Julianus 13. §. offerri 8. de action. empt.* An igitur non currit præscriptio longissimi temporis adversus actionem ex empto, nisi ex eo tempore, quo pretium oblatum est? Neminem adhuc legi, qui id dicat. Illud verum est, quod non valenti agere propter impedimentum juris non currat præscriptio, veluti si obligatio diem habeat, *l. 7. §. 4. Cod. de præscr. 30. annor.* in specie *l. 1. §. ult. Cod. de annal. except.* ubi agitur de filiofam. cui ideo durante patria potestate præscriptio non currit, quia nec agere ea durante potest, quod est impedimentum juris. At debitori nullum obstat impedimentum juris, quominus agat, sed facti duntaxat, puta quod non habeat pecuniam. Denique nec tertia ratio, quæ Cujacii est, contrariam sententiam multum juvat. Neque enim hoc dicimus, creditorem post triginta annos defendi jure aliquo acquisitionis aut propter usucapionem, sed solo tempore seu communi exceptione temporis quo ex lege Theodosii omnis actio finitur, atque ideo nec titulum nec bonam fidem requirimus: sed sicut in actionibus temporalibus anni vel biennii, veluti injuriarum & in hoc casu post triginta annos: alias nec actio commodati aut depositi tanto tempore finiretur. Itaque frustra & Bronchorstius, *centur. 4. assert. 4.* dum objicit, *l. nullo 24. Cod. de rei vind. l. unic. Cod. de usuc. transform. l. 1. Cod. comm. de usuc.* quippe quibus locis agitur de usucapione aut longi temporis præscriptione, modis acquirendi dominii aut juris alicujus dominio proximi; qui sine justo titulo & bona fide, veraque possessione non procedunt. At nos agimus de actionis personalis præscriptione, quam sola parit negligentia non petentis & lapsus temporis. Sic etiam pretio possidenti nec longissimo tempore acquiritur proprietas, *l. 2. Cod. de præsc. 30. annor.* Interdum tamen & actio personalis triginta aut quadraginta annis finitur, *l. 3. & l. 4. Cod. eod. tit.* Minus obstant *l. 10. & l. ult. Cod. de pign. act.* immo magis obstant contrariæ sententiæ, quod etiam Cujacius fatetur; loquuntur enim Imperatores de actione pignoratitia jam nata & cum effectu competente, solutione scilicet jam facta, aut oblata consignataque pecunia, eamque longo tempore tolli negant, cum tamen nemo sit qui neget eam tolli tempore longissimo.

CA-

CAPUT VII.

An ἀντίχρησις sit species pignoris, & an aliqua sit antichresis tacita?

QUæstio hæc non est vulgaris, & digna quæ diligentissime excutiatur, propterea quod Interpretes nostri non intellexerunt, quid sit ἀντίχρησις, & falso sibi persuaserunt esse aliquam ἀντίχρησιν tacitam: quod primus observavit Claudius Salmasius *l. un. lib. de mod. usur. c. 14.* Ut autem res tota penitus intelligatur, primum referam, quæ ab Interpretibus circa hanc rem tradita sunt, deinde quatenus a vero aberraverint, ostendam. Interpretibus omnibus antichresis est species pignoris, cum res ea conditione pignori datur, ut creditori debitor pecuniam solvat, *argum. l. 11. §. 1. ff. de pign. l. si pecuniam, 33. ff. de pign. act.* Alias si tale pactum non intercesserit, constat non licere creditori pignore uti, *§. 6. Instit. de oblig. quæ ex del. nasc.* nec fructus eum lucrari, sed in sortem eos imputare debere, ita ut sortis obligatio minuatur, & quantum ex re pignorata fructuum perceperit, tantum ei in solutione sortis decedat, atque detrahatur, *l. 3. l. 12. Cod. de pignor. action. l. 1. Cod. de distract. pign.* Atque hæc illis est antichresis expressa, quæ valeat, etsi perceptio fructuum legitimum usurarum modum excedat propter incertum fructuum eventum, *l. si ea lege, 17. Cod. de usur.* quamquam domum hoc casu creditor ipse inhabitare, non aliis locare debeat, aut alias quod ultra modum usuræ mercedis nomine accepit, in sortem imputare, *l. si ea, 14. Cod. eodem titul.* Est & Interpretibus nostris tacita quædam antichresis, quando scilicet nihil de usuris, nihil etiam de fructibus usurarum vice percipiendis dictum est; sed pecunia gratuita, id est, sine ulla usurarum expressa conventione credita est, & res talis pignori data, quæ fructus ferat, quasi ipsa datione, cum res pignori datur, quæ fructus profert, illud convenisse tacite intelligatur, ut fructus loco usurarum & compensationis cujusdam vice, retinere creditori liceat: si enim debitor eo animo noluisset tradere pignus, fructum ferat, protestari eum debuisse ajunt, nolle se ex pignoris sui fructibus quicquam sibi decedere. Sed hanc tacitam conventionem ἀντιχρήσεως non efficere, ut legitimus usurarum modus excedatur. Rationem hanc esse, quia cum creditor usuras stipulatus non sit, sed gratuitam pecuniam mutuo dederit, humanitate debitoris, qui fructus ei ex re pignorata beneficii loco percipere concessit, contentus esse debet, cum sibi nulla conventione prospexerit, & totum hoc, quantumcumque percipit, ex debitoris humanitate percipiat, *l. cum debitor, 8. ff. in quib. caus. pign. tac.*

Sed non unus Interpretum hic error est, 1. quod crediderunt ἀντίχρησιν nihil aliud esse, quam contrarium usum, cum ea voce significetur contrarium mutuum; quippe χρῆσις Græcis non solum est usus, ἀπὸ τοῦ χρῆσθαι, sed etiam mutuum, ἀπὸ τοῦ χράω, quod est a χράω, seu κίχρημι, commodo, do mutuo, utendum do, *δανείζω*, unde χρήστης creditor. Hinc ergo & ἀντίχρησις contrarium mutuum. Marcianus in *leg. si pecuniam, 33. ff. de pign. act.* tropica locutione pro fundo ἀντιχρηθέντι accepit, uti & χρῆσις ipsum mutuum est Marcianus in *l. 11. §. 1. ff. de pignor.* ita scribit: *Si ἀντίχρησις facta sit, &c.* Hic sane antichresis non potest accipi pro mutuo usu. Quid enim esset mutuum usum facere? At mutuum facit, qui mutuum dat; ergo antichresin facit, qui dat e contrario mutuum debitor tradendo fundum aut ædes, ut ex fructibus aut pensionibus creditor compensationem usurarum percipiat. Ceterum improprie ἀντίχρησις dicitur contrarium mutuum, quia mutuum tantum in rebus, quarum usus in abusu consistit, locum habet, quamquam Latini etiam in his, quæ solo commodantur, cum ad usum commodantur. Auctor Dialogi de Oratore: *Domum mutuatur & auditorium extruit, & subsellia conducit*: ut & commodare pro mutuo dare, Cicero *Verrin. 5. Commodasti tritici modios sexaginta*. Caper vetustissimus Grammaticus *Commoda, χρῆσον*.

2. Quod crediderunt in pura antichresi creditorem habere jus pignoris. Nam si jus pignoris creditor in antichresi sive contrario mutuo haberet, utique possessione ἀντιχρήσεως amissa, eam repetere posset actione hypothecaria. At in *l. 11. §. 1. ff. de pign.* non hypothecaria, sed in factum actione illo casu agi solere scribit Jurisconsultus. Et hoc tantum ait, creditorem pignoris loco retinere possessionem, donec ei pecunia solvatur; quod & Cujacio subolnit, *l. 3. obs. c. 35. in fin.* quamquam putat etiam posse hypothecariam quoque creditori competere, nulla tamen nixus auctoritate, nisi Marciani in *l. si pecuniam, 33. ff. de pign. act.* ubi χρηστῶς Jurisconsultus ἀντίχρησιν appellat pignus ἀντιχρηστικὸν, sive percipias rei fructus in vice usurarum, donec fundum cum pacto ἀντιχρήσεως oppignoratum. Non obstat *l. Cajus Sejus, 39. ff. de pign. act.* nam in specie, quæ illic proponitur, pignus revera non intervenit, nec ab initio vera antichresis fuit, sed postea pactum intercessit, ut creditor pignus suum, hoc est, fundum debitoris, in compensationem pecuniæ ad certum tempus possideret vice ἀντιχρήσεως. Pura vero antichresis non est pactum in pignore, cum nec ipsa pignus sit, sed contrarium mutuum v. c. das mihi pecuniam mutuam sub conditione, ut accipias fundum in antichresin, cujus fructus percipias pro præstatione usurarum, quas a me legitimas stipulari potes. In hac χρήσει & ἀντιχρήσει nulla pignoris mentio, nec ullum pignus. Speciem vero puræque ἀντιχρήσεως nobis exhibet *l. si ea pactione, 14. C. de usur. & d. l. 11. §. 1. ff. de pign.* At in *l. si ea lege, 17. C. de usur.* ut verba ipsa ostendunt, non agitur de pura ἀντιχρήσει sed de pignore ἀντιχρηστικῷ, sive cum pacto ἀντιχρήσεως.

3. Errant, quod putant esse aliquam tacitam antichresin. Nam nulla potest esse tacita antichresis, quæ quidem vera sit. Quemadmodum enim nulla χρῆσις est tacita, ita nec ulla vera ἀντίχρησις, sed oportet conventione id actum esse. Si aliqua tacita est antichresis secundum Doctores, ut creditor fructus ex re pignorata sine conventione expressa percipere & in usuras imputare queat, quonam casu procedet illud, quod tot locis simpliciter traditum est, creditorem fructus ex re sibi pignorata perceptos in sortem imputare debere, *l. 1. l. 2. l. 3. l. ultim. Cod. de pig. act. l. 1. C. de distr. pign.* an ex solo, quod protestatus est debitor se nolle pignoris sui fructus lucro cedere creditoris? Hoc autem dicere valde absurdum, ne dicam ineptum est. Neque enim ex pignoris conventione conventio tacita super usuris facta intelligi potest; quoniam pignoris finis est, ut creditori cautum sit de sorte, ne moretur in damno: nec adeo rationi convenit, ut ad alium finem dationem pignoris torqueamus, ut creditor lucretur fructus pro usuris, & ita circumveniatur

tur miser debitor, & dum se gratuitam pecuniam putat accepisse, gravissimis usuris subjicitur, id est, centesimis. Non adversatur *lex* 11. *Cod. de usur.* nam locus iste intelligendus est de prædiis obligatis cum pacto ἀντιχρήσεως, cum scilicet convenit, ut in vicem usurarum creditor fructus perciperet; & hoc tamen dicitur oblatione pecuniæ antichresin dissolvi, & pignus ἀντιχρητικὸν, mutari in simplex. Frustra autem putant Doctores nostri sententiam suam de tacita antichresi confirmari, *l. 8. ff. in quib. caus. pign. tac.* Thema hujus legis est, Titius gratuitam pecuniam credidit Sejo, & ab eo accepit pignori fundum. Etsi de usuris nihil convenerat, potest tamen Titius, si nolit amplius gratuitam esse pecuniam, Sejus debitor interpellatus moram solutioni faciat, de fructibus rei pignoratæ usuras ex tempore retinere, dum ad legitimum modum id faciat. Ampliores autem, quam sunt legitimæ usuræ, fructus percipere non potest, ut in vera antichresi, quia tale nihil convenit. Tantum id servare potest, quod ipsius interest pecunia sua alium se invito non uti. In antichresi non potest mutuum repetere creditor, quamdiu possessionem ἀντιχρητικὴν retinet. Aliud vero est in gratuita pecunia, quæ ut plurimum arbitrio creditoris repeti solet. Sed nec tacitum pignus aut tacita hypotheca hæc, de qua agitur, dici potest. Nam de eo conventio expresse facta videtur, ut pignus illud traderetur creditori pro pecunia credita. Quippe nisi ex pignore tradito non potuisset creditor retinere fructus nomine usurarum. Cæterum cum fructus prædiorum oppignoratorum nominatim pignori dari possint, *leg. 1. §. 1. ff. de pign.* cum pro usuris pignora quoque accipi jus sit, *l. grege, 13. §. ultim. ff. eodem*, tacito velut pignore fructus rei pignoratæ potest creditor in compensationem usurarum retinere, etiamsi ex pacto non debeatur. Nec tamen potest ultra legitimas, quia vel hoc ipsum, *usque ad legitimas*, in usuris quæ pactæ non sunt, si æquum visum est, ulterius iniquum foret. Atque ut in bonæ fidei judiciis ex mora usuræ debentur & peti possunt, ita in gratuitæ pecuniæ mutuo, si moram fecerit debitor, usuras de quibus non convenit, creditor per retentionem servare potest ex fructibus rei oppignoratæ. Sic cum usuræ exigi non possunt in strictis judiciis nisi in stipulationem deductæ, possint tamen per retentionem pignoris servari. *leg. 3. l. 4. Cod. de usur.* non dissimili ratione per retentionem fructuum rei pignori datæ posse usuras, de quibus præstandis nihil convenit, servari atque ad modum legitimum compensari, licet exigi non possint, velle videtur Paulus in *dict. leg. 8. ff. in quibus caus. pignor. tac.* Illud dissimile est, quod in *dict. l. 4. Cod. de usur.* saltem pacto de usuris convenerat: sed tunc usuræ per retentionem pignoris servari possunt etiam ubi mora non intervenit. Hotomannus *lib. 4. observ. cap. 4.* contendit apud Paulum in *dict. leg. 8. ff. quibus in caus. pign. tac.* deesse negationem, & Jurisconsultum ita scripsisse, *Cum debitor non gratuita pecunia utatur.* Quod & Salmasius magis probat, quam Paulus, cum sic loquitur, rationem afferat cur de fructibus rei pignoratæ usuras retinere creditor possit, quia scilicet non utebatur debitor pecunia gratuita, & usuras pactas non solvebat. Quod si ponamus usuras non esse pactas, aut pactas a debitore solvi, procedere debere dispositionem *l. 1. l. 2. l. 3. Cod. de pign. dict. l. 1. Cod. de distract. pign.* nec obstare, quod supra aliquoties dictum est, antichresim liberam esse legibus, quæ certum modum usuris posuerunt, *l. 14. l. si ea lege, 17. de usur.* Illud enim verum quidem esse in pura veraque antichresi, aut etiam in pignore ἀντιχρητικῷ actum fuit, ut pro usuris pecuniæ creditæ, fructus fundi in antichresin traditi cederent lucro creditoris, ut in *dict. l. 14. & l. 17.* At hic quæstionem esse de usuris, quibus solvendis debitor moram facit, cum de fructibus in compensationem usurarum percipiendis nihil dictum est. Cum igitur de fructibus fundi oppignorati circa pactum ἀντιχρήσεως debitore non solvente, usuras retinere posse dicatur creditor, non posse eum excedere legitimas usuras, quæ solæ ipsi debentur. Quod superfuerit ex fructibus sorti imputandum esse. Ita Salmasius *lib. de mod. usurar. cap. 14.* cui prope est ut assentiar.

CAPUT VIII.

An & quando evictioni sit locus in hæreditate vel actione vendita, & donatione vel legato?

EVincere est rem jure judicioque auferre. Locum autem præcipue habet evictio in emptione. Nam cum emptor non solum rem emptori tradere teneatur, sed etiam emptori præstare, rem habere, tenere & usucapere licere, *l. 15. §. 1. leg. servus, 30. §. ult. ff. de act. empt.* Ideo si res evincatur, merito emptori evictionem præstat: quæ præstatio pars est obligationis empti & venditi, *lex in vendendo, 66. ff. de contr. empt. l. 6. C. de evict.* Cæterum & in aliis quoque contractibus evictio præstatur, ut in permutatione & in solutum datione. De permutatione est textus in *l. si permutationem, 29. Cod. de evict.* Ratio est, quia permutatio emptioni fere est similis, *l. 5. ff. de rer. permut.* Illa tamen differentia est, quod de re empta evicta datur actio ex empto, *dict. leg. 6. Cod. de evict.* at de re permutata evicta datur actio præscriptis verbis, *l. 5. §. 1. ff. de præscr. verb.* Datio quoque in solutum venditioni comparatur, *l. 4. Cod. de evict. l. eleganter, 24. pr. ff. de pign. act. l. 4. §. ult. 31. de dol. mal. except.* & ideo placuit etiam in datione in solutum evictionem præstari, *dict. l. 4. C. de evict.* atque ei, cui res in solutum data evincitur, utilem ex empto actionem de evictione dari. *dict. l. 24. pr. de pign. act. dict. l. 4. C. de evict.* de quo tamen vide Cujacium *lib. 19. observ. 38.* Sed & in judicio familiæ erciscundæ, quoniam rerum hæreditariarum inter cohæredes divisio quasi quædam venditio est, *l. 1. Cod. comm. utriusque judic.* æquum visum est eos inter se evictionis periculum præstare, *l. hæredes, 25. §. idem curare, 21. ff. fam. ercisc. l. si familiæ, 14. Cod. eod.* Et idem quoque obtinet in judicio communi dividundo *dict. l. 1. C. comm. utriusque judic.* Excipiuntur tamen nonnulli casus, quos hic recensere præter institutum esset, *vid. l. cum pater, 77. §. evictis, 8. ff. de legat. 2. l. 7.* & ibi Bartol. & DD. *C. comm. utriusq. jud. dict. l. 14. C. fam. ercisc. l. si fundum, 27. C. de evict.*

Sed quid in hæreditate vendita? Multum interest, utrum certæ quædam res hæreditariæ veneant, an ipsa hæreditas. Priore casu venditor tenetur ex empto, ut eas res suo sumptu & periculo persequatur, & vacuam earum possessionem emptori tradat, *arg. l. 2. §. 1.*

l. 3. ff.

l. 3. pr. ff. de act. empt. arg. L. 3. junct. auth. nunc si Cod. de inoffic. item tenetur venditor, ut in singulis rebus hæreditariis venditis præstet evictionem; quia quot sunt res, tot sunt evictiones aut evictionum causæ, *l. 1. C. de evict.* Posteriore autem casu si hæreditas veneat, non tenetur venditor ullam rem hæreditariam emptori tradere, nisi quam habet in sua potestate. Et rursus non tenetur in singulis rebus hæreditariis præstare auctoritatem seu evictionem. Ratio differentiæ est, quia hæreditas nomen juris est, & qui hæreditatem vendit, non vendit res corporales, quæ in hæreditate continentur, sed jus successionis, quod est incorporale, atque hoc jus esse, id est, esse hæreditatem, & se hæredem esse, dolumque malum præstare tenetur, non etiam tradere corpora hæreditaria, nisi ea, quæ ad ipsum pervenerunt, vel quæ dolo fecit, ne ad se pervenirent, ita cape textum in *L. qui infam. 14. §. 1. ff. de hæred. vel act. vend.* Cæteras autem res hæreditarias, quæ ad hæredem non pervenerunt, nec dolo fecit quominus pervenirent, non tenetur emptori hæreditario tradere, sed liberatur præstando & cedendo emptori earum rerum persecutiones, *l. 2. §. 3. ff. eod. tit.* Emptor autem eas suo sumptu & periculo persequitur, *L. 1. Cod. de evict.* Et rursus si evincantur emptori, quæ tradita illi sunt, venditor eo nomine de evictione non tenetur neque ab initio de evictione cavere sive repromittere cogitur, *d. l. 1. C. de evict.* ubi excipitur nisi nominatim convenerit, ut evictio rerum singularum præstetur. Donellus post alios in *d. L. 1.* Ratio est, quia si res, quæ evicta est, non fuerit hæreditaria, nec venit, non enim plus aut minus juris habet emptor, quam venditor, *L. 2. pr. ff. de hæred. vel act. vend.* Si autem fuit hæreditaria, & per injuriam Judicis evicta est, non tenetur venditor, quia injuria, quæ condemnato facta est, potius apud illum manere, quam ad alium transferri debet, *l. si per imprudentiam, 51. pr. ff. de evict. l. 15. C. eod. l. exceptione, 67. ff. de fidejussor.*

Quod de hæreditate vendita dictum est, id etiam obtinet, si quodlibet aliud jus veneat, non corpus; veluti si veneat peculium servi, quod est nomen juris non corporis: item si veneat nomen debitoris, quod etiam juris est, ut syngrapha seu cautio. Etenim venditor duntaxat præstare debet, ut sit peculium, vel ut sit nomen; item dolum malum, non etiam ut obtineatur aliquid, vel feratur ex periculo aut nomine seu actione vendita, *l. 5. ff. de evict. l. 4. ff. de hæred. vend.* Et est textus optimus in *l. si plus, 74. §. ult. de evict.* Unde nec beneficium, *l. 2. C. resc. vend.* locum habere in hæreditate vel actione vendita recte statuunt Juris Interpretes. Una hic exceptio est, nisi nominatim convenerit, quid quantumve in hæreditate vel actione vendita contineatur, atque id se præstiturum, ut obtineri possit, emptori venditor promiserit, *l. 1. Cod. de evict. L. nisi, 15. de hæredit. vend. l. 5. l. si plus, C. 74. pr. ff. de evict.* Quod si hæreditatem vel actionem sibi non competentem vendidit, nullum dubium est, quin hoc casu evictionem præstare debeat, per jura allegata.

Quid vero in donatione? Donatio emptioni plane dissimilis est, cum sit ex causa lucrativa. Itaque si quis rem alienam donavit, eaque donatario evicta est, non tenetur donator de evictione, etiamsi id pacto comprehensum sit, sed opus est stipulatione, *L. 3. Cod. de evict.* quoniam odiosum est, donatorem ex sua liberalitate hanc molestiam pati, quamquam discrimen illud stipulationis & pacti moribus sublatum est. Sed autem donator de evictione citra stipulationem non teneatur, tamen si sciens rem alienam donavit nescienti, tenetur actione de dolo ad id, quod interest, si donatarius sumptus fecerit in rem donatam, *l. Aristo, 18. §. ult. ff. de donat. l. ad res, 62. ff. de ædil. edict.* bene Donellus ad *L. 2. C. de evict.*

Eadem ratione, quia legatum species quædam donationis est, hæres rei certæ legatæ, puta Stichi, evictionem non præstat, *l. cum pater, 77. §. evictis, 8. ff. de leg. 2. L. si a substituto, 44. §. 1. & 2. ff. de leg. 3.* nisi testator sciens rem alienam esse, eam legaverit ab hærede; quia ex conjectura voluntatis præsumitur testator hæredem onerare voluisse periculo evictionis, per *l. Sticho, 36. in fin. ff. de usufr. leg.* Quod si generaliter res legata sit, puta servus, hic placet etiam hæredem evictionem præstare, *L. liberum, 58. de evict. L. si domus, 71. §. 1. ff. de legat. 1.* Quod autem supra dixi donatorem non præstare evictionem, si cautio stipulationis de evictione non interposita, id simpliciter procedit & verum est, sive a traditione, sive a promissione donatio inceperit. Nam si donator ultro sine pacto rem donans & tradens, ex evictione non tenetur. Ergo nec nunc tenebitur, cum ex pacto tradidit. Dedit quidem Justinianus ex hoc pacto actionem, ut res traderetur, non autem ut ea evicta præstaretur evictio, *L. 35. C. de donat.* Donell. *ad L. 2. Cod. de evict.* dissentit Caballin. *de evict. 3. n. 3.*

CAPUT IX.

An & quomodo fœnus differat ab usura?

VEteres usuram pro usu dixisse certum est, qua in significatione passim ea voce utitur Cicero, ne quis putet nioris Cascam. *lib. 1. Tuscul. Natura,* inquit, *dedit usuram vitæ, tanquam pecuniæ nulla præstituta die.* Idem *pro Rabir. & Verrin. 7. usuram lucis l. 3. epist.* ad Appium Pulchrum, *usuram temporis* dixit, pro usu. Plauto uxor usuraria, cujus usuram, id est usum corporis ad tempus aliquis cœpit. Idem in *Trinummo: Nec adeo hasce emi mihi, nec usuræ meæ,* id est, ad usum meum. Et hac significatione creditor ipse usuram dat, nullumque mutuum est sine usura, id est, sine usu. Usura vero, quam debitor pro usu pecuniæ solvit, longe aliam notionem habet. Vectura vocatur merces, quæ pro vectione datur, ναῦλον Latinis; quod pro onere ferendo accipiebat bajulus, φόρετρον. Mercatura lucrum de merce, ut notat Nonius. Similiter & usura est merces, quæ pro usu pecuniæ datur. Et observare licet veteres auctores, usuram de usu in numero singulari potius usurpasse, usuras vero dicere maluisse numero plurativo, quæ ob usum fœnebris pecuniæ debentur, qui τόκοι Græcis. Cicero *Verrin. 4. Quis enim hoc fecit unquam, ut cum Senatus publicanos usuras sæpe jussisset, magistratus a publicanis pecuniam pro usuris auderet auferre?* Qui pecuniæ usura aliquem juvat, is est, qui pecuniam illi dat utendam. Usuras pro pecunia aufert, qui exigit mercedem pro usu pecuniæ. Usura igitur proprie loquentibus est χρῆσις, usuræ τόκοι. Hinc usuræ trientes, quincuncunces, semisses, &c. Centesimas singulas dixit Cicero *in epistolis ad Atticum*, & binas centesimas 5. *Verrin.* Ita bene & erudite D. Salmasius *lib. de usur. c. 4.* Cæterum usquæ aut usurarum appellatione non tantum significatur ea quantitas, quæ pro [illegible] fœnoris pecuniæ solvitur, verum etiam ea, quæ ex alia causa, quam mutui, ex conventione aut mora debetur. Itaque sic recte definitur usura, pecunia, quæ pro usu sortis, aut alias ultra sortem præstanda est. Sors hic significat quantitatem principaliter debitam, usuræ sunt accessio sortis, & ideo sublata obligatione sortis & ipsæ deberi desinunt, *l. tutor, 41. §. 1. ff. de usur. l. acceptam, 19. C. eod. l. 4. C. de compens.*

Fœnus a fœtu dictum putant Varro, Gellius, Nonius, quasi fœtura quædam pecuniæ, ut Græci [illegible] dicunt. Doctissimus Salmasius loco supra citato dictum putat a Græco [illegible], quod idem valet, quod [illegible], & probabilius est. Nam [illegible] non tantum poenam, sed etiam mercedem, pretium significat, sicut [illegible] & pretium pro pœna ponitur, Terentius in Andria, *ego pretium ob stultitiam fero*, id est, pœnam. Perfidiæ pretium, id est pœna, apud Ovidium. Nec verum est, quod fœnus sit fœtus pecuniæ, aut idem quod Græcis, [illegible], ut mox clare demonstrabitur. Crediderunt Interpretes, atque inter eos etiam oculatissimi quique, usuram esse nomen generis, fœnus speciei; & omne quidem fœnus esse usuram, at non contra omnem usuram esse, fœnus. Fœnus aiunt significare eam usuram, quæ accipitur pro mutuo: unde passim fœneratores appellantur, qui pecuniam dant mutuam sub usuris. Quamvis enim in specie fœnus hoc appelletur, tamen usuram quoque appellari, quasi hic fœnoris & usuræ appellatio confunderetur, *arg. l. 6. prim. & l. 7. ff. de naut. fœner.* ubi Paulus usuras maritimas appellat fœnus nauticum, arg. rubricæ quæ est de fœnore nautico. Eas autem usuras, quæ ex mora aut re ipsa debentur, numquam appellari fœnus, nec qui eas accipiunt aut petunt, fœneratores dici. Sed insignis hic Interpretum error est, quem detexit Salmasius *d. l. loc.* Etenim fœnus non simpliciter significat usuram pecuniæ creditæ, sed pecuniam creditam sub usuris, æs alienum sub usura contractum [illegible]. Usura est merces fœnoris. Tacitus *de morib. German. Fœnus agitare & in usuras extendere ignotum, ideoque magis servatur, quam si vetitum esset.* Idem *lib. 6. Annal. ut debitores duas partes fœnoris solverent dixit*, pro quo Svetonius in re narranda, *æris alieni duas partes.* Titulus ff. qui Tractat. de trajectitia pecunia, inscriptus est *de nautico fœnore* non *de nautica usura*, & apud Græcos [illegible], non [illegible]. Quare? quia in communi mutuo usuræ successive currunt, & pro rata temporis solvuntur seorsim ab ipsa sorte, cum in trajectitia pecunia sorte simul solvenda cum usuris in exitu navigationis fiat conventio. Nimirum totum fœnus simul solvebatur & semel, hoc est; sors ipsa cum usuris. Utique in *leg. C. de naut. fœner.* nauticum fœnus, quod datum dicitur, non potest accipi pro usura nautica. Id enim dedit creditor, qui usuram dedisse dici non potest: & quod initio appellatur fœnus nauticum, postea dicitur pecunia fœnebris. Igitur nauticum fœnus pecunia fœnerata sub usuris nauticis. Frivola autem illa collectio est, sub titulo de fœnore nautico fit mentio usurarum maritimarum, ergo usuræ maritimæ sunt idem, quod fœnus nauticum. Quare enim sub eo titulo non posset fieri mentio earum usurarum, quas fœnus nauticum parit? Res est clara, si fœnerari est [illegible], fœnus est ut [illegible] & quidem [illegible] etiam [illegible] est [illegible]. Unde apparet verum esse quod [illegible] diximus: fœnus non esse [illegible] pecuniæ, sed usuras esse fœnus & partus fœnoris, [illegible]. Ac neque in hisce locutionibus, *fœnore dare*, *fœnore pecuniam occupare*, fœnus pro usura accipitur: sed pro mutuo fœnebri. Neque dicunt Latini pecuniam usuræ dare, aut usuris eam occupare: non enim est occupata usuris, sed credito, ut usuras pariat: recte autem dicimus, credere pecuniam sub usuris, [illegible]. Sic sumere pecuniam fœnore dicimus [illegible] non sumere usura. Sic locare pecuniam fœnore dicitur, qui credendo locat, ut mercedem, id est, usuram recipiat: Usura locare pecuniam nemo dixerit. In fœnore pecuniam habet, aut nummos in fœnore possidet, qui eos habet in rebus creditis, neque enim in usuris tantum habere pecuniam existimandus est, sed etiam in sorte ipsa. Valerius Maximus *lib.* [illegible] de Considio quodam, *Cum centies atque quinquagies sestertii summam in fœnore haberet, neque de sorte quemquam debitorum suorum, neque de usura a suis appellari passus est.* Ergo fœnus & sortem & usuras comprehendit. Veteres dicunt: usuræ trientes, fœnus trientarium. Usuræ trientes sunt, quæ trientem centesimarum dant: fœnus trientarium, quod usuras trientes reddit. Sic fœnus unciarium, quod usuras uncias exigit. Tacitus *lib. 5.* [illegible] *tabulis sanctum, ne quis unciario fœnore amplius exerceret.* Denique fœnus exercere dicimus; usuras exercere, dicere non licet. Exercemus terram, quæ colitur, ut fructum reddat; non exercemus fructus. Plura si quis desideret, adeat Salmasium *lib. de usuris cap. 2.* plane non negamus interdum fœnus pro usura poni; sed cum id fit, tropica est locutio; quia nunquam fœnus est sine usura.

CAPUT X.

An & quatenus mora debitoris noceat fidejussori?

OMnes debitores, qui certam rem debent, liberari ejus rei interitu sine culpa eorum & ante moram ab iis commissam contingente sæpe responsum est, *l. 5. ff. de reb. l. si ex legati, 23. ff. de verbor. obligat. l. penult. ff. de solut.* Ex contrario veterum regula est, moram perpetuare obligationem, licet casu fortuito res extincta sit: quod hanc habet sententiam, si res debita postea perierit, quam per debitorem stetisset, quominus eam daret, ipsius id detrimentum esse, perindeque eum perpetuo teneri, ac si res adhuc extaret, *d. l. nemo, 23. l. 82. §. 1. l. si servum, 91. §. 3. & seqq. ff. de verb. oblig.* ubi circa finem quatuor effectus hujus perpetuationis recensentur, 1. quod adhuc res ipsa peti possit. 2. quod acceptа ferri. 3. quod adhuc fidejussor ejus obligationis possit accipi. 4. quod possit novari, id est, in aliam obligationem transferri. Fidejussoribus quoque perpetuari obligationem in *d. l. 91. §. 4. in fin.* responsum est, & alibi ab eodem Jureconsulto, cum reus moram facit, & fidejussorem teneri, *l. si quis solutioni, 24. §. 1. ff. de usur.* Sed quid verbis illis intelligit Jurisconsultus? an quemadmodum ex mora ipsius rei obligatio sic augetur, ut usuras quoque in bonæ fidei judiciis ex eo tempore debere incipiat, ita quoque augeatur obligatio fidejussoris propter moram rei, ut & ille quoque ad usuras jam teneatur? Nequaquam: sed hæc Jurisconsulti sententia est, sicut mora principalis debitoris efficit, ut licet res debita casu perierit, dummodo post moram obligatio in persona debitoris perpetuetur, ut nihilominus rei debitæ & peremptæ æstimationem debeat, ita cum eodem effectu obligationem perpetuari & durare in persona fidejussoris, *l. si a colono*, 58. §. 1. *ff. de fidejuss.* & hactenus quoque moram rei nocere fidejussori, *l. mora rei*, 68. *ff. de verb. obl.* quod & in cæteris accessionibus obtinet, veluti in mandatore, & patre, qui de peculio obligatus est contractu filii *l. cum filiusf.* 46. *pr. d. l. si servum*, 91. §. 4. & 5. *ff. de verb. obl.* Quod si quis hujus juris rationem quærat, cur scilicet post moram debitoris re perempta obligatio perpetuetur etiam in persona fidejussoris, inveniet illam apud Paulum in *d. l.* 91. §. 4. hanc nempe, quia in totam causam spopondit, id est, in omnia, quæ principaliter in obligationem deducta sunt. Atque hoc quidem, quod diximus, reo moram faciente obligationem perpetuari etiam fidejussoribus, omni dubio caret. De eo autem inter omnes non convenit; an sicut reus principalis ob moram in bonæ fidei judiciis usurarum quoque nomine tenetur, *l. mora*, 32. §. 2. *ff. de usur.* ita & de his ob moram debitoris teneatur fidejussor? Sed hoc omnino negandum est, propter rationes subjectas. 1. Quia ob moram aut culpam rei non oportet augeri obligationem fidejussoris, ut diserte responsum est in *leg. centum Capuæ*, 8. *ff. de eo quod cert. loc. l. ult. ff. de fidejuss.* Atqui si fidejussor ex mora rei usuras præstare teneretur, augeretur utique fidejussoris obligatio propter moram contra d. textum. 2. Si mora rei obligaret fidejussorem ad usuras, teneretur fidejussor etiam ad usuras præstandas, quamvis ad eas se non obligavisset. Atqui non tenetur fidejussor ad usuras, nisi ad eas quoque se obligaverit, *l. si mandator*, 8. *C. quod cum eo qui in al. pot.* ibi. *Si te his omnibus obligasti.* Igitur ex contrario, si te his omnibus non obligasti, non teneris. 3. Arg. *l. fidejussores* §. 1. *ff. de fidejuss.* ubi negat Jurisconsultus, fidejussores qui in sortem se obligaverant, in usuras teneri. 4. Ut alieno nomine conveniri non potest, qui omnino pro alio se non obligavit, *l. nec intentio*, 23. *C. de transact. l. pen. C. ne ux. pro mar. leg.* 1. *Cod. de fil. pro patr.* ita nec is pro alio se obligavit, ultra quam in quantum se obligavit, conveniri potest: quia hactenus verum est, eum obligatum non esse: siquidem partis eadem ratio est, quæ totius, *l. quæ de tota*, 76. *ff. de rei vind.* Ex his efficitur, fidejussorem in usuras non teneri ex mora rei, nisi in eas quoque se obligaverit. Hinc quæritur, quando fidejussor censeatur etiam ad usuras se obligasse? Et quidem si ad certam summam duntaxat se obligavit, in usuras se obligasse non videtur, *l. fidejussores*, 68. §. 1. *ff. de fidejuss.* Quid igitur? Tunc in usuras quoque tenetur fidejussor, cum vel expresse in has quoque se obligavit, vel se obligavit in omnem causam, *l. quare*, 54. *pr. ff. locat. l.* 5. *C. de pact. int. empt. & vend. l.* 8. §. *pen. ff. de adm. rer. ad civ. pert.* In omnem autem causam se obligasse intelligitur, qui hoc modo fidejussit, *In quantum illum condemnari ex bona fide oportebit?* vel, *tantum fide tua esse jubes?* vel ita, *indemnem me præstabis?* *d. l. quare*. Quamquam non semper ad hoc, ut fidejussor in omnem causam obligatus intelligatur necesse est, ut hujusmodi verba diserte exprimantur, de quo plura paulo post. Quod si stipuletur creditor, quicquid debitorem dare facere oportet, non in omnem causam, sed in præsentem duntaxat obligationem spopondisse fidejussor intelligitur. At si addat creditor, *oportebitve*, in omnem causam fidejussio facta censetur, *l. si stipulatus*, 76. §. 1. *l. si a colono*, 89. *ff. de verb. oblig.* Igitur cum moræ duplex sit effectus, unus ut in bonæ fidei contractibus usuræ & fructus præstentur; alter ut in omnibus tam stricti juris, quam bonæ fidei judiciis, species debita post moram perempta adhuc debeatur; prior moræ effectus fidejussori, nisi in omnem causam fidejusserit, non nocet, posterior nocet. Refutemus jam locos aliquot, qui huic sententiæ obstare videntur. Ex his unus est ille Pauli in *leg. si servum*, 91. §. *nunc videamus*, 4. *in fin. ff. de verbor. oblig.* ubi Jurisconsultus agens de fidejussore, in eum certum accepto, ait eum in totam causam spopondisse. Respondeo, vocabulum causæ non uno modo semper accipi; sed aliquando referri ad rem ipsam, quæ in obligationem deducta est, & condemnationem quæ circa ipsam versatur, ut in *d. l. si servum* §. 4. Aliquando significat omnem utilitatem rei & negotii, de quo agitur ut in *d. l. quare*, *ff. locat. l. præterea*, 20. *ff. de rei vind. l. videamus*, 38. §. *si alienum*, 7. *ff. de usur.* Itaque pro re subjecta illud explicandum erit. Atqui in *d. l. si servum* §. 4. non quæritur de usuris aut accessionibus rei in obligationem deductæ; sed de re ipsa & condemnatione re post moram perempta facienda, nempe an interitu rei, qui post moram accidit debitoris, liberetur fidejussor, nec ne, ut apparet ex ipso textu & §. præcedente. Adde quod de usuris quæri non potest, nisi pecunia debeatur, nec de rei interitu, nisi certa debeatur species, cum nec quantitas debita perire possit, *l. incendium*, 11. *C. si cert. pet.* nec usurarum quæstio moveri, ubi non debetur quantitas.

Eadem fere responsio est ad *l. si quis*, 56. §. 2. *ff. de fidejuss.* ibi *in omnem enim causam acceptus videtur.* Ecce enim non dicit Jurisconsultus, fidejussorem in omnem causam obligatum esse simpliciter, sed addit, quæ ex numeratione nasci potest. Unde apparet hoc referendum esse ad principalem obligationem, non ad accessiones ejus ut hic sentiunt, fidejussorem se obligasse videri in casum tam consumptorum nummorum, quam extantium, id est, & acceptionis, si pecunia fuerit data, & consumptionis, si aliena. Magis adversari videtur *l. amissi*, 52. §. 2. *ff. de fidejuss.* ubi Papinianus ait, fidejussores a colonis datos etiam ob pecuniam dotis prædiorum teneri, id est, ob æstimationem instrumentorum, quæ prædiis sic attribuuntur, ut dos nuptiis *l.* . §. *ult. l. Seja*, 20. §. 1. *ff. de instruct. vel instrum. leg.* Respondeo, Papinianum non loqui de fidejussore, qui in certam summam pro mercede locationis a colono præstandam intervenerit, sed de eo, qui a colono datus est in causam conductionis, vel in conductionem simpliciter; qui perinde tenetur, ac si promisisset locatorem indemnem fore. Neque enim, ut ante dixi, eo hoc ut fidejussor in omnem causam intercessisse videatur, & consequenter in usuras quoque & alias accessiones se obligasse, necesse est in bonæ fidei contractibus nominatim hæc verba aut similia exprimere: *Indemnem me præstabis*; aut *in quan-*

tum

rem illam condemnari ex bona fide oportebit, &c. sed sufficit simpliciter, verbi gratia, in causam conducti aut empti fidem suam adstrinxisse citra mentionem certæ quantitatis, *arg. l. 2. §. pen. ff. de adm. rer. ad civ. pert. l. 5. C. de pact. int. empt. & vend.* nec mutat, *in causam* dicat, indefinite, an *in causam omnem sive universam*; cum propositio indefinita secundum regulas logicorum æquipolleat universali. Non obstat igitur, quod apud Africanum & Ulpianum legimus, si tutor moram fecit, etiam fidejussores ejus nomine usurarum medii temporis teneri, *l. si pupillus, 10. ff. rem pup. salv. for. l. 3. ff. de fidejuss. tut.* Nam stipulatio rem pupilli salvam fore in omnem causam tutelæ interponi intelligitur, & id omne continere, quod in tutelæ judicium venit, *l. cum pup. 9. l. cum rem, 11. ff. rem pup. salv. for.* Nonnihil autem negotii facit species *l. pen. ff. ut leg. nom. cav.* ubi cum legatarii ab uno e duobus hæredibus, cum ab utroque legatum esset, satis legatorum nomine accepissent, & postea deficiente cohærede portio ejus accrevisset promissori, ait Jurisconsultus in totum fidejussores teneri, sicut & in solidum debere cœpit: & si aucta ex post facto obligatione promissoris principalis augetur & accessoria fidejussorum. Respondeo: quod jure accrescendi accedit & debetur, non venit ex mora, neque ex causa aliqua postea emergente, sed vi principalis obligationis: quia ea est conditio cohæredum, ut qui ex iis hæreditatem adiit, cogatur etiam invitus cum onere recipere portionem deficientis, ne quis pro parte testatus, pro parte intestatus decedat, *L. unic. §. his ita C. de caduc. toll.* qua de causa & fidejussores eo casu obligantur, virtute nimirum principalis obligationis, non propter moram aut aliam novam causam. Unus adhuc scrupulus evellendus est, quem nobis injicit Ulpianus in *l. 7. §. bellissime, 13. ff. de leg. nom. cav.* ait bellissime quæri, an stipulatio seu satisdatio legatorum nomine incrementum ex fructibus vel usuris sentiat: & respondet recte placuisse ex mora incrementum habituram, ut id, quod oportebit comprehendat. Sed animadvertendum est, hanc stipulationem esse Prætoriam, ac proinde de mente Prætoris legem accipere secundum *leg. in conventionalibus, 52. pr. de verbor. obligation.* & hoc significat Ulpianus his verbis *ut id quod oportebit comprehendat*, nempe etiam si verbum futuri temporis *oportebit* expressum non sit, sed præsentis duntaxat *oportet*, licet secus sit in stipulatione conventionali, in qua futurum *oportebit* non subintelligitur, sed exprimi debet, ut omnis causa comprehendatur, *l. si stipulatus, 76. §. 1. l. si a colono, 89. ff. de verb. oblig.* D. Bachov. *ad Treutl. vol. 1. disp. 25. thes. 5. litt. D. & E.* respondet stipulationem legatorum cautionalem esse & inducere naturam obligationis ex testamento; quæ ratione fructuum & usurarum bonæ fidei contractus naturam imitetur *l. usura, 34. ff. de usur.* Sed melior est prior responsio, quia posteriori perspicue obstat *d. l. si a colono.* Est autem nostra de tota hac quæstione sententia communi DD. consensu probata in *L. centum Capuæ, 8. ff. de eo quod cert. loc. & l. fidejussores, 68. §. 1. ff. de fidejuss.* quamquam singula non tam plane & dilucide ab aliis explicantur. Aliter ad pleraque respondet Bronchorstius *cent. 4. assert. 54.* recte, an secus, lectorum judicio permitto. Ego aliorum nævos lubenter prætereo, & extra quam si res, de qua agitur, id flagitet, moris mei non est aliena carpere.

CAPUT XI.

An solæ quæstiones facti sint objectum probationis?

IN probatione consistit potissimum momentum ad obtinendum jus nostrum, quippe quasi quis destituatur, audiet illud Pauli in *L. duo sunt Titii, 50. ff. de test. tut.* non jus, sed probatio deficit. Inanis enim est actio, nisi indubitatæ probationis fide apud judicem competenter liqueat, verum esse quod in judicium deducit. Omnis autem probatio nostra aut tabulis constat, aut testibus, *c. fori extr. de verb. sign.* sed ea aut directa est, cum scilicet id quod probare volumus, ipsis testimoniis aut instrumentis continetur, aut obliqua, cum id, quod intendimus, ex tabulis aut testimoniis argumentando colligimus: quarum illa [illegible], hæc [illegible] dici potest. Atque ex hoc vel solo intelligi potest, quid ad quæstionem propositam respondendum sit, nimirum non juris, sed facti quæstiones esse objectum sive materiam, circa quam versatur probatio; siquidem jus probari instrumentis aut testibus non potest, sed sola facta. Immo juris allegatio non indiget probatione, quia jus omne certum est, *l. 2. ff. de jur. & fact. ignor.* certa autem & notoria non probari debent, sed allegari sufficit, *c. evidenter extr. de accus.* Mynsing. *6. obs. 3.* Plane non negamus dubiam interdum esse legum sententiam, eamque conjecturis & argumentis eliciendam, sed hoc ipsis incumbit Judicibus, quippe quorum officium est, ut ubi de facto constat, ipsi etiam non admoniti de jure dispiciant, *pr. Inst. de offic. jud.* Sed & pedanei Judices de facto tantum, non de jure cognoscebant. Quod si de jure incidisset dubitatio, Prætorem aut Præsides, a quibus dati erant, consulere, non litigantium allegata sequi debebant, *L. cum quem, 79. §. 1. ff. de judic.* Totum quidem illud in Judicis potestate est, ut statuat utrum satis sibi probatum sit id, de quo quæritur an non *L. 3. §. 2. ff. de testib.* et hoc non ad juris, sed ad facti quæstionem duntaxat pertinet; solæ enim facti quæstiones in potestate sunt Judicis, non juris, *l. 1. §. 4. in fin. ad SC. Turpill. l. ordine, 15. in fin. pr. ff. ad municip.* Immo usque adeo non tenentur litigatores Judici probare, quid juris sit ut contra Judex, si quid a litigatoribus eorumve Advocatis minus fuerit dictum, id supplere & proferre debeat quod sciat legibus & juri publico convenire, *l. un. C. ut quæ def. adv. jud. suppl.* qui textus omnino ad ea pertinet, quæ juris sunt, non ad ea quæ sunt facti, ut & in ipso textu aperte dicitur. Hinc illud quod in Curiis Galliæ celebratum refert Mynsing. *Venite ad factum, Curia novit jus.* Non obstat locus Pauli in *l. 5. pr. ff. de probat.* ubi ait ab ea parte, quæ dicit adversarium suum aliquo jure prohibitum esse specialiter lege vel constitutione, id probari oportere. Nam illic non de jure ipso, sed de jure partis agitur; nempe ubi quis negat alicui id licere, quod jure communi omnibus concessum est: veluti si quis dicat aliquem jure prohibitum esse advocatione, probare debet eum prætulisse illicita compendia suæ existimationi: non autem qui talia faciunt, advocatione prohiberi, quod juris est, *l. 5. C. de postul.* Similiter, accusor a Titio facinoris alicujus, ajo eum prohibitum esse accusare, propter causam aliquam, de quibus in *l. 8. ff. de accus.* Si Titius id neget, meum erit probare, non jus, quod certum est & notum, sed factum ipsum, puta turpem quæstum, infamiam, &c.

adver-

adversarii. Omnes possunt mutuum accipere, qui jure non prohibentur. Prohibetur autem filiusfam. Senatusconsulto Macedoniano. Itaque si quis a creditore conventus dicat se non potuisse mutuum accipere propter Senatusconsultum Macedonianum, is non debet probare Senatusconsulto cautum esse, ne cui, qui filiofam. mutuam pecuniam dedit, actio petitiove detur, sed se esse filiumfam. Ipse autem Judex statuet, quid juris ei tanquam filiofam. ex Senatusconsulto competat. In summa cum de jure partis controversia est, in quæstionem facti res incidit. Fatemur equidem jus aliquando inter Advocatos esse controversum, dum ille hoc, alter istud ait esse juris certi: sed quod sit certi & explorati juris, Judex non ex probatione Advocatorum, sed ex tabulis publicis & corpore juris discere debet, *pr. Instit. de offic. judic. l. unic. C. ut quæ desunt adv. part.* in quam rem & Aristoteles 1. *Rhet.* 1. *Δικαστήν*, inquit, *ὁ δικαστὴς* [illegible] *γινώσκειν, καὶ οὐ μανθάνειν παρὰ τῶν ἀμφισβητούντων.* Quod si quæratur de communi DD. opinione, quam plerumque Judices in judicando sequuntur, hic etiam facti quæstionis speciem res induit, haud secus quam consuetudo facti esse dicitur, & probanda est, ubi de ea dubitatur. Rhetores etiam in statu juridiciali probatione utuntur; sed palam est eos verbo probationis intelligere omnem allegationem, qua utimur ad confirmandum id, quod dicitur, sive id in jure consistat, sive in facto. At nos probationem accipimus, quasi ad statum conjecturalem dumtaxat pertineat, cum quæritur de facto, non de jure. Et hoc dicimus, cum quæritur, quid probari debeat; an omne id, de quo disputatur, sive facti sit quæstio, sive juris, is cui incumbit probatio, Judici probare teneatur; & nisi probet, sententia contra eum sit ferenda, facti tantum probationem ei incumbere; non etiam juris, probatoque facto ipsum Judicem dispicere debere, ne aliter judicet, quam legibus aut moribus proditum est, *pr. Inst. de offic. jud.* Quod si probationem accipiamus, ut Rhetores faciunt, pro quavis confirmatione ejus quod dicitur, etiam ubi de jure disputatur, probatione utimur, id est, allegatione juris. Quis enim ignorat etiam in statu judiciali multa afferri solere, ut probetur aliquid jure factum esse, aut secus? Cæterum ad victoriam causæ id necessarium non est, cum ipse Judex ubi de facto constat, etiam non admonitus de jure dispicere debeat, ut jam aliquoties dictum est. Enimvero hæc ita obtinent & vera sunt, cum de jure scripto quæritur. Aliquid autem dicendum est, cum agitur de jure non scripto sive consuetudine. Nam qui consuetudinem allegat, eam probare solet, aut rebus judicatis secundum *leg. cum de consuetudine, 34. ff. de legib.* aut per turbam sive testes conglobatos, ut hodie fit in Curiis de quo pulchre Anton. Fab. *Cod. suo forens. de testib.* 3. & 14. Nempe cum consuetudo sensim tacito utentium consensu introducatur, necesse est consultus is ex factis & tractu temporis arguatur. Et quia hoc respectu consuetudo est, probari quoque debet. Plane si certa sit consuetudo & notoria, juxta eam judicandum est, quamvis ne allegetur quidem, Gail. 2. *obs.* 31. Mynsing. 6. *obs.* 41. & *seq.* Diod. Tulden. *in Cod. quæ sit long. consuet.* VVesemb. *par. ff. de probat. num.* 7.

CAPUT XII.

An factum negantis, quatenus negat, ulla sit per rerum naturam probatio?

QUod passim legimus actorem, quod intendit, probare oportere, eo non probante, reum, etsi nihil ipse præstet, absolvi, *l. quoties, 18. l. verius, 21. l. ante omnia ff. de probat. l. 8. l. actor, 23. C. eod. l. 4. C. de edend. l. 9. C. de oblig. & act.* id quidem verum est, quando reus id, quod actor asseverat, simpliciter inficiatur, & ita cunctandi fungitur tantum. Cæterum cum reus ad defensionem suam depulsione aut exceptione utitur, ejus quod dicit, probatio ipsi reo incumbit, actor contrarii probatione non oneratur: veluti si reus dicat se solvisse, sibi acceptum latum esse, dolo malo se inductum, pactum esse ne actor peteret, &c. *l. 1. C. de probat. l. quoties, 18. §. 1. & l. seq. pr. ff. eod. l. 1. ff. de except.* In summa is probare debet, qui dicit & aliquid affirmat, sive actor sit, sive reus, *l. 2. ff. de probat.* Et ratio est, quia factum negantis quatenus negat per rerum naturam, nulla est probatio, *leg. actor, 23. Cod. eod. tit. l. asseverantio, 10. Cod. de non numer. pecun.* Non igitur ordo judiciorum hoc efficit, ut probari negatio facti nequeat, ut quidam male putant; sed quominus probari possit obstat rerum natura, id est, vis ac potestas rebus a naturæ auctore, id est, a Deo indita, quæ est immutabilis. Finge viginti vel centum testes dicere se non vidisse mihi numerari pecuniam; non tamen hoc probatum est: potest enim nihilominus verum esse me pecuniam accepisse. Hinc vulgo Doctores ajunt; pluris esse unum testem affirmantem, quam viginti negantes. Atque idem dicendum est de instrumentis, quæ nihil exhibent nisi puram negationem super eo negotio, de quo lis est. Cæterum hæc ita se habent in mera & simplici facti non limitati negatione. Quod si factum, quod negatur, sit loco & tempore circumscriptum, aliud est, & talis negatio probari poterit: veluti si negem Lugduni mihi numeratum esse Calendis Januariis, hæc negatio certo tempore & loco circumscripta est; & implebitur ejus probatio, si probem me eo die Lutetiæ fuisse, *lex optima, 14. Cod. de contrah. & committend. stipulation. §. item verborum, 11. Instit. de inutil. stipul.* & utrobique Glossa & DD. nec dissimilis est species *l. 2. Cod. de err. adv.* ubi negatio restricta est ad certam scripturam, unde error libelli confectionis probari potest. Et tamen ne hic quidem, si rem bene expendamus, negationem probo, quatenus nego, sed quia prius aliquid pono & affirmo, ex quo id, quod nego, per consequentiam necessariam efficitur. Itaque illud adhuc manet, & perpetuo verum est factum negantis; quatenus solum negat, naturali ratione nullam esse probationem. Quod si prius aliquid affirmet & probet, unde id quod negit, per consequentiam recte colligatur, jam non probat, quatenus negat, sed quatenus affirmat. Atque hoc non tantum uno illo & altero, quem diximus, casu contingit, sed & pluribus aliis. Finge heredem negare, quod legatarius affirmat, bona defuncti sufficere ad legata integra salva Falcidia exsolvenda, in hac quæstione diserte responsum est; heredi probationem incumbere, *l. cum de lege, 17. de probat.* At quomodo heres hic probabit, quod negat? Non potest directo, sed potest per consequentiam, osten-

ostendam prius quantitatem legatorum & patrimonii defuncti. Potest autem hæres ex libris rationum facile docere, quantum defunctus in bonis habuit. Similiter, si negem aliquem hæredem aut dominum esse, possum id probare, sed ita demum, si ostendam hæreditatem aut rem ad me pertinere. Denique quotiescunque negationi dari potest concludens ratio, quæ ex implicito, ut loquuntur, continet affirmationem, atque ut planius loquar, vi & effectu affirmatio quædam est, non pura & puta facti negatio. Ut ecce, si filius neget se in potestate patris esse, vi ipse affirmat, se esse sui juris, & hoc probare potest, nempe si doceat se a patre, aut avo paterno esse emancipatum, quæ probatio propterea etiam a filio exigitur, *l. 8. filius 8. ff. de probat.* Huc item referenda negatio quam Interpretes appellant negativam juris, & qualitatis: exempli gratia, si negem Titium testamentum facere potuisse, quam negativam juris vocant, id probare debeo, & possum, si ostendam esse filiumfamilias. Si negem posse esse Procuratorem, id probabo, si militem esse ostendero. Si negem testatorem mentis compotem fuisse, quæ Doctoribus qualitatis negatio est, mihi negatio hæc probanda, & implebitur intentio, si doceam furiosum fuisse, *l. 5. C. de Codicill.* Item si negem emancipationem rite factam esse, id probare debeo, *l. 7. §. 2. ff. de probationibus.* Si simpliciter negarem factam esse, nulla mihi imponeretur probatio, ac ne posset quidem imponi, quia facti infinita negatio probari nequit: Sed cum nego emancipationem recte factam esse, hæc est negativa qualitatis, eamque probare possum & debeo, quia pro actu legitimo & coram magistratu celebrato præsumptio est, omnia debito modo peracta esse, *argum. l. 4. Cod. de jur. & fact. ign. l. 2. Cod. si advers. rem judic.* Huc etiam pertinet species, *l. non nudis 14. Cod. de probat.* nam qui negat Titium esse filium suum, id probare potest ostendendo esse alienum. Hæ autem negationes non sunt negationes juris constituti, quod probatione non indigere superiore quæstione ostendimus; sed negationes ejus juris, aut qualitatis, quod vel quam pars adversa sibi competere asserit: ac proinde negationes facti. Nam qui negat alicui aliquid jure licere, ideo hoc non licere dicit, quia jure prohibeatur, *l. 5. princ. ff. de probat.* quod est facti, & qui id negat, factum negat, & res in quæstionem facti incidit, ut superiore quoque capite demonstratum est. Deinde nec re ipsa sunt negationes, sed affirmationes. Qui negat emancipationem rite factam esse, vi ipsa ait emancipationem esse vitiosam, & jure prohibitam. Qui negat te idoneum esse Procuratorem, affirmat te jure prohiberi Procuratorem esse. Qui negat testatorem sanæ mentis fuisse, asseverat eum dementem fuisse aut furiosum. Et ideo qui hoc dicit, probare debet, non quia verbis neget, sed quia re infirmat. Et in universum hoc tenendum est, negationem aut affirmationem non ex verbis rei, sed ex intentione actoris æstimandam esse: ut si neget reus, quod actor intendit, vere negare dicatur, etiamsi utatur verbis affirmativis, veluti si actor intendat se dominum esse, possessor contra se dominum esse dicat, cujusmodi species proponitur, *§. 2. Instit. de action.* his verbis possessor affirmat se dominum esse, re negat actorem esse dominum, quia ejusdem rei duo in solidum domini esse non possunt. Quod si reus non simpliciter neget intentionem actoris, sed adversus ejus intentionem prius aliquid afferat ad sui defensionem, quamvis utatur verbis negativis, affirmare intelligitur, ut in supra scriptis omnibus exemplis. Et hoc optime demonstrari potest exemplo actionis confessoriæ & negatoriæ. Intendit aliquis se habere jus altius tollendi invito vicino, utitur actione negatoria, etsi oratio affirmativa est: quia reipsa negat se servitutem vicino debere, sive vicino jus esse prohibendi, quominus ædes altius tollat. E contrario negat aliquis jus vicino esse ædes suas altius tollere, hic agit confessoria, ut maxime utatur verbis negantibus, quia servitutem sibi competere contendit, sive jus sibi esse prohibendi, ne vicinus altius ædificet: quæ intentio etiam figura orationis affirmativa est, *l. 5. §. competit autem 7. ff. si serv. vind. DD. comm. ad §. 2. Instit. de action. Donell. in leg. 23. Codice de probat. Duar. capit. 12. prior. comment. ad titul. de probat.* Ex his tam paucis commodius & certius, opinor, tota res percipi potuerit, quam ex fusis & intricatis aliorum de probatione negativæ disputationibus.

CAPUT XIII.

An & quo Jure licitum sit leviri aut gloris filiam uxorem vel sororem ducere?

NOn solum propter cognationem sive sanguinis conjunctionem a quarundam nuptiis abstinendum est, *sed etiam* affinitatis, quæ est cognationis quoddam simulacrum, ea vis est, ut quosvis affines quibusvis matrimonio jungi naturæ honestas non patiatur. Et omni quidem jure prohibemur jungi affines, qui invicem parentum & liberorum loco sunt, ut socer & nurus, vitricus & privigna, & porro cæteri in recta sive perpendiculari affinium linea, *§. 6. & 7. Instit. de nupt. l. adoptivus 14. §. ult. ff. eod. l. nemini 17. Cod. eod. Levit. cap. 18. vers. 8. 15. & 17.* Atque hanc prohibitionem perpetuam & moralem esse evincit locus Apostoli 1. *ad Corinth.* 5. ubi tale stuprum (*πορνείαν τοιαύτην*) ne inter gentes quidem nominari ait, ut quis uxorem patris habeat. Transversa autem affinitatis linea non videtur apud veteres Romanos prohibitionem ullam habuisse, idque variis exemplis doceri potest. Apud Marcum Tullium *lib. 1. de divinatione*, & Valerium Maximum *lib. 1. cap. 5.* legimus Metellum mortua uxore Cæcilia filiam sororis Cæciliæ in matrimonium duxisse: quod tamen neuter eorum, ut novum aut illicitum refert. Et quamvis Dom. Beza dubitet, an hoc locum habuerit inter affines transversi liminis in universum, puta si frater viduam fratris vel patruus aut avunculus uxorem filii fratris aut sororis, vel contra filius fratris aut sororis uxorem patrui aut avunculi ducere voluissent; ego tamen crediderim apud Romanos jura affinitatis morte unius e conjugibus pro extinctis habita fuisse; utique si liberi ex eo matrimonio non superessent. Nam apud Plutarchum legimus Marcum illum Crassum cognomento Divitem defuncti fratris viduam duxisse; neque hoc tanquam novum aut præter morem factum auctor commemorat. Nimirum ut nuptiis contrahitur affinitas, ita solutis nuptiis eam dissolvi crediderunt, salva tamen reverentia ex affinitate nata inter eas personas, quæ parentum & liberorum loco fuerant, quemadmodum & adoptione soluta nuptiæ non impediebantur, nisi ob solam reverentiam inter eos, qui parentes & liberi fuerant. Neque enim dubito quin patruus adoptivam filiam fratris, aut fratris filius amitam adoptivam, soluta per emancipationem adoptione, ducere potuerint, cum nuptiæ etiam cum sorore adoptiva dissoluta adoptione constitisse certum sit, §. 2. *Instit. de nupt.* Cæterum insignis hic veterum Romanorum error est; & ingens profecto est discrimen inter conjunctionem, quæ ex adoptione oritur, & eam quam parit affinitas. Adoptio merum juris civilis commentum est: affinitas vero etiam causam naturalem habet, quæ ex commixtione corporum nata nuptiis solutis adhuc permanet, ut bene Pontifex in *cap. 1. caus. 36. quæst. 1.* Atque hoc etiam posteriores honestate propius inspecta agnoverunt. Itaque longius itum, prohibitumque matrimonium inter levirum & glorem, sororium & fratriam, id est, ut neque frater uxorem defuncti fratris deducere, nec vicissim soror marito sororis nubere possit, nec maritus cum sorore uxoris, aut uxor cum fratre mariti conjungi, *l. 5. l. penult. & l. ult. Cod. de incest. nupt.* Quod & alii populi honestatis & verecundiæ paulo observantiores secuti sunt, ut Alemanni *legib. Aleman. tit. 40. §. 1.* Bojoarii *l. Bojoar. tit. 8.* Franchi *leg. Franch. lib. 5. tit. 4.* convenientes scilicet legi divinæ *cap. 18. Levit. v. 16.* quo loco cum fratris cum uxore fratris defuncti nuptiæ prohibeantur, prohibita quoque censeri debet sororis cum marito sororis suæ conjunctio ex ratione, quam affert Moses, quia, inquit, fratris tui pudenda sunt; quod nihil aliud declarat, quam quia uxor fratris tui est, ut jam affinitate ea illi frater illa tibi soror facta sit, quos conjungi naturæ honestas non patitur. Et hanc quoque prohibitionem moralem esse arguunt loci novi fœderis *c. 14. Matth. v. 4. c. 6. Marc. 18. c. 3. Luc. 19.* Lex vero de fratria uno casu ducenda, scilicet cum frater sine liberis decessisset *c. 25. Deuter. v. 4.* mysterium continet, nempe ut in nomen primogeniti conservaretur familia, & primogenita Christi numquam intermoritura significaretur, Augustinus *quæst. 61. in Leviticum.* Est igitur exceptio legis & dispensatio præcepti in *dict. cap. 18. Levit. vers. 16.* In linea transversa affinitatis inæquali nullum in libris Juris Cæsarei extat interdictum: sed nec ullus reperitur locus, ubi inter affines hujus lineæ nuptiæ permittantur. Multi quoque existimant illicitas fuisse, propterea quod etiam in transversa inæquali linea persona superior parentis, inferiores liberorum locum obtinent, *l. nuptiæ 53. ff. de rit. nupt.* Et quia Modestinus generaliter pronuntiat, matrimonio copulari, nefas esse, qui affinitatis causa parentum & liberorum loco habentur, *l. 4. ff. hoc itaque 7. ff. de grad. & affinit.* Pontifices Romani longius progressi sunt, & sicut in consanguinitate vetuerunt conjungi non solum consobrinos, sed etiam sobrinos & eorum liberos, quos quarto gradu numerant, cum octo inter se civili computatione distent, ita etiam in affinitate ad eundem usque gradum prohibuerunt conjungi affines, *cap. non debet*, & ibi Canonist. *de consanguinit. & affinit.* Itaque secundum decreta Pontificum non potero ducere filiam aut neptem sobrini uxoris meæ (*mijns huysvrouwen achter susterlinge dochter of dochters dochter*) sine dispensatione. (a) Sed decreta ut plurimum fabricata sunt Sedis Romanæ crebris dispensationibus [illegible] dicendis gratia potius quam ad normam honestatis & pudoris naturalis directa. Præterea,

Lex divina per Mosen data fuit per omnia [illegible] cum jure Cæsareo Romanorum. In transversa [illegible] tatis linea inæquali Dominus expresse apud Mosen *cap. 19. v. 14. & cap. 20. v. 20.* vetat conjungi fratris filium cum uxore defuncti patrui, adjecta hac ratione, quia est amita tua. Cui omnino consequens [illegible] 1. Nec sororis filium cum uxore defuncti avunculi conjungi posse, quia illius matertera. 2. Nec [illegible] aut avunculum cum uxore filii fratris aut sororis [illegible] ris suæ, quia & illi hujus &c. 3. Nec [illegible] materteram cum marito filiæ fratris aut sororis [illegible] niam & ille hujus &c. de quibus [illegible] clebus etiam nominatim apud nos cautum [illegible] *ord. polit.* Cæterum an æque ex consequenti prohibita intelligi debeant nuptiæ mariti cum amita aut matertera uxoris suæ, aut de quo hæc quæstio est, cum fratris aut sororis uxoris suæ, sive [illegible] filia, nonnulli dubitant, propterea quod hæc conjunctio non videtur tam longe recedere ab honestate & verecundia, quam præcedentes istæ. Minus enim verecundum est, patruum meum cum ea, quæ mea aliquando [illegible] fuit, consuescere, & duos consanguineos [illegible] miscere, quam illum, qui amitam meam in matrimonio habuit, jungi cum sorore mea, & utrum [illegible] ve cum duabus consanguineis. Sed cur in istis minus valeat ratio legislatoris, quia est amita aut matertera tua, quia est patruus avunculus tuus [illegible] dein, ut veteres Sapientes? Non aliam [illegible] rationem interdicti affert Moses. Et vero [illegible] sum spectamus causam, ob quam [illegible] in quibusdam gradibus affinitatis prohibentur, videlicet quia vir & uxor in unum corpus [illegible] jam non amplius duo sunt, sed una caro; in universum eidem dicendum videtur, eosdem gradus affinitatis prohibitos censeri debere, qui prohibiti sunt in consanguinitate; & propositionem illam Mosis *Levit. 18. v. 6. Ad proximam sanguinis sui nemo accedat*, etiam ad affines, qui pro consanguineis sunt, pertinere, & ad eum usque gradum vim suam exercere, ad quem usque extenditur prohibitio inter sanguine junctos, quæ & reformatæ Ecclesiæ Doctorum sententia est, ut videre est apud Bez. *tract. de repud. & divort.* Zanch. *lib. 4. de operib. Dei cap. 2. thes. 5. in fin.* Brun. *de matrim. cap. 11. post princ.* & alios; probata Ordinibus Hollandiæ *d. ord. pol. art. 8.* & passim in [illegible] Belgicæ recepta. Erratque adeo D. [illegible] a Sande *lib. 2. decis. Frisic. tit. 1. defin. 8.* dum [illegible] Zanchium & Bezam putare jure divino permissam esse conjunctionem cum amitæ vel materteræ mariti, vel avunculi aut patrui uxore. Illos enim contrarium [illegible] docere compertururus est, quisquis locos citatos inspicere non gravabitur. Et quid? Bezane & Zanchius contra expressa verba Mosis, *Turpitudinem patrui non revelabis, &c.* pronuntiarent lege divina permissum esse matrimonium cum uxore patrui? Concludimus ergo lege divina etiam prohibitum esse levi vel gloriæ filiam aut neptem uxorem ducere, de quo hic ex professo

(a) *Dicta controversiæ in jus Canonicum respuis: Canonum decreta similia habere.*

[illegible] agitur. Atque ita ex facto [illegible] [illegible] idem cum Clarissimo Viro Domino Nicolao [illegible], Collega meo piæ memoriæ respondi. Objiciebatur, [illegible], quod in prohibitionibus gradus [illegible] & [illegible] intelligantur, quia non expresse & specialiter sint prohibita *l. nec non 18. §. 1. ff. quib. ex caus. major.* Negabam hoc a Jurisconsultis dici, sed hoc tantum, si leges non prohibeant; simpliciter scilicet, non autem si expresse non prohibeantur: alioqui fore, ut omnis extensiva interpretatio fundata in sententia & ratione legislatoris tolleretur; quod absurdum, immo inauditum est, & praxi omnis ævi contrarium. Apud Moysen non prohibemur specialiter ducere aviam neque proaviam, neque amitam aut materteram magnam, neque uxorem avunculi, immo nec ipsam filiam nostram. An igitur dicemus inter omnes hasce personas jus connubii esse? absit. Neque enim in prohibitoriis id solum prohibitum intelligi debet, quod verbis expressum prohibitum est; verum etiam quod eandem prohibitionis rationem habet, ex sententia scilicet legislatoris, *l. contra 29. & seq. ff. de legib. l. 3. §. is autem l. 7. §. [illegible] ff. de SC. Macedon, l. oratio ff. de sponsal. cum simil. c. quod una ext. de reg. Jur. in 6.* eoque pertinet *l. 6. §. 1. ff. de verb. signific.* ubi Ulpianus ait verbum *ex legibus*, sic excipiendum esse, tam ex legum sententia, quam ex verbis. Et illud Celsi, scire leges non hoc est verba earum tenere, sed vim ac potestatem, *l. scire 17. ff. de legib.* Et quamvis igitur singula apud Mosen non sint expressa, tamen quibusdam [illegible], quæ paria sunt pro expressis habenda, cum hoc flagitet ipsa ratio, ut de similibus similiter statuatur, *l. neque leges 10. cum aliquot seqq. ff. de Legib. l. 8. ff. ad l. Aquil. Cic. pro Cæcin. & alibi.*

Doctores Reformati, atque inter eos Beza *dict. tract. de repud. & divort.* Zanchius *lib. 4. de operib. Dei cap. 1. thes. 7.* in eo quoque conveniunt, quod etiam interdicta, quæ [illegible] laterales spectant, moralia sint & perpetui Juris. Et nostra quidem opinione [illegible] *dict. cap. 18. Levit. vers. 24.* adeo clara sunt, ut [illegible] dubitandi nemo rationem habeat. Neque enim Deus gentes ob singula facta cum singulis interdictis pugnantia tam graviter punivisset, nisi in singulis peccassent contra legem naturæ, id est, legem naturalis pudoris & verecundiæ. Attendatur pœnæ gravitas, & notentur particulæ universales, quibus singulos istos casus designat legislator, cum ideirco gentes puniendas esse ait, ut proinde nec Juris ignorantia hic cuiquam prodesse potuit, nec excusationem mereri, quod res non esset integra. Sunt enim pleraque harum conjunctionum directe non adversantur primis illi legi naturæ, seu primis Juris naturæ principiis; contraria tamen sunt conclusionibus, quas homo rationis & naturæ ductu ex primis istis principiis elicere potest, & approbare debet; & ita juri naturæ secundario, cujus gratiam facere nemo nisi Deus ipse potest; qui & forte in Sanctis olim quædam matrimonia vetita *dict. cap. 18. Levit.* concessit propter sancti generis paucitatem; aut piis ex infirmitate lapsis, & judicii errore aliorum exempla secutis, id benigne condonavit. Denique talia objicienti recte respondebitur, non exemplis, sed legibus judicandum esse. Grotius *2. de jur. bell. & pac. 10.* putat legem de conjugiis a Deo datam universo humano generi in reparatione post diluvium. Atque hac in parte multum, immo nimium tribuit interpretationi Rabbinorum. Igitur ut eandem concludamus, decimam legem omnem in universum de conjugiis a Deo per Mosen populo Israelitico datas, morales & æternas esse, atque haud fecus constringere omnium hominum vitam, quam ipsa Decalogi præcepta: ac proinde neminem mortalium hic sibi quidquam vindicare posse, cum Aut. Com. 2. *subsec.* Beza *dict. tr. de repud. & divort.* Zanchio *lib. 4. de operib. Dei cap. 1. thes. 7.* Bucano *loc. de conjugat. quæst. 28.* quamquam non omnes, qui contra istas leges faciunt, æque graviter peccant. In qua sententia & Innocentius III. fuit, ut apparet ex *cap. litter. de restit. spol.* ut Panorm. *in dict. capit. num.* qui similiter alii e Pontificiis Doctoribus tam Theologis, quam Jurisconsultis, adeoque doctissimi Scholasticorum, qui etiam aperte docuerunt, nec ipsum Pontificem Romanum dispensare posse, ut matrimonium contraheretur inter personas in gradibus prohibitis, *dict. cap. 18. Levit.* quorum prolixum catalogum habes apud Sanchez Jesuitam *de matrimon. lib. 7. disput. 52. num. 7.* Grotius *lib. 1. [illegible] ad jurisdict. Ecc. capit. 7. &* Corra. *[illegible] 21. num. 37. & 38.* memoramus, DD. Ordines Hollandiæ [illegible] æque iterum per modum dispensationis petenti alicui permisisse, ut filiam glorio uxorem duceret; & nominatim Ægidio Flori Procuratori Generali 20. Augusti 1609. sed postmodum semper, ut accepi, idem petentibus de consilio Curiæ provincialis denegatum est, non minus pie mea sententia, quam tuto.

CAPUT XIV.

An quævis filia a quibusvis parentibus dotanda? & ex professo, an pater cogatur dotem dare filiæ locupleti?

DOtare filiam, eique conditionem honeste nubendi quærere, patris officium est, *l. 19. ff. de rit. nupt. l. ult. Cod. de dot. promiss.* Nam cum maritus onera matrimonii sustinere cogatur, & pro hisce oneribus vicissim omnes fructus dotis quam ab uxore accepit, ipsius lucro cedant, etiam hoc onus, dotandi scilicet filiam, ut hujusmodi onerum partem agnoscere debet, *l. pro oneribus 20. de Jur. dot.* sed hoc ita, si pater filiam habeat in potestate, *d. l. 19. ff. de rit. nupt.* alias avo paterno id incumbit, cujus in potestate filia est. Secus etiam est, si filia sit emancipata: utpote quæ bona propria habet, & quibus dos constitui potest. Sed nec tam arctum vinculum est patri cum filia emancipata & sui juris effecta, quam cum ea quæ adhuc in ejus potestate & familia est: & hæc patri, illa sibi acquirit. Non adversatur quod a Papiniano responsum est; cum pater idemque curator filiæ emancipatæ dotem pro ea constituit, in dubio eum videri magis quasi patrem de bonis suis dotem constituisse, quam quasi curatorem de bonis filiæ, *l. 5. §. ult. ff. de jure dotium.* Ex eo enim minime sequitur, patrem jure obligatum esse ad dotem filiæ emancipatæ dandam; sed: *a contrario*, nempe patrem non teneri ex suis bonis dotare filiam emancipatam, & si expressim de bonis filiæ, non de suis dotem constituat, nihil eum contra jus facere. Idem non obscure arguit *l. si res, 31. ff. de donat.* ubi Ulpianus ait, si pater filiam emancipatam rem, quam ei post emancipationem donavit, cum dotem postea dederit, dotem a filia, non a patre datam videri: ergo non tenetur pater de propriis bonis filiæ sui juris effectæ dotem dare. Quod si pater filiæ nomine dotem promisit, eamque ante nuptias emancipavit, non resolvitur promissio, non magis quam si pater ante nuptias mortuus esset, *l. si pater 44. princ. ff. eod.* Sed & ex hoc ipso a contrario sensu recte colligitur, citra promissionem non teneri patrem de suo filiam emancipatam dotare. Plane si filia emancipata sit paupercula, & absque dote conditionem invenire nequeat, tentari potest officio magistratus patrem cogi posse, ut dotem det. Multo minus igitur tenebitur pater dotare filiam naturalem. Non enim quilibet qui pater est, in hujusmodi causis jure nostro pro patre habetur; sed is demum, quem nuptiæ demonstrant, aut qui filiam adoptavit, *l. 5. ff. de in jus voc. l. 6. ff. de his qui sui vel al. jur. l. 1. & pass. ff. de adopt.* Non mutat, quod pater alimenta præstare huic filiæ debet: nam ab alimentis ad dotem non recte argumentamur affirmando, puta alere tenetur, ergo & dotare: sed negando dumtaxat, non tenetur alere, ergo nec dotare. Busius in *d. l. 19. ff. de rit. nupt.* Etiam spuria sive vulgo quæsita filia alenda a patre est, modo de eo constet: non tamen dotanda: alimenta denegare, est necare, *l. 4. ff. de agnosc. & alend. lib.* Denique quid verbis opus est? textus in hanc rem satis est clarus in *leg. uxorem, 41. §. pater naturalis 11. ff. de legat. 3.* ubi pater pro filia naturali, cui fideicommissum debebat, dotem dans, non intelligitur id fecisse, ut pater, aut dotis debitor, sed ut debitor fideicommissi, & hujus debiti minuendi causa. Quin & si maxime velit pater, tamen si liberos legitimos habeat, non nisi certam quantitatem, & nimirum unam unciam quocumque modo vel inter vivos vel ultima voluntate in talem filiam transferre potest *l. 8. Cod. de natur. lib. junct. Nov. 89. cap. 12. §. 2.* Unde tamen benigne dici potest, si filia naturalis valde inops sit officio Jus dicentis, sive ut nunc loquuntur, officio Judicis nobili patrem constringi posse, ut huic filiæ aliquid in dotem det, quod tamen, si liberi legitimi sint, non excedat quantitatem definitam *d. leg. 8. Cod. de natur. & d. Nov. 89. c. 12. §.* Et hæc communis est opinio, Gloss. in *leg. uxorem 41. §. pater naturalis 11. ff. de legat. 3.* Bartol. *ibi, & in lib. 1. ff. solut. matr. n. 11.* Bald. & Salicet. *in leg. ult. Cod. de dot. promiss.* Mantic. *lib. 12. de tac. & ambig. conv. tit. 19. n. 4. & 32.* Gudel. *1. de jur. nov. c. 14.* Perez. *ad d. tit. cod. num. 6.* Alii se fundant in æquitate Juris Canonici, *arg. c. cum haberet in fin. de eo qui dux. in matr.* ubi Gloss. Gail. *2. obs. 188. n. 4.* & plerique appellatione spuriorum intelligunt omnes, qui non sunt nati ex justo matrimonio, confundentes ex concubina natos cum vulgo quæsitis, Palaeot. *de not. & spur. fil. capit. 49. & seq.* Decr. *decis. 127.* Covarr. *part. 2. de matrim. c. 8. §. 6. n. 15.* Gail. *d. loc.* Nonnulli eadem æquitate moti nec eos in totum excludunt, qui nati sunt ex damnato coitu, ab alimentis ad dotem perperam *argumentantes*.

Mater filiam dotare non cogitur, nisi ex magna & probabili causa, *l. neque mater, 14. Cod. de jur. dot.* Magna autem causa esse putatur non tantum si mater sit dives, pater inops, verum etiam, si mortuo patre ipsa filia inopia laboret. Legibus etiam hoc specialiter cautum est, ut mater hæretica filiam Christianam dotare cogatur, *l. cognovimus 19. Cod. de haeret. & Manich.* ad quem textum forte respexit Tribonianus in *d. l. neque mater* [illegible] *vel ex causa* [illegible] *expressa*. Sed illud [illegible], postquam [illegible] tutione Friderici in *auth. Gazaros, Cod. de haeret. & Manich.* & Jure Canonico [illegible] omnium hæreticorum bona [illegible] *cap. vergentes*, etiam liberi Catholici ab iis bonis [illegible] cludantur: nisi quis dicat, & quidem probabiliter, [illegible] bonis illis confiscatis aliquid pro dote vel alimentis [illegible] berorum decidi oportere, sicut olim ex bonis damnatorum portionem liberis relinquebatur, *l. 7. ff. de bon. damnat.* Sed moribus hodiernis Belgicis hæc jura abrogata sunt, nemoque apud nos propter hæresin aut hæterodoxiam bonorum patitur publicationem. [illegible] igitur nec Judæorum bona publicantur, procul dubio dispositioni *d. l. 19. C. de haeret.* locus erit in Judæa matre, ut filiam Christianam dotare cogatur. Sed & [illegible] ulus lege Belgii aliorumque quorum ob [illegible] bonorum omnium communionem mulier [illegible], ita etiam damni particeps sit & ideo dotandi onus, tanquam æs alienum commune est, & ad utriusque parentis officium spectat. Vid. Groenewegen *de LL. abrog. ad l. neque mater*, & ibi alleg.

Præcipua vero quæstio hic est de filiafamil. locupletem seu bona propria habente, nempe an huic pater dotem dare cogatur. Ego sic distinguendum arbitror: Si filia habet quædam bona libera pleno jure ex bonis maternis aut aliunde, quorum usumfructum pater non habet (*ut in auth. excipitur, cum 2. seqq. Cod. de bon. quæ lib.*) unde honeste pro conditione personæ suæ dotari potest; hoc casu non putarem patrem cogi posse, ut de suo dotem filiæ constituat. [illegible] talem filiam alere pater tenetur, *l. 4.* [illegible] *ff. de agnosc. & alend. lib.* ab alimentis autem ad dotem licet *argumentari*. Et cessat omnino [illegible] patrem quando filia ob bona propria [illegible] reperire potest, Bart. *in l. mulier 22. §. cum proponeretur 4. ff. ad SC. Trebell.* Alciat. *in lib. 1. ff. solut. matr.* Tuldem. *in Codicill. tit. de dot. promiss. n. 7.* Bachov. *in Treutl. disput. de jur. dot. Thes. 2.* Multa quidem post Salicetum, & alios, sed in vanum disputant Gail. *2. obs. 95.* Palaeot. *de noth. & spur. c. 49. & seqq.* Sichard. *in l. ult. Cod. de dot. promiss.* Bronch. *3. assert. 14.* ut probent argumentum a negatione debitionis alimentorum non necessario procedere ad negationem debiti dotis, causamque dotis etiam favorabiliorem esse causa alimentorum, quo nihil est *absurdius*. Sed objicitur a nobis *d. l. ult. C. de dot. promiss.* quæ est una ex quinquaginta decisionibus Justin. Videamus ergo quid Justinianus illic constituat. Agit ibi Imperator de patre habente usumfructum in bonis liberorum adventitiis, ut patet ex principio d. constitutionis. Deinde non jubet patrem dotem de suo dare: sed si dotem ultro promiserit, definit ex cujus bonis hoc pater fecisse censeri debeat, utrum de bonis propriis ex liberalitate, an de bonis filiæ. Et summa *d. l. ult.* est, quam refert Baldus. Pater simpliciter dotem dans pro filio non expresso cujus patrimonio, censetur de suo ipsius patrimonio. Si vero dixerit se dotem dare de suo & filiæ patrimonio, tunc si pater est inops, censetur dotem dedisse de filiæ patrimonio; sin pater est locuples, censetur eam summam, quam expressit, dedisse de suo ipsius patrimonio, & tantundem tacite voluisse accedere ex bonis adventitiis filiæ, in quibus usumfructum habet; quem usumfructum eatenus tacite remisisse intelligatur. Idemque Jus constituit, si pater donationem propter

nu-

nuptiae pro filio promiserit. Quod si pater expresse dicat se de filiæ bonis dotem dare, is casus non decidatur in *d. l. ult.* sed decidendus est secundum ea quæ dixi, nempe patrem non cogi de suo dotare filiam locupletem, quæ bona propria pleno jure habeat, seu quorum ususfructus non pertineat ad patrem. Hoc igitur adhuc manet, si pater simpliciter pro filia, quamvis bona propria pleno jure habentem, dotem dederit, eam de suis bonis ex liberalitate dedisse intelligitur, *L. 1. §. ult. ff. de jur. dot.* At ex eo, ut superius quoque diximus, recte colligitur, posse patrem, si velit, etiam de filiæ bonis dotem promittere, & si hoc expresse dixerit, eum non teneri de aliis, quam de filiæ bonis dotem promissam præstare. Fac. *l. si rei, 51. ff. eod. tit.* Non obstat, quod etiam filiæ locupleti debetur portio legitima. Hæc enim mortuo demum patre debetur, nec liberis auferri debet patris hæreditas, ad quam ratio naturalis, quasi lex quædam tacita eos vocat. Dos autem datur a patre vivo in eum finem, ut filia conditionem matrimonii inveniat, *l. 2. ff. eod. tit.* Itaque si filia conditionem matrimonii reperire potest ob propria bona, cessat causa onerandi patrem, ut bene Diod. Tulden. *ubi supra* Duar. *ad tit. solut. matrim. c. 3. de dotib.* Quod si filia nulla bona propria habeat, aut nudam tantum bonorum proprietatem, usufructu apud patrem constituto, hoc casu pater aut ex suo patrimonio dotem dare debet, aut remisso usufructu, quem in bonis filiæ habet, plenum eorum jus ex causa dotis in filiam transferre; sicut etiam pater, qui usumfructum in bonis liberorum adventitiis habet, alimenta illis de suo præstare tenetur, *l. ult. §. ipsum autem 5. princ. & vers. cum enim Cod. de bon. quæ lib.* De filia, quæ sine patris consensu nupsit, frustra quæritur, an eam dotare pater debeat: quoniam hoc casu jure civili nec dos, nec matrimonium intelligitur; moribus nostris ob eam causam etiam exhæredari potest, utique si minor viginti annis fuerit, Grot. *lib. 2. introduct. ad jurisp. Batav. cap. 18.* alibi etiamsi major, modo minor 25. annis, Christin. *vol. 3. decis. 182. num. 19.* Tulden. *in Cod. de nupt. num. 2. & de dot. promiss. n. 9.* Quid de Jure Canonico hic statuendum, vide Gail. 2. *obs. 95. n. 3. & seqq.* Panorm. *in cap. 1. num. 6. de dispens. impub.* Covarr. *p. 2. de matrim. cap. 3. §. 8. num. 5.* Tulden. *d. num. 9.* An vero & quatenus secundum jura, quæ nunc obtinent, recipi possit constitutio Justiniani in *leg. ult. Cod. de dot. promiss.* quam singularem & satis mirabilem appellat Christ. *vol. 3. decis. 132. num. 14.* & tamen usu forensi receptam prædicat, eo quod secundum eam in Camera Imperiali judicatum testatur Mynsingerus *cent. 5. obs. 32. num. 2.* vide Groenevv. *de legib. abrog. ad d. l. ult.* ubi bene & solide ostendit non posse eam constitutionem moribus horum temporum sine vitio applicari aut in praxi recipi, licet secundum jura illius, quo composita & a Justiniano promulgata est, tamen & æquitate non careat: quod etiam non obscure innuit Tulden. *ubi supra num. 6.*

CAPUT XV.

An promissio donationis causa facta inter virum & uxorem morte promittentis confirmetur, etiamsi traditio secuta non sit?

DOnationem inter virum & uxorem jure nostro prohibitam esse constat, *tit. ff. & Cod. de donat. int. vir. & uxor.* Ratio sumenda a blanditiis conjugalibus, quibus nihil non alter ab altero impetrare, vel causam rixarum & dissidii, quin & divortii quærere possit; cui adde quæ referuntur in *l. 1. & l. 2. ff. d. tit.* & docte explicantur a Connano *lib. 8. comm. c. 11.* Sunt tamen nonnullæ hic exceptiones & nonnulli casus, quibus hanc donationem valere placet; veluti si donator non fiat pauperior, immo si donatarius non fiat locupletior, licet ille pauperior, *l. 5. §. concessa 8. & §. cum igitur 16. ff. eod. tit.* si donationes sint reciprocæ, *L. 7. §. 2. 8. eod.* aut remuneratoriæ insignis alicujus operæ aut officii, *arg. l. hoc jure 19. §. 1. l. Aquilius 27. de donat.* si mortis causa donatio fiat, *l. 9. §. ult. cum l. seq. ff. de don. int. vir.* Etsi autem his causis, & quæ sunt similes, exceptis, cæteræ donationes inter virum & uxorem non confirmari, *leg. res uxoris 24. & l. seq. Cod. de donat. int. vir. & uxor.* quod effectum est oratione Severi & Antonini, quæ refertur, & explicatur ab Ulpiano in *L. cum hic status 32. ff. eod.* Infirmæ vero manent, quamdiu mors donantis nondum secuta est; ac proinde præmoriente donatario evanescunt, quoniam tunc confirmationi locus esse amplius non potest. Quæsitum autem est, & eleganter quæsitum, si conjux conjugi rem non tradiderit, sed donationis causa tantum promiserit, substiteritque in finibus conventionis, an & hæc conventio (quæ & ipsa *nova promissio* donatio appellatur) morte promittentis confirmetur, ut superstiti donatario contra donantis defuncti hæredem exactio promissi detur? Res non caret scrupulo, Glossa, Bartolus, Baldus & DD. comm. *in l. Papinianus 23. ff. de donat. inter vir. & uxor.* Costal. *ibid.* Connan. *lib. 8. comment. cap. 11.* Mant. *lib. 21. de tac. & ambig. conv. tit. 7. n. 32.* Scip. Gentil. *lib. 3. de donat. int. vir. & uxor. cap. 38.* Mynsing. *cent. 2. obs. 33. n. 3.* statuunt hoc casu cessare orationem, nempe morte donantis conjugis confirmari donationes, quæ verbis tantum promissæ sunt, sed eas solas, quæ revera extiterunt, & traditione perfectæ sunt; hæredem autem conjugis ex sola promissione conveniri non posse, licet non revocata voluntate conjux decesserit. Atque his ego me adjungam socium. Rationes quæ me impellunt, hæ sunt. Primum, quod non videatur plene & cum effectu donare voluisse, qui tantum promisit, neque dedit; & quia fidem suæ donationis non præstitit, pœnituisse existimandus est. Immo nec revera & proprie donatio subsistens in terminis conventionis donatio est, sed de dando conventio. Proprie enim nemo donare intelligitur, nisi qui & tradat, *L. 1. ff. de don.* Donatio est doni datio, *L. senatus 35. §. 1. ff. de mort. caus. donat.* Unde donatio opponitur stipulationi & promissioni, *L. 3. §. 10. l. 23. ff. de donat. int. vir.* 2. Quia non est novum, ut conventio, quæ alias per se prorsus nulla est, accedente traditione aliquid roboris accipiat, atque ob eam causam facilius confirmari debeat, *leg. 1. §. si vir, 4. & ibi Bart. ff. de acq. poss.*

3. Movet textus in *leg. cum, hic status 32. §. 1. ff. de donat. int. vir. & ux.* ubi verba orationis referantur, quæ hoc exprimunt, durum esse, ut eripiatur donatario ab hærede defuncti donatoris, quod defunctus donavit. Eripi autem nemini potest nisi quod jam habet, quod traditum sibi tenet ac possidet. 4. Quoniam alias nulla in proposito dari posse videtur differentia inter donationem mortis causa, & donationem inter vivos, *arg. l. 35. ff. de mort. ca. don. & l. 11. pr. ff. de don. int. vir.* quarum illa tamen inter conjuges permissa, hæc vetita. 5. Textus expressus & rotundus in *l. Papinianus 23. ff. de don. int. vir.* ubi Ulpianus sententiam Papiniani probat, existimantis orationem Divi Severi ad rerum donationes duntaxat pertinere, non ad nudas promissiones: ideoque si maritus uxori suæ stipulanti centum spopondisset, non etiam tradidisset, marito mortuo hæredem ejus conveniri non posse, licet durante voluntate maritus decesserit. Hic utique in terminis, ut loquuntur, quæstio proposita deciditur, & secundum quod nobis visum apertissime pronunciatur. Quis enim ferat, quod ad hunc locum Ant. Faber *lib. 6. conject. 8.* respondet, Ulpianum memorare tantum sententiam Papiniani, non probare? cum diserte Ulpianus dicat Papinianum recte putasse, &c. Sed scilicet, si fides Ant. Fabro, vox *recte* ab imperito interprete addita est, & ideo tollenda. Schifordegerus autem, *lib. 1. tract. 11. quæst. 8.* de via magistri sui nonnihil deflectens, putat ex duabus sententiis Papiniani, quæ ab Ulpiano proferuntur, priorem duntaxat Ulpiano probari, posteriorem ab eo referri tantum, non probari; propterea quod in posteriore non repetit particulam *recte*, quasi vero ea repetita non intelligatur ἀπὸ κοινοῦ, aut posterior assertio Papiniani non dependeat, tanquam necessarium consequens a priori. Denique si posteriorem non æque ac priorem probasset Ulpianus, haud dubie id expressisset, nec sine vitio id omittere potuit. Putant nonnulli variasse Ulpianum, & Papiniani sententiam, quam prius probaverat in *d. l. Papinianus*, postea improbasse in *d. l. cum hic status*. At cur hoc magis dicunt quam Ulpianum suam ipsius sententiam mutasse postea, & probasse Papiniani in *d. l. Papinianus?* In *d. l. cum hic status, §. 1.* loquitur obscurius; & locus ille aliam interpretationem, quam quæ ab illis affertur, pati potest, ut postea demonstrabitur: At in *d. l. Papinianus*, nulla obscuritas, plana & aperta Jurisconsulti sententia. Fateor tamen & contrariam sententiam non levibus niti argumentis, eamque habere assertores egregios, interque eos Cujacium, *lib. 10. obs. c. 1.* Ant. Fab. & Schifordeg. *ubi supra*. Sed age, argumenta hæc excutiamus, & videamus quid iis probabiliter responderi possit.

Primum ducitur ex *l. cum hic status 32. §. sive autem 23. ff. de don. int. vir.* ex quo loco sic illi colligunt. Quæcumque donatio ex ratione juris veteris ante orationem Severi inter conjuges non valebat; ea oratione confirmata est, *d. § sive autem*. At constat nec valuisse promissionem donandi causa factam *l. 2. §. secundum 10. eod.* ergo illa ex eadem oratione valet. Respondeo, In hoc argumento concedi sibi postulant τὸ ἀρχῆς, quod est in quæstione, nempe an omnes quocumque modo factæ donationes per orationes sint confirmatæ. Nam textus in *d. l. cum hic status 32. §. sive autem 23.* commode restringi potest ad donationem veram ac proprie dictam, plenam scilicet & perfectam, quæ sit consummata vel per traditionem actualem, vel per acceptionem, aut quamvis fictionem brevis manus, quæ pro traditione sit, ut in *l. 3. ult. ff. eod.* ut hisce modis, & si quid id genus alii, donationem factam oratione confirmari intelligamus. Atque huc pertinet *d. §. 23. d. l. 32.* ubi expresse agitur de remissione obligationis facta per acceptilationem, in qua est fictio brevis manus, tanquam res soluta, & mox donationis causa reddita esset. Sed ajunt etiam stipulatione perfici donationem. Quis negat? Immo ex constitutione Justiniani etiam nuda conventione perficitur donatio, cum scilicet donator voluntatem suam scripto aut sine scripto manifestavit, *§. 2. Instit. de donat. l. si quis 35. Cod. eod.* Sed hic primus tantum gradus perfectionis est, unde donatario in donatione licita acquiritur obligatio, & actio duntaxat, non rei promissæ dominium. Vere autem plene demum perficitur & consummatur donatio promissi & doni præstatione. Sic emptio & venditio perfici dicitur, simul atque de pretio convenit; non ante tamen pro consummata habetur, quam res tradita sit & pretium numeratum. Atque, ut ante diximus, proprie donatio ipsam rei translationem significat; quam ob causam inter modos acquirendi dominii numeratur. *Instit. de donat. in princ.*

Secundum argumentum sumitur ex *d. l. cum hic status 32. §. 1.* ubi Jurisconsultus ait, oratione inductum esse non tantum ut res fiat ipso jure ejus cui donata est, sed etiam ut obligatio fit civilis: quod potestatem non nisi de stipulatione donandi causa facta putant intelligi posse. Sed quidni verba ista Jurisconsulti de eo casu accipi possunt, quo aut nomen conjugi donatum est, cessa actio, aut evictionem promisit donator, quomodo & Accursius ea accepit? Hoc certe probabilius dicitur quam aut Ulpianum sibi non constitisse, aut Papinianum a reliquis dissensisse Jurisconsultis. Addidit Accursius & alium casum, nempe si alter alteri debitum per acceptilationem remiserit, sed hoc quomodo huc applicari queat non video.

Tertio, non parum juvare videtur contrariam sententiam, quod ab Ulpiano, responsum est in *leg. si stipulata 33. ff. eod.* si mulier annuum stipulata fuerit, & manente matrimonio maritus decesserit, donationem (Haloander & Duarenus legunt *stipulationem*) ex Senatusconsulto confirmari. Respondet Bartolus, confirmari quidem hoc casu donationem; sed non ultra, quam ante ex stipulatione præstitum est a marito juxta *d. l. Papinianus ff. eod.* Ego autem puto recte defendi posse, ex promissione annui etiam ejus nomine, quod præstitutum non est, hæredes mariti, qui promisit, teneri, sed non aliter, quam si maritus re ipsa jam solvit aliquid de illo annuo, puta si unius aut alterius anni pretium conventum dedit, ut jam in actum exierit illa promissio, & postea cessavit. Hoc, inquit, casu puto reliquorum annorum debitum ab heredibus exigi posse, propterea quod hic promissor ipso facto voluntatem suam satis declaravit: quanquam nec absurdum est in promissione annui seu alimentorum statuere exceptionem. Plane non existimandum donationem annui durare ultra matrimonium, cum ex conjugali affectione fluxerit.

Quarto, in contrarium urgent, *leg. 1. Cod. de dot. caut. non num.* Sed ad hunc locum facilis responsio est, nimirum cum vir donandi animo aliquod incrementorum in dotem adscribit; ut in specie *d. l. 1.* quasi va-

traditionem factam videri, per fictionem scilicet brevis manus, cujus eadem vis est, quæ veræ, *leg.* 3. §. *penult. & ult. ff. de donat. int. vir. & uxor.* neque aliter traditionem talis incrementi fieri solere; cum enim dos ipsa constante matrimonio penes maritum esse debeat, & consequenter etiam incrementum dotis, *l.* 4. *ff. de jur. dot.* absurdum esse id tradi mulieri, & statim a viro recipi. Quapropter hoc incrementum dotis perinde ac si revera traditum esset, actione rei uxoriæ ab hæredibus mariti uxor recte petet. Bartolus in eamdem sententiam tribus verbis respondet, esse in *dict. l.* 2. *Cod. de dot. caut. non n.* traditionem fictam seu fictam idem operetur quod vera. Ultimo objicitur communi sententiæ *Novell.* 162. *cap.* 1. ubi expresse etiam quævis promissio donationis causa mulieri facta, licet nulla traditio intervenerit, post mortem mariti confirmatur, & mulieri ejus quod in conventionem deductum est, datur conductio. Verum cum novum jus illis aperte introducatur, quod olim ex oratione Severi non obtinuit, ex veteri utique jure communis sententia recte defenditur. Quid ergo? An novo jure vera est contraria sententia, & secundum eam pronuntiandum? Sane quidem secundum illam Novellam. Sed ego dubito an Novella illa in praxi & foro sub auctoritate legis allegari possit; quoniam in vulgatis editionibus desideratur, & demum a Neotericis ex Græco translata & volumini Authenticorum inserta est. Unde nec a plerisque allegatur, ne quidem a Coraso aut ipso Ant. Fabro. Sed neque videtur esse Justiniani, verum alius & incerti Principis: ideoque nec addita est inscriptio alicujus Imperatoris. Quid hic juris nostris & Galliæ moribus, vide Groenew. *de leg. abrogat. ad leg.* 1. *de donation. inter vir. & uxor.*

CAPUT XVI.

An cum testator prohibuit inventarii confectionem, etiam necessitas reddendarum rationum tutori vel curatori remissa intelligatur?

TUtores omnes & curatores, cujuscumque generis sunt, non ante debent se miscere administrationi sibi commissæ, quam inventarium bonorum omnium & rerum pupillorum aut adultorum nominumque instrumentorum solemniter sub præsentia publicarum personarum confecerint, *l. tutor* 7. *princ. ff. de admin. tut. l. tut. l. tutores* 24. *Cod. eodem l. ultim.* §. 1. *Cod. arbit. tutel.* solo patre legitimo administratore secundum communem Interpretum sententiam excepto. Mont. *de jur. tutor. cap.* 32. *reg.* 6. *de confect. invent. num.* 88. Est autem inventarium hoc fundamentum administrandi bona, & caput reddendarum rationum, *l.* 1. §. 3. *ff. de tut. & rat. distr.* Inde enim promptum est quod aliter vix fieri posset, cognoscere, an & quantum fraude vel negligentia tutorum de bonis sit diminutum. Atque ideo ob non confectum inventarium quasi suspecti removentur, vinculisque publicis continentur, tanquam rerum pupillarium spoliatores & prædones, & infamia notantur *l.* 18. §. *tutores qui repertorium non fecerunt* 17. *ff. de susp. tut.* (in editione Florentina illa verba desunt, & initium §. est, *sui pecuniam*) *l. ultim. in fin. Cod. arbitr. tutel.* Denique contra eos juratur in litem, nec tantum ob dolum, verum etiam ob latam culpam, *dict. leg.* 7. *princip. ff. de adm. tutel. l.* 6. *de in lit. jur.* Covarruv. *variar. resolut. lib.* 2. *cap.* 14. *num.* 4. *in fin. & num.* 5. Montan. *dict. loc. num.* 10. *multis seqq.* Postremo non antequam inventarium publice confecerint, & secundum morem solitum res illæ traditæ fuerint, ullam habent administrandi, aut attingendi bona pupillorum adultorumve facultatem, *dict. leg.* 3. *ultim.* §. 1. *Cod. arbitr. tutel.* Sunt tamen nonnulli casus, quibus aliquid de hoc jure relaxatur; vel si justa causa impediat, quominus tutor statim aut suo tempore (de quo vide Montan. *dict. loc. num.* 29.) inventarium facere possit, puta si morbus comitialis eum tardet, *dict. leg. tutor princ. & ibi* Bartol. *num.* 17. aut si causa non admittat dilationem & res pupillo non obsit, sed prosit; *l. ultim. Cod. de tut. qui sat. non ded. dict. leg. tutor. & ibi* Bartol. *num.* 17. Est & alia eaque insignis exceptio, nempe si testator expressim prohibuerit inventarium fieri, *dict. leg. ultim.* §. 1. *Codice arb. tut.* Idemque juris esse plerique putant, etsi testator non expresse prohibuerit fieri inventarium, sed tantum simpliciter tutori remiserit necessitatem inventarium faciendi. Bartol. *in leg. nemo potest,* 55. *num.* 11. *ff. de leg.* 1. Guid. Pap. *decis.* 318. Clar. §. *testamentum, qu.* 66. *num.* 4. Montan. *dict. leg. num.* 98. Mollor. *lib.* 1. *semestr. cap.* 39. *num.* 12. Gotofred. *ad dict. leg. ult.* §. 1. quasi nihil intersit, utro horum verborum testator usus fuerit, remitto, an vero sive prohibeo; quod tamen vix est, ut probare possim. Nam qui vetat, jubet ne fiat ullo modo; qui remittit, non vult non fieri, sed gratiam ejus, quod fieri debebat, facit. Vetando testator suo & pupillorum suorum pudori consulere velle intelligitur, quæ justa causa est: remittendo tantum gratificatur tutoribus, quæ causa non videtur esse sufficiens. Sane Justinianus *in dict. leg. ult.* §. 1. *Cod. arbit. tut.* non aliter tutores a necessitate faciendi inventarii absolvit, quam si testator specialiter inventarium conscribi vetuerit; quod & Jaso in *leg. nemo potest* 55. *ff. de leg.* 1. *in col.* 10. notat & sequitur Chassan. *ad consuet. Burgund. in gloss. verb. par inventaire titul. des plusieurs lit. num.* 27. Joann. Dilect. *de art. test. titul.* 7. *caut.* 3. *num.* 8. Damhoud. *in patrocin. pupil. titul. de tutel.* Codex *tur. man. tom.* 1. *num.* 17. Christin. *ad stat. Mechlin. titul.* 19. *artic.* 11. *num.* 7. Bus. *ad leg.* 7. *princ. ff. de admin. tutel. num.* 9. & in puncto juris verius esse tantum non fatetur Clar. *dict. quæst.* 99. *num.* 3. Causam autem prohibitionis hanc ferme habent testatores, ne patrimonii secreta & æs alienum pandatur, *l.* 6. *de alim. pup. præst.* & ne, ut alibi ajunt Impp. opulentia ad invidiam, aut paupertas ad contemptum publicetur, *l.* 2. *princip. vers. sed ubi quarta Cod. quand. & quib. quarta pars* ac crediter pater pro pietate sua liberis optime prospectum voluisse, *l. nec in ea* 35. §. *ult. ff. ad leg. Jul. de adult.* Solent autem judices huic prohibitioni testatoris plerumque acquiescere, quamquam non præcise coguntur eam sequi; nam si pupillo secus expedire intelligant, poterunt nihilominus, inventarii confectionem, per textum aureum in *l. militarem* 10. *ff. de confirmand. tut. l.* 5. §. Julianus 7. *ff. de administ. tut. l.* 7. *vers. nec tamen, ff. de ann. leg. & fideic.* quemadmodum & vice versa ipse judex interdum ex justissima causa necessitatem conficiendi inventarii tutori remittere potest, etiamsi testator non prohibuerit inventarium fieri, puta si forte non conducat facultates pupilli patefieri *arg. l. 2. §. ergo etiam 45. & seq. ff. ad SC. Tertull. l. 8. Cod. de alim. pup. praest.* vid. Bartol. *ad leg. 7. princ. ff. de adm. tut. n. 19.* Chassan. *ubi sup. num. 26.* Montan. *de reg. 5. num. 106.* Christin. *dict. art. 12. num. 7. 8. 9.* Tulden. *in Cod. de admin. tut. num. 2.* Groenev. *tractat. de legib. abrogat. ad leg. ult. Cod. arbitr. tut.*

Illud eleganter quaesitum, an prohibita inventarii confectione hoc ipso censeatur testator etiam rationum reddendarum necessitatem tutori aut curatori remisisse? Affirmant Damhoud. *in patroc. pupill. cap. 4. n. 15.* Molin. *in consuet. Paris. 1. p. §. 6. gloss. 6. num. 12.* Moller. *1. semestr. 39. num. 6.* & plures *ibid. allegat.* Firmamentum hujus sententiae est, quia absque inventario rationes reddi nequeunt, quippe quod illarum caput est & fundamentum, atque ut Molinaeus post Gemi. in *capit. generali col. 2. de elect. in 6.* ait, sine inventario non potest confici & verificari primum & principale caput libri rationum, quod est de receptis; & Cambouderius paria esse, remittere rationum reddendarum necessitatem, & absolvere tutorem a confectione inventarii: atque ideo haec valere *ob ἀμφότερα* cui remissae rationes, is nec inventarium facere tenetur: & quem testator a confectione inventarii absolvit, is nec tenetur reddere rationes. Caeterum verior est contraria sententia, negantium scilicet prohibitione inventarii conficiendi necessitatem reddendarum rationum tutoribus simul remissam censeri. Longe enim melius est & probabilius ut dicamus prohibitionem illam pertinere duntaxat ad solemnem inventarii confectionem, quae fit interventu publicarum personarum, & ita ut exemplar mox magistratui exhibendum sit, (quod nos dicimus, *staat ende inventaris in handen van de Weesmeesteren leveren.* Grot. *lib. 1. introd. ad jurispr. Batav. cap. 9.*) quae prohibitio ideo fieri a testatore solet, ne secreta patrimonii ejus evulgentur, ut ante dictum est, & ne scrupulosa fiat inquisitio. Non autem eo, ut tutores non teneantur facere inventarium privatum ac descriptionem, qua res omnes & bona pupillorum adhibitis amicis aut cognatis annotent, ac deinde accepta & expensa in rationes referant. In his enim omnibus ratio prohibitionis a testatore factae cessat. Quod sive id quidem voluisset testator dari, re ipsa etiam dolum futurum & fraudem testator remisisset: quod nec facere debet, nec potest, *leg. ita autem, 5. §. Julianus, 7. ff. de adm. tut.* Joan. Dilec. *de art. test. titul. 7. cautel. 2. num. 3.* Quapropter dicendum est, etiam hoc casu, ubi talis prohibitio facta est a testatore, privatum tamen repertorium & privatam annotationem a tutore fieri oportere: ne si postea pupillus tutorem dolo & fraude aliquid gessisse dixerit, non habeat pupillus quo id probet, aut tutor quo se defendat. Poterit autem se defendere repertorio & annotatione privata: qualis annotatio etiam juramento confirmari poterit, si non refutetur manifestis probationibus, *argum. l. 2. princ. vers. sed ubi quarta pars Cod. quand. & quib. pars,* ita Busius ad *dict. l. 7. num. 6. ff. de adm. tut.* Christin. *ad consuet. Mechlin. dict. tit. 19. artic. num. 9.* & ibi citat. & haec ipsa etiam Molleri sententia est *loc. supr. not. num. 8.* & facit huc *lex si servus, 119. ff. de legat. 1. & leg. cum tale 72. §. quid ergo, 3. ff. de cond. & demonstr.* Quid quod ne illud quidem concedendum est, posse patrem testamento suo cavere, ne tutor, quem liberis suis dat, obnoxius sit reddendis rationibus. Id enim fieret contra jus publicum, & pater de jure non sibi, sed pupillis suis competituro disponeret, quod admittendum non est *dict. l. 5. §. Julianus, 7. ff. de adm. tut.* D. Praeses Everhard. *consil. 211. num. 14.* Quod vero ibidem refert casum, ubi a marito cautum, ne uxor & mater liberis suis rationes reddat aut reliqua restituat, eamque cautionem ait valere, id propriam rationem habet. Nam id cautum fuit pactis ante nuptialibus, quibus fructus omnes uxori usque ad certam aetatem liberorum donati proponebantur, quae pacta postea constante matrimonio testamento mariti confirmata sunt, ut bene ibi ostendit idem D. Praeses. Superioribus non obstat, quod minor curatori suo legare aut per fideicommissum relinquere liberationem & remissionem reddendarum rationum potest, *dict. l. 5. §. Julianus, 7. ff. de admin. tut. l. cum necessitatem, 18. Cod. de fideicomm.* quia qui ita disponit, de jure suo disponit, non de alieno. Et quidem si filius patri, tutori aut matri tutrici quondam suae talem reddendarum rationum liberationem legaverit, pinguius id legatum est, quam si quis ita legaverit, personae extraneae, cujus in curatione est, aut fuit, *l. Aurelius, 28. §. Titius testamento; 3. ff. de lib. legat. junct. l. Aurelio, 10. §. 1. ff. eod.* vide de hujusmodi liberatione a reddendis rationibus legata Covarr. *lib. 2. var. resolut. cap. 14.* Igitur, ut evincimus, quando testator prohibet, ne is, quem liberis haeredibus suis tutorem dat, inventarium conficiat, tantum a solemnis inventarii confectione eum liberasse intelligitur, non a confectione repertorii privati, aut in totum ab onere reddendarum rationum, cum ne permissum quidem hoc patri sit. Non eadem causa est haeredis, cui testator interdicit, ne inventarium faciat, aut confectionem inventarii remittit, nam is nihilo magis defungi potest repertorio & descriptione privata: sed non obstante illa sive interdictione sive remissione, inventarium cum omni solemnitate facere tenetur, nisi solidum creditoribus haereditariis solvere paratus sit. Ratio est, quia nemo quicquam in testamento cavere potest in praejudicium creditorum suorum; Bartol. *in dict. leg. nemo potest ff. de leg. 1.* Putarem autem posse testatorem haeredi cum pleno effectu remittere confectionem inventarii in praejudicium legatariorum & fideicommissariorum, qui non de damno vitando laborant, ut creditores, sed de lucro certant: non enim par eademque ratio est delata sibi amittere, & lucra non capere *leg. ultim. §. 2. in fin. Cod. de codicill.* Et cum testator potuisset omnino legare, quidni & modum legato ponere possit, *arg. leg. 4. §. 2. ff. de in lit. jur.* sicut & satisdationem legati vel fideicommissi nomine remittere potest, *leg. penult. Cod. ut in poss. leg.* quod est notatu dignum: & ita est in Adversariis practicis Hogerbetii, vulgo *Papegaye Boeck*.

CAPUT XVII.

Utrum imperfecta parentum inter liberos dispositio valeat jure testamenti, an vero tantum ut voluntas ultima intestati?

Dispositiones testamentariæ bifariam imperfectæ dicuntur, uno modo ratione solemnitatum, puta si pauciores, quam septem testes intervenerint, aut si testes non signaverint subscripserintve, vel quid aliud quod ad solemnitatem ordinationis pertinet, omissum fuerit, *l. si unus*, 12. *hac consultissima*, 21. *in fin. princip.* & §. 8. *C. de testament.* altero modo ratione voluntatis, veluti si cum plura ordinare testator vellet, morte interceptus, aut furore correptus sit, aut obmutuerit, sive vox eum defecerit, *lex si is qui*, 25. *ff. qui testam. facit l. furiosum*, 9. *Cod. eodem §. penult. Instit. quib. mod. test. infirm.* Sive autem ob aliquem solemnitatis sive ob voluntatis defectum testamentum imperfectum sit, constat tale testamentum inutile esse, ac ne jure quidem voluntatis intestati defendi. Sed hoc ita obtinet jure communi. Jure autem singulari placuit parentum testamenta, licet imperfecta sint, valere inter liberos, *l. hac consultissima*, 21. §. 1. & *auth. seq. Cod. de testam.* Cujus juris ratio hæc est, quod in parentibus cessat omnis fraudis & inductionis suspicio; atque ut illi optime sciunt, quibus liberis eorumque singulis debeatur, ita etiam ex conjectura pietatis præsumi debent, bene prudenterque in singulorum persona disposuisse. Et quidem certi juris est valere inter liberos testamentum parentis, quod imperfectum est propter omissionem requisitarum alias solemnitatum. Sed quod imperfectum est ratione dispositionis & voluntatis, ex communi Interpretum sententia nec inter liberos valet. Clarus. §. *testamentum quæst.* 9. post Bartolum & alios *in dict. leg.* 12. §. 1. *Cod. de testam.* Gail. *lib.* 2. *obser.* 112. *n.* 14. quam sententiam & Cujacius probat in *leg. si is qui*, 25. *ff. qui testam. fac.* eo quod hic vitio aliquo hæredum interrumpitur institutio, & Fac. *argum. in leg. Lucius Titius*, 36. *princip. ff. de testam. milit.* Quod autem de cœpto testamento & nondum impleto dicitur in *leg. ultim. princ. Cod. famil. erciscund.* ad solemnitates referunt, nempe si pater solemne testamentum concedere voluerit & cœperit, licet solemnia postea adhibita non sint, nihilominus voluntatem sustineri, Bartolus in *dict. leg. si is qui*, Salicet. *in dict. leg. ult.* post Glossa *ibid.* Atque ita ipse Constantinus verba sua in *princip. dict. leg. ultim.* posita postea interpretatur, *etiamsi*, inquiens, *solemnitate legum hujusmodi dispositio fuerit destituta.* Non est tamen sine ratione, Costalius *leg. si filia*, 20. §. *pater*, 3. *ff. famil. ercisc.* communem sententiam sic temperat, ut si pater omnia inter liberos divisit, illa divisio rata habenda sit, quamvis forte de nonnullis aliis rebus loqui volens, aut quædam legare morbo oppressus sit, *argum. dict. leg. si filia* §. 3. Quod nec Diodor. Tuldeno ad *Cod. de testament. num.* 3. displicet: sed hoc in medio relinquimus. Extra controversiam igitur positum est, testamentum parentum inter liberos valere, etsi in eo solemnitates jure communi requisitæ observatæ non fuerint. De eo autem non convenit, utrum talis parentum dispositio valeat jure testamenti, an vero duntaxat sustineatur, ut ultima voluntas intestati? Prius asserunt Castrens. Alexander Jason *in dict. leg. hac consultissima*, 21. §. 1. *Codice de testament.* quos sequuntur Gilken. *ibid. num.* 9. Bachovius *ad Treutl. dispot. de testament. thes.* 6. *litt. H.* & DD. commun. Pollerius Anton. Fab. *decis.* 55. *err.* 3. Schiffordeg. *lib.* 2. *tract.* 11. fere per tot. Fachin. 4. *contr.* 4. allegans Glossam in *dict. l. hac consultissima*, §. 1. quæ tamen ibi nihil tale affirmat: sed aperte contrarium tenet in *l. filii*, 16. *C. famil. ercisc.* Haud facile quid hic statuendum sit, judicare poterimus, nisi prius constitutiones omnes, quæ circa hanc rem scriptæ, evolverimus. Sunt autem in hanc rem constitutiones complures. Prima est Diocletiani & Maximiani in *l. filii*, 16. *C. famil. ercisc.* ubi jubent Imperatores, etiamsi judicium patris tam circa testamentum, quam circa codicillos deficiat; si tamen quibuscumque verbis voluntas ejus declarata sit, arbitrum familiæ erciscundæ voluntatem patris sequi, licet ei ab intestato succedatur. Secunda est Constantini in *l. ult. C. eod. tit.* in eadem sententia. Sed Constantinus idem constituit, etiamsi liberi non sint in potestate, sed emancipati & licet non verbis, sed quibuscunque indiciis aut signis voluntatem suam pater declaraverit. Tertia est Theodosii in *d. l. hac consultissima* §. *ex imperfecto*, 1. *C. de testam.* qui jus hoc singulare parentum auxit, & ad matrem quoque produxit, atque ad ascendentes utriusque sexus, [illegible], ut hæc etiam a Justiniano memorantur in *præfat. Nov.* 107. Quarta est Justin. in *Nov.* 17. *c.* 7. unde *auth. si mod. C. famil. ercisc.* quæ pertinet ad divisionem factam per scripturam extra testamentum & codicillos, puta per epistolam: cui scripturæ, ut rata ac firma sit, Imperator vult subjici vel ipsius parentis, vel liberorum omnium, inter quos partitio fit, subscriptionem. Quinta & ultima est ejusdem Principis in *Nov.* 107. *c.* 1. & 2. unde sumptæ sunt duæ authenticæ, quæ ab Irnerio Codici insertæ sunt in *d. l. hac consultissima*, *auth. hoc inter*, ubi certam formam hujusmodi parentum scriptis dispositionibus Justinianus præscribit, & priores Constantini & Theodosii constitutiones uno atque altero casu corrigit. Primum cavet, ne qualiscumque scripta dispositio inter liberos valeat, sed ea duntaxat, quæ sit [illegible] scripta plenis litteris, sine signis aut abbreviaturis, & scripta aut subscripta a parente, denique quæ exprimat tempus, nomina liberorum, & uncias, ex quibus hæredes instituuntur. Deinde quod ad extraneos attinet, quos Constantinus & Theodosius plane excluserant, iis legata & fideicommissa relinqui permittit: quo tamen casu noluit sufficere scripturam, nisi testes intervenerint, *dict. c.* 1. *vers. si tamen uxor.* Quod ab Irnerio omissum in *d. auth. quod fine.* Jam ut ad quæstionem propositam revertamur, puto eos recte sentire, qui imperfectam inter liberos parentum dispositionem valere existimant jure testamenti, non autem tantum, ut voluntatem intestati: utique si ponamus in tali dispositione liberos etiam hæredes institutos esse, quia sine hæredis institutione testamentum intelligi non potest, *arg. d. l. hac consultissima*, 21. §. 1. *C. de test.* & *d. Nov.* 107. *c.* 1. ubi talis parentum dispositio, testamentum, [illegible], & parentes ita disponentes [illegible] testatores appellantur, atque in eo testamento hæredes recte instituuntur. Omnis autem scriptura, qua hæres recte instituitur, testamentum est. Nec obstat quod dicatur testamentum imperfectum; nam & testamentum militis im-

imperfectum dicitur, *l. 2. ff. de injusto rupt. test.* ex quo tamen æque atque ex perfecto & solemni succeditur. Testamentum autem imperfectum factum a parente inter liberos & ipsum non minus ex privilegio valet, quam militum. Sed rusticanorum testamenta sæpe imperfecta sunt ratione numeri testium & subscriptionis, quæ tamen ex privilegio vim cujusque perfecti testamenti habent, *l. ult. C. de test.* Quæ omnia argumento sunt, non eo minus ex testamento jure speciali legibus solemnitatum soluto succedi, quod imperfectum dicatur comparatum cum testamento solemni. Hoc idem & ex eo evincitur, quod in tali testamento & liberis prælegata, & ex constitutione Justiniani extraneis non modo fideicommissa, verum & legata relinqui possunt, *d. auth. quod sine* quæ tamen non nisi ex testamento valent *§. præterea Inst. de fideic. hered.* Fortissimum autem hujus rei argumentum est, quod hujusmodi testamentum parentis non rumpatur, nisi alio testamento omnibus modis perfecto: immo nisi & posterius perfectum fuerit, & parens simul testatus sit se prius revocare, *d. auth. hoc inter*, de quo vid. Clar. *d. §. quæst. 98.* Grass. *§. testam. q. 86.* Boer. *decis.* 140. Coren. *decis. 39. suprem. Cur. Holland.* Denique quod nimis absurdum est, alias sequeretur patrem jure privilegiario non nisi codicillos inter liberos facere posse. Cæterum multa huic sententiæ obstare videntur. Primum, quod ex ratione juris non videatur posse pro testamento haberi illa dispositio, quæ testium adminiculo non indiget: at sola scriptura, quam patris esse constat, etiam sine ullo teste hic sufficit ex communi & vera opinione, Gail. 2. *obs.* 118. Sed hoc leve est: nam testamentum non ex eo dicitur, quod coram testibus fiat, sed quod sit mentis & voluntatis nostræ ultima testatio. Explosione profecto dignus esset, qui sic argumentaretur. Non est necesse, ut in testamento militis per scripturam testantis ulli testes adhibeantur: ergo talis dispositio militis non videtur esse testamentum. Secundo objicit Ant. Faber, quod in hujusmodi imperfecto testamento non possunt liberi exhæredari. Sed nusquam hoc scriptum est, & communis opinio est in contrarium, teste Claro *d. §. testamentum, q. 13.* Demus tamen esse verum, non posse scilicet liberos in tali testamento exhæredari, quod & Curia Hollandiæ non ita pridem judicasse dicitur, quid tum postea? in exhæredatione apud nos requiritur, ut testes sint Scabini, an ideo dispositiones, quæ vulgo fiunt apud Notarium coram duobus aut tribus testibus non Scabinis, non valebunt, ut testamenta? Tertio huic sententiæ objicitur *l. hac consultissima, 21. §. si quis autem, 3. C. de testament.* ubi si cum in priore testamento perfecto scripti sunt extranei, in posteriore autem imperfecto, qui ab intestato venire possunt, dummodo non minus quam quinque testes intervenerint, placet quidem infirmato priore testamento posteriorem hanc scripturam valere, non tamen tamquam testamentum, sed tantum tamquam ultimam voluntatem intestati. Respondemus nullam ex hoc loco ad parentes, quorum jus longe plenius est, quam agnatorum, illationem fieri posse. Immo ex contrario, cum in casu *d. §. si quis autem*, Theodosius expresse sanciat, ut posterior imperfecta scriptura non quasi testamentum, sed tantum quasi voluntas ultima intestati valeat, recte colligas, voluisse eum imperfectam parentum voluntatem, de qua agit in *d. leg. 21. §. 1.* valere quasi testamentum, quoniam eam valere, & tenere vult absolute & simpliciter. Postremo objiciuntur constitutiones duæ. Prima est Diocletiani & Maximiani in *leg. filii, 16. Cod. famil. ercisc.* cujus hæc est sententia: Si pater neque testamentum fecit, neque codicillos, aut fecit quidem, sed in iis judicium suum circa rerum divisionem deficiat: si tamen quibuscumque verbis voluntatem suam declaravit, quo ad bonorum inter liberos divisionem, hanc patris voluntatem, licet ab intestato ei succedatur, judicem familiæ erciscundæ sequi oportere. Sic enim verba, *si tam circa testamentum, quam codicillos judicium ejus deficiat*, accipienda sunt, non ut cum Glossa & plerique aliis ea accipit Gothofredus, quasi scriptum esset si solemnitate in testamento aut codicillis requisitas pater non observaverit. Nam codicilli nullam solemnitatem desiderant, *leg. 6. §. 1. ff. de jur. codicill. §. ultim. Instit. eodem*, & demum longe post tempora Diocletiani aliqua desiderari cœpit a Theodosio, *leg. ultim. §. ultim. Cod. eod.* nec tam voluntas aut judicium, deficiente aliqua solemnitate, quam jus deficit. Nempe igitur agunt illic Imperatores de divisione hæreditatis obventuræ inter liberos facta a parente intestato, vel extra testamentum, quod sæpe & convenienter juris auctoritate fieri solebat, *leg. si filia, 20. §. si pater, 3. ff. famil. erciscund. l. parentibus, 8. Cod. de inoffic. testam.* ut nihil novi illic ab Imperatoribus inducatur: quod etiam postrema constitutionis verba ostendunt, dum ajunt hoc ipsum quod constituunt, etiam juris auctoritate significari: optime Gudelinus *lib. 2. de jur. nov. c. 4. circ. fin.* Nihil igitur esse in ea constitutione, quod nostræ & communi sententiæ obstet; non illa verba, *licet ab intestato ei fuerit successum*, quæ Fachinæus & Ant. Faber urgent. Tunc enim patri ab intestato succeditur, tunc testamentum non fecit, licet fecerit codicillos. Altera constitutio, quæ objicitur, est illa Constantini in *l. ult. Cod. fam. ercisc.* ex qua constitutione etiam eo casu, quo pater inter liberos testatus est, sed dispositione imperfecta, qui casus in principio ponitur, non aliter quam ab intestato succedi videtur, arg. verb. *licet ab intestato ad successionem liberi vocentur*, & quia hic etiam paterna illa dispositio non vi propria, sed externa, nempe officio arbitri familiæ erciscundæ sustinetur. Respondent plerique cum Accursio verba illa, *licet ab intestato, &c.* referenda esse ad casum, quo pater aut codicillos tantum fecit, aut per epistolam, vel quibuscumque verbis indiciisve voluntatem suam significavit. Et quidem eo commode referri possent, si ipso jure aut vi paternæ dispositionis voluntas patris effectum sortiretur, sed quia non nisi ope Judicis familiæ erciscundæ voluntas patris exitum habere potest, quod est argumentum eam voluntatem non valere ipso jure, *l. 2. C. de inoffic. donat.* Melius est, ut dicamus jus parentum procedente tempore auctum esse primum constitutione Theodosii, *d. l. hac consultissima §. ex imperfecto Cod. de testament.* deinde & quidem maxime, constitutione Justiniani *Nov. 107. cap. 1.* quibus diserte cavetur, ut voluntas parentum liberos suos imperfecto testamento instituentium teneat, ac rata sit simpliciter, ac proinde ipso jure sine ullo adminiculo externo. Ex his, ut opinor, occurri poterit & cæteris quæ forte huic sententiæ ab aliis objiciuntur.

CAPUT XVIII.

An verbis nuncupata parentum imperfecta dispositio inter liberos ex privilegio valeat?

NOn ignobilis quæstio est, an ut scripta, ita etiam nuncupata parentum imperfecta voluntas, coram duobus vel tribus testibus, aut paucioribus utique, quam septem jure singulari valeat & teneri debeat? Negat id Martinus antiquus glossator, cujus sententiam ex veteribus secuti Fulgosius & Salicetus in *auth. quod sine Cod. de testam.* Cæteri vero Interpretes tam veteres, quam recentiores in contrarium iverunt, uno fere Antonio Fabro excepto, qui Martini causam a cæteris, quos ille pragmatico nomine minus honorifico, appellat, desertam rursus suscepit, atque acriter speciosis argumentis defendit *decis. 35. err. 4. & decis. 36. err. 9.* Sed videamus, an tam absona, ut Faber putat, a ratione Juris constituti, omnique legum auctoritate destituta sit illa Interpretum communis sententia, affirmantium etiam nuncupativam, licet imperfectam, parentum inter liberos dispositionem subsistere. Unum autem in effectu argumentum est, quo Faber hanc sententiam oppugnat, nempe quod, ut ille ait, leges omnes & constitutiones, quæ circa parentum dispositiones non solemnes promulgatæ sunt, tantum loquantur de scriptis parentum voluntatibus, *leg. ultim. C. famil. ercisc. leg. hac consultissima, 34. §. ex imperfecto C. de testam. Nov. 107.* unde sumpta *auth. quod sine Cod. dict. tit.* Quod attinet ad illam novellam Justiniani constitutionem, fateor verum esse quod dicit; neque enim forma, quæ illic præscribitur, convenit voluntati [illegible] sed cur non de alia quam scripta parentum voluntate ibi agat Justinianus, postea intelligetur. Sed & forte etiam Theodosio in *dict. §. ex imperfecto*, per testamentum imperfectum non illud intellexit, quam quod per scripturam factum est, quoniam non de aliis, quam de scriptis testamentis in principio constitutionis locutus fuit, quamquam hujusmodi collectiones, præsertim in rescriptis Principum non sunt necessariæ; atque ut id, quod dicitur in *dict. §. ex imperfecto*, aliorum testamenta imperfecta non tenere; generaliter verum est, sive scripta sint sive nuncupativa, ita etiam generaliter accipi potest & debet; sic ex contrario, quod dicitur imperfecta parentum testamenta valere inter liberos, etiam generaliter, & sine exceptione intelligi potest. Et forte ideo Theodosius postea, cum de testamentis nuncupativis tractat, nullam subjicit exceptionem. Sed neque ex *leg. ult. Cod. famil. ercisc.* quæ Constantini est, constans & firmum argumentum pro Martini sententia deduci potest. Etenim ex eo, quod Constantinus meminit epistolæ & cujuscumque scripturæ, minime sequitur voluntatem parentum sine scriptura verbis apud testes declaratam ratam non esse. Prius enim & testamenti meminit, & codicillorum, quæ utique & sine scriptura fieri possunt. Neque illa Constantini verba, *sive quocumque alio modo scriptura &c.* respiciunt totum antecedens, sed proximum duntaxat, & illa, *seu epistola parentis, &c.* ut hic sit sensus, sive non testamentum aut codicilli, sed tantum epistola parentis relicta inveniatur, sive quodlibet aliud scriptum, quo vel verbis, vel quibuscumque indiciis voluntas parentis significetur. Et utique non est verisimile eum, qui vult subsistere voluntatem patris quocumque scripto & quibuscumque indiciis declaratam, nolle servari voluntatem patris verbis coram testibus nuncupatam, licet paucioribus quam septem; & qui etiam ænigmata & tales conjecturas admittat, [illegible], ut Justinianus loquitur in *d. præfat.* eum manifesta velle rejicere. Postquam satis sibi probasse visus est Antonius Faber ex solo testamento imperfecto, quod per scripturam a parente factum est, voluntatem inter liberos custodiri; non autem ex eo, quod factum est per nuncupationem hujus diversi juris etiam rationem afferendam putavit; & nempe hanc attulit, ut omnis falsi committendi ratio præcludatur; multa enim esse in jure nostro, quorum probatio per scripturam permissa, per testes prohibita, quasi semper minus suspecta sit probatio, quæ fit per qualemcumque scripturam, quam quæ per testes, licet omni exceptione majores; quod minime ei concedendum est, per *leg. cæterendis, 15. de fid. instrument.* & constet, quam fallax sit probatio per comparationem litterarum, *leg. comparationis, 20. Cod. eod.* quam facilis alienæ manus imitatio, & maxime, si scriptor usus sit notis quibusdam aut signis, qualis tamen parentum scriptura ex lege Constantini inter liberos rata est.

Denique, si vera est illa Antonii Fabri ratio, cur æque in testamento scripto testes jure communi requiruntur, & non pauciores, quam in nuncupativo? Verum quidem est, nullorum magis interesse, quam ipsorum parentum, ne falsum pro eorum judicio subjiciatur; sed male inde colligit Faber, ex eo esse, quod scripto eorum judicio [illegible] plus tribuatur, quam nuncupato coram testibus. Quin ex eo ipso loco, quem Faber allegat, contrarium apparet, nempe ex *leg. Divus, 24. ff. de testam. milit.* ubi militibus non minus conceditur hæredem nuncupare citra solemnitatem, dummodo testes aliquot adhibeat, quam scribere nullo teste adhibito, quamvis non aliorum magis, quam ipsorum, quibus id privilegium datum est, interesse dicatur, ne quilibet militis sermo pro vero ejus judicio capiatur. Unum præcipue est, quod hic nobis objici possit, nempe quod nullum adhuc locum protulimus, ubi expresse non minus qualiscumque nuncupata parentum voluntas, quam scripta, inter liberos custodiri jubetur. Ecce igitur tibi etiam textum in hanc rem expressum in *leg. filii, 16. & famil. ercisc.* ubi Diocletianus & Maximianus diserte jubent Judicem familiæ erciscundæ voluntatem patris quibuscumque verbis, etiam extra testamentum aut codicillos declaratam sequi; ac proinde non modo scriptam, verum etiam lingua nuncupatam. Insequentes autem Principes jus parentum non imminuerunt, sed auxerunt, excepto eo, quod Justinianus voluit, cum per scripturam parentes testentur, voluntatem eorum scribi δι' ἑαυτῶν γραμμάτων, ut ipse loquitur in *dict. Novell. 107. cap. 1.* [illegible], quod Constantinus permiserat. Atque hinc illud etiam apparet, esse in objectione Antonii Fabri insufficientem partium seu legum enumerationem. Jam quod attinet ad *dict. Novell. 107.* facile ex præfatione, qua utitur Justinianus, colligitur, eam solam accipiendam esse de parentibus, qui scripto inter liberos testari volunt. Nam diserte illic profitetur, se in veteribus legibus, quæ sunt de imperfecto parentum testamento, illud reprehendere, quod scripturas qualvis admiserint,

rint, etiam in quibus voluntas testatoris manifesta non est, [illegible], demum quæ tantum [illegible] conjecturis quibusdam & indiciis nitatur, notans præcipue constitutionem illam Constantini in *dict. leg. ult. Cod. famil. erciscund.* & talem scripturam [illegible] propter incertum voluntatis improbans. Cum autem in scriptura solum hæc [illegible] metuantur, ubi res notis scribi possunt, verba truncata esse, res partim a testatore scriptas, partim ab alio, ad scripturam etiam solum constitutionem suam retulit Justinianus. In testamento vero nuncupativo nihil mutavit, cum nihil tale metuendum sciret, ubi nullæ sunt notæ, unus tantum loquitur, non duo, ubi non proferuntur verba dimidiata, sed plena voluntas pronunciatur. Hæc sententia, ut est communis, ita & certo jure ubique in praxi & foro recepta. Vide Clar. §. *testamentum quæst.* 16. Grotius *lib.* 2. *introd. cap.* 17. Sand. *lib.* 4. *tit.* 1. *definit.* 7. quod & ipse Antonius Faber ultro fatetur.

CAPUT XIX.

An testamentum juxta statuta aut mores alicujus loci factum etiam vim habeat extra illum locum, ubi major requiritur ordinationis solemnitas?

TEstator ibi testamentum fecit, ubi coram duobus testibus & notario testari licet, ut in hac nostra Batavia. Quæritur, an tale testamentum valeat etiam in iis locis, ubi major desideratur solemnitas, & verbi causa testes septem, ut in Frisia, ubi sequuntur jus civile Romanorum. Affirmant Doctor. communiter in *leg. Cod. de summ. Trinit.* Vivus 1. *opin.* 16. & secundum hanc sententiam sæpissime judicatum, Guid. Papin. *decis.* 262. Thesaur. *quæst. for.* 1. Mynsing. 1. *observ.* 19. & 20. Gail. 2. *observ.* 123. Joann. a Sande *lib.* 4. *rer. jud. tit.* 1. *defin.* 12. Sunt tamen, qui in contrarium eunt, & quæstione proposita sic distinguendum arbitrantur, ut circa res quidem mobiles & nomina admittenda sit communis sententia: at circa res soli spectandum jus ejus loci in quo sitæ sunt: quippe res mobiles, quoniam ubicumque sunt, ibi sint ex voluntate domini, & pro libitu ejus transferri possint, personam sequi, non leges locorum: immobilia vero, utpote quorum certus perpetuusque situs est, regi secundum constitutiones loci, cujusque possessionis, *arg. leg. ultim. ff. de jurisd. leg. ex ea,* 9. *ff. de popular. l.* 4. *Cod. de jur. fisc.* ita Mansuer. *in sua prax. tit. de success.* Nicol. Burgund. *ad consuetud. Fland. tract.* 6. Christ. *vol.* 2. *deci.* 3. *& seq.* Bus. *ad tit.* 6. *ff. de evict.* Dindor. Tulden. *in breviar. ad Cod. tit. de testament. num.* 5. Mihi prior sententia probabilior videtur, & errare posteriorem sequentes in eo, quod existimant etiam eas testamentorum leges, quæ ad solemnitatem ordinationis pertinent, afficere rem ipsam de qua disponitur: in quo aperte falluntur; cum utique multum intersit inter formam seu ritum disponendi, & rem ipsam, quæ subjectum est dispositionis, seu id, de quo fit dispositio. Omnino enim in universum plurimum refert, utrum statutum quid constituat circa actus alicujus solemnitatem; an circa rem, puta fundum, locumve. Quæ statuta in rem concipiuntur, rem ipsam haud dubie afficiunt; ut ubicumque sit, ejus loci ubi est, legibus obstringatur. Qualia sunt, quæ de successionibus ab intestato disponunt, Schurff. *cent.* 1. *consil.* 6. *num.* 1. *&* 2. Gail. *observ.* 124. *n.* 4. *& seqq.* Sic apud nos licet quantum ad res mobiles servetur jus successionis, quod obtinet in loco domicilii defuncti; in rebus tamen soli custoditur jus ejus loci, ubi sitæ sunt, Grot. *lib.* 2. *intr. d. cap.* 2. *in fin.* Eodemque jure censenda sunt, & statuta, quæ circa habilitatem personarum dispensando aliquid disponunt. Ponamus legibus aut moribus alicujus regionis filiisf. permissum esse de bonis maternis cæterisque adventitiis testamentum condere, ut in plerisque locis Belgii. Leeuin. *lib.* 6. *emend. cap.* 3. *in fin.* Perez. *ad tit. C. qui testam. fac. num.* 9. hoc testamentum non valebit in iis locis ubi filiusfam. jus faciendi testamentum non habet, sicut in Frisia, ubi etiamnum obtinet jus civile, Sande *dict. lib.* 4. *de fin.* 1. *add.* Gail. *dict. lib. observ.* 124. Gomez. *ad leg.* 1. Tauri *num.* 12. Quibus autem statutis aliquid cavetur, quod ad actus solemnitatem duntaxat pertineat, cum ea neque rem afficiant, neque personam actum celebrantis, sed formam solummodo actus, qui fit in loco statuti aut consuetudinis, rationi & juri magis consentaneum est, ut ea vim suam exerant etiam ad bona alibi sita; quoniam cum actuum solemnia ad eorum spectent jurisdictionem, in quorum territorio celebrantur, per *l.* 6. *ff. de evictION. l.* 3. *in fin. ff. de testib. l.* 2. *Cod. quemadm. test. aper. l.* 9. *l. ult. Cod. de testam.* consequens est, ut actus secundum jus & consuetudinem loci recte & legitime perfectus ubique vigorem suum obtineat, & ejus juris, cui persona testatoris subjecta est, potius ratio habeatur quam loci bonorum, quæ illius sunt, accessio. Ac videtur testamentum in hoc sapere naturam contractus. Utique hoc posito, quod nemo negat, testamentum valere, rationis est, ut ex eo quoque universa bona hæres consequatur, cum titulus ex testamento sit universalis & individuus. Et alias contra rationem juris testato decedere volenti plura testamenta essent condenda, cum ex contrario testamentum unius tantum unum esse possit; aut quod absurdum est, unum idemque testamentum diverso solemnitatum jure instituendum esset, actumque unum atque individuum, qualis est testamentum, secundum diversorum locorum placita aut mores dijudicari oporteret. Peck. *de testam. conjug. lib.* 4. *cap.* 18. *in fin.* Sande *d. defin.* 14. ubi etiam prudenter temperat notam distinctionem Fachinæi circa advenam in aliquo loco testantem secundum consuetudinem illius loci. Ad ea, quæ objiciuntur, facilis responsio est. Quale est illud quod cum statuta sint localia, ubi cessat jurisdictio statuentium, ibi & cessare debeat statuti dispositio, juxta vulgatum illud: Extra territorium jus dicenti nihil agit, *leg. ultim. ff. de jurisd.* Negamus enim eos, qui circa actus testamentarii solemnitatem aliquid statuunt, observandum in territorio suo, etiamsi ille actus ita celebratus alibi quoque valere debeat, dici posse, propterea jus dixisse aut statuisse extra territorium. Contractus & cæteros actus celebratos in loco statuti secundum formam a statuentibus præscriptam, ubique vim habere constat: nemo tamen est, qui ex eo colligat, tale statutum egredi jurisdictionem statuentium: quia, quod alibi quoque hujusmodi actus, valeant, non nisi ex consequentia quadam fit, non autem directo vi ipsius statuti, quod tantum disponit de eo, quod ad jurisdictionem statuentium pertinet. Et hoc est quod Sali-

centus

ceteros in l. 1. C. de form. Trinitate, & Baratum contendentes solemnia testamenti non disponere de bonis principaliter, sed tantum sufflare spiritum in testamentum illud validando. Ex eo autem, quod a Papiniano in l. 5. ff. de postular. responsum est, cum qui prohibitus est, pro alio postulare ex causa, quae infamiam non irrogat, in ea tantum provincia pro aliis postulare non posse, in qua Praeses fuit, qui sententiam dixit, in alia vero posse, quid argumenti magis contra, quam pro communi sententia elici possit, ego non video; sicut nec ex eo, quod constituitur in l. 4. Jur. fisc. ut praed. ubi proferunt in fiscum indigentur, quae habebant prius quam demigrarent, nec tamen ab eis distracta sunt, nisi specialiter id eis Princeps concesserit ut ea sibi possint retinere: ut tamen non arceantur a successione parentum, quos in ea civitate, unde migrarunt, reliquerunt. Quid enim, quaeso, haec species commune habet cum illa nostra judicio proposita? Plane, si lex expresse jubeat testatorem sequi ejus loci jus, in quo bona sita sunt, aliud dicendum est. Talis est constitutio Principum Brabantiae condita anno 1611. cujus meminerunt Christinaeus & Tuldenus, ubi supra, Perezius, in Cod. de testamentis num. 21.

CAPUT XX.

An liberis suis haeredibus praeteritis a patre istum testamentum sit ipso jure nullum etiam hodie.
Novell. 115. cap. 3.

INterpretes vulgo ex eo, quod *auth. ex causa, Cod. de liber. praeter.* generaliter & indistincte ab Irnerio concepta est hoc modo: *Ex causa exhaeredationis vel praeteritionis irritum est testamentum, quantum ad institutiones: caetera namque firma permanent*; colligunt id jus quoque pertinere ad praeteritionem paternam, ut quamvis tale testamentum ab initio nullum sit etiam jure novissimo, tamen hoc jure duntaxat nullum esse, quoad institutionem, non quoad caetera capita, puta legata, fideicommissa, &c. atque hactenus etiam in proposito jus vetus relatum in *leg. 1. l. filio praeterito, 17. de injust. rupt. test.* mutatum esse, Bartolus *in dict. auth. num. 3.* Covarruv. *in cap. Raynutius extr. de testam. §. 6. num. 1. & seqq.* Clar. §. *testament. qu. 5. 2.* Grass. *in dict. legatum quaest. 67. num. 7.* Gail. 2. *observ.* 113. Fachin. 6. *controv.* 77. Bronch. *cent. 3. assert. 20.* usque adeo, ut contendant irrito facto testamento, sic enim loquuntur, ex causa praeteritionis paternae, legata & fideicommissa actione ex testamento peti posse, quasi etiam tale testamentum jure novissimo valeat pro his, quae in eo relicta sunt, Gail. *dict. observ. 113. in fin.* Donell. *in dict. auth. ex causa* 12. Duar. *ad tit. de injust. rupt. irrit. test. cap.* 2. Fachin. 4. *contr.* 40. Sed quantum ego judicare possum, omnino male & perperam. Nam, ut hoc primum dicam, non bene Irnerius *d. auth. ex causa*, his verbis concepit: *Ex causa exhaeredationis aut praeteritionis irritum est testamentum, &c.* cum dicere debuerit, testamentum irritum constituitur aut evertitur. Hoc ex eo apparet, quod Justinianus in tota illa sua constitutione, *Novell. 115. cap. 3. & 4.* unde decerpta est *dict. auth. ex causa*, tantum agit de testamentis, quae ipso jure valent, & ex quibus adiri potest haereditas, sed quae postea propter iniquam exhaeredationem vel praeteritionem judicio de inofficioso rescindi possunt; non de iis, quae ab initio nulla sunt. Utitur enim Imperator his verbis, eaque frequenter, ἀνατρέπεσθαι irritum constitui, & διαθήκην ἀνατρέπεσθαι subverti, rescindi: quae de iis tantum praedicantur, quae ab initio constiterunt. Quippe irrita fieri, aut rumpi ea demum dici possunt, quae cum antea constarent, eversa sunt. Privationem enim significant: privatio autem, ut in scholis loquuntur, praesupponit habitum. Quae autem nunquam constiterunt, sive quae ab initio non jure facta sunt, irrita quidem esse recte dicuntur, at non irrita constitui aut fieri, in quam rem a nostris allegatur *lex 1. ff. de injust. rupt. test. §. hoc autem, 5. Inst. quib. mod. test. infirm.* Cum itaque Justinianus non dicat, τὴν διαθήκην μηδὲ ὅλως, testamento non subsistente, sed τῆς διαθήκης ἀνατρεπομένης, testamento infirmato, antiquitus reddito *cap. 3. in fin. d. Nov. 115.* & ἀνατρεπομένης τῆς διαθήκης, subversa testamento, *cap. 4. §. ult. vel manifeste*, non debuit Irnerius dicere ex causa exhaeredationis aut praeteritionis irritum esse testamentum, sed irritum constitui, aut rescindi. Sed etsi verba constitutionis deficerent, multa tamen alia, quae eadem constitutione caventur, verum esse arguunt, quod dicimus, Justinianum de iis solummodo testamentis agere quae ipso jure consistunt, & ex quibus adiri potest haereditas. Quomodo enim aut quando scripti haeredes, quod nominatim iis injungitur, exhaeredationis causam a testatore expressam probare possent, si ipsi non essent haeredes? aut quomodo haeredes esse possent sine aditione? aut denique adire ex eo testamento, quod constet ipso jure nullum esse? Utique non ante vel aliter testamentum pro everso aut rescisso haberi vult Justinianus, quam si scripti haeredes quaerentibus exhaeredatis exclusi sint a probatione causae ingratitudinis, sive quod testator ipse nullam allegaverit, sive allegaverit aliquam, quam haeredes probare non potuerunt. Evincit hoc idem & accurata illa causarum ingratitudinis in *dict. Novell. 115. cap. 3.* definitio. De his enim causis apud centum viros, in judicio querelae inofficiosi solum inquirebatur: unde lucrum liquet, non de aliis testamentis Justinianum agere, quam quae inofficiosa argui, & per querelam everti possunt; & consequenter non de aliis, quam quae ipso jure valent: quale non est testamentum patris, in quo liberi praeteriti: hoc enim ab initio ipso jure nullum & inutile est, *leg. 7. ff. de lib. & posthum. leg. 1. ff. de injust. rupt.* adeo, ut nec ex post facto aut lapsu temporis unquam convalescat, *princip. Instit. de exhaeredat. liber. leg. 7. de injust. rupt. test.* Denique quod pro parte tantum rescinditur, necesse est ab initio constitisse. Nihil igitur Justinianus circa praeteritionem paternam novi juris introduxit: nisi quis dicat, quod quibusdam visum est, Justinianum omnem praeteritionem exaequasse exhaeredationi, sublato veteri discrimine praeteritionis paternae & maternae. Sed hoc Justiniano propositum fuisse nequaquam credendum est. Cur enim si hoc discrimen & jus vetus tollere voluit, id non expressit, uti fecit antequam causas ingratitudinis definiret, & ubique alibi facit? Nec enim unquam solet Justinianus quicquam mutare ex jure antiquo sine praefatione & commutatione causae, qua impulsus id facit. Animadvertere illi debuerant Justinia-

nam

num *dict. Novell.* 115. *cap.* 3. non aliter loqui, quam *in princip. Instit. de inoffic. testament.* aut quam Marcellus loquitur in *leg.* 3. *ff. eod. titul.* Sancit enim non licere patri vel matri liberos suos exhæredes facere aut præterire, nisi forsan probantur ingrati, &c. quæ prædicata propriis subjectis accipienda sunt, ut exhæredes facere non liceat patri, matri non liceat præterire, quemadmodum in *dict. princip.* & *dict. l.* 3. alterum proprie ad patrem, alterum ad matrem referri constat. Liquet hoc ex eo, quod Justinianus in *dict. Novell.* 115. *cap.* 1. aperte profitetur hoc solum sibi propositum esse, ut injuriam exhæredationis & præteritionis a liberis avertat. Jam vero injuria ea proprie est, quæ vel ex exhæredatione vel ex præteritione infligitur, quæ vim exhæredationis habet, *l. Papinianus*, 8. *in princip. ff. de inoffic. testam. leg.* 4. *vers. quod si fuissent*, *circa med. Cod. de lib. præter.* Nam etsi a patre quoque præteritis injuria inferebatur, non inferebatur tamen cum effectu; quippe cum ex ea causa testamentum patris prorsus inutile & nullius momenti esset. Exhæredatis autem a patre, aut etiam præteritis a matre cum effectu inferebatur injuria: quæ quamquam vindicabatur judicio de inofficioso, tamen si legitima portio quocumque titulo liberis, quamtumvis obsequentissimis, relicta fuerat, injuria illa manebat, *§. sed hæc*, 3. *Instit. de inofficios. testament.* cui rei occurrere voluit Justinianus, atque ea de causa constituit, ut non sufficeret in posterum ad excludendam querelam legitimam quolibet titulo relictam esse: sed necesse esset, liberos vel hæredes institui, vel exhæredari addito elogio. Cæterum, quia illata per exhæredationem aut præteritionem injuria satis tollitur rescissa institutione hæredis, sufficere etiam ei visum fuit institutionem solam rescindi, salvis cæteris testamenti capitibus, cum olim querela omnia rescinderet. Nihil hoc pertinet ad præteritionem paternam, ex qua causa testamentum ab initio nullum est. Omnino enim explodendus est eorum error, qui putant filium etiam non rite a patre exhæredatum, modo ei quocumque titulo legitima relicta esset, jure antiquo queri debuisse de inofficioso, nec alio jure ad bona patris venire potuisse. Quid enim certius, quam præterito filio, qui erat in potestate testamentum ipso jure nullius fuisse momenti? Nec vero dominus pro præterito habebatur, aut nullum erat testamentum, quod quarta debitæ portionis, aut etiam multo amplius præterito legatum fuerat. Nam utrum filius præteritus esset, nec ne, non ex legati datione, sed ex institutione aut exhæredatione æstimabatur, omnesque præteriti censebantur, qui neque hæredes instituti erant, neque ut oportet exhæredati, *§. eadem*, 12. *Instit. de hæred. quæ ab intest.* Quod vero Ulpianus *l.* 8. *§. si quis*, 6. *ff. de inoffic. testam.* ait severe cum testari, qui mortis causa quartam donavit, non sic accipiendum est, posse patrem isto casu filium præterire, sed posse secure exhæredare hoc effectu, ut & testamentum jure consistat, nec per querelam rescindatur. Sed neque pertinet *dict. Novell.* 115. *cap.* 3. ad ea testamenta in quibus liberi postumi aut emancipati a patre præteriti sunt, quamvis illa jure subsistant: nam istorum nativitate testamentum rumpitur ipso jure, & in totum infirmatur; his præteritis per contra tabulas bonorum possessionem evertitur, *§.* 1. & *§. emancipatos*, 3. *Instit. de hæred. liber.* ut proinde ut hic quærelæ, de qua una in *dict. Novell.* agitur, sit locus: quippe, quæ non datur, si alio jure ad hæreditatem parentum liberi venire possunt, *§.* 2. *Institut. de inoffic. testam.* nec quicquam ex hoc jure expresse mutatum reperitur. Quamobrem cum ut satis abundeque demonstravimus, una sanctio Justiniani in *dict. Novell.* 115. *cap.* 3. spectet liberos, qui ab hæreditate patris exclusi nec Prætorio jure ullum remedium competit, sed tantum una querela inofficiosi testamenti; ex causa autem præteritionis paternæ testamentum vel ipso jure nullum sit, vel rumpatur agnitione sui hæredis, aut jam bonorum possessione contra tabulas evertatur: in universum dicendum est, non ad alios liberos eam Justiniani constitutionem pertinere, quam qui legitime a patre sunt exhæredati: nec potest ea produci ad præteritionem paternam sine injuria liberorum, quibus consulere voluit Justinianus, lædone. Matris autem præteritio pro exhæredatione semper reputata fuit. Ac proinde liberi a matre præteriti neque civili jure, neque Prætorio testamentum turbare possunt, non magis, quam a patre exhæredati; sed his unicum tantum adminiculum superest, videlicet querela inofficiosi testamenti, *§. ultim. Instit. de exhæred. lib.* 8. *princip. ff. de bon. poss. contr. tab.* Hanc sententiam Azoni & plerisque veterum probatam fuisse testatur Bartol. & Jason *in dict. auth. ex causa*, quos secuti Cujac. *in leg. filio*, 17. *ff. de injust. rupt. test.* Govean. *in l.* 1. *ff. de vulg. & pupp.* Ant. Fab. *l.* 9. *conject.* 14. & *dec.* 20. *err.* 4. Gilken. *in d. auth. num.* 1. & *seqq.*

Sunt qui interesse existimant, utrum præteritio facta sit a patre ignorante sibi liberos superesse, an a sciente: illo casu totum testamentum irritum esse, nisi adjecta sit clausula codicillaris; hoc autem sive posteriore casu legata & fideicommissa salva manere, quæ sententia præjudiciis Curiarum superiorum Jurisdictionis robur accepit. Antonius Faber *Cod. suo form. de lib. & posth. defin.* 1. Christin. *volum.* 4. *decis.* 9. & probatur Diodoros Tuldeno *in commen. Institut. de inoffic. testament. cap.* 1. In hisce autem regionibus passi necessitatem exhæredandorum liberorum, si hæredes non instituantur, non agnoscimus, utpote, quæ suorum tantum hæredum propria est, quales hæredes nos non habemus; sed præteritio non matris tantum, verum etiam patris pro exhæredatione habetur, exemplo militarium testamentorum *§. sed si*, 6. *Institut. de exhær. lib.* intelligo ut ipso jure valeat testamentum, non quia tanquam inofficiosum rescindi possit, & nec ad causam intestati pronunciatione Judicis redigi. Nam querelam modis omnibus etiam nos retinemus, si inique & contra officium pietatis exhæredatio aut præteritio facta proponatur, Gudelin. *lib.* 2. *de jur. noviss. cap.* 5. Grot. *lib.* 2. *introd. cap.* 18. Christin. *vol.* 4. *decis.* 20. *num.* 8. Groenevv. *de leg. abrogat. ad tit. Institut. de exhær. lib. in princ.*

CAPUT XXI.

Utrum si exhaeredatio facta sit sine elogio, testamentum ex Novell. 115. nullum sit, an jure adhuc subsistat, & ad aliud rescindendum querela sit opus?

Elegans quaestio est, utrum si exhaeredatio facta sit omisso elogio, id est, sine expressione causae ingratitudinis, testamentum ex constitutione Justiniani Novell. 115. cap. 3. & 4. nullum sit ipso jure, an jure adhuc subsistat, & ad illud rescindendum querela etiamnum sit opus. In hac quaestione numero vincunt, qui ad validitatem testamenti negant sufficere exhaeredationem simplicem seu factam sine causae insertione, & ad hoc omnino requirunt qualificatam. Quod si verum est, nullus usus querelae relinquitur in linea recta, praeterquam uno illo casu, cum exhaeredationi aut praeteritioni additum est elogium; quae sententia fuit Joannis, relata a Gloss. in leg. 1. ff. de inofficios. testament. probata plerisque Interpretibus in auth. ex causa Cod. de lib. praet. Clar. §. test. qu. 40. Gomez. 1. resolut. 11. Covarruv. in cap. Raynutius part. 1. num. 7. cap. 16. WVesemb. part. de inoffic. test. num. 7. & late defensa a Bach. ad princ. Instit. eod. tit. Caeterum, ut plurimis haec sententia placeat, non desunt tamen qui eam tuentur, ut constitutioni Justiniani minime consentaneam; & sane, ut mihi videtur, non immerito. Nam qui diligenter eam constitutionem evolvet, comperiet ex tenore Imperatorem non agere de iis rebus, quae ad internam testamenti solemnitatem, institutionis exhaeredationis pertinent; sed tantum de causis, ob quas facta exhaeredatio, juste vel injuste facta intelligatur. At injustitia exhaeredationis non vitiat testamentum ipso jure. Quamobrem nos contra sic statuimus, etiam post dict. Novell. 115. dummodo liberi quicunque erunt, rite sint exhaeredati secundum formam Juris, scilicet nominatim, pure, simpliciter, quamvis aut nulla sit causa exhaeredationis, aut non sit adscripta, jus antiquum manere, & querelam solam exhaeredatis dari, etiam posthumis & infantibus. Vide enim, quaeso, quae superiori sententiae sint consequentia. Efficitur ex ea, ut testamentum nullum sit, etiamsi praeteriti sint liberi mancipati; etiamsi praeteriti sint sine elogio, qui nunquam in potestate fuerunt, ut posthumi exhaeredati nativitate rumpatur ipso jure testamentum; ut infantium atque adeo impuberum fere omnium exhaeredatio nullius momenti sit; denique ut tantum non liberi matribus, parentes liberis sui haeredes fiant. Atque ita deletur bonorum possessio contra tabulas: deletur, §. emancipatos, 3. item §. sed haec quidem, 15. & §. ultim. Instit. de exhaered. liber. Deletur ferme in totum titul. ff. Cod. & Instit. de inoffic. testam. Quis vero credat tot capita Juris veteris a Justiniano tacite abrogata, qui nunquam solet quicquam de jure veteri mutare, nisi cum expressa mentione ejus Juris, quod abrogare constituit, & commendatione novi? Refragantur etiam verba dict. Novella 115. cap. 3. circa fin. & cap. 4. §. si vales 9. ubi cum jussisset Imperator, si exhaeredatio aut praeteritio facta esset cum elogio, idque elogium probassent scripti haeredes, firmum manere testamentum, sive, ut ipse loquitur, [illegible], subjicit, si hoc observatum non fuerit, testamentum irritum reddi atque everti; utitur enim verbis [illegible], quae de iis tantum praedicari solent, quae ab initio constiterunt. Quo vero remedio revertitur? Non alio haud dubie, quam querela inofficiosi, quae una exhaeredatis, aut praeteritis ex praeteritione, quae vicem exhaeredationis habet, superest. Accedit hoc diligens illa causarum ingratitudinis, de quibus in judicio querelae agitur, enumeratio & definitio, quae causam novae constitutioni dedit. Adhaec, si dicimus liberis omnibus sine elogio exhaeredatis aut praeteritis testamentum post latam dict. constitutionis nullum esse, non liberis tantum consulimus, sed extraneis etiam defuncti haeredibus legitimis; quippe ad quos tum liberis repudiantibus, aut ante parentem, aut priusquam haereditatem adierint, mortuis, haereditas defuncti ab intestato perventura sit exclusis scriptis haeredibus, qui alioquin ex testamento iisdem rebus intervenientibus venturi essent. Justinianus autem liberis dumtaxat prospectum voluit, ne iis noceret exhaeredatio, non consulere aliis contra scriptos testamento haeredes. Postremo, ut ex dictis liquet, non fuit ei propositum tollere inofficiosi querelam, sed promtiorem atque expeditiorem ei viam facere, unique potissimum rei afferre remedium, ne scilicet liberi exhaeredati aut praeteriti ob difficultatem probandi se semper officiosos fuisse, parentum haereditate exciderent. Cum ergo duplicem effectum Jure veteri exhaeredatio habeat, unum hunc, ut absolvat testamenti parentis solemnitatem, ut ne nullum sit ob praeteritionem, ad quod sufficit rite factam esse, quamvis injusta sit, alterum, ut exhaeredatum summoveat ab haereditate, ad quod insuper exigitur, ut facta sit justis de causis, posteriorem tantum effectum restringere voluit Justinianus, priore in suo statu relicto. Sive igitur nulla causa a testatore expressa sit, sive aliqua, quae tamen non sit ex iis quae dict. Nov. 115. cap. 3. continentur, aut ex iis quidem, sed in cujus probatione haeres deficiat, utiliter & cum effectu exhaeredatus de inofficioso hodieque aget & postulabit, ut testamentum rescindatur, resque redigatur ad causam intestati; neque alio remedio ad bona defuncti parentis venire poterit. Idemque erit, si liberi praeteriti sint ab iis parentibus, quorum praeteritio pro exhaeredatione est, ut matris & avi materni licet causa adjecta non sit. Falsum enim est, quod plerique pro vero nobis obtrudunt, praeteritionem maternam pro exhaeredatione amplius non haberi, sed ex hac causa non minus nullum esse testamentum, quam si pater praeteriisset, nisi praeteritioni additum sit elogium: quippe qui contra rationem juris necessitatem exhaeredandi illic introducunt, ubi non est sublata, l. 11. ff. de lib. & posth. l. 4. §. 2. ff. de bon. poss. cont. tab. Proinde nihil quoque interest parentes a liberis exhaeredati sint, an praeteriti, nam haec in linea ascendentium nihil differunt. Ita concludimus cum Fulgos. & Donell. in dist. auth. ex caus. Duar. cap. 3. ad titul. de inoffic. testam. Vigl. ad rubr. inst. eodem. Cujac. ad Novell. 18. Vasq. lib. 2. de succ. creat. §. 10. num. 161. & seqq. Fachin. 4. controvers. 9. Gudelin. lib. 2. de jur. noviss. cap. 4. Perez. in Cod. tit. de lib. praet. n. 13.

Argumenta dissentientium non sunt alia, quin his facile ex iis, quae jam dicta sunt, occurri possit. Primum est, quod exhaeredatio non rite facta pro praeteritione habetur; l. 8. §. 2. ff. de bon. poss. cont. tab. Esto; sed falsum est quod assumunt, exhaeredationem sine elogio factam, rite factam non esse, petuntque

hic

hic sibi concedi τὸ ἄκρα, supponentes in exhæredatione omisso elogio facta leges & ritum exhæredationis observata non esse, quod est πρῶτον ψεῦδος. Nam, ut supra demonstravimus in tota illa *Novella* 115. *cap.* 3. & 4. nihil cavetur de alia solemnitate aut de alio ritu in exhæredatione observando, quam qui prioribus legibus præscriptus fuit, nempe ut pure, ut nominatim, ut a tota hæreditate & ab omnibus gradibus liberi exhæredentur, *l.* 3. §. 1. & *seqq.* *l.* *cum quidam* 19. *ff. de lib. & posth.* *l. sed sub* 14. *ff. de bon. poss. cont.* §. *sed hæc* 5. *Instit. de exhær. lib.* sed tantum procitior via sternitur ad querelam inofficiosi testamenti, ubi exhæredatio rite quidem facta est, sed injuriam habere videtur. Non obstat, quod Justinianus expresse jubet causam ingratitudinis testamento inseri; nam idem, si inserta non sit, non vult testamentum ipso jure nullum esse, sed vult illud rescindi, & quidem non in totum, sed pro parte duntaxat, quoad institutionem scilicet hæredis, cætera autem capitula salva manere. Itaque frustra hic objicitur vulgatum illud: Quod contra legem fit, id ipso jure nullum est, *l.* 5. *Cod. de legib.* Nam illa regula non procedit, quando lex id quod fieri vetat, valere aliquo modo & subsistere patitur suppeditato remedio, quo quod factum est, rescindatur, aut vis ejus infringatur, quod hic fecit Justinianus, de quo nos fusius *l.* 1. *q.* 1. Non majoris ponderis est & hoc argumentum, quod tamen Bachovio palmarium videtur, nempe legitimam liberis & parentibus relinquendam esse titulo institutionis. Ex eo enim minime sequitur, si non sit relicta tali titulo, testamentum ipso jure nullum esse. Sed hæc collectio bona est; ut testamentum maneat ἐν τῇ ἰδίᾳ ἰσχύϊ, & ab omni oppugnatione tutum sit, voluit Justinianus honore liberos & parentes honorari titulo hæredis; ergo si tali titulo honorati non sunt, testamentum non manet firmum, sed oppugnari & expugnari potest. At, inquiunt, exhæredati sine elogio non possunt causa cadere; frustra autem datur actio, in qua non potest actor succumbere. Mira ratio. Ergo frustra est, quod actio de inofficioso datur posthumis exhæredatis, §. 2. *Instit. de inoffic. testam.* item liberis omnibus exhæredatis non addito in genere, quod ingrati fuerint, quia non possunt non evincere, *l. omnimodo* 30. *Cod. eod. tit.* Considerare debuerant non frustra esse, quod leges testamentum subsistere volunt, ut saltem iis casibus, quos modo memoravi, incidentibus, voluntas defuncti conservetur & exitum habeat.

CAPUT XXII.

An Jus accrescendi in hæreditatibus cum aliquo effectu a testatore prohiberi queat.

QUando unus tantum hæres scriptus est, licet ex certa parte hæreditatis, puta quadrante, triente, &c. is perinde ac si ex toto asse institutus esset, omnium bonorum hæreditatem consequitur, §. *hæreditas* 5. *Instit. de hæred. instit.* Hoc autem magis est ex subtilitate juris propter regulam, quia nemini partim testato, partim intestato decedere permittitur, *dist.* §. *hæreditas*, quam ex voluntate defuncti, quæ ejusmodi interpretationem vix admittit, ubi unus tantum ex parte aliqua hæres scriptus est. Quod si, verbi causa, tres singuli ex unica scripti sint, aut duo ex duabus partibus, tertius ex parte tertia, commodissime dicitur arbitraria distributione testatorem usum, atque in tres partes æquales universam hæreditatem [illegible]. Quod secus est, si unus tantum [illegible] in quadrante, sive quarta hæreditatis parte. [illegible] rem licet illo casu propter libertatem [illegible] communem voluntatem [illegible] militis, quod in testamento paganorum, *l.* 3. *Cod. de testament. mil.* hoc tamen casu diversum jus est, propter dict. regulam, quæ non militum, [illegible] potestatem coercet, atque uno eodemque [illegible] alia parte a pagano institutio pars hæc [illegible] trahit; a milite si idem factum, si [illegible] intestato ferunt, *l. quærebatur*, 19. *ff. de testam.* [illegible] quod & in Græcis Institutionibus [illegible] Theophilus. Sed & si quis institutus [illegible] parte hæreditatis, sed ex re certa, [illegible] fundo Tusculano, valet institutio detracta rei mentione, *leg.* 1. §. *si ex.* 4. *l. quoties*, 9. §. *si duo*, 13. *ff. de hæred. instit.* nisi ei cohæres [illegible] ex parte [illegible] datus sit; tunc enim legatarii loco habetur, *leg.* [illegible] *hæredi* 41. §. *ult. de vulg. & pup.* [illegible] *Cod. de hæred. instit.*

Verum & hoc ipsum ex subtilitate juris est, & [illegible] ex vi superioris regulæ, ac proinde ad militem [illegible] menta non pertinet; nam si miles unum ex [illegible] hæredem scripserit, creditur, quantum ad [illegible] trimonium intestatus decessisse, *leg.* 6. [illegible] *mil.* Igitur jus nostrum, ut inquit Pomponius, *l.* 7. *ff. de reg. jur.* non patitur eumdem in [illegible] intestato decedere: quia hæc duo [illegible] statur, inter se naturaliter pugnent, [illegible] & negantia, & ideo eidem subjecto [illegible] dem subjecto pronunciari non [illegible] Logicorum de oppositione. Et quidem [illegible] & naturali rerum pugna dici non potest, unum atque eumdem in totum aut secundum eamdem partem & testatum & intestatum decessisse: at non prohibet lex oppositionis, quominus dicamus eumdem testatum & intestatum decessisse, non secundum idem, sed secundum partes diversas. Cæterum ut hic [illegible] sit, efficit subtilitas juris civilis, quæ [illegible] repræsentare & sustinere personam defuncti; quæ repræsentatio ut est totius personæ, ita & totalis, atque ut est unius, ita & uniformis esse debet: hoc est, ut defunctus pro parte repræsentari non debet; ita nec debet per hæredes diversi generis partim ex testamento, partim ab intestato; sed quisquis hæres est, debet in totum subire locum & vicem demortui, eumque repræsentare uno ac simplici repræsentationis genere, & vel in totum ex testamento, vel in totum ab intestato. Eoque pertinet, quod scribit M. Tullius *lib.* 2. *de invent.* unius pecuniæ dissimilibus de causis hæredes esse non posse: nec unquam factum esse, ut ejusdem pecuniæ alius testamento, alius lege hæres esset. Rationem hujus rei hanc affert Goveanus, *lib.* 1. *variar. resolut. cap.* 3. quod absurdum sit per qualitates contrarias, quæ in uno & eodem homine natura esse non possunt, unum & eumdem per fictionem, quæ naturam imitatur, repræsentari. Putarem ego *naturaliter* in *d. l.* 7. *ff. de regul. jur.* positum esse pro eo, quod recepti passim moris erat; ut & alibi interdum, *leg. in causa*, 16. §. *idem Pomponius*, 4. *ff. de minor. leg. item*, *si* 22. §. 1. *ff. locat.* Nam regula ista e solio

Ro-

Romanorum moribus prodiit, neque apud alios populos locum habet, ac ne apud Romanos quidem in testamento militis, unde satis liquet eam non nisi aliqua naturali ratione.

Ex hac porro regula descendit jus accrescendi inter plures hæredes testamentarios, videlicet ut uno deficiente pars ejus accrescat cæteris, qui hæredes extiterunt, *l. liber homo* §. 3. *l. si ita quis*, 66. *ff. de hæred. instit. l. un. §. his ita*, 10. *Cod. de caduc. toll.* Quamquam non ex causa proxima aut adæquata. Valet enim hoc jus etiam in hæreditatibus legitimis, *l. si ex pluribus*, 9. *ff. de suis & legit. hæred.* & valet utrobique ex necessitate. Necessitas nascitur ex duobus principiis juris: quorum primum est: Neminem hæreditatis sibi delatæ partem semel quæsitam repudiare posse, *l. 4. Cod. de repud. hæred.* alterum: Neminem ejusdem hæreditatis, quæ alium hæredem non habet, partem habere posse, partem repudiare, *l. 1. l. 2. ff. de acq. hæred. d. l. un. §. his ita*, 10. *Cod. de cad. toll.* Et igitur, qui ex aliqua parte hæres extitit, sive ex testamento sive ab intestato, ei etiam invito & ignoranti deficientium portiones accrescunt, *l. hæredi*, 31. *l. si duo*, 38. *l. qui ex duobus*, 53. §. 11. *ff. de acqu. hæred. l. 9. ff. de suis & leg. hær.* & accrescunt semper cum onere, æris videlicet alieni & legatorum, *d. l. unic. §. his ita Cod. de cad. toll.* Si plures sunt qui portionem suam agnoverunt, defectæ partes accrescunt omnibus qui agnoverint, si omnes conjuncti aut disjuncti sint seu promiscue conjunctim disjunctimque instituti, aut ab intestato vocati, deficientis disjuncti portio omnibus, conjuncti solis conjunctis accrescit ex tacita voluntate testatoris aut legis. Accrescit vero singulis non ex æquo, sed pro portionibus hæreditariis: & in distributionem si permistim instituti sint disjuncti & conjuncti, plures conjunctos unius personæ potestate fungi, ut non plus universi consequantur, quam disjunctorum singuli, *d. l. un. §. his ita*, 10. *Cod. de cad. toll. l. hæredes*, 63. *ff. de her. instit.* eademque ratio est & hæredum legitimorum, cum alii conjunctim seu nomine collectivo, alii separatim vocantur; quod fit, cum quidam in stirpes, alii in capita veniunt, ut filii & nepotes, fratres & fratrum filii. Valet id jus & in legatis inter collegatarios ejusdem rei, verum ratione & effectu nonnihil dissimili. Etenim in legatis locum non habet ex necessitate aliqua aut dispositione juris, sed ex sola præsumpta voluntate testatoris eamdem rem pluribus legantis: quippe quos singulos partem quidem habere velle intelligitur & legatum scindi, si concurrant, si vero non concurrant, solidum postposito hærede, §. *si eadem* 8. *instit. de legat. l. unic. §. ubi autem* 11. *Cod. de caduc. toll.* ac proinde & prohiberi inter legatarios ejusdem accretio potest, & si singulis singulæ res legatæ, uno deficiente portio ejus in hæreditate manet, *l. hujusmodi* 84. §. *penult. ff. de legat.* 1. & cum deficientis cohæredis portionem cohæres invitus & cum onere semper accipiat, collegatarius, portionem collegatarii nec invitus plerumque accipit, & interdum sine onere, *d. l. un. §. his ita* 10. *& seq. Cod. de caduc. toll.*

Igitur, ut diximus, si quis solus ex certa parte hæreditatis aut certa re institutus sit, is nihilominus in integrum assem potestate juris vocatur. Sed qui testator adscripserit, nolle se ut hæres scriptus reliquas partes ferat, & jus accrescendi expresse prohibuerit?

Ita quidem, quemadmodum nemo sine observatione legum testamentum condere potest, ita nemo quoque in suo testamento potest cavere, ne leges in eo locum habeant, *l. nemo potest* 55. *ff. de legat.* 1. at illud omnino manifestum sit testatorem nulla cautione efficere posse, ut contra regulam juris civilis dispariliter et succedatur & ex testamento & ab intestato. Alterutrum ergo dicamus necesse est, vel cum Bartolo totum testamentum ob eam prohibitionem corruere; utique tamen hæredes ab intestato teneri quasi ex fideicommisso partem testamento expressam restituere hæredi scripto: vid. Gomez. 1. *resolut.* 10. *num.* 10. *& seq.* vel rato manente testamento prohibitionem insuper habendam, residuasque partes, quantumvis vetante testatore, accrescere hæredi instituto: quæ sententia, ut ex iis, quæ jam dicta sunt, patet, juri magis est consentanea, & numero etiam suffragiorum vincit. testib. Vig. ad *d.* §. 5. Clar. §. *testamentum quæst.* 74. Christin. *vol.* 4. *decis.* 11. Levia autem valde sunt, quæ huic sententiæ objiciuntur, & præsertim a D. Bronchorstio, *lib. 2. misc. cont. assert.* 44: quale primum illud est quod Ulpianus in *leg. quoties*, 9. §. *si duo*, 13. *ff. de hæred. instit.* scribit, institutos ex certis rebus, quasi simpliciter instituti sint, hæreditate potiri, nisi voluntas patrisfamilias manifestissime refragatur unde sic ex contrario recte colligi posse, si paterfamilias expresse voluit eos contentos esse iis rebus aut partibus, ex quibus instituti sunt, atque nominatim prohibuerit, ne reliqua bona iis accrescant, eo casu pro parte testatum decedere, neque ad hunc casum superiorem regulam pertinere. Vitiosa enim hæc collectio & prava hujus loci interpretatio est: quippe Jurisconsultus his verbis *si modo voluntas patrisfamilias manifestissime non refragatur*, non hoc significat si testator prohibuerit reliquam portionem accrescere instituto, eam relinquendam esse hæredibus legitimis, atque ita contra quam juris ratio patitur, eumdem & testato & intestato posse decedere: sed longe alia istius clausulæ sententia est, nempe quod scripti ex inæqualibus partibus certæ rei, qui alioqui ex ratione juris ex æquis partibus hæredes forent, perinde ac si nec res nec partes essent nominatæ, ex manifesta testatoris voluntate hæredes ex inæqualibus partibus fiant, atque ex iis proportionaliter, quas in rebus certis expressit, veluti in specie ab Ulpiano proposita unus ex triente, alter ex besse, quæ partes nominantur in fundo. Atque inducetur hæc inæqualitas, non tam ipso jure, quam officio arbitri familiæ erciscundæ, *l. ex facto* 35. *ff. de hæred. instit.* Putat præterea Dom. Bronchorstius satis probari posse testatorem, cum hoc aperte voluit, pro parte testato decedere, & sic cavere, ne residuum hæredi instituto accrescat, per *leg. pecunia prima. vers. idem dicemus ff. de leg.* 2. Proponitur ibi hæres ex asse scriptus his verbis a testatore rogatus: *Peto pro hæreditate, quam tibi reliqui, quæ ad fratrem meum jure legitimo rediret, contentus sis centum aureis*; & ait Papinianus tale fideicommissum valere. Ergo, inquit Bronchorstius, legitimi hæredes hic in residuo ab intestato succedunt. Hoc, inquam ego, levius primo est, & aperte falsum. Nam cum hæres institutus retenta vel deducta certa re aut summa rogatus est hæreditatem restituere, aut quod vi ipsa idem est, certa summa contentus esse ejus, qui testamento non facto legitimus hæres futurus esset, gratia, ut in specie proposita, non duo diversi generis hæredes hic defuncto succedunt, unus ex testamento, alter ab intestato; sed uterque ex testamento, alter directe, alter oblique seu ex fideicommisso. Atque hoc casu heres fiduciarius restituta hereditate instar legatarii est, & vi ipsa legatarius: fideicommissarius solus heredis locum obtinet, actionesque hereditarias solus & exercet, & excipit, §. *si quis una* 9. *Institut. de fideic. hered. l. si legatarius* 30. §. 3. *ff. ad SC. Trebell. l. pen. Cod. de her. instit.* Adhæc, ut probet testatorem posse pro parte tantum bonorum testatum decedere, & consequenter prohibere, ne reliquum heredi testamentario accrescat, adducit Dom. Bronchorstius responsum Scævolæ in *l. si quis ita* 87. *ff. de hered. instit.* Si quis, inquit ibi Scævola, ita heres instituatur, *si legitimus heres vindicare nolit hereditatem meam*, puto deficere conditionem testamenti illo vindicante. An igitur deficiente testamenti conditione, & herede legitimo hereditatem vindicante, nihilominus institutus pro parte ex testamento heres erit? Quis unquam talia audivit? Somnium obrepsisse clarissimo viro, cum hæc scriberet, dicerem, adeo plena est tota illa assertio, [illegible]. Postremo & in eo insignis error est, quod sententiam suam existimat stabiliri per *l. dominus* 57. §. 1. *ff. de usufr.* ubi talis species a Papiniano proponitur: Testator libertis suis fructum prædiorum ob alimenta per fideicommissum reliquit; deinde heres scriptus distinctione pro rata facta ex fructibus prædiorum libertis alimenta aliquandiu præstitit, mox unus ex libertis alimentariis seu fructuariis ob alimenta vita decessit; quæritur utrum partis ejus emolumentum accrescat cæteris collegatariis sive confideicommissariis, an vero ad heredem revertatur? Et ait Papinianus, partium emolumentum ex persona vita decedentium ad heredem proprietatis dominum recurrere. Cujus responsi ratio non est obscura. Nam cum fructum singulis ad alimenta duntaxat præstari testator voluerit, inde apparet, non plus quemquam eorum habere voluisse, quam quo vitam suam toleraret; eamque ob causam portio unius deficiens cæteris non debet accrescere, quibus affatim suppetit, quo se exhibeant. Ubi autem hic duo heredes diverso jure succedentes, alter est ex testamento, alter ab intestato? Nec vero hic disputamus de legatariis aut fideicommissariis ejusdem rei, inter quos ut accrescendi jus non nisi ex voluntate defuncti locum habet, ita & prohiberi a testatore potest sine offensa superioris regulæ, cum pars deficientis apud heredem maneat. Atque hæc etiam ratio est, cur idem illud jus cesset in legatis alimentorum; nempe quia testator intelligitur noluisse hic quicquam accrescere. Sicut enim in agris limitatis locus non est juri alluvionis, propterea quod in his certis limitibus & finibus jus possessoris circumscriptum est, *l. in agris* 16. *ff. de acq. rer. dom.* ita & in usufructu limitato ad finem alimentorum cesset jus accrescendi, quod cum alluvione comparatur, *l. si Titio*, 33. *in fin. ff. de usufr. d. l. dominus* 57. §. 1. *ff. eod. l. alimenta* 16. §. 1. *ff. de aliment. legat.*

Etsi autem communis hæc sententia rationi juris magis convenit, quam prior illa Bartoli aut Bronchorstii, est tamen & media quædam quam proponit & tuetur Salicetus in *l. penult. Cod. de hered. instit.* & a qua non abhorret doctissimus Bachovius; nimirum prohibitionem supra dictam non efficere quidem, quominus heres scriptus vi & potestate juris ex asse heres fiat, cæterum hanc ejus vim esse, ut heres ille ex certa parte aut re scriptus residuum vel partem reliquam, quam accrescere testator noluit, tanquam ex fideicommisso teneatur restituere iis, qui ab intestato ad hereditatem ejus venturi fuissent, ducto argumento a simili, quale proponitur in *leg. si quis* 29. *ff. ad SC. Trebell.* & §. 3. *Institut. quib. modis test. infirm.* item in *leg. ex facto* 17. *princ. ff. ad SC. Trebell.* & fin. *l. pater* 89. *in fin. princ. ff. de leg.* 2. Atque hæc sententia mihi quoque non displicet; imo magis placet, quam superior illa communis, quoniam favet voluntati testatoris salva ratione juris. Et huc accommodari potest clausula in *dict. leg. proximus* 9. §. *si duo* 13. *ff. de hered. instit.* de qua supra. Recogitavit & Vigliusc postea medium sententiam: sed ille dum servare cupit voluntatem defuncti, manifeste facit adversus rationem juris, comminiscendo tacitam legitimorum heredum in partibus, quas testator scriptum heredem habere noluit, institutionem, qualis institutio jure nostro incognita est. Quod cum nec ipse Viglius dissimulet, persuasum habeo, cum quoque [illegible] & sine cunctatione in Saliceti opinionem concessurum fuisse, si quis modo eam proposuisset. In Belgio generali consuetudine passim receptum est, ut unicuique liceat partim testato, partim intestato decedere contra dispositionem juris Romani, Grot. 2. *manud. cap.* 18. Gudelin. 2. *de jur. noviss. cap.* 5. Christin. *volum.* 1. *decis.* 91. *&* *decis.* 312. *& volum.* 4. *decis.* 10. An autem per hoc quoque censeri debeat in totum abolitum esse jus accrescendi, hic non disputo; Vid. Christin. *d. decis.* 91. Gudel. *d. c.* 5. Groenew. *de legib. abrog. ad* §. *hereditas* 5. *Institut. de hered. instit.*

CAPUT XXIII.

Quando conditio substitutionis vulgaris filio sub heredi a patre facta extitisse intelligatur ut substitutus fiat heres? & an jus suitatis per hujusmodi substitutionem tollatur?

Conditio hæc vulgaris substitutionis, *Si heres non erit*, qui casus primus dicitur, pro diversa qualitate heredum & personæ instituti diversimode accipitur. In extraneo herede qui sui juris sit, hoc significat, si neque sibi hereditatem acquisierit, neque alium mutata conditione heredem fecerit. In ejusdem qualitatis herede qui alieno juri subjectus est, eodem sermone hoc significatur, si neque ipse heres erit, neque hereditatem ei, cujus in potestate est, acquisierit; *l. si paterfamil.* 40. *ff. de hered. instit.* In quo herede eadem formula citra controversiam hoc significat, si heres esse non poterit, quod fit, si ante parentem testatorem vita decedat; tunc enim nisi liberos liquerit, qui quasi agnascendo testamentum rumpant, semper locus est substituto. Cæterum putamus eadem formula & hoc significari, si se paterna hereditate abstineat, si cum effectu ex testamento heres non extiterit, id quod bonis paternis se immiscere noluit. Nam etsi suus heres ipse jure heres existat, citra ullum vel suum vel alterius factum, sine aditione, sine cretione, sine gestione pro herede, § 3. *Instit. de hered. quæ ab intest. defer.* *l. in suis* 14. *ff. de suis & leg. her.* & ideo non est: sine herede dicatur, qui suum heredem, licet se abstinentem habet, *l. cum quidam* 30. §. *sed & si* 10. *ff. de fideic.*

fideic. libert. quæ res etiam sua habet effecta circa confirmationem tutelarum pupillarium, libertatum dationes, &c. *l.* 10. *ff. de vulg. & pupill. subst. l. filius* 45. *& l. seq. l. ult. de acq. hæred. l. paterfamil.* 28. *ff. de reb. auct. judic. possid.* Tamen cum de excludendo substituto quæritur, & vi atque interpretatione horum verborum: *Si filius mihi hæres non erit*, ex mente & voluntate substituentis, quam jus civile hic sequitur atque approbat, hæc quæ non fere nuda illa existentia ut male Theophilus existimavit; sed immixtio filii cum aditione hæredis extranei comparanda est, substitutum filius excludet, non cum nudo nomine tenus, sed reipsa & cum effectu *hæres* factus est. Sic Jurisconsulti in *leg. non solum*, 67. *ff. de rit. nupt. l. si post* 78. *ff. de legat.* 1. aperte negat filium, qui abstinuit, patri hæredem extitisse: nec Prætor hunc hæredis loco habet, *l. si filius* 12. *ff. de interrog. in jur.* Et alioqui si nullo modo efficere filius posset, ut non sit hæres, frustra ei substitutus daretur in eum casum, quo hæres non erit, quo procul dubio continetur etiam casus, quo non vult hæres esse. Enimvero si filius patris superstes decesserit non declarata voluntate super immixtione, hic excluderet substitutum propter transmissionem hæreditatis ipso jure quæsitæ nec derelictæ, aut repudiatæ *l. Lucius* 41. *ff. de vulg. & pupill. l.* 3. *Cod. de jur. delib. junct. l. un. §.* 5. *& §. cum autem* 13. *Cod. de caducis tollend.* Porro ex his apparet verum non esse quod plerique tradiderunt, quos sequitur Fach. 4. *contr.* 71. filium qui vulgarem substitutum a patre accepit, desinere esse suum hæredem. Illud quidem recte dicitur & omnino dicendum videtur, suum hæredem, qui in casum vulgarem substitutum accepit ex necessario hærede fieri voluntarium & id quidem ex ratione ipsius juris civilis quo scilicet patri permissum, necessitatem istam ut in suum solius favorem introductam remittere & quam etiam tacite remisisse intelligatur dato filio vulgari substituto; ut quod alias filius non habuisset, nisi jure Prætorio, abstinendi nimirum licentiam, id nunc habeat jure proprio acceptum a patre, ac proinde ex jure civili, per *leg. verba* 22. *ff. de condit. instit. l.* 4. *princ. l. jam dubitari* 86. *ff. de hæred. instit.* Sed nullo modo admitti potest, quod Doctores vulgo contendunt per substitutionem vulgarem in totum tolli jus suitatis. Licet enim suitati cohæreat & in persona sui hæredis annexa sit necessitas, est tamen diversa qualitas a suitate, atque hac salva, aut tantum vulnerata illa tolli potest, quod omnino considerandum est. In servis est necessitas, suitas non est. Ex eo quod quis suus est, ipso jure hæres fit, bonaque paterna propter continuationem dominii penes eum remanent: ex eo quod necessarius, ea retinere cogitur, & creditoribus paternis, velit nolit, respondere, *l. necessariis* 33. *ff. de acquir. hæred.* quamquam etiam hic suum confert suitas. In suitate magis jus & commodum liberorum, in necessitate solius patris vertitur, cui ob id liberum fuit necessitatem hanc remittere, atque ex necessario hærede facere voluntarium, *l.* 12. *ff. de condit. instit.* Neque unquam pater efficiat suum sibi hæredem facere, sed bene necessarium: & cum impuberi filio fratrem necessarium hæredem facit, suum tamen hæredem non facit: ut recte Goveanus in *leg.* 2. *§. sed si quis* 5. *num.* 35. contra Bartolum. Nihil autem plane pro communi sententia facit *leg. si filius* 16. *ff. de lib. & posthum.* Neque enim in casu illic proposito substitutio vulgaris facta filio efficit, ut filius suus hæres esse desinat, ut male colligit Bartolus; sed hoc, ut filius interim decedens prætermisso posthumo non possit videri hæres fuisse ab intestato, quoniam substitutus testamentum sustinet, nec ex eo filius hæres existere potuit, quia jus ejus adhuc pendebat propter incertum eventum posthumi nascituri, de quo late Anton. Fab. *derr.* 32. *err.* 8. Similiter cum Prætor liberis necessariis hæredibus potestatem facit abstinendi hæreditate, eosque liberat ab oneribus hæreditariis si velint hæreditatem derelinquere, §. 2. *Inst. de her. qual. & diff. dd. leg.* 57. *ff. de acq. hered.* necessitatem tantum tollit, non suitatem, ex necessariis hæredibus facit voluntarios, non ex suis extraneos: quippe cui possunt non nocere liberis, sed prodesse *l.* 12. *ff. de vulg. & pupill. subst.* Itaque quemadmodum post datam a Prætore suis & necessariis hæredibus abstinendi potestatem, nihilominus sui hæredes manent, ipsoque jure & ignorantes hæredes fiunt, ac creditoribus paternis, obligantur, §. 2. *Instit. de her. qual.* §. 2. *Inst. de her. quæ ab int. dd. leg.* 57. *de acq. her.* quamvis respectu beneficii Prætoris, quo fit ut in eo actio non detur, *l.* 2. *ff. de tut. & rat.* idem jus habere dicantur, quod futurum esset, si liberum arbitrium adeundæ hæreditatis haberent, *l. nam nec* 89. *ff. de legat.* 1. & consequenter quemadmodum hic manet idem suitatis effectus, videlicet ut si filius decesserit, cum vel ignoraret patrem mortuum esse, vel sciret quidem, sed nondum declarata voluntate de retinenda aut derelinquenda patris hæreditate, eam hæreditatem, utpote ipso jure sibi jam quæsitam ad hæredes quoslibet transmittat, *l.* 3. *Cod. de jur. delib. l.* 7. §. 1. *ff. de acq. hered. l.* 15. §. 2. *ff. de cast. pec. l.* 8. *Cod. de suis & leg. lib.* ita quoque dicendum est, filium, cui in eum casum, quo hæres non erit, substitutus a patre datus est, licet necessarius hæres esse desinat, idque ex ratione ipsius juris civilis, non tamen desinere suum hæredem esse, cumque ante immixtionem aut abstentionem decedentem hæreditatem ad quoslibet hæredes transmittere excluso substituto. Quod si per substitutionem vulgarem tolleretur jus suitatis, nec in pupillari substitutione expressa unquam inesse posset vulgaris, nec in vulgari expressa pupillaris, contra quam utimur, *l.* 4. *ff. de vulg. & pup. subst.* denique & transmissio, quæ solius suitatis ante legem Theodosii effectus erat, per vulgarem substitutionem eo tempore fuisset impedita: quæ omnia falsa sunt, priora duo manifeste, tertium, *argum. l. un.* §. 5. *& §. cum autem* 13. *Cod. de cad. toll.* ubi Justinianus demum substitutum vult admitti, cum desunt personæ, quæ hæreditatem non aditam transmittunt ex lege Theodosii, quæ unica est sub *titul. Cod. de his qui ant. ap. tab. her. transm.* Nimirum jus transmittendi, quod soli antea sui hæredes & simpliciter habebant, etiam in casu substituti Justinianus illic extendit ad personas lege Theodosii comprehensas. Insignis itaque error est Joann. Deckeri qui *lib.* 1. *diss.* 14. *num.* 42. ut communem opinionem tueatur, nimirum per substitutionem vulgarem jus suitatis omnimodo tolli, asserit idem per vulgarem substitutionem suo hæredi factam tolli jus transmissionis, quod ex jure suitatis est: quia suus hæres institutus non aliter ex testamento hæres fit, quam si se immisceat. Notissimi enim juris est, suos hæredes tam ex testamento, quam ab intestato statim & ipso jure hæredes existere, §. 2. *Instit. de hæred. qual. l.* 3. §. 6. *ff. si quis omiss. caus. testam.*

& clausis adhuc tabulis, *l. 3. Cod. de jur. delib.* Concludendum igitur substitutionem vulgarem in suo herede non operari in casum & speciem impotentiæ, sed in casum voluntatis ut loquuntur, & abstinentiæ duntaxat, utique si filius patri supervixerit: nam si is vivo adhuc patre decesserit, nullis liberis relictis, qui succedendo rumpant, dubium non est, quin substitutioni locus sit, Zas. *tr. de substit. cap. 2. in quart. effect.* Gomez. 1. *resol. cap. 3. num. 15. 16. & 24.* Christin. *vol. 4. decis. 16. num. 4.* Dom. Joann. a Sande *lib. 4. dec.* Cur. Fris. *tit. 3. defin. 1.* ubi plures allegat; & optime Bachov. *ad Treutl. vol. 2. Disp. 11. thes. 7.* Illud quoque mihi persuadeo, ut hoc obiter addam, abstinente filio suo herede, quo casu substitutum admitti supra diximus, substitutum heredem fieri jure civili, hoc est, directo ex substitutione venire, & hereditatem adire posse ex vi formulæ: *Si filius mihi heres non erit, Sempronius heres esto*; quamvis Anton. Faber, *decad. 32. err. 7.* contendat non ipso jure substitutum hoc casu heredem fieri, sed a Prætore tantum ad bona admitti. Etenim suus heres se abstinens, tantum secundum quædam heres adhuc manet, secundum alia sauciatur & enervatur suitas, ut in proposito; ubi & leges ipsæ se quodammodo accommodant voluntati patris. Nec dubito, quin filio abstinente, veri heredes sint, qui ab intestato veniunt. Sed hoc de vapido.

CAPUT XXIV.

An quemadmodum, quod explorati juris est, sub expressa substitutione vulgari facta filio impuberi continetur & pupillaris, ita ex converso sub expressa pupillari etiam contineatur vulgaris?

OLim qui sibi, & liberis suis impuberibus in utrumque casum prospectum vellent, ex consilio prudentum, ut credibile est, disjunctiva hac & gemella substitutionis formula, quam Modestinus in *l. 1. §. 1. ff. de vulg. & pup. subst.* duplicem appellat, uti fuerunt: *Si filius mihi heres non erit* &c. propterea quod vel ex plurium sententia, substitutio vim suam non extrahebat ultra casum expressum, vel quod ob diversitatem sententiarum rerumque judicatarum id incerti adhuc juris erat. Postea autem Imp. Marci & Veri constitutione introductum, ut si pater impuberi filio in alterum casum substituisset, in utrumque casum substituisse intelligeretur; sive filius heres non extiterit, sive extiterit & impubes decesserit, *l. 4. pr. ff. de vulg. & subst.* Quod jus & ad compendiosam duorum impuberum substitutionem hoc communi verbo, *eosque invicem substituo*, factam, tractum est, *d. l. 4. §. 1.* Et quidem extra controversiam positum est, vulgaris substitutionis casu expresso contineri etiam casum pupillaris, veluti si pater impuberi filio heredi instituto ita substituat: *Si filius heres non erit, Titius heres esto*: hic enim, ut inter omnes convenit, etiam in alterum hunc casum, *Si filius heres erit, & impubes decesserit*, Titius substitutus intelligitur; nisi voluntas testatoris aperte refragetur, *d. l. 4. in fin. ff. & l. 4. Cod. eod.* Quod autem pupillaris quoque substitutio hic admittitur; id fit ex sola conjectura voluntatis paternæ, quæ hinc ducitur, quod credibile sit patrem, qui aliquem sibi heredem esse voluit, si filius heres non esset, voluisse, quoque eundem esse heredem filio, si filius heres esset, & intra pubertatem moreretur; utroque enim casu pariter substitutum dilexisse videtur, nec sibi magis prospexisse, quam impuberi filio, cui etiam multo esse creditur heredem a patre accipere, *l. Julianus 42. ff. de acq. hered.* In voluntate autem testatoris manifesta hujusmodi conjecturis non utimur. Quapropter si ille vel nominatim alium in secundum casum substituit, vel in conditione vulgaris substitutionis personam comprehendit, cui pupillariter substitui nequeat, hic qui in primum casum substitutus est, minime intelligi debet & in casum secundum esse substitutus contra manifestam voluntatem testatoris, qui aut expressim in casum secundum substitutum dedit, *§. 5. Instit. de pupill. subst.* aut in conditione substitutionis eum adjecit, cui in secundum casum substitui non potest; quod cum sit, palam est testatorem in unum duntaxat casum substitutionem scripsisse, quo utique heredem substitui poterat, *l. 4. §. 1. l. Lucius 45. ff. de vulg. & pup. subst. l. 1. & l. 4. Cod. eod.* Excipiendus etiam casus singularis in *leg. ult. Cod. de inst. & subst.* ubi Justinianus non vult substitutionem vulgarem vim habere tacitæ pupillaris adversus matrem coheredem posthumo datam, si vivo ea posthumus natus impubes decesserit. Jus singulare ostendunt verba illa, *in hac specie in hujusmodi casu*. Non obstat *l. 8. Cod. de impub. & al. subst.* quia loquitur de substitutione militis, quæ facta in unum casum non extenditur ad alium. Quippe militum testamenta non reguntur legibus aut constitutionibus, sed ex nuda, simplici, aut prout verbis expressa est, voluntate æstimantur, *l. in testam. 6. Cod. de testam. mil.* Donel. *in d. l. 8. n. 4. & 6.* VIL. *ad pr. Instit. de pup. substit.* Bronchorst. 4. *assert. 4.*

Cæterum, an ex contrario expresso casu substitutionis pupillaris secundo dicendum sit contineri etiam casum vulgaris seu primum, non est æque expeditum. Et communis quidem sententia est expresso secundo primum quoque casum comprehensum intelligi. Gloss. & DD. *in dist. leg. 4. ff. de vulg. & pup.* Mantica *lib. 11. de conject. ult. vol. tit. 3. num. 9.* quam sententiam & nos probamus. Sed hic iis nobis movetur a magnis viris Lancell. Polit. *de subst. pup. qu. 8. num. 39.* Vigl. *ad princ. Inst. de pup. subst.* Ant. Fab. *decur. 32. error. 9. & 10.* qui in contrarium eunt, ac serio contendunt, nunquam in substitutione pupillari vulgarem tacite contineri. Nos ergo numero Interpretum nobiscum sentientium superiores sumus, tamen in communes opiniones non juravimus, & parum hoc esse existimamus, nisi & legum auctoritate vincimus ac ratione. Auctoritate defendimur duplici; primum verbis ipsis constitutionis Impp. Marci & Veri relatis apud Modestinum in *d. l. 4. pr. de vulg. & pupil. substit.* quæ hæc sunt: *ut cum pater impuberi filio in alterum casum substituisse intelligatur*. Ecce non ajunt Impp. cum pater *in primum casum*, quomodo loqui debuerunt, si tantum in vulgari casu expresso pupillarem contineri significare voluissent; sed *cum in alterum casum*, hoc est, unum e duobus sine ulla distinctione, primus, an secundus tantum expressus fuerit. Secundo & evidentius auctoritate ejusdem Modestini interveniente hanc quæstionem proponentis & decidentis in *d. l. 4. §. 2. vers. hoc itaque*. Qui duo habebat filios, unum puberem, alterum impuberem, utroque herede instituto puberem impuberi substituit in eum casum quo impubes heres extiterit,

stere, & intra pubertatem moreretur: ait Jurisconsultus hoc casu fratrem impuberem in utrumque eventum substitutum videri. Quod autem in fine ejusdem responsi Jurisconsultus monet, ad evitandam omnem quæstionem cautius facturum patrem, si in utrumque casum expresse impuberi substituat, hoc apparet eum facere propterea quod in specie mutuæ substitutionis, qualem ille proposuerat, nimirum cum uterque alteri separatim substituitur, filius impubes puberi vulgariter, pubes impuberi pupillariter, voluntatis quæstio moveri posset, an non quemadmodum, pater in unum duntaxat casum, hoc est in vulgarem puberi substituit, ita voluisse in unum quoque casum tantum, nempe in pupillarem, videri debeat impuberi substituisse? At hujusmodi quæstioni post Divorum Marci & Veri constitutionem locus non est, cum non uterque alteri in casus diversos, sed uni duntaxat, qui in utrumque casum substitui potest, substituitur alter, sive solum in primum, sive solum in casum secundum. Diserte autem dixi, cum uterque alteri separatim substituitur, pubes scilicet & impubes: quia si verborum compendio mutuo substitui sint hoc modo, *eosque invicem substituo*, in vulgarem tantum modo casum reciproca substitutio facta intelligitur. Quippe in tali specie incongruens visum est, ut in altero duplex esset substitutio, in altero sola vulgaris, *dict. leg.* 4. §. 1. *ff.* leg. *Cod. eodem*. Mantic. *dict. titul.* 5. *num.* 6. Govean. *ad dict. leg.* 4. *num.* 13. *in fin.* Duar. *ad titul. de vulg. & pup. substit. cap.* 15. A ratione quoque non magis alienum est hanc inducere voluntatis conjecturam, quam quod in primum casum substitutus intelligatur quoque substitutus in secundum. Immo fortior est voluntatis conjectura pro illo, quam pro hoc quod etiam Christinæus *volum.* 4. *decis.* 15. *num.* 4. notavit. Nam cum pater filium hæredem instituit, quem etiam sperat sibi hæredem fore, & bona, quæ relicturus est consecuturum eum, quem filio hæredi facto substituit, & ad quem consequenter mortuo filio pariter cum bonis filii postea quæsitis sua quoque pervenire voluit, magna causa præsumptionis est patrem voluisse, etiam filio hærede non existente sibi hæredem esse in suis solius bonis: quæ præsumptio tanto major in hoc casu, quam in superiore, quanto magis apparet testatorem dilexisse eum, quem una cum suis bonis filii quoque bona, si quæ postea ei obvenerint, habere voluit, quam eum, quem expresse sibi tantum hæredem fecit.

Et hæc autem vel solo nostro argumento refelli possunt rationes eorum, qui contra sentiunt; nam auctoritate quidem illi nulla nituntur: nisi quod Antonius Faber nobis objicit Javolenum in *leg. pater fam.* 28. *ff. de rebus auctor. judic. possid.* quo tamen loco longe aliam quæstionem Jurisconsultus tractat, & nimirum hanc, an creditoribus paternis in substitutum impuberis, qui patris hæreditate abstinuit, actio detur, sive an substitutus æs alienum patris agnoscere, & creditoribus ejus respondere teneatur: an vero hæreditates, quas nuda cuticula potestatis juris civilis conjunxit, possit separare. Quod si inde colligat Faber substitutum impuberi in casum pupillarem pupillo abstinente, hæreditatem patris adire non posse vi aliqua tacitæ substitutionis vulgaris, eadem ratione colligeret nec legitimos hæredes abstinente pupillo posse patris hæreditatem cernere, ut bene contra Fabrum disputat Bachovius ad Treutler. *volum.* 2. *disputat.* 31. *pater fam.* 28. §. *fin.* & sic quidem præsuppositum esse dici posse quæstionem a Javoleno propositam substitutum quoque impuberi suscipere damnosam hæreditatem, utcumque virtute tacitæ substitutionis vulgaris sibi delatam? Ac mihi quidem, quod ad istam quæstionem attinet, idem videtur sensisse Javolenus, quod successor ejus Julianus, cujus sententia, ut pupilli utilitatem impugnans, notatur a Marcello & Ulpiano in *leg. Julianus* 42. *princ. ff. de acquir. hæredit.* Levicula autem sunt, quæ de ordine servando communiter objiciuntur, quod nempe hic sit naturalis ordo, ut a casu primo transeatur ad secundum, non vice versa, *leg.* 2. §. *prius autem* 4. *ff. de vulg. & pupill. substit.* quod absurdum sit in accessorio, quale est testamentum filii, contineri principale seu testamentum patris. Quando enim conjunctim eodem tempore, iisdemque tabulis ac contextu pater sibi & filio testamentum facit, nihil refert, a se, an a filio incipiat, *dict. leg.* 2. §. *sed &* §. 4. atque ut Alfenus dicebat, in conjunctionibus nullus est ordo, *l.* 14. *ff. de pactis leg.* ac proinde, cum non sit certa aliqua ratione juris, & interim ex interpretatione constitutionis & voluntate Divorum Principum perinde in specie proposita haberi debet, ac si a casu primo initium substitutionis pater fecisset. Agitata fuit hæc quæstio tam olim in judicio centumvirali inter hæredes legitimos Coponii cujusdam & M. Curium, cujus rei Cicero meminit in locis, & Quintilianus *lib.* 7. *Instit. orat. cap.* 7. meminerunt. Coponius posthumum hæredem instituerat, eique, si antequam in tutelam suam veniret, decessisset, Curium hæredem substituerat. Cum posthumus natus non esset, exorta est de hæreditate controversia inter hæredes testatoris legitimos & substitutum. Q. Mucius contendebat legitimis hæredibus locum esse factum, quoniam Curius ita substitutus erat, si posthumus impubes moreretur: at posthumum ne natum quidem esse, ac proinde defecisse conditionem substitutionis. Mucio contradixit L. Crassus, atque iisdem argumentis, quibus nos usi sumus, probavit Centumviris M. Curium nihilominus ex substitutione hæredem esse oportere. Quod judicium ut communem sententiam vindicat ab illis, quas Vigilius & Faber comminiscuntur, absurditatibus, ita ipsum, cum res adhuc dubia maneret propter auctoritatem, ut credibile est, Q. Mucii, constitutione Divorum fratrum confirmatum est.

Plane in substitutione facta pupillo exhæredato eadem interpretatio admitti non debet. Immo ne expresse quidem vulgaris substitutio eo casu fieri potest; quippe cum vulgariter ei duntaxat substituere queam, quem ipse mihi hæredem facio. Quid si duobus diversis testamentis pater sibi & filio hæredem scripserit? sæpe enim pupillare testamentum diverso tempore fit, & novis solemnibus rursus adhibitis. Pone patrem suo testamento perfecto, alio deinde die aut hora filio testamentum fecisse, quod ei permissum est, *l. si quis* 16. §. 1. *ff. de vulg. & pupill.* aut sibi pater scripturam filio per nuncupationem vel contra *leg. patris* 20. §. *eodem*. Atque in suo quidem testamento filium hæredem instituisse, sed iisdem tabulis nullum ei dedisse substitutum. Postea & alio demum tempore filio impuberi fecisse testamentum, quo ei pupillariter substituit. Hic ego dicerem cum Bachovio sub pupillari expressa non intelligo comprehensam vulgarem, propterea quod tunc filio tantum, non etiam sibi hæredem quæsivisse pater videtur. Apud nos & in plerisque aliis

Belgii Provinciis, quia pupillari substitutione non utimur, disputatio haec supervacua est, Gudel. *in lib.* 1. *de jur. nov. cap.* 18. Groen. *l. 2. rer.* c. 19. Groenew. *de leg. abrog. tit. Instit. de pup. sub.*

CAPUT XXV.

An legatum in alterius arbitrium recte conferatur?

QUando de legato in alterius arbitrium conferendo disputatur, tres diversi casus considerandi. Nam aut in arbitrium haeredis confertur, aut legatarii, aut tertii alicujus, sive extranei, atque hi tres casus diversum jus habent. Quod ad collationem in tertii arbitrium attinet, ut de eo primum dicam, potest legatum conferri in tertii alicujus arbitrium tanquam in conditionem, *L.* 1. *pr. ff. de legat.* ubi Ulpianus ait, *in arbitrium alterius conferri legatum*, veluti *conditio potest*, id est, quasi conditio. Malim tamen cum Cujacio *lib.* 2. *observat.* 2. legere *veluti conditionem*. Sed quid hoc est, in alterius arbitrium veluti in conditionem? Respondeo, si testator sic dixerit: *Maevio fundum Tusculanum do, lego, si Titius voluerit*. Tale, inquam, legatum valet. Ratio est, quia voluntas facti est: & potest legatum in alterius factum, non ut in voluntatem simplicem, sed ut in conditionem faciendi conferri, puta, si forte accidit aliquando, ut id velit, ut conditio potius sit, quam merum legati dandi arbitrium, veluti *si Titius Capitolium ascenderit*. Utrumque exemplum habemus apud Ulpianum in *d. leg.* 1. *princip. ff. de legat.* 2. ubi & nihil interesse scribit, hoc an illo modo legetur. Atque ex hoc eodem loco, quod idem Ulpianus alibi tradit, legatum in aliena voluntate quasi conditione poni posse, *L. Senatus* 43. §. 2. *ff. de legat.* Nam & alibi idem auctor libertate ita relicta: *si Sejus voluerit, Stichum liberum esse volo*, deberi ait, quod scilicet conditio posita sit, quam legati dandi merum arbitrium, *L. si de commissa* 46. §. 3. *ff. de fideicommiss. libert.* Atque huic conditioni eodem tertio loco parem facit illam, *si Sejus Capitolium ascenderit*. Estque hoc legatum vere conditionale, ac mortuo ante conditionem existentem, id est, antequam certius ille voluerit, legatario, extinguitur. Dissentit Hotomannus *lib.* 1. *amicab.* 5. Pomponium & Modestinum cum Ulpiano committens. Potest & legatum conferri & in extranei arbitrium non utique liberum, sed ut arbitrium boni viri; & tunc legatum non est conditionale, *dict. leg.* 1. §. 1. Bonum autem virum cum dicimus, non Judicem intelligimus, etiamsi is vel maxime boni viri officio fungi debeat: sed qualemcumque virtute praeditum, justum, fidum, innocentem; ut Cicero definit *lib.* 3. *de offic.* Est vero in testamentis, in quibus voluntates plenius interpretamur, *leg.* 12. *ff. de regul. jur.* hoc perpetuum, ut legatum in alterius arbitrium collatum in boni viri arbitrium collatum est, arbitretur, sive non arbitretur, semper utile sit, *dict. leg.* 1. §. 1. *L.* 3. 4. §. 1. *Codice comm. de legib. & fideicommiss.* quanquam in contractibus arbitrii hujus adjectio vim conditionis habet, *l.g. si cotia* 75. *ff. pro soc. l. ult. Codice de contrah. empt. l. si quis*, 43. *ff. de verbor. obligat.* At non potest legatum conferri in tertii liberum arbitrium simpliciter, dum totum legatum in meram verbi causa Titii voluntatem confertur citra ullam respectum conditionis, ut illa verba *si voluerit Titius*, idem significent, ac si diceretur pro libero Titii arbitrio, ut arbitretur & quae detur legata sit. Nam tunc vellet utique ex puro Titii arbitrio pendere legatum, sive bene aequum sive iniquum arbitretur: quod fieri non potest, *lex illa in conditionale*, 32. *ff. de haered. instituend. lex nonnunquam* §. 1. *ff. de condit. & demonstrat.* Enimvero in consequentiam & indirecte ex Titii arbitrio pendere vim legati patet, veluti si testator expressim adjecit conditionem; *Maevio centum do, lego, si Titius Capitolium ascenderit*. Etsi enim Titius Capitolium non ascendit nisi volet, tamen testator his non tam voluntatem Titii quam factum ascendendi &, contingentiam facti spectavit. Poterit enim velle Titius, nec tamen ascendere, morte, morbo, vi impeditus. Poterit & ascendere nihil minus cogitans, quam ut conditioni pareat, forte ignorans conditionem hanc legato adscriptam, aut omnino quid Maevio legatum esse. Quid si aperte testetur Titius nolle se, ut Maevius legatum capiat, & tamen ascendat? Nihilominus debebitur legatum, quod non deberetur, si testator simpliciter Titii voluntatem spectavisset, *dict. l. nonnunquam*.

Quod ad haeredis arbitrium attinet, tantum abest, ut legatum conferri possit in liberum haeredis arbitrium *si haeres meus voluerit*, ut ne possit quidem in ejus arbitrium conferri, tanquam in conditionem. Atque hoc est, quod dicitur in *leg. Senatus*, 43. §. 2. *ff. de legat.* 1. legatum in haeredis voluntate poni non posse: nempe non posse ne quidem tanquam in conditione. Ratio est, ne sit in arbitrio ejus, quem testator obligare cogitat, an sit obligatus, *l. stipulatio*, 7. §. 1. *ff. de reb. dub. fac. leg. stipulatio*, 17. *l. si Titio*, 108. §. 1. *ff. de verb. oblig. l.* 8. *ff. de oblig. & action.* Quamobrem evidenter, nec tale legatum valere, *si haeres Capitolium ascenderit, Titio centum dato*, quamvis Cujacius valere putat, *arg. L.* 3. *ff. de legat.* 2. sed ille textus loquitur de conditione negative concepta, cujus alia ratio est. Nam & si dixerit testator *nisi haeres meus noluerit*, quasi conditionale legatum est, & primam demum voluntatem exigit, *l. si fideicommissa*, 71. §. *sic fideicommissum*, 5. *ff. eod.* 3. Utique in haerede haec verba, *si voluerit*, pro conditione nequaquam accipiuntur, nisi favore libertatis, *L. si fideicommissa*, 46. *princ. ff. de fideicommiss. libert.* Dicere tamen potius in specie illic potius id admitti, propter verba *fidei tuae committo*: *arg. dict. leg.* 36. §. 3. Plane in arbitrium haeredis, quasi boni viri recte confertur legatum, veluti si ita adscriptum fuerit, *si aestimaverit haeres, si comprobaverit, si justum putaverit, si ut sibi visum fuerit* & c. *L. si legatum*, 75. *princ. ff. de legat.* 1. *dict.* 11. §. *quamquam*, 7. *ff. eod.* 3. *dict. l.* 46. §. 3. *de fideicommiss. liber.* neque hoc casu legatum est conditionale, per *l.* 1. §. 1. *de legat.* 2. Utiliter quoque sic relinquitur, *cum haeres voluerit*, quia tale legatum omnino testator praestari vult. Sed tractum temporis habet, quamdiu vivat is, a quo relictum est. Eo autem mortuo, si ipse non praestitit, ab haerede ejus praestandum est: nam post mortem utique datum creditur. Praemoriens autem legatarius nihil transmittit, quia conditionale est *dict. l.* 11. §. *hoc autem*, 6. *leg. uxorem*, 51. §. *pen. de legat.* 3. *sicut leg. constituit*, 46. §. 2. *ff. de verb. oblig.*

Postremo, quod ad arbitrium attinet legatarii, potest legatum in liberum ejus arbitrium & voluntatem ex-

expresse conferri: *Titio centum do, si voluerit*. Et hoc legatum est conditionale ut legatario ante conditionis eventum mortuo, id est, antequam legatarius voluerit ad se pertinere, jus petendi legati ad heredem ejus non transmittatur, quia conditio personae injuncta videtur, *l. si ita legatum*, 69. §. 1. *ff. de legat.* 1. *l. si ita legatum*, 65. §. 1. *ff. de legat.* 2. *l. si ita expressum*, 69. *ff. de cond. & demonstr.* Quod si ea conditio verbis expressa non fuerit, licet tacite insit, non facit legatum conditionale, *l. conditiones*, 99. *ff. de cond. & dem. l.* 5. *ff. de legat.* 2. Cui non obstat, quod alibi traditum est, conditiones, quae tacite insunt non reddere legata conditionalia, licet a testatore exprimantur, *l. Cornelius*, 68. *de hered. instituen. l. heredi*, 7. §. *traslati*, 5. *ff. quando dies leg. cedat*, 47. *ff. de cond. & demonstr.* Hoc enim sic accipiendum & temperandum est, nisi alia sit, aut aliam vim habeat conditio expressa, ut in proposito, *l. nonnunquam*, 52. *ff. d. tit.* idque significat Marcellus in *dict. l. servo*, 47. *in fin. eod.* Exposui breviter sententiam meam super subtilissima hac quaestione. Interpretes nostri non idem omnes sentiunt. Vid. Gloss. Bartol. & DD. *in l.* 1. *ff. de legat.* 2. Cujac. 2. *observ.* 5. Hotoman. 5. *amicab.* 6. Robert. 2. *sent.* 10. Comm. 9. *comment.* Petrus Faber *ad l.* 22. §. 5. *ff. de reg. jur.* Brunek. *cent.* 3. *assert.* 48.

CAPUT XXVI.

Rei alienae legatum quando valeat, & quid juris, si quis legaverit rem, quam cum alio communem habet.

Etiam res aliena legari possit, Proculus consultus, & posse, etiamsi difficilis earum paratio sit, ut loquitur Jurisconsultus in *l. cum servus*, 39. §. *constat* 7. *ff. de legat.* 1. nec obstat lex duodecim tabularum, quae tantum de suo legandi potestatem facit, *l. verbis legis*, 120. *ff. de verb. sign.* nam & qui legat rem alienam; vi & effectu de suo legare intelligitur, nempe heredem suum onerare, ut rem redimat, & redemptam praestet; aut si id non potest, aestimationem inferat, qui hujus legati effectus est, §. *non solum*, 4. *Inst. de legat. l. si domus*, 71. §. 3. *eod. tit.* Olim hoc proprium fuit legatorum, quae per damnationem relinquebantur, quod arguit *leg. qui quatuor*, 30. §. *ultima*, *ff. de legat.* 3. & expresse testatur Ulpianus in *fragm. sub tit. de legat.* Hodie autem licebit in hac re etiam verbis legati vindicationis propriis uti, puta *do*, *lego* aut similibus. Sed & rem hostium legari posse placuit, si modo ea ea causa sit, ut aliquo casu emi possit, & jure commercii comparari, *l. ab omnibus*, 104. §. 2. *ff. de legat.* 1. Atque ejus rei, quae apud hostes est bello scilicet capta, legatum omnimodo consistit jure postliminii, *l.* 9. *l. si servus*, 98. *eod.* An autem jure quoque Canonico legatum rei alienae valeat, dubitatur propter *cap. filius extr. de test.* ubi videtur hujusmodi dispositio improbari. Covarruvias putat speciem *dict. cap. filius* esse singularem, quod res alterius Ecclesiae legata illic proponatur sepulturae causa; & ideo extra speciem ibi propositam etiam jure Pontificio alienae rei legatum consistere & ita quoque Mantic. *l.* 9. *de conject. ult. vol. tit.* 10. Fachin. *l.* 5. *contr.* 38. Ne enim negari non potest, quin Pontifex in §. *cap. filius* ostendat sibi displicere rei alienae legatum, cum id magis saeculi legibus, quam legi Dei convenire significat. Quamobrem Diod. Tulden. *comment. ad tit. Instit. de legat.* c. 5. fatetur quidem improbari a Pontifice hanc juris civilis dispositionem: caeterum cum eam expresse non abroget, merito adhuc eam obtinere debere contendit: maxime cum probabile videatur ratione prolixius indulgendi supremis hominum desideriis, & eo tantum pertinere, ut heres rem a domino redemptam, sed non nisi immodico pretio, justam aestimationem legatario praestet, *l. si domus*, 71. §. 3. *ff. de legat.* 1. *l. non dubium*, 14. *Cod. eod. l. qui quatuor*, 30. §. *ult. ff. eod.* 3. Crediderim Pontificem opinionis errore deceptum putasse rei alienae legatum legibus saeculi ita sanciri, ut eam rem, velit nolit, dominus suo pretio vendere cogatur: nam ut heres aut redemptione rei alienae, aut pretii illius praestatione oneretur, constat legi divinae minime repugnare.

Caeterum non semper rei alienae legata debetur: verum interest, utrum testator rem alienam legans, sciverit eam alienam esse, an ignoraverit: si scivit, debebitur; si ignoravit, non item, *l. nemo ex familia*, 67. §. *si rem*, 8. *ff. de legat.* 2. *l. cum alienam*, 10. *C. de legat.* §. *non tantum*, 4. *Inst. eod. Forsitan enim*, inquit ibi Justinianus, *si scivisset alienam rem esse, non legasset.* Unde vero illud colligitur? Ex eo nimirum, quod nemo facile credendus sit heredem suum onerare voluisse redemptione alienae rei, *dict. l. nemo ex familia* §. *si rem l. Sticho*, 36. *in fin. ff. de usufruct. legat.* Quare si res heredis legata sit, distinctione illa non utimur, sed ea omnino debetur, quamvis testator eam suam existimans legaverit: nempe ideo, quod cum rei legatae dominus ipse heres est, tam facile eam heres praestare potest, quam rem, quae defuncti fuit, *d. l. nemo ex familia* §. *si rem*. Plane interdum conjectura voluntatis efficit, ut etiam res aliena legata indistincte debeatur; veluti si relicta sit personae proximae, puta parenti, uxori, alicui ex cognatis, aut amico singulari, aliive tali personae, cui verosimile est testatorem quovis modo legaturum fuisse, *dict. l. cum alienam Cod. de legat.* quod ad legata in piam causam relicta traducunt, Tiraquell. *priv. piae caus.* 66. Vasq. *l.* 3. *de success. progress.* §. 17. *num.* 41.

Illud belle quaeritur, quid juris sit in legato rei communis. Finge testatorem fundum Sejanum, quem cum Titio communem habebat, legasse Sempronio non adjecta portione. Res dubitationem non habet, si testator sic dixerit *fundum meum*. Hic enim portionem tantum deberi, id est, partem, quae testatoris fuit, non alienam, diserte a Paulo responsum est in *leg.* 5. §. *ult. de legat.* 3. & ait Jurisconsultus hoc constare, ut ostendat certi juris esse, non controversi. Quippe & verba & mens testatoris hic pro herede faciunt: & verba, quia fundum meum recte interpretamur, quatenus meus est, nam meum etiam recte dicitur, quod pro parte meum est *l. in re communi*, 26. *ff. de serv. praed. urb. l. si quis*, 74. *de legat.* 3. *l.* 2. *ff. de condit. instit.* quamvis totum meum esse non recte dicamus, *leg. recte dicimus*, 25. *ff. de verb. signif.* Mens testatoris, quia etiamsi non dubia esset, non facile credenretur testator hæredem suum onerare voluisse necessitate redimendi partem alienam, *dict. l. unum ex familia, 76. §. si rem, ff. de legat.* 2. Sed dubitatur, si testator non dixerit, *fundum meum*, aut *qui meus est*, sed simpliciter fundum sibi cum alio communem legaverit, utrum totus debeatur; an ea tantum portio, quæ testatoris fuit. Et siquidem totum suum esse putaverit, nemo, opinor, dicturus est plus quam partem testatoris deberi per *dict. l. unum ex familia §. si rem junct. §. non tantum, Instit. de legat.* excepto utique casu supra memorato ex *l. cum alienam*, 10. *C. eod.* Sed quid si eodem modo legaverit, cum sciret fundum sibi cum Titio communem esse? Accursius existimavit totum deberi, quoniam legatum rei alienæ, quam testator sciret alienam esse, valet, & in proposito fundus, si in totum esset alienus, totus deberetur: quod & Donello visum in *d. l. cum alienam num. 2. C. de legat.* Cæterum contrariam sententiam, quam probant Bart. Bald. Jas. Angel. Zas. Duar. *in d. l. 6. §. ult. de legat.* 1. Mantica *l. 9. de conject. ult. vol. tit. 5. n. 18.* veram esse existimo, nempe partem tantum deberi. Quippe longe diversa ratio est in casu proposito rei in totum alienæ, & rei communis sive pro parte meæ. Si res legata tota aliena est, non potest videri testator revocasse modum legati ad partem aliquam suam, quam nullam in ea re habebat, nullaque alia conjectura capi potest, quam voluisse eum totam legare. At cum res communis fuit, & partem in ea testator habuit, omnino credibile est eum potius de sua illa parte cogitasse, quam voluisse hæredem suum ita onerare, ut partem alienam redimat, quæ conjectura efficacissima est, *d. leg. unum ex familia §. rem de legat. 2. l. Sticho, 36. in fin. ff. de usufruct. leg.* Confirmat porro hanc sententiam locus Pauli in *l. fundus, 14. ff. de instrum. leg.* ubi sententiam Neratii explicans ait, *& fundum, qui locatus erat, cum instrumento legatum sit, id tantum instrumentum, quod testatoris fuit, legato cedere; quod si nullum illic in eo fundo instrumentum habuerit, quod colonus habuit, deberi.* Facit huc & *leg. si quatuor, 30. §. qui fundum, 4. ff. de legat. 3.* Atque eamdem omnino rationem habet, quod in specie fundi vectigalis legati responsum est, non videri proprietatem legatam, sed jus, quod in eo testator habuit, *l. si domus, 71. §. fundo, ff. de legat.* 1. Enimvero, si testator nominatim [illegible] legata fundum Sejanum *totum* vel *cunctum*, [illegible] utramque partem, & tam alienam, quam, quæ testatoris fuit, legatam videri, *arg. l. Julianus, 68. in princ. ff. eod.*

Multa tamen huic sententiæ objiciuntur, & primum, quod appellatione rei totum continetur, *l. si dictum §. 8. ff. de evict.* a verbis autem non facile sit recedendum, *leg. ille aut ille, 25. l. non aliter, 69. eodem* 3. Respondeo, verum quidem est, non facile a verbis recedendum esse: sed tamen recedi potest & debet, quando aliud, quam quod dixit, aut scripsit, sensisse testator apparet, *dict. leg. non aliter*, nam mens & voluntas testatoris verbis aut scriptura potior atque potentior est, *leg.* Labeo, 7. §. 2. *ff. de supell. leg. l. cum virum, 16. Cod. de fideicommiss. leg. ubi, 21. ff. de rebus dub.* Mens autem testatoris in proposito fortissime colligitur ex illa veteribus toties usurpata conjectura, quod scilicet haud facile credendum sit, testatorem voluisse hæredem suum onerare necessitate redimendi rem alienam. Secundo objicitur *l. Mævius, 66. §. fundo legato, 6. ff. de legatis. 2.* Sed longe alius casus ibi decidit, nempe quid juris sit, si quis certum fundum, cujus nuda proprietas ad eum solum pertinet, ususfructus autem alienus est, simpliciter, id est, non deducto usufructu legaverit; hic enim Papinianus etiam usumfructum ab hærede præstandum esse. Ratio dubitandi est; quia ususfructus non est pars rei, *leg. recte dicimus, 25. ff. de verb. signific.* Ea vero, si pars esset, non alienum esset quæreretur, an ubi constat totum legatum esse, appellatione etiam ususfructus contineretur? Ratio autem decidendi hæc est quod etsi ususfructus proprie pars non est, instar tamen partis obtinet, propterea, quod emolumentum rei contineat; & proinde fundo legato etiam ususfructus, nisi expresse excipiatur & detrahatur, legato cedit, *leg. Mævius §. fundo leg. 6. ff. de usufruct. earum rerum quæ usu consumuntur.* Et quod notandum cum Azone & Hugolino, ut singulare, si alio proposito id fecit testator, responsum est in specie huic proxima, cum onerasset, sabis, & plus hic valere scripturam, quam quod actum, aut cogitatum est, *leg. si alii, 19. ff. de usufruct. leg.* contra communem scilicet regulam, secundum quam voluntas magis, quam verba, spectanda, *leg. cum virum, 16. Cod. de fideicomm. leg. Labeo, 7. §. 2. ff. de supell. leg.* Porro quod hic juris in toto, idem haud dubie obtinebit & in fundi parte, cujus ususfructus alienus est, legata, *argum. leg. quæ de tota, 76. ff. de rei vindicat.* D. Duarenus nimium hic sollicitus est, & frustra laborat in alio casu quærendo, quanquam vera sunt, quæ profert. Objicitur tertio locus in *leg. cum filius, 76. §. 2. de legation. 2.* Sed eadem ad hunc locum, quæ ad superiorem, responsio est; ut præterea & hoc accedit, quod hæres, qui in casu illi proposito ipse fructuarius est, [illegible] redemptione oneratur. Quarto objicitur, *leg. si rem obligatam, 57. de legat. 4. dict. leg. Mævius, 66. §. fundo quidem 2. leg. 6. Cod. de fideicommiss.* quibus locis traditur hæredem rem pignori obligatam, quæ legata sit, luere debere, utique si sciebat testator eam pignori obligatam esse, *dict. leg. & §. sed & si, 5. Instit. de legat.* unde sequitur non liberari hæredem præstando id, quod defunctus habuit. Respondeo, conjecturæ voluntatis testatoris rem suam, quam creditori obligatam esse sciebat, legantis facit, ut res integra plena & libera debeatur. Nam cum æs alienum onus sit hæredis, qui in universum jus defuncti succedit, non legatarii, *leg. 1. Cod. si cert. pet.* non est credibile testatorem voluisse æs alienum solvi a legatario, nisi hoc expresserit. Aliud autem est, si obligatam esse nesciebat, exceptis duobus illis casibus, de quibus in *dict. leg. si rem obligatam, 57. de legat. 1. & dict. leg. 6. Cod. de fideicomm.*

Nostra hæc & communis sententia nullam Gallorum moribus dubitationem habere potest, quippe, quibus et illud quidem obtinet, ut fundo legato ususfructus, qui alienus est, ab hærede peti possit, teste Auctore *Consultat. Gall. & confere du droit ad dict. leg. Mævius, 66. fundo legato, 36. de legation.* 2. ubi scribit apud Gallos locum non esse dispositioni *dict. §. fundo*, ac proinde abrogandam. Atque hoc ut voluntati testatoris, ita & Batavis quoque nostris moribus omnino consentaneum videtur. Similiter, si testator alii fundum, alii usumfructum ejusdem fundi lega-

legaverit eo proposito, ut alter nudam proprietatem haberet, simpliciter morum nostrorum non conveniat, ususfructus contra mentem testatoris communicetur secundum *l. si tibi*, 19. *ff. de usufruct. legat.* & nescio cujus subtilitatis objectu impediatur, ne suprema hominum judicia exitum habeant. Idem de Galliæ moribus testatur Bern. Autom. *in Confer.* Gail. *ad dict. l. si tibi* Groenew. *tract. de leg. abrogat. ad dict. leg. si tibi & ad dict. l. Maevius*, 66. §. *fundo legato de legat.* 2. Alii, quibus nimia ista subtilitas non placuit, *dict. leg. si tibi*, interpretatione sua sic temperaverunt, ut in casu, quem ibi tractat Modestinus, plus valere debeat scriptura, quam quod actum est, dummodo de eo, quod actum est, non constet; quam interpretationem nec verba, nec sententia Jurisconsulti admittunt, ut bene animadvertit Joannes Azo & Hugolinus apud Accursium.

CAPUT XXVII.

An unquam error in nomine legatarii rerive legatæ aut falsa demonstratio vitiet legatum?

SI quis heredem instituit, sive alicui quid legat, personam heredis aut legatarii demonstret, necesse est. Demonstrantur personæ citra controversiam suo nomine: caeterum & aliis modis demonstrari possunt, ut valeat institutio aut legatum, *l. quoties*, 9. §. *si quis*, 8. *ff. de hered. instit. l. si ita*, 8. §. 2. *ff. de bon. poss. sec. tabul.* Et generaliter in omnibus partibus Juris demonstratio vice nominis fungitur, *l. 6. ff. de reb. cred. l. nominatim*, 34. *ff. de cond. & dem.* Cui jam & illud consequens est, ut si falsum nomen adjectum sit, errante testatore, nihilominus institutio aut legatum valeat, perindeque habendum sit, ac si nomen adjectum non esset: dummodo certum sit demonstratione testatoris, de quo ille senserit. Ut enim caetera omittantur, personam tamen necesse est ita demonstrari a testatore, ut certo appareat, quem ille intellexerit, *d. l. quoties*, §. *si quis ff. de hered. inst.* pro non dicto enim est, aut pro non scripto, quod ita dictum scriptumve est, ut non intelligatur, *l. 2. ff. de his, quæ pro non scrips.* Finge ergo hoc modo legasse, *Cornelia sororis meæ filio centum do, lego*, si soror unum tantum filium habeat, valet legatum, quia satis apparet, quem testator designavit. Sed & ita dixerit, *Cornelio sororis meæ Corneliæ filio centum lego*, valebit legatum, etiamsi ei non Cornelio, sed Sempronio nomen sit. Denique & sic demonstratio recte fit, *cujus nomen in codicillis scripsero, illi heres meus centum dato*, *l. instit. talis*, 10. *ff. de cond. inst.* nam quod in herede sic demonstrato obtinet, id vel magis in legatario valere debet. Pari ratione etsi testator erraverit in nomine rei legatæ, v. c. si fundum Cornelianum pro Semproniano nominaverit, utile est legatum, & debebitur Sempronianus, si constet hunc legatum esse, *leg. 4. ff. de legat.* 1. Et convenienter si quis cum unum tantum servum haberet, dixerit *Stichum servum meum Titio do, lego*, valebit legatum, licet servo Davus, non Stichus nomen sit, *arg. l. demonst.* 71. *ff. de cond. & dem.* Plane si quis cum vestem legare vellet, supellectilem scripserit, putans supellectilis appellatione vestem contineri, placet nec supellectilem deberi, quasi neutrum legatum sit, *d. l. 4. de legat.* 1. ubi Jurisconsultus hanc differentiæ rationem reddit, quod rerum vocabula immutabilia sunt, hominum mutabilia. Per rerum vocabula intelligit illa, quæ Grammatici appellativa vocant; per hominum, quæ illi propria, propterea, quod rei sive personæ tantum singularis designandæ causa reperta sunt. Hæc ait esse mutabilia, quia scilicet privata sunt: & pro arbitrio singulorum imponuntur & mutantur: illa immutabilia, quia publica & communia, *lex Labeo*, 7. §. 1. *ff. de suppell. leg.* ut proinde in his error sit tolerabilis, in illis fluxus & intolerabilis. Et est sane ingens inter hæc discrimen. Propria nomina omnia ϑέσει constant: & ita, ut pro arbitrio cujusque privati & citra considerationem naturæ rei imponantur: quapropter nec rei *ϕύσιν*, sed tantum differentiam *[illegible]* indicant. Appellativa vero *ϕύσει* quodammodo constant, id est, a natura vim suam habere videntur, saltem prima, quæ sunt *ἀρχαὶ καὶ στοιχεῖα* seu principia & elementa reliquorum. Sane Cratylus apud Platonem existimat majorem quamdam vim, quam humanam, primas rebus nomina imposuisse. Sed & flexa, licet imposititia sint, publica tamen & ipsa sunt, ac communia: & sive prudenter, sive temere & κατὰ τύχην imposita sint, non sunt tamen arbitraria, ut ex singulorum opinione exaudiri debeant, sed ex communi usu: eorumque impositio naturæ consona habetur, nec minus hæc, quam prima ipsam rei substantiam denotant. Quæsitum vero est, an non saltem valere debeat legatum, si res tum oculis subjecta esset, a testatore manu demonstrata sit, ut alieno nomine eam appellaverit: veluti si cum equus præsens esset, ita dixit: *Hunc bovem Titio do, lego*? Accursius in *leg. quæ extrinsecus*, 83. *ff. de verb. oblig.* existimat valere, & equum deberi, cujus sententiam & plerique Interpretes secuti sunt. Mihi vero id minime consentaneum videtur responso Pauli in *l. 3. de reb. dub.* ubi Jurisconsultus sic scribit: *Qui aliud dicit, quam vult, neque id dicit, quod vox significat, quia non vult, neque id, quod vult, quia id non loquitur.* Convenienter omnino sententiæ sive Servii, sive Celsi dicentium *non videri quemquam id dixisse, cujus non suo nomine usus sit*: aut quod idem valet, neminem videri sensisse, quod mox dixit, quamquam Tubero plus hic tribuebat voluntati, *l. 4. ff. de suppell. leg.* Quamobrem magis est, ut tale quoque legatum inutile haberi debeat atque æque stolidum ac derisorium ut illa, de quibus in *l. 4. ff. de legat.* 1. quod etiam Mynsingero ad §. *si quidem*, 28. *Instit. de legat.* n. 10. verius videtur. Plane si quis chartas librorum appellatione, aut contra complexus esse dicitur locus esse potest quæstioni voluntatis propter rerum affinitatem, *l. librorum*, 52. §. *quod tamen*, 4. *ff. de legat.* 3. & ibi Bart. Quin etiam generaliter idem admittendum putem, si aliquo colore usuve loquendi vocabulum, quo testator usus est, ad quod voluisse dicitur, extendi potest, *arg. leg. si quis vinum*, 9. *princ. ff. de trit. vin. ol. leg.* quod & Diod. Tuld. probat in *comm. ad Inst. tit. de leg. c.* 21. Duar. *ad l.* 4. *de leg.* 1. Petr. Fab. *l.* 2. *semest.* 14.

Quod in errore nominis personæ legatarii, aut proprii vocabuli rei legatæ custoditur, ut etsi falso hujusmodi nomine testator usus sit, legatum tamen utile sit modo de persona aut re aliunde constet, id etiam obtinet in demonstratione, hoc est, omni

ad'eadjectione, quæ extra nomen personæ aut rei designandæ gratia adhibetur, ut etsi vel in persona legatarii, vel in re legata demonstranda testator erraverit, tamen legatum perinde valeat, ac si nullus error intervenisset: dummodo constet, cui legare, aut quam rem legare testator voluerit, *l. demonstratio*, 17. *pr.* & §. 1. *l. falsa*, 33. & *l. seq. de cond. & dem.* §. *huic proxime*, 30. *Inst. de legat.* Ratio est, quia nomen & demonstratio mutua vice funguntur, aut demonstratio nominis, *l. 6. ff. de reb. cred. l. nominatim*, 34. *ff. de cond. & dem.* Cæterum hæc regula sive sententia sic in universum temperanda est; nisi quid aliud obstet legato præter falsitatem demonstrationis. Hoc autem observato, facile removeri poterunt pleraque, quæ alioqui huic sententiæ obstare videntur. Nam primo, si demonstratio certam rem aut summam indicet, sed circumscriptam certo loco, eaque res in illo loco non reperiatur, responsum est inutile esse hoc legatum; veluti, si testator ita dixerit, *Centum, quæ in arca habeo, Titio lego*, si hæc in arca nulla sint, placet nihil deberi, quasi certum corpus, quod in rerum natura non est, legatum sit, *l. si servus*, 108. §. *qui quinque* 10. *ff. de legat.* 1. *l.* 1. §. *sed & si*, 7. *ff. de dot. præleg. junct. l. plane*, 34. §. *sed hoc ita*, 4. *ff. de legat.* 1. Prius enim est, ut sit, quod legetur, quam legatum valeat, aut dici possit falsa demonstratione perimi, *l. quibus*, 40. §. *pen. ff. de cond. & dem.* 2. Si quis ita legaverit: *Quod mihi Titius debet, Sempronio lego*, sine adjectione corporis aut quantitatis, neque Titius quicquam debeat, placet nullum esse legatum, non propter vitium demonstrationis, sed alia evidenti ratione, quia scilicet non apparet, quid quantumve legatum sit, *l. si sic legatum*, 75. §. 2. *de legat.* 1. 3. Eadem ratione inutile est & hoc legatum, *Quod Titio debeo, ei lego*, si testator neque debeat, neque quantitas adjecta sit: quamvis si ita dixerit, *Decem, quæ Titio debeo, ei lego*, legatum utile sit, licet nihil Titio debeatur, quia sola demonstratio legatum non vitiat, *d. l. 75. §. 1. l. legata*, 13. *ff. de lib. leg.* 4. Sed etsi quantitas adjecta est, tamen ne sic quidem semper utile est legatum in hujusmodi speciebus. Finge testatorem ita legasse, *Centum, quæ Titio debeo, Sempronio lego*; constat hoc legatum inutile esse, etiamsi verum sit centum Titio deberi; quoniam debitor id, quod ipse debet, alii quam creditori legare non potest; ac proinde nec si falsum erit, legatum valebit. Nam quod inutile foret legatum detracto vitio demonstrationis, id adjecta vitiosa demonstratio utile efficere non potest. 5. Finge iterum legasse hoc modo, *Titio centum quæ mihi debet, lego*, cum Titius nihil deberet, nihil hic item esse in legato responsum est, multumque interesse inter falsam demonstrationem & falsam conditionem sive caussam, *dict. l. 75. §. 2. d. l. legavi*, 26. *vers. quod si sic*. Nimirum, etsi hic centum verbo legata sunt, revera tamen nihil aliud legatum, nisi liberatio: quo legato hoc continetur si hæres petat, exceptione removeri, si non petat, ultro pulsari possit, ut debitorem liberet, *leg.* 3. §. 3. *ff. de lib. leg.* Neutri vero horum locus esse potest, ubi nulla est obligatio. 6. Pari ratione si testator centum, quæ Titius ei debeat, legaverit Sempronio, dicendum est inutile esse legatum, si Titius nihil debeat: quippe nec hic legantur centum, quæ hæres det, sed actio, quam præstet adversus Titium: hoc enim legato nominis continetur, ut hæres actiones suas præstet, §. *tam autem*, 21. *Inst. de legat.* nullas vero habere qui præstare possit adversus eum, qui nihil debet, quod Papinianus in *d. l. si sic legatum*, 75. §. 2. *de legat.* 1. breviter his verbis significat, *ejus autem debitor debet, nihil non est*: nec obstat huic sententiæ, quod Papinianus Sabinum respondisse scribit, falsam demonstrationem non facere legatum, *l. cum tale*, 72. §. *ult. ff. de cond. & dem.* Neque enim hoc dicimus falsam demonstrationem facere legatum, sed non vitiare legatum. Legatum faciunt verba disponentis, non demonstrantis. Itaque in specie illic a Papiniano proposita, *ex quo tuum, quæ Titio legavi, quinquaginta hæres Seio dato*, non Titius, sed Seius est legatarius, qui solus est in dispositione, eique quinquaginta debentur non obstante vitio demonstrationis. Titio autem, qui in demonstratione est, debetur nihil, Jul. Pac. *centur.* 6. *q.* 44.

CAPUT XXVIII.

An hæres ob omissam inventarii confectionem amittat quartam, quam vulgo nunc Trebellianicam appellant? Et an ex eadem causa amittat legitimam?

LEge duodecim tabularum, liberum testatoribus universum patrimonium suum in legata consumere, nihil ut hæredi relinquerent præter onus & molestiam æris alieni, *l. verbis leg.* 120. *ff. de verbor. significat.* qua licentia cum testatores uti essent, crebrius plerumque ut supremas eorum judicia destituerentur, recusantibus scriptis hæredibus nullo suo aut quam exiguo lucro hæreditatem adire, atque aliena duntaxat gratia maximis sæpe oneribus minimeque necessariis se implicare. Quod cum & ipsis testatoribus inutile esset, & publice expedire putetur supremas hominum voluntates exitum habere, *leg. 5. ff. testam. quemadmodum aper.* visum est ex usu esse reipubl. hæredibus justo aliquo lucro ad adeundam hæreditatem invitatis, quo suprema judicia conservarentur. Id quod commode fieri posse creditum est, si libertas illa legandi intra certum modum ac finem cohiberetur: quæ res cœpta primum lege Furia, deinde Voconia tentata est, tandem lege Falcidia perfecta est, qua cautum, ne plus legare liceret quam dodrantem totorum bonorum, *l. 1. ff. ad l. Falcid. princip. Instit. eodem.* Procedente tempore ob eandem caussam eadem lex producta est & ad fideicommissarias hæreditates, cautumque Senatusconsulto Pegasiano, ut ei, qui rogatur esset hæreditatem restituere, perinde liceret quartam partem retinere, atque ex lege Falcidia de legatis retinere conceditur, *sed quia*, 5. *Institut. de fideicommiss. hæred.* Cujus Senatusconsulti vim Justinianus postea transfudit in Senatusconsultum Trebellianum, ut jam ex solo Senatusconsulto Trebelliano restituatur hæreditas, atque ex hoc eodem Senatusconsulto quartam partem hæres retineat, §. *sed quia stipulationes*, 7. *Institut. eodem.* Unde Interpretes quartam hanc appellaverunt quartam Trebellianicam: quamquam veteres & hanc ipsam vocant quartam Falcidiæ, aut commodum Falcidiæ, nunquam alio nomine, ut videre est in *leg. cohæredi*, 41. §. 1. *ff. de vulg. & pupill. subst. leg.* 2. §. *ult. de jur. codicill. leg. filiusfam.* 18. *princ. leg. si a me*, 29. *leg. in ratione*, 30. §. *tametsi*, 7. *lex Falcidia*, 47. §. 1. *l. Titio*, 80. *ff. ad leg. Falcid. l.* 1. *l. mulier*, 22. §. 2.

leg. si

leg. si quando, 93. §. 2. *l. dedalla*, 58. §. 3. *ff. ad SC. Trebell.* 1. *l. quamquam*, 10. *& leg. seqq. C. ad leg. Falcid. &c.* Nimirum quia senatusconsulto Pegasiano non tam nova quarta introducta est quam quarta Falcidiæ producta ad fideicommissa universalia. Porro lex Falcidia hæredis potissimum causa lata fuit, ejusdemque etiam gratia tracta ad fideicommissa hæreditatis, *l. potest hæres*, 71. *l. Titia*, 89. *in fin. ff. ad leg. Falcidiam junct. §. sed quia*, 5. *Inst. de fideic. hæred.* cui consequens, ut nec testator testamento suo prohibere potuerit, ne hæres commodo Falcidiæ uteretur, *leg. quod bonis*, 15. §. 1. *ff. ad leg. Falcid. l.* 1. §. *inde Neratius*, 19. *ff. ad SC. Trebell. l. si ut allegas*, 11. *Cod. ad leg. Falcid.*

Primus Justinianus Falcidiæ locum esse noluit, si testator expressim vetuerit hæredem ea uti, *Novell.* 1. *cap.* 2. *in fin.* unde sumpta *auth. sed cum testator*, *C. ad leg. Falcid.* Idem Imperator jam ante caverat, ut etiam hæres, qui inventarium facere neglexisset, beneficio legis Falcidiæ privaretur, *l. ult. §. pen. C. de jur. delib.* quod & repetit *d. Nov.* 1. *cap.* 2. §. 1. Quæ Justiniani constitutiones occasionem præbuerunt Interpretibus quærendi, an quæ Imperator illic cavet circa quartæ Falcidiæ prohibitionem & amissionem, etiam pertineant aut trahi debeant ad quartam quam vocant Trebellianicam, ut & hujus detractionem testator possit prohibere, & hæres quoque commodum ejus non confecto inventario amittat. Quæ forte quæstio ab illis mota non fuisset, si id, quod modo diximus & demonstravimus, observavissent, nunquam alio nomine veteribus quartam senatusconsulti appellatam, quam Falcidiæ. Ex eo etiam didicissent appellatione Falcidiæ etiam quartam senatusconsulti contineri, nec improprie, ut illi, sed proprie, si usus proprietatem spectemus, non vocis. Ac proinde potuit terminis habilibus atque in dubio ubi nulla expressim differentia constituitur inter quartam, quam hæres de singulis rebus detrahit, & quam retinere potest ex fideicommisso hæreditario quidquid de Falcidia jure cavetur, ex æquo ad utramque Falcidiam pertinere. Atque omnino verisimile est, Justinianum perpetuum omnium auctorum juris usum secutum utramque quartam uno Falcidiæ nomine comprehendisse. Nunc vero tamen si crebrius eo itum est, atque id passim usu receptum, ut etiam detractio quartæ senatusconsulti ex auctoritate *d. Nov.* 1. *cap.* 2. expresse prohiberi possit, propter communem rationem prohibitionis permissæ, quæ hæc est, ut impleatur defuncti voluntas, Gomez. *lib.* 1. *resol. c.* 5. *num.* 12. Clar. §. *testamentum qu.* 61. Mantic. *lib.* 7. *de conject. ult. vol. tit.* 11. *& seq.* Everh. *in top. loc.* 54. Gudelin. *lib.* 2. *de jur. nov. cap.* 4. Perez. *par. C. ad SC. Trebell. n.* 20. Grot. *lib.* 2. *introd. c.* 20. Gail. 2. *obs.* 138. *num.* 15. Groenew. *de leg. abrog. ad d. auth. sed cum testator.* Tamen ob inventarium non confectum major pars DD. censere dicitur hæredem non amittere quartam Trebelliani & secundum hoc sæpissime judicatum est, Clar. *d. §. de testamentum qu.* 63. *decis. Cur. Holland.* 3. Gail. *de obs. n.* 3. *& 8.* Mynsing. 3. *observ.* 60. Christin. *vol.* 1. *decis.* 317. *& vol.* 4. *decis.* 51. Perez. *in Cod. de jur. delib. num.* 14. Fach. 4. *controv.* 38. Groenew. *ubi supra*, quod profecto mirum est; nam & amissionis quartæ Falcidiæ ob non confectum inventarium eadem ratio est in hærede fiduciario, quæ in hærede Falcidiæ, violenta nimirum præsumptio fraudis & subtractionis rerum ab hærede facta, ob quam causam hunc pœnam eum luere vult Justinianus *venal*, ut ipse loquitur, *un [illegible] [illegible], [illegible] [illegible] [illegible]*, quæ præsumptio prorsus de absoluta est, jurisque & de jure. Aut igitur hæres fiduciarius non tenetur inventarium facere; aut si tenetur, quo in confesso est, si non fecerit, dignus erit, qui eadem pœna malignitatis suæ & negligentiæ mulctetur, & alioqui liberam habebit grassandi in hæreditate facultatem. Sed & in *dict. Novell.* 1. *cap.* 1. *in princ.* etiam de hæredibus fiduciariis & fideicommissariis universalibus Justinianus agit, ad quos proinde & sequentia recte referuntur, & quod in *dict. cap.* 2. §. 1. *ejusdem Novell.* traditur de citatione fideicommissariorum, etiam ad universales, quorum præcipue interest, pertinet. At, inquiunt, leges correctoriæ non sunt extendendæ, odia restringenda, &c. Cur igitur, inquam, ex eo quod Justinianus testatori permisit prohibere detractionem quartæ Falcidiæ, inferunt etiam concessum esse testatori prohibere retentionem Trebellianicæ. Quin etiam ipsi Doctores communiter post Glossam in & per textum *cap.* 5. *Novell.* 118. admittunt etiam legis novæ & correctoriæ, rationem correctionis exprimentis, extensionem fieri posse ob identitatem, ut loquuntur, rationis, Gomez. *ubi supra num.* 12. & ibi citati. Denique nulla in proposito sit extensio, si veterum loquendi consuetudinem, ut ante probavimus, spectemus. Atque hæc sententia, refragantur licet Diodor. Tulden. *comm. ad Instit. tit. de leg. cap.* 3. qui nec a testatore prohiberi posse quartæ senatusconsulti detractionem contendit, mihi verissima videtur, quam etiam sequitur Præs. Everh. *dict. loc. num.* 5. Gudelin. *d. c.* 11. Charond. *lib.* 13. *respons.* 68. Anton. Fab. *Cod. fer. ad SC. Trebell. defin.* 5. *& de jur. delib. defin.* 23. Cacheranus *decis. Pedemont.* 147. supra sexaginta Doctores hujus sententiæ assertores cit. Excipiunt vero liberos primi gradus, quoniam nec his prohiberi potest deductio quartæ Trebelliani, per *l.* 6. *Cod. de SC. Trebell.* In quo tamen & ipso insignis & non unus error est. Primum, quod fundamentum hujus exceptionis ponunt in *d. l.* 6. quæ Zenonis est, cum ante constitutionem Justiniani in *Novell. cap.* 1. nec in extraneis Falcidiæ aut Trebellianicæ deductio prohiberi potuerit. Secundo, quia illa exceptio non est de regula, nam respicit tantum liberorum legitimam, quæ eis ne non quidem sine justa causa auferri potest, admissa vero duplici in liberis detractione; de qua agimus quæstione sequenti, quin detractio Trebellianicæ, in qua non liberorum, sed cujusvis alterius hæredis jure censentur, iis prohiberi possit, nullus dubito. Tertio, quod solos liberos & primi gradus excipiunt, cum excipiendi sint omnes, quibus legitima relinqui debet, quique ea non relicta de inofficioso queri possunt, proinde parentes quoque: item fratres ac sorores consanguinei rogati hæreditatem restituere turpi personæ. Postremo, quod eamdem exceptionem ponunt etiam ubi liberi hæredes Falcidii aut Trebellianici inventarium facere neglexerunt: de quo non ex professo. Plane si hæres pure rogatus hæreditatem restituere, eam statim quoque restituerit, poterit excusari, eo quod ideo videatur omisisse confectionem inventarii, quia id onus jam non ad se, sed ad fideicommissarium pertinere existimavit.

Proxima superiori quæstio est, an liberi ex causa non confecti inventarii amittant legitimam? Qui negant extraneum hæredem ob non confectum inventarium

rium amittere Trebellianicam, idem non potuerunt non negare liberos ex eadem causa amittere legitimam. Sed tamen & qui affirmant ex ea causa extraneos amittere Trebellianicam, negant tamen liberos amittere legitimam. Et quamvis explorati juris sit, hanc esse poenam heredis inventarii confectionem omittentis, quod priventur quarta Falcidiæ, tamen ob eamdem causam liberos non privari legitima longe pars maxima Interpretum pro comperto habet. Gail. 2. *obs.* 138. *num.* 14. Fach. *l.* 4. *controv.* 34. Christin. *vol.* 1. *decis.* 317. *n.* 6. *& seqq.* Anton. Fab. *Cod. suo fer. de jur. delib. defin.* 13. *& ad SC. Trebell. defin.* 5. ubi in notis ait, neminem dubitare quin liberis salva maneat ratio legitimæ, etiamsi inventarium facere neglexerint. Sed tamen non unus est, qui contrarium docuit, Salicet. *in auth. sed cum testator. Cod. ad leg. Falcid. & in l. ult. §. si quis autem num.* 4. *C. de jur. delib.* Sarmient. *lib.* 2. *select. interpr. cap.* 7. Covarr. *in cap. si heredes,* 10. *extr. de testam.* Cacheran. *decis.* 148. *a num.* 1. *usque ad* 6. & inter alios quoque Cujac. *in expos. dict. Nov.* 1. *c.* 2. eamque sententiam etiam probatam fuisse viro clarissimo D. Petro Cunæo beatæ memoriæ Collegæ quondam meo, in posterioribus ejus curis manuscriptis comperi: & veram esse ipse quoque existimo. Enimvero si quæstio ita, uti potius oportebat, proponeretur, an etiam in liberis ob inventarium non confectum locus esset præsumptioni *αὐτοῖς* & *ἀνωνυμῶν*: quod hereditas fuerit solvendo, & si nihil surripuissent, *ποιεῖν ἀνεπίγνωστον*, quod legatis & fideicommissis exsolutis satis adhuc ad quartam Falcidiæ aut legitimam iis superesse appareret: nescio an multi hoc negaturi sint: nam sane cum Justinianus in *dict. Nov.* 1. *c.* 2. simpliciter & sine ulla heredum distinctione loquatur, eam ad heredes extraneos restringere difficile est. Quin idem Imperator in *l. ult.* §. 1. §. 2. *& §. sin vero* 12. *C. de jur. delib.* diserte loquitur tam de suis heredibus se immiscentibus, quam de extraneis adeuntibus. Et cum utique etiam liberi inventarium facere teneantur, fieri nequit, ut eo omisso non in eamdem quoque poenam propter præsumptionem, quam diximus, cum ceteris incidant, ut & Falcidiæ beneficio priventur, solidaque legata & fideicommissa præstare debeant, etsi vires excedant patrimonii. Si igitur tenentur de propria substantia *ἀνεπίγνωστον*, complere legatarios & fideicommissarios, *dict. Novell.* 1. *cap.* 2. §. 2. *in princ.* quis color hic prætexi poterit deductioni aut retentioni sive Falcidiæ sive legitimæ; unam enim in liberis jure civili atque eamdem portionem hæ duæ hic efficiunt: unde & ipsa legitima a Papiniano & Ulpiano Falcidia appellatur in *l. Papinianus,* 8. *§. meminisse,* 14. *in fin. ff. de inoffic. testam.* ut ab ipso Justiniano in *l. quæ nuper,* 31. *Cod. de inoffic. testam.* atque aucta legitima etiam Falcidia in liberis aucta intelligi debet. Govean. *lib.* 1. *var. lect. cap.* 1. Cujac. *ad Novell.* 18. *cap.* 1. Quid quod posita superiore *ὑποθέσει*, quam probavimus esse juris & de jure, non tam amittunt liberi legitimam, quam integram jam habere præsumuntur. Non magni itaque momenti sunt, quæ objiciuntur, qualia quod legitima debeatur tanquam æs alienum, quod nemini ex causis, quæ de inofficioso querelam excludunt, amittatur. Nam proprie loquendo legitima non est debitum ac ne naturale quidem, quamvis ita propter certos effectus vocetur in *l. scimus,* 36. §. 2. *C. de inoff. testam. l. unic. in princ. C. de impon. lucrat. descript.* & adita non confecto inventario hereditate confunduntur actiones, heresque quod sibi a defuncto debetur, amittit, *l. ult. in* §. *in computatione,* 9. *C. de jur. delib.* nec querela datur, nisi præteritis aut exheredatis; denique nec ex causa ingratitudinis aut inobedientiæ hanc sententiam defendimus, sed ex supradicta ratione legis præsumentis inventarium non facientes ipsos sibi satis prospexisse: nisi quis existimat, quod humanum videtur, hanc præsumptionem contra liberos non esse tam vehementem, quin per vel veritatem elidi possit, si forte ipsi liberi, quibus jure naturæ deberi legitima dicitur, hereditatem non esse solvendo doceant; maxime cum legatarii & fideicommissarii certent de lucro captando: quo inclinare videtur Bachovius *ad Treutl. vol.* 2. *disp.* 1. *thes. penult.*

CAPUT XXIX.

Filius hereditatem restituere rogatus quo jure duplici deductione utatur? & quid hic usu receptum?

Verissima sententia est, filium hereditatem restituere jussum jure civili unica deductione sive legitimæ, sive Trebellianicæ portionis contentum esse debere: atque oppido quam alienum est a ratione juris civilis, quod de duplici detractione jure Pontificio cautum est in *c. Raynutius, & c. Raynaldus extr. de testam.* Rationes hæ sunt. Primum, quia harum portionum hoc proprium est, ut una in alteram imputetur & consequenter alteram consumat, *leg. si mulier,* 22. §. 1. *ff. ad SC. Trebell. l. in quartam,* 91. *ff. ad leg. Falcid. junct. l. si quando,* 35. §. 2. *Cod. de inoffic. testam. l.* 8. *§. si quis,* 15. *ff. eod.* 2. Quia alias eadem ratione etiam quartam Falcidiæ de legatis & fideicommissis singularum rerum, & simul legitimam filius heres institutus detrahere deberet: quod tamen nemo dixit, quamquam id teneat Zyparus apud Christin. *vol.* 1. *decis.* 199. *n.* 12. sed arg. juris in *dict. cap. Raynutius* constitui. 3. Quia si heres fideicommissarius nonnisi semissem hereditatis, & nonnumquam etiam minus consequeretur, nempe eo casu, quo propter numerum liberorum ipsa legitima est semis. 4. Quia ubi ex alia lege portionis alicujus fit deductio, lex Falcidia, & senatusconsultum cessant, *leg.* 1. *§. penult. ff. si cui plus quam per leg. Falcid. leg. Papinianus,* 8. §. 9. 11. *& §. si quis,* 15. *de inoffic. testament.* 5. Quia testatoribus omnibus jure civili concessa est libera potestas disponendi de dodrante totorum bonorum, *leg.* 1. *ff. ad leg. Falcid.* & parentibus utique aucta postmodum quantitate Falcidiæ seu legitimæ in liberis, de besse aut septunce. 6. Per textus expressos in *leg. coheredi,* 41. §. 3. *ff. de vulg. & pupill. substitut. leg.* 6. *Cod. ad Senatusc. Trebell. l. liberto,* 21. §. 1. *ff. de ann. leg. l. filium,* 24. *C. famil. ercisc. l. quamquam,* 10. *Cod. ad leg. Falcid.* quibus omnibus locis in terminis nostris quadrante duntaxat retento dodrans restituitur. Denique ipse Justinianus *Novell.* 1. *cap.* 1. §. 1. satis aperte solius legitimæ deductionem liberis oneratis concedit. Estque veritatis hujus sententiæ tanta evidentia, unde & veterum Interpretum multi, Joan. Glossat. Cynus, Bartol. Bald. Fulgos. Jason, &c. ipsaque Glossa in *dict. cap. Raynutius,* & recentiores fere omnes, non modo Hotomannus *quæst. illustr.* 4. Donellus *lib.* 7.

comm.

comm. cap. ult. Bachov. *ad Treutl. vol. 2. disp. 14. thes. 2.* sed etiam Pontifici Romano addicti, Goveanus *in leg. 1. ff. ad leg. Falcid. num. 9. & 10.* Cujac. 8. *observat.* 5. Gail. 2. *observ.* 121. *num.* 4. Anton. Fab. *defi. cap. 11. err.* 7. & *Cod. fabrian. de codicill. defin. 7.* Tolden. *in C. ad Senatusc. Trebell. num. 4.* Perez. *ad Cod. eod. tit. num. 21.* veram eam esse ultro fatentur, Pontificesque Innocentium & Gregorium excusent, quod secuti communem Interpretum errorem, secus constituerint. Pauci vero admodum sunt ex neotericis, qui etiam juri civili convenire constitutionem Pontificiam contendunt, atque inter hos facile primas tenet Ant. Fachinæus *lib. 5. controv. c. 2.* Cæterum ille in hoc ab aliis, Anton. Cottio *lib. 1. disp. jur. civil.* Peregrino *tract. de fideicomm. art. 3. num. 5.* discrepat, quod ingenue fateatur duplicem illam detractionem legitimæ simul & Trebellianicæ non convenire juri Digestorum aut Codicis, eamque tantum defendit quasi consentaneam juri novissimo, constitutioni videlicet Justiniani *Nov.* 39. *cap.* 1. cæteri vero quasi convenientem & juri antiquiori. Horum argumenta cum jam dudum a doctis viris plenissime confutata sint, & novissime a nobilissimo & cl. viro D. Jac. Mæstertio, collega nostro *lib. 2. de just. leg. Rom. c. 48.* nos eorum summam duntaxat colligemus breviterque singulis respondebimus; deinde nobis res erit cum D. Fachinæo.

Ajunt igitur, cum duæ istæ quartæ ex diverso jure promanent, legitima ex jure naturæ, Trebellianica ex senatusconsulto, alteram alteri obesse non oportere, quemadmodum nec prælegata imputantur in Falcidiam, sed hæres & ea ex beneficio testatoris, & Falcidiam ex legis auctoritate obtinet. 2. Quod legitima detrahatur tamquam a filio, Trebellianica tamquam ab hærede; nihil autem absurdi sit, unum & eundem duplicem sustinere personam, & inde duplex commodum capere, *leg. si uxorem, 22. ff. de his quæ ut indign.* 3. Quod novum non est, ut duplex deductio & gemina deducendi causa concedatur, *l. quæris, 67. ff. ad leg. Falcid.* 4. Argumentum ducunt ex *leg. 3. §. 2. ff. eod.* ubi duplex deductio permitti videtur Falcidiæ, & Trebellianicæ. 5. Quod æs alienum non imputetur in quartam. Ad primum respondeo, id non procedere, quando utriusque ejus natura est ut unum alterum excludat, *l. 34. ff. de oblig. & act.* Deinde imputari in Falcidiam, quidquid hæres jure hæreditario capit; quo fere in proposito filius legitimam consequitur; in Trebellianicam, de cujus detractione hinc disputamus, etiam quod jure legati aut fideicommissi, *leg. in quartam, 91. ff. ad leg. Falcid. l. mulier, 22. §. 2. ad SC. Trebell.* sicut & in legitimam, *l. 8. l. si quando, 35. C. de inoffic. test. §. ult. Instit. eod.* Ad secundum respondemus ex *l. 8. §. si quis, 15. ff. de inoffic. test. & l. 1. §. pen. ff. si cui plus quam per leg. Falc.* ubi itidem unus & idem duas personas sustinet, & tamen una duntaxat quarta deducitur. Hoc tamen inde sequitur, filium optionem habere utro jure alterutrum consequi velit. Quid quod nec verum illud, est, quod ajunt, filium in proposito duplicem sustinere personam: nec enim aliter hic considerari potest, quam a patre hæres institutus, quamvis oneretur fideicommisso. Ad tertium, unam tantum quartam in specie *l. 67. ff. ad leg. Falcid.* deduci, hæredemque partem retinere suo jure, partem vitio legatarii. Ad quartam, in casu *l. 3. §. 2. ff. ad SC. Trebell.* duplicem quidem deductionem fieri, unam de legatis, alteram de fideicommisso, sed quæ si assem spectamus, unius tantum quadrantis deductio est. Ad quintum, quod legitima neque est in bonis filii, neque filio ut æs alienum debetur, alioqui neque per exhæredationem eo privari posset. Quia nec debitum est naturale: nullam enim certam portionem in bonis parentum filiis natura definivit; sed improprie tantum ita vocatur propter varia privilegia, quibus Imperatorum constitutionibus donatur, & quia liberis non nisi ex gravissimis causis ea adimi potest. Solum autem verum debitum hæres ipsum deducere potest, idque demum novo jure ei concessum, & nonnisi confecto inventario secundum constitut. Justiniani in *l. ult. §. in computatione, 9. C. de jur. delib.* Jam videamus quid ex novissimo jure pro tuenda illa duplici detractione afferat D. Fachin. Ille ex *Nov.* 39. *cap.* 1. sic argumentatur; Quod filius restituere jussus est, de eo illic potestas ei fit detrahendi quartam ex auctoritate senatusconsulti: at hoc tantum quod legitimam excedit, jussus est restituere; quia legitima fideicommisso gravari nequit, &c. Respondeo verbis testatoris hæreditatem restitui rogantis etiam legitimam, ut ipsius hæreditatis portionem contineri, & legibus satisfieri, si legitimam filius quoquo modo salvam habeat. Nam nec ante illam Justiniani constitutionem legitima fideicommisso onerari potuit: sed hoc scilicet effectu non potuit, ut filii ea vel parte ejus privarentur. Sic olim nec Falcidia nec Trebellianica fideicommisso gravari potuerunt, quæ tamen portiones sunt hæreditatis, & quod dicitur legitimam non recipere ullum onus, accipiendum est de onere, quod ex dispositione testatoris proficiscitur *l. 32. Cod. de inoffic. test.* non de eo quod ex ipso jure hæreditario exsurgit, de quo vide *quæst. 20. lib. 1.* Quin potius ex illa ipsa *Novella* 39. *capit.* 1. recte colligas, non posse filium plus quam portionem legitimam deducere, qui excipitur tantum casus unus favorabilis, nempe si legitimæ deductio non sufficiat ad justum dotis vel antenuptialis donationis modum; ultra vero quam satis sit, quicquam deduci non permittitur, *auth. res cap. comm. de legat.* Instat tamen Fachinæus, & hoc hoc præcipue urget, quod legitima illic ipso jure videatur eximi fideicommisso, nempe ut id intra bessem consistat; cujus proinde delibatio ex Senatusconsulto recte fiat: quippe quod non minus suffragetur partem restituere rogato, quam totum assem. Respondentibus autem hoc obtinere in eo, qui tantum partem illam accepit, reliquo in cohæredes distributo, reponit filium ex providentia legis, non ex judicio patris, legitima potiri: ea vero demum in quadrantem Trebellianum imputari, quæ ex testamento obtinetur. At, inquam, si illud argumentum vim ullam haberet, etiam jam olim valere debuit. Deinde facile probatu est in casu proposito legitimam ex testamento, jure hæreditario ad filium pervenire: quoniam in casu filii substituti legitima hæreditatis pars est, quæ non absorbetur fideicommisso; quippe quod intra bessem consistit, ut ipse fatetur Fachinæus; & præsumendum est testatorem voluntatem suam submisisse auctoritati juris. Et quid quod alioqui filius vi ipsa a tota hæreditate videbitur exclusus, quod nescio an quisquam adhuc dixerit. Non movet, quod dos filiæ hæreditatem restituere rogatæ non imputetur, quoniam non est in hæreditate patris, ut respondet Papinianus in *leg. pater filiam 14. ff. ad leg. Falcidia.*

Quod

Quod alterum membrum nostræ quæstionis attinet, pupis & tonsoribus notum est, jus illud duplicis detractionis, legitimæ scilicet & Trebellianicæ, Jure Canonico liberis universali fideicommisso gravatis concessum in foro & judiciis ubique receptum esse. Cæterum hæc adhuc incerta sunt. 1. Utrum illud jus tantum obtinere debeat in liberis primi gradus, an vero & in liberis graduum inferiorum. 2. An id obtineat in liberis fideicommisso puro gravatis, quod statim restituendum est: an vero in gravatis fideicommisso conditionali aut in diem duntaxat. 3. An etiam obtineat, quando legitima liberorum excedit trientem. Quantum attinet ad primum dubium, Anton. Gailius, *lib. 2. observat. 133. num. 4.* jus duplicis detractionis, tamquam ex communi opinione, restringendum putat ad liberos primi gradus, motus argumento *l. jubemus 6. Cod. ad* SC. *Trebell.* ubi Zeno liberis primi gradus, filiis aut filiabus hæredibus institutis & hæreditatem restituere rogatis hoc beneficium concedit, ut ne cogantur fructus perceptos imputare in quartam Trebelliani; quod ad nepotes aut ulteriores ab avo vel proavo institutos & similiter gravatos non pertineat: quam sententiam etiam probasse videtur supremus Hollandiæ senatus *decis. 9.* expresse eam probavit *Curia Fris. apud* Joann. a Sande *lib. 4. tit. 7. defin. 6.* & Senatus Sabaudiæ. Ant. Fab. *Cod. forens. lib. 6. tit. 27. definit. 6.* Cæterum etsi vera quidem est hæc sententia in nepotibus, quibus non debetur legitima, sive quos pater, ex quo nati sunt, præcedit, & efficit, ne avo sint gradu proximi: nulla tamen profecto ratio est, cur non idem jus quod filio competit, sublato filio concedatur nepoti, qui jam proximum ab avo, & primum in suo ordine gradum obtinet, idemque plane juris in bonis avi habet quod pater, in cujus locum successit, habiturus fuisset, si vixisset, in bonis patris sui, idque jure utroque & Canonico, & Civili. Atque omnino eodem quoque modo accipienda & temperanda est illa modo memorata Zenonis constitutio. Pet. de Bellapert. *in d. l. jubemus* & plures alii allegati apud Sande *d. loc. defin. 6.* Grav. *2. concl. 121. n. 6.* & ita consulto Curia Hollandiæ *dec. 17. sub fin.*

Secundum dubium peperit doctrina Glossæ in *l. 8. §. meminisse 15. ff. de inoffic. test.* distinguentis inter fideicommissum purum, quod illico restituendum est, & conditionale vel in diem, quo non statim in restitutionem venit; nempe priore casu filium unum tantum quadrantem, sive legitimam, sive Trebellianicum deducere; posteriore utrumque, legitimum statim, ut natura sibi debitum, Trebellianicum, ut quemlibet extraneum ex auctoritate Senatusconsulti: quam distinctionem Bartolus in *l. quamquam 10. Cod. ad leg. Falc. & DD. commun. in l. 6. Cod. ad SC. Trebell.* secuti sunt, ut & Covarr. *in d. c. Raynutius* Gail. *1. observ. 131.* & Senatus Sabaudiæ apud Ant. Fab. *Cod. suo for. de codic. defin. 7.* Rationem hanc afferunt, quod duæ deductiones eodem tempore concurrere nequeunt, & ideo cum fideicommissum purum est, una alterum impediat; cui & hanc addit Ant. Faber, non tamen ex sua, sed ex Senatus Sabaudici sententia, quod eo casu dici non possit, utra prior deduci debeat. At cum sub conditione vel in diem filius gravatus est; statim filius deducit legitimam: sed demum existente conditione, aut veniente die, deducit Trebellianicam, non ut filius, sed ut quilibet hæres extraneus hæreditatem alteri restituere rogatus. Ego vero sæpe miratus sum hanc distinctionem cuiquam probare potuisse, quippe quæ nulla auctoritate, & ratione tam futili nitatur. Potius ex contrario filio rogato pure hæreditatem restituere duplex permittenda detractio, quia durius gravatur, quam rogato sub conditione aut in diem, qui interim commodum hæreditatis sentit, nec fructus perceptos quadranti Senatusconsulti imputat, *l. 6. C. ad SC. Trebell.* Quamobrem recte consilium Mechliniense in arresto revisionis, rejecta illa Glossæ & Bartoli distinctione, censuit liberos non minus pure, quam sub conditione aut in diem hæreditatem restituere rogatos utrumque commodum deducere posse juxta *dd. tt. Raynutius & Raynaldus.* In quam sententiam etiam & arrestum præfecturæ Parisiensis apud And. Robertum *lib. 4. rer. jud. c. 17.* eamque & Curia Hollandiæ secuta est *dec. 17.* & Curia Frisiæ, apud Sande *lib. 4. tit. 7. defin. 4.* De tertio quid statuendum sit, adhuc minus liquet. Equidem Baldus *lib. 2. cons. 94.* ex facto consultus respondit, ubi legitima portio pro numero liberorum est semis, non duplicem portionem sed unam tantum, nempe legitimam detrahi, adjecta hac ratione, ne plus ex hæreditate capiat, qui eam restituere jussus est, quam is cui ea est restituenda, plus is qui gravatus est, quam qui honoratur. Baldum secutus est Decius *consil. 228. sub fin.* item Covarr. *in d. c. Raynutius §. 11. n. 6.* ubi ait & Molinæum huic sententiæ subscribere *lib. 7. consult. 3.* Sed & usu ita servari videtur innuere Ant. Faber *error. prag. dec. 11. e. 9.* ubi asserit pragmaticos, sive legitima sit triens, sive semis pro numero liberorum, semper ita statuere, ut si quis ex liberis portionem, quam ab intestato habiturus esset, jussus sit restituere, hæreditas æquis partibus inter hæredem gravatum & fideicommissarium dividi debeat. Atque ita quoque supremum apud nos Senatum aliquando judicasse accepi. Alii tamen contra statuunt, nempe liberos gravatos, quo casu legitima eorum semis est, deducere posse septuncem cum semuncia. Cravett. *consult. 14.* Cagnol. *ad l. Papin. & §. meminisse 14. ff. de inoffic. test.* Thesaur. *dec. Pedemont. 198.* Joann. a Sande *dec. Frisic. lib. 4. tit. 7. dec. 7.* Boerius *lib. 5. cons. cap. 3.* ubi & hanc sententiam communem asserit; uti & Grav. *de concl. 121. concl. 1. n. 2. & 3.* qui etiam plures allegat. Atque eo quoque inclinare videtur Christin. *vol. 1. dec. 245. n. 7. & dec. 315. in fin.* quanquam nihil definit. Et posterior hæc sententia probabilior est; si verba sive rationem constitutionis Pontificiæ in *d. c. Raynutius* consideremus. Nam & sine ulla restrictione numeri liberorum gravatis duplicem detractionem concedit, legitimæ & Trebellianicæ: & ideo concedit, quia altera illis ut liberis debetur, alteram etiam quilibet extraneus restitutione gravatus deducit. Nec magis absurdum est, v. c. quinque liberos nomine legitimæ plus detrahere, quam quatuor aut pauciores, quam absurdum est iis nomine legitimæ plus deberi; nec quinque liberos simul paulo plus, pro favore tam copiosæ sobolis, ex bonis parentum consequi, quam extraneum forte unum, cui restituenda hæreditas. Sunt, qui & ad parentes id jus producunt, ut & ipsis hæreditatem rogatis restituere, duas quartas detrahere liceat. Vid. Vasq. *tom. 1. de success. progress. lib. 3. §. 26. n. 36.* Grav. *d. concl. 121. consid. 2. n. 6.* sed cur igitur non etiam ad fratres idem producunt rogatos hæreditatem restituere turpi personæ: nam & illi exhæredati ante præteriti hoc casu de inofficioso agere possunt? Vid. Cravett. *cons. 10.*

CAPUT XXX.

Utrum fratrum filii, quando soli sunt, in stirpes, an in capita succedant?

QUæstio hæc a multis tractata est; sed nescio an ab ullo ita, ut nihil amplius desideres, & qui scrupulum omnem penitus exemerit. Jure veteri certum est fratrum filios in capita, non in stirpes successisse, *l. 2. §. 2. de suis & leg. hær.* nec de hoc jure quicquam mutatum constitutionibus posteriorum Imperatorum, ac ne Justiniani quidem in Codice *l. pen. & ult. §. 4. Cod. de legit. hered. §. hoc etiam 4. Instit. de leg. agn.* Nec mirum, quia & nunquam jure repræsentationis veniebant, ut cum thiis concurrerent, aut patruos excluderent defuncti, ejusque fratres licet ex uno parente duntaxat conjunctos, nisi prærogativa agnationis; non enim cognatis, sed agnatis proximis lege deferebatur hæreditas, *l. 2. §. legitima 4. ff. de suis & legit. hær. §. 1. Inst. de leg. agn. succ.* quam agnationis prærogativam demum penitus sustulit Justinianus *Novell. 118. c. 4.* unde sumpta authentica quas sinceritas *Cod. de legit. hær.* inseruit. Eadem autem Justiniani constitutio causam dedit quæstioni, quam hoc loco tractandam suscepimus. Sic igitur ille in *cap. 3. de Nov. 118.* tertium succedentium ab intestato ordinem, id est, lateralium, sublato veteri agnationis & cognationis discrimine, disponit.

Primum in hac successione locum obtinere vult fratres sororesque germanos sive ex utroque latere conjunctos, cum quibus tamen admittit & fratrum eorum defunctorum filios jure repræsentationis, ut tantam partem ferant, quantam pater eorum habiturus fuisset, quamvis soli sint, eos tamen vult præferri defuncti thiis, atque adeo fratribus ex uno tantum latere defuncto conjunctis; quemadmodum pater eorum, si vixisset, non tantum thios defuncti, sed etiam eosdem defuncti fratres tam consanguineos, quam uterinos vi ejusdem constitutionis exclusisset. Omnia contra rationem juris veteris, quo jure fratres consanguinei idem jus habent, quod germani, & ad patruos æque ut ad fratrum filios legitima hæreditas pertinet, nec non ad avunculos æque ac ad filios sororum honoraria, *l. 1. §. antepenult. & penult. l. 2. §. 4. de suis & leg. hær. l. 1. §. penult. ff. unde cogn.* Post fratres germanos eorumque demortuorum filios ad hæreditatem vocat fratres defuncti ex altero tantum parente conjunctos, consanguineos & uterinos, unaque cum his eorum præmortuorum filios in stirpes. Quod si neque fratres neque filios fratrum defunctus reliquerit, tunc admittit collaterales cæteros, & eam ex uno latere, quam ex utroque cognatione junctos. Quo autem quisque proximior est, ita alterum vult excludere; & si plures sint ejusdem gradus, in capita familiam erciscí. Hinc, inquam, nata est proposita quæstio: Utrum fratrum filii, quando soli sunt, seu quando non concurrunt cum thiis suis, id est, patruis, aut avunculis, in stirpes succedere debeant, ut si unus e fratribus filios pauciores, unum forte aut duos: alter plures, quatuor puta aut quinque reliquerit, hi quatuor aut quinque non majorem partem consequantur, quam ille unus aut duo; an vero in capita, ut in tot partes hæreditas dividatur, quot sunt personæ succedentium? Azo censuit eos in capita succedere; Accursius in stirpes. Azonis sententia vi ipsa unico tantum defenditur argumento, nempe quod ea & juri veteri, & posterioribus quoque constitutionibus consentanea sit, nec ostendi possit Justinianum quicquam in casu proposito innovasse. Accursius eumque secuti prius fatentur, posterius negant & in hac quoque parte jus vetus a Justiniano mutatum contendunt, moti variis rationibus. Sic enim illi primo argumentantur. Qui jure repræsentationis succedunt, non aliter succedere possunt, quam in stirpes, cum non amplius capere possint, quam is, cujus personam repræsentant, accepturus fuisset, *§. cum filius 6. Instit. de hered. quæ ab intest.* At filii fratrum succedunt jure repræsentationis, ergo, &c. Qui partes Azonis tuentur, respondent falsam esse istius argumenti assumptionem, si in sensu diviso, quod hic quæritur, accipiatur, id est, quando fratrum filii soli succedunt. Nam Justinianum in *dict. cap. 3. Novell. 118.* eo tantum casu filios fratrum jure repræsentationis succedere velle, quando concurrunt cum thiis suis, quippe cum hoc casu ex sua persona succedere non possint, quoniam uno gradu remotiores sunt fratribus defuncti, ne his injuria fieri videatur, jus repræsentationis introductum fuisse ut in patris sui locum succederent, atque ex persona ejus vocarentur, quod necessarium non sit, cum soli reperiuntur, & propria ex persona succedere queant. Neque enim generaliter voluisse Justinianum, ut semper esset repræsentationi locus filiis fratrum succedentibus vel ex eo liquere, quod non statim idem jus constituit, cum fratres succedunt una cum parentibus, quod fecit demum *Novella 127.*

Secundo proferunt Accursiani exemplum nepotum, quos constat in stirpes semper succedere, sive succedant cum patruis suis, sive soli quasi post constitutionem Justiniani, eadem plane sit ratio filiorum fratrum, quæ nepotum & olim fuit & nunc est. Sed bene respondent sectatores Azonis, duas hasce species certo jure distinctas esse. In linea recta descendentium nunquam proximitatem spectari, *§. cum filius & §. ult. Instit. de hær. quæ ab intest.* in linea transversa perpetuo & solam, *Inst. de leg. agn. succ. in pr. & pr. Instit. de succ. cogn. l. 3. Cod. de leg. hered.* unde unum tantum illum casum, nempe cum fratrum filii cum thiis suis concurrunt, exceperit Justinianus. Denique & hoc vel maxime Accursius urget, quod fratrum filii excludunt defuncti patruos, & avunculos, qui eodem gradu sunt, *d. c. 3. vers. quandoquidem.* Cui argumento respondetur, quod etiam excludunt fratres ex uno tantum latere conjunctos, qui uno gradu sunt proximiores; nec tamen inde sequatur eos hoc casu succedere jure repræsentationis, non magis quam si quis dicat, filius & filia excludunt patrem & matrem, qui eodem gradu sunt, ergo succedunt jure repræsentationis; aut frater ex utroque parente defuncto conjunctus præfertur fratri ex altero duntaxat conjuncto, qui tamen eodem gradu est; ergo jure repræsentationis succedit. Concludit igitur Azo fieri posse, ut aliqui pari gradu constituti jure proximitatis soli succedant, exclusis iis qui eodem gradu, aut etiam proximiores sunt, si illorum jus sit potius: sicut ex constitutione Justiniani potius est jus filiorum fratris tanquam descendentium, quam patruorum, qui istis sunt ascendentium, & jus fratrum germanorum, eorumque filiorum propter duplex vinculum, quam consanguineorum tantum aut uterinorum. Hotom. *illust. qu. c. 14. Zas. lib. 1. intellect. sing. c. 7.*

Atque

Atque hæc quidem ita pro defensione Azonis sententiæ, cui & ipse alibi acquiesco, non improbabiliter disputari videntur, sed vereor, ne non satis ex mente & sententia Justiniani. Sane verbis *dict. Novella* 118. *cap.* 3. Azonis opinio minus convenit. Postquam enim Justinianus fratrum germanorum filios una cum fratribus germanis ad successionem defuncti admisisset jure repræsentationis, ut scilicet locum patris sui obtinerent, & tantum consequerentur, quantum pater eorum habiturus fuisset, mox subjicit, *[illegible]*, unde consequens est, ut istorum fratrum filii fratribus ex uno tantum latere defuncto conjunctis proponendi sint. Ex quo vero? ex eo nempe quod eos venire voluit ex persona patris sui. Huic enim consequens est ut fratribus defuncti consanguineis tantum aut uterinis præferantur, sicut pater eorum, si viveret, iisdem præponeretur, ut ipse Imperator ibidem ait. At inde, inquam ego, & hoc consequens est, & sententiæ Justiniani conveniens, ut etsi defunctus nullos fratres germanos reliquit, sed horum filios duntaxat, fratresque uterinos aut consanguineos, isti fratrum germanorum filii hosce thios suos excludant non proprio aut proximitatis jure, sed *repræsentationis*; ac proinde non in capita, sed in stirpes hæreditatem dividere debeant. Præterea in *cap.* 3. *vers. quando quidem igitur* ait Justinianus ex eo quod filiis fratrum tam ex uno quam ex utroque latere conjunctorum talem prærogativam, *[illegible]* dedit, manifestum esse eos etiam thiis defuncti præponendos esse, quamvis gradu parentibus: unde iterum liquet, eos nec hoc quidem casu ex sua persona, quia sunt proximiores, thiis defuncti anteponi, sed ex persona patris sui, quem repræsentant, & cujus locum subeunt; ac proinde etiam hoc casu non in capita, sed in stirpes ex sententia Justiniani eos succedere necesse est. Etenim omnino hic considerandum est, quod Justinianus, ut apparet ex textu totius istius *cap.* 3. *Novella* 118. jus repræsentationis introduxit, non ad hoc solum, ut filii fratrum possent concurrere & simul cum fratribus defuncti, a quibus alioqui jure proximitatis excluderentur, succedere; verum etiam ad excludendos alios, qui cum iis concurrerent, thios nimirum defuncti, qui pari sunt gradu; & alias obstarent, quominus illi soli jure proximitatis admitterentur. In fratrum autem germanorum filiis idem jus introductum, etiam ad excludendos eos, a quibus ipsi alioqui jure proximitatis excluderentur, fratres scilicet defuncti consanguineos & uterinos. Hujus enim rei non alia ratio reddi potest, quam quod filii fratrum, citra hanc repræsentationis inductionem, neque cum fratribus defuncti concurrere, neque thios ejusdem excludere possunt; multoque minus fratrum, licet germanorum, filii fratres defuncti consanguineos aut uterinos; quippe qui uno gradu sunt proximiores. Nec verum est, quod contrariæ sententiæ auctores ajunt, fratrum germanorum filios ideo præponi fratribus defuncti ex uno tantum parente conjunctos, qui propter duplex vinculum proximiores habentur; sed illud verum est, propter duplex illud vinculum hoc beneficium iis datum esse, ut vicem patrum suorum sustineant, & jure repræsentationis, quamvis uno gradu sint remotiores, tales thios suos excludant. Similiter & illud, quod ajunt, successiones facilius descendere, quam adscendere, si juris nostri rationem spectes, falsum est in linea transversa; neque hanc novi juris a se constituti rationem affert Justinianus; sed aliam, nempe quod voluit fratrum filios in locum patris sui succedere: quod etiam bene observavit Bachovius ad Treutl. *vol.* 2. *disput.* 16. *thes.* 5. & Anton. Faber *in disput. forens.* quam subjecit Mudelio *de var. nummar. debitor. solut.* Quamobrem ex sententia Justiniani sic omnino statuendum videtur, fratrum filios, sive cum iis, a quibus alias excluderentur, concurrant, sive veniant ad exclusionem aliorum, qui alias cum iis concurrerent, aut eos ipsos excluderent, non alio jure ad hæreditatem admitti, quam repræsentationis, nec in capita, sed in stirpes succedere. Quid vero, si defunctus nullos fratres aut thios reliquerit, sed fratrum filios duntaxat? Hic facile admittam in capita eos succedere debere; quippe cum hic ex propria persona venire possunt; ac proinde non indigeant privilegio. Est enim jus repræsentationis fictio quædam, quæ nunquam inducitur, nisi ex necessitate: quanquam ne hoc quidem concedunt Ant. Faber & Bachovius. Et igitur, si isto, quem dixi, casu quæstio proposita, utrum fratrum filii, quando soli sunt, in capita, an in stirpes succedant, accipiatur, haud gravate Azonis sententiæ subscribam; cum atque circa hunc casum a Justiniano quicquam mutatum esse doceri non possit. Atque hæc Cujacii quoque sententia est *paratit. Cod. de legit. hæred.* ubi negat exceptis tribus illis, quos diximus, casibus, in linea collaterali repræsentationi locum esse, item Fachinæi *lib.* 6. *controv. c.* 40. & Bronchorstii *centur.* 3. *assert.* 69. quæ etiam probata Senatui Sabaudiæ, teste Anton. Fab. *Cod. suo forens. de legit. hæred. defin.* 2. Sic eodem modo forte explicanda & limitanda constitutio Caroli V. qua Azonis sententiam in comitiis Spirensibus confirmavit anno 1529. quod & Mynsingero visum arguunt, qui scribit *cent.* 5. *observ.* 94. Postquam hæc scripseram, animadverti, & hanc Græcorum esse sententiam ex Harmen. *l.* 5. *t.* 8. *n.* 81. ubi scribit: Si defuncto fratres non supersunt, sed filii fratrum duntaxat, præmortuis duobus aut tribus fratribus [illegible] [illegible], per capita & in singulas eorum personas hæreditas distribuitur, id est, quotquot sunt, ex æquis portionibus ad hæreditatem vocantur. Quo jure in proposito nostrates utantur, cognosci poterit ex *Ordin. polit. & Placit. de success. ab intestato*. Grot. *lib.* 2. *introduct. cap.* 18. Nobis in hisce quæstionibus propositum non fuit indicare semper, quid juris in quaque re legibus aut moribus nostris observetur: & hoc forte aliis cardinibus afferret.

CAPUT XXXI.

An in successione fratrum consanguineorum & uterinorum, discretio bonorum observanda? Et obiter, an observanda in successione ascendentium?

DEficientibus intestato mortui liberis & parentibus, itemque fratribus ex utroque parente conjunctis, eorumque filiis, Justinianus ad hæreditatem ejus vocat fratres ex uno tantum latere junctos consanguineos & uterinos. *Novella* 118. *c.* 1. & 3. qua constitutione ex parte quidem confirmat ea, quæ antea tum a Leone & Anthemio *l.* 4. *Cod. de bon. quæ lib. in pot.*

rum ab eo ipso *l. ult. Cod. de success.* Novella 84. c. 1. §. 2. sancita sunt circa praerogativam eorum, qui duplici vinculo defuncto nexi; sed ex parte etiam, & quidem maxima, mutat, admissis simul cum his, & primo quidem loco, parentibus defuncti proximis, quos antea excludebant; & ita admissis, ut illi quoque excludant fratres defuncti consanguineos & uterinos, a quibus ipsi antea excludebantur. Quaerendum autem est, utrum hi fratres defuncti consanguinei & uterini aequaliter in omnia bona defuncti fratris ex illa constitutione Justiniani succedant? an ita, ut consanguinei bona paterna, uterini bona materna consequantur, sola aut aliunde quaesita aequaliter inter eos dividantur? Communis sententia est, in hac successione bona a patre profecta ad consanguineos, a matre profecta ad solos uterinos pervenire. Gomez. ad leg. Taur. 8. num. 8. Grass. §. *successio ab intestato* qu. 32. Forster. *lib. 8. de succ. ab int. cap.* 8. unde illud, quo nihil vulgatius, paterna paternis, materna maternis deferri, quam sententiam etiam amplexi sunt Cujacius in *expos.* Novella 84. Don. *lib.* 9. *comm.* 4. Gudelin. a. *de jur. noviss.* 15. Fundant autem hanc suam sententiam in *leg. de emancipatis* 13. §. 2. *Cod. de leg. hered.* Et sane negari non potest, quin Justinianus illic fratres omnes ad successionem fratris emancipati vocans excipiat bona materna, in quae eos solos succedere vult, qui sunt ex eadem matre. Nam de solis fratribus germanis, ceu vult Fachin. *lib.* 6. *contr. cap.* 5. id accipi consuetudo loquendi non patitur; nec argumentum ex hoc loco ductum diluitur, si dicamus illic agi de casu patris adhuc superstitis, quo propter usumfructum, quem pater habet, evidenter est bonorum distinctio. Illud enim nihilominus manet, ad bona a matre profecta solos ex illa constitutione vocari, qui sunt ex eadem matre, exclusis fratribus consanguineis, quod Novella Justiniani lege 118. *cap.* 3. negant esse mutatum. Sed videamus, an hoc, quod dicunt, verum sit. Equidem decisio hujus quaestionis non ex legibus Codicis, sed ex novissima illa Justiniani constitutione petenda est. Et nos contra intrepide affirmamus etiam id, quod a Justiniano in *d. l. de emancipatis* §. 2. *Cod. de legit. hered.* constitutum est, per *dict.* Novell. 118. *cap.* 3. esse abrogatum. Nusquam magis variant leges & constitutiones praesertim posteriorum Principum, quam circa jura successionum ab intestato, nec tantum circa ordinem descendentium, verum etiam ascendentium & lateralium, uti videre est *Instit. de hered. quae ab int. def. item de leg. agn. success. ad SC. Tertull. & Orfit. & Cod. eod. l.* 4. *Cod. de bon. quae lib. leg. ult. Codice commun. de success. l.* 13. *& leg. seqq. Cod. de legit. hered.* Novell. 84. *cap.* 1. *& in. &c.* Justinianus autem omnia illa priora jura circa hereditates intestatorum, & suas quoque ipsius constitutiones jussit cessare, *dict. dict.* Novell. 118. *in princ.* eaque sola pro jure in posterum servari, quae illic tandem de novo constituit. Relinquitur igitur, ut ex eadem Novella quaestio proposita decidatur. Quod igitur illic constituit Justinianus; Primo, deficientibus defuncti liberis & parentibus, jubet fratres & sorores utrinque conjunctos, eorumque demortuorum filios per repraesentationem succedere in universa bona defuncti fratris. Post hos secundo loco vocat fratres ex uno tantum parente conjunctos, sive per patrem, sive per matrem, & simpliciter item, ac sine ulla bonorum distinctione. Hac igitur constitutione abrogatur *l. ult. Cod. commun. de success.* & *leg.* 84. §. 1. *&* 2. *cum simil.* quippe cum illic parentes excludantur non tantum a fratribus defuncti ex eodem matrimonio procreatis, sed etiam progenitis ex alio: hic autem illi cum parentes admittantur duntaxat, hi etiam parentibus excludantur, demum post parentes, quos antea excludebant, & post fratres germanos, in quo solo nihil mutatur de illarum constitutionum priorum jure, vocentur: & denique demum post fratrum germanorum filios, quibus ipsi ante hanc Justiniani Novellam praeferebantur. In *leg. de emancipatis* §. 2. *Cod. de leg. hered.* quae posterior est *dict. leg. ult. cap. comm. de success.* non tractatur simpliciter talis casus, quo fratres sibi invicem succedunt, verum quo succedunt fratri emancipato, concurrente patre defuncti quoad usumfructum: hoc casu, si emancipatus reliquerit bona materna, in ea solos eos succedere vult Justinianus, qui sunt ex eadem matre; caetera bona defuncti in totam fraternitatem cedere: caetera, inquam, praeter materna, ac proinde tam ea, quae a patre forte profecta, quam quae aliunde, & cedere, quam tam iis, qui ex alio atque alio matrimonio procreati sunt, quam qui ex eodem: nam sub tota fraternitate comprehenduntur utique & consanguinei & uterini. Quo colore igitur Interpretes ex hoc loco illud suum, paterna paternis, materna maternis, elicere potuerunt? Sed & illud ipsum, quod circa eam speciem Justinianus ibi constituit postea, ab eo sublatum esse satis evidenter arguit *dict.* Novell. 118. *cap.* 2. *&* 3. *in princ.* ubi cum post descendentes statim vocasset ascendentes defuncti proximos, & cum his simul ad hereditatem admisisset fratres defuncti ex utroque latere junctos, mox deficientibus descendentibus & ascendentibus ex lateribus primo loco vocat eosdem defuncti fratres germanos, ubi nulla bonorum distinctio est, & post hos secundo loco fratres ex uno duntaxat parente conjunctos, sive per patrem solum, sive per matrem. Ex eo autem, quod post fratres utrinque conjunctos simpliciter & jure proximitatis, vocantur ex uno tantum latere juncti, consanguinei cum uterinis, recte colligitur eos etiam similiter, ut illos, aequaliter in omnia bona defuncti fratris succedere debere, nec plus juris relinqui uterinis in bonis defuncti maternis, quam ejusdem fratribus consanguineis; aut plus his, quam illis, in bonis profectis a patre. Atque hoc etiam efficit vera juris ratio, secundum quam successio fit in universa defuncti bona, pariterque ad successionem vocati aequaliter defunctum repraesentant. Quando autem bona, licet a diversis parentibus profecta, semel alicui obvenerunt, ut nunc sunt, & simplex ejusdem patrimonium insuper habita causa acquisitionis. Quod si bonorum origo & causa attenderetur, consequens & rationis esset, ut etiam consanguinei cum fratribus utrinque conjunctis eorumque filii admitterentur ad bona paterna: item ut in bonis maternis eodem modo cum fratribus germanis eorumque filiis concurrerent uterini. Denique ut si tantum sint bona paterna, nulla materna, uterinus a consanguineo excluderetur: & ex adverso, si nulla paterna, consanguineus ab uterino: quippe in bonis, quae ab uno latere proveniunt, si causam acquisitionis & originem bonorum, non ipsum jus successionis, & propinquitatem succedentium consideremus, nihil operari potest duplicitas vinculi. Et ita in feudis consanguineum ab utrinque conjuncto non excludi constat. Ita ex veteribus Fulgosius & Corneus in auth. itaque Codice commun. de succeff. ex recentioribus Petrus Barbosa ad leg. post dotem 42. num. 2. & sequentibus, num. 71. ff. solut. matrimon. Andreas Fachineus lib. 6. controvers. cap. 5. Bachovius ad Treutl. vol. 2. disput. 16. thes. 4. Iisdem rationibus evincitur, nec in successione adscendentium ullam bonorum differentiam faciendam esse, sed ascendentes quoque diversæ lineæ, qui pares gradu sunt, æqualiter succedere in bonis defunctorum liberorum undecunque profectis, non inspecta scilicet causa acquirendi, sed sola persona ejus cui succeditur, ut recte post veteres allegatos a Mynsingero lib. 6. observ. 55. num. 3. Barbosa, dict. loc. num. 67. & Fachin. dict. lib. 5. cap. 4. docent; & consentium Forster. lib. 7. cap. 4. num. 1. Grass. §. successio ab intestato, quæst. 11. num. 5. quod mirum est, cum in quæstione modo tractata & huic plane simili a nobis dissentiant: sed hoc & ab aliis factum est. Frustra autem hic objicitur leg. 3. Codice de bon. quæ lib. quippe ubi hoc tantum statuitur, ne nepoti defuncto sine liberis in proprietate succedat pater, avus usumfructum habeat, avus scilicet paternus, non maternus. Hæc porro sententia meruit & assensum Cameræ Imperialis testibus Mynsing. ubi supra, & Hart. Harm. pract. titul. 48. observ. 3. & Senatus Sabaudici, teste Anton. Faber Cod. suo fer. lib. 6. tit. 33. defin. 2.

CAPUT XXXII.

An justa sit causa revocandæ donationis, si donator post factam donationem liberos susceperit?

MOrtis causa donatio tenere, hoc est, pro arbitrio donatoris, sicut ex poenitudine revocari potest, §. 1. Instit. de donat. l. mortis 16. l. qui mortis 30. ff. de mort. caus. donat. Mera autem & simplex donatio natura sua irrevocabilis est. Quod vero hanc etiam aliquando revocare licet, id fit ex accidenti & facto donatarii, pro beneficio injuriam rependentis, non ex intentione donantis; utpote, qui sic donat, ut nullo casu velit ad se reverti, leg. 1. ff. de donat. l. ubi ita 27. ff. de mort. caus. donation. quamquam tamen, si præscivisset donator donatarium ingratum fore, proculdubio beneficio abstinuisset; unde ortum est etiam in hisce donationibus jus revocandi. Nec tamen ob quamlibet ingratitudinem donatarii revocatio permissa, sed ob insignem duntaxat, & talem, quæ sceleri affinis sit aut conjuncta; nempe, si donatarius atroces injurias in donatorem effuderit; si illi impias intulerit manus; si vitæ ejus insidietur; si grandem jacturæ molem substantiæ & bonis donatoris ingesserit; si conditiones donationi appositas implere nolit. Ob has enim causas duntaxat donationem revocari permisit Justin. in l. ult. Cod. de revoc. don. Additur vulgo a DD. & alia causa revocandæ donationis, videlicet si donator, tempore donationis donec illiberis, post donationem factam liberos susceperit, arg. leg. si unquam 8. Cod. de revoc. donat. Quamvis enim illa constitutio tantum loquatur de patrono donatore, & liberto donatario, putant tamen quorumcunque donationes eodem illo jure censendas, ut insperato succedens filiorum soboles irritam faciat donationem. Utantur hoc potissimum argumento, quod quamvis

ratio legis generalis est, omnino quoque ipsa legis dispositio generalis esse intelligatur: & affirmant pro vero generalem esse juris, quod in dict. leg. 8. Cod. de revocat. don. continetur, rationem, nec magis ad donationem liberto, quam cuilibet extraneo factam pertinere; rationem autem hanc esse, quod nemo præsumatur successiones alienas propriis anteponere voluisse, argum. leg. cum avus 102. ff. de condit. & demonstrat. leg. cum avus 102. ff. de cond. & demonstrat. leg. cum acutissimi 30. Codice de fideicomm. Unde porro elicuit qui liberos non habet, in se commune tacitam conditionem, ut si liberi ei postea nati fuerint, donatum ad se revertatur, quippe quem si de liberis cogitasset, donaturum non fuisse credi oporteat. Gomez, lib. 3. var. resolut. cap. 4. n. 11. Clar. §. donatio, qu. 216. Cujac. lib. 10. obs. 1. Mynsing. lib. 5. obs. 63. & seq. late Tiraq. in l. si unquam 8. Cod. de rev. don. Tuld. in C. de rev. don. n. 3. Bachov. l. 3. contr. c. 85. quo jure & nos uti scribit Grot. lib. 3. introd. c. 2. adde Christin. vol. 4. decis. 192. Tim. Fab. disp. antith. 17. thes. 4. Sed procul dubio in puncto juris verior est sententia eorum qui afferunt in solo patrono donatore & liberto donatario hanc revocandæ donationis speciem locum habere. Cur enim Imperatores, si illam in quibuslibet donatoribus & donatariis obtinere voluissent, patroni tantum & non liberi mentionem facerent? An quia ad consolationem partis rescribunt, quia forte ex facto inciderat, ut de donatione a patrono facta quæreretur? Atqui hanc suam constitutionem non dirigunt ad consultorem aliquem, sed ad Præfectum prætorio in formam edicti proponi, hunc in modum: Si unquam libertis patronus filios non habens, &c. Quid si in quolibet donatore idem obtinere voluissent, non saltem verbo id indicassent, aut ubique ita scripsissent: Si quis liberos non habens aliquid donat vel &c. Itaque constitutio hæc, quæ singulare jus continet, leg. sicut 5. Cod. de oblig. & act. & contra regulam de donationibus semel perfectis non revocandis exceptionem inducit, extra terminos non est extendenda. Multa in liberto sunt singularia, quæ confusi ad alios trahi non possunt; quippe qui propter inæstimabile libertatis beneficium nihil non patrono debet, non modo honorem quidem & reverentiam, sed etiam obsequia & operas, tit. de obseq. parent. & patr. præst. & ff. de op. libert. qui patronum egentem liberosque patroni de suo alere tenetur, l. si quis §. solent, 18. ff. de agnoscend. & alend. lib. qui moriens certis conditionibus bona sua patrono debet relinquere, & cujus intestati bona certis item conditionibus ad patronum liberosque ejus redeunt. Instit. de success. libert. quem eandem ob causam etiam multa æquo animo ferre oportet, quæ licet cum incommodo ejus, favore patroni constituta sunt, §. 1. Instit. qui & quib. caus. man. §. 1. Instit. de hered. qual. & similiaque esse constitui in aliis. Unde etiam est, quod vel exigua obsequii in liberto donatario sufficiens causa sit donationis in eum a patrono collatæ revocandæ, l. 1. Cod. de revocat. donat. Cum itaque qualitas ipsa personæ donantis & donatarii sit præcipua causa hujus revocationis, non soli aut per se liberi a donatore postea suscepti; quis non videt propter eandem conditionem personæ in liberto donatario duntaxat hanc præsumptionem valere Principes voluisse, ut eadem mente ille, eademque lege accipere intelligeretur, qua patronus pro affectu donat; nimirum ut

malo

morte postea patrono libertis donata reddat; in aliis vero valere hoc commune, quo propositum in mente retentum nihil operatur. Nam quoties lex de certis personis loquitur, quibus aliquid beneficii tributum vult, certum est legem ad alias personas non pertinere, *l. si vero §. §. pen. ff. solut. matr. l. quod constitutum 22. ff. de testam. milit.* Et illud utique palam est, Jure communi non sufficere ad revocationem donationis, quod forte in unius animo aliquid præsumatur, cum utriusque consensu perficiatur donatio, nec nobis liceat citra legum auctoritatem tacitas fingere conventiones, nec conjecturas sectari, ubi verba legis aperta sunt ac clara, & sensum minime absurdum habent. Perperam vero ad præsentem casum trahitur, quod pro ratione decidendi in specie dispositionis ultimæ proposita in *leg. cum avunculus 30. Cod. de fideicomm. dict. leg.* affert Justinianus, nepotem scilicet præsumi alienos successores propriis anteferre. Nam decisio *l. cum avunculus* tantum locum habet in testatore fideicommisso gravante unum ex progenie sua, cujus porro post eum & ipsi sint in familia testatoris, quod quomodo ad nostrum casum, ubi aliquis liberos non habens in extraneum absolute & perfecte donationem contulit, applicari queat, non video. Et alioqui pari ratione revocatio rei donatæ etiam concedenda esset ei, qui cum forte unum duntaxat filium haberet, partem facultatum alicui donavit, postea eo mortuo, aut vivo adhuc plures liberos suscepit. Cui addit, quod dispositiones ultimæ ex solius arbitrio testatoris interpretationem accipiunt, & pro ejus solius arbitrio constituuntur, sustinentur, & revocantur, *l. in conditionibus 19. ff. de cond. & demonstr. l. ex facto 35. §. verum 3. ff. de hered. instit. l. si mihi 12. in fin. ff. de legat. 1.* secus atque aliter inter vivos, in quibus omnium voluntas spectanda, nec paenitentia admittitur, *l. non solum 5. 1. ff. de oblig. & act. l. sicut 5. Cod. eodem*, & in quibus contra eum fieri solet interpretatio, cui liberum fuit re integra aperte loqui, & legem, quam vellet, claris verbis exprimere *l. veteribus 39. ff. de pact. l. quidquid ff. de verb. oblig.* cum similibus. Similiter nostro casu adaptari nequit, quod Papinianus in *leg. cum avus 102. ff. de condit. & demonstrat.* cum speciem proposuisset, ubi testator a nepote, quem ex parte heredem instituerat, petiit, ut post mortem hereditatem restitueret patruo suo, respondet nepote liberis relictis, mortuo defecisse conditionem fideicommissi, ductus conjectura pietatis, ut ipse ait; nam conjectura illa pietatis ex eo ducitur, quod non videatur avus nepotem gravare voluisse in eum casum, quo liberi nepoti nascerentur; eo quod pietas suadeat, ut liberis potius relinquatur hereditas, quam aliis, utrumque testatori defuncto conjunctis; nam in casu *dict. leg. cum avus*, rogatus est nepos hereditatem restituere testatoris filio, nec credendum sit avum pro nepote id consilium cepisse, quod ipse nepos non nisi impie capturus erat, ut recte Antonius Faber *leg. 7. conject. 14.* Hoc vero longe diversum est a casu, quem hic tractamus, ubi quis in extraneum pure & absolute quid transtulit, qui nec ex liberis donatoris est, nec de re donata reddenda absque expressa conventione obligari potuit. Quibus & illud accedit, quod *d. leg. si unq.* non tantum locum habet si omnia bona, sed etiam si pars aliqua eorum donata sit. Est vero absurdissimum ob liberos donatori postea natos donationem partis alicujus bonorum cuicumque & a quocumque factam revocari; quippe quo admisso, nemo nisi liberos habens pure & plene donare intelligeretur. Huc item facit, quod bona, quæ propter agnationem liberorum donatori revocavit, non liberis acquiruntur, sed pleno jure revertuntur ad patrem donatorem *d. leg. si unq.* qui proinde de illa fecundum iterum libere disponere potest, & salva saltem liberorum legitima, ea omnia una cum cæteris bonis in quoscumque velit, conferre, *l. 1. l. 2. & tot. tit. Cod. de inoffic. donat.* Atque ita, quo nihil dici potest absurdius, posteriores illi potiores erunt & præferentur ei, in quem jam antea eorum rerum dominium plene & absolute translatum erat, atque huic eripietur, quod donetur alteri: quod vel solum argumento esse poterit, qualitatem ipsam personæ donatoris & conditionem donatarii præcipuam esse hujus revocationis causam. Ex hoc porro simul concidunt objectiones sumptæ a miseratione liberorum, & injuria, quæ alias eis fieret. Nam ad injuriam illam vindicandam proditum liberis est Jure communi remedium, quo patre mortuo donatio immodica revocetur, querela scilicet inofficiosæ donationis, *tit. Cod. de inoff. donat.* Ex ipse quoque pater eam revocare potest, quatenus debitum liberis bonorum subsidium excedit, *l. si totas 5. Cod. eod. tit.* Aliud remedium frustra quæsieris. Excutiantur omnes loci juris civilis, nullus invenietur, qui de jure revocandi donationem propter liberos postea natos tamquam ex causa generali loquatur, ac ne apud Justinianum quidem, qui cum liberorum jura ubique non servaverit modo, sed etiam auxerit, utique hujus revocationis aliqua parte mentionem fecisset; certe ubi ex professo recenset causas revocandæ donationis, si hanc etiam pro causa generali haberi voluisset, id omissurus non fuerat. Quid quod & Canones huic nostræ interpretationi consentiunt, *cap. ult. cap. 17. q. 4.* ubi D. Augustinus laudans factum S. Aurelii Episcopi Carthaginensis, quod reddidisset donatori ob liberos ei natos, quæ ille Ecclesiæ donaverat: *In potestate*, inquit, *habebat Episcopus non reddere, sed jure fori, non jure poli.* Respondet Fachinæus *d. lib. 3. c. 86.* Constantinum non potuisse ligare Ecclesiam; quasi vero res Ecclesiæ exlegès fuerint. Posset forte huic responsioni species aliqua præœri, si Augustinus de Romana loquutus fuisset; quia jam tum scilicet a Constantino facta erat Sylvestro Episcopo Romano prodigiosa illa donatio, quæ memoratur, *lib. decret. dist. 96.* Postremo de solis patronis donatoribus & libertis donatariis, eodem semper, quo nos modo, constitutionem Constantini, quæ tertia est in Codice Theodosiano, *tit. de revoc. donat.* & eadem cum illa octava in Codice Justinianeo *eod. tit.* interpretatus est Anianus, qui tempore Alarici Regis floruit, centum & quod excurrit, annis ante Imperium Justiniani; eoque modo eamdem constitutionem accepit Harmenop. *lib. 3. tit. 2.* item Aro *in summ.* & plerique Neotericorum, Connan. *lib. 5. comm. c. 10.* Ant. Fab. *lib. 7. conject. cap. 14. & 15.* Donell. *ad dict. leg. si unquam*, Barbos. *ad Treutl. disp. de donat. thes. 7. litt. E.* Coras. *lib. 7. miscell. cap. 30.* Hotom. *lib. 1. respons. amic. cap. 32.* ubi levicula quædam removet, quæ a Cujacio objiciuntur ex *l. cum tale 72. §. 1. ff. de cond. & dem. & l. 1. Cod. de revocat. donat.* quasi quæ sui constituuntur de liberto, etiam in extraneis locum habeant, quod cum Accursio & aliis negat Hotomannus. Sed sit ita, quædam, quæ in liberto valent etiam locum habeant in non liberto; inde tamen non efficitur etiam in quæstione proposita eamdem liberti &

extranei rationem esse, cum in plerisque aliis longe sit diversa, & quod hic contra tenorem juris communis introductum est, in persona donatoris patroni non debeat produci ad consequentias, *leg. quod vero 14. & leg. seq. ff. de legib.*

CAPUT XXXIII.

An per querelam inofficiosæ donationis tota revocetur donatio?

QUerela inofficiosæ donationis species quædam est revocationis donationis factæ inter vivos comparata confirmandæ querelæ inofficiosi testamenti gratia, ad quam eludendam donationes inofficiosæ instructæ sunt, *l. 1. l. § mater, 7. Cod. de inoff. donat.* Nimirum exhausto immodica donatione patrimonio querela inofficiosi testamenti eluditur: legitima portio iis, quibus debetur, intervertitur, sive donator eos hæredes instituat, sive intestatus decedat: nihil enim his relinquitur præter nudum nomen heredum, nec querela datur nisi præteritis aut exhæredatis *princ. Instit. de inoffic. testam.* Sed & si alium hæredem donator instituat, querelam tamen inutilem facit inofficiosa donatio, ut ne sic quidem præteriti aut exhæredati quicquam consequantur præter nomen inane hæredum, *l. 1. Cod. eod. tit.* Atque hinc est, quod inofficiosæ donationes instructæ dicuntur ad querelam inofficiosi testamenti eludendam, excludendam, intervertendam, *l. 1. l. § mater 7. eod. l. Titia 87. §. Imperator, 3. ff. de legat. 2.* igitur inofficiosæ donationes excogitatæ essent ad portionem legitimam iis, quibus ea debetur, intervertendam; huic fraudi occursum est opportuno remedio, quo immodicæ hujusmodi donationes revocarentur, constituta in eam rem querela inofficiosæ donationis ad exemplum & similitudinem querelæ inofficiosi testamenti. Quatenus autem donatio hæc revocetur, in totumne, an quatenus legitimam liberorum minuit, haud ita in promptu est dicere. Nam cum ad similitudinem querelæ inofficiosi testamenti hæc revocatio introducta sit, consentaneum videtur, ut quemadmodum per querelam inofficiosi tota rescinditur institutio, sic quoque per hanc querelam tota revocetur donatio. Omnes autem fere leges subjectæ titulo *Cod. de inoff. donat.* hanc comparationem continent. Est quidem inter illa duo hæc differentia, quod querela inofficiosi testamenti impugnatur ultima dispositio, & injuria exhæredationis vindicatur: hac autem querela revocatur contractus inter duos initus & perfectus: idque ab ipsis hæredibus, quamvis solo nomine: sed hoc parum ad rem præsentem facere videri potest, cum in *leg. ult. Cod. eod. tit.* Imperatores dicant dubitandum non esse, quin immodicarum donationum omnibus querela ad similitudinem inofficiosi testamenti legibus fuerit introducta, ut sit in hoc actionis utriusque vel una causa vel similis æstimanda, vel idem & temporibus & moribus. Afferuntur pro hac sententia & loci nonnulli aliunde petiti & præsertim ab Antonio Fab. *lib. 3. conject. 17.* Et primum quod apud Ulpianum *leg. § libertus 16. ff. de jur. patron.* legimus, libertus se minorem centenario in fraudem legis fecerit in totum non valere, quod actum est: unde colligunt etiam donationem inofficiosam, quæ & ipsa in fraudem legis fit in totum non valere aut revocari, *n. ff. rum rei 4. Cod. de contr. empt.* ubi cum mulier omnia sua bona donasset Luciano, eaque defuncta relicto filio Lucianus bona sibi donata & tradita omisisset a filio hærede donatricis, ajunt Imperatores hanc emptionem prodesse Luciano ad defensionem, ne (*filius exemplo inofficiosi testamenti possit hæc avocare,*) quæ verba videntur manifeste ostendere filium immodicam donationem a matre factam in solidum revocare. Nam pronomen illud, *hæc*, non alio referri potest, quam ad illa antecedentia, *omnia bona sibi ab ea donata*. Cæterum hæc ad decisionem hujus quæstionis non facile momenti habent. Nam dici potest comparationem istam utriusque querelæ non absolute, sed secundum quid accipiendam esse, quatenus scilicet una & similis utriusque causa est, eademque temporibus & moribus, cum utraque quinquennio finiatur, & excludatur exceptione ingratitudinis: & verba hæc *leg. ult. Cod. de inoffic. donat. omnibus querela ad similitudinem inofficiosi testamenti legibus introducta*, commode sic accipiuntur, omnibus scilicet legibus, quæ de hac querela disposuerunt, vel pro omnibus, quibus concessa querela inofficiosi testamenti: ut illud discrimen adhuc maneat, quod licet testamentum inofficiosum in totum rescindatur; immodica tamen donatio pro parte durat: idque hac ratione, quia testamentum inofficiosum privat liberos hæreditate, quæ tacita quadam lege naturæ liberis debetur, at donatio inofficiosa non facit, quominus iidem donatoris hæredes sint, qui sine donatione futuri erant, *l. 4. Cod. de contr. empt.* sed ut qui etiam tantum non percipiant, quantum donatione non facta omni jure habituri essent, puta portionem saltem legitimam.

Sed & comparatio inofficiosæ donationis, & donationis factæ a liberto in fraudem legis (in patroni) dici potest claudicare. Utramque quidem in fraudem legis fieri, sed illam liberti in totum, quia libertus donando se minorem faciens centenario, facit omni ex parte in fraudem legis, *d. leg. § libertus, 16. ff. de jure patron.* Inofficiosam autem donationem hactenus, quatenus dodrantem aut bessem (ut hodie) excedit, in reliquum fieri lege permittente. Illam liberti ipso jure non valere, *d. leg. § libertus*, hanc etiam, qua parte inofficiosa est, ipso jure valere ab initio, sed institutâ querela, quatenus inofficiosa est, rescindi *tot. tit. C. de inoffic. donat.* Ad decisionem quoque quæstionis propositæ non multum facit *d. l. 4. Cod. de contr. empt.* quoniam ibi alia quæstio principaliter tractatur, nec est necesse, ut propter id, quod in fine constitutionis dicitur, filium non posse hæc avocare, dicamus alias cum bona omnia, quæ donata sunt, posse avocare. Constat rescripti sententia, si aliquaquardam avocare potuisset: nec verba respuunt hanc interpretationem, quod scil. hoc senserint Imp. usque ad eam partem, quam alias avocare posset filius, Luciano emptionem prodesse, nempe ut ex emptionis causa etiam retinere possit, quem ex causa donationis retinere non poterat. Aliorem speciem habet, quod Alexandrum Imperat. Claudiano Juliano rescripsisse Paulus in *l. Titia Seja, 87. §. 3. de legat. 3.* memorat, donationem totius patrimonii in unum ex duobus liberis collatam pro dimidia parte revocari, quod non nisi de dimidia totius quod donatum est, capi posse videtur, cui consequens est si in extraneum talis donatio conferatur, eam revocari in solidum.

Sed tamen ego huic sententiæ acquiescere non possum; & magis puto ex causa inofficiosæ donationis non totum revocari, quod donatum est, sed pro ea tantum parte, pro qua donatio est inofficiosa, modum scilicet legitimum excedens, & quartam iis quibus debetur, adimens. Non una me eo impellit aut ratio aut auctoritas. Nam primo, quoties lex ad certum modum aliquid permittit, si hic modus excedatur, non totum infirmatur, quod gestum est, sed quod illicite gestum est duntaxat, *l. placuit*, 29. *ff. de usur. l. sancimus*, 34. *C. de donat.* Et quid notius regula, utile per inutile non vitiari, *l.* 1. *§. sed si mihi*, 5. *ff. de verb. oblig. C. utile, de reg. jur. in* 6. 2. Quia alias in casu donationis omnium bonorum, aut ejusmodi partis, quæ legitimam minuat, supervacanea esset constitutio *leg. si unquam*, 9. *Cod. de revoc. donat.* quoniam certum est jure veteri liberis sive tempore donationis jam natis, sive postea editis hanc querelam competiisse. 3. Probatur hæc sententia textu expresso in *leg.* 2. *Cod. de inoffic. donat.* ubi donatio immensa in filium in potestate constitutum collata hactenus revocari dicitur, ut officio arbitri familiæ erciscundæ quarta pars debitæ ab intestato portionis sorori ejus præstetur incolumis. Respondet Anton. Faber, vim oppositionis duorum casuum, quorum uno donatio in filiumfam. collata, altero in emancipatum, in hoc sitam esse, quod priore casu legitima tantum, posteriore totum revocetur. Sed hoc prorsus commentitium est, vel quia priore potius casu donatio ex ratione juris nulla & invalida in solidum revocanda erat; vel potius quia ut ex ipso textu apparet, in hoc oppositio consistit, quod priore casu remedio ordinario, posteriore extraordinario querela inofficiosæ donationis revocetur; utroque autem casu usque ad legitimam. 4. Per *l. si totas*, 5. *Cod. eod. tit.* ubi dicitur ex donatione immensa detrahi, quod necesse est relinqui liberis non ingratis ad submovendam inofficiosi querelam. Respondet Ant. Fab. donatorem ibi tempore donationis alios liberos non habuisse, eoque initio inspecto donationem non fuisse inofficiosam. Quid tum postea? Nonne satis est donationem postea propter alios liberos susceptos inofficiosam fieri, ut liberi queri possint? De cujus querelæ natura sic est ut donatio in solidum revocetur, etiam hoc casu eumdem effectum habere debet. 5. Huc accedit textus in *l. si mater*, 7. *C. eod.* ubi Imperatores non totum, quod gestum est, revocari ajunt, sed disertis verbis, quod immoderate gestum est. Respondet Ant. Faber, totum revocari quod immoderate gestum est, non quatenus immoderate gestum est; quod est apertum *σόφισμα* meraque cavillatio. Ex hoc autem loco petenda est explicatio *l. Titia Seio*, 87. §. 3. *de legat.* 2. ubi eadem plane species proponitur & dicitur, quæ in hac *leg. si mater*, excepto eo, quod illic avus in unum e duobus nepotibus totum patrimonium suum effudisse proponitur, hic mater in unum e duobus filiis. Igitur quemadmodum hic non dimidium totius, quod donatum est, sed dimidium ejus quod illicite donatum est, revocatur, vel, ut hoc apertius Imperatores in *dict. l. si mater* explicant, dimidium quartæ partis, quod ad excludendam inofficiosi testamenti querelam adversus agentem sufficeret: ita etiam illic nempe in *dict. l. Titia Seio* §. 3. dimidiam partem accipere debemus, partem dimidiam ejus, quod immoderate gestum est, non omnium bonorum, sed portionis legitimæ, utrique scilicet debitæ: eoque facit & *Nov.* 92. cujus speciem ex Harmenopulo ponit Cujacius, *lib.* 5. *observ.* 14. 6. Facit huc egregius textus in *leg. si liqueat*, 8. *in fin. princ. C. de inoffic. donat.* ubi expresse dicitur, pro ratione quartæ, quod donatum est, diminui. Respondet Antonius Faber, intelligi ibi quartam non legitimam, sed quartam ab intestato debitam, fingitque in casu illic proposito matrem quatuor reliquisse liberos: quod vix confutatione indiget. Quod autem ibidem addunt Imperatores, *ad instar inofficiosi testamenti convicti*. Illa comparatio non ad quantitatem, quæ revocetur, sed ad jus revocandi pertinet. 7. Idem evincitur ex *leg. unic. Cod. de inoffic. dot.* ubi itidem ad exemplum querelæ inofficiosi testamenti dicitur liberis adversus dotem immodicam actionem dari, ut iis emolumenta debita conserventur. Emolumenta debita sunt illud ipsum, quod in *leg.* 5. *Cod. de revoc. donat.* appellatur debitum bonorum subsidium. Non me latet plerosque ita distinguere, ut si in extraneos collata sit donatio cum consilio fraudandi, tunc tota revocetur; si sine consilio fraudandi, pro parte tantum; si in aliquem ex liberis, indistincte pro parte duntaxat, eamque distinctionem judiciis & consuetudine publica probari, testibus Sichard. *in l.* 1. *n.* 4. *C. de inoffic. donat.* Gomez. 2. *var. resol.* 4. *num.* 13. Covarr. *pract. qu.* 19. *num.* 12. Cæterum juri scripto consentaneam non esse patet ex *dict. l.* 1. ubi extranei & liberi eodem jure censentur. Nec vero persona accipientis donationem inofficiosam facit; sed profusa liberalitas: nec refert eventum tantum donatio, an & consilium fraudandi habuerit, *d. l.* 1. *l.* 7. *Cod. eod.*

CAPUT XXXIV.

An pro mortis causa donatione haberi debeat, si donator mortis mentione facta adjecerit clausulam se nullo modo revocaturum donationem?

MOrtis causa donatio est, quæ propter mortis fit suspicionem: veluti cum quid metu mortis vel ex præsenti vel ex futuro periculo donatur; puta si donator gravi morbo laboret, si periculosam peregrinationem vel navigationem suscepturus sit, si iturus in militiam, si pestis grassetur, &c. *l.* 1. *& aliquot seqq. l. senatus*, 35. *§. mortis*, 4. *ff. de mort. caus. donat.* Cæterum an propter mortis suspicionem donatio facta sit, ex verbis donatoris æstimandum est; nec enim sufficit ad hanc donationem a moriente aut in periculo mortis posito quid donatum esse, nisi verbis declaraverit, se ob metum propinquæ mortis donasse: alioqui non tam mortis causa, quam moriens donasse censetur, *l. Seja*, 42. *§. in fin. ff. de mort. caus. donat.* Quin etiam extra suspicionem alicujus periculi, & sano atque in bona valetudine constituto mortis causa recte donatur sola cogitatione mortalitatis, *d. l.* 2. *& d. l. Senatus* §. 4. Sed itidem verbis hoc declarandum est, ne alias donatio pro pura & simplici habeatur. In omni autem mortis causa donatione, qui donat, se primum & principaliter cogitat, atque amore vitæ recepisse potius, quam dedisse mavult: & ut verbo dicam, se potius habere vult quam eum, cui donat, illum deinde potius hæredem suum *leg.* 1. *dict. leg. Senatus* §. 2. *eod.* Atque hæc ratio est, cur hanc donationem revocare liceat, secus atque donationem inter vivos: quippe in qua qui donat, donatarium solum cogitat, atque illum, quam se habere mavult. Tribus autem casibus mortis causa donatio fit irrita aut revocari potest, duobus ex parte donantis, pœnitentia, & periculi, cujus intuitu donatio facta, sublatione: uno ex parte donatarii, si is ante donatorem moriatur, *leg. mortis causa*, 19. *leg. si mortis*, 29. *& l. seq. ff. eod.* §. 1. *Instit. de donat. leg. non omnis*, 19. *ff. de reb. cred.* quamquam conventione effici potest, ut ne revocetur omnibus istis casibus, *l. si alien.* 13. *in fin. ff. de mort. caus. donat.* Illud autem quæsitum est, an & illa donatio pro mortis causa donatione habenda sit, si donator mortis mentione facta adjecerit clausulam, se nullo casu aut modo donationem revocaturum. Et magis est, ut ea non pro donatione mortis causa, sed pro donatione inter vivos habenda sit; quod & communiter placuit Bart. *post Gloss. in l. ubi ita donatur*, 7. *ff. eod.* Clar. §. *donatio q.* 4. Gomez *lib.* 2. *var. res.* 3. *c.* 4. *n.* 22. Schneid. *in* §. 1. *Inst. de donat. n.* 3. *&* 4. Fachin. *lib.* 5. *c.* 23. Tulden. *C. de mort. caus. donat. n.* 3. Perez. *ibid. n.* 12. Bachov. *ad Treutl. vol.* 2. *disp.* 19. *thes.* Etenim cum ex sententia Juliani relata & probata ab Ulpiano in *leg.* 2. *ff. eod.* ex mortis causa donatione vel non statim transeat dominium, vel transeat sub tacita conditione, ut scilicet non ante pro perfecta habeatur, quam mors fuerit insecuta, *l. non videntur*, 32. *ff. eodem*, mortis causa donatio dici non potest, per quam pure & absolute omnique jure revocandi excluso dominium transfertur. Deinde cum in omni donatione mortis causa, donator se primum cogitet, & ipse rem habere malit, quam donatarium, *l.* 1. *l. senatus*, 35. §. 2. *eod.* mortis causa donationi non potest adscribi illud genus, in quo donator solum spectat donatarium, & illum potius, quam se habere vult. Nam cui non competit definitio, ei nec definitum competere potest. Unde etiam plusquam manifestum est, hic deficere partem aliquam donationis causa mortis substantialem, & ideo in aliam donationis speciem rem transire, quidquid in contrarium disputet Ant. Faber *decis.* 45. *err.* 1. Immo nec potest ullo modo videri mortis causa, id est, propter mortem & periculum imminens donatum esse, cujus revocandi facultatem omnem sibi donator ademit. Et hoc est, quod Marcianus responso suo significat in *l. ubi ita*, 27. *ff. eod.* cum ait, *Ubi ita donatur mortis causa, ut nullo casu revocetur, causa donandi magis est, quam mortis causa donatio; & ideo perinde haberi debet, atque alia quævis inter vivos donatio.* Ait, *causa donationis magis est, quam mortis causa donatio*: idest, in ejusmodi donatione mors est potius causa impulsiva & occasio donandi, quam causa finalis, seu τὸ τέλος. Unde infert perinde eam haberi debere, atque aliam quamvis donationem inter vivos: quæ verba aperte ostendunt, Marcianum hanc quoque donationem pro specie donationis inter vivos agnoscere. Denique, quia talis donatio, ut cæteræ inter vivos, nullam similitudinem cum legatis habet, §. 4. *Instit. de donat.* hinc porro infert, nec inter virum & uxorem eam valere, nec Falcidiam pati: quod utrumque in donatione mortis causa secus se habet, *l.* 9. *in fin. cum leg. seq. ff. de donat. inter vir. & uxor. l.* 5. *Cod. ad leg. Falcid. leg.* 2. *Cod. de donat. mort. caus.* Frustra autem huic sententiæ objicitur *lex si in alienam*, 13. §. 1. *ff. de mort. caus. donat.* ubi Marcellus notat in mortis causa donationibus etiam facti quæstiones esse: posse sic donari, ut omnimodo ex ea valetudine donatore mortuo res non reddatur; & ut reddatur, etiam si prior ex eadem valetudine donator decesserit, si jam mutata voluntate restitui sibi voluerit. Sed & sic posse, ut non aliter reddatur quam si prior ille, qui accepit, decesserit: denique sic quoque posse, ut nullo casu sit ejus repetitio, id est, nec si convaluerit quidem donator, quod totidem & iisdem verbis etiam apud Paulum relatum est, *l. senatus*, 35. §. 4. *ff. eod.* Nam Jurisconsulti illic proponunt diversos casus, quibus propter mortem vel donantis vel donatarii pro varietate legis adjectæ revocetur aut non revocetur mortis causa donatio secus, atque si nulla lex adjecta fuisset, salvo tamen hic manente jure revocandi ex pœnitentia. Aliquis enim saltem casus manere debet, quo revocari hæc donatio possit, & dici donatorem se habere maluisse, quam eum, qui donavit, in quo substantia hujus donationis consistit. Quid vero respondebimus ad *Novell.* 87. *in præfat. & c.* 1. Justiniani esse nemo, qui eam legerit, inficiabitur. Et ideo nolim dicere vix esse, ut ea in foro ad decisionem causæ allegari possit; quamquam a recentioribus inserta est. Sed respondemus ex toto tenore tum præfationis, tum *dict. cap.* 1. *dict. Nov.* 87. satis clare apparere Imperatorem loqui de renunciatione revocationis non indefinita, aut absoluta ex omni causa, sed ex una duntaxat, nempe ex causa pœnitentiæ. Relinquitur itaque ut ex aliis causis adhuc revocari queat, puta ob remotionem periculi, cujus contemplatione donatio facta, aut si durante adhuc periculo præmoriatur donatarius. Nos autem hic disputamus, cujus generis donatio habenda sit, cum quis mortis causa se donare dicit ea lege simpliciter & absolute adjecta, ut nullo casu revocetur. Cujusmodi donationem dicimus annumerandam esse donationibus inter vivos: mortis autem causa donationem non esse nisi κατά τι μέρος.

CAPUT XXXV.

An dissensus in causis dandi & accipiendi impediat dominii translationem?

Nihil tam conveniens est æquitati naturali, quam voluntatem domini rem suam in alium transferre volentis ratam haberi, *l. quæ ratione*, 9. §. 3. *ff. de acquir. rer. dom.* §. *per traditionem*, 40. *Instit. de rer. divis.* quippe cum suæ quisque rei moderator sit & arbiter, *l. in re*, 21. *C. mandat.* Cæterum, ut quis velle rem suam in alium transferre intelligatur, duo hæc concurrere debent, primum, ut sciat rem suam esse, quam transferre cogitat; deinde, ut justam causam habeat, cur velit, puta quia vendidit, dare promisit, &c. Prius ideo desideratur, quia nemo, qui errans in dominio rei suæ, suam esse ignorans, eam pro aliena tradit, hoc animo est, ut eam transferat, *leg. si procurator*, 35. *ff. de acq. rer. dom.* & arg. *l. si per errorem*, 15. *ff. de jurisd.* Ajo in dominio rei suæ: nam si quis non erret in re sua, non in ea de qua transferenda agitur, sed in re alia, puta in causa debendi, hic error alienationi non obstat; ac propterea indebiti per errorem soluti nulla vindicatio est. Alterum ideo necessarium, quia nemo rem suam alicui tradit transferendi gratia, nisi causam habeat, cur id faciat. Hinc illud Pauli. *Nunquam nuda traditio, transfert domi-*

dominium, sed ita, si venditio, vel alia justa causa præcesserit, propter quam traditio sequeretur, l. nunquam, 31. ff. de acquir. rer. domin. Nec dicat quisquam hoc requiri superflue, cum si nulla causa adsit, præsumi debet donatio, *arg. l. Campanus, 47. ff. de oper. libert.* quoniam hoc tunc solummodo locum habet, cum res consulto data est, *l. cujus per errorem, 53. ff. de reg. jur.* Illud non refert revera præcesserit causa, an opinione tradentis, veluti si indebitum per errorem tanquam ex justa causa debitum solutum sit.

Sed quæstionis est, si ego ex una causa tibi tradam; tu ex alia accipias, an hæc in causis tradendi & accipiendi dissensio obstet, quominus dominium transferatur. Etsi quidem vel in tradente nulla sit causa dominii transferendi, vel in accipiente nulla adipiscendi, nemo dixerit dominium transferri: verbi causa, si ego deponam apud te pecuniam, tu quasi mutuam accipias; aut e converso, si ego tibi dem pecuniam quasi mutuam, tu quasi commodatam accipias ostentandi causa; hic, inquam, certum est dominium non transferri, quoniam non concurrit affectus ex utraque parte contrahentium, quem ad translationem dominii requirimus, *leg. in omnibus, 55. ff. de oblig. & action.* Ac talis species est, quæ proponitur ab Ulpiano in *l. si ego pecuniam, 18. §. 1. de reb. cred.*

Nihil ibi dicit Jurisconsultus de nummorum dominio aut de extantium in his causis repetitione, quia ea res expediti juris est, nempe extantes nummos posse vindicari, propterea quod eorum dominium translatum non est, *leg. rogasti, 11. §. ult. ff. dict. §. ult. Instit. quibus alien. lic.* sed quia de consumptis dubitari poterat, respondeo eo casu locum esse condictioni, non vindicationi: & recte, cum in neutra superiore specie contingat, ut is a quo repetuntur, aut possideat nummos consumptos, aut dolo malo desierit possidere. Numquam autem actione in rem tenetur, qui non possidet, si sine dolo desiit possidere, *leg. qui petitorio, 36. ff. de rei vindicat.* Intelligit autem haud dubie condictionem sine causa, cum nullum negotium inter tam aperte dissentientes contrahi manifestum sit. Addit Jurisconsultus *sine doli exceptione*, respiciens nimirum ad speciem initio *dict. leg. si ego pecuniam* propositam, ubi nummis consumptis ita condictione teneri dixit accipientem, ut tamen doli exceptione se tueri queat; eo quod secundum voluntatem dantis consumpti essent. Secus jam esse dicit in ea, quam nunc tractat, specie, & merito. Sive enim quis pecuniam det quasi deponens, sive quasi mutuam, utroque casu hoc animo dat, ut repetat. Proinde quamvis nummi consumpti sint secundum voluntatem dantis, ut sic, cum quasi mutui dati sunt; tamen quia non est hæc voluntas, ut nummi maneant, sed ut etiam consumpti reddantur, semper cum repetuntur, certum est non repeti eos contra voluntatem, ut contingit in eo, quia quasi donaturus dedit; sed maxime secundum voluntatem dantis & accipientis; quæ res accipienti omnem exceptionem & tergiversationem adimit. At enim vero si utrinque subesse existimetur causa idonea, ex qua dominium transferatur, veluti si tibi tradam fundum tanquam a me debitum ex testamento, tu quasi ex stipulatu debitum accipias, vel si ego tradam tibi pecuniam donandi animo, tu eam accipias quasi creditam, hic quia ex utraque causa id pariter agitur, ut dominium transferatur, puto traditionem efficacem esse, dominiumque in accipientem transire: sic enim generaliter definit Julianus in *leg. cum in corpus, 36. ff. de acquir. rerum domin.* Videtur tamen a Juliano dissentire Ulpianus in specie posteriore, cum videlicet pecuniam tibi dedi quasi donans, tu quasi mutuam accepisti, *dict. leg. si ego pecuniam, 18. princip. ff. de rebus cred.* primum negat Ulpianus hic esse donationem; sed hoc etiam ex sententia Juliani. Deinde nec mutuum esse: nec in hoc quidem, ut opinor, alter ab altero dissensit, quia mutuo data non est. Sed quod idem Ulpianus addidit postea, *magisque nummos accipientis non fieri*, in eo diserte eum dissidere a Juliano, qui generaliter definit, dissensum in causis tradendi & accipiendi non obstare translationi, cum in corpus acquirendum consentimus; atque hanc regulam etiam eodem exemplo declaret in *dict. leg. cum in corpus, de acquir. rerum domin.* quod proponitur ab Ulpiano in *dict. leg. si ego pecuniam, princ.* Sunt qui hoc dissidium componi posse negant. Et sane via ferri potest, quod Alciat. *lib. 1. parerg. 15.* Zasius *in dict. leg. si ego num. 7. & seqq.* Bronchorst. 2. *assert.* 21. Fac. 3. *anent. q. 67.* ad horum locorum conciliationem afferunt, nempe diversas in iis proponi species; apud utrumque quidem pecuniam tradi donandi gratia, sed apud Julianum eam sic accipi quasi debitam accipienti ex præcedente contractu, seu solutionis causa datam: apud Ulpianum, quasi mutuo datam a tradente; pecuniam creditam apud Julianum sic interpretantes, non quasi creditam a tradente sive mutuam datam accipienti; sed quasi creditam antea tradenti ab accipiente, qui putet eam tanquam sibi debitam nunc solvi. Utique hanc interpretationem contextus pati non potest. Nam ex verbis præsentis temporis, quibus Julianus utitur, nempe *tradam & accipias*; apparet etiam donandi animum & crediti verbum ad idem tempus referri debere, ut sic sensus, si pecuniam tibi tradam donandi gratia, tu eam quasi non creditam tibi accipias, non potest autem pecunia intelligi nunc a te credita, cum a te non sit profecta, qui eam non das, sed a me, qui eam tibi trado. Ego enim is sum qui dicor eam tibi tradere: ac proinde etiam cum credita esse postea dicitur, a me quoque credita, id est, tibi mutuo data intelligi debet. Quanquam, quid hoc verbo intellexerit Julianus, anxie laborare non debemus: nam etsi dubius non esset id exemplum, quod diximus, tamen definitio generalis posita in *dict. leg. cum in corpus*; istud id exemplum & similia omnia complectitur, ubi id actum, ut dominus fieret, qui accepit; quod utique etiam tunc agi intelligitur, cum tibi dedi pecuniam donandi animo; tu eam quasi mutuam accipis, quoniam & hic in eo consentiunt, ut proprietas, id est, dominium, *leg. 13. ff. de acquir. rerum domin.* transeat in accipientem, licet ille hoc animo sit ut parem summam quandoque restituat. Neque video quid intersit, utrum conventio aliqua de donando, sive revera, sive opinione tradentis præcesserit, an statim & actutum nulla conventione præcedente donandi causa pecuniam tradiderit; eaque quasi mutua accepta sit: neque enim minus hoc quam illo casu ex utraque parte id pariter agitur, ut dominium transferatur. Si qua est componendi ratio, est quam affert Conanus *leg. 3. commentar. cap. 17.* & Donellus *ad dict. leg. si ego pecuniam*, nimirum verba hæc Ulpianus *magisque nummos accipientis non* fieri, duplicem pati posse interpretationem: posse sic accipi, ut nummi omnino non fiant accipientis: posse etiam sic, ut non fiant perfecte, non irrevocabiliter, non ita ut apud eum manere debeant, *arg. leg. aliud est cap. 72. ff. de verb. signif. leg. non videtur, 51. de reg. jur. l. cum quis, 38. §. qui hominem, 3. ff. de solut.* comparate videlicet, & respectu acquisitionis rei, quae ex causa donationis traditur, & accipitur: fiunt tamen ejus inspecto jure, quia proprietas eorum statim transfertur, cujus rei hic effectus est, ut etiamsi adhuc extent, vindicari nequeant. Hoc autem posteriore modo verba Ulpiani capienda esse propter illam, quam diximus generalem definitionem Juliani. Quid quod hanc interpretationem etiam ratio ab Ulpiano subjecta nobis ultro suppeditat, *cum alia opinione accepit*: quippe qui donatum sibi tamquam mutuam accepit, non eo animo est, ut dominus non fiat, sed ut non fiat simpliciter, & sine obligatione restituendi tantundem, tamquam ex causa donationis. Unde apparet Jurisconsultum, licet his verbis, magisque nummos, accipientis non fieri, videatur respondere de dominio, vi tamen ipsa respondere de repetitione, nempe etsi fiunt quidem nummi accipientis, non tamen fieri perfecte, non ita quin avocari queant. Igitur ais, inquiet aliquis, si tibi dem pecuniam donandi gratia, tu eam quasi mutuam accipias, nummos, etiamsi adhuc extent, vindicari non posse? Ajo enim vero; hoc enim necessario consequitur posita dominii nummorum translatione. Neque contrarium est, quod Ulpianus in *dict. leg. si ego pecuniam*, scribit. *Quare si eos consumpserit licet condictione teneatur, tamen doli exceptione uti poterit; quia secundum voluntatem dantis, nummi consumpti.* Nam inde non recte colligas, si nummi adhuc extant, eos vindicari posse; sed hoc tantum, posse eo casu condici sine metu exceptionis: cum si consumpti fuerint, licet conditio perseveret, ea tamen non noceat accipienti, cum possit condicentem repellere exceptione doli, propterea quod secundum voluntatem ejus consumpti sunt. Perinde ergo est, ac si dixisset, licet nummi condici possint, sive extent, sive consumpti sint: hoc tamen interesse, quod consumptis nummis condictio sit inefficax, &c. Idem autem de extantibus nullo modo dici potest, ac ne quidem de consumptis post revocatam voluntatem. Nec vindicari igitur extantes possunt, quippe dominio eorum in accipientem translato; nec consumpti efficaciter condici, quia consumpti secundum voluntatem dantis. Si vero adhuc extent, condictio erit efficax, eosque mutata ante consumptionem voluntate repetens nulla exceptione summoveri poterit. Locus autem hic erit condictioni sine causa. Nam cum nummi ad accipientem pervenerint sine ea causa, ob quam vel dati vel accepti sunt, condictionem sine causa inde nasci necesse est, si dominium, quod jam probavimus, in accipientem translatum est, *L. 1. in fin. ff. de condict. sine caus.*

CAPUT XXXVI.

Possitne dari possessionis definitio, quae species omnes complectatur, & quaenam sint istae species?

VArii variis modis definire conati sunt, quid sit possessio: sed nimium scrupulosi fuerunt, & plerique in hisce definitionibus in vitium illud inciderunt, quod Galenus φιλορισμίαν appellat, quasi libidinem & nimium amorem in definiendo. Atque hi longissime recesserunt a more & exemplo veterum Jurisconsultorum, qui in quaerenda & conficienda accurata possessionis definitione noluerunt nimis esse solliciti. Utique Paulus noster in *l. 1. pr. ff. de acq. poss.* contentus fuit etymo verbi, & nuda aliqua descriptione, cum possessionem vocat κατοχήν, id est, detentionem. Ait autem porro possessionem dictam esse a sedibus quasi positionem sedium: ita enim in libris Florentinis legitur; ac melior est haec lectio, quam vulgata illa Accursii, Bartoli & aliorum, qui legunt, *Possessio appellata est a pedibus, quasi pedum positio*; nam possessio in etymo vocabuli nihil commune habet cum pedibus. Possidet ergo, qui sedes posuit, nec a grammatica notatione id abhorret, *possessio*, *positio sedium*. Grammatici tamen possessionem derivant a verbo *sedeo* juncta particula *pos* aut *potis*, *pote*: unde adhuc hodie dicitur *impos*, *compos*, *possum*, quasi pos vel potis sum, & *possidere*, quasi posse sedere. Qui enim possidet agrum, is ingredi, discedere, redire, item sedere & tenere potest. Atque haec ipsa derivatio Jurisconsultis improbari non potest: qui & possessionem acquirere nos posse ajunt, si ejus rei, quae ante oculos nostros posita est, apprehendendae potestas nobis fiat, etsi eam manu aut pedibus non attigerimus *l. 1. §. si jusserim, 21. ff. de acq. poss. l. quod meo, 18. §. 2. eod.* & possessionem tamdiu nos retinere, donec facultatem & potestatem redeundi, insistendi, atque insidendi habemus *leg. 6. §. ultim. & leg. seq. ff. eod.* Hinc jam ubi in hunc locum inciderunt, arrepta plerique occasione disputant de vi argumenti ab etymologia sive notatione, & contra a nomine sumpti sive de mutua arguendi affectione, quae inter nomen & notationem intercedit. Sed haec disputatio cum non sit hujus loci & tota logica, ad logicos remittenda est. Illud certum est, etymologiam aptiorem esse ad explicandum, quam ad probandum. Est enim, ut Galenus ait, *leg. 2. de decret. Hippocr. & Plat.* μάρτυρα ἄδοξον, quamvis ut quibusdam placet, sit ἑρμηνευτὴς ἱκανὸς, Interpres idoneus. Notandum porro est, interdum possessionis verbo proprietatem significari *leg. interdum, 78. ff. de verb. sign. & ibi dicta*. Cicero in *paradox. Dives est, cui tanta possessio est, ut liberaliter possit vivere*: tanta possessio, id est, tanta substantia, tantae facultates. Sed maxime de rebus soli seu praediis dicitur. Cicero *orat. 2. in Catil. Qui magno aere alieno majores etiam possessiones habent*, apud nostros passim, *l. pen. ff. de alien. jud. mut. cap. leg. quaesitum, 12. pr. ff. de instruct. vel instrum. leg. l. 3. ff. de extraord. cogn. l. 6. §. 25. Cod. de rei vind. l. 2. Cod. de probat. l. 8. C. de compens.* &c. eadem scilicet significatione, qua apud Graecos κτῆμα, aut apud Poetas κτέαρ. Denique, & illud notandum, possessionis verbum interdum abusive usurpari pro usucapione, forte ideo, quia possessionis civilis proprius hic effectus est, ut eam suo tempore sequatur usucapio: ita usurpatur id verbum in *l. denique, 19. ff.*

ex

ex quibus causis major. l. ait Prætor, 23. §. 1. eod. l. possessio, 20. ff. de usucap.

Ergo, ut dixi, Paulus in *leg. 1. pr. ff. de acq. poss.* non definivit possessionem, sed post allatum etymon nuda descriptione contentus dixit esse κατοχήν. Quomodo igitur eam definiemus? Sane quoniam definitio omnes species complecti debet, easque multas habet possessio, cum alia sit civilis, alia naturalis, alia justa, alia injusta, alia corpore, alia jure constans, de quibus speciebus mox in progressu, maluerunt olim peritissimi homines a definitione possessionis abstinere. Accursius in *leg. stipulatio, 38. §. hæc quoque, 5. ff. de verb. oblig.* ait suo ævo non fuisse possessionem definire. Quid ergo? an non potest dari plena & perfecta possessionis definitio, quæ species ejus omnes complectatur, atque, ut in scholis loquuntur, quæ cum suo definito reciprocetur? Ajo enim vero: nam quod difficile est, non utique & impossibile. Quamobrem, ut mori publico satisfiat, eam hoc modo definio: Possessio est rei corporalis detentio, cui inest affectus vel proprio vel alieno nomine rem tenendi. Vox detentionis hic locum generis obtinet. Latius enim patet tenere, quam possidere: quippe cum is etiam teneat, qui sine judicio, aut voluntate aliquave tenet. At detentio, quæ in possessione locum habeat, juncta esse debet cum affectione & voluntate tenendi, *l. qui jure, 41. ff. de acq. poss.* qua de causa etsi tenet furiosus, non possidet, *leg. 1. §. 3. & §. item, 10. ff. eod.* Deinde detentio hæc vel vera est, puta cum is, qui possidet per se & corpore suo, non per alium possidet, vel ficta per juris interpretationem, puta cum possideo corpore alieno & animo meo, vel simul corpore & animo alieno, *l. 3. §. ceterum, 11. ff. eod.* unde orta divisio possessionis in eam quæ jure & corpore consistit, *l. nemo, 10. C. eod.* Sequitur, *rei corp.* quia res incorporales natura sua possessionem non recipiunt, *l. si ades, 32. §. 1. ff. de serv. præd. urb. l. 4. §. si viam, 27. ff. de usuc. l. servus, 43. §. 7. ff. de acq. rer. dom.* Nulla enim res detineri potest nisi corpus: & possessionis initium est corporis ad corpus adjunctio. Ac proinde rerum incorporalium dicitur quasi possessio, *l. ait Prætor, 23. §. 2, ex quibus causis maj. l. si quis diuturno, 10. ff. si servitus vind. l. 3. §. pen. ff. unde vi* & interdicta constituta de servitutibus, quæ sunt res incorporales, quasi possessoria, *l. ult. ff. de servit. d. leg. 3. §. penult. unde vi* quæ causa est, quod Græci rebus incorporalibus non tribuunt κατοχὴν sed χρῆσιν. Et recte igitur Theophilus, *Instit. de interd.* ... inquit, *ἐν σωματικοῖς πράγμασι κατοχή.* At male illi, qui ita distinguunt ut dicant res incorporales perfecte & nobiliori modo possideri, res incorporales minus perfecte. Dicendum enim est illas vere & proprie possideri, has non item; vox quasi nota est improprietatis.

Non adjeci in definitione rei corporalis ab aliis possessoribus vacuæ, hoc enim qui addunt, putant rem eamdem a pluribus in solidum possideri non posse: quod an verum sit merito dubites propter *l. 3. princ. ff. uti possid. l. 6. §. 1. de acq. poss. l. sciendum, 15. §. 1. ff. qui satisd. cog.* cum similibus. Utique diversi generis possessio penes duos esse potest, ut naturalis apud creditorem, civilis apud debitorem, *leg. servi, 16. ff. de usuc. l. qui pignori, 36. & leg. seq. ff. de acq. poss. l. si pignus, 37. ff. de pig. act.* sed hoc pluribus nunc excutere non lubet. Postremo non dixi in definitione, animo aut opinione domini, quod item plerique adjiciunt: quia tunc definitio ad eam fere speciem possessionis duntaxat pertineret, quæ civilis est, ad usucapionem prodest. Nos vero omnes possessionis species definitione nostra complecti volebamus: aperte autem duæ species possessionis constituuntur, quarum altera sit cum animo & opinione domini, altera non item, *leg. 7. §. 4. ff. comm. divid. leg. quæcumque, 13. §. 1. ff. de publ. in rem act. l. si servum, 32. §. 1. ff. de neg. act.* Is cui ea mente possessio tradita est, ut eam postea restituat, possidet, quamvis affectu domini rem non tenet, *leg. si quis, 17. §. 1. in fin. ff. de acquir. rer. domin.* Si omittendæ possessionis causa res apud sequestrem deposita sit, sequester possidet, *l. interesse, 39. ff. de acq. poss.* qui tamen animum dominantis non habet. Quare cum Theophilus *§. 4. Inst. per quas per. cuiq. acq.* ita definit possessionem ... non est credendum eum in genere possessionem definire voluisse, sed eam duntaxat speciem, quæ civilis dicitur, accommodata scilicet definitione ad verba textus Justinianei. Nam cum dixisset Imperator, bonæ fidei possessorem usucapere servo per eum ex omnibus causis acquirere, mox subjicit, fructuarium usucapere non posse, addita etiam hac ratione, quia non possidet; quem tamen constat naturaliter possidere, *l. 12. ff. de acq. poss.* Videamus nunc quotuplex sit possessio.

Prima & principalis divisio possessionis hæc sit, quod alia civilis est, alia naturalis civiliter possidet, qui animo & cogitatione domini possidet justa ex causa & bona fide. Is autem ideo dicitur civiliter possidere, quia hæc possessio ei prodest, ad civilem usucapionis effectum; atque ad hanc speciem tantum pertinet definitio illa Theophili supra relata. Hæc possessio sæpe absolute & κατ' ἐξοχὴν possessio dicitur, ut ceteri, quibus possessio ad usucapionem non prodest, hoc respectu interdum dicantur non possidere, *§. de iis autem, 4. vers. fructuarius vero instit. per quas pers. cuique acquir.* sed potius esse in possessione, *§. 5. Instit. de interdict. l. 6. §. 2. ff. de precar. l. 9. ff. de rei vind. l. 8. ff. commod.* Naturaliter possidet, qui injuste, aut absque animo & affectu domini possidet. Divisio hæc petita est ex *L. 1. §. dejicitur, 9. & seqq. ff. de vi & de vi arm. leg. cum heredes, 23. §. 2. & leg. seqq. de acq. poss. l. 2. §. 1. ff. pro hered. leg. 3. §. alsim. l. si qui, 7. §. 1. ff. ad exhib. leg. quæcumque, 13. §. 1. ff. de publ. in rem act. L. 7. §. neque, 11. ff. comm. divid.*

Civilis possessio semper justa esse debet: naturalis modo injusta est, *l. si eum, 26. princ. ff. de donat. inter vir. & ux. l. quod uxor, 16. ff. de acq. poss. l. 1. §. 9. & 10. ff. unde vi l. 7. §. 4. ff. comm. divid.* modo justa, *l. 13. §. 1. de publ. in rem act. l. 12. ff. de acquir. poss. l. si servus, 12. §. 1. ff. de nox. act. d. l. 7. §. 4. commun. divid.* & qui ita possident, interdum & bona fide possidere dicuntur, *l. si pignore, 22. §. 2. ff. de pign. action.* sed tunc bonæ fidei possessor non intelligitur is, qui civiliter possidet, sed qui juste, licet non ex causa, ex qua dominium transferre solet, ut in *dict. l. 13. §. 1. de publ. in rem act. & dict. l. 22. §. 1. ff. de noxal. act.* At in materia usucapionis alio significatu dicitur bonæ fidei possessor, nempe is qui civiliter possidet ad civilem usucapionis effectum. Sed & qui injuste, hoc est, sine titulo possidet, si illæsam habeat rei alienæ quam possidet, conscientiam, forte quod in jure erravit & dominum minimum factum potest, bona fide possidere dicendus est, quamvis usucapio ei non procedat l. ubi lex, 24. l. si fur, 32. §. 1. ff. de usucap. nam quæ possessio propter defectum tituli injusta est, propter voluntatem domini eam tradentis bonæ fidei habenda est, arg. l. fructus, 48. ff. de usur. Interpr. vulgo civilem possessionem ex animo, naturalem ex corpore & animo æstimare solent, sed minus recte; quamquam non tam crasse dispariant, ut civilem existiment per discessum demum existere; sed eam, quæ cum naturali antea conjuncta erat, retineri; naturalem autem solam amitti, vel potius modum possidendi mutari: quippe corpore tenere aut animo, non tam esse species possessionis quam modos possidendi, l. 3. §. Nerva, 13. ff. de acq. poss. ubi hactenus res possideri dicitur, quatenus, si velimus, naturalem possessionem nancisci possumus. Hinc vero apparet divisionem possessionis in justam & injustam non esse, divisionem primam, sed subdivisionem. Item non omnem possessionem injustam esse malæ fidei. Denique nec omnem naturalem esse injustam, neque omnem quæ justa est, esse civilem.

Porro eorum, qui naturaliter possident, est & hæc subdistinctio, quod aut sibi suove nomine possident, veluti quod prædo, aut quod conjux a conjuge sibi donatum possidet; aut quod fructuarius, licet hic absit animus dominantis, l. fructuarius, 12. ff. quemad. serv. am. Et hujusmodi possessoribus etiam remedia possessoria dantur, l. 1. §. 9. & 10. ff. de vi & de vi arm. l. 3. §. 13. eod. aut nomine alieno, quomodo possident, quicumque nostro nomine in possessione sunt, l. generaliter, §. quod meo, 18. ff. de acqu. §. possidere Inst. de interd. l. 6. §. 1. de alt. caus. l. 7. §. item si duo, 8. & §. æque, 11. ff. comm. divid.

Rursus alia est possessio, quæ jure, alia quæ corpore constat, leg. nemo, 10. C. de acq. hered. quæ divisio locum habet tam in civili, quam in naturali possessione. Civilis possessio corpore consistit, cum ipse per se possidet, qui est in conditione usucapiendi. Jure eadem constat, cum per alium possidet, ut in l. 1. §. per eum, 8. l. 3. §. ceterum, 12. l. quod meo, 18. l. qui pignoris, 36. ff. eod. l. servi, 16. ff. de usur. Naturalis possessio corpore constat, cum is qui naturaliter possidet, per se possidet, non per alium: eadem jure consistit, veluti si rem pignori obligatam debitor conduxerit aut precario rogaverit, possessio creditoris, quæ naturalis est, jure constat, l. si rem, 29. l. si quis, 36. §. ult. & l. seqq. ff. de pign. act. l. rei pignoris, 37. ff. de acq. poss.

In possessione, quæ jure constat, admittitur fictio, eaque jure civili, unde ortum habet, infirmatur, leg. ait Prætor, 23. §. 3. ff. ex quib. caus. major. l. in bello, 12. §. 2. ff. de capt. & postl. rev. Hinc est, quod hæc possessio plurimum juris habere dicitur, & non tantum corporis, sed & juris esse, l. possessio, 49. princ. & §. 1. ff. de acq. poss. At possessio quæ corpore constat, facti magis est, quam juris, l. 1. §. furiosus, 3. & seq. eod. id est plurimum, ut alibi dicitur, facti habet, l. denique, 19. ff. ex quib. caus. maj. & ideo fictionis non est capax, nec infirmatur jure civili, d. l. denique l. ait Prætor, 23. §. 1. ff. ex quib. caus. maj. l. cum heredes, 23. §. 1. ff. de acq. poss. l. in bello, 12. §. 2. ff. de capt. & postl. rev. ubi Marcelli sententia non distinguentis rejicitur approbata Juliani. Illud notandum est possessionem, quæ corpore constat, aliquando appellari naturalem; quo significatu naturalis possessio nihil aliud est, nisi possessio actualis, quam quis corpore suo habet, & naturaliter possidere, est non solo animo, sed corpore possidere, ut in leg. ea quæ, 53. ff. de acq. rer. dom. l. 1. pr. & §. 1. l. 3. §. 3. & 13. l. 23. princ. & §. 1. ff. de acq. poss. sive corpore & animo possessioni incumbere, ut loquitur Marcellus in leg. qui bona, 19. §. 1. ff. eod. Certe quod in dict. l. 23. princ. dicitur naturaliter apprehendi, id in dict. leg. §. 1. dicitur corporaliter amitti, ita ut hæc subinde promiscue sumantur, naturaliter possidere & corporaliter. Et hoc sensu si accipias naturalem possessionem, potest utique talis possessio simul etiam civilis esse, ut ex locis allegatis apparet; & tunc possessio civilis & naturalis non opponuntur. At cum dico aliam esse possessionem civilem, aliam naturalem, (quæ divisio & oppositio est in l. 1. §. 9. & 10. ff. de vi & de vi arm. l. 24. ff. de acq. poss. l. si is tam, 26. ff. de donat. inter vir. & ux. cum similibus) tunc possessio naturalis longe aliud est, nempe ea possessio, quam quis habet sine titulo aut opinione domini, & propterea ex adverso opponitur civili possessioni; ut hæ duæ species simul eodem tempore concurrere & eædem esse non possint: quamvis possit, ut duæ diversæ possessiones in eadem sint persona, ut unus & idem possideat civiliter & naturaliter, in specie l. qui pignoris, 36. ff. de acq. poss. ubi idem & civiliter possidet, & precario, id est, nat. leg. 29. leg. 35. §. 1. l. 37. ff. de pig. act. junct. l. 16. ff. de usucap. Atque hæc locutionis homonymia & duplex naturalis possessionis significatio omnes, quotquot vidi, interpretes conjecit in varios errores & perplexas disputationes. Vasquius ex hujus rei ignorantia putavit, jure primævo dominium rerum acquisitum fuisse possessione naturali, quæ civili opponitur, lib. 2. controv. cap. 59. num. 21. & seqq.

Non obstat his divisionibus, quod tituli ff. & C. concepti sunt de acquirenda possessione, quasi hinc efficiatur unam esse duntaxat & simplicem possessionem. Nam ubi genus plures habet sub se species, recte tamen numero singulari proponitur. Sic cum in l. 3. generaliter, 21. in fin. ff. in eod. unum dicitur esse genus possessionis, non ideo negari potest esse sub hoc genere diversas species. Et possessio ibi confertur cum titulis & causis possidendi, quæ cum valde multæ sint & variæ, earum respectu unum esse genus possidendi dicitur; species, quo nomine Jurisconsultus illic intelligit causas & titulos, infinitæ. Sed & alias non semper genus & species significatione dialectica a nostris usurpantur, leg. 4. §. 2. ff. de vulg. & pupill. subst. l. Thais, 41. §. item quæro, 8. de fideicommiss. libert.

Alio & plane diverso respectu ac sensu dicitur aliquis pleno jure possidere, nempe qui plenum jus dominii habet, l. 1. C. de revoc. donat. Bald. in l. feminæ, 3. §. illud etiam Cod. de sec. nupt. Mindan. de mat. poss. cap. 7. num. 9. Itaque ceteri, qui domini non sunt, etsi civiliter & bona fide justoque titulo possident, non tamen dici possunt pleno jure possidere. Sed ea species possessionis, quam dominus pleno jure habet, & quam causalem appellare possumus, huc non pertinet, non magis, quam usufructus causalis aut causales servitutes ad argumenta de usufructu aut de servitutibus prædiorum.

CAPUT XXXVII.

An in eo, quod interest, æstimando etiam lucri ratio habeatur?

VErbum hoc *interesse* in jure nostro dupliciter usurpari solet, uno modo generaliter pro eo quod ad utilitatem vel publicam, ut in *l. 1 ff. sol. matrim. l. fervo, 65. §. 2. ff. ad SC. Trebell. l. interest, 18. ff. de reb. auct. jud. l. 1. §. 1. ff. de incend. ruin. naufrag.* vel privatam alicujus pertinet, ut in *leg. pen. ff. ad exhib. l. 7. princ. ff. de serv. export. l. pe crasitin, 71. ff. de evict. & l. heredes, 24. §. ult. ff. de pact.* cum similib. altero modo specialiter pro eo, quod extrinsecus rei succedit vel accedit ob damnum acceptum, aut lucrum amissum, de quo solo hic quæritur. Sic autem dicitur ad differentiam rei seu debiti principalis; nec tantum rem ipsam principalem, sed etiam æstimationem ejus excludit, *l. 1. §. considerandum, 20. ff. de rat. & rat. distr.* Unde recte infert Molinæus, *tract. de eo, quod interest.* remittentem damna & interesse, non censeri remittere rem principalem. Et vulgo quidem tria ejus, quod interest, genera constituuntur: conventum, quod sit pœnæ nomine ejus, quod interest, promissa; singulare, quod ex privata affectione æstimetur; & commune, quod æstimetur, quanti res communiter omnibus valet. Sed ex tribus hisce generibus duo priora hinc removenda, conventum scilicet, quia pœnæ quantitas certa est, & peti potest etiam tunc, quando nihil interest, *leg. stipulatio ista, 38. §. alteri, 17. ff. de verb. oblig.* & singulare, quoniam res non ex affectione singulorum privata æstimantur, sed ex eo, quanti communiter omnibus valent, *l. pretia rerum, 62. ff. ad leg. Falcid. l. si servum, 33. ff. ad leg. Aquil.* Hinc vero sic id, quod interest, vulgo definitur, quod nobis abest, quodque lucrari potuimus; seu damnum emergens & lucrum cessans ex eo, quod factum non est, quod fieri debuit, *leg. si commissa, 13. ff. rat. rem. hab. l. unic. Cod. de sentent. quæ pro eo quod int. prof.* Ergo ut quid nostri interesse, hinc pendet, si quid amisimus ob id, quod factum non est, quod fieri debuit; aut si quid lucrari potuimus, si factum esset, quod promissum est; quod quia factum non est, lucrati non sumus. Et quidem cum apud veteres dubitatum esset, quænam in ejus, quod interest, taxatione partes essent Judicis, & ad quam usque quantitatem id æstimari deberet, visum fuit Justiniano hujusmodi prolixitatem, prout possibile est in angustum coarctare, sicut ipse loquitur in *d. l. unic. C. de sent. quæ pro eo, quod int. profert.* Ast quoad possibile est, absolute enim id definiri nequit, quoniam tota hæc quæstio in facto, non in jure consistit, *l. quatenus, 24. ff. de reg. jur.* ac proinde magis ad Judicis potestatem, quam ad juris definitionem pertinet, *l. ordine, 15. in fin. ff. ad municipal. l. 1. §. quæsitum, 9. in fin. ff. ad SC. Turpill.* Distinxit ergo Justinianus casus certos a casibus incertis: in illis arcuit id, quod interest, dupli quantitatem excedere: in his totum jussit præstari, quod interest. Casus certos definit, qui certam habent quantitatem vel naturam, puta certam summam aliamve quantitatem in pondere, numero, mensura, vel speciem certumve corpus. Proinde si v. c. venditor aut locator ob id, quod rem aut usum rei non præstant, in id, quod adversarii interest, condemnandi sunt, in eo æstimando duplum dicti pretii aut mercedis excedi non oportebit, quia certam quantitatem hi casus habent. Casus incerti sunt, qui quantitatem continent incertam. Cum autem nulla quantitas incerta esse possit, quæ quidem designetur, nisi quæ designatur sub appellatione ejus quod interest, apparet eos solos casus esse incertos, in quibus ejus, quod interest, præstatio pretiove continetur. Itaque huc pertinent contractus omnes, quibus ut quid fiat, continetur; quales sunt stipulationes faciendi, obligationes mandati, tutelæ, negotiorum gestorum, maleficia, ex quibus actio in id, quanti ea res est, de qua agitur, ut fit in lege Aquilia de damno injuria dato, in interdicto *unde vi* in rebus amissis, quæ in fundo erant; in furto surrepta ea re, quæ certo die sub pœna debebatur; in summa actiones omnes, quibus indemnitas principaliter petitur, *l. 13. §. 1. ff. de re jud. l. si pœnam, 68. l. stipulationes, 72. l. ubi autem, 75. §. ubi autem, 7. ff. de v. oblig. l. si procuratorem, 8. §. mandati, 6. ff. mand. l. 1. ff. de tut. & rat. distr. l. 2. ff. de neg. gest. l. ait lex, 21. ff. ad L. Aquil. l. 1. §. non solum, 41. ff. de vi & de vi arm. leg. in sicerando, 67. §. 1. de furt.* In his igitur omnibus tantum quantum revera interest, ex constitutione Justiniani præstandum. Et quidem juxta veterum sententiam quam & Justinianus comprobat, in eo quod interest æstimando non damni tantum, verum etiam lucri ratio habetur, *leg. 2. in fin. ff. de eo quod cert. loc. leg. si fundus, 33. vers. nam & si ff. locat. l. si commissa, 13. ff. rat. rem hab.* exempla in *l. proinde, 22. & l. sequent. ff. ad l. Aquil. l. si mulier, 21. §. 3. & 4. ff. de act. rer. amot. l. si procurator, 28. ff. rat. rem hab.* Unde igitur nata dubitatio, an in æstimando eo, quod interest, etiam lucri ratio habenda? Ex eo videlicet, quod veteres contraria in speciem respondisse videntur, nam quidem sunt loci, in quibus lucrum ab eo, quod interest, diserte removetur, ut in *leg. si sterilis, 21. §. 3. ff. de act. empt. leg. ult. ff. de peric. & comm. rei vend. leg. Proculus ait, 26. ff. de damn. infect. l. 1. §. sicut autem, 21. ff. de aq. pluv. arc. leg. si is, cui, 71. §. 1. ff. de furt.* Quid igitur ad hosce locos respondemus? Nimirum removeri quidem his locis lucrum ab eo, quod interest, sed lucrum, quod aut circa rem non consistit (extrinsecum vulgo vocant) quale damnum similiter removetur, aut injustum, quod merito veteres exceperunt. Id vero ita esse, quivis intelligere poterit, qui modo causas, quæ in hujusmodi locis proponuntur, earumque rationem, quæ ad hypothesin accommodatur, animadverterit. Paulus in *d. leg. si sterilis, 21. §. 3. ff. de action. empt.* excludit lucrum, sed an ideo, quia putet damni tantum, non etiam lucri habendam rationem? minime; quoniam non solum lucrum removet, quod circa rem non consistit, sed etiam hujusmodi damnum: ait enim non magis id lucrum æstimandum, quam si emptor triticum emerit, & ob eam rem, quod non sit traditum, familia ejus fame laboraverit, &c. Removet ergo id lucrum duntaxat, quod non circa rem consistit. Idem responsum esto ad *d. l. ult. de peric. & commod. rei vend.* cui adde *l. vend. 24. vers. pretium enim ff. de hered. vend.* In *d. l. Proculus, 26. ff. de damn. infect.* damnum quidem admittitur, & lucrum simpliciter excipitur: sed agitur illic de lucro injusto, de eo lucro, quod ab ipso vitio & ejus beneficio habeatur, quo non diutius uti licet, quam quoad is patitur, nec lucrum absolute, sed veluti lucrum appellatur. Simile est, quod in *d. l. 1. §. sicut autem 21. ff. de aq. pluv. arc.* Ofilius & La-

& Labeo ajunt, actionem aquæ pluviæ arcendæ locum habere, si aqua pluvia noceat, non prosit, veluti, si vicinus opus fecerit, ne aqua, quæ alioquin decurrens agro meo proderat, huic prosit. Permittitur enim cuilibet sibi consulere, etiamsi per id ex consequentia alter commodo aliquo privetur, aut etiam incommodo aliquo afficiatur, *l. cum eo 9. ff. de serv. præd. urb. l. secut. 8. §. Aristo 5. ff. si serv. vind. leg. si in meo 21. ff. de aqu. pluv. arc.* In *l. si is cui 71. §. 1. ff. de furt.* non definitur quid interesse, sed cujus intersit in actione furti: ubi recte dicitur ejus interesse videri, qui damnum passurus est, non ejus, qui lucrum facturus, quia in eo genere lucrum non potest nisi injustum esse. Nam sive res nostra surrepta est, & est aperte damnum, sive aliena, cujus custodiam debemus, & idem est, si ea non recepta damnum luere domino cogimur. Quod si quis hoc tantum sua interesse dicat, ut lucrum possessionis faciat, eamve possidendo quærat, id ex re aliena non honeste captator, *add. Cons. tractat. de eo quod int. capit. 3. & 4. Alciat. in comment. ad eill. leg. un. Cod. de sent. quæ pro eo quod inter. cap. ult.* Donell. *cap.* 10.

CAPUT XXXVIII.

Num in taxatione ejus, quod interest, id omne quod actor consequi potuit, neque consecutus est sine exceptione æstimetur?

JUstinianus sic ex veterum sententia constituit: Damnum, quod revera inducitur; lucrum, quod revera abest, præstetur, *l. 1. Cod. de sent. quæ pro eo quod int. prof.* Non est autem dubitandum, quin his verbis Justinianus exprimere voluerit id quod ex veteribus Paulus scripsit, omnem utilitatem in æstimationem venire, quæ circa rem consistit; non venire, quæ extra rem sit, *l. si sterilis 21. §. 3. ff. de act. empt.* Id vero hanc habet sententiam, ut non continuo id, quod haberi potuit, præstito eo, quod debebatur, quasi absit, æstimari debeat, sed quod id abest, quia datum factumve non est, quod dari aut fieri debuit. Duo igitur hic requirimus, ut haberi certo potuerit, ut potuerit ex eo solo, quod præstandum erat, non aliunde; ac proinde duas utilitates hinc removemus: 1. Si quid habere ex re petitor potuit, sed ita, ut etiam potuerit non habere. Si quid habere potuit certo quidem, sed non minus aliunde, quam ex eo, quod debebatur. Exemplis res plana fiet. Retia piscatorum, quæ capiendorum piscium gratia in flumine posuerant, culpa alicujus fracta sunt; placet dumtaxat retium æstimationem fieri, non piscium: quia incertum fuit, an caperentur, *l. quemadmodum 29. §. item Labeo 3. ff. ad leg. Aquil.* atque hoc ad res omnes ejusdem generis transferre licet, puta ad venationem & aucupium. Plane si in contractu actum sit, ut incertus v. c. captus piscium æstimaretur, is æstimandus est propter conventionem, *l. si jactum 12. ff. de act. empt.* nempe jactu retis vendito non tam ipse jactus venditus, quam quod eo jactu caperetur, venditum intelligitur: æstimatio autem redigetur ad id, quod consuetum est capi, per *leg. 1. ff. de usur.* Molin. *tractat. de eo quod int. num. 61. & seq.* Vinum aut frumentum venditum est, nec traditum, non est æstimandum, quod his rebus traditis emptor forte negotiari potuit & lucrum facere: quoniam hæc utilitas non ex re, sed propter negotiationem percipitur, nempe ex opera atque industria mercatoris, qui occasione oblata uti voluit, *l. si sterilis 21. §. 3. ff. de action. empt. l. ult. ff. de peric. & commodo rei vendit. Janll. leg. venditor 21. vers. pretium enim, ff. de hered. vel act. vend.* Neque tamen idem putamus esse ex corpore rei nasci, & circa rem consistere; sed circa rem consistere omnem utilitatem intelligimus, quam res ipsa secum fert, sibique adjunctam habet, licet extrinsecus veniat, uti loquitur Molinæus *d. tract. num. 13.* Doctorum distinctionem in interesse intrinsecum & extrinsecum improbant: quia quæcunque utilitas proprie circa rem consistere dicitur, ea extrinsecus venit. Ex re non nascuntur mercedes, ex operis servi, pensiones ex rebus locatis, pretium ex re vendita, quorum tamen utilitatem maxime circa rem consistere convenit. Servus, qui heres institutus venditus & traditus erat, evictus est: placet etiam ob hæreditatem amissam ex empto agi posse, *l. 9. ff. de evict.* quia hæreditaria utilitas circa rem consistere intelligitur, non quod ex re nascatur, sed quod ejus parandæ causa in ea re, quæ debebatur, fuit. Atque in universum non quid pariatur & unde veniat, sed unde ejus percipiendi causa hic spectandum est. Exempla de damno circa rem in *leg. proinde 21. & l. seq. §. 3. ff. ad leg. Aquil. l. in hac stipulatione 28. de dam. infect.* Circa rem autem non consistit: quod vel certo habere petitor non potuit, vel non minus aliunde habere, quam ex eo, quod debebatur; veluti si vino aut frumento vendito & tradito emptor potuerit negotiari & lucrum facere: & idem hoc non æstimatur, *l. si sterilis 21. §. 3. ff. de action. empt. l. ult. ff. de peric. & commod. rei vend.* Ejusdem generis sunt utilitates, ne pœna committatur, aut pignora distrahantur, ne familia fame laboret; quia aliunde percipi possunt.

Sed occurritur nobis ex Ulpiano, qui contra quam Paulus in *d. leg. sterilis 21. §. 3. ff. de act. empt.* etiam ejus utilitatis, quæ rei propria non est, nec circa rem consistit, rationem habendam esse tradit, non in damno solum, etiam in lucro proiatis iisdem exemplis, quibus & Paulus utitur. Locus Ulpiani est in *leg. 2. §. ult. ff. de eo quod cert. loc.* qui locus usque adeo turbavit Alciatum, ut contra omnes fere quamquam temere & perperam statuerit, habendam esse rationem omnis utilitatis, quam actor consequi potuit, etiamsi circa rem non consistat, præterquam in venditione; idque sine distinctione rerum aut adjectionis loci, ejusve circumstantiæ. Quomodo ergo hæc conciliamus? Nimirum si dicamus nunquam eam utilitatem, quæ ex re non est, seu quæ eodem modo aliunde percipi possit, æstimandam esse, nisi appareat in contrahendo ejus quoque habitam esse rationem? quod si contingat, conventionem servandam esse. De solo autem tali casu loquitur Ulpianus in *d. l. 2. §. ult. ff. quod cert. loc.* Agit enim de pecunia, quæ certo loco promissa alio in loco petitur actione arbitraria, in qua ait, hac in utilitate actoris æstimari, quod actor forte eo loco, quo pecunia dari promissa est, pecuniam debuit sub pœna vel pignoribus, & ob id, quod pecuniam eo loco non acceperit, pœna commissa sit, aut pignora distracta. At quamobrem? nempe quia adjectione loci id actum esse intelligitur; nam cum locus non frustra adjiciatur, apparet creditodicitem ad eas utilitates, quas eo loco percipere potuit, solutionem retulisse. Cuja. in schol. ad dict. leg. univ. c. 4. in fin. Verr. ad Cod. d. tit. num. 18. Neque id in pecunia numerata solum locum habet, sed etiam, & vel magis in alia quavis re fungibili: ut bene Molin. n. 97. & seq. Donell. cap. 11. contra Bartolum & plerosque alios Interpretes. Nec vero sola loci adjectio hoc efficit, verum etiam solutionis in certam personam aut tempus collatio, si creditori expediant personæ adjectæ eove tempore solvi, propter ejusdem generis utilitatem, ut diserte Papinianus in leg. lib. homo 118. §. ult. ff. de verb. oblig. & Ulpianus in leg. si fundus 114. ff. eod. l. 4. princ. ff. quod cert. loc. Enimvero non omnis utilitas, quæ ubique capi potuit, hic æstimabitur, sed ea tantum, ad quam adjectione harum circumstantiarum credibile est respexisse actorem, ut liquido apparet ex verbis Ulpiani in dict. leg. 2. §. ult. qui si merces solebat comparare. Igitur adjectione loci id tantum agi intelligitur, ut eam utilitatem consequatur actor, quam eodem in loco consequi potuisset, si pecunia ibi soluta fuisset. Quod si eo loco nihil interfuit, quamvis si alibi soluta esset pecunia, actor consecuturus esset, ne ibi in pœnam incideret, aut pignora distraherentur, nullam hujus rei rationem duci oportebit. Stipulatus sum mihi aut Titio dari, non omne æstimabitur, quod interfuit mea, sed quod interfuit Titio solvi, puta ne si Titio solutum non esset, pœna, quam promiseram, committeretur, dict. l. liber homo 18. §. ult. de verb. oblig. At sicubi alias expedierit mihi pecuniam solvi, id in æstimationem non venit; quia hoc actum non est. Temporis adjecti eadem ratio, si temporis utilitas intervenerit, dict. l. si fundus 114. de verb. oblig. dict. l. 4. princ. quod cert. loc. Hoc igitur genere utilitatis in his causis recepto, consequens fuit, ut non solum damni, sed etiam lucri ratio haberetur. Finge stipulatorem pecunia suo loco accepta merces comparare potuisse, tritico accepto negotiari & lucrum facere: hoc quoque æstimabitur, dict. l. 2. in fin. ff. quod cert. loc. parem enim esse damni facti & lucri amissi rationem supra effectum est. Illud interest, quod in damno persona non distinguitur; nam stulte quæreretur, damno facto, an id fieri potuerit; & omnino ubi quod amissum est, quæri nequit, an amitti potuerit. In lucro autem personæ conditio & consuetudo spectanda est, ut videri possit ad eam spem & cogitationem voluisse loci adjectionem referre. Finge mercatorem esse, qui merces eo loco comparare & negotiari solitus sit, dict. leg. 2. §. ult. in fin. recte nempe hic, si lucrum factum non est, quæretur, an acquiri potuerit, idque conjecturis exquirendum est. Pluribus hæc exequitur Donellus in d. l. 2. §. ult. & d. cap. 11. circa fin. add. Mant. lib. 10. de tac. & ambig. conv. tit. 7. n. 7. & ibi alleg.

CAPUT XXXIX.

An interdictum seu judicium possessorium recte cumuletur cum petitorio sive rei vindicatione?

CONcurrere plures actiones dupliciter dici possunt, elective sive disjunctim, ut una tantum ex pluribus, quæ competunt, experiri liceat, qua in judicium deducta, ceteræ consumantur, §. ceterum 5. instit. quod cum eo, qui in al. potest. l. pro socio 38. §. 1. ff. pro soc. l. obligatio 9. §. 1. ff. de trib. act. l. in duob. 28. §. 4. ff. de jurejur. l. qui servum 54. §. 1. ff. de oblig. & act. & cumulative sive conjunctim, ut omnibus experiri liceat, nec una alteram consumat, qui verus est consensus. Atque earum, quæ ita concurrunt, aliquando hæc cumulandi ratio est, ut utraque simul & eodem tempore uti liceat, quod fit, quando diversarum rerum nomine competunt; ubi tamen & diversæ sententiæ ferendæ, l. 11. ff. de jurisd. l. & hæc distinctio 35. §. 1. ff. locat. l. 9. §. 1. ff. de trib. act. atque eo plerique referunt, l. 32. ff. de obligat. & act. l. 2. §. 1. & 2. ff. de priv. delict. l. nunq. 130. ff. de reg. jur. Interdum hæc ut non simul omnes, sed singulæ seorsim in diversis judiciis exerceri debeant, quod fit, quando plures conjunctim competunt ejusdem rei nomine, l. 41. §. 1. ff. de jur. d. l. 9. §. 1. ff. de trib. act. l. cum fil. 76. §. 1 ardis & ff. de L. 2. l. plura delict. 53. ff. de oblig. & act. quam tamen distinctionem nunc adamussim non examino. Sed & aliquando una a concurrentibus pendente altera interim inhibetur, idque vel propter præjudicium, quod alioquin alteri fieret; quomodo concurrunt condictio furtiva, & actio furti l. 7. §. 1. ff. de cond. furt. at vertendente actione furti illa denegatur, ne huic præjudicium fiat. Eodemque modo concurrunt vindicatio fundi, & servitutis, sed illa pendente hæc interim denegatur, ne præjudicium prædio fiat, l. fund. 16. ff. de except. vel propter ordinationem judicii ipsamque procedendi rationem, quomodo dici potest concurrere interdictum sive judicium possessorium cum rei vindicatione seu judicio petitorio, quamvis illo pendente hoc inhibeatur, propterea quod ad constitutionem judicii petitorii prius possessorium terminatum esse oportet, §. retinendæ, instit. de interdict. Quæstio autem proposita in eo vertitur, an judicium possessorium cum petitorio sic cumulari & jungi possit, ut utroque simul & eodem tempore experiri liceat, hoc est, ut utrumque eodem libello proponatur, utramque simul dicatur, de utroque simul cognoscatur, atque sententia utrumque terminetur. Movetur hæc quæstio in interdictis adipiscendæ & recuperandæ possessionis; a multis tamen & in interdictis retinendæ, vid. c. pastoralis, & ibi Gloss. ext. de caus. possess. & prop. Nos in hac quæstione probamus sententiam Joannis & Azonis negantium hæc judicia eo, quo diximus, modo cumulari posse, sed prius de possessione, deinde de proprietate distinctis judiciis esse cognoscendum, contra doctrinam Petri, qui omne possessorium cum petitorio cumulari posse contendit, & Martini, qui excepit tantum interdicta retinendæ possessionis. Etenim ut possessio nihil commune habet cum proprietate, leg. naturaliter 12. §. 1. ff. de acquir. poss. & ut sunt plane hæredes dissimiles, leg. 4. §. ult. ff. de except. rei judic. cum possessio sit facti, dominium juris, leg. 1. §. 3. leg. cum hæredes 23. ff. eod. l. denique 29. ff. ex quibus caus. major. ita etiam actiones non modo distinctas, sed etiam insociabiles pariunt; dominium rei vindicationem, l. in rem 23. ff. de rei vind. §. 1. instit. de action. possessio, actionem in personam seu interdictum l. 1. §. penult. ff. de interdict. ac proinde etiam duobus distinctis judiciis hæc tractanda sunt: cum actiones contrariæ, & incompatibiles cumulari nunquam possint, leg. Cod. de furt. tam ibi not. l. 16. Cod. de inoff. testam. Anton. Fab. Cod. suo forens. tit. unde vi defin. 8. Placet autem possessionis litem prius decidi oportere, ac tum demum de causa proprietatis ab eodem judice cognosci, leg. ordinarii 13. Cod. de rei vind. l. 3. Cod. de interd.

leg.

leg. enimus 37. ff. de acquir. poss. l. ultim. Cod. quorum bonorum. Ex quo intelligimus, nisi prius Judex de possessione judicaverit, jure ab ejus sententia appellari posse, quod & diserte traditum est in *l. 1. Cod. de appellat.* Quod si utramque controversiam & possessionis & simul proprietatis eodem judicio cognosci, & terminari volumus, res erit inexplicabilis, & exitum reperire judicium non poterit, *d. l. leg. enimus 37. ff. de acquir. poss. l. inter litigantes 62. ff. de judic. l. liberti 7. §. ult. ff. de lib. caus.* quippe cum ut petitoria actio instituatur, prius constare debeat, quis sit possessor: quia & civilis, & naturalis ratio facit, ut alius possideat, & alius a possidente, qui hic reus est, petat, *§. retinendæ Institut. de interdict. d. l. leg. item 6. ff. de judic.* At si Judex de utroque simul cognoscet, sententiam ferre non poterit, quæ judicii exitus est. Nam in petitorio jubetur possessorem absolvere, si petitor non probaverit se dominum esse, *l. ultim. Cod. de rei vind.* Sed quomodo possessorem, quem ignorat, absolvet? Ignorat autem quamdiu pendet causa possessionis. Quod si prius de possessione judicari oportet, perspicuum est simul possessorio & petitorio judicio agi non posse. Atque hoc etiam Martinus admisit, cum de possessione agitur interdicto retinendæ possessionis. Non idem autem nec ille nec plerique alii probant, si de possessione agatur interdictis recuperandæ aut adipiscendæ possessionis, veluti, si quis de fundi possessione dejectus experiatur interdicto unde vi, & idem se fundi dominum dicat: aut hæres interdicto quorum bonorum de adipiscenda possessione rerum hæreditariarum, quærat & idem se dominum esse dicat. Hic statuunt utrumque judicium posse concurrere, ut quis & interdicto experiatur ad recuperandam aut adipiscendam possessionem, & simul judicio petitorio de proprietate, eo quod non minus interdicto hæc quam actio petitoria adversus possessorem datur, ut nulla hic videatur repugnantia. Sed nec hoc concedendum est; generalis enim hæc sententia est tradita in *d. l. leg. ordinarii 13. Codice de rei vindic.* possessionis quæstionem prius decidi oportere, at in interdictis recuperandæ aut adipiscendæ possessionis etiam de possessione quæritur: ac proinde etiam controversiam ex his natam prius decidi oportet. De specie interdicti unde vi id expresse quoque cautum est, *leg. 1. Codice de appellat. leg. si de vi 37. ff. de judic.* Et ratio juris eadem hic est, quæ in casu superiore: nam nec, cum interdicto recuperandæ aut adipiscendæ possessionis agitur, constat, uter e litigatoribus pro possessore haberi, & commodo possessionis frui debeat, priusquam de possessione ex interdicto judicatum sit; hoc autem non constituto non potest petitoria actio institui, *l. inter 62. ff. de judic. §. retinendæ Institut. de interdict.* Nec ad rem pertinet, quod qui possessionem sibi restitui petit, vel nunc primum conatur adipisci, adversarium possessorem agnoscit: nam si rem ipsam & effectum juris spectamus, nemo videtur possidere, qui possessionem retinere non potest, *leg. non videtur 21. ff. de acquir. poss.* Contra vero, qui ad recuperandam aut nanciscendam possessionem actionem habet, perinde habetur, quasi possideret, *leg. si quis vi 17. princip. ff. eodem leg. is qui 15. ff. de regul. jur. leg. id apud 143. ff. de verb. significat.* Proinde sive is revera possidet, bene est; sive non possidet, tamen possessio una cum possessionis commodo ei tribuenda est sententia Judicis: quod si Judex ante omnia non fecerit, juste ab eo provocabitur, *leg. 1. Codice de appellationibus.* Sed etsi Juris auctoritate distitueremur, non aliter tamen respondere possemus propter horum judiciorum contrariam conditionem & finem. Judicii possessorii finis hic est, ut qui eo expeditur, possessor judicatus commodo possessionis fruatur; petitorii hæc conditio, ut qui eo agit, petitoris onus in se suscipiat, quæ cum sint pugnantia, nisi prius de possessione judicatum sit, res exitum habere non potest, *d. l. leg. inter litigantes 62. ff. de judic. §. retinendæ Institut. de interdictis.* Fingamus actorem in possessorio superiorem esse; inutilis tamen hæc ei victoria est, cum nihilominus petitorio experiens, & in eo perseverans partes petitoris sustinere debet, quasi commodo possessionis repudiato. Si vincitur, aperte id ei inutile est. Quod si prius in petitorio pronuntietur pro actore, multo minus illa possessorii utilitas esse potest, cum ex sententia super petitorio lata plenissima restitutio fieri debeat. Illa autem remedia demum vere cumulari dicuntur, ex quorum utroque aliquid consequi possumus. Quod si in injuria sit possidenti, cui ob eam causam & appellare licitum, *L. 1. Cod. de appellat.* Adde, quod si eodem tempore & de possessione & simul de proprietate judicabitur, hinc pro actore, ut is possessor pronuntietur, illinc pro reo, ut is declaretur dominus, exibit forma sententiæ, quæ proponitur in *cap. cum dilectus ext. de caus. possess. & propriet.* merito irrisa a Donello in *leg. 3. n. 8. Cod. de interdict.* Nam profecto ridiculum est, ut Judex jubeat reum possessionem restituere actori, qui possessor est, & simul eodem momento eademque sententia jubeat eum ipsum actorem restituere possessionem reo, qui dominus est & superior in jure proprietatis. Qui hoc ridiculum esse negant, ne illi ipsi sunt valde ridiculi. Illud autem absurdum non est, ut lite possessionis prius decisa, atque uni possessione, lite de proprietate ordinaria gratia, cuilibet adjudicata, postea de proprietate idem Judex cognoscens petitori qui se dominum esse in hac lite probaverit, possessionem restitui jubeat. Atque hinc jam intelligimus hanc procedendi rationem non modo esse convenientissimam, sed etiam esse necessariam; quippe qua non observata locus sit provocationi.

Non obstat huic sententiæ *L. cum fundum 18. §. ult. ff. de vi & de vi armat.* Non enim negamus, quod illic dicitur eum, qui rem vindicare cœpit, posse pendente judicio petitorio, hoc est, interim dum de possessione cognoscitur, dilato interdicto experiri; sed negamus utramque posse simul jungi, & utroque simul & eodem tempore Judicem posse cognoscere & judicare. Atqui, inquies, is, qui semel actionem proposuit, cogitur perseverare ad finem usque litis *auth. qui semel, Cod. quom. & quand. jud. sentent.* Respondeo, qui interdicto de possessione experitur, pendente rei vendicatione, & interim persecutionem petitorii omittit, is non recusat litem exercere de proprietate, sed recusat in ea lite partes sustinere petitoris, ac se commodo possessoris frui vult, id quo jure postulat, cum sit possessor, ne vindicando, (sive per imprudentiam) renuntiasse possessioni videatur, *leg. naturaliter 12. §. 1. ff. de acquir. possess.* Mirum autem in modum huic sententiæ obstare creditur textus in *l. 6. ff. de except. rei judic.* eoque contrariæ sententiæ auctores præcipue nituntur, quasi illic Jurisconsultus aperte diceret judicium petitorium & possessorium diversis

qui-

quidem & separatis actionibus proponi, sed tamen unam sententiam & unum judicati finem sufficere, ut ad utrumque prosit una & eadem exceptio rei judicatæ. Mihi autem mira hæc videtur loci illius interpretatio, cujus simplex & plana, si qua ullius, sententia est, nempe sufficere ad exceptionem rei judicatæ rem quamque semel sententia Judicis terminatam esse; nec debere eam sententiam apud eumdem Judicem retractari. Et obstat magis hic locus contrariæ sententiæ; quod & Anton. Matthæus in *disput. ad leg. ordinarii Codice de rei vindic.* observavit. Nihil etiam adversus sententiam nostram facit locus Justiniani in *Novell.* 4. *Codice verf. contra principale*, ubi licentia datur creditoribus adversus principales debitores pignus pro debito obligatum possidentes utraque actione simul experiundi, & personali & hypothecaria, nam in cumulatione illa actionis personalis & hypothecariæ, de qua illic Justinianus, nihil est præposteri, ut contra esse ostendimus in cumulatione interdicti cum rei vindicatione; ut ecce, si creditor eodem libello petat, ut aut centum, quæ sibi ex contractu aliquo debentur, solvantur, aut pignus pro ea summa obligatum, cujus possessio penes debitorem sit, sibi restituatur, in hac cumulatione nihil est, quod ordinationem judicii ejusve exitum impediat; sed probato debito, & pignoris pro eo constitutione, Judex debitorem aut solvere jubebit, aut pignus restituere. Utique enim, quod notandum, disjunctim petitio hic concipienda & libello complectenda est, ut aut solvat debitor, aut pignus restituat; non conjunctim, ut & solvat, & pignus restituat; cum solutione ejus quod debetur, non tantum debitor ipse, sed etiam pignus liberetur, *leg. in omnibus* 43. *ff. de solut.* cum similibus. Alia urget Cujacius, *lib.* 2. *observ.* 34. ubi sic argumentatur: Si tempore & pendente judicio in rem licet agere interdicto *uti possidetis*, cur non & ab initio utrumque conjungere? Sed, inquam, non sequitur, mutari actio potest, aut interim dum de alia re disputatur, omitti: ergo cum altera simul jungi & dictari potest, quandoquidem mutatio nihil habet incommodi *l.* 3. *Codice de edend.* conjunctio & cumulatio plurimum, ut supra probatum est. Inficiatio, inquit Cujacius, & exceptio conjungi possunt hoc modo: *Nihil debeo; & ut deberem pacto mihi debitum remisisti*: ergo ita potest utraque actio conjungi, possessoria & petitoria: *Tu non possides; sed ego; & ut tu possideas, rem meam esse ajo.* Sed mala & hæc Cujacii collectio est. Nam si reus, dum forte de intentione actoris dubitat, utatur & inficiatione & simul depulsione, nihil præpostere facit, aut quod judicii constitutionem exitumve moretur; sed probationis tum hic ordo est, ut prius de sua intentione doceat actor, deinde ad probationem exceptionis tantisper dilatam admittatur reus, *leg.* 8. *leg.* 9. *Codice de except.* Sed nec quod reo, cui semper defendendi facultas, *leg.* 5. §. *ultim. ff. de dol. mal. except.* permittitur, ut scilicet pluribus defensionibus aut exceptionibus simul & eodem tempore uti possit, *leg.* 5. *leg.* 8. *de exceptionib. leg. nemo* 43. *de regul. jur.* id continuo & actori concedendum, nam ut is quoque ex contrario pluribus actionibus simul experiatur, ut jam evincimus. Destinari rem petere suadet Cajus, ut videat num interdicto aliquo possessionem nancisci queat, quo eam melius in adversarium transferat onus petitoris, *leg. is, qui*, 24. *ff. de rei vind.* Sed & qui jam cœpit rem vindicare, potest nihilominus experiri interdicto *uti possidetis*, *leg. naturaliter* 12. §. 1. *ff. de acquir. poss.* At ex hoc loco non recte infertur cumulatio seu conjunctio utriusque judicii. Nam his Jurisconsulti verbis: *Non denegatur interdictum uti possidetis, qui cœpit rem vindicare*, non hoc significatur, posse utrumque judicium cumulari, unaque terminari sententia, ut male putat Fachin. 8. *controv.* 6. sed posse eum, qui vindicare cœpit, omisso tantisper petitorio, & interim dum de possessione cognoscitur, suspenso, & dilato, interdicto experiri, *leg. cum fundum* 18. §. *ult. ff. de vi arm.* ibi *pendente judicio*. Cæterum ex converso pendente judicio possessorio, petitoria actio institui non potest, quia prius possessionis causam decidi oportet, quam ad causam proprietatis veniatur. Plane si quis dum animadverterit in petitorio se melius fundatum esse, possessorio renuntiare & ad causam proprietatis transire velit, non est dubitandum, quin id ei concedendum sit; nec sententia lata in possessorio præjudicium ullum petitorio facit, *leg.* 14. §. *ult. ff. de except. rei judic.* Jus autem Pontificium hac in re discrepat a jure civili, quod Innocentius III. male intellexit, deceptus *l. cum fundum* 18. §. 1. *ff. de vi & vi arm.* ut apparet ex *cap. pastoralis, extr. de causa possess. & prop.* ubi eodem judicio & interdicto recuperandæ seu adipiscendæ possessionis & simul actione in rem experiri permittit, citato dicto juris civilis loco, aliis possessoriis judiciis, ut ipse loquitur, in suo robore duraturis, quæ vendicationem dominii sui natura præcedunt, qui & Martini & communis error fuit. Sic idem Pontifex in *cap. Raynutius extr. de testament.* secutus est communem errorem de duarum quartarum detractione. Apud eumdem *cap. cum dilectus de causa possess. & propriet.* habes deridiculam illam sententiam, quam supra explosimus ad Donellum & Gifanium ad *leg.* 3. *Cod. de interdict.* Papon. *lib.* 8. *titul.* 12. *arrest.* 4. Charond. 4. *resp.* 88.

CAPUT XL.

Exceptio divisionis qualis sit, & quando proponenda?

PLures fidejussores ejusdem rei aut pecuniæ debitæ in solidum singulos teneri, sive id nominatim convenerit, sive non convenerit, explorati juris est, *l. si plures* 4. *Instit. de fidejuss. l.* 3. *Cod. eod.* Neque hoc jus mutatum est *Nov. de reis promit.* 99. unde *auth. hoc ita Cod. de duob. reis.* Recte enim vulgo recepta hæc sententia est, eam constitutionem, quæ de duobus reis est, ad fidejussores non pertinere. Nam cum plures rei promittendi ejusdem pecuniæ accipiunt, dubitari potest, qua mente id fiat, utrum sicut solidum verbis, ita et quoque promisisse videantur; an obligationem pro numero personarum dividi existimaverint, cujus dubitationis causam sustulit Justinianus, cavens ne plures ejusdem pecuniæ promittendi rei aliter in solidum singuli obligentur, quam si nominatim id actum sit. At plurium fidejussorum obligatio nullam talem dubitationem habet; quippe cum horum singuli promittant id, quod reus debet, & quantum debet. Tenetur ergo singuli plurium fidejussorum in solidum, & in solidum singuli conveniri possunt. Cæterum hoc

bene-

beneficium epistola Divi Hadriani illis tributum est, ut si quo tempore lis cum aliquo eorum contestatur, omnes solvendo sint, actio inter eos pro portionibus virilibus dividatur, *d. §. 4. Instit. de fidejuss. l. si plures 27. l. 3. Cod. eodem.* Idque hoc beneficium, quod vulgo *divisionis* appellatur: competitque non fidejussoribus tantum, verum etiam cæteris accessionibus, puta pluribus, quorum aut mandato eadem pecunia credita est, aut qui pro alio idem se soluturos constituerunt, *l. ultim. Cod. de pecun. constit.* Locus autem huic beneficio seu exceptioni dividendæ actionis, cum plures sunt fidejussores. Et explosus fuit Advocatus Leydensis Tobias ex Alto, (insignis alioqui & celebris practicus) qui huic exceptioni locum esse contendebat etiam ubi unus tantum fidejussor est, nempe ut actio inter reum principalem & fidejussorem divideretur: de quo integram ille consultationem conscripsit; sed egregie confutatur textu *l. si plures 27. §. ultim. ff. de fidejussor.* Quid si in pluribus fidejussoribus accipiendis expresse convenerit, ut singuli in solidum teneantur? Nihilominus hoc beneficio gaudebunt, cum enim hoc adjectum non est, singuli in solidum teneantur, nec conventio ista conditionem juris & constitutionem mutat; postquam jure hoc fiat, ut inter fidejussores actio dividatur: *l. 3. de fidejussor.* & secundum hoc Lutetiæ judicatum refert Papin. *l. 10. titul. 4. arrest. 23.* Cæterum non aliter pluribus fidejussoribus auxilium divisionis indulgetur, quam si confidejussores sint, id est, si ut ejusdem summæ, ita & ejusdem debitoris sint fidejussores: inter plures enim diversorum debitorum, licet ejusdem summæ, fidejussores actio non dividitur *leg. si plures 27. §. ult. l. si a Titio 43. ff. eodem.* Exemplo fidejussorum datur hoc beneficium, & pluribus tutoribus, qui simul tutelam gesserunt, aut quorum nemo gessit, & solvendo sunt, *leg. 1. § nunc tractemus 10. & sequentibus, ff. de tut. & rat. distr. l. si plures 38. & ibi DD. ff. de administr. tut.* Paul. Mont. *tract. de jur. tut. c. 39. num. 149.* Datur & plurium tutorum fidejussoribus, *l. 6. l. 7. ff. de fidejuss. & nominat. tut.* pluribus autem unius tutoris fidejussoribus non datur, *l. ultim. ff. rem pupill. salv. for.* ubi & ratio. Etenim in hac divisione notandum est, dividi obligationem inter plures fidejussores non ipso jure, sed ope exceptionis, *leg. inter fidejussores 26. ff. de fidejussore.* Inter quæ multum interest. Nam si ipso jure obligatio divisa esset, id est, si singuli partes tantum viriles ipso jure deberent, in solidum nemo eorum conveniri posset, quamvis forte aliqui non essent idonei. Quin & si quis solidum solvisset, partem condicere, tanquam plus debito solutum, non prohiberetur; quod utrumque secus se habere ostendit, *dict. leg. inter fidejussores,* & *leg. si testament. 49. §. 1. ff. eodem.* Porro duæ sunt conditiones sub quibus beneficium divisionis fidejussoribus indulgetur; una est, si fidejussores non negent se fidejussores esse; inficiantibus enim auxilium divisionis dari non placuit, *leg. si dubitet 10. §. 1. ff. eodem.* Altera est, si omnes fidejussores idonei, hoc est, solvendo sint, quo tempore lis contestatur, *§. si plures Instit. l. inter eos 51. §. 1. ff. eodem.* Quod placet in hac re spectari tempus litis contestatæ, id eo pertinet, primum ut sciamus, si quis e fidejussoribus eo tempore solvendo non sit, id cæteris qui solvendo sunt, non prodesse: deinde si omnes tempore litis contestatæ solvendo fuerint, & postea aliqui minus idonei esse cœperint, quamvis ante sententiam tamen rem ad onus eorum, qui solvendo sunt, non pertinere, *dict. leg. inter eos §. pen. d. §. si plures.*

De illo non convenit, quando exceptio divisionis opponenda sit, postulandumque ut actio dividatur. Petrus de Bellapert. putavit hanc exceptionem opponi debere antequam lis cum uno ex fidejussoribus contestata sit; quem & Cynus & alii secuti sunt. Moventur primum eo, quod in *§. si plures Instit. de fidejussor.* dicitur compelli creditorem partem a singulis fidejussoribus, qui modo solvendo sunt tempore litis contestatæ, petere: si quis autem eo tempore solvendo non sit, hoc cæteros onerare; unde recte sibi visi sunt colligere, eodem quoque tempore hanc exceptionem opponendam petendamque actionis divisionem. 2. Per *l. liberum. 16. Cod. de fidejuss.* ubi diserte scriptum est, post litis contestationem petitionem divisam redintegrari, juris rationem non pati: ex quo iterum, ut supra, colligunt, post litem contestatam exceptioni divisionis locum non esse. 3. Ex eo quod fidejussori inficianti beneficium divisionis denegatur, *leg. si dubitet 10. §. 1. eodem,* litis autem contestatio non nisi negative a parte ejus qui convenitur fieri potest, *leg. 1. Cod. de jurejur. propt. calumn. l. rem non novam 14. §. 1. Cod. de judic.* Sed verius est, quod & communiter placuit, etiam post litem contestatam divisionis exceptionem opponi posse, & sufficere si quandoque ante sententiam allegetur, *leg. fidejussor. 10. §. 1. Codice eodem* ubi Alexand. Imper. Vitali ita rescribit. *Ut is, qui cum altero fidejussit, non solum conveniatur, sed dividatur actio inter eos, qui solvendo sunt, ante condemnationem ex ordine postulari solet.* Frivolum autem est quod respondent, exceptionem, quæ ante litem contestatam opponitur, utique etiam opponi ante sententiam seu condemnationem; nam utique hoc falsum est, exceptionem, quam ante sententiam opponi sufficit, eam opponendam esse ante litis contestationem. Ait Imperator: *ex ordine postulari solet,* id est servato ordine earum defensionum, quæ fidejussoribus competere solent. Fieri enim potest, ut fidejussor in solidum conventus plures habeat defensiones, aut saltem plures alleget verb. caus. si dicat se non teneri, quia reus principalis liberatus sit, vel ipso jure, vel per exceptionem, aut si ex sua persona utatur exceptione vel pacti, vel jurisjurandi, &c. His autem defensionibus cum se exclusum videt, recte atque ordine ad hanc exceptionem confugit, ac desiderat, ut pro parte tantum conveniatur. Hoc vero postulari potest & solet ante sententiam seu condemnationem, ut verba rescripti habent. Non obstat *dict. §. si plures Instit. de fidejussor.* neque enim hoc ibi dicitur, exceptionem hanc proponendam esse ante litem contestatam; sed hoc solummodo, si tempore litis cum uno contestatæ quidam non sint solvendo, hoc ad onus cæterorum pertinere. Quamvis autem hæc exceptio post litem contestatam allegetur, non eo tamen minus actio inter eos dividi potest, qui tempore litis contestatæ solvendo fuerunt, & dividenda est, si is qui hac exceptione utitur, probet alios quoque eo tempore solvendo fuisse, *l. inter eos 51. §. 1. ff. eodem,* Mantic. *de tac. & ambig. conv. lib. 16. titul. 19. num. 2.* in *dict. leg. liberum 16. Cod. eodem,* proponitur casus, quo creditor cum omnibus fidejussoribus simul egit, cum singulis autem pro parte; atque ita actionem suam inter fidejussores pro parte cum singulis agendo, ipse

ultro

ultro divisit. Eum autem, qui hoc fecit, respondet Gordianus, non posse post litis contestationem actionem divisam instaurare, hoc est, ab eo, qui pro parte conventus erat, solidum non posse petere ex persona eorum, qui solvendo non sunt, ut ab initio solvendo non fuerunt: quia creditor actionem inter fidejussores sponte sua dividendo solidi petitioni renunciare intelligitur: ac proinde beneficium epistolæ ad hunc non pertinet. Non movet, quod nemo litem contestando deteriorem conditionem suam facit *l. non solet* 86. *& seqq. ff. de regul. Jur.* Neque enim litis contestatio hoc, quod dicimus efficit, sed actionis divisio, quamvis illa non nisi lite cum singulis pro parte contestata dividatur. Nimis autem leve est, quod ex *leg. decimæ* §. 1. *de fidejussor.* objicitur, fidejussor inficianti auxilium epistolæ non indulgeri; quippe cum non simplex inficiatio, sed jussores, ab hoc beneficio removeat, puta si negent se teneri, sed si negent se fidejussores esse, si inficientur se fidejussisse. Non utor ad confirmationem nostræ & communis sententiæ argumento vulgari: quod exceptio divisionis sit exceptio peremptoria: quod quidem est verum est Hoet Glossa haeritica, & magis putet esse anomalam; utique enim perimit intentionem creditoris pro parte, nec ad onus aliorum pertinet, quod actione divisa quidam post litem contestatam solvendo esse desierunt, *l. inter eos* 51. *penult.* §. *eodem*; dubito tamen an verum sit, quod vulgo traditur, exceptiones peremptorias etiam non contestatas in strictis judiciis usque ad sententiam recte opponi propter *l.* 9. *de præscript. long. temp. l.* 8. *l.* 9. *Cod. de except. Justi. l. ex fundo ff. communi. divid.* quamquam id hodie sublato fere judiciorum bonæ fidei & stricti juris discrimine admitti potest. Sed ut etiam exceptiones peremptoriæ initio litis contestandæ sint, ut ita demum postea ad probationem & disceptationem recte opponantur, quod satis aperte loca citata ostendunt. *Vid. Donell. ad leg.* 8. *Cod. de except.* sciendum tamen est, quæ de exceptionibus in exordio litis contestandis illic dicuntur, ea pertinere dumtaxat ad exceptiones facti, quibus aliquid factum intendimus, quod proinde etiam probare debemus, ut intelligitur ex *leg. in exceptionibus* 19. *ff. de probat.* quæ enim facti quæstionem habent, non possunt intelligi in judicium deduci, nisi facti contestatione. Diversa autem causa est exceptionum juris, hoc est, earum quæ alicui conditione ipsa personæ jure tribuuntur, qualis est exceptio divisionis fidejussoribus epistola Divi Hadriani tributa, quod genus contestari necesse non est, sed quandoque ante condemnationem allegari sufficit. Nam auxilium divisionis satis sub appellatione & persona fidejussoris in judicium deducitur, cum fidejussori jure tribuatur hoc ipso quod fidejussor est. Jam autem quæ juris sunt, ea ad officium judicis pertinent, etiam si nominatim a partibus petita non sint, *leg. unic. Codice ut quæ desf. advers. part. jud. supp.* & multo magis igitur, si petita fuerunt, ut hoc beneficium postulari debere dicimus. Quidam putaverant exceptionem divisioni etiam post sententiam opponi posse in executione judicati, & hic etiam excitat Accursius. Sed bene *DD. commentar. in dict. leg.* 10. *Codice de fidejussor.* Gomez. 2. *var. resolut. cap.* 13. *num.* 15. Zanger *tractat. de except. part.* 3. *cap.* 19. *num.* 4. id negant. Cur enim diceret Imperator, ante condemnationem postulari solere, ut actio dividatur, si idem postulare liceat etiam post sententiam, cum jam is, cum quo actum est, in solidum est condemnatus? Sane ratio juris non patitur, ut actio judicati creditori semel in solidum quæsita adversus eum, qui se passus est in solidum condemnari, postea parte dumtaxat obtata ei invito adimatur, *per leg. ultim. ff. de pact. leg. habere* 57. *in fin. ff. de evict.* quamquam hoc non obstante recte defenditur, posse hanc exceptionem opponi in secunda instantia, licet post priorem sententiam, quia appellatio suspendit, immo extinguit judicatum, & reponit rem in eum statum, in quo erat ante sententiam, *leg.* 1. §. *ultim. ff. ad Senatusconsultum Turpil.* Sichard. *in dict. leg.* 10. *num.* 13. *Codice de fidejussor.* Zanger. *&* Gomez. *ubi supra*. Nihil adversus hæc facit, quod exceptio cedendarum actionum etiam postquam unus e fidejussoribus condemnatus est, opponi potest, *leg. si fidejussores* 41. §. 1. *ff. de fidejussor.* Nam illa non oppugnat sententiam, neque minuit jus victoris. Multum quippe interest, utrum fidejussor condemnatus postulet adhuc actionem dividi cum reliquis fidejussoribus, an actionem adversus eos sibi cedi. Nam qui divisionem postulat, is contra sententiam postulat, ne solidum solvat: qui cessionem desiderat, is declarat se paratum esse solidum secundum sententiam solvere, dum sibi adversus cæteros fidejussores consulatur. Similiter quod in exceptionibus peremptoriis Senatusconsultorum Vellejani & Macedoniani, quæ publicæ utilitatis causa maxime introductæ sunt, placuit, ut hæ etiam post sententiam opponi possint, *leg. tutelæ* 11. §. *de Senatusconsulto Macedoniano*, id nequaquam cum Jacobo de Butrio ad exceptionem divisionis trahi debet Sichard. *in dict. leg.* 10. *Codice de fidejussorum num.* 10. Nihil denique contrarii habet responsum Papiniani in *leg. inter eos* 51. §. *ultim. ff. eodem*. Loquitur enim de fidejussore damnato non nomine fidejussionis, sed damno capitis, itaque propter damnationem bona ejus fisco vindicarentur: ibi creditor potest quidem adhuc creditor adversus alios fidejussores jus suum exequi; sed hic fidejussores recte postulabant, ut inter eos, qui solvendo sunt, actio dividatur: in quo numero etiam fiscum, qui damnato successit, & hæredis loco est, habendum scribit Papinianus.

CAPUT XLI.

An fidejussor ad certum tempus acceptus eo tempore elapso obligatus maneat, & quomodo?

ELegans quæstio est, an fidejussor, qui ad tempus pro aliquo spopondit, exacto eo tempore adhuc teneatur, & quomodo? Putamus autem in hac quæstione recte sentire eos, qui negant post tempus definitum fidejussorem sine novo ejus consensu vel ex repetito cum debitore contractu, vel omnino in futurum obstringi: in præteritum vero, seu respectu obligationis, pro qua intervenit, efficaciter obligatum manere. Exempli gratia, Matthæus Colerus, ut ipse de se testatur, *de process. exec. part.* 1. *cap.* 10. *num.* 310. pro officiali quodam & rationibus ejus in annum fidejusserat. Expleto eo spatio, officium prorogatum, sine ut nunc loquuntur, officiali continuatum est

incon-

inconsulto Colero fidejussore. Hic dicimus Colerum ex fidejussione sua teneri quidem etiam post annum, quo officium reo prorogatum est, sed tantum de periculo temporis praeteriti, seu prioris anni quo solo fidejussor fuit, non autem temporis futuri seu annorum insequentium. Igitur hoc primum dico, fidejussorem, qui ad certum tempus se obligavit, finito eo tempore, in posterum non teneri, nec ex novo seu iterato cum debitore contractu obligari. Si ratio hujus assertionis quaeritur, certum est eum, qui ad tempus fidem suam interposuit, nolle post id tempus obstringi: at extra verba & conventionem fidejussio non est extendenda, cum sit contractus stricti juris, *l. quid quid 99. de verb. obl.* Hering. *de fidejuss. cap. 6. n. 30. & c. 14. n. 33.* Et in universum obligatio limitata ad certum tempus non potest invito obligato in longius tempus prorogari, ut bene Ferrar. *in form. libell. resti. plur. vers. deinde. vers. solutum fuerit. renunciaverunt, num. 1.* Hinc rescriptum est, fidejussorem, qui in certum tempus judicio sibi aliquem promisit, in tantum tempus duntaxat teneri, in quantum se obligavit, *leg. si fidejussor, 27. vers. nisi in certum tempus, Cod. de fidejuss.* Et responsum, si in primo compromisso per fidejussores cautum fuerit, & iidem in sequenti fidejubere noluerint, alios in eo adhibendos, *l. Labeo, 25. §. ult. ff. de recept. arbitr.* Si auctoritas quaeritur, notabilis & apertus in hanc rem textus est in *leg. si cum Hermes, 7. Cod. de locat.* ubi cum quidam pro alio conductionis temporalis nomine fidem suam obligasset, & conductor finito tempore conductionis sine consensu fidejussoris in conductione detineretur, diserte respondet Alexander, fidejussorem non oportere de posterioris temporis periculo adstringi: nempe quoniam alia & nova hic conductio finita priore intervenit, *l. qui ad certum, 14. ff. locat.* & consequenter nova obligatio, cujus periculum ad fidejussorem prioris obligationis sine novo ipsius quoque consensu pertinere non potest. Atqui, ajunt nonnulli, pignora prioris obligationis in reconductione obligata manent, *l. legem, 16. C. de locat.* pignorum autem & fidejussorum par causa est, *l. promiss. 21. §. ult. ff. de pec. constit. l. 11. §. jubet autem, 9. ff. de collat. l. 4. §. adduci, 8. ff. de fideic. libert.* Respondeo, renovata tacite conductio cum vinculis pignorum renovata censetur, sed nempe ipsius conductoris, qui ultro se in nova obligatione constitui passus est, non autem si alius pro eo in priore conductione res obligavit, sive novo hujus consensu, *l. item quaeritur, 13. §. ult. ff. locat.* ac proinde nec prioris conductionis fidejussores, ex renovata sine novo & expresso eorum consensu in futurum obligantur.

Neque hic nobis objiciat quis, tempus non esse modum tollendi obligationem, *l. obligationum, 44. §. 1. ff. de oblig. & act.* nam cum fidejussoris obligatio certo tempore circumscribitur & limitatur, id non tam eo spectat, ut tempore obligatio finiatur, quam ut ne post illud tempus nisi pro temporis obligatione fidejussor teneatur: quemadmodum si cum ducenta deberentur, in centum fidejussor datus est; nemo dixerit fidejussionem respectu residui finitam esse; at sicut summa, ita & dies pars est stipulationis, *leg. 1. §. 1. ff. de edend.* Ant. Fab. *C. suo ser. de fidejuss. defin. 15.* Valent. Reimer. *quaest. illustr. decis. 10. c. 4.* Hering. *dict. tract. c. 10. §. 18. n. 4. & 5.* Et utique alias in omnem eventum tueri se poterit fidejussor exceptione pacti conventi vel doli mali, *d. leg. 44. §. 1. ff. de oblig. & act. l. cum qui, 56. §. qui ita, 4. ff. de verb. oblig.* Sit tantum autem haec vera esse arbitramur, ut nisi fidejussor cautionem sibi reddi post repetitam contractum non postulaverit, nihilo magis ex nova obligatione teneatur. Quippe fidejussio nunquam sit tacite citra verba & stipulationem, *l. 5. §. 2. ff. de verb. oblig. leg. blanditur, 12. C. de fidejuss.* & traditum est in fidejussoribus stipulationem loco formae esse. Hering. *dict. tract. c. 11. n. 1. & seqq.* quod ideo hic notare visum, ne quis putet fidejussori necessariam hic esse aut praescriptionem aut cautionis repetitionem, propterea quod in dicta leg. *si cum Hermes, Cod. de locat.* mentio sit repetitae a fidejussore cautionis. neque enim hoc ideo commemoratur, quia id necessarium, sed quia factum sit, & ex facto existeret alia ex facti contingentia. in Codicem narrantur a consultoribus, & in rescriptis iterantur, quae tamen ad causae decisionem nihil aut parum faciunt, ut vel leviter in jure versatis notum est. Sic etiam Colerus loco supra citato cautionem suam fidejussoriam se repetiisse memorat, non quia id necessarium putavit, sed quia id fecerat, dubitationis omnis scilicet tollendae gratia. Quod vero prorogatione solutionis non liberetur fidejussor, qui ad certum tempus se obligavit, id longe aliam rationem habet: multum enim interest inter prorogationem solutionis, quae sit salva obligatione principali & prorogationem quam vocent obligationis, quae est obligationis finitae novo contractu interveniente renovatio. Sed de eo uberius in quae seq. In converso autem dicimus fidejussorem in perpetuo fraciter obligatum manere in praeteritum, id est, nomine ejus, quod ex causa prioris contractus, pro quo intervenit, deberi coepit. Quoniam licet prior ille contractus expiraverit, obligatio tamen ex eo contractu nata adhuc manet, & tam diu durat, donec creditori solutum aut aliter ei satisfactum sit. Neque enim tempore obligationes pereunt, *leg. obligationum, 44. §. 1. vers. placet etiam, ff. de oblig. & act.* nisi post triginta annorum curriculum, *l. 3. Cod. de praescr. trig. ann. l. 1. §. 1. C. de annal. except.* adde *leg. quaedam, 9. §. omnis pecunia, 3. ff. de pign. act. leg. si, 29. §. etiam, 4. ff. de pignor.* facit, *l. nemo potest, 39. & l. seq. ff. pro soc.* cum similibus. Sed & firmum hujus assertionis argumentum duci potest ex *d. l. si cum Hermes, de locat.* Nam cum Imperator illic sic rescribat, non oportere fidejussorem ad certum tempus obligatum de posterioris temporis periculo adstringi, hoc ipso non obscure significat eum adstringi periculo temporis prioris; cui simile habemus in *leg. ult. C. in quib. caus. tac. hab.* Nimirum unius exclusio alterius solet esse inclusio, *l. cum praetor, 12. ff. de judic. l. ex eo, 18. ff. de testib.* Et argumentum a contrario sensu valde procedit, *l. 1. ff. de offic. ejus cui mand. jurisd.* nisi aut manifesta juris ratio aut expressi textus refragentur. Praes. Everh. *in loc. legat. loc. 81. num. 4.* Sic fidejussio dicitur in tantum tempus extendi, in quantum attestatio fuerit expressa, *l. fancimus, 27. vers. tunc enim, C. de fidejuss.* venditor, qui se periculo subjecit definito tempore, in id tempus periculum sustinere, quo ad se subjecit, *leg. 1. ff. de peric. & comm. rei vend.* Denique aeque iniquum foret, verbi causa, fidejussorem conductionis in quinquennium facti teneri ex renovata de sexti anni pensione, quam iniquum foret cum renovatione conductionis liberari in quinquennium praeteritum. Alia autem causa est novationis, seu prioris debiti in aliam obligationem conversionis, hoc est,

cum

cum ex præcedenti causa ita nova constituitur obligatio, ut prior perimatur, *l. 1. ff. de novat. §. præterea, 3. Inst. quib. mod. toll. oblig.* quippe cujus rei hic effectus est, ut etiam accessiones, & incommoda omnia, quæ prioris obligationis fuerunt, quasi solutione facta, *l. si rem, 31. §. 1. vers. eo magis, ff. de novat.* simul evanescant, & consequenter ut non in futurum tantum, verum etiam in præteritum fidejussores prioris obligationis liberentur, *l. si creditor, 15. l. novatione, 18. l. aliam, 29. ff. de novat. l. in omnibus, 43. ff. de solut. leg. ubicunque, 60. ff. de fidejuss. l. 4. C. eod.* Consentiunt Hering. *tract. de fidejuss. cap. 20. §. 18. n. 4. & seq.* junct. §. 12. n. 5. 6. 7. Ant. Faber *C. for. de fidejuss. decis. 25.* Specul. *lib. 4. part. 3. de fidejuss. §. 1.* quamquam obscure loquitur. Valent. Reimar. *dec. 10. quæst. illust. cap. 4.*

CAPUT XLII.

An prorogatio termini solutionis liberet fidejussorem?

Vicina superiori, ac tamen non ex iisdem fundamentis juris decidenda quæstio est, an prorogatione termini solutionis, id est, si creditor debitori ignorante fidejussore tempus ad solvendum præstitutum prorogaverit, fidejussor liberetur. Speculator *lib. 4. part. 3. tit. de fidejuss. §. 2. vers. illud autem quæritur,* & ibi Joan. Andr. *in addit. Ferrar. in form. libell. contr. plur. rei debend. §. solutionem facere recusaverunt,* aliique relati apud Berlich. *part. 2. concl. 15. num. 2.* putaverunt prorogatione temporis ad solvendum constituti liberari fidejussorem sine ulla distinctione. Alii vero distinguunt, utrum fidejussor simpliciter sine adjectione temporis fidem suam interposuerit, an vero ad certum duntaxat tempus se obligaverit; priore casu negant prorogatione solutionis effici, ut fidejussor liberetur; posteriore autem casu contendunt data prorogatione termini fidejussorem liberari. Et hæc est communis interpretum opinio, ut videre est apud Gomez. *lib. 2. var. resolut. c. 13. n. 21.* Fachin. *lib. 2. contr. 88.* Hering. *tract. de fidejuss. c. 20. §. 12. num. 2. & 3.* Berlich. *d. p. 2. concl. 5. num. 18.* Cui etiam Fachinæus & Berlichius assentiuntur. Sed verius est neutro casu prorogatione solutionis liberari fidejussorem: nec ullus in jure nostro locus produci potest, quo contrarium probetur, sive fidejussio tempore determinata sit, sive indeterminata. Abutuntur autem interpretes locis quibusdam, veluti *l. si cum Hermes, 7. Cod. de locat. l. item quæritur, 13. §. ult. ff. eod.* quippe quibus locis non agitur de prorogatione solutionis, sed de obligationis, pro qua fidejussor intervenerat, finitæ renovatione; nec illud dicitur fidejussorem renovata obligatione liberari: sed renovatæ obligationis periculum ad eum non pertinere: cæterum ex priore contractu obligatus esse propterea non desinit, ut superiore capite plene demonstravimus. Igitur si debitori, qui ad certum diem se soluturum promiserat, eoque nomine fidejussorem dederat, creditor inscio fidejussore facultatem solvendi in longius tempus prorogavit, negamus idcirco fidejussorem liberatum videri, cum principalis obligatio salva maneat. Non enim tempus in obligatione fidejussoris, oppositum est ad finiendam aut limitandam obligationem, quo casu aliud dicendum esset, respectu periculi sequentis temporis *d. leg. si cum Hermes, C. de locat.* sed ad faciendam solutionem & exactionem. Gabriel. *lib. 3. comm. opin. tit. de fidejuss. concl. 7.* Coler. *de process. execut. p. 2. cap. 10. n. 9. 98. & seq.* nec durior sit conditio fidejussoris. Nam si jam diu in obligatione maneat, nec diutius manere velit, potest ille sibi consulere ordinario juris remedio, quemadmodum & si reus jam facultatibus labefactetur, *leg. Lucius, 38. ff. mandat. l. si pro eo, 10. C. mand. vel contra.* Quod si nec solvere ipse velit, nec petere adhuc velit, ut a fidejussionis periculo eximatur, hoc considerare debet quod dilationis reo concessæ beneficium sibi commune futurum sit, ut tamdiu ad solutionem urgeatur: nam dilatio reo data, data etiam est fidejussori, *l. ult. §. 1. Cod. de usur. rei jud. l. si unus, 27. §. 1. ff. de pact.* qui proinde & ipse tanto plus habiturus sit intermedii temporis & spatii ad solvendum, *leg. quod certa, 70. ff. de solut.* Ant. Fab. *Cod. sua for. tit. de fidejuss. defin. 27.* Hering. *d. tract. c. 20. §. 2. num. 6. & seqq.*

Hoc igitur posito quod prorogatio termini solutionis tantum differat exactionem, & manente principali obligatione moram debitoris duntaxat tollat, quæ alias & fidejussori, maxime in omnem causam obligato, noceret, *leg. si quis, 24. §. 1. ff. de usur. l. mora, 88. ff. de verb. oblig. l. quæro, 54. ff. locat.* necessario sequitur prorogatione non liberari fidejussorem, sed manere obligatum, sive simpliciter, sive cum adjectione temporis se obstrinxerit; prorogatio sit cum omnibus suis accessoriis & qualitatibus. Gomez. & Coler. ubi supra. Perez. *ad Cod. tit. de fidejuss. num. 44.* nec ulla hic intervenit aut obligationis finitæ repetitio, ut possit dici in futurum liberatus, sicut in casu, *l. si cum Hermes, C. de loc.* aut novatio, per quam prior obligatio tollatur, & nova in locum sublatæ verbis stipulationis substituatur, ut possit dici plenissime atque etiam in præteritum liberatus, qui novationis effectus est, *l. novat., 18. ff. de novat. l. ubicunque, 60. ff. de fidejuss. leg. 4. C. eod.* Respondit Berlichius regulam illam, quod prorogatio secum trahit accessiones, de iis tantum accessionibus intelligendam esse, quæ ab ipsis contrahentibus dependent, *arg. l. item quæritur, 13. §. ult. ff. de locat.* Sed non animadvertit hac responsione effici, ut & fidejussor, qui simpliciter sine adjectione temporis intervenit, prorogatione termini liberetur: quod tamen & ipse negat, & perspicue falsum est. Quod si quis dicat fieri posse, ut data dilatione ad solvendum debitor interim labatur facultatibus: iniquum autem videri, ut factum creditoris fidejussori noceat: is sciat e contrario etiam fieri posse, ut debitor interim facultatibus augeatur & prorogatio fidejussori prosit; denique dilationes hujusmodi ex humanitate fere indulgeri solere ad petitionem debitorum, quibus in præsentia solutio difficilis, ut interea temporis pecuniam conficere & solutionem expedire queant, *l. promiss. 21. §. 1. ff. de pecun. constit.* & simill. unde porro & ipse fidejussor hoc commodum sentit, ut nec ille reo eo tempore, quamvis novo beneficio, exceptionis videlicet ordinis & excussionis, renunciaverit, conveniri possit. Denique potest fidejussor reo moram nectente ipse in tempore solutionem offerre, & quod pro eo solvit, actione mandati, dum adhuc idoneus est, repetere, *leg. idemque, 10. §. fidejussores, 11. ff. mand. l. mora, 88. ff. de verb. oblig.* Errant autem illi qui putant fidejussorem non liberari, si creditori denunciaverit, ut debitorem in tempore ad solvendum compelleret, isque dum cessat debitor desierit esse solvendo. Nam in fidejussore subsidiario (quem vulgo fidejussorem indemnitatis, quamquam improprie, vocant) singulare hoc est, ut si creditorem opportune commonuit de exigendo debitore, & creditore cessante debitor fortunis eversus est, recte recuset actionem contra se creditori dari, *l. si fidejussores, 41. princ. de fidejuss.* Secus autem est in fidejussore simplici, per statutum expressum in *l. si fidejussor, 62. ff. eod.* Nec obscura est diversi juris ratio. Nam fidejussor indemnitatis non idem promittit, quod reus debet, sed quod a reo servari non poterit: ut hujus fidejussoris obligatio conditionalis sit, nec prius ex natura conventionis cum eo agi possit, quam facultates rei ex causa judicati excussæ sint, ut certo constet eum non habere, unde solvat, *l. decem stipulatus, 116. ff. de verb. oblig.* Quare si talis fidejussor, quod ei conditio stipulationis permittit, creditorem tempestive monuerit ut debitorem exigeret, & creditore cessante, ille postea solvendo esse desierit, perinde hoc habendum ac si non contigisset, quod suum a debitore servare potuit, & monitus debuit, *arg. l. nullum cuique, 155. & l. 161. ff. de reg. jur.* At ceteri fidejussores idem, quod reus principalis promittunt, & statim ab initio una cum reo obligantur, ut nulla sit in hujusmodi fidejussoribus conditio, quæ creditorem certo tempore cum reo agere cogat, & cessantem cum fidejussore agere prohibeat, Zas. Donell. Costal. & DD. comm. *in l. ultim. ff. de reb. cred. & d. l. decem stipulatus, ff. de verb. oblig.* Gail. 2. *obs. 27. n. 13.* Gomez. 2. *resol. c. 13. num. 9.* Ceterum aliud dicendum videtur post constitutionem Justiniani de fidejussoribus non conveniendis nisi post reum principalem excussum, *Nov. 4. auth. præsente, Cod. de fidejuss.* ut jam omnis fidejussor, propter beneficium ordinis & excussionis, in subsidium obligatus videri possit, nisi huic beneficio renunciaverit, & consequenter si denunciaverit creditori, ut debitorem in tempore conveniret, & illo moram interponente, debitor idoneus esse desierit, recte eum postulare ne contra se actio detur, *arg. d. l. si fidejussores, 41. ff. de fidejuss.* ita Gomez. *d. cap. 13. n. 9.* post Baldum *in l. ult. ff. de reb. cred.* Paul. Castr. *in d. l. si fidejussores, col. 1.* Panorm. *in c. si. extr. de fidejuss.* Sed vereor, ut hoc iis largiri possim. Neque enim hoc vult Justinianus *d. Nov. 4.* ut fidejussores simpliciter accepti id quod promiserunt, debeant sub conditione si creditor id a reo servare non possit; sed cum simpliciter, ut ante, obligati maneant, hoc beneficium iis tribuit, ut non prius a creditore efficaciter conveniri possint, quam ille cum reo principali egerit, eumque excusserit. Quamobrem dum creditor hoc faciat aliquando, satisfacit constitutioni: nec ab illo exigendum, ut certo tempore præcise cum reo experiatur, contra formam stipulationis, & veteris juris, quod proponitur in *l. si fidejuss. 62. ff. de fidejuss.* nec *d. Nov. 4.* mutatur, rationem: denique contra regulam vulgo receptam, nemo invitus agere cogatur, *tit. Cod. ut nem. invit. ag. vel accus. cog.* Plures differentias inter fidejussorem simplicem & subsidiarium, quæ hodieque manent, reperies apud DD. *in leg. ult. princ. de rebus credit.* præsertim apud Zasium *ibid. n. 3. & seqq.*

F I N I S.